JN409573

순암 안정복의 역사학

순암 안정복의 역사학

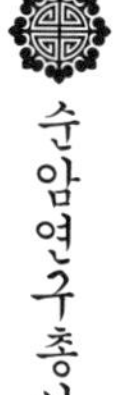

순암연구총서 — 3

이우성 · 이기백 외 지음

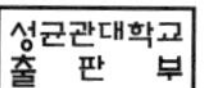

순암선생 탄신 300주년 기념사업회

간행사

금년은 순암順菴 안정복安鼎福 선생 탄신 300주년이 되는 해이다. 선생은 명문인 광주廣州 안씨安氏 가문에서 태어나 영특한 자질에도 불구하고 자신의 경륜을 펼칠만한 관직에 오를 기회를 얻지 못하고 평생을 재야에서 학문에 전념한 학자였다. 선생은 35세 때부터 성호星湖 이익李瀷 선생을 사사師事하여 성호 선생이 개창開創한 경세치용학經世致用學을 이어받아 근기실학近畿實學의 지평을 넓힌 실학자였다.

선생의 학문의 자취와 결과물은 다행히 초서농抄書籠과 저서농著書籠으로 남아 있어 후학들이 선생의 학문과 사상을 연구하는 데에 결정적인 자료가 되고 있다.. 초서농과 저서농을 통하여 볼 때 선생은 80평생을 한 결 같이 연구와 저술에 몰두했음을 알 수 있다. 선생은 『성호사설유선星湖僿說類選』을 편찬하여 성호의 학문을 요약, 정리하는 한편, 『성호사설』에 비견되는 『잡동산이雜同散異』라는 백과전서적 찬록물纂錄物을 남기기도 했다. 뿐만 아니라 『동사강목東史綱目』, 『열조통기列朝通紀』, 『임관정요臨官政要』, 『하학지남下學指南』 등의 저술을 통하여 역사학, 지방행정, 교육 등 다방면에 걸쳐 괄목할만한 업적을 남겼다. 이 중 『동사강목』은 선생 필생의 역작으로 우리나라 민족사학民族史學의 토대가 되어 후일 박은식朴殷植, 신채호申采浩 등의 민족사학 수립에 커다란 영향을 미쳤다.

이와 같이 한국 사상사에 거대한 족적을 남긴 선생의 탄신 300주년을 맞아 2011년에 '순암선생 탄신 300주년 기념사업회'가 결성되었다. 기념사업회에서는 탄신 300주년을 기념하기 위한 여러 사업을 기획하고 있거니와 이번에 출판되는 순암연구총서順菴硏究叢書는 그 기념사업의 일환이다. 순암연구총서는 지금까지 출판되었던 2권의 단독저서와 학계에 발표되었던 논문들 중에서 63편을 엄선하여 수록했다. 여기에는 1965년에 발표된 논문부터 최근의 논문들이 망라되어 있으며 외국 학자와 북한 측 학자의 논문 3편도 함께 수록되어 있다. 이제는 쉽게 찾아보기 어려운 초창기 논문을 포함해서 여기저기 흩어져 있던 순암연구 논문들을 한데 묶음으로써 앞으로의 순암연구를 위한 하나의 초석이 될 것이라 감히 자부해 본다.

이 연구총서를 간행하는 데에 물심양면으로 아낌없는 도움을 주신 광주廣州 안씨安氏 광양군파廣陽君派 종중과 논문의 게재를 허락해 주신 필자 여러분들께 깊은 감사의 뜻을 전한다. 그리고 연구총서 출판의 편집을 맡아 고생한 함영대 간사와 성균관대학교 출판부의 현상철 팀장에게도 고마운 마음을 전한다.

2012년 10월

성균관대학교 명예교수, 순암선생 탄신 300주년 기념사업회 회장

송 재 소宋載邵

차례

『동사강목』에 대한 해제

김사억

1. 머리말

이 책은 편년강목체編年綱目體에 의하여 고조선으로부터 고려 말까지 서술한, 우리나라 봉건시기에 있어서 최고봉을 이루는 조선 통사의 하나이며 안정복의 조선역사 노작이다.

저자 순암 안정복(1712~1791)은 실사구시적으로 연구한 봉건시기 가장 탁월한 역사학자의 한 사람으로서 일찍부터 『삼국사기』·『고려사』·『동국통감』·『여사제강』·『동사회강』·『동사찬요』 등 선행한 시기의 우리나라 역사서를 깊이 연구하였다. 그리고 저자는 이 책들이 가지고 있는 일련의 결함들을 발견하고 이를 시정하기 위하여 1756년(영조 32년, 그가 48세 때) 초고를 완성하였다. 그 후 20여 년이 지난 후인 1778년(정조 2년), 그가 목주木州(지금의 목천) 고을 원(1776년 영조 52년 겨울에 부임)으로 있을 때 이 초고를 다시 정리하고 자신의 서문을 붙여서 최종적으로 결속하였다(『동사강목』, 「동사강목서」 참조).

수권首卷과 부권附卷을 각각 앞뒤에 붙였고, 기본 내용(본편)은 17개로 구분하였다. 『동사강목』의 편목을 요약하면 다음과 같다.

저서의 첫머리에 서문・목록・범례・채거서목採據書目・사론제유성씨史論諸儒姓氏・전수도傳授圖・지도・관직・연혁도를 실었고, 고조선과 마한을 본문 제1상에 앉혔다. 3국(고구려・백제・신라)은 제1하~제4상에, 발해는 제4상・하와 제5상의 각 부록에서 취급하였다. 신라(7세기 후반 이후의 신라)에 대해서는 제4하~제5하에서, 후백제와 태봉국에 대해서는 제5하 부록에서 썼다. 제6상~제17하에서는 고려를 취급하였고, 책 마지막 부분인 부권에서는 「고이考異」・「괴설변怪說辨」・「잡설雜說」・「지리고地理考」 등을 서술하였다.

서문에서 저자는 조선 역사서에는 기전체의 『삼국사기』・『고려사』, 편년체의 『동국통감』・『여사제강』・『동사회강』 등이 있고, 『삼국사략』・『동사찬요』 등의 약사略史가 있어서 사서가 훌륭히 갖추어져 있다고 찬양하고, 이 책들의 결함을 든 다음 『동사강목』 편찬의 동기 및 그 경위를 서술하였다. 거기에는 왕조의 계통을 밝히고 왕위 찬탈을 엄격히 처리하여 시비를 따져 바로잡으며 전장典章(문물제도)을 상세히 고증하는 것이 역사가의 임무라고 쓰여 있다.

이것은 저자가 주장하는 바와 같이 봉건 편사학의 중요한 원칙이며 과업으로서 이 원칙은 다시 그 「범례」에서 조목별로 자세히 연구되어 있다. 이 「범례」는 서론과 18항 17개의 목으로 구성되어 있는데, 서론에서 저자는 대개 역사적 사실들을 저울질하는 데는 강목법이 가장 적합한 편사체계라는 것을 지적하면서 조선의 역사지리의 특수성을 고려하여 우리나라 실정에 부합되는 범례를 세운다고 하였다.

그리고 매개항과 목들에서 『동사강목』의 서술원칙을 규정하였는바 고조선을 처음으로 하고 마한을 그 계승자로 처리하였으며 3국시대는 정통이 없다가 신라 문무왕 이후 다시 정통이 서서 고려에 미친다고 하였다. 나머지 항과 목들에도 봉건 편사학의 제원칙이 장황하게 서술되어 있으나 결국은 유교적 '정통론'에 귀착되는 것이라고 말할 수 있다. 이러한 사학사상史學思想이 이 책 전체를 관통한다.

「채거서목」에는 저자가 『동사강목』을 저술하기 위하여 참고한 국내외 역사서 및 문집류들을 열거하고 있는바 이에는 우리나라 사료로서 『삼국사기』, 『삼국유사』, 『고려사』와 『파한집』 등을 비롯한 40여 종이 들어 있으며 중국사료로서 『사기』·『한서』 등 17종의 역사서적이 수록되어 있다. 「사론제유성씨」에는 김부식·이제현으로부터 유형원에 이르는 국내외 이름난 역사가 17명과 반고·마단림 등 중국 학자 6명이 열거되어 있다. 이것은 저자가 이 책들을 널리 섭렵하였으며 또 그들의 사론을 비판적으로 분석하고 이용하였다는 것을 보여 주는바 『동사강목』의 풍부한 내용 구성을 짐작케 한다.

「전수도」에는 고조선으로부터 고려까지의 우리나라 역대 왕조의 계통도, 「지도」에는 역대 폭원幅員 지도와 시대별 역대 강역지도, 「관직연혁도」에는 역대 관직에 대한 연혁표가 각각 구체적으로 표해되어 있다. 그중 「전수도」에는 『동국통감』에 수록된 최부崔溥의 왕조별 흥망성쇠에 관한 사론이 첨부되어 있다. 역대 강역도에는 매 왕조별 중요한 역사적 시기의 지역적 범위가 직관적으로 묘사되어 있다. 특히 「관직연혁도」에는 각 왕조의 중앙 관제가 구체적으로 표시되었을 뿐만 아니라 그 관계들의 연혁에 대한 비교적 상세한 설명이 주석 형식으로 서술되어 있다.

이상 수권 부분의 각종 표해는 뒤의 부권 부분과 함께 본문의 이해를 돕는 설명이 있어서 귀중한 참고로 된다.

본문은 앞에서 언급한 바와 같이 고조선, 3국(무통), 신라(7세기 후반 이후의 신라), 고려 등을 조선의 역대 정통 왕조로 인정하고 이 순서에 따라 편년강목체의 통사로 서술하였다. 이 서술 기간은 고조선 시기부터 1392년(공양왕 4년)까지를 포괄하고 있다.

이 기간의 기사가 본문 17개의 권에 수록되었는데 매권을 다시 상하로 나누었다. 이 구분은 일정한 원칙(시기 부분, 왕조별 등)이 없이 다만 서술 분량을 참작하여 적당히 구분한 데 지나지 않는다. 그러나 3국 시기는 3국을 각각 서술하지 않고 연월별로 같은 해의 기사를 일원적으로 서술하였다.

저서의 전반적 수록 내용은 정치·경제·문화·군사·외교 등 광범한 범위와 각 부분의 중요 기사를 대상으로 하고 있는바 그 내용상 특징을 표출하여 개괄적으로 소개하면 다음과 같다.

우선 저서에서는 저자 자신의 열렬한 애국사상에 따라 외래 침략자를 반대하여 싸운 애국적 명장들과 인민들의 투쟁 업적이 구체적으로 서술 평가되고 있다. 이에 대하여 저서에서는 선비족鮮卑族을 비롯한 대륙으로부터의 침략자를 반대하여 용감히 싸웠고 수隋나라 침략 대군을 격파하고 조국의 영예를 고수한 고구려 인민의 영웅적 투쟁, 당나라 침략을 반대하여 싸운 백제 인민의 투쟁, 그리고 왜적의 무리들을 그때마다 격퇴한 신라 인민의 영웅적 투쟁, 거란과 몽골 침략자를 물리치고 민족적 독립을 수호한 고려 인민의 빛나는 투쟁 업적에 대하여 자랑스럽고 긍지감에 찬 필치로 훌륭히 서술되어 있다.

이에 대하여 쓰기를 "우리나라는 비록 작은 나라이지만 옛적 삼국시기에 있어서는 상무에 전념[專尙武力]하였기 때문에 고구려는 선비를 항복시키고 말갈靺鞨을 복속시켰으며 부여를 병탐하여 항상 중국의 '우환거리'가 되었다. 그리고 수·당은 방대한 병력을 동원하였으나 종시 그 뜻을 이루지 못하였다. 백제는 그가 작은 나라이고 비록 쇠퇴하는 시기에 처하여 있던 때였으나 신라와 당나라는 군대를 동원하여 수년 간을 싸운 후에야 겨우 항복시킬 수 있었다. 신라 역시 오늘의 영남 일각을 차지하고 있었으나 능히 멀리 일본을 쳤다"(『동사강목』 제11상)라고 하였다.

그러면서 우리나라 사람들은 혼자서 능히 외적 열, 백을 당한다고 하였으니 우리나라는 절대로 약한 나라가 아니었다는 것을 높은 자부심과 긍지를 가지고 당당히 자랑하였다. 또한 저서에서는 이러한 투쟁의 과정을 통하여 우리 인민이 낳은 애국적 명장들인 고조선의 성기成己, 고구려의 검모잠劒牟岑, 백제의 계백階伯, 지수신遲受信 등 장군이 발휘한 애국심을 높이 평가하였으며 고구려의 애국적 명장 을지문덕乙支文德, 고려의 서희徐熙 장군 등의 불멸의 업적들을 긍지 높이 찬양하였다.

한편 저서에서는 신라가 삼국을 '통합'한 이후 국방에 관심을 돌리지 않아 무력은 점차 쇠퇴하게 되었고, 고려 광종 이후부터는 "과거법科擧法을 세워 온

나라 사람들이 이에 몰두하여 재주와 지혜는 글을 따지고 시를 짓는 데 소모되어 여력이 없게 되었다"(『동사강목』 제11상)라고 통탄하고 있다.

또한 저서에는 나라를 사랑하는 저자의 사상이 국방력을 강화하는 데 대한 열렬한 주장으로 표현되고 있다.

1091년(선종 8년) 고려의 서북면병마사西北面兵馬使 유홍柳洪이 병차兵車를 제조하여 구주龜州(구성)에 비치한 사실을 평가하면서 "우리나라의 경우에서 외적의 방어란 남왜南倭(남쪽 왜), 북로北虜(북쪽 오랑캐)인데 왜를 막는 데는 배(舟-수군) 이상 가는 것이 없으며, 오랑캐를 방어하는 데는 병차를 사용하는 것 이상 좋은 것은 없다"(『동사강목』 제7하)고 하였다. 계속하여 저자는 우리나라의 지세를 논하고 특히 북방 지세는 막히고 험난하므로 병차를 만들어 일단 유사시에 대처한다면 얼마나 좋은 일이겠느냐며 적극적인 방안까지 제기하였다.

외적의 침입으로부터 국토를 방위하는 데 대한 저자의 열렬한 주장은 저서의 다음과 같은 구절에서 집중적으로 표현되고 있다.

987년(성종 6년) 6월조에서 "주군의 병기를 거두어들여 농기를 주조하다[收州郡兵 鑄農器]"라고 서술한 다음, 이에 대한 안설按說에서 "나라가 비록 평안하다고 하여 어찌 외적의 침략을 방어하기 위한 병기에 대하여 소홀히 할 수 있겠는가? 만약 주군의 병기를 거두어들인다면 외적들이 쳐들어왔을 때는 무엇으로써 이를 막아내겠는가? 이에 대하여 생각하지 않음이 극심하도다"(『동사강목』 제6하)라고 봉건 통치배들의 안일과 무방비 상태를 저주하면서 예리한 필봉으로 규탄하였다.

『동사강목』에서 저자가 견지한 기본입장의 또 하나는 바로 애민愛民사상이다. 물론 그는 역사 발전에서의 인민대중의 역할에 대하여 옳은 견해를 가질 수 없었으며 계급투쟁에 대하여 정당한 평가를 내릴 수도 없었다. 그러나 『동사강목』의 서술 내용에서 표현되고 있는 그의 애민사상은 그의 애국주의 사상과 연결되는 것이며 실학자들의 높은 인도주의 사상의 발현으로 보아야 할 것이다. 그것은 주로 봉건 국가의 인민들에 대한 제시책, 특히 착취 체제에 대한 서술과 이에 대한 그의 분석 평가에서 여실히 찾아볼 수 있다.

194년(고국천왕 16년) 10월에 고구려에서 실시한 진대법賑貸法에 관한 안설에서 다음과 같이 서술되어 있다. “이것은 후세 환자[還上]의 시초가 되었다. (…) 고구려 왕이 궁핍한 백성들의 굶주림을 물어 진대법을 세웠는데 진賑이라 함은 굶주린 백성을 먹여 살리는 것이요, 대貸라고 함은 관곡官穀을 꾸어 주었다가 도로 갚도록 하는 것을 의미한다. 진은 좋은 것이나 대는 좋지 않은 것이다. 왜냐하면 백성이란 나라의 적자赤子이기에 굶주려 쓰러질 때 곡식을 내어 이를 구제하는 것은 부모의 책임과도 같은 것이다. 어찌하여 꾸어 주고 그것을 물도록 할 수 있겠는가. (…) 먼저 백성들에게 꾸어 주고 후에 그 보상을 책責한다면 반드시 형벌과 우환을 면치 못할 것이다. 이래서 그 법은 좋지 못하다는 것이다(『동사강목』 제2상)

이와 같은 입장에서 1036년(고려 정종 2년) 11월 “무의무탁하여 굶주림에 떠는 질병자를 위하여 동서대비원東西大悲院을 수축하고 옷과 먹을 것을 나누어 주었다”는 기사에 대하여 저서의 안설에서 ‘보민지도保民之道’라고 긍정적으로 논평하였다.

한편 인민들에 대한 국가적 시책이 하등의 실효를 나타내지 못하고 있을 뿐만 아니라 일방적으로 세금 액수만 늘리고 있다는 사실에 대하여 날카롭게 비판하였다. 저서에서는 “모미耗米의 증수는 백성들을 병들게 하며”, “불리기만 하고 덜어 주지는 않으니 백성들에 대한 폐해란 이루 헤아릴 수 없다”고 썼다.

저자 안정복은 『동사강목』에서 이렇게 선행한 시기의 역사적 사실을 비판하는 형식을 취하였으나 사실은 저자 생존 당시의 저주스러운 봉건 통치자들에 대한 날카로운 비판이었으며, 당대 인민들의 비참한 처지에 대한 저자 자신의 다함없는 동정의 표시였던 것으로 보아야 옳은 것이다.

사회·정치 개혁에 관해서도 저서에서는 저러한 방법, 즉 과거의 역사적 사실을 들어 그 당시를 비판하는 형식을 취하여 토론하고 있음을 보게 된다.

예컨대 956년(고려 광종 7년) 노비안검법奴婢按檢法의 실시를 들어 그것의 부당성을 논단하였고, 958년(광종 9년) 과거법科擧法 시행의 사실을 들어 과거법이 가져온 여러 가지 폐단에 대하여 역사적으로 논증하고 그 개혁을 주장하였다. 다른 예로는 1167년(고려 문종 21년) 통치계급의 부당한 처사로 인하여 억울하게 사형당한 한 노비의 희생에 대하여 깊은 동정과 통치자에 대한 분격을 표시하면서 저서에서는 옥사獄事를 신중히 처리할 것과 그 개혁을 주장하였다. 이것은 저자 자신의 인권 옹호 사상의 표현이라고 볼 수 있다.

『동사강목』의 가치를 가장 빛내는 부분은 부권附卷(부록편 2권)에 수록된 4편의 역사고증이다. 이 고증은 역사 연구 방법에서 성실한 고증적 태도를 보여주는 저자의 역작 편이라고 말할 수 있는 가치 있는 부분이다. 부권 상上에는 「고이」·「괴설변」·「잡설」 등 3편이 수록되었고, 부권 하下에는 「지리고」 1편이 묶여져 있다.

각 편에는 다시 여러 개의 개별적 문제들이 취급되어 있는바 「고이」편에서는 저서의 본편에서 해명하지 않은 역사적 사실의 동이同異에 대한 것과 사건·사실의 취사선택에서 저자가 취한 관점에 대하여 133개의 실례를 들어 논증하였다. 예컨대 단군설화, 고구려·백제·신라의 왕위 계통에 대한 비판 분석 및 갈문왕葛文王, 이사금尼師今, 신라의 불교 전래, 화랑, 진흥왕정계비眞興王定界碑(순수비) 등에 대하여 고증하였다. 특히 이 편에서는 3국에 관한 중국 측 사론의 오류에 대하여 비교적 정확한 과학적 논거로써 이를 시정 보충하고 있다.

다음 「괴설변」편에서는 선행한 사서史書들에서 허황하고 비과학적으로 서술된 일련의 문제들에 대하여 날카롭게 비판 분석하였다. 여기에는 14개의 개별적 자료들이 취급되었는바 예를 들면 단군전설, 금와金蛙, 박혁거세, 석탈해, 김수로, 김알지, 주몽 및 고려 왕건의 시조전설 등과 연오延烏·세오細烏, 사금갑射琴匣 등의 전설에 관한 종래의 설을 비판한 것이 그것이다. 물론 이 편에서 서술된 내용을 통하여 설화전설이 반영하고 있는 사회 역사적 배경과 그 속에 깃들어 있는 사료적 가치에 대한 정확한 평가를 발견할 수는 없다. 다만 여기에서 우리들은 미신과 몽매를 반대하고 있는 저자 자신의 무신론적 경향만을 충분히 간취할 수 있을 것이다.

다음 「잡설」편에서는 조선의 명칭, 진국 3한설, 3국의 기원 등에 관한 11개의 개별적 문제들을 취급하였다.

마지막으로 「지리고」에는 역대 강역 「강역고疆域考」와 「분야고分野考」를 수록하였다. 역대 「강역고」에서는 고조선 관계 강역과 3한 등의 강역을 비롯하여 패수浿水·열수列水·대수帶水 그리고 예맥濊貊·옥저沃沮·부여夫餘 등 종족의 분포 지역과 신라·고구려·백제 등의 역사지리 및 팔도八道의 강역 현황에 대한 고증 등 60여 개의 역사지리적 고증을 주었다. 이상 「강역고」에 수록된 저자의 고증은 물론 그의 판단이 잘못된 부분도 있기는 하나 이것은 우리나라 역사지리 연구의 귀중한 유산이며 개중에는 그의 고증적 결론이 아직도 생명력을 가지고 있는 것이 적지 않다. 「분야고」에서는 '경위선분야도經緯線分野圖'를 첨부하여 우리나라의 지리적 위치를 밝혔다.

이렇듯 『동사강목』은 종래의 사서에 비하여 사료에 대한 포괄 내용에서, 그리고 그 비판 분석에서 한 걸음 전진하였고 당시로서는 우리나라 역사서술에서 한 단계의 비약을 보여 주었다. 이것은 확실히 선행 역사서와 구별되는 새 방법의 도입이며 우리나라 편사학의 중요 발전단계를 열어 놓은 업적으로 평가하게 된다. 말하자면 『동사강목』은 봉건 시기 편사학의 최고 수준의 경지에 올랐고 그 최후를 장식하였으며 동시에 근대 사학을 넘어서는 교량적 의의를 담당한 역사서라고 하여도 과장이 없을 것이다.

이 책의 전 편을 통하여 저자 안정복의 애국애민사상과 외래 침략자를 증오하는 적개심, 부패하여 가는 봉건질서에 대한 개탄과 날카로운 비판정신이 일관되고 있으며 그의 실사구시적 입장과 고증적 방법을 통한 역사관이 관통되고 있다. 이러한 입장과 방법에 토대하여 집필된 『동사강목』은 그 이전 시기에 달성된 역사 연구 성과를 충분히 반영하면서 조국의 역사를 당대로서는 훌륭히 편찬하였다고 긍정적으로 평가하게 된다.

저자의 역사관은 『동사강목』의 전 편을 통해 표현되고 있으며 특히 범례, 사료의 선택, 그리고 본문 서술의 군데군데에 붙인 사론과 안설에서 집중적으로 나타나고 있다. 그 권수와 본편, 권말 등에 서술되어 있는 각종 역사적 사실들에 대한 고증, 평가와 도표 등은 높은 과학적 정확성과 심오한 내용으로 하여 참고하여야 할 점이 적지 않다.

물론 이 저서는 저자가 살던 당시의 시대적 제한성으로 말미암아 일정한 결함을 면치 못하고 있다. 그 주요한 결함은 때때로 사대주의적 질곡과 유학자적 정윤론正閏論에 빠지고 있는 점이다. 저서에 반영된 계통론系統論 및 충절에 관한 유학자적 입장이 거기에 속하며, 왕조 중심에 선 저자의 사관으로 말미암아 인민의 역사를 쓰지 못함이 이 저서의 약점이다. 이것은 또한 그로서는 피치 못할 결함으로 보아야 할 것이다.

이러한 부족한 점을 내포하고 있음에도 『동사강목』은 실학자인 저자의 선진적 사상 견해와 해박한 역사 지식에 의하여 쓰여진 높은 과학적 가치를 가지는 민족 문화유산의 하나로서 우리가 마르크스-레닌주의 방법론에 철저히 의거하여 비판 계승하여야 할 우리나라 봉건 역사학 발전사상에 단연 두각을 나타내는 사서史書에 속한다.

안정복의 역사관과 그의 조국 역사 편사에 대하여

김사억

18세기 우리나라의 대표적인 실학자의 한 사람이며 특히 역사연구 분야에서 커다란 업적을 남긴 순암 안정복은 우리나라 사학사상에서 빛나는 자리를 차지하고 있는 저명한 역사가이다. 그러나 그가 조국 역사 편사 분야에 남겨 놓은 업적과 그에 대한 평가 문제에 대하여는 아직 우리 학계에서 연구 소개된 것이 그리 많지 않다.

현 시기 과학연구 분야에서 주체를 더욱 철저히 확립하며, 과거의 우리나라 과학문화의 우수한 유산을 계승 발전시키는 것에 대한 요구에 비추어 볼 때 사학도들에게 부과된 과업은 실로 중요하고도 크다고 할 것이다. 특히 역사적 인물 평가에서 역사주의적 원칙과 과학적 방법론에 철저히 입각하여 긍정과 부정을 가려내야 한다. 여기에 있어서 역사적 제한성을 무시하고 마치 완성된 유물론자인 것처럼 사실을 과장하거나 반대로 지나친 현대적 요구의 견지에서 부정만을 찾아내는 허무주의적 편향을 다같이 경계해야 한다.

필자는 이러한 견지에서 순암 안정복의 역사관과 그의 조국 역사편찬을 중심으로 그가 우리나라 역사학 발전에 기여한 업적과 그 제한성을 밝힘으로써 그가 차지하는 사학사상의 위치를 해명하려 한다.

그러나 우리나라 사학사를 전면적으로 그리고 체계적으로 연구하지 못한 토대에서 그 한 부분만을 고찰하게 되는 데로부터 필자의 분석 평가가 일면성과 속단을 면치 못하리라는 것을 자인한다. 또한 현재 안정복의 유저 전부를 열람할 수 없는 불가피한 사정은 필자의 이러한 약점을 더하여 주고 있다. 본 논문에서는 주로 그의 대표적 저작이 되는 『동사강목』과 그의 문집인 『순암집』을 기본사료로 하여 다음과 같은 체계로 서술하게 됨을 부언한다.

1. 안정복의 출신과 그의 계급적 입장
2. 안정복의 철학 및 사회·정치적 견해
3. 안정복의 역사관
4. 조국 역사 편사체계와 역사서술 방법
5. 조국 역사연구에서 이룬 업적

결론－우리나라 편사학사상에서 안정복의 위치

1. 안정복의 출신과 그의 계급적 입장

순암 안정복은 1712년 12월 25일(음력) 실세한 남인 당계黨系의 가난하고 문벌이 변변치 못한 양반 가문에서 출생하였다. 그가 출생하던 당시 그의 조부인 안서우安瑞羽는 서울에서 하급관리로 있다가 가족들을 데리고 충청도 제천堤川 유원楡院이라는 곳에 있는 친척집으로 이사하였다. 안정복은 이곳에서 안극安極의 맏아들로 태어난 것이다.

그는 네 살 때에 어머니와 함께 서울에 있는 외가에 왔으며 여섯 살 때에는 어머니와 함께 외가의 농장이 있는 전라도 영광 월산月山이라는 곳에 가서 지내다가 아홉 살 때 다시 서울 남대문 밖에 있었던 자택으로 왔다. 그의 유년시절은 이렇게 어머니와 함께 외가에서 지냈는데 그것은 외가 편의 가세가 상대적으로 나았다는 사정과 관련될 것이다.

안정복이 글을 배우기 시작한 것은 열 살 때부터였는데 그 후 발전은 매우 빨랐다고 전한다.[1] 그는 열네 살 때에 당시 울산부사蔚山府使로 있던 조부를 따라 갔으나 다음 해에 조부가 해임되자 그의 온 가족은 전라도 무주茂朱로 옮겨 살게 되었다. 그는 그 후 이곳에서 10년 동안 살면서 학문에 전력을 기울였다. 그는 24세 때 조부를 여의자 그 이듬해에는 그의 관향인 경기도 광주 경안慶安의 덕곡德谷이란 마을로 이사해 왔고 이곳에서 결국 일생을 마쳤다.

이렇듯 안정복은 청소년 시절에 여러 지방으로 돌아다니면서 살았는데 그것은 주로 그 집안의 불안정한 경제생활과 순조롭지 못하였던 조부의 벼슬살이로 말미암은 것이었다. 이러한 처지에서 안정복은 현실 제도와 정치에 대한 일정한 비판력을 가지게 되었다. 처음부터 그가 벼슬길을 단념하고 학문연구에 일생을 바치겠다고 결의하기에 이른 데에는 이러한 그의 생활체험과 사상 감정이 강하게 작용한 것이라고 볼 수 있다.

안정복 자신이 회상한 바에 의하면 그의 조상들은 팔백 년을 두고 가난하게 살아왔다[惟我漢山 業相承八百年 家世本清貧]고 하였으며 그의 당대에 이르러서는 책을 살 돈도 없어 종일토록 머리 숙이고 앉아 책을 베꼈다[旣無買書錢 乃有鈔書意 垂首坐終日]고 하였다.[2]

그의 제자인 황덕길黃德吉이 지은 「순암선생행장」에 의하면 그에게는 몇 이랑의 돌밭이 있었으나 세입이 퍽 적었다[數頃石田 歲入頗約]고 하였다.[3] 그의 경제적 토대가 시골 양반치고도 그리 넉넉한 편은 못 되었다는 것은 다음과 같은

1 『順庵集』, 「年譜」. “景宗大王元年辛丑(1712) 先生十歲 始入學先讀小學. 以移寓京鄕之故. 至是始入學 而句讀分明 見意精詳 不過數年 文理驟達.”

2 『順庵集』 卷1.

3 『順庵集』, 「順庵先生行狀」.

몇 가지 사실들로도 짐작할 수 있다.

안정복은 그의 일생에 거처를 여러 번 옮기기도 하였으며 또 집을 여러 번 다시 짓기도 하였는데 이것은 빈곤과 자신의 질병으로 인하여 집을 변변히 꾸리지 못하였던 관계라 하겠다. 그는 1754년(43세 때)에 부친을 여의고 이때 연래의 병이 더하여 서울 옛집 자리로 옮겨가서 살려고 하였으나 너무 파괴되어 있을 수 없어 광주로 되돌아온 일이 있다. 그 후 2년을 지나 여덟 간 초옥을 지은 일이 있는데 그의 동생이 몸소 쟁기를 들고 일하였으며 동리 사람들의 조력에 의하여 지어졌다고 하였다.[4] 그리고 그는 오래전부터 좋은 터를 정하여 서재 한 채를 꾸리고 이사하려 한 일도 있었으나 빈한함과 신병으로 뜻을 이루지 못하다가 1765년(54세 때) 봄에 아들이 손수 나무를 찍어다가 재목을 다듬고 동리 젊은이들의 협력을 얻어 겨우 뜻을 이루었다고 썼다.[5]

이렇게 놓고 보면 그가 일시 마지못해 벼슬살이를 한 일도 있었으나 그의 전 생애를 두고 말할 때 그의 경제적 기초는 그리 넉넉한 편은 못되었던 것으로 보아야 할 것이다. 따라서 그는 실세 몰락한 남인 가문 출신으로서 지방의 중소 지주 계층에 속하는 양반이었다고 말할 수 있을 것이다.

안정복은 가정환경, 건강상태 그리고 학문연구에 대한 열렬한 지향과 특히 당대 사회제도와 정치에 대한 불만으로 일찍부터 과거에 응시하려고 생각하지 않았으며 벼슬도 단념하고 있었다. 그러나 그의 명성은 궁중에까지 알려져 38세 때 처음으로 후릉참봉厚陵參奉으로 임명되었다. 처음에는 굳이 사양하고 나가지 않았으나 나중에는 여러 가지 사정으로 인하여 부득불 한동안 벼슬살이를 하지 않을 수 없었다. 40세 때에는 의영고봉사義盈庫奉事를 잠깐 지낸 일도 있었다. 그 후 약 20여 년 간 그는 거의 관계와는 발을 끊었는데 그의 유명한 저작들은 바로 이 시기에 저술된 것이다.

4 『順庵集』 卷2, 「上星湖先生別紙 丙子」.

5 『順庵集』 卷1, 「溪北新舍並序」.

그는 노년에 이르러 당시 영상이었던 채제공蔡濟恭을 비롯한 일련의 남인 당계 대신들의 추천으로 인하여 1772년 그의 나이 61세 되던 해에 익위사익찬翊衛司翊贊으로 추대되어 수차 서연書筵에 나아가 왕세자에게 글을 강론한 일이 있으며 65세 때에 마지막 벼슬로 목천현감木川縣監에 임명된 일이 있다. 그러나 그의 벼슬살이는 어느 때나 길지 않았으며 잠깐 나갔다가는 곧 도로 사임하고 돌아왔다. 그가 관직에 뜻이 없었다고 하는 사실은 목천현감 재임 3년 기간에 10여 차례나 감사에게 사표를 제출한 것만으로도 짐작할 수 있다.

1779년 4월 그는 거듭 세 번이나 사표를 내놓은 끝에 겨우 허락되어 현감을 그만두고 고향으로 돌아오게 되었다. 이것이 그의 벼슬살이로서는 마지막이었다. 안정복은 실직으로서는 목천현감까지 하였으며 작위로서는 후에 종이품從二品 가선대부嘉善大夫에까지 올라갔다. 순암은 고향으로 돌아온 후 그의 생애의 마지막 시기를 오로지 제자들의 교육과 저작사업에 바치었다. 그리고 1791년 7월에 80세 나이로 광주 덕곡 자택에서 세상을 떠났다.

이상에서 순암 안정복의 출신과 그의 계급적 입장을 엿볼 수 있는 간단한 몇 가지 자료에 대하여 고찰하였다. 물론 저러한 계급적 기초만을 두고 그의 학설과 사상의 전모를 단순화하거나 직선적으로 결부시켜 규정지을 수는 없는 것이라 하더라도 그가 정권에서 밀려나간 실세한 양반이란 점과 집권한 대토지 소유자들과는 그 경제적 이해관계를 달리하고 있었던 점은 그로 하여금 현실 비판적인 입장에 서게 한 주된 조건의 하나였다고 볼 수 있다.

때문에 대체로 이 시기의 중소 토지 소유자 계층에 속하였던 우리나라 실학자들은 집권계층인 대토지 소유자들과 계급적으로 직접 대립하고 있었던 피압박 농민들의 처지를 어느 정도 동정하여 나설 수 있었으며 또 그들의 이해관계를 반영한 학설이나 이론을 제기할 수도 있는 그러한 사회·경제적 처지에 놓여 있었던 것으로 보게 된다.

그러나 실학자들은 본질적으로 양반 지배계급에 속하는 인물들이었던 만큼 그들의 사상과 학설에는 긍정과 부정이 오가는 실로 복잡한 양상이 담겨 있다는 것을 엿볼 수 있으며 그중 어느 한 측면만을 과장할 수 없게 하는 자체 모순에 빠져 있는 점도 없지 않다는 것을 순암 안정복의 경우를 통하여서도 찾게 된다. 바로 이러한 가운데서 무엇이 긍정적이며 무엇이 부정적인가 하는 것에 대하여 이를 역사주의적 원칙에서 고찰하고 과학적 방법론에 철저히 입각하여 평가하는 것이 중요한 과업으로 제기된다고 본다.

2. 안정복의 철학 및 사회·정치적 견해

안정복의 철학사상 및 그의 사회・정치적 견해를 이해하기 위해서는 우선 그의 학문연구의 내용과 함께 그가 속한 학통과 학파에 대하여 고찰하는 것이 순서일 것이다.

안정복의 본격적인 학문연구는 그의 일가가 경기도 광주에 정착한 이후부터 시작되었으며 이때 그의 연구는 주로 유교경전에 돌려졌다. 그는 26세 때에 『성리대전』과 『심경』을 열심히 공부하였다. 그는 어렸을 때부터 스스로에게 '선비로 이 세상에 태어나 오직 한 가지 재예로서만 명성을 낼 것인가'라고 일러 왔다고 하며, 그리하여 그는 "경사시례經史詩禮에 관한 한학의 기본 고전들 외에 음양陰陽・성력星曆・의약醫藥・복서卜筮에 관한 서적과 심지어 손오불로孫吳佛老에 관한 책, 그리고 패승소설稗乘小說의 종류에 이르기까지 문자가 나온 이래 문헌으로서 그가 볼 수 있는 것은 보지 않은 것이 거의 없었다"라고 하였다.[6] 그는 성리학에 뜻을 두어 『성리대전』을 읽고 나서는 자기의 학문은 첫 시작에 불과하다고 개탄하였다.

이상과 같은 사실은 벌써 그가 어렸을 때부터 박학다식한 선비로 준비되어 왔다는 것과 실학자들의 일반적 특징이 되는 백과전서적 지식의 소유자로서

6 『順庵集』, 「年譜」.

자질을 갖추고 있었음을 말하여 주는 동시에 그의 철학적 견해는 적지 않게 성리학적 견해에 기울어져 가고 있었음을 알게 해준다.

안정복의 학문연구와 그의 사상발전에서 전환점을 이룬 것은 그가 당대의 대 실학자인 성호 이익의 문하로 들어간 때부터라고 말할 수 있다. 1746년 10월에 안정복은 당시 안산 성촌에 있었던 성호 이익을 찾았다. 이때 성호의 나이는 65세였으며 안정복은 35세였다. 그 후 안정복은 성호가 83세에 세상을 떠날 때까지 18년 간 그를 스승으로 모시게 되었다. 그는 또한 성호의 여러 자질子姪을 비롯한 친척들 및 그의 여러 제자들과도 친교를 맺고 학문상의 문제를 직접 혹은 서한을 통하여 논의하였다. 말하자면 이때부터 순암 안정복은 이익의 학설을 기본적으로 시인하고 '성호학파'에 속한 유능한 실학자 중의 한 사람으로서 그의 학설의 직접적 계승자로 등장한 것이다.

이러한 사정은 안정복의 철학적 견해가 기본적으로 성호와 동일하였다고 짐작할 수 있게 한다. 특히 성호 이익이 그의 대표적 저술인 『성호사설星湖僿說』과 『이자수어李子粹語』(퇴계 언행록으로서 성호 자신이 처음에 붙인 이 책명은 『도동록道東錄』)의 정리 편찬 사업을 안정복에게 전적으로 위임하였던 사실은 양자의 사상적 공통성을 여실히 실증해 주는 것이다.

이익은 그의 제자인 안정복의 학문상의 '우점優點'을 아마도 두 가지 면에서 발견하고 이를 평가한 것 같다. 그 하나는 안정복의 해박한 지식과 실사구시적 연구태도에 대한 높은 평가였을 것이며, 또 하나는 성리학에 대한 동일한 사상적 입장에 대한 신임이었으리라고 생각된다. 그러나 이것은 안정복의 경우에 있어서는 그가 가지고 있는 긍정과 부정, 이 두 측면의 구체적 표현이라고 말하지 않을 수 없으며, 동시에 성호 이익의 사상에서 표현된 진보성과 보수성의 직접적 반영이라고 보지 않을 수 없다.

안정복은 그의 우주관과 인식론에 있어서 기본적으로 유물론에 접근함으로써 이익과 동일한 입장에 서 있었다. 이 점은 안정복의 철학사상에서 긍정적 측면이라고 말할 수 있다.

그는 일식의 원리와 성좌의 운행에 대하여 당시로서는 비교적 정확한 지식을 소유하고 있었으며 특히 천변지이天變地異를 인간의 길흉화복과 결부시키는 비과학적인 태도를 반대하였다. 즉 그는 이러한 선진적인 자연과학 지식에 근거하여 『삼국사기』의 일식에 관한 기록의 일부 부정확성을 보충하였으며[7] 노인성老人星(남극성)의 출현을 낭성狼星(시리우스)의 출현으로 오인한 것이라고 한 고려 의종 24년 2월의 기사를 시정하고 있다.[8] 또한 그는 신라 실성왕實聖王 통치 12년 8월에 계림 낭산狼山에 누각 모양의 구름이 떠오른 것을 가지고 신선이 내려와 노는 복지福地라 하여 그곳의 수목 금벌을 명하고 있는 어리석은 처사를 평하여 다음과 같이 썼다. "산천의 기가 솟아올라 구름이 된 것으로 그 형체는 천만 가지이다. 이 모든 것은 다 기로 말미암은 것[莫非氣之使然]이라 하겠다. 신라 왕이 이것을 가지고 상서롭다 하여 틀림없이 신선이 노닐던 곳이라 하였으니 이치에 맞지 않음이 심하다 할 것이다." 계속하여 그는 이러한 짓은 왕이 세상을 미혹하고 백성들을 우롱하는 탄망한 설[誕妄之說]이라고 통렬히 비판하였다.[9]

이러한 안정복의 선진적인 자연관은 그로 하여금 종교신비설을 반대한 무신론적 입장에 접근하게 하였다. 그는 불교·천주교 등 종교적 신앙을 거부하였을 뿐만 아니라 신의 존재를 부인하였다. 그는 자신의 저서 『천학고天學考』와 『천학문답天學問答』에서 천주교(예수교)는 불교·도교 이상으로 허탕한 설이라 하였고 그 천당 지옥설에 대하여 신랄한 비판을 가하였다.[10] 그는 말하기를 "나는 이미 이 현세에 태어났은즉 마땅히 현세의 일에 대하여 성현이 가르친 대로 이

---

7 『東史綱目』 第一, 丁卯馬韓 夏四月 辛丑朔.

8 『東史綱目』 第九上, 高麗毅宗 庚寅二十四年 二月條.

9 『東史綱目』 第二下, 癸丑 新羅 實聖王十二年 秋八月條.

10 『順庵集』 「年譜」. "夫道家之尊老君 釋氏之尊釋迦 西士之尊耶蘇 其義一也", "(…) 名雖救世其實專爲一己之私無異道佛之教也", "(…) 且言人之靈魂 終古不散 受善惡之報 若如其說 則寅生以後 人類至多地獄 天堂 雖云閒曠何處容其靈魂乎 以人道推之 則自古及今 人皆長生不死 則人數至繁 其能容於此世乎."

를 행할 뿐인 것이니 천당이나 지옥은 나에게 무슨 상관이 있겠는가"라고 하였다.[11]

이러한 그의 무신론적 사상은 선진적 자연과학 사상에 기초한 그의 진보적 세계관을 반영한 것이다. 그러나 안정복은 예론을 비롯한 봉건적 도덕규범에 관한 견해에서는 기본적으로 주자朱子와 이황李滉의 입장에 서 있음을 보게 된다. 이 점은 안정복의 철학사상에서 부정적 측면이라고 말할 수 있다. 이것은 당시 조선 성리학자들 내부뿐 아니라 유물론자들에게 있어서도 중요한 논쟁문제로 되어 온 '사단칠정이기설四端七情理氣說'에 관한 그의 견해에서 집중적으로 표현되고 있다.

안정복은 이에 대하여 주로 성호학파에 속하는 정산貞山 이병휴李秉休(자는 景協), 소남邵南 윤동규尹東奎 및 녹암鹿庵 권철신權哲身(자는 既明) 등과 논쟁한 바 있다. 그는 여기에서 사람에게는 그 누구에게도 공통적인 '본연지성本然之性'과 사람에 따라 다른 '기질지성氣質之性'이 구비되어 있다고 하였으며 이기겸발理氣兼發을 반대하고 '이기호발理氣互發(사단은 이의 발이며 칠정은 기의 발현으로서 이와 기가 각각 발현한다는 것을 의미하는 것으로 사단칠정을 모두 이·기의 공동 발현이라고 보는 '이기겸발' 이론과 대립되는 견해)을 주장함으로써 기본적으로 주리론적 입장에 섰다.[12]

이 점에서 그는 대표적 객관 관념론자인 퇴계 이황의 견해와 동일할 뿐만 아니라 그것을 견결히 옹호하고 있는 것을 볼 수 있다. 그는 '사단칠정론'에 관하여 자기 견해를 설명하면서 "퇴계의 가르침을 고수할 뿐 이 밖의 다른 의견을 구해서는 안 될 것이다[是以 固守退溪之訓不散外此而更求別意也]"라고 강조하고 있다.[13]

---

11 『順庵集』, 「年譜」. "吾人既生此現世則 當從現世之事 求經訓之所教而行之而已 天堂地獄何關於我哉."

12 『順庵集』 卷3, 「答邵南尹丈書 丙戌」; 卷5, 「答權既明書 丙戌」; 卷3, 「答邵南尹丈書 丁亥」; 卷6, 「答權既明書 庚寅」; 卷3, 「與貞山李景協秉休書 辛未」; 卷8, 「與韓士凝書 庚寅」; 卷4, 與李景協書 乙酉」; 卷8, 「與李士興書 庚寅」.

그가 이기논쟁에서 퇴계를 지지한 것은 다음과 같은 사실에서도 찾아볼 수 있다. 1774년(순암이 63세 때) 그는 정조가 아직 동궁東宮(세자)으로 있을 때 서연書筵에 나아가 『성학집요聖學輯要』를 강의한 일이 있었다. 이때 이기장理氣章에 관한 강의가 끝난 다음에 동궁이 순암에게 묻기를 "퇴계와 율곡의 이기설이 각각 다른데 그대는 어느 설을 좇는가"라고 하였다. 이에 대하여 순암이 대답하여 말하기를 "율곡은 스스로 얻은 견해(自得之見－창조적 견해라는 뜻)여서 비록 좋기는 하지만, 퇴계의 설은 본래 주자어류朱子語類에서 보광輔廣이 기술한바 사단은 이에서 나온 것이며 칠정은 기에서 나온 것이라는 데서 온 것입니다. 보광은 주자의 고명한 제자이므로 반드시 틀리게 기록하지는 않았을 것인즉 퇴계의 설은 그 내력이 근본에서 나온 것이라고 볼 수 있습니다. 때문에 신은 일찍이 퇴계의 설을 좇고 있습니다"라고 하였다.[14] 따라서 그가 도학(성리학)에서 주자－퇴계－성호의 후계자로 평가를 받게 된 것은 우연한 사실이 아니다.[15]

이와 같이 그는 기본적으로 주자와 퇴계의 관념론적 철학사상을 계승하고는 있으나 한편으로는 그의 사상이 자연과학적 지식에 바탕을 둠으로써 많은 점에서 성호의 사상이 내포하고 있는 유물론적 영향을 더욱 뚜렷이 받고 있었던 것을 무시할 수는 없다. 때문에 그가 퇴계의 사상을 강조하고는 있으나 또 다른 측면에서 재평가해야 할 점도 없지는 않은 것이다. 다시 말하여 그는 이퇴계의 사상적 권위를 빌어서 자기의 현실 비판적 태도를 표명하기 위한 방편으로 이용한 점도 없지는 않았을 것이라는 바로 그것이다. 따라서 안정복은 기본적으로는 퇴계의 입장에 서 있었다고 말할 수 있으나 현실세계에 대한 사회정치적 견해에서는 그와는 다른 진보성을 뚜렷이 간직하고 있었던 것으로 평가

13 『順庵集』 卷8, 「與韓士凝書 庚寅」.

14 『順庵集』, 「行狀」. "先生切磋琢磨 旣承於星湖 楷糢準繩 惟在於退溪 若溯其源頭則所願學朱子也 (…) 退溪之道待先生而傳 星湖之學 得先生而著 先生盛德大業 可謂集羣儒之成矣."

15 『順庵集』, 「年譜」.

되어야 할 것이다.

그러나 여하튼 그가 그처럼 퇴계의 입장을 비호하고 그의 학문이 퇴계 학문의 한 측면에 불과하다 할지라도 퇴계의 학설을 합리화한 것은 18세기 실학자 특히 '성호학파'로서는 치명적인 약점이 아닐 수 없다. 요컨대 순암 안정복은 성호학파치고는 그 우익右翼에 속하는 학자였다고 말할 수 있을 것이다. 이렇게 긍정과 부정, 진보성과 보수성이 뒤섞인 안정복의 사상은 사회개혁을 바탕으로 한 그의 사회정치적 견해에 그대로 반영되고 있음을 보게 된다.

안정복의 사회정치적 견해는 한마디로 말하여 봉건왕정의 테두리 속에서의 사회적 개혁의 지향이었다고 말할 수 있다. 그의 이러한 사상 견해는 인민들에 대한 봉건적 착취의 조절 내지는 경감, 가혹한 봉건적 신분제도의 완화, 집권계층의 권력독점에 대한 불만으로부터 출발한 관제개편 등등에 관한 주장에서 집중적으로 표현되고 있다.

이러한 그의 일련의 개혁적 주장은 어디까지나 실세 몰락한 중소 양반 지주계층의 계급적 입장으로부터 출발한 것으로서 봉건제도 그 자체를 부정하지는 않고 있는 그 한계성을 무시해서는 안 될 것이다. 그러면서도 그의 사회정치적 견해에는 당대의 대토지 소유자 계층인 집권귀족들에 대한 비판적 입장과 일정하게는 인민들을 동정하고 나라를 사랑하는 긍정적 측면이 깔려 있음을 간과할 수는 없다.

이러한 그의 사상은 얼마 안 되는 그의 벼슬살이 과정과 『동사강목』의 서술 내용에서 찾아볼 수 있다. 안정복은 강요된 벼슬자리인 목천현감 재임 3년 기간을 통하여 그가 지향하고 있는 '사회개혁'에 관한 구상의 일단을 그의 정책에서 표현한 바 있다. 물론 그것은 당대의 사회역사적 조건과 그의 권한이 허락하는 범위 내에 국한된 것이었으나 그의 애민사상을 여실히 반영하는 것이었다.

1776년 그가 부임하던 첫해 겨울의 일이었다. 그 고을에는 종래 겨울마다 한 고을의 백성들을 동원하여 얼음을 깨다가 저장하기 위한 고된 역사役事가 있었다. 안정복은 관가의 비용을 들여 민정民丁들을 모집하여 이 일을 합리적으로 조직함으로써 일반 백성들의 고역을 면하도록 하였을 뿐만 아니라 후에는 이 역사를 폐지하도록 조처하였다.

또한 그는 1777년 정월에 방역소防役所라는 기구를 새로 창설하여 인민들에 대한 무질서한 봉건 착취를 조절하고 경감시키는 데 노력한 일도 있다. 이 고을에서도 신구관新舊官이 교체할 때면 매번 백성들의 토지 소유 정도에 따라 그 비용을 거두어들이는 고질화된 폐단이 있었다. 안정복은 그 폐단을 없애기 위하여 매년 관곡 300여 두를 작전作錢(화폐로 바꾸는 것)하여 수백 금을 얻어 이를 이용하여 관원 교체시의 쇄마刷馬(말을 삯 내는 것) 비용으로 충당하였으며 기타 각종 진상進上, 민부民賻(백성들에게 강요한 부의금) 등과 일체 인민들의 잡다한 부담을 이에서 지출하도록 하였다.[16]

이 밖에도 그는 인민들의 노역 부담의 감소, 조세의 감면과 진휼 및 권농 정책에 힘썼다. 물론 이러한 일들은 봉건 정부 그 자체도 인민들을 회유 기만하며 그들의 지나친 영락을 방지함으로써 봉건 착취의 가능성을 보장하기 위하여 때에 따라 실시하는 일이기도 하다. 그러나 인민들에게 그것이 환심을 살 정도로 원만한 것으로는 되지 못하였으며 또 될 수도 없었다. 설혹 그러한 대책이 전국적 범위로 실시된다 하더라도 그 대책의 직접적 집행자인 지방 수령들의 태도 여하에 따라 효과는 얼마든지 좌우될 수 있는 것이다. 안정복의 경우는 이따금 실시되는 저러한 국가적 대책의 평범한 집행자로서가 아니라 창발적이며 체계적인 선정의 구현자로서 그의 임기 전 기간을 보냈다.

그는 애민적인 또 하나의 방법을 그가 목천현감을 지내던 시기와 귀향한 이후 동민들 속에 열심히 선전하였던 향약鄕約을 통하여서도 실현하려 하였다. 물론 여기에서도 향약 그 자체가 추구하는 계급적 성격과 관련하여 그 제한성을 무시할 수는 없으나 안정복의 경우에 그것은 인민들의 '자생자결'을 목적으로 한 '사회개혁'적 성격을 부여하고 있었음을 인정하게 된다.

---

16 『順庵集』, 「年譜」.

안정복의 사회정치적 견해는 『동사강목』의 서술 내용에서 표현되고 있는 그의 애민사상에도 잘 반영되어 있다. 그것은 주로 봉건국가의 인민들에 대한 제 시책 특히 착취체계에 대한 분석평가에서 여실히 표현되고 있다.

194년(고구려 고국천왕 16년) 겨울 10월에 실시한 진대법賑貸法에 관하여 안정복은 그의 안설按說(저자의 평)에서 다음과 같이 서술하였다. "이것은 후세 환자의 시초가 되었다. (…) 고구려 왕이 궁핍한 백성들의 굶주림을 물어 진대법을 세웠는데 '진賑'이라 함은 굶주린 백성을 먹여 살리는 것이요, '대貸'라고 함은 관곡을 꾸어 주었다가 도로 갚도록 하는 것을 의미한다. '진'은 좋은 것이나 '대'는 좋지 못한 것이다. 왜냐하면 백성이란 나라의 적자이기에 굶주려 쓰러질 때 곡식을 내어 이를 구제하는 것은 부모의 책임이다. 어찌하여 꾸어 주고 그를 물도록 할 수 있겠는가. (…) 먼저 백성들에게 꾸어 주고 후에 그의 보상을 책한다면 반드시 형벌과 소동의 우환을 면치 못할 것이다. 이리하여 그 법은 좋지 못하다는 것이다."[17]

이와 같은 입장에서 그는 1036년(고려 정종 2년) 11월 기사의, 무의무탁한 굶주리고 추위에 떠는 질병자를 위하여 동서대비원東西大悲院을 수축하고 의복과 식량을 공급하였다는 사실에 대하여 이를 '보민지도保民之道'라고 긍정적으로 논평하였다.[18] 한편 안정복은 인민들에 대한 국가적 시책이 하등의 실효를 나타내지 못하고 있을 뿐만 아니라 세액만 늘린 사실에 대한 기사에서는 날카롭게 이를 비판하고 있다. 그는 "모미耗米의 증수는 백성들을 병들게 하며", "불리기만 하고 덜어 주지는 않으니 백성들에 대한 폐해란 이루 헤아릴 수 없다"고 썼다.

안정복은 이렇게 선행한 시기의 역사적 사실을 비판하는 형식(필법)을 취한 것이기는 하나 이는 바로 그의 생존 당시의 봉건 통치자들에 대한 날카로운 비

17 『東史綱目』 第二上, 甲戌 高句麗 故國川王 十六年 冬十月條.

18 『東史綱目』 第七上, 高麗 靖宗 丙子二年 冬十一月條.

판이며 당대 인민들의 처지에 대한 동정의 표시였던 것으로 보아야 할 것이다. 사회개혁에 관한 그의 견해는 자주 이러한 방법, 즉 과거의 역사적 사실을 들어 그 당시를 비판하는 방법을 취하여 그의 선진적인 견해를 토로하고 있음을 보게 된다.

예를 들면 그는 956년(고려 광종 7년) 노비안검법의 실시를 들어 그의 부당성을 논단하였고, 958년(광종 9년) 과거법 시행 사실을 들어 그것이 가져온 여러 가지 폐단에 대하여 역사적으로 논증하고 그 개혁을 주장하였다.[19] 이와 함께 그는 1167년 통치계급들의 부당한 처사로 인하여 억울하게 사형당한 한 노奴의 죽음에 대하여 깊은 동정을 표시하면서 옥사를 신중히 처리해야 할 것이라고 하고 이에 대한 개혁을 강조하였다.[20] 이는 그의 인권 옹호 사상의 표현이라고도 볼 수 있다.

이상에서 보는 바와 같이 안정복의 사회정치적 견해는 그것이 봉건왕정의 존재를 전제로 하고 있는 제한성을 면치 못하고는 있으나, 한편으로 악법의 개혁 필요성에 대한 심각한 인식에 기초한 그의 실천활동과 역사서술을 통하여 전개하고 있는 그의 비판과 주장을 놓고 볼 때 진보적이었으며 우리나라 실학사상 발전에서는 그의 업적을 긍정적으로 평가하지 않을 수 없다.

3. 안정복의 역사관

역사서술의 목적 설정에 있어서 사가의 태도와 입장 그리고 역사발전의 동력과 발전과정에 대한 이해 정도는 사가의 역사관을 측정하는 중요한 척도가 될 것이다. 물론 이것은 당해 시기의 사회역사적 조건과 사가 자신의 계급적

---

19 『東史綱目』 第六上, 高麗 光宗 戊午 九年 夏五月條.

20 『東史綱目』 第九上, 高麗 毅宗 丁亥二十一年 春正月條.

입장에 의하여 제약된다는 것은 두말할 필요도 없다.

18세기 사가인 순암 안정복 역시 이러한 점에서 일반적으로는 중세 관념론적 역사관의 테두리를 벗어나지 못하였다. 특히 봉건 국왕을 비롯한 양반 지배계급의 존재와 기타 봉건적 질서 그 자체를 전적으로 부정하지 않았던 안정복의 경우에 있어서 그의 역사관은 어떤 면에서는 봉건왕조 중심의 정통사상으로부터 벗어날 수도 없었다.

그러나 같은 관념론적 역사관, 봉건왕조 중심 사관이라 하더라도 관념론적 요소의 심도 차이는 있었던 것을 인정하지 않을 수 없다. 이러한 농담을 전제로 할 때 안정복은 우리나라 봉건 편사학의 발전 역사에서 관념론적인 봉건왕조 중심 사가로서는 단연 그 발전의 최고 정점에 서 있었다고 보아도 과언이 아닐 것이다.

역사서술의 목적 설정과 사가의 임무와 사명에 대한 안정복의 견해와 주장은 그의 역사관의 중요한 측면을 집중적으로 표현하고 있는 것이다. 이에 대하여 그는 『동사강목』「자서」에서 다음과 같이 쓰고 있다. "대저 사가는 크게 지켜야 할 법도는 계통을 밝히고, 찬탈을 엄히 다루며, 옳고 그름을(시비를) 바로잡으며 충절을 찬양하며, 전장(제도)을 상세히 밝히는 데 있다"라고 썼으며 계속하여 『동사강목』「범례」에서는 또 다음과 같이 강조하고 있다. "무릇 통계는 역사가가 책을 펼칠 때 제1차적 의의를 부여해야 하는 것이다[凡統系爲史家開卷第一義]"라고 하였으며, 또 다음에는 "절의에 대한 찬양과 장려는 사가의 제1의[褒奬節義是史家第一義]"라고 썼다.

이상은 역사서술의 목적과 사가의 사명에 대한 안정복의 견해와 주장의 집약적 표현이다. 여기에서 명통계明統系(왕조의 계통을 밝힌다는 뜻)를 강조하고 있는 것은 유가적 대의명분, 즉 정통 왕조사상의 표현임과 동시에 그의 역사서술에서 관통하고 있는 중심체계가 되고 있다. 그러나 안정복의 경우에 있어서 그의 대의명분론은 재래의 완고하고도 보수적인 유가적 입장과 같은 것은 아니요 어디까지나 왕조 변천에 있어서의 도의성道義性, 다시 말하면 그 왕조가 인민의 이익을 얼마나 옹호하고 있는가 하는 것에 대한 비판적 정신의 표현이었던 것이다. 즉 그의 대의명분론은 왕조사관에 기초하고 있었다 하더라도 인민의 이익과 배치되게 행동한 왕조의 반反도의성을 무조건 옹호한 것은 아니었다.

다음으로 '포충절褒忠節', '포장절의褒奬節義'를 사가의 중요 사명으로 강조하고 있는 것도 그의 경우에 있어서는 단순한 충의 사상에만 그치는 것이 아니라 후에 쓸 바와 같이 제한된 범위 내에서나마 그의 인민적인 애국주의 사상의 일단을 반영하고 있는 것이라 하겠다. 그리고 상전장詳典章(제도를 상세히 고증한다는 뜻)을 역사서술의 중요 목적으로 내세우고 있는 것은 실사구시적인 그의 학풍에서 우러나온 진지한 역사고증학적 태도를 반영한 주장이라고 할 것이다.

이렇듯 안정복의 역사관의 중요 측면은 본질적으로 봉건왕조 중심의 정윤론正閏論에 입각한 관념사관에 속하고 있었음을 무시할 수 없게 된다. 그러나 한편으로는 역사적 사실에 대한 비판적 태도(엄찬역嚴簒逆, 정시비正是非)는 재래의 유교적인 사관에 비하여 훨씬 뚜렷하게 전진한 것이라 하겠다. 이 실례로서는 우리나라 고대 신화들과 전설들에 대한 비판적 평가다. 물론 그가 전개한 서술에는 신화나 전설 가운데 담겨 있는 당시의 사회경제적 형편, 생산력 발전수준 등을 정확히 찾아내지 못하고 있으나 단군신화를 고조선의 건국신화로 인정한 점은 그의 뛰어난 의견이라고 말할 수 있다. 또한 신화나 전설 등에 가미 윤색된 신기하고 괴이한 내용들에 대하여 그것은 백성들을 우롱하기 위하여 지배계급이 꾸며낸 것이라고 본 그의 사관[21]은 왕권에 대한 미신적인 윤색을 폭로 비판한 것으로서 큰 의의를 가진다.

그러나 안정복의 국가관은 그 시대적 제약성으로 말미암아 봉건왕정의 객관적 존재에 대하여 거의 절대시하고 있는 점을 부정할 수는 없다. 그는 정통 국왕으로서 패륜난도悖倫亂道(봉건 도덕에 어긋난) 행위를 하지 않는 한에 있어서 그에 대한 무조건 충성을 요구하고 있다. 전체적으로 그는 양반 지배계급의 우위와 그들의 권익을 옹호하는 봉건질서를 전제로 한 법·제도의 준법을 또한 강

---

21 『東史綱目』 附卷, 「怪說辨證」 참조.

하게 내세우고 있는 것이다. 그는 "천하의 가장 약한 나라는 그 원인이 다른 데 있는 것이 아니라 법·제도가 바로 그렇게 만든 것[天下之最弱國者 是非他也 法制度之然也]"이라고 하였으며 "이렇게 나라를 다스리지 않고 망하지 않은 나라는 아직 있어 본 일이 없다. 그러면 어떻게 다스릴 것인가. 반드시 그 법을 엄하게 하여 중죄를 지은 자는 반드시 죽여야 하며 그의 재산을 몰수할 것이다. 비록 재상이 천거한 자라 하더라도 그 죄는 반드시 동일하게 보아야 할 것이다"라고 강조하고 있다.

이렇듯 그의 국가관은 중소 봉건 지주계급을 그 계급적 기반으로 한 '이상적'인 왕정의 존속에 있었다고 할 것이다. 그가 '이상적'으로 인정하고 있는 왕정이란 그의 사회개혁 사상에서 표현된 바와 같이 봉건적 신분제도의 완화, 농민들에 대한 봉건적 착취의 감면 등과 같은 것이 그런 것이다.

다음으로 역사발전의 동력에 대한 안정복의 이해 정도는 어떠하였던가. 이것은 개별적인 사가의 역사관을 고찰함에 있어서 언제나 중요시되어야 할 문제이다. 그러나 일반적으로 봉건주의 역사관의 테두리 속에 머물러 있었던 안정복은 이에 대한 정확한 견해를 가질 수도 없었으며 또 체계적으로 논술하지도 못하였다.

그 역시 역사발전의 동력은 걸출한 인물 — 성군聖君·현상賢相 — 의 의사와 그들의 재능 및 선정 여하에 의존하는 것으로 보고 있다. 그러나 일면 안정복은 왕권을 일정하게 역사적으로 고찰한 결과 군장이 없었던 사회를 인정함으로써 소박하게나마 원시 공동체적 사회의 존재를 예상하였으며, 역사적 시기의 변화에 따라 정책은 변화되는 것으로 보았고, 또 변화되어야 한다고 생각하였다.

그러나 안정복은 역사의 동력 문제에서 계급투쟁을 이해할 수 없었으며 생산 및 경제관계에 대하여 응당한 이해를 가질 수는 없었다. 이것은 당해 시기의 역사적 제한성 때문에 불가피한 것이었다.

다만 역사발전의 동력 문제에서의 경제적 요인에 관한 안정복의 견해는 국가의 흥망성쇠 요인을 분석한 그의 서술들에 단편적으로 나타나고 있음을 보게 될 뿐이다. 안정복은 신라 시조 사로斯盧 거서간居西干(박혁거세를 가리킴)이 그의 비妃인 알영閼英과 더불어 육군六郡을 순무하고 농상을 권독(장려)하였다는 사실을 서술한 다음 그 안설按說에서 이를 긍정적으로 평가하여 다음과 같이 썼다. "이때에 신라 시조는 국가 창건의 초창기에 토지를 넓히고[廣土地] 병사를 훈련[鍊兵士]하고자 하여 오직 덕을 닦기에 힘썼으며[務修德] 오로지 농상에 뜻을 두었다[專意農桑]"라고 지적하면서 신라의 시조는 토지를 넓히고 군대를 양성하는 기본이 바로 어디에 있는가를 능히 알았기 때문에 "그가 처음 일어났을 때에는 한 고을의 추수酋帥(우두머리)에 지나지 않았으나 나중에는 일천 년의 왕업을 능히 이룩할 수 있었다"라고 그의 정사를 긍정하였다.[22]

다음으로 그는 마한 영역 내에서의 백제의 홍성과 함께 드디어 마한 왕조가 멸망하기에 이른 원인을 분석하고 다음과 같이 서술하였다. "왕(마한 왕을 가리킴)이 이때에 덕정을 닦고[修德政] 기강을 떨치고[振紀綱] 현능을 살피고[甄賢能] 장병을 훈련[鍊兵將]하여 안으로는 자체를 강하게 하고[內自强] 밖으로는 외적을 막았더라면[外禦侮] 일찍이 조공을 바쳐 오던 78개 국은 반드시 마한 왕정에 다시 분주히 드나들었을 것이다. 그런데 구차히 편안하기를 애써 바라다가 수년이 못 되어 멸망하고 말았으니 통탄할 일이로다."[23] 이상 열거한 두 가지 기사내용을 통하여 볼 때 안정복은 국왕의 덕정과 국가기강의 진작 및 군사력의 강성 여하를 국가의 흥망을 결정하는 주요 요인으로 보았으며 농상에 대한 국왕 정치의 근태勤怠 여하는 토지를 넓히고 병사를 훈련하여 나라의 자강을 이룩하며 외래 침략을 막을 수 있는 주요 조건이 된다고 간주하고 있다.

이렇게 안정복은 역사발전의 동력 문제를 이러한 정치사에서 부차적으로 서술하고 있기는 하나 그가 국가 존망의 중요 조건으로서 토지의 확장과 농상의 장려를 들고 있는 것은 생산 및 경제관계에 관한 단초적인 서술이라고

22 『東史綱目』 第一上, 庚辰馬韓 新羅始祖 十七年條 참조.
23 『東史綱目』 第一上, 百濟 始祖 二十四年 秋七月條.

볼 수 있다.

또한 그는 645년(신라 선덕여왕 14년) 3월에 자장법사慈臧法師의 요청에 의하여 막대한 국가비용을 탕진하여 가면서 황룡사黃龍寺 9층탑을 건조하여 이로써 이웃 나라의 항복을 기도하였다는 사실에 대하여 다음과 같이 분석하였다. "이때 신라는 전쟁을 바야흐로 시작한 때라 정치는 마땅히 곡식을 축적하고 재물을 저축하여 군국의 비용으로 삼았어야 할 것이었는데 이것을 아무 소용도 없는 데다가 다 써가면서 부처에게 복을 빌고 있었으니 그 나라가 망하지 않은 것이 다행이었다"[24]라고 썼다. 이렇게 안정복은 국가의 흥망을 '부처의 기호'에 두고 있는 것이 아니라 물질적 부의 저축 여하에서 그 요인을 구하고 있는 것이다.

다시 말하여 국가의 존망과 역사발전의 요인 설명에서 정치적 요인과 함께 물질적 요인을 중요시하고 있는 것은 안정복의 진보적인 역사관의 반영이라고 볼 수 있다. 이것은 마르크스와 엥겔스가 역사의 동력 문제에서 '정치적'인 요인의 고집은 상대적으로 '종교적'인 환상을 역사의 동력으로 보는 견해보다 우위에 있었다는 견지에서 쓴 다음과 같은 평가에 비추어 볼 때도 그러하다. 마르크스와 엥겔스는 『독일이데올로기』에서 다음과 같이 썼다. "프랑스인들과 영국인들은 그대로 현실에 가장 가까운 정치적 환상을 적어도 고집하고 있는데 독일인들은 '순수 정신'의 영역에서 맴돌면서 종교적 환상을 역사의 동력으로 모셔 올렸다"[25]라고.

이렇게 보면 안정복은 역사의 동력 문제에 대한 이해에 있어서 종교적 요인을 지극히 축소했을 뿐만 아니라 현실적인 정치적 요인과 함께 어느 정도의 물질적 요인(물론 그것은 역사서술에다 물질적 기초를 주려는 유물론적인 견해가 아닌 것만은 사실이다)을 여기에 부여하고 있는 점에서 당시로서는 비교적 선진적인 역사관을 소유하고 있었다고 볼 수 있다.

---

24 『東史綱目』 第三下, 善德女王 十四年 三月條.

25 맑스・엥겔스(1963), 『독일이데올로기』, 철학고전선문집, 고등교육도서출판사, 394면.

다음으로 안정복은 역사에 있어서 인민대중의 역할 문제에 대하여는 어느 정도로 이해하고 있었던가? 물론 그는 물질적 부의 창조자로서 인민대중의 결정적 역할에 대하여 그리고 그것이 사회발전에 미친 영향에 대하여 응당한 관심을 돌려 정당하게 서술할 수는 없었다. 그러나 안정복의 역사서술에서 인민대중의 역할이 어느 정도로 반영되었는가 하는 데 대하여는 주의를 돌리지 않을 수 없다. 왜냐하면 이 문제 역시 그의 역사관을 이해하는 데 있어서 중요한 한 측면이 되기 때문이다.

그는 이에 대하여 주로 외래 침략자를 반대하고 국토를 방위하기 위한 전쟁에 있어서 인민대중이 한 역할에 대하여 주목하였던 것을 보게 된다. 물론 여기에 있어서도 국왕이나 장상의 총명과 지혜, 그리고 그들의 행동이 거의 결정적 역할을 한다는 것을 무시하지 않고 있다. 그러면서도 그는 전쟁을 국가의 대사로 보았던 만큼 인민대중의 역할에 대하여도 무시할 수 없었던 것이다.

그는 한나라 침략자를 반대한 고조선 인민의 전쟁, 수・당 침략자를 격퇴한 고구려 인민의 전쟁, 삼국통합 시기의 삼국 상호간의 전쟁, 그리고 거란과 몽골 침략을 물리친 고려 인민의 전쟁 등에 관한 역사서술에서 이 시기의 애국적 명장들의 활동에 대하여 강조함과 함께 인민대중이 이러한 전쟁에서 한 중요한 역할에 대하여 도외시하지 않았다. 때문에 그는 외래 침략을 방어하기 위하여 항상 인민들 자신이 방어태세를 갖출 것을 강조하고 있다. 그의 이러한 사상은 다음과 같은 서술에서 표현되고 있다. 그는 13세기 몽골 침략자들의 흉악하고 사나운 침략적 성격과 그들이 살육을 즐기는 습속에 대하여 평가하면서 몽골 침략자들과의 전투에서 부분적으로 피해를 입게 된 것은 일부 백성들의 '자강지책'이 부족한 탓으로 보았다.[26] 이 점은 국민은 누구나 항상 '자강지책'을 다해야 한다는 그의 사상을 반영하고 있다.

이러한 사상의 보다 뚜렷한 표현은 그가 고려 말 왜구倭寇(일본 해적)의 침입

26 『東史綱目』 第十二上, 忠烈王二年 秋七月條 참조.

이 잦았던 시기에 관찰사 조운흘趙云仡이 제기한 방왜책防倭策을 적극 찬동하여 이를 긍정적으로 평가한 데서 찾아볼 수 있다. 1388년(고려 우왕 14년) 6월 서해도 관찰사로 임명된 조운흘은 임지로 떠나면서 왕에게 글을 올려 왜구침입을 막기 위한 일련의 방책을 제기한 바 있다. 이에 대하여 안정복은 안설에서 쓰기를 "왜구를 방어하기 위한 대책은 사람마다 다 말하였으나 조준趙浚과 조운흘의 말이 가장 적절한 것이었다. 물론 옛날과 지금이 다르다고 할 것이나 마땅히 이를 실행할 만한 것이다"라고 높이 평가하였다.

그러면 안정복은 조운흘이 제기한 어왜지책禦倭之策에서 어떠한 점을 긍정적으로 평가하였던가. 그것은 바로 인민들로 하여금 각각 제 고장을 지키게 하자는 의견에 대한 평가였던 것이다. 조운흘은 그의 '방왜책'에서 주장하기를 "5군 장수와 8도 군관들에게 각각 천호·백호의 직을 주고 크고 작은 섬을 그의 식읍으로 주어 자자손손 세습하게 함으로써 우선 그들의 의식을 유족하게 하자"고 하였다. 그러면 "사람마다 각자가 스스로 싸우지 않을 것인가. 사람마다 각각 싸우게 되면 전함은 스스로 갖추어질 것이며 군량도 스스로 마련될 것이다. 이들은 다 유병遊兵으로 될 것이다. 이들이 나아가서 불의에 적을 치게 된다면 적들은 감히 침략의 틈을 엿볼 수 없게 될 것이다"[27]라고 하였다.

이상은 물론 조운흘이 왜구와의 전투를 직접 진행하고 있었던 그 당시의 경험에 비추어 제기한 절실한 문제제기였던 것이다. 그런데 이에 대하여 안정복이 그토록 중요한 의의를 부여한 데는 그로서는 역사에서의 인민대중의 역할을 어느 정도나마 인정하고 있었다고 하는 표징이 된다고 본다. 여기에는 병농일치에 관한 봉건시대의 일반적인 국방사상이 없는 것은 아니나, 여하튼 안정복은 외적의 침입으로부터 나라를 방위하는 데 있어서 결국 인민 자신이 무장을 해야 한다고 본 점만은 긍정적인 견해라고 보지 않을 수 없다.

끝으로 안정복의 역사관에서 가장 특징적인 측면의 또 하나는 역사서술에서

27 『東史綱目』 第十二上, 忠烈王二年 秋七月條 참조.

의 애국주의적 사상의 표현이다. 우리나라 역대 봉건주의 역사가들은 그 누구를 막론하고 그들이 처한 계급적 입장에 따라 각각 각이한 정도의 애국주의 사상을 가지고 있었던 것은 사실이다. 그중 실학자로서 안정복의 애국주의 사상은 우리나라 봉건 말기의 역사적 특징으로 하여 어느 정도의 인민성을 띠고 있었다.

안정복의 애국주의적 역사관은 그의『동사강목』전편을 관통하고 있다고 보아도 과언이 아니다. 그는 역사서술의 목적 설정에서 그 중요한 것의 하나로 "절의를 칭송하고 이를 장려하는 것은 사가가 제1차적 의의로 부여하는 것"이라고 하면서 다음과 같이 썼다. "삼국 이전의 여러 역사는 빠진 것이 많다. 지금 이를 들추어내고자 한다. 마한의 주근周勤, 위씨衛氏(고조선 말기 왕조)의 성기成己, 백제의 옹산성주 지수신遲受信 등이 이와 같은 것에 속한다"[28]고 하였다.

이처럼 그는 우리 역사에 등장하는 애국적 명장들의 사적에 대하여 애써 사료를 수집하여 많은 사실들을 소개하였다. 그는 수나라 침략군을 격퇴한 전쟁에서의 고구려의 무명용사, 당나라 침략군을 물리친 고구려의 안시성주, 또 백제 멸망 당시에 용맹을 떨친 애국 명장 계백의 사적 등에 대하여 실로 높은 애국정신을 품고 절절하게 묘사하였다.

그는 614년(고구려 영양왕 25년) 7월 수나라 황제가 직접 거느린 침략군을 무찌르는 싸움에서 특출한 공훈을 세운 일개 무명용사의 사적을 소개하고 나서 다음과 같이 썼다. "지금 이를 소개하는 것은 천하 사람들로 하여금 동쪽에 치우친 이 땅에 이와 같은 기이한 일이 있었던 것을 알게 하고자 함이며 마땅히 창해역사와 함께 그의 공로를 영원히 전하고자 함이다"[29]라고 하였다.

또 그는 백제 계백 장군의 업적에 대한 서술에서 그가 출전하면서 그의 처자를 적들에게 욕보이지 않기 위하여 자신이 죽이고 떠난 사실을 두고 이조 초

28 『東史綱目』, 「凡例」.

29 『東史綱目』第三上, 甲戌 高句麗 嬰陽王 二十五年 秋七月條.

기 권근權近이 유교 관념론적인 교조주의적 입장에서 이를 부정적으로 평가한 데 대하여 반박하면서 다음과 같이 썼다. "양촌陽村 권근은 이에 대하여 나무라고 있는데 이는 다만 죽지 않는 것이 그 몸을 보전하는 것으로만 알았지 그가 죽음으로써 능히 그 몸을 보전할 수 있다는 것을 알지 못한 것이다"[30]라고 하였다.

이 밖에도 그의 인민적 애국주의 사상은 절절한 국방강화책과 우리나라 사람들이 외국인(일본·중국과 대비)에 비하여 굳세며 용감하다는 것을 높은 긍지를 가지고 자랑한 사실[31]에서도 표현되고 있으며 나라를 배반한 반역자들에 대하여 끝없는 증오심을 가지고 서술하고 있는 데서도 잘 나타나고 있다.

그가 애국주의적 역사관을 소유함으로써 우리나라 편사학에 기여한 점에 대하여는 뒤의 '5. 조국 역사연구에서 이룬 업적'에서 상세히 언급하고자 한다.

4. 조국 역사 편사체계와 역사서술 방법

1) 조국 역사 편사체계

실학파에 속하는 18세기의 대표적 역사가 안정복은 그의 역사관이 진보적이었을 뿐만 아니라 조국 역사에 관한 편사체계와 역사서술 방법에 있어서도 확실히 선행한 시기의 편사 기술을 한 단계 발전시켰다고 볼 수 있다. 그것은 우선 그가 다룬 편사의 시대적 범위와 이에 포괄한 내용과 형식 그리고 사료 취급에서의 실사구시적 태도와 서술 방법에서 견지하고 있는 일련의 특색을 두고 그렇게 말할 수 있는 것이다. 이에 대하여 구체적으로 논술하기 전에 우선

30 『東史綱目』 第四上, 庚申 百濟義慈王 二十年 秋七月條.
31 『東史綱目』 第十一上, 高麗 元宗 壬戌 三年 秋九月條.

안정복의 조국 역사에 관한 저술 사업에 대하여 간단히 보기로 한다.

조국 역사에 관한 안정복의 정력적인 연구와 저술 사업은 그의 청년 시절부터 시작되었다. 특히 그는 당대의 이름난 실학자인 성호 이익의 제자로 이후 역사연구를 본격적으로 진행하였으며 조국 역사의 불비함을 보고 개탄을 금하지 못하였다. 1758년 안정복은 그의 스승인 성호에게 보낸 서한 가운데서 다음과 같이 썼다.

> 우리나라 역사에 이르러서는 하나도 통일된 저술이 없으며 또 의문나는 것을 판별한 사람도 없습니다. 그리하여 우리 수천 리 강토의 수천 년 사적을 기나긴 밤중에 묻어 두고 돌볼 줄을 모르게 되었습니다. 그러하오니 책을 써서 나무람을 듣는다 하여도 그만둘 수는 없게 되었습니다. 소생은 재주가 없고 배운 것이 없어 어찌 책을 지어 무엇을 논할 자격이 있사오리까마는 오직 이 한 가지 생각으로 하여 매양 뉘우치는 마음을 금할 바 없습니다.[32]

위의 글은 조국 역사를 연구하여야겠다는 안정복의 절절한 심정을 잘 말해주고 있으며 조국 역사를 돌보려고 하지 않는 사실에 대하여 안타깝게 생각한 그의 애국정신을 여실히 나타내고 있는 것이다. 이리하여 안정복은 그의 일생을 통하여 적지 않은 역사서를 썼다.

1736년(25세 때) 안정복은 치통治統과 도통道統이라고 하는 두 개의 도표를 작성하였다. '치통'은 역대 왕조의 변천도를 말하며 '도통'이란 유교사상이 계승되어 온 계통을 그린 것이다. 그는 왕조와 유교사상의 계통에 대하여 세밀히 고증하고 그 정통과 방계를 따져 상하도上下圖로 나누어 작성하였고 이에 상세한 범례를 각각 그림의 상단에 적어 넣었다.[33]

---

32 『順庵集』 卷2, 「上星湖先生書 戊寅」.

여기에서 벌써 그는 역사연구에 대한 소질과 지향을 나타내고 있다. 그러나 그의 본격적인 역사연구는 성호의 문하로 들어온 이후의 일이라고 말할 수 있으며 역사서에 속하는 첫 저술을 한 것으로는 그가 42세 때에 쓴 2권으로 된 『광주지廣州誌』였다고 볼 수 있다. 『광주지』는 이미 전하여 내려오던 『광주읍지』를 수정 가필한 것으로서 광주에 관한 자연지리적 내지는 역사적 사실史實을 망라한 책이었다. 그는 이 책을 저술함에 있어서 벌써 심오한 사료적 고증과 함께 애국적 사실들을 많이 보충하였다. 그는 여기에서 '정묘·병자호란(1627·1636년 청나라 침입)' 당시의 역사를 새로 첨부하면서 특히 최명길崔鳴吉을 비롯한 척화론자(주전파)들의 애국적 업적에 대하여 깊은 존경심으로 그들을 추모하고 있으며 반대로 매국적 장상將相들에 대해서는 저주의 심정을 감추지 않았다.

이러한 읍지류로서는 그 후 68세 때 그가 일시 목천木川현감으로 있으면서 지은 『대록지大麓誌』(대록은 목천의 옛 이름)가 있다. 이 책은 안정복의 완전한 창작에 속하는 것으로서 역시 『광주지』와 마찬가지로 그 고을의 자연지리와 역사에 관하여 고증한 '지방지'이다. 이것은 그의 애향심의 표현임과 동시에 역사편찬에서 지방지가 차지하는 중요성을 옳게 인식하고 있었던 것이라고 볼 수 있다. 그러나 그가 저술한 대표적인 역사서는 『동사강목東史綱目』과 『열조통기列朝通紀』라 할 것이다.

그중 『동사강목』 20권은 우리나라 고대로부터 고려 말(1932년)까지의 역사를 서술한 것으로 1756년에 쓰기 시작하여 1758년(47세 때)에 초고를 완성하였고 그 후 20년이 지난 1778년에 초고를 다시 정리하고 자기의 서문을 붙여서 최종적으로 결속하였다.[34] 『열조통기』(25권)는 이조시기 역사로서 1767년(56세 때)에 쓰기 시작하여 수년 후에 완성하였다.[35] 또한 1762년에 8권으로 된 『사감史

33 『順庵集』, 「年譜」 참조.
34 『東史綱目』, 「序」 참조.

鑑』을 지었다고 전한다.[36]

그가 저술한 이상의 역사서들 중 지금까지 전해 내려온 것은 『동사강목』과 『열조통기』이며 대표작은 역시 『동사강목』이라고 볼 수 있다. 안정복은 이 두 저술을 통하여 고대로부터 그가 생존하던 당시(18세기)까지의 시기를 포괄한 우리나라의 전사全史를 처음으로 완성하였던 것이다. 이렇게 우리나라 역사의 전 시기를 포괄하여 체계화한 통사식 역사서를 처음으로 저술한 것만으로도 우리나라 편사학사상에서 차지하고 있는 그의 위치를 높이 평가하지 않을 수 없다.

『동사강목』에 대하여서는 아래에서 다시 상세히 언급하기로 하고 먼저 『열조통기』에 대하여 그가 가지는 편사상 특색을 논하기로 한다. 주지하는 바와 같이 18세기 이전 우리나라에서의 편사는 역대 왕조의 실록 편찬과 그의 기초 자료가 되는 해당 시기 사관들의 사초史草(역사편찬을 목적으로 하여 준비해 놓은 원고) 같은 것을 제외하고는 거의 예외 없이 전 왕대의 역사를 묶은 토막 시대사에 그쳤다.[37]

김부식의 『삼국사기』, 일연의 『삼국유사』, 권근의 『삼국사략三國史略』, 정인지의 『고려사』·『고려사절요高麗史節要』, 서거정의 『동국통감東國通鑑』, 오운吳澐의 『동사찬요東史纂要』, 유계兪棨의 『여사제강麗史提綱』, 홍여하洪汝河의 『동사회강東史會綱』 등 관찬官撰 및 사찬私撰으로 된 대표적 역사서들이 모두 그러한바 그 포괄한 시기는 거의 전부가 고려왕조 시기를 넘어선 것이 없다. 이러한 점에서

35 『順庵集』, 「年譜」. "(英祖)四十三年 丁亥 先生 五十六歲 正月 始草 列朝通紀 裒輯 國朝故事 及文集野乘諸書 編年而成之 書凡二十五卷."(이 책의 완성연대는 확실치 않다.)

36 『順庵集』, 「年譜」. "(英祖)三十九年 癸未 先生 五十二歲 史鑑成 自上古至綱目以上節刪成之 名之曰史鑑 書凡八卷."

37 14세기(고려왕조 말기)에는 당해 왕조의 역사를 기록한 일련의 역사서들이 있었으나 현재는 책명만을 알고 있을 뿐 그 내용은 알 수 없다. 다음의 서책들이 이에 속한다. 鄭可臣 저, 『千秋金鏡錄』(1290년경), 閔漬·權溥 等 저, 『世代編年節要』 7권(1300년 경), 閔漬 저, 『本朝編年綱目』 42권(1317년), 李仁復·李穡 等 저, 『本朝金鏡錄』(1371년 增補) 등의 命撰書(왕명에 의하여 지은 책) 등이 그것이다.

는 『동사강목』도 마찬가지라 할 수 있다.

이조시기에 들어와서는 사관들의 사고史稿와 그 밖의 몇몇 권세 있는 양반들의 단편적인 일화식 역사기록을 제외하고는 당해 왕조의 역사를 체계적으로 서술한 역사서란 거의 찾아볼 수 없다. 17세기 초 실학의 선구자인 이수광李睟光이 "나라(이조를 말함 - 필자)의 관습에 야사野史를 금했으므로 개인의 집에도 역시 보관된 역사 원고란 없다"[38]고 한 것을 보아도 이러한 사정을 넉넉히 짐작할 수가 있다.

이리하여 이씨 왕조가 창건된 이후 18세기 중엽까지 이미 3세기 반의 역사가 흘렀건만 국가의 비장秘藏에 속한 역대 왕의 실록이 있을 뿐 일반이 볼 수 있는 이조시기에 관한 역사서라고는 『국조보감國朝寶鑑』이 있기는 하였으나 역사서로서는 불충분하기 짝이 없는 것이었다.

이러한 비정상적인 상태를 처음으로 깨뜨린 것이 바로 안정복이었다. 그는 봉건정부의 '사찬야사私撰野史(개인이 지은 역사서) 금지정책'의 한계를 뚫기 위하여 소위 '술이부작述而不作(이전 사람들이 지은 단편적인 논술들을 인용 서술함으로써 본인의 창작이 아닌 것같이 보이기 위한 것)' 방법으로 이조시기의 역사를 썼다. 이렇게 지은 것이 곧 『열조통기』 25권이다. 『열조통기』는 이조시기의 고사와 문집 및 야사 등 여러 서책들에서 자료를 추려 모아 편집한 것으로서 편년체로 된 역사서이다.[39]

이상과 같은 서술 방법을 취한 것은 그가 본조(이씨 왕조)의 역사를 지었다고 하는 법적인 추궁을 면하고자 한 데서부터 나온 것이라 하겠다. 이렇게 『열조통기』는 남의 글들을 시대순과 부문별로 나누어 인용 서술한 '이조사李朝史'이기는 하나 그 자료의 취사선택과 배열을 통하여 우리들은 안정복의 견

38 『芝峰類說』 卷4, 史官條. "國俗禁野史 故亦無家藏史稿."

39 『順庵集』, 「年譜」, (英祖)四十三年 丁亥 正月條(裒集 國朝故事 及文集野乘諸書 編年而成之 書凡二十五卷).

해를 엿볼 수 있는 것이므로 이 역사서의 창작적 가치를 인정하지 않으면 안 될 것이다. 그리고 『열조통기』는 이와 똑같은 서술 방법을 본따서 그 후 이긍익李肯翊(1726~1866)이 지은 『연려실기술燃藜室記述』과 같은 보다 우수한 '이조사'를 낳게 한 선구적 역할을 담당하였다는 데 특별한 의의가 있다고 할 것이다. 여하튼 『열조통기』는 그 서술 방법은 다르다 하더라도 『동사강목』과 아울러 우리나라의 체계화된 전사全史의 일부를 이루고 있는 역사서임을 잊어서는 안 될 것이다.

다음으로 안정복의 대표작인 『동사강목』을 중심으로 하여 그가 우리나라 편사학에 기여한 여러 가지 측면을 고찰하기로 한다. 『동사강목』은 그 편사체계와 방법에서 종전의 역사서들과는 구별되는 일련의 특색과 많은 우월한 점들을 가지고 있다.

편년강목체編年綱目體의 필법으로 작성된 이 저서의 본편은 17개 권으로 구분되었으며(매권을 다시 상·하로 구분하고 있음) 수권首卷 1권과 부권附卷 2권을 각각 본편의 앞뒤에 붙이고 있다.

수권에는 저자의 서문, 목록, 범례, 채거서목採據書目, 사론제유성씨史論諸儒姓氏, 전수도傳授圖, 지도 및 관직도를 싣고 있다.[40] 서문, 목록, 범례와 같은 것은 종전의 역사서들에서도 흔히 찾아볼 수 있는 보편적인 편사 형식이라고 하겠으나 그 밖의 것은 『동사강목』 저자의 독창성에 속하는 것이다.

그리고 부권에 수록한 4편의 역사 고증—「고이考異」, 「괴설변怪說辨」, 「잡설雜說」 및 「지리고地理考」(「강역고정疆域考正」과 「분야고分野考」 수록)—은 수권 부분의 각종 표해表解와 함께 본문의 이해를 돕는 귀중한 참고가 될 뿐만 아니라 역사 연구에서 성실한 고증적 태도를 보여 주는 저자의 역작편이라고 말할 수 있는 가치 있는 부분이다.

40 수권과 부권 각 항의 서술 내용에 대하여서는 『역사과학』 1965년 4호에 실은 필자의 「동사강목에 대한 해제」를 참고하시기 바람.

본편 이외에 이렇듯 친절하고도 치밀한 각종 표해와 인용 서목 및 인명을 그 권수卷首에 첨부한 것은 저자의 과학적인 태도를 잘 말하여 주는 동시에 이 책을 저술의 목적에 알맞게 일종의 '교편물'로 쓰이게 하자는 데 있었을 것이라고 생각한다. 안정복은 『동사강목』 서序에 쓰기를, 이 책을 지은 목적은 집에다 두고 참고로 하려고 한 것일 뿐 이미 출판할 뜻은 없다고 하였고 또 집안의 자제들을 가르치기 위한 것이라고 하였다.[41]

여기에는 저자의 실사구시적인 태도가 나타나고 있으며 자제들에게 조국 역사를 가르치려고 한 강력한 지향이 반영되고 있다. 다시 말하여 그는 종진의 봉건왕조 중심의 사가들과는 달리 역사저술의 중요 목적을 다만 왕통王統의 정윤正閏(정통과 정통 아닌 것)을 따지는 데만 두지 않고 한 걸음 더 나아가 애국주의 교양의 중요 수단의 하나로 간주하고 있었음을 엿볼 수 있다. 이러한 의미에서 『동사강목』은 하나의 과학적인 저술인 동시에 교과서적인 역할을 담당한 당대의 교양서라고도 말할 수 있다. 이러한 목적을 가지고 있었기 때문에 『동사강목』은 종전의 봉건왕조 사가들이 쓴 정치사에 치우친 봉건 편사학의 일반적 범위를 벗어나 우리나라 역사의 풍부한 내용을 폭넓게 다방면으로 싣고 있다.

물론 안정복 역시 당시의 사회계급적 제약성으로부터 오는 역사관의 제한성으로 인하여 일반적으로는 왕조사적 편사체계를 벗어날 수 없었던 것은 주지의 사실이다. 그리하여 그는 왕조의 계통과 국호의 변동, 국왕의 교체와 국왕 및 왕족들의 치적의 선악, 개별적인 신하들의 행적과 제도 및 정책의 변천에 대하여 서술함으로써 그가 사가史家의 대법大法(지켜야 할 대원칙)으로 내세운 이른바 계통을 밝히며[明統系], 찬탈을 엄격히 다루며[嚴簒逆], 옳고 그름을 바로 잡으며[正是非], 충절을 찬양하며[褒忠節], 제도를 상세히 밝혀야 한다[詳典章]는 기본 원칙을 달성하려 하였다.[42]

---

41 『東史綱目』, 「序」. "以爲私室巾衍之藏 資其考閱而已 非敢以纂述自居也 (…) 因述其由 用授家塾子弟."

그러나 이 밖에 그는 외적 방위 전쟁과 국방시책을 상세히 서술하여 애국적 교양의 역사적 자료가 되게 하였으며 국가의 각종 부역제도 및 종교행사 그리고 질병의 만연과 수재·한재에 관한 계통적 서술을 통하여 인민들의 고통스러웠던 생활을 보여 주었다. 그의 편사에서 특색이 되고 있는 것은 이상과 같은 정치·경제·군사에 관한 서술에서보다도 오히려 문화사적 자료를 많이 취급하고 있는 데서 두드러지게 나타나고 있다.

안정복은 『동사강목』 본편 서술의 해당 개소에서 우리나라 옛 지명의 고증과 방언에 대한 해석을 하고 있으며 시대에 따른 풍속의 변화에 대하여 특별한 관심을 가지고 서술하고 있다. 뿐만 아니라 그는 고고학적 유물의 발견과 소재에 대하여서도 특별한 주의를 돌려 서술하였다. 물론 역대 정사나 야사에도 이러한 종류의 자료가 없는 것은 아니지만 그것은 단편적인 것이었으며 형식에 치우친 객관적 서술에 그쳤던 것이다. 그러나 안정복은 우리나라의 역사 지리와 언어와 풍습에 대하여 가능한 많은 자료를 모아 고증하였고 그 서술 내용을 풍부히 하기 위하여 의식적으로 노력하였다. 이렇게 근대 역사·지리·언어학·고고학 및 민속학 분야에 속하는 일련의 자료들을 고증한 기초 위에서 그의 저술에 포함시켜 서술함으로써 편사체계에서 일보 전진을 가져왔다.

이 밖에 그는 특이한 사건·사실들과 천변지이天變地異에 대하여 그것의 정확성 여부를 검토한 뒤에 그것을 바탕으로 본편에 서술하였으며 믿을 수 없다고 생각되는 것은 따로 부권의 「괴설변」에서 그 비과학성을 분석하고 비판하였다.

이상에서는 주로 편사체계에서 볼 수 있는 몇 가지 특징과 그 우점에 대하여 고찰하였거니와 확실히 『동사강목』을 통하여 보더라도 안정복은 역사서로서 구비하여야 할 일련의 형식들을 독창적으로 해결하였음을 다시 한 번 강조

---

42 '史家大法'에 대한 안정복의 견해에 대하여서는 이미 2절 철학 및 사회정치적 견해에서 분석한 바와 같이 순수 봉건왕조 사관만은 아님을 밝혀 둔다.

하지 않을 수 없다. 그는 저서의 첫머리에 서문을 썼으며 다음은 차례 그리고 그의 역사서술의 방법론적 기초라고도 볼 수 있는 범례 및 인용 서목들을 실었고 그 다음에는 각종 직관에 대한 도표(역대왕조세계표・강역도・관직연혁도 등)를 첨부하여 독자의 편의를 도우려 하였다. 그리고 본편 다음에 부록 형식으로 된 고증적 자료를 묶어 놓음으로써 본편 서술에서 미진했던 점을 보충하였다.

『동사강목』은 다만 중요 연표와 색인 및 삽화가 없을 뿐 그 형식에 있어서는 근대적 편사체계의 중요한 요구를 거의 구비한 것으로 보아야 할 것이다. 그러나 『동사강목』의 가치는 편사체계의 우점에서만 있는 것은 아니다. 보다 중요한 것은 『동사강목』의 역사서술(기술) 방법의 여러 가지 우점들이라고 볼 수 있다. 안정복의 역사서술 방법은 그의 역사관과 함께 일련의 제한성은 있으나 당시로서는 가장 선진적인 것이었다는 데 바로 중요한 의의가 있는 것이다.

2) 역사서술 방법

역사기술 방법에서 안정복이 이룩한 중요한 업적은 선행한 유산의 비판적 계승과 사료의 수집 및 분석에서의 실사구시적 태도, 그리고 역사서술에서 '직서주의直書主義'적 원칙을 고수한 데 있다고 말할 수 있다. 그중에서도 안정복의 조국 역사 편사에서 높이 평가되어야 할 점은 그가 선행한 편사 유산을 계승하여 이를 집대성하였다는 데 있을 것이다.

이제 그 유산의 비판적 계승 중에서 과학적 내용에 대한 문제는 따로 역사 연구 업적에 대한 서술에서 다루기로 하고 여기에서는 편사 기술면에서 이 문제가 어떠한 방법으로 처리되었는가에 대하여서만 보기로 한다.

이미 그의 편사체계에서 지적하였거니와 안정복은 저서의 수권 「범례」에서 그가 참고한 중요 서목의 대강을 밝히고 다시 채거서목採據書目에서는 인용 서목에 대한 자세한 평까지 쓰는 것을 잊지 않았다. 그는 『동사강목』을 집필함에 있어서 주로 『동국통감』에 준거한다 하였으며 그리고 역대 본사本史(사기)와 아울러 17세기까지 편찬된 각종 역사서는 물론 개인의 문집류를 참고하였다고 썼다. 또한 그는 중국의 문적들을 참고하여 3국 이전의 사료부족을 보충하였다고 하였다.

그리하여 그는 『삼국사기』·『삼국유사』·『고려사』와 『파한집』 등을 비롯하여 40여 종의 우리나라 사료를 참고하였으며 『사기』·『한서』 등 17종의 중국 역사서적들을 사료로 이용하였다. 또한 그는 김부식·이제현으로부터 유형원에 이르는 국내의 이름난 역사가 17명과 반고班固·마단림馬端臨 등 중국 학자 6명을 「사론제유성씨史論諸儒姓氏」(사론을 인용한 여러 유학자들의 이름)에 열거하였다.[43] 이것은 저자가 이상의 국내외 역사관계 서적들을 널리 섭렵하였으며 또 대표적 역사가들의 사론을 깊이 연구하였다는 것을 보여 주는 동시에 『동사강목』의 풍부한 내용 구성을 잘 보여 주는 것이다. 뿐만 아니라 저자 안정복의 역사기술 방법에 과학적 태도가 반영된 것이라고 볼 수 있다.

이상의 국내외 각종 사료들과 여러 학자들의 사론은 그에게 있어서 단순한 참고에만 그쳤던 것이 아니라 비판의 대상으로 이용되었다. 이렇게 편사에 있어서의 참고자료들의 상세한 소개와 그에 대한 비판적 이용은 역사기술 방법에서의 중요한 발전을 보여 준 것이다. 이것은 또한 선행한 유산을 비판적으로 계승하였다는 데만 의의가 있는 것이 아니라 사료의 수집 및 분석에서의 실사구시적 태도를 보여 주는 것이기도 하다.

안정복이 역사자료에 대하여 얼마나 중요시하였는가는 역사자료의 축적과 수집에 대한 그의 다음과 같은 견해와 주장으로도 짐작할 수가 있다. 그는 쓰기를 "천하에는 하루도 역사기록이 없을 수 없다(하루도 역사서술을 그만 두어서는 안 된다는 뜻)"고 하였으며 "각 고을에 사관을 두어 그 경내의 정치·풍속·이문異聞(특이한 사실)에 관한 기록을 맡아 보게 함으로써 앞으로 사국史局(춘추관)에서 역사를 편찬할 때 자료로 쓰이게 하도록 하는 것이 좋을 것"[44]이라고 하였다.

43 『東史綱目』, 「凡例」 참조.

그리하여 그는 이웃 나라의 풍습까지도 역사가는 반드시 잘 연구하여야 하며 이를 상세히 알고 있어야 한다고 하였다.[45]

이상은 안정복이 역사자료의 중요성을 강조한 것으로서 그러한 기본 사료를 널리 수집하고 상세히 연구하여야 한다는 것을 가리킨 것이다.

이러한 그의 과학적 태도는 『동사강목』의 전편에 관통되고 있다. 특히 본편 서술의 곳곳에 첨부하고 있는 그의 사론이 되는 상세한 안설按說과 부권附卷의 각종 고증설의 첨부는 — 그 과학적 내용의 정확성 여부는 일단 다른 문제로 하더라도 — 역사기술 방법에서 단연 선행한 그 어떠한 역사서보다도 우월하며 독창적이다.

물론 선행한 역사서들에도 이러저러한 형태로써 안설(안按·안案·논論·찬贊 등으로 표현)을 써서 각이한 심도의 사론과 고증을 하고 있는 것은 사실이다. 그런데 안정복의 경우에는 그것을 하나의 형식으로서가 아니라 어디까지나 본편의 강(대강)과 목(세목) 서술의 내용을 보충하며 고증을 전개하고 비판을 가하기 위한 중요한 방법으로 이용하였다.

그리하여 안설의 서술 내용은 해당 강·목의 기본 서술과 관련한 사료적 보충, 그 사건·사실에 대한 저자 자신의 분석 평가, 선행 사가들의 사론에 대한 소개와 비판 및 주석 형식으로 된 지명·인명과 기타 고어에 관한 고증, 그리고 그가 보충한 인용 서목의 소개 등이 주가 되고 있다(간단한 주석은 '강' 또는 '목'의 본문 중에 직접 서술하고 복잡하고 긴 것은 해당 기사가 끝난 다음 마지막에 가서 서술하고 있다). 이것은 안정복의 역사연구의 심도와 자료수집의 정밀성 및 역사관의 전모를 잘 보여 주고 있다.

이러한 안설은 『동사강목』 전편을 통하여 800여개 소에 달하는데 거기에 담

---

44 『東史綱目』 第十三下. "按 天下不可一日而 無史也 故雖在干戈板蕩之際而史未嘗廢焉."; 『東史綱目』 第十下. "按 (…) 別擇有文學公正者 爲敎授之任 而兼管史事 掌其境內之政治風俗異聞 以備史局之採用可矣."

45 『東史綱目』 第七上, 顯宗 十年 夏五月條 참조.

긴 과학적 가치는 우선 그만두고라도 이에서 취급한 내용의 다양성과 치밀성만으로도 역사서술 방법에서 단연 봉건 편사학의 최고봉을 이룬다고 할 것이다. 그것은 선행한 역대 사가들의 사론이 대체로 왕조의 정윤을 논하는 따위의 진부한 내용을 담은 형식적이었던 것과 비교해 볼 때 더욱 그러한 것이다.

안정복의 역사기술 방법에서 또 하나의 우점으로 되고 있는 것은 역사서술에서의 '직서주의' 원칙의 고수이다. 주지하는 바와 같이 '직서' 또는 '직필直筆'이란 사건·사실을 있는 그대로 곧게 쓴다는 것을 의미하는 것으로서 이는 역대 사관들이 지켜야 할 기본 필법이며 신조였다. 봉건왕조의 역대 사관들은 "국왕의 언행과 제반 정사 및 중외 백관의 시비득실 등 일체 시정을 직서함으로써 후세에 권계勸戒가 되게 한다"는 것을 그들의 주요 임무로 간주하여 왔다.[46] 그리하여 이 '직서·직필'의 원칙은 역사서술에서의 소위 '객관성'을 표방한 것으로 일정한 긍정적인 면을 가지고 있는 것이며 삼국시기 이래 우리나라 역사서술에서 지켜온 긍정적 전통의 하나라고 볼 수 있다.

한편으로 이 '직서·직필' 원칙은 사관들의 취재 활동의 '자유'와 사초史草에 대한 비밀 보장과 아울러 그들에게 부여된 특권에 속해 왔다. 그러나 사관들의 '직필'은 무조건 보장될 수는 없었으며 그것은 오직 해당 왕권의 이익에 저촉되지 않는 한도 내에서만 허용되었다. 그 어떠한 법적 구속도 미치지 못하는 전제 왕권의 존재는 때때로 저러한 '직필'의 전통을 여지없이 짓밟고 마는 것이다.

그러나 비록 이러한 제한성이 있었다 하더라도 우리나라 역대 사관들의 역사 서술에서 '직필' 원칙의 긍정적 전통은 실학자들에 의하여 계승되었으며 이에서 안정복의 업적이 가장 컸던 것을 보게 된다. 역사서술에서 역사가가 취하여야 할 태도와 입장과 관련하여 안정복은 시종일관 직서·직필·실서實書의

46 『高麗史』 卷76, 百官一. "恭讓王元年 史官崔蠲等 上書曰 史官之任 君上之言行政事 百官之是非得失 皆得直書 以示後世 而垂勸戒 故自古有國家者 莫不以史職爲重."

원칙을 굳게 가질 것을 주장하였다. 그의 이러한 주장은『동사강목』의 전편에 걸쳐 견지되었다.

그는 그의 안설의 한 군데에서 스승인 성호의 저서『성호사설』을 인용하여 직필의 모범이 된다고 찬양하기도 하였다. 안정복은『성호사설』중에서 성호 자신이 고려 혜종惠宗왕대 이후의 치세가 극히 어지러웠다는 사실을 비판 폭로한 것을 긍정하면서 "역사를 짓는 사람들이 '직필'을 빛내어야 한다는 것은 이와 같은 것을 두고 말하는 것이다"[47]라고 하였다.

이상과 같이 직필의 원칙을 강하게 주장한 안정복이었기 때문에『동사강목』의 안설 중에서 '사실을 그대로 써야 한다[實書]'고 하면서 전대의 역사에서의 모든 '악행'과 불합리한 제도 및 불법적이라고 생각된 온갖 사실들 그리고 그런 것에 대한 부당한 사론에 대하여 날카로운 비판을 가하고 있다.

이제 그 많은 실례들 가운데서 다음과 같은 한 가지 실례를 들어 그의 '실서' 원칙의 일단을 엿보기로 한다. 안정복은 고려 명종明宗 시기의 역사를 서술하면서 안설에서 명종의 거칠고 음란한 행동을 낱낱이 폭로하였다. 그리고 명종의 행동이 하도 추잡하고 더러운 것이라 그 사실을 서술하지 않는다는 것은 부당한 일이며 이것은 음탕한 국왕의 악행을 덮어 버리는 것으로 될 것이라고 하였다. 그러면서 이 사실을 감추고 서술하지 않은『여사제강』의 저자 유계를 부당하다고 하였으며, 이와는 반대로 이 사실을 '직서'한『동사회강』의 저자 임상덕을 가리켜 '사가史家의 정례正例'(역사가의 올바른 본)라고 긍정하였다.

이상과 같은 안정복의 직서・직필・실서 주의에도 물론 일정한 제한성이 없을 수는 없는 것이다. 그의 역사관에서도 이미 고찰한 바와 같이 그가 기본적으로 퇴계의 관념론적 철학사상을 계승한 것으로 하여 그의 '직서'의 필법이 적지 않게 '군신의 선악'을 평가하는 데 이용되고 있는 점이 바로 그러하다. 그러나 이것은 그의 '직서주의'의 한 측면에 불과한 것이며 그가 가지는 긍정적 의

47『東史綱目』第十三下, 忠肅王 十二年 冬十月條. "作使者悉取之 以彰直筆所以如此也."

의도 적지 않다. 그것은 위에서도 이미 지적한 바와 같이 역사서술에서의 '객관적' 태도와 방법이며 특히 안정복의 경우에 있어서 그것은 역사적 사건·사실에 대한 고증과 비판의 방편으로 또는 그 무기로 이용되었기 때문이었다.

이리하여 직서주의 원칙의 준수는 당시의 역사적 조건에서는 역사기술 방법에서 긍정적 전통의 계승 발전이라고 보아야 할 것이다.

5. 조국 역사연구에서 이룬 업적

안정복은 조국 역사 편사체계와 역사서술 방식 등 기술적 측면뿐 아니라 이론과 실천을 통하여 우리나라 역사연구 분야에 기여한 점이 또한 적지 않다. 이제 조국 역사연구 분야에서 그가 이룩한 성과들을 몇 가지로 나누어 고찰하려고 한다.

조국 역사연구와 편사를 통한 그의 실천활동에서 이룩한 무엇보다도 중요한 성과의 하나는 그가 조선 역사가로서의 입장을 세워 나가려고 노력한 데서 얻어진 자주정신의 발현이다. 물론 안정복은 사대주의적 편견으로부터 완전히 벗어나지는 못하였으며 유교철학에 근거한 왕조 중심의 정통사관으로부터 탈각하지 못하였다. 그러나 그는 자기의 애국주의적 입장으로부터 출발하여 조국 역사를 연구하였으며 또 쓴 것이다. 그의 연구태도와 편사 내용에는 이러저러한 제한성과 약점이 있었던 것을 무시할 수 없으나 그래도 조국 역사의 줄거리를 세우며 거기에서 남과 다른 점을 찾아내기에 힘썼던 점을 또한 간과해서는 안 될 것이다. 이것은 곧 조선의 역사가로서 자각의 표현이며 자주정신의 발현이 아니라 할 수 없다.

안정복의 이러한 태도와 입장은 우리나라 편사에서의 연대 표기에 대한 그의 견해에서 우선 찾아볼 수 있다. 그는 『동사강목』 범례에서 '세년歲年'(해·수세기)에 관한 서술 원칙을 밝히면서 종래의 우리나라 사대주의 사가들이 무작정 중국의 연호를 써온 데 대하여 비판하였다. 그는 중국의 『춘추春秋』도 본래는 노魯나라의 기년紀年임을 밝히고 『동사강목』을 씀에 있어서는 "지금 이것(『동사강목』)은 우리나라의 역사이기 때문에 『춘추』의 예와 같이 우리나라의 연대로써 기록한다"고 하였다. 그러면서 그는 "중국 연대는 따로 갑자甲子(간지)를 쓴 위에 적어 두기로 하는데 이것은 참고하기 위한 것일 뿐"이라고 밝혀 적었다. 이러한 견해로부터 출발하여 그는 『동사강목』 집필에서 전부 우리나라의 역대 왕력으로써 그 연대를 표기하였다.

이것은 간단한 사실이기는 하나 중요한 문제라고 보지 않을 수 없다. 왜냐하면 소위 중국의 '정삭正朔'을 사용한다는 것이 사대주의의 중요 표징의 하나가 되고 있었던 때에 그것을 버리고 우리나라의 왕력으로 기년의 원칙을 삼은 것은 그의 자주적 입장의 표현이 되기 때문이다. 다만 그가 『춘추』의 필법과 같이 '본국 기년'을 사용할 수 있다는 식으로 합리화한 것은 그의 제한성을 말해 주는 것이기는 하나 또한 당시의 사회정치적 실정으로부터 오는 제재를 벗어나서 자기의 자주사상을 표현하자는 굳센 의지의 발현이기도 하였다.

안정복은 이와 꼭 같은 관점에서 신라의 왕호王號를 처리하였다. 그는 「범례」에서 쓰기를 "신라 초에는 왕이라는 칭호가 아직 정해지지 않아 거서간居西干·차차웅次次雄·이사금尼師今·마립간麻立干으로 불렀다. 최치원崔致遠의 연대력年代曆(제왕연대력)에서는 그 말들이 이어夷語라고 꺼려 글자를 모두 바꾸어 왕이라고 썼으며 『동국통감』도 그를 본떴다. 그러나 '역사란 사실을 기록한 책[史是記實之書]'이 되어야 하기에 마땅히 사실대로 적어야 할 것이다. 그리하여 지금 본사(삼국시기)를 좇는다"라고 하였다.

주지하는 바와 같이 최치원의 망발에 대하여서는 이미 김부식도 지적한 바 있거니와[48] 이 지적에 대한 안정복의 지지는 각별한 뜻이 있는 것이다. 그것은 위의 글에서도 보는 바와 같이 최치원의 시각은 김부식 이후 15세기의 저작인 『동국통감』에 와서 다시 정당화되고 되풀이되고 있기 때문이다. 이와 같은 부

48 『三國史記』 卷4, 「新羅本紀」 第四, 智證麻立干條 참조.

당한 편사의 입장을 민족 자주적인 각도에서 바로잡아 나갔다는 데 바로 안정복의 공로가 있는 것이다.

안정복의 자주적 입장은 다음과 같은 실례에서도 찾아볼 수 있다. 안정복은 고조선 말기(위만조선 왕조 때) 한漢나라가 쳐들어와서 예濊를 항복시키고 창해군滄海郡을 설치하였다는 기사에 대한 안설에서 다음과 같이 썼다.

> "이것은 중국이 군郡을 설치한 시초가 된다. (중국과 우리나라는) 산천이 구별되며 풍토와 기후가 다르며 좋아하는 것이 서로 같지 아니하며 말도 통하지 않는다. (…) 우리나라는 중국과 더불어 산천이 막혀 있어 천연적으로 구획이 나뉘었으니 중국의 군현에 들어갈 수 없다는 것은 명백한 일이다"라고 하였다. 계속하여 안정복은 쓰기를 "(…) 창해군을 세웠으나 얼마 안 가서 파하였으며, 사군(한의 4군)을 세웠으나 얼마 안 가 합치었다. 현도玄菟의 군치郡治는 옮기었고 낙랑樂浪은 그 동부를 잃었다. 힘으로써 능히 지킬 수 없는 것이어서 몽땅 망하고 넘어져 버렸으니 다만 '이 나라 사람들[東濊]'의 웃음거리가 되었다. 어찌 중국의 수치라고 하지 않을 수 있겠는가. 후일에 당나라 고종이 고구려와 백제에 군현을 두려 하였으며 원元(몽골)나라 세조가 또한 행성行省을 두려고 하였고, 명나라 태조가 장차 철령위鐵嶺衛를 설치함으로써 모두 한나라 무제武帝의 오만한 마음을 답습하려 하였으나 이루지 못하였다"[49]

라고 하였다. 또한 안정복은 고조선 말기의 애국자인 성기成己에 대한 『한서』의 기사를 비판하여 다음과 같이 썼다. "『한서』에 이르기를 성기가 다시 반란을 일으켜 관리(한의 정권을 가리킴)를 공격하였다고 하였으며 또한 성기를 주살하였다고 하였으니 이것은 적국의 말이다. 때문에 필법이 이와 같은 것이다.

49 『東史綱目』 第一上, 癸丑 馬韓條.

그런데 『동국통감』이 이러한 표현을 본따서 썼으니 참으로 성기에게 죄가 있는 것같이 되어 버리면 어찌하랴"고 『동국통감』의 필법을 아울러 비판하였다.[50]

그는 글자 하나를 고증하는 데 있어서도 이 원칙을 고수하였다. 즉 그는 '단군왕검'의 '검儉'자를 고증하면서 다음과 같이 썼다. "검이 『한서』에는 험險으로 되어 있는데 지금 우리나라의 기록을 따라 검이라고 한다"[51]라고 하였다.

이상의 자료를 통하여 알 수 있는 바와 같이 안정복의 자주적 입장은 투철하였으며 조국 역사편사상 그가 남긴 공로는 절대로 과소평가할 수 없으리라고 본다. 우리나라 봉건 시기치고는 비교적 자주정신이 있었다고 말할 수 있는 15세기에 편찬된 『동국통감』의 저자들의 입장과 대비하여 볼 때도 안정복의 저러한 자주성은 그것이 얼마나 더 발전하였는가를 알 수 있다.

그러나 안정복은 유학자적 입장과 정통적인 왕조사관에서 벗어나지는 못하였던 관계로 조국 역사편사에서 일련의 결함도 가지고 있었음을 무시해서는 안 될 것이다. 그는 단군조선·마한馬韓·신라·고려 등을 조선의 역대 정통왕조로 인정하였을 뿐 삼국이 병립하던 시기에는 정통은 없는 것이라 하였으며 또한 발해를 그의 편사체계에서 정당한 위치에 놓고 서술하지 못하였다. 이것은 그의 소위 계통론과 주자의 『통감강목』을 본뜨려고 한 형식주의에서 나온 것이라 하겠다.

그러나 단군신화를 고조선의 시조 전설로 인정한 점은 커다란 업적이다. 또한 그는 발해는 본래 고구려의 옛 땅이었으며 우리나라와 서로 접하고 있었기 때문에 그 의리는 순치관계에 있었다는 것을 강조하였고 고려 초기에 이곳을 수복하지 못한 데 대하여 탄식하는 마음을 숨기지 않았다.[52]

---

50 『東史綱目』 第一上, 癸酉 馬韓 春三月條.

51 『東史綱目』 附卷上, 「考異」.

52 『東史綱目』, 「凡例」 및 第六上, 高麗太祖 二十六年 癸卯 夏四月條 참조.

다음으로 조국 역사연구 분야에서 안정복이 이룩한 귀중한 과학적 성과는 『동사강목』의 본편과 권수·권말 등에 서술되어 있는 각종 역사적 사실들에 대한 고증, 평가와 도표 등이라고 할 수 있다. 그 가운데서도 본편의 안설과 부권 각 편에 수록된 4편의 역사고증 대부분은 높은 과학적 정확성을 담고 있으며 그것은 저자의 해박한 역사 지식과 심오한 연구를 보여 주는 것들이다. 본편의 안설에 서술된 내용 가운데서 의의를 가지는 연구 성과는 각종 연대의 고증과 역사적 인물들에 대한 인물평이다.

안정복은 어떤 제도의 시행 연대, 국호의 변천과 연호 개정의 연대, 이웃 나라들과의 외교관계의 설정 연대 등에 대하여 반드시 그 시초 연대를 밝혀 적으려고 노력하였다. 그는 이를 고증하기 위하여 많은 방증적 자료를 인용하여 가면서 보충하였다. 또한 그는 긍정·부정을 막론하고 역사에 이름을 남긴 많은 사람들에 대한 인물평을 주고 있다. 여기에서 그의 평가 기준은 남인당계의 입장을 벗어나지는 못하였으나 그의 역사관에서 볼 수 있는 긍정적인 측면이 이 인물평가에 잘 반영되고 있다. 이러한 자료들은 그가 후세의 연구자들에게 넘겨준 귀중한 기여가 되는 것이다.

다음으로는 안정복의 역사연구 성과가 집중적으로 담겨 있는 부권의 내용에 대하여 간단히 고찰하기로 한다.

부권은 상·하 2권으로 되어 있으며 상에는 「고이考異」·「괴설변怪說辨」·「잡설雜說」 등 3편이 수록되었고 하에는 「지리고地理考」 1편이 묶여 있다. 각 편에는 다시 여러 개의 개별적 문제들이 취급되고 있는바 「고이」편에서는 저서의 본편에서 해명하지 않은 역사적 사실의 동이에 대한 것과 사건·사실의 취사선택에서 저자가 취한 관점 등에 대하여 133개의 실례를 들어 논증하였다. 예컨대 단군설화, 고구려, 백제, 신라의 왕위 계통에 대한 비판 분석 및 갈문왕葛文王, 이사금, 신라의 불교 전래, 화랑, 진흥왕정계비定界碑(순수비) 등에 대하여 고증하였다. 특히 「고이」편에서는 3국에 관한 중국 측 사론의 오류에 대하여 비교적 정확한 과학적 논거로써 이를 시정 보충하고 있다. 이 편은 그의 실사구시적인 연구태도를 잘 보여 준 것으로 하여 더욱 귀중한 가치를 나타내고 있다.

다음 「괴설변」편에서는 선행한 사서들에서 허황하고 비과학적으로 서술된 일련의 문제들에 대하여 날카롭게 비판 분석하였다. 여기에는 14개의 개별적 자료들이 취급되었는바, 예를 들면 단군전설, 금와金蛙, 박혁거세朴赫居世, 석탈해昔脫解, 김수로金首露, 김알지金閼智, 주몽朱蒙 및 고려 태조 왕건의 시조전설 등과 연오延烏·세오細烏, 사금갑射琴匣 등의 전설에 관한 종래의 설을 비판한 것이 그것이다. 물론 「괴설변」편에서 서술된 내용을 통하여 설화·전설이 반영하고 있는 사회역사적 배경과 그 속에 깃들어 있는 사료적 가치에 대한 정확한 평가를 발견할 수는 없다. 다만 여기에서 미신과 몽매를 반대하고 있는 저자 자신의 무신론적 경향만은 충분히 간취할 수 있을 것이다.

다음 「잡설」편에서는 조선의 명칭, 진국삼한설辰國三韓說, 삼국의 기원 등에 관한 11개의 개별적 문제들을 취급하였다. 그리고 역대 「강역고」에서는 고조선 관계 강역과 삼한 등의 강역 문제를 비롯하여 패수浿水·열수列水·대수帶水 그리고 예맥濊貊·옥저沃沮·부여扶餘 등 종족의 분포 지역과 신라·고구려·백제 등의 역사지리 및 팔도의 강역 연혁에 대한 고증 등 60여 개의 역사지리적 고증을 주었다.

이상 「강역고」에 수록된 저자의 고증은 물론 그의 판단이 잘못된 부분도 있기는 하나 이것은 실학파에 속하는 선행 연구자들(한백겸·유형원·이익 등)의 연구 업적을 계승 발전시킨 것으로서 우리나라 역사지리 연구의 귀중한 유산이 되며 개중에는 그의 고증적 결론이 아직도 타당성을 가지고 있는 것이 적지 않다.

끝으로 그의 연구 업적에서 특기해야 할 또 한 측면은 본편 안설 부분에서 전개한 개별적인 역사적 사건·사실들에 대한 분석 평가에서 보여 준 그의 탁월한 견해이다. 이런 것은 대개가 역사적 사건 또는 사실에 대한 종전의 진부한 '사론'이나 편협하고도 단순화된 그릇된 견해에 대한 비판으로부터 출발한 것이 대부분이다. 다음에 이에 대한 몇 가지 실례를 들어 분석하여 보기로 한다.

안정복은 『동사강목』 고려 경종왕景宗王 6년 6월조에 '수주군병주농기收州郡兵鑄農器'(고을의 병기를 거두어들여다가 농기를 주조)하였다는 기사를 두고 그 안설에서 다음과 같이 썼다. "나라가 비록 평안하다 할지라도 어찌 방어 수단을 소홀히 할 수 있겠는가. 만약 고을의 무기를 거두어들인다면 외래 침략이 미쳤을 때 무엇으로써 이를 막아내겠는가. 참으로 생각이 미치지 못한 바가 심하였다 할 것이다."

이러한 그의 견해는 애국심의 표현인 동시에 역사적 사실에 대한 기계적 전사에 그치지 않고 편사 내용에 실천적 의의를 담아야 한다는 그의 실사구시적 태도를 잘 보여 주는 것이다. 또한 그는 993년 고려에 대한 거란의 제1차 침략 때 이를 담판을 통하여 물리쳤다고 전하는 서희徐熙 장군의 '구설지공口舌之功'에 대하여 다음과 같이 평가하였다. "먼저 싸우고 후에 강화를 하였기 때문에 화의가 이루어진 것이다[先戰後和 和可成矣]. (…) 이때에 만약 대도수大道秀의 승리(안융진安戎鎭전투의 승리)와 서희의 불굴의 의지가 없었더라면 화의는 성립되지 못하였을 것이며 놈들의 다함없는 욕심으로 하여 환난을 면할 수 없었을 것이다. 이것은 후일의 귀감이 되는 것이다"[53]라고 하였다. 이렇게 안정복이 서희의 '담판의 역할'만을 일방적으로 평가해 온 종전의 고식적인 견해와는 달리 안융진 전투의 의의를 아울러 평가한 것은 그가 이 전쟁의 승리를 옳은 입장에서 취급하였음을 잘 말하여 주는 것이다.

역사적 사건·사실에 대한 그의 이와 같은 심오한 분석과 넓은 안목은 14세기 말에 한동안 복잡한 문제로 제기되었던 '철령위 문제'에 대한 분석에서도 찾아볼 수 있다. 주지하는 바와 같이 고려 말 우왕禑王과 최영崔瑩은 대륙에서 새로 일어난 명나라가 철령 이북의 땅을 저들의 요동에 소속시켜 이에 위소衛所를 설치하겠다는 문제제기와 관련하여 '요동공벌'로써 이에 대답하였다. 결국 이 사건은 '요동공벌'에 동원되었던 이성계李成桂 군대의 회군回軍으로 결말을 보

53 『東史綱目』 第六下, 成宗 癸巳 十二年冬 十月(閏月)條.

았고 드디어 왕조교체로까지 사건은 진전된 것이다.

그런데 안정복은 이때의 '철령위 문제'를 당시의 정치적인 대립관계와 결부시켜 고찰함으로써 이 역사적인 사건의 내막을 심도 있게 분석하였다. 즉 그는 철령이란 우리의 철령을 가리킴이 아니며 심양瀋陽 북쪽의 철령현임을 밝히고, 이것을 우리의 철령으로 인정하고 요동공벌까지 단행한 것은 이성계의 세력을 꺼려한 정적들이 그를 명나라를 반대하는 전쟁의 곤경에 몰아넣으려고 한 고의적인 행위였던 것으로 이해하였다.[54] 이 견해의 정당성 여부는 따로 논하기로 하더라도 사건 분석에서의 그의 심도는 정윤론正閏論 시비에만 국한되었던 종전의 전형적인 왕조 중심 사가들과는 구별된다고 보아야 할 것이다.

문제의 고찰과 분석에서의 이러한 심도로 하여 그는 『고려사』 편찬자들의 편사체계의 부당성을 시정하여 고려 말의 우왕과 창왕昌王을 응당한 위치에 놓고 서술하였다. 『고려사』 편찬자들은 우왕과 창왕에 대한 서술에서 이들은 '신돈辛旽의 후예'이기 때문에 그들이 왕이 된 것은 참월僭越에 속한다 하여 이를 세가世家 편에 쓰지 않고 열전列傳 반역자 조목에 넣어서 서술하였다. 이렇게 '신우·신창을 세가에 넣지 않고 열전에 내려놓은 것은 그의 참람한 왕위 도절의 사실을 엄격히 논죄하려는 것'[55]이라 하였다. 안정복은 이들 우왕과 창왕을 이조의 정통 사관의 소유자들처럼 신돈의 사생자 계열로, 즉 신씨辛氏로 규정하지 않고 국왕의 정당한 자리에서 취급하였다. 우왕·창왕이 신돈의 자손인가 아닌가 하는 문제는 고사하고 그들이 왕위에 앉아 있었던 것은 사실이었기에 안정복의 저러한 견해는 정당하였다고 말할 수 있다. 이것은 그의 문제 고찰이 객관적이며 어느 정도 역사주의적 원칙에 접근하고 있었음을 보여주는 것이다.

이상과 같은 자료를 통해 볼 때 안정복은 모든 역사적 사건과 사실들을 고

---

54 『東史綱目』第十六下, 禑王 戊辰 十四年 二月條 참조.
55 「進高麗史箋」. "降僞辛於列傳 所以嚴僭竊之誅."

립적으로 단순하게 보지 않고 복잡한 제반 역사적인 사건과의 상호연관 속에서 보려고 노력하였다는 것을 알 수 있다. 이처럼 역사연구에서 보여 준 안정복의 실사구시적 태도와 애국적이며 자주적인 입장에서 조국 역사를 연구함으로써 이룩한 그의 업적은 우리나라 편사학사상에서 하나의 긍정적인 전통이 되었다.

결론—우리나라 편사학사상에서 안정복의 위치

안정복은 그의 진보적인 역사관과 우리나라 편사학에 남긴 놀라운 연구 업적으로 하여 해당 시기를 대표할 만한 자격을 가진 걸출한 역사가라고 말할 수 있다. 안정복에 이르러 비로소 역사연구에서 사료에 대한 시야는 넓어졌으며 이에 대한 비판과 분석은 본격화되었다. 그리하여 우리나라의 역사연구는 17세기 이래 한백겸韓百謙을 걸쳐 안정복에 이르러 큰 발전을 보였으며, 주로 기록하는 데만 그치고 분석과 평가가 적었던 종래의 역사는 이들에 의하여 과학적으로 연구되기 시작하였다.

이러한 점은 당시로서는 우리나라의 역사연구에서 한 단계의 비약을 보여 준 것이 되며 우리나라 편사학의 중요 발전단계를 열어 놓은 것이 된다. 때문에 안정복의 편사 특히 그의 대표작인 『동사강목』은 봉건시기 편사학의 최고 수준의 경지에 이르렀고 그 최후를 장식한 우수한 역사서라고 말할 수 있다.

그러나 안정복은 그가 살던 당시의 사회역사적 제한성으로 말미암아 일정한 결함을 면치 못하고 있다. 그 주요한 결함은 때때로 사대주의적 질곡과 유학자적 정윤론에 빠지고 있는 그 점이다. 그의 편사에 반영된 '계통론' 및 충절에 관한 유학자적 입장이 거기에 속하며, '왕조 중심'에 선 저자의 사관으로 말미암아 인민의 역사를 쓰지 못함이 그런 것이라 하겠다. 이것은 또한 그로서는 피치 못할 결함으로 보아야 할 것이다.

그러나 애국애민사상과 외래 침략자들에 대한 적개심, 부패하여 가는 봉건질서에 대한 개탄과 날카로운 비판정신이 담겨져 있는 안정복의 역사관은 역사연구에서의 실사구시적 입장과 고증적 방법의 도입과 함께 그 후 우리나라 편사학을 한 단계 높이 올려 세우는 데 있어서 중요한 작용을 하였다고 보아야 할 것이다.

이러한 점에서 볼 때 안정복은 확실히 근대 사학을 넘어서는 교량자적 역할을 담당한 역사가였다고 할 것이다.

이조후기 근기학파近畿學派에 있어서의 정통론의 전개

역사 파악에 있어서 체계성과 현실성

이우성

여기 근기학파近畿學派라고 한 것은 이조 후기 즉 영·정 시대의 소위 실학의 한 유파를 지칭한 것이다. 영·정 시대의 신학풍에서 우리는 몇 가지 유파를 구분해서 말하고 있거니와, 그중에서 가장 두드러진 두 개의 경향을 특징지어 볼 수가 있다. 하나는 서울의 도시적 분위기 속에서 이루어진 연암(박지원)학파이고 다른 하나는 근기지방의 농촌 토착적 환경 속에서 성장한 성호(이익)학파이다. 이에 대한 관견은 이미 다른 기회에 누차 언급한 바 있었으므로 여기서는 다만 근기학파가 곧 성호학파라는 것만을 말해 둔다. 성호를 위시하여 순암 안정복, 다산 정약용 등 그의 학풍의 후계자가 모두 근기지방 출신들이기 때문이다.

근기학파 학풍의 특색은 경세치용에 있다. 유교의 전통적인 경학에 바탕을 두면서도 경학 그것이 목적이 아니고 경세치용을 하기 위한 수단으로 여기고 있었다.

임진·병자 양란에 치명적 상처를 입고서도 헛된 명분과 가장된 대의로 국민을 오도하고 있을 뿐 근본적인 반성과 대책을 강구하지 않는 가운데 차차 지난날의 쓰라림이 건망 속에 몰각돼 가는 형편이었다. 이러한 상황 아래 실학파 학자들은 국제정세의 추이에 대한 예의 주시와 조국의 미래에 대한 심사원려, 그리고 과거를 소상溯上하여 민족이 걸어온 역정을 세심히 고찰하고 흥망성쇠의 원인을 이해하는 데 노력을 아끼지 않았다. 이리하여 실학파 학자들은 역사에 관심이 높았고 나아가 독자적 관점에서 우리나라의 역사를 재구성했던 것이다.

근기학파의 사론史論에 있어서 우리의 주목을 끄는 것은 정통론이다. 성호의 '삼한정통론三韓正統論'을 위시하여 순암·다산에 있어서의 정통론의 발전적 계승이 그것이다. 원래 정통론은 주지하는 바와 같이 중국에 있어서 역대 사가들에게 큰 문제가 되어 왔던 것이다. 천하를 통일한 왕조는 자동적으로 정통에 속하는 것이지만 두 개 혹은 세 개의 정권이 대립·정치鼎峙했을 경우에 어느 것을 정통으로 보느냐가 문제였던 것이다. 근대 계몽기의 학자인 양계초의 비판적 견해에 의하면, "천하에 하루도 군주가 없을 수 없고 또한 천상에 두 개의 태양이 있을 수 없는 것과 같이 백성들에게 두 사람의 왕이 있을 수 없는 것"[1]으로 생각했기 때문에 정통이 문제가 되었다는 것이다.

이리하여 중국 역사상에서 구체적인 문제로 가장 논란이 많이 되었던 것이 삼국시대 촉蜀과 위魏에 관해서였다. 서진西晋의 진수陳壽는 위를 정통으로 보았음에 대하여 동진東晋의 습착치習鑿齒는 촉을 정통으로 삼았고, 북송의 사마광은 위를 정통으로 했음에 대하여 남송의 주자는 촉을 정통으로 규정하였다. 이것은 이미 양계초가 지적한 바와 같이 서진과 북송은 사정이 위魏에 비슷하고 동진과 남송은 형편이 촉에 방불했기 때문에 위의 사가史家들이 모두 제각기의

1 梁啓超, 『飮氷室文集』 下, 「歷史論 正統」. "言正統者 以爲天下不可一日無君也 於是乎有統 又以爲天無二日 民無二王也 於是乎有正統."

소속 왕조의 처지를 옹호하기 위하여 정통을 그리로 돌려주었던 것이다. 왕조 본위의 역사기술에 있어서 정통론은 기년紀年의 기준을 세우기 위해서도 필요했던 것이지만 무엇보다 제각기의 소속 왕조에 대한 의리에서 정통론이 더욱 중요했던 것이다.

이 정통론에서 또 한 가지 간과할 수 없는 사실은 중국중심주의 세계관이다. '천무이일天無二日 민무이왕民無二王'이라는 생각은 중국 천지에 한해서 적용되는 것이 아니라, 중국 황제는 곧 천자天의 子이며 중국의 주변에 있는 제 민족 제국가 즉 사이팔만四夷八蠻은 모두 이 세계제국 지배자의 밑에 환공향앙環拱嚮仰하고 있어야 하는 것이기 때문에 중국의 정통은 동시에 세계의 정통이며 중국을 제외한 다른 지역에서 정통이란 아예 논의할 이유가 없었던 것이다.

첫째 자기 소속 왕조에 대한 의리, 둘째 중국 중심주의 세계관, 이것이 중국 사가史家에 있어서의 정통론의 흐름이었다. 이러한 전제를 두고 살펴볼 때 근기학파의 정통론은 매우 특색이 있다. 우선 성호의 '삼한정통론'의 골자를 들어 본다.

우리나라의 역사를 중국의 역사에 대비 설명하면서, 단군이 처음 우리나라를 일으켰고 단군조선의 뒤에 기자조선이 정당한 계승자로 나왔으므로 기준箕準이 위만衛滿을 피해서 남쪽으로 옮겼으나, 거기서 다시 마한馬韓이란 이름으로 나라를 연장해 왔기 때문에 우리나라 역사의 정통은 단군조선에서 기자조선, 기자조선에서 마한으로 이어져 온 것이라고 말하고, 단檀·기箕의 시대에 요하遼河 이동과 임진강 이북이 우리나라의 중심지가 되어 있었는데, 그것을 위만에게 그리고 한사군漢四郡 내지 이부二府에 빼앗겨 버리고 우리나라에 있어서 유국전서有國傳緖는 오직 마한이 있었을 뿐이므로, 마한은 비록 남예황복南裔荒服, 즉 남쪽 변경인 국토의 한구석에 처하고 있었지만 우리나라 역사의 정통이 아닐 수 없다[2]고 하였다.

---

2 『星湖集』 卷47, 「三韓正統論」. "東國之歷代興廢 略與中華相終始 檀君與堯並興 至武王受

성호의 '삼한정통론'은 물론 중국사가 특히 주자의 『강목』의 영향을 받은 것 ―마한을 기자조선의 후계자라 하여 정통으로 규정한 것은 주자가 촉을 한漢의 후계자로서 정통이라고 한 것과 궤를 같이하는 것이다―으로 보이지만 주자와 같이 소속 왕조에 대한 의리에서가 아니라 우리나라 역사에 일정한 계통을 세워 보려는 것이 그의 의식의 기조였던 것이다. 단군조선에서 비롯한 우리나라 역사의 변천과정 속에 하나의 계통을 찾아내려는 그의 생각은 한사군의 설치로 인하여 우리나라 역사가 중단된 듯이 여겨졌던 그 공백기간에 마한의 유국전서를 발견하고 그것을 정통으로 내세우게 되었던 것이다.

성호의 이와 같은 이론은 순암에게 발전적으로 계승되었다. 순암은 '삼한정통론'을 토대로 해서 우리나라 역사기술의 신의례新義例를 수립할 것을 역설하고 종래의 통사通史로서 『동국통감』과 같은 것을 통렬히 공박하였다. 그의 말은 두 가지로 요약될 수 있다. ① 『동국통감』에 단군조선 · 기자조선의 뒤에 위만조선을 붙여서 같이 '삼조선'으로 삼은 것은 부당한 일이다. 위만은 참적僭賊이니까 위만 대신에 마한을 정통으로 대야 한다는 것, ② 『동국통감』에 단군 · 기자를 모두 외기外紀에 넣은 것은 부당한 일이다. 단군이 처음 나라를 어거御擧하였고 기자가 처음 문물을 홍기시켰는데, 비록 사실史實이 인몰되고 없다손 치더라도 어찌 전기잡서傳記雜書의 것을 수록한 중국의 외기에 등질시할 것인가[3]라는 것이다. 순암은 단군 · 기자의 사실성을 강조함으로써 우리나라

命 而箕子定封 意者檀君之後 衰微無復君國 故箕子得而開業 (…) 當檀箕之世 自遼以東臨津以西 爲東方之中土 而三韓之界 不過南裔荒服之地 箕準避寇南遷 遂稱馬韓 (…) 開斥土疆 屬國五十餘 是則東方之正統不絶 而衛氏亦不過如周之狄人 漢之曹瞞 秉史筆者 宜不與數也 (…) 自準之南 衛氏雖據朝鮮故地 纔八十餘年而滅 衛滅而馬韓惟延至一百有一十有七年之久 西北一面 付之四郡二府 而東土之有國傳緖 惟馬韓是已 (…) 余故曰馬韓者 卽東國之正統也."

3 『順菴叢書』 上, 卷10, 「東史問答」, 與李貞山書, 대동문화연구원 刊, 235면. "東方之有國久矣 宜有一史以倣綱目 而不聞有焉 何哉 編年之書 有通鑑一部而全無義例 檀箕雖無事實 其可置於外紀 同于傳疑之例耶 衛滿僭賊 幷列爲三朝鮮之名 遵何德哉 馬韓爲箕氏之嫡統 羅

역사시대의 상한을 그만큼 높이 올리게 되었던 것이다.

그는 다시 말하기를, 우리나라 역사의 정통은 단군・기자・마한・통일신라, 그리고 고려라는 것이다. 다만 고구려・백제・신라의 삼국 병립시기는 삼국이 동등의 자격을 가지고 있으므로 어느 특정국에 정통을 줄 수 없어 무통無統으로 처리한다[4]는 것이다. 정통론은 순암에 이르러 우리나라의 역사학으로 하여금 역사에 대한 체계적 파악의 가능성을 재고시키게 했던 것이다.

다만 여기에서 우리가 한 가지 느끼는 것은 성호와 순암이 모두 기자조선을 단군조선의 정당한 계승자로 인정하여 아무 의의도 두지 않았다는 것이다. 근대에 들어와서 여러 선학들은 기자조선을 개아지조선(최남선 씨설)・한씨조선(이병도 박사설) 등의 새로운 해석을 붙여 우리 조선족祖先族의 것으로 설명하기에 고심하고 있지만 성호와 순암에 있어서는 아직 그것이 전연 문제되지 않았던 것이다.

성호와 순암에게 근대적 의미의 민족적 자각과 같은 것을 구하기에는 시대가 아직 이르다. 그러나 성호와 순암은 사상적으로 커다란 진전을 보이고 있다. 그들의 정통론이 중국 사가와 같이 자기 소속 왕조에 대한 의리에 그치는 것이 아니고 역사파악에 있어서 체계성을 위한 것이었음은 이미 위에서 보아 왔거니와, 한 걸음 더 나아가 중국의 정통사상－천자사상, 다시 말하면 세계제국적 지배사상을 극복하게 되었던 것 같다. 이에 관한 성호의 사상은 그의 서양관과 서양 선교사들에 대한 중국 지배층의 태도를 비난하는 데에 집중적으

濟之始 亦爲之服屬 則何爲以沒之耶.";『東史綱目』,「凡例」. "凡統系 謂史家開卷第一義 而通鑑 以檀箕事蹟 別爲外紀 其義不是 今正統 始于箕子 而檀君附見于箕子東來之下 倣通鑑綱目篇首三晋之例(註: 按檀君 首出御國 箕子 肇興文物 各千餘年 神聖之治 宜有不可泯者 而通鑑 以爲史書無傳 編於外紀 外紀之名 始於劉恕 劉恕 與司馬公修資治通鑑 復采上古以下 作通鑑外紀 雜出於傳紀者 無所揀擇而書之 若女媧補天羿射十日之類是也 故名以外紀 檀箕事實雖湮 豈可同於此科乎").

4 『東史綱目』. "正統 謂檀箕馬韓新羅文武王(九年以後) 高麗太祖(十九年以後) 無統 謂三國幷立之時."

로 표현되어 있다.

서양은 중국의 지배권 외에서 각기 황제나 왕이 있어 자기 나라를 다스리고 있으며, 선교사들이 멀리 중국을 찾아온 것은 자기들의 구세救世의 뜻으로 온 것인데, 중국 지배층은 그들에게 여러 가지 계적啓迪을 받으면서도 정저와적井底蛙的 사고방식으로 그들을 배신陪臣(속국의 신하)이라고 부르고 있어, 달식達識의 눈으로 볼 때에 치소嗤笑거리가 된다는 것이다.[5]

성호의 달식은 중국 중심주의의 세계관을 이미 타파하였다. 뿐만 아니라 '각유황왕군주역내各有皇王君主域內'에 관한 인식의 밑바닥에는 각개 국가의 독립된 주권이 인정되고 있으며, 세계제국적 지배질서가 부정됨과 동시에 남의 나라를 지배 또는 침략하는 행위는 자연히 부당한 일이 되게 되는 것이다. 성호의 각개 국가의 주권의 인정과 남의 나라에 대한 침략행위의 부정은 순암에 이르러 중국의 정통에 관한 종래의 논리를 크게 바꾸어 놓았다. 종래, 천하를 통일한 왕조는 자동적으로 정통이 되는 것이고 통일의 주체가 어떤 것인지는 묻지 않았는데, 순암은 이것을 반대하였다.

비록 전 중국을 통일한 정권이라고 하더라도 통일의 주체가 중국민족이 아니고 이민족일 경우에 그것은 중국의 정통이 될 수 없다는 것이다. 예를 들면 원元과 청淸은 이민족이기 때문에 전 중국을 지배하고 있었지만 그것은 겁도劫盜가 남의 집을 차지한 것과 다름이 없으며, 따라서 겁도가 그 집의 진주인眞主人이 될 수 없는 것과 같이 원·청도 정통의 위치를 인정할 수 없다[6]는 것이

---

5 『星湖集』 卷55, 「跋天問略」, 경인문화사 版, 386면. "夫西洋之於中土 未之相屬 各有皇王君主域內 彼特以救世之意 間關來賓 (…) 中土君臣 方且沾其賸馥而尊奉之不暇 然猶見聞局於卑狹 敢爲井底語曰陪臣某 豈不爲達識之所嗤也."

6 『順菴叢書』 上, 『順菴集』 卷12, 「橡軒隨筆」 上, 대동문화연구원 刊, 269면. "苟可以得天下 通謂之正統則是大不然 中夏聲名文物之鄉 (…) 傳自羲農 至于堯舜禹湯文武而金甌無缺 玉燭長明 動搖乎秦晉隋南北五代 復正于漢唐宋明 而穢亂于元淸 譬如一家 以父傳子 以子傳孫 多歷年所 忽有刦盜 奪而有之 以爲己物 又經累年 幸其子孫 有能克家者 勦除刦盜 克復舊業 則不可以中間刦盜之掩取者 謂之眞主人 而使奉其先祀 撫其奴僕 以續其宗統也明矣."

다. 이것은 일종의 민족본위의 정통론이라 할 수 있는 것이다.

그러나 성호·순암의 정통론에는 아직도 화이사상華夷思想의 잔재가 서식하고 있다. 중하성명문물지향中夏聲明文物之鄕이라 하여 여기에 쳐들어온 북방민족을 겁도시한 것이다. 바꾸어 중국이 주변의 민족·국가들을 정복했을 때, 과연 중국을 겁도시했을 것인가는 의문이다.

그런데 이러한 의문은 다산의 현실론적 주장에 이르러 완전히 일소되었다. 다산의 견해에 의하면, 화이의 구분은 문명의 수준에 있는 것인데 북위北魏와 같은 것은 비록 이적夷狄에서 나왔지만 문명이 높았으므로 이적시되어서는 안 된다고 말하고 북위에게 정통을 주지 않은 중국사가의 독선적 태도를 비난하였다. 다산은 또한 중국민족만이 우수한 민족이 아니고 우리 동이민족東夷民族도 거룩한 민족임을 강조하였다.[7]

다산은 또한 선비鮮卑·거란契丹·여진女眞 제 민족의 우수성을 말하고 그중에도 조선민족의 좋은 점을 들어서 자기 자신이 동이족임을 자랑삼아 말하였다.[8]

성호에서 비롯한 정통론이 순암에 이르러 역사파악에 있어서의 체계성을 낳게 하였고, 다산에 이르러 현실론적 주장으로 중화주의中華主義의 절대성의 잔재가 일소되고 현실성에 입각한 역사의 이해를 가져오게 했던 것이다.

---

7 『與猶堂全書』 1集, 卷12, 「拓跋魏論」, 경인문화사 版, 243면. "中國與夷狄 在其道與政 不在乎疆域也 故周之先 間於獯粥混夷之中 未嘗非夷狄也 而一朝有如太王王季者興 而禮樂文物可述焉 則中國之 秦之先 伯益之後也 未嘗非中國也 而自非子以來 崇利棄義 不肯與中國和好焉 則夷狄之 聖人之處夷夏也 本如是矣 拓跋氏之地 (…) 號曰鮮卑 其始也 未嘗非夷狄也 (…) 親名儒 禁胡服 變胡語 賢哲之君 世世承繼 (…) 何不進之爲中國而必擯斥而不予統也 史家之偏隘如是."

8 위의 책, 「東胡論」. "拓跋魏 鮮卑也 其入中國也 崇禮樂 奬文學 制作粲然 契丹 東胡也 (…) 其制治之盛 歷年之久 二百餘年實中國之所堇獲也 女眞 再主中國 而其在金也 虜宋之二帝而終不加害 將相和附 規模宏遠 (…) 淸之得國也 兵不血刃 市不易肆 (…) 不亦韙哉 史稱東夷爲仁善 眞有以哉 況朝鮮 處正東之地 故其俗 好禮而賤武 寧弱而不暴 君子之邦也 嗟乎 旣不能生乎中國 其唯東夷哉."

『동사강목』

이우성

『동사강목』은 고전적 한국통사韓國通史로서 18세기 당시 우리나라 실학파 학문이 도달한 최고의 사학 수준을 보여 주는 대저술이다.

저자 순암 안정복(1712~1791)은 실학파 중에서 근기학파近畿學派에 속하는 인물로 그의 사학은 위로 성호를 계승하고 밑으로 다산에 연결되어 실학파 사학사상 중요한 위치를 차지한 학자이다. 근기학파 학풍의 특색은 경세치용에 있다. 유교의 전통적인 경학에 바탕을 두면서도 경학 그것이 목적의 전부가 아니고 경세치용을 하기 위한 바탕으로 여기고 있었다.

임진・병자 양란에 치명적인 상처를 입고서도 헛된 명분과 가장된 대의大義로 국민을 오도하고 있을 뿐 근본적인 반성과 대책을 강구하지 않는 가운데 차차 지난날의 쓰라림이 건망 속에 사라져 가는 형편이었다. 이러한 상황 아래 경세치용파 학자들은 국제정세의 추이에 대한 예의주시와 조국의 미래에 대한 심사원려, 그리고 과거로 거슬러 올라가 민족이 걸어온 역정을 세심히 고찰하고 흥망성쇠의 원인을 이해하는 데 노력을 아끼지 않았다. 이리하여 경세치용파 학자들은 역사에 대한 관심이 높았고 나아가 독자적 관점에서 우리나라의 역사를 재구성하려 했던 것이다.

순암의 가계는 당시 실세失勢한 남인으로 기호간畿湖間에 전전하면서 가난한 생활을 하고 있던 광주안씨廣州安氏이다. 순암은 유년시절을 당시 하급관리를 하고 있던 조부의 벼슬살이를 따라 여러 곳에서 보내었고 중년 이후에는 광주廣州 덕곡德谷에 정착하여 그대로 일생을 마쳤다. 『동사강목』은 1756년(영조 32년)에 쓰기 시작하여 1758년 그가 48세 때에 초고를 완성하였다(그 후 20년을 지나 그가 목천현감으로 있을 때 다시 손질을 가하고 서문序文을 붙여서 최종적인 작업을 끝낸 것이다). 이 역사적 노작은 광주의 한 초가에서 이루어졌다.

순암이 광주에 정착하게 된 것은 그의 학문에 하나의 전환을 가져온 계기를 마련하였다. 당시 경세치용학의 대종인 성호 이익이 광주(안산성촌安山星村)에 살고 있어서 순암은 무난하게 성호의 문하로 갈 수 있었고, 따라서 일생 동안 성호를 사사師事하면서 성호학의 중요한 계승자의 한 사람이 되었다. 순암은 본래 주자의 학설을 독실히 신봉하면서 오직 그것에 의한 실천궁행을 힘쓸 뿐 새로운 지식을 추구하는 것을 즐겨하지 않았다.

순암이 1746년 10월, 처음 안산으로 가서 성호를 배알하고 가르침을 청할 때에 주고받은 문답기問答記(『함장록函丈錄』, 『순암집』에 수록)를 보면 학적 태도에 있어서 시종 사제간의 차이를 보여 준다. 성호가 매양 '지식'을 강조하고 새로운 지견知見을 통한 학문의 향상을 강조하고 있음에 대하여 안정복은 오직 선현의 학설을 성실히 믿고 따르는 것이 좋겠다고 하였다. 마지막 작별 때 성호는 다시 순암에게 '지식'을 말하고 귀가 후에 다시 생각해 볼 것을 권고한 것은 매우 흥미로운 일이다.

성호학 자체가 보수성과 진보성의 양면을 가지고 있었는데, 순암의 이러한 인간 바탕은 그로 하여금 성호 문하의 많은 제자 사숙자私淑者들 중에서 독특한 입장을 지키게 하였다. 사회개혁에 관한 의견이나 서양문화에 대한 수용태도에 있어서 많은 신진 후배들의 급진적 사상에 비하여 순암은 항상 노성지중老成持中의 보수적 견해를 가졌다. 다산 정약용과 같은 이를 성호좌파라고 한다면 안정복은 성호우파에 해당하는 것이다.

그러나 순암은 성호의 경세치용학을 기본적으로 시인하고 그것을 이어받았다. 뿐만 아니라 그의 사관 및 사론은 성호의 것을 전적으로 받아들여 발전적으로 계승하였다. 『동사강목』의 의례와 규모는 모두 성호와의 문난問難을 거쳐 이루어진 것이다. 특히 성호의 삼한정통론은 안정복의 가장 큰 입론의 근거가 되었던 것으로, 『동사강목』은 그 개종명의開宗明義로서 이 정통론을 먼저 취급하였다.

주지하는 바와 같이 정통론은 중국 사가들이 중국 황세를 세계의 통치자로 생각하고 역대 교체하는 왕조를 일관적 상속 계보로 줄을 대어 정통으로 만드는 것인데, 그 기본 의도는 현재 자기가 소속된 왕조의 정권을 합리적으로 옹호하기 위한 것이었다. 따라서 중국 이외의 다른 지역에서 정통이란 아예 논의조차 할 필요가 없었던 것이다.

그런데 『동사강목』은 그 범례에 우리나라 역사의 정통을 설정하고 단군·기자·마한·신라(문무왕 9년 이후)·고려(태조 19년 이후)를 정통으로 규정하였다. 이것은 중국 중심주의적 역사관에 대립하여 우리나라 역사의 독자성을 살리려는 것일 뿐 아니라 정통론에 의한 역사발전 주류의 계통화는 우리나라 역사학으로 하여금 역사에 대한 체계적 파악이 가능하도록 길을 열어 주었다.

『동사강목』은 무엇보다 먼저 『동국통감』의 비판으로부터 출발하였다. 첫째 『동국통감』에 단군조선·기자조선 뒤에 위만조선衛滿朝鮮을 붙여 삼조선으로 삼은 것은 부당한 것이다. 위만은 참적僭賊이니까 위만 대신에 마한을 정통으로 삼아야 한다는 것, 둘째 『동국통감』에 단군·기자를 모두 외기外紀에 넣은 것은 부당한 일로 단군이 처음 나라를 열었고 기자가 처음 문물을 흥기시켰는데, 비록 사실史實이 인몰湮沒되고 없다손 치더라도 어찌 전기잡서傳紀雜書의 것을 수록한 중국의 외기에 동질시할 것인가라는 것이다. 『동사강목』은 단군·기자의 사실성을 강조함으로써 우리나라 역사연대의 상한을 그만큼 높이 올리게 되었던 것이다.

다음 이 『동사강목』 속에 흐르고 있는 사상을 요약해 보면 첫째 애국적 사상으로, 외래침략자를 격퇴한 역사적 사실들을 특히 유의하여 서술하고 충신과 명장들의 빛나는 활동을 높이 평가한 것이다. 고구려의 대 수·당전쟁과 고려의 대거란·몽고전쟁 등에서 조국의 수호를 위한 민중의 분투와 을지문덕·강감찬·서희 등 뛰어난 인물들의 불멸의 업적을 찬양하고 우리 민족의 용감성을 자랑스럽게 말하는 한편, 신라통일 이후에 문치文治를 숭상하고 국방에 관심을 돌리지 않아 나라가 약하게 되었다고 통탄하였다. 고려 성종이 주군州郡의 병기兵器를 수납하여 농구農具로 개조한 사실을 들어, 외적의 침입에 무엇으로 방어할 것이냐고 비난한 것도 이것의 한 예이다.

둘째 애민적 사상으로 역대 국가의 대민시책이 착취에만 치중하고 백성들의 생활을 돌보지 않는 것을 비평하였다. 고구려 고국원왕故國原王의 진대법賑貸法 시행에 관한 안설按說에서 진賑은 좋지만 대貸는 좋지 않은 것이라고 말하고 대는 백성들에 대한 국가의 착취를 의미하는 것으로 논파하였으며, 고려 광종 때의 노비안검법奴婢按檢法에 관한 안설에서 그 부당성을 지적하고 문종 때 억울하게 죽은 노비의 옥사를 신중하게 다루어야 할 것과 그 개혁을 주장하였다.

이런 것들은 모두 저자가 역사상의 사실을 통하여 저자 자신의 시대현실을 비판했던 것이며, 그 비판의 관점은 곧 경세치용학적 견지에서 나왔다. 이러한 사상이 『동사강목』 본편 17개 권 속에 한결같이 흐르고 있음을 볼 수 있다.

이 본편 외에 『동사강목』의 가치를 한결 높여 준 것은 그 마지막의 부권附卷이다. 부권에는 「고이考異」·「괴설변怪說辨」·「잡설雜說」·「지리고地理考」 등의 4개 편목이 들어 있고, 각 편에는 다시 여러 개의 개별적 문제들(133개의 실례)이 취급되어 있다. 예를 들면 단군설화檀君說話·갈문왕葛文王·진흥왕정계비眞興王定界碑 등을 비롯하여 역대강역고歷代疆域考, 분야고分野考 등에 이르기까지 성실한 고증을 가한 역사연구의 역작들이라 할 것이다.

『동사강목』이 경세치용파의 저술로서 그 후 실사구시파의 선구가 되기도 했다는 것은 우리가 이미 잘 아는 바이며, 근대 계몽기[舊韓末]에 이르러 그 학문적·사상적 기반을 조성함에 있어 『동사강목』이 제공한 원천적 역할은 더할 수 없이 중요한 것이었다.

오늘날 민족주체의식의 확립이 절실히 요청되고 있는 때에 이 『동사강목』은 고전으로서뿐 아니라 새로운 가치를 가지고 우리 앞에 등장하는 것이다.

안정복의 역사의식

변원림

1. 서언

서양의 역사 전개과정과 다른 양상을 가진 동양의 역사는 서양의 역사관만으로 분석·설명될 수 없다는 것은 명백한 것이며 지금까지 이에 대한 동양인의 이론적 반성이 소홀했던 것으로 생각된다. 동양문화의 범주에 속하는 우리나라의 역사인식 문제에 있어서도 이러한 논의가 적용된다.

그러므로 본 논고는 우리나라 역사의 이론적 체계화를 위한 사학사 연구의 일환으로 전통사학의 총정리자로 생각될 수 있는 안정복의 역사이론을 연구함으로써 서양 역사학이 도입되기 이전 우리나라의 사학사적 위치 내지 그 수준을 살피려는 것이며, 나아가서 서양의 역사관과 동양의 그것을 비교하며 서양 역사학의 도입과 동양 전통사학의 연결을 모색하려는 한 시도를 삼으려는 것이다.

본 논고에서는 우리나라 역사에 대한 안정복 특유의 관점에 유의하여 그 역사이론 및 역사서술에 관한 견해와 우리나라 역사에 대한 인식, 그리고 역사의 전개과정에 있어서 정통론의 문제를 고찰하려 한다.

안정복에 관한 전문적인 논문은 지금까지 한 편도 발표되지 않았다. 단지 그의 대표작으로 생각되는 『동사강목』에 관한 소개 세 편이 있을 뿐이다. 『한국의 고전백선』[1] 중에 실린 이우성 교수의 「동사강목」 조와 『한국의 명저』[2] 속에 짤막하게 소개된 김철준 교수의 「동사강목」, 그리고 동 교수에 의한 『한국학』[3] 내의 「한국의 역사학」에서 『동사강목』의 역사적 위치를 평가한 것이 그것이며, 그 밖에 이우성 교수의 「이조후기 근기학파에 있어서의 정통론의 전개」[4]에서 안정복의 정통론을 소개하였다.

안정복(1712년 숙종 38년~1791년 정조 15년)은 1712년 12월 25일 호서좌도湖西左道 제천현堤川縣의 유원우제楡院寓第에서 출생하였다. 자는 백순百順, 호는 순암順菴이며 본관은 광주다.

그의 가계는 당시 실세한 남인으로 가세가 빈곤하여 조부의 부임지, 외가 등을 전전하며 유년시절을 보내었고,[5] 24세에 경기도 광주 경안면慶安面 덕곡리德谷里 선영하先塋下에 복거卜居하여 주자학을 연구하고 『하학지남下學指南』·『내범內範』 등을 찬하고 「정전설井田說」을 저술하는 등 그의 탁월한 식견을 나타내었으며 후에 대학자가 될 근본자세와 사상을 키워 갔다.

35세에 그는 성호 이익의 문하생이 될 기회를 얻었고 이것은 안정복의 학문

---

1 이우성(1969), 「동사강목」, 『한국의 고전백선』, 동아일보사, 113면.

2 김철준(1969), 「동사강목」, 『한국의 명저』, 현암사.

3 김철준(1972), 「한국의 역사학」, 『한국학』, 서울대학교 동아문화연구소 편, 현암사, 395면.

4 이우성(1966), 「이조후기 근기학파에 있어서의 정통론의 전개」, 『역사학보』 제31집, 역사학회, 176면.

5 안정복이 출생한 제천의 유원은 조부가 家眷과 함께 우거하던 戚人 尹訓甲 씨의 家였으며 4세에 모친을 따라 상경하여 乾川洞 외가 李氏 宅에 있었고 6세에 모친과 전라도 靈光 月山의 외가 농장에 寄食하였다. 9세에 還京하여 남대문 밖 藍井洞에 거하다가 14세에 조부의 임지인 경상도 울산으로 갔다가 다음해 조부의 해임으로 경기도 茂朱에서 거처하였다.

을 발전시키는 하나의 계기가 되어 성호학파의 한 사람으로서 활약하게 되었던 것이다. 또한 윤동규尹東奎·신후담愼後聃·이병휴李秉休 등의 동문들과의 교제는 그의 학문의 폭을 넓히는 데 많은 도움이 되었다.

안정복은 주자의 성리학을 근본으로 하여 퇴계 이황, 반계 유형원의 학설을 사숙하였으며 성호 이익의 문하에서 성호의 경세치용학을 깊이 연구하여 세칭 성호학파의 중요한 위치를 차지하였다. 그러므로 그는 성리학에 조예가 깊었고 사회문제에도 관심이 깊어 『임관정요臨官政要』·「정전설井田說」 등을 저술하였고, 천주교에 대하여 『천학고天學考』·『천학문답天學問答』 등의 글을 발표하고 친우들과의 서간에서도 많은 논평을 가하였다.

그러나 그가 가장 관심을 두었던 학문분야는 역사학이었다. 그는 중국의 역사서로서 『사론史論』·『사감史鑑』·『독사신론讀史新論』 등을, 우리나라 역사서로는 『동사강목』·『동국문헌비고東國文獻備考』·『동국지지東國地志』·『열조통기列朝通紀』 등을 저술하였다. 특히 그는 우리나라 역사연구에 가장 많은 노력을 기울였다. 그는 종래 선학들이 우리나라 역사를 다룬 태도에 대하여 불만을 표시하면서 우리나라 역사의 재인식을 강조하였다.

그가 저술한 우리나라 역사개설서로 현재 전하는 것은 『동사강목』뿐이다. 이것은 그의 나이 48세에 완성된 것이므로 그 이후 그의 발전한 학설을 알 수 없는 것이 애석하다.[6]

2. 역사인식과 역사서술

이조 후기에 들어와서 주자학을 신봉하던 유학계에 새로운 변화와 반성이

6 『順菴叢書』 上, 「順菴先生年譜」, 성균관대학교 대동문화연구원 영인본, 1970, 598면; 『順菴叢書』 上, 「順菴先生行狀」(黃德吉), 632면.

일어나기 시작하였다. 그것은 이조 후기 국내외의 여러 사정, 즉 임진왜란으로 인한 국가재정의 파탄과 국민생활의 피폐, 그리고 이러한 상황에 대처하는 관리들의 고식적인 대응책에 대한 반발로 현실에 입각한 정치와 학문을 요구하게 되었으며 또한 학계의 새로운 조류인 중국의 양명학·고증학의 학풍과 서양문물이 유입되어 이조 후기의 학자들 특히 지배층에서 이탈된 재야의 학자들 사이에 유행되어서 주자학만을 신봉하던 그들의 학문태도에 대한 반성의 계기가 되었다. 이러한 새로운 학풍이 하나의 학문으로서 체계가 이루어진 것은 유형원에서 비롯하였고 조금 사이를 두고 이익에 의하여 계승되어 학파를 형성하게 되었다.

이익의 문하에서 역사학에 안정복, 지리학에 윤동규, 산학算學에 황득보黃得甫·신후담, 경학에 이병휴·이맹휴李孟休·이구환李九煥·이가환李家煥 등이 배출되었다. 이익의 학문 중 역사학의 분야를 계승한 안정복은 이익의 사론을 토대로 하여 그의 이론을 전개하였으며, 구체적으로 역사서술에 적용하였다.

본장은 안정복이 생각하는 역사인식, 역사서술의 의의, 역사서술의 범위, 역사연구 방법 등을 중심으로 한 고찰로 그의 동양 전통사관의 범주에 대한 탈피 정도와 새로운 역사인식에로의 접근 시도를 살피려 한다.

안정복은 역사의 의의가 과거의 인물 혹은 사건을 통해서 현세와 후세의 교훈을 얻는 데에 있다고 하여[7] 역사를 서술할 때에 역사가가 과거의 역사적 사실을 역사가 자신이 살고 있는 시대의 도덕과 윤리를 통해서 인식할 것을 요구하였다. 그러므로 모든 역사적 사실에서 저자는 후에 자신이 편찬한 역사서를 읽을 독자들에게 교훈을 주려는 도덕적 의도를 충분히 나타내야 한다는 것이었다.

안정복은 공자孔子의 역사서술 방식과 주자의 그것을 비교하여 "춘추春秋의 서

---

7 안정복의 『東史綱目』을 고찰하면 어떠한 역사적 사실을 기술한 뒤 문장 말에 '以存鑑戒' 혹은 '以示譏焉'이라는 것이 매우 자주 나온다.

법書法은 미美와 악惡을 동사同辭로 써서 후인으로 하여금 그 뜻을 추측할 수 없게 하였으나 주자의 강목綱目은 사실을 모두 직서直書하여 권징勸懲을 보이고 있다"[8]고 하며 『동사강목』의 서술에 주자의 역사서술 방식을 채택하였다.

역사서술의 의의에 대하여 그는 첫째 의의를 역사의 계통을 밝히는 것에 두었다.[9] 즉 역사의 체계적 파악을 위한 역사를 서술할 필요가 있다는 것이다.[10] 둘째 의의는 과거의 역사적 인물의 절의를 칭찬하고 후인들의 모범이 되기 위한 것에 있다 하였다.[11] 셋째 의의는 역사적 인물의 언행이 저자 자신의 시대의 도덕과 윤리에 어긋날 경우 그 잘못을 밝혀서 후인들에게 교훈이 되도록 한다는 것이다. 그 예로서 신라와 고려에서 동성同姓·지친至親과 결혼하는 풍습에 관해서 '隨事直書 以示譏焉'[12]이라고 한 것과 왕조의 혁명을 일으킨 인물이나 왕위 찬탈자에 대하여 그들의 행위가 신하로서의 분수를 지나쳤고 본분을 잃었으며 계통을 침범했다는 이유로 이러한 인물의 죄를 밝혀야 한다는 것[13] 등을 들 수 있다. 그 외에도 사서史書에 사용하는 문자에 의하여 역사적 인물의 선·악을 판단할 수 있게 하는 춘추 이래의 전통적인 서술방식을 채택하였다.[14] 넷째 의의는 역대의 사실을 상세하게 기록하여 후세 고열考閱의 자료가 되도록 한다는 것이었다.[15]

이러한 역사서술의 의의를 안정복은 『동사강목』 서문에서 요약하여 밝히고

---

8 『東史綱目』 1책, 경인문화사 영인본, 1970, 12면. "春秋書法 美惡同辭 使後人漠測其意 綱目皆據事直書 昭示勸懲."

9 위의 책, 12면. "凡統系爲史家開卷第一義."

10 이 문제는 정통론의 문제에서 논의될 것이므로 여기서는 자세히 언급하지 않는다.

11 『東史綱目』 1책, 21면. "褒奬節義 是史家之第一義."

12 위의 책, 16면.

13 위의 책, 15면. "簒位之主及女主 皆墨其紀年及名號 以著其犯分干統之罪."

14 역사기술에 사용되는 단어의 문제, 즉 역사적 인물의 죽음을 표현할 때 誅·殺·弑·死·卒 등으로 엄격하게 구분하여 기술하는 것을 말한다.

15 『東史綱目』, 「序」, 1책, 4면. "以爲私室巾衍之藏 資其考閱而已."

있다. 즉 "사가史家의 대법大法은 계통을 밝히고 찬적簒賊을 엄히 하며 충절을 포장褒奬하고 시비를 바로하며 전장典章을 상세히 하는 것이다"[16]는 것이다.

위에서 고찰한 안정복의 역사인식과 역사서술의 의의에 대한 것은 자료적 역사, 교훈적 역사의 단계에 머물러 있으나, 그가 체계적으로 역사를 파악하려 하였던 것은 역사적 사실 내부에서 역사를 움직이는 어떤 일관된 조류를 찾으려는 노력의 일단이 아닌가 한다.

안정복이 생각하는 역사서술의 대상을 보면 "人主之賢否 臣僚之邪正 國事之治亂 雖書于國史 而至若禮樂刑政一切 爲治之道 及宇宙內事 莫不分類記載"[17]라 하였고 또한 인국隣國의 풍속, 변리邊吏, 추사酋師, 부락의 성쇠, 산천의 원근, 도리의 교제, 왕래, 전벌戰伐의 득실도 모두 상세히 하고[18] 천변지이天變地異도 기록해서[19] 과거에 존재하였던 각종의 사건을 일목요연하게 알 수 있도록 해야 한다는 것이었다.

상기한 각 항목을 분류하면 정치·경제·사회·문화의 모든 면을 포함하고 있다. 이와 같은 항목들은 동양 역사서가 일반적으로 다루어 온 대상이지만 안정복이 정치에 관한 것 이외의 항목들의 중요성을 특히 강조하였던 것은 종래의 역사서가 왕실사 혹은 정치사에 비중이 너무 치우쳤던 것에 대한 반성으로 생각된다.

이러한 견해를 뒷받침해 주는 것으로는 그가 지리문제와 지방지의 중요성을

---

16 위의 책, 4면. "史家大法 明統系也 嚴簒賊也 褒忠節也 正是非也 詳典章也."

17 『順菴叢書』 上, 『順菴集』, 「與洪參判書」, 116면.

18 위의 책, 「東史問答」, 225면. "本國南通島夷 北鄰山戎 其風俗土宜山川道里交際往來戰伐得失 皆當謹而書之."; 『東史綱目』 2책, 103면. "按隣國之風俗 邊吏酋師部落之盛衰 是有國之所必審 而史家之所必詳也 (…) 其人物風俗山川遠近 與興衰之迹 庶幾有之 而史書都闕 使人不知 今爲何地方 東人不尙文獻 至此."

19 『東史綱目』에 天變地異에 관한 기록이 자주 나오는데 지진·일식·홍수·가뭄·白虹貫日·太白經天·日色如血 등으로 표기되었다. 이것은 안정복이 천지의 변화와 역사 전개과정을 연결시키려는 의도적인 표현으로 이러한 서술방식은 동양 역사서의 공통된 점이다.

강조하고 있는 점이다. 지리에 관하여 안정복은 지리문제는 작은 문제 같지만 모든 사건의 단서가 되는 것이므로 각 지방과 지명의 위치를 정확히 알고 강역도 확실하게 정해야 한다고 하며 그런 후에야 점거의 형편, 전벌의 득실, 분합의 연혁을 고찰하여 알 수 있다고 하면서 삼국시대의 지리에 관한 서적이 전란으로 인하여 없어진 것을 아쉬워하며 삼국 이후의 사서인 『삼국사기』와 『고려사』의 지리에 대한 착오와 소홀함을 비판하였다.[20]

그러므로 그는 동사지지東史地志 저술의 취지를 다음과 같이 논하였다.

> 동사지지는 근거할 수 있는 것이 전무하다. 개마대산蓋馬大山은 지금의 서북 양계 사이의 대령大嶺이 분명한데 「(여지輿地)승람勝覽』에서는 평양에 붙였고 고적 비류수沸流水는 구려句麗의 처음 도읍한 곳으로 요계遼界의 동북 새외塞外에 당하는 듯하나 지금의 성천이라 한다. 이와 같은 것은 대단히 많아 매거枚擧할 수 없고, 그중 대방帶方은 어디인지 확실하지 않으며 단단대령單單大嶺 불내不耐는 철령 이동이라고 생각되나 또한 확실하지 않으므로 동국지리를 저술하여 의심되는 점을 밝히고 이를 바로잡으려 한다.[21]

즉 우리나라 지리의 확실성을 위해서 동사지지를 저술한다는 것이었다.

20 『東史綱目』 3책, 「地理考」, 558면. "按讀史者 必先定疆域 然後可以知占據之形便 審戰伐之得失 考分合之沿革 無是昧矣 三國之時 必有掌故之官 而漢唐用兵 夷鞨交亂 萓裔焚滅 數千年秘書圖籍擧無所傳 惜哉 金文烈修史 去古未遠 庶可博考古籍 而只憑新羅斷爛文字 苟且成編 鄭河東亦踵謬而成麗史使國邑山川 幷無可據 甚者顚倒遠近 移換南北 而謂之信史可乎."

21 『順菴叢書』 上, 『順菴集』, 222면. "東史地志 專無可據 盖馬大山分明是今西北兩界間大嶺 而勝覽付於平壤 古蹟沸流水句麗始都 似當在遼界之東北塞外 而謂今成川 如此者甚多 不能枚擧 其中帶方 不知的在何地 單單大嶺不耐 似是鐵嶺以東 而亦不的知 伏歎 方著東國地理疑辨 欲以就正 當俟後日仰稟耳."

지방지가 필요한 것은 각 지방의 특수성이 일괄적이고 중앙 중심적인 역사 편찬에 의해서 소홀히 다루어지거나 희미해질 우려가 있기 때문이다. 그러므로 그는 각 지방은 그 특유의 문체로 그 지방의 문물을 기술하여 인물의 현우賢愚, 법제의 연혁, 산천의 험이險易, 도리의 원근, 강역의 광협廣狹을 고찰할 수 있도록 하여야 한다면서 지방지 편찬의 중요성을 강조하였다.[22] 또한 지방지는 정치상의 이유에서도 편찬될 필요가 있다고 하였다. 그는 정부에서 지방지를 열람함으로써 "구주九州지역의 광협, 산림, 천택川澤, 구릉, 분연墳衍, 원습原隰의 명물과 인정, 물태物態, 치란治亂, 휴구休咎의 적迹을 요연하게 알 수 있어서 그 지방을 다스리는 단서가 된다"[23]고 하였다.

그 외에 그는 각 지방지가 역사편찬의 기본 자료가 된다는 점도 지적하여 명明나라에서 각 성省에 지志를 저술하도록 명하여 이 지들을 총괄하여 『일통지一統志』를 만든 것을 예로 들면서 우리나라의 지방지가 발달하지 못한 것과 『여지승람』이 소략한 것을 비판하였다.[24]

이상과 같은 세 가지 이유를 논하면서 그는 지방지의 편찬을 역설하였다.

안정복에 있어서의 역사서술 대상은 기본적으로는 동양의 전통적인 범위에서 벗어나지 않으면서도 왕실의 동태 이외의 사회상과 외교관계, 예禮, 악樂 등에 관한 기술과 지리지와 지방지의 필요성을 역설하는 것에서 그의 문화사적

---

22 위의 책, 「大麓志序」, 397면. "郡邑之志 史之餘例也 古者國各有史 蓋有千八百國 則必有千八百史也 晉之乘 魯之春秋 楚之檮杌 卽其大者 而左氏內外傳 魯晉鄭衛宋齊楚吳越文體自別 則諸國各有史也 子男之國 亦得以風謠上之天子 皆所以治天職而子庶民也 自秦郡縣天下 史官遂絶 何者 郡縣之設 士不世官 與建國傳世之規不同也 是以人物之賢愚 法制之沿革 山川之險易 道里之遠近 疆場之廣輪 靡得以考焉 於是而括地志, 寰宇紀之屬作焉 歷代諸史 皆有地理志 至于大明 令各省有志 又摠之于上而爲一統志 地志之盛 於斯至矣."

23 위의 책, 「廣州府志序」, 392면. "九州之地域・廣輪・山林・川澤・丘陵・墳衍・原隰之名物 與夫人情・物態・治亂・休咎之迹 瞭然在目 而爲出治之端."

24 위의 책, 392면. "皇明宣詔天下 令郡邑有志 令各省有志 總之于上 而爲一統志 法至善也 惜乎 東方文獻無徵 惟有一部輿地勝覽而踈略甚矣."

인 요소를 발견할 수 있다.

끝으로 그의 역사연구 방법이 어떠한가를 살핀다.

첫째, 사료수집의 철저성을 강조하였다. 안정복은 사료를 가능한 널리 수집할 것을 말하여 "사관의 직은 오직 널리 수집하여 인몰湮沒하지 않게 하는 데 있다"[25]고 하며 실록뿐 아니라 국사비적國史秘籍·제가비장諸家碑狀·패관야승稗官野乘도 모두 수집하여 이를 절충하여 역사를 편찬해야 한다고 하였다.[26] 그는 특히 야사野史의 중요성을 강조하여 야사가 비록 실록만큼 근거가 확실하지 않고 사건의 기록이 선후시말先後始末이 맞지 않아서 믿기 어려운 점이 있으나[27] 국가가 관장하는 편찬물이 아니므로 당시의 사실을 당시인當時人들의 눈에 비친 그대로 직서直書하면서도[28] 국가의 제재를 받지 않았기 때문에 그 사건의 실상을 후세에 전할 가능성이 많다는 것이다. 그러므로 그는 후세에 야사를 금한 정부의 실책을 비난하여 "후세 야사를 금한 지 수십 년이 지나서 선악이 민연泯然하여 형적形迹이 없어져서 악한 자로 하여금 기탄하는 바가 없게 하며, 난신亂臣·적자賊子도 두려워하는 마음이 없게 되었다. 이것은 군자의 불행이며 소인의 행幸이다"고 개탄하면서 고려시대에 야사의 찬성撰成을 국가가 권장한 것은 후세의 본받을 만한 것이었다고 아쉬워하였다.[29]

둘째, 사료고증의 중요성을 강조하였다. 사료가 수집되면 수집된 사료를 고증하여 그 진위를 밝혀야 한다고 하여 "司馬氏作通鑑 參考群書 評其同異 以示去取之意 爲考異三十卷 只取典實可法者 此作史者之柯則也"[30]라고 고증의

25 위의 책, 278면. "史官之職 惟在博搜 而不使湮沒 可也."

26 위의 책, 402면. "大抵 作史者 襍稡國史秘籍諸家碑狀稗官野乘 折衷而爲之書."

27 위의 책, 214면. "野史之屬 雖有可取 而事之先後始末 必多有爽實者 不如實錄之爲可信也."

28 『東史綱目』 3책, 145면. "馬遷之史記 班固之漢書 孫盛之晋春秋 李燾之續通鑑長篇 陳建之通紀 皆以當世之人 記當世之事 直書時諱 而不以爲非私自著述 而不以爲僭."

29 위의 책. "自後世野史有禁過數十年 則善惡泯然無迹 使爲惡者無所憚 而亂臣賊子無所懼 是所謂君子之不幸 而小人之幸也 高麗時鄭可臣 嘗私撰金鏡錄 則此時無野史之禁 而忠烈亦命閔漬增修則自上亦勸其成矣 此可爲後世之法而惜乎."

의意를 역설하였다.

셋째, 역사서술의 공정성을 주장하였다. 수집된 후 취하여진 사료를 가지고 역사를 편찬할 때에 역사가가 시대적 제약으로 인하여 사실을 은폐하는 것을 반대하였다. 그러므로 그는 "춘추는 공자가 당세인當世人으로서 본국의 역사를 기술했기 때문에 숨긴 것이 많으나 주자는 후세의 사람으로 전대의 역사를 서술했기 때문에 숨긴 것이 없다"[31]고 주자의 장점을 지적하였다.

넷째, 역사서술에 있어서 윤색潤色의 부당성을 논하였다. 그는 윤색을 반대하는 이유를 "東史三國以後 文字庸俗 見者多言當潤色之 愚謂文雖不好 而潤色之 則其於辭氣抑揚之間 或不無失實之患 又非後學愼重之意"[32]라고 하여, 윤색으로 인하여 사실의 내용이 변개變改될 수도 있다는 점을 우려하였다.

다섯째, 역사서술에 있어서 저자의 객관성을 강조하였다. 그는 저자가 역사서술에 자신의 편견을 개입시키는 것은 그 저자가 역사가로서의 자질이 결여되어 있기 때문이라고 하면서[33] 이조李朝 초에 편찬된 역사서, 특히 고려 말에 관한 기록은 이조 건국의 합리화를 위해서 심하게 왜곡되어 진상을 알 수 없게 되었으므로[34] 역사가는 사료에 대하여 신중을 기하여야 하며 신빙성이 없는 자료를 가지고 인물에 대하여 함부로 비평을 가하는 일이 있어서는 안 된다는 것이다.[35]

---

30 『東史綱目』 3책, 「考異」, 483면.

31 『東史綱目』 1책, 12면. "孔子以當世之人 書本國之事 故其事多諱 朱子以後世之人 修前代之史 故其辭無隱."

32 『順菴叢書』 上, 『順菴集』, 230면.

33 위의 책, 402면. "以虛實相亂 愛憎隨情 自非才兼三長 持心如秤者焉."

34 위의 책, 232면. "大抵當世史官 皆非其人 不能據事直書 以着其實 而掩覆變亂 恣爲愛憎 愈起後人之疑 此非聖意然也 麗末實錄 多出于尹紹宗之手 高麗史又出於鄭道傳鄭摠 其所以彰國之惡 而掩諱實事者 皆欲自掩其惡也 後人從而信之 反爲紹宗道傳輩所弄."

35 위의 책, 402면. "讀史論 人權衡甚難 後世史筆 多不可信 其不可信之文 而輕加疵評 非史家愼重之意也."

여섯째, 역사서에는 합리적이 아닌 괴이한 설화·전설·미신에 관한 것은 기재하지 않는 것을 원칙으로 하였다. 그는 이러한 것들은 증명할 수 없으며 모두 "망사妄士의 조작이거나 가설이므로 마땅히 버려서 허망한 습속을 버려야 하지만 천사옥대天賜玉帶, 만파식적萬波息笛 등의 일을 정문正文에 넣은 것은 그 시대 군주의 천天을 교무矯誣하고 일세를 우혹愚惑한 잘못을 밝히려는 것[36]이라고 하였다.

일곱째, 안정복은 불교를 미신의 일부로 생각하여 배척하였다. 그는 삼국인 고구려·백제·신라와 고려에서 불교를 국교로 한 것에 대하여 비판하면서 이 때문에 유교의 수입이 늦어져서 인지人智가 발달하지 못하였다고 하여 "此時東俗荒陋 及自奉佛以後 誕妄之說 無所不至 此聖人之道不行 人之燭理不明故也"[37]라 하였다. 그는 또한 고려 시대에 불교가 사람들을 현혹시켜서 거짓된 것과 진실된 것을 분별하지 못하게 하였고[38] 고려 초부터 왕권이 약하고 신권이 강하여 신하들이 국정을 농단하므로 이로 인한 정치적 불안이 모두 불교의 폐단에서 비롯된 것이라고 생각하였다.[39] 그 외에도 그는 불교와 관계되는 모든 사건에 자신의 유교적 견해를 부연하여 비판하였다. 미신과 불교를 동일시하는 것은 안정복이 미신과 종교의 차이점을 이해하지 못했기 때문이며 이것은 유교가 지배하던 시기의 시대적 제약성인 것이다.

요컨대 역사연구 방법은 역사가는 가능한 모든 사료를 수집하며 수집된 사

---

36 『東史綱目』 3책, 540면. "理有常變 事有虛實 此所存者徵之理而或然者也 所去者出於人而必虛者也 已上許多怪說 皆妄士之造僞而假說者 則當亟去 以絶虛妄之習 玉帶竹笛之事于正文者 以著時君矯誣上天愚惑一世之失."

37 『東史綱目』 1책, 246면.

38 『東史綱目』 2책, 518면. "按麗代異教興行 人心誕妄 談虛說無 以爲實然 而不知悟焉."

39 『東史綱目』 3책, 170면. "盖其立法 專尙佛教 佛教無君也 一傳至惠宗 王規袖刃穴壁 而亦不罪 此大慈之釋 捨身飼虎者也 主弱臣强 已自此兆權柄傳世 其君拱手而已 中世以來 因於寇敵 廢立如弄碁 於是臣視君如嬰兒 街談稗說恣心詈罵 作史者悉取之 以彰直筆 所以如此也."

료를 고증하고 임의로 삭제하거나 첨가함이 없이 공정한 입장에서 역사적 사실의 실상을 얻도록 노력하여 문장을 미화시키기 위한 윤색을 가하지 않아야 하고, 또한 역사가가 자신의 편견을 개입시키지 않는 객관성을 유지해야 한다고 하였다. 그리고 그는 합리적이 아니며 고증할 수 없는 것들을 역사에서 다루는 것을 거부하였다.

이상으로 안정복의 역사인식과 역사서술의 의의, 역사서술의 범위, 역사연구 방법을 고증하였다. 이를 요약하면 안정복의 역사관은 교훈적 역사의 단계에 머물러 있어서 역사서술의 의의를 역사의 체계적 파악과 역사적 사건이나 인물에 대한 유교적 윤리관에 의한 평가 그리고 사료의 가치에 두었다. 역사서술의 범위는 정치·경제·사회·문화의 모든 면을 포함하며 각 지방의 특수성에 유의하여 비교적 치밀하게 하고 지리문제도 포함된다. 역사연구 방법은 대단히 고증에 유의하였으며 합리적이고 역사가에게 시대적 제약에 의한 서술을 지양하여 공정하고, 자신의 편견에서 벗어나서 보다 객관적일 것을 요구하였다. 안정복은 과거의 전통적인 사관을 기초로 하여 출발하였으나 이를 지양하여 중국 중심적 역사관에서 탈피하고 각국의 역사의 주체성을 인식하여 각국의 자체적인 역사의 체계를 파악하려 하였다. 또한 그는 종래의 역사서술 대상 내에서 경제·사회·문화 면의 서술의 필요성을 강조함으로써 왕조사 내지 정치사 중심에서 탈피하려는 시도를 보였다.

그의 역사연구 방법의 고증적인 면은 청대 고증학의 영향을 받은 이조 후기 실학자들 사이에서 널리 사용되던 방법으로 안정복의 독특한 학문방법은 아니나 그의 역사가에 대한 공정성과 객관성의 요구가 이조 전기의 사가들, 즉 권근權近이나 최부崔溥, 서거정徐居正 그리고 그의 스승인 이익보다 학문상의 발전을 이룬 것으로 생각된다.

3. 주체적 한국사 인식

1) 대외관계에 관하여

한국의 대외관계 중에서 중국에 대한 사대성事大性은 우리나라 역사가 지닌 커다란 병폐의 하나였다. 그 이유로 무력적인 약세에서 오는 경우와 선진문화에 대한 지나친 흠모의 두 가지가 주요한 원인이 되겠으나 특히 사상적인 면에서 유학이 지배적 위치를 확보하였기 때문에 후자 곧 문화적인 견지에서의 사대사상은 상당히 뿌리 깊게 박혀 있었다.

그러나 안정복의 중국에 대한 태도는 이러한 우리나라 재래在來의 인식에 도전하였다. 그는 이익의 "중국이란 대지大地 중 일편一片 토土에 불과하다"[40]는 설에 찬동을 표하면서 대륙의 제 민족 즉 한족·몽고족·거란족·여진족 등에 의해서 건립된 국가를 우리나라와 대등한 입장에서 보았고 그들에게 특수한 우위를 인정하지 않았다. 그러므로 그는 한족이 자기 이외의 민족에 대하여 갖고 있는 우월의식을 비판하여 "자고로 유자儒者는 언제나 화이華夷의 구분을 엄하게 하여 중토中土에서 태어나지 않으면 다 이夷라 하는데 이것은 통할 수 없는 이론이다. 하늘이 어찌 지역을 가지고 인간을 구별하겠는가"[41]라 하였다.

안정복은 이러한 사상을 기본자세로 외교문제를 논하였다. 그는 대외국 관계에서 대의명분에 구애됨이 없이 국제정세를 정확하고 신속하게 파악하여 이에 대처할 방책을 강구해야 한다고 하여 우리나라의 대외정세에 대한 무지無知를 다음과 같이 평하였다.

---

40 『星湖僿說』 上, 「分野」, 경희출판사 영인본, 31면.

41 『順菴叢書』 上, 『順菴集』, 53면. "自古儒者 每嚴華夷之分 若不生于中土 則盡謂之夷 此不通之論也 天意何嘗有界限."

今中國氣衰 蒙古太盛 而聞業書攻文 其志不小矣 我使年年往來 而不知某夷之爲盛 某酋之爲强 全昧日後制變之術 可勝歎哉 不獨今時然也 宣廟朝名臣滿朝 若西厓諸公 不知平義智爲宗義調之子 又不知平秀吉爲何人而欲與之應變 此誠我人之拙處也.[42]

즉 중국에 왕래하는 우리나라 사신들의 대륙 정세변동에 대한 무관심과 임진왜란 시의 왜국 내의 변화에 대한 우리나라 정부의 무지를 비판하였다. 그러므로 그는 송宋의 이제二帝가 금金에게 납치된 사건의 해결을 위해서 그 중재를 고려에 요청한 송에게 이러한 제의를 거절한 것은 고려가 국제적 자국의 위치를 올바로 파악한 당연한 것이었다고 생각하였다.[43]

또한 고려시대에 몽고에 적대하여 강화도로 천도한 것을 비판하여 "우리나라의 자수自守의 방책이 여유가 있는데 어찌하여 적을 함부로 깊이 들어오게 만들어 놓고 탄환만한 조그마한 섬에 들어가서 사수할 작정을 했는가? 만약 일국一國이 전부 적지敵地가 되면 오직 일도一島로서 연명할 수 있다고 생각했는가?"[44]라고 하면서 근본적 대책 없이 무모하게 강적을 상대로 전쟁을 일으키는 것을 반대하고 자기의 대안을 다음과 같이 피력하였다.

高宗應酬失當 幾致覆亡 利害較然矣 爲高宗計 自哈眞還歸之後 即揀臣僚 報謝蒙主 定條約 通歲聘 則今日之蒙古 亦如前日之完顔矣 安有入島出陸 築城撤城 生靈塗炭 社稷丘墟之辱哉 噫 計不出此 力弱而虛張 禮簡而

42 위의 책, 231면.

43 『東史綱目』 2책, 265면. "按方金之暴興 寰宇受制 宋人據天下之大 不能抗衡 而欲使蕞爾小國有所作爲於其間 其計亦疎矣 我若不自量輕挑强隣之疑慮 則事終不諧 而我必先爲虀粉矣."

44 『順菴叢書』 上, 『順菴集』, 205면. "我國自守之策 自有餘裕 何必縱敵深入 使彈丸一島 爲死守之地耶 假使擧一國 而爲敵地 則惟以一島 可以延命耶 誠足可憐."

致怒 不量而挑禍 何哉.[45]

즉 몽고와 평화조약을 맺어 우리나라가 피해를 적게 당하도록 노력하여야 하는데 국력의 약한 것은 생각지도 않고 강국과 화를 도발한 것은 정치 담당자들의 실책이라는 것이었다. 요컨대 안정복은 중국에 대한 종주국의 개념을 타파하고 모든 국가를 대등한 위치에서 인식하여 자국의 이해관계와 역량을 파악하고 무리 없이 대처해야 한다는 것이었다.

그러나 그는 국가를 보존하는 근본적인 방책은 강국으로 성장하는 데에 있다고 하여 우리나라의 역사, 지리적 위치, 민족성을 고찰하여 우리나라가 충분히 강국이 될 수 있는 조건을 갖추었음을 역설하였다. 즉 역사적으로는 "우리나라의 삼국시대에는 무력을 숭상하였기 때문에 고구려는 선비鮮卑를 항복시켰고 말갈靺鞨을 복속하였으며 부여扶餘를 병탄하였다."[46] 또한 수隋가 백만의 군으로도 고구려군을 이기지 못하였고 당唐이 요동의 대부분을 점령하였으나 고구려만은 복속시키지 못하였다고[47] 하며 백제는 가장 작은 나라로서 멸망함에 이르러서도 당과 신라가 여러 해 동안 공격하여 겨우 평정하였고[48] "신라는 지금의 영남 일구一區로서도 능히 육지로는 고구려와 백제를 맞서 싸웠고 멀리 바다 건너 일본을 정벌하였으니 그 병력의 웅대함이 전 국토를 통일할 만하다는 것을 상상할 수 있다"[49]고 하였다. 또한 "이근행李謹行 설인귀薛仁貴는 당의 백전명장이면서도 여러 번 패배를 당하고서 겨우 동토東土를 평정한 것만 보아

45 『東史綱目』 2책, 447면.

46 위의 책, 530면. "昔在三國之際 專尙武力 故高句 則降伏鮮卑 役屬靺鞨 呑倂扶餘 常爲中國之患."

47 『順菴叢書』 上, 『順菴集』, 205면. "昔隋廣百萬之片甲不歸 唐宗之神武 盖世而纔得遼東 畢竟中箭而歸 此時唯高句麗一隅而已."

48 『東史綱目』 2책, 530면. "百濟 則以撮爾小國 雍在垂亡之時 而唐羅用兵累世 僅定."

49 『東史綱目』 1책, 308면. "新羅以區區一隅之地 能陸敵麗濟 水伐島倭 其兵力之雄 可以想知宜其混一東土也." 倭史에는 신라가 와서 伐했다는 기사가 數處에 있다.

도 우리나라가 일찍이 약하지 않았다는 것을 알 수 있다"[50]고 그의 입론의 근거를 밝혔다.

지리적 조건도 방어에 유리하다고 하여 "동·서·남 삼면이 바다로 둘러싸이고 서북면만이 육지에 연결되어 해방전수海防戰守의 책策에 만전을 기할 수 있다"[51]고 하였다.

또한 민족의 체질에 대하여 우리나라 민족이 결코 약한 민족은 아니라 하여 "강항姜沆은 말하기를 일본인은 우리나라 사람이 씨름대회를 열면 감히 대적하는 자가 없다고 하였고, 최부는 말하기를 중국인은 겁나怯懦하므로 우리나라의 향화인向化人을 뽑아 군대를 만드는데 우리나라 사람 1인이 중국인 10인이나 백인百人을 당한다고 하였으며, 명장明將 유정劉綎은 자국에 돌아가서 우리나라 군인 천인千人을 모집하여 도처에서 성공하고서 중국인 10인이 천병川兵 1인을 당하지 못하고 천병 10인은 선병鮮兵 1인을 당하지 못한다, 시기를 보아 응전應戰하고 형세를 파악하여 스스로 전투하며 전진하기는 하되 후퇴하지 않는 것이 선병을 당할 군대가 없다고 하였다. 이러한 여러 설을 보아 우리나라 사람이 일찍이 약하지 않았다"[52]고 하였다.

안정복은 우리나라가 역사적으로도 지리적으로도 약국弱國이 될 이유가 없으며 더욱이 민족의 체질이 강인하여 강국으로 발전할 역량이 충분하다고 믿었다. 그는 우리나라가 약국이 된 이유로 다음의 두 가지를 지적하였다.

첫째는 사대사상에 기인한 문약文弱의 폐弊를 들었다. 그는 "지기地氣와 인품

---

50 『東史綱目』 2책, 531면. "李謹行·薛仁貴 唐之百戰名將 而累見敗衄 終能底定東土 則是地未嘗弱也."

51 『順菴叢書』 上, 『順菴集』, 205면. "我國東西南三面環海 西北一隅連陸 苟可以得人 則海防戰守之策 可以萬全."

52 『東史綱目』 2책, 531면. "姜沆云 中國最怯懦 故以我國向化人抄以爲兵 我國人可以當中國人十百 明將劉綎之歸也 募我軍得千人 致處成功 曰中國人十不能當川兵一 川兵十不能當鮮兵一 應機變識形勢 人自爲戰有進無退 莫鮮兵若也 執數說而觀之 則是人未嘗弱也."

이 결코 약하지 않았는데 천하의 가장 약한 나라가 된 것은 다름이 아니라 제도가 그렇게 만든 것이다. 신라가 (삼국을) 통일한 이후부터 대당大唐을 존사尊事하고 당의 문화를 맹목적으로 존상尊尙하여 오로지 문교文敎만을 숭상하였으므로 무력이 점차 쇠퇴하였고 고려 광종光宗 이후 과거법이 시행되어 한나라의 사람들이 모두 시문詩文에 몰두하여 재기才氣와 지려智慮가 장구사부章句詞賦의 사이에서 소멸되었고 남은 힘이 없어서 적인이 국경에 임하면 오직 봉표奉表극걸克乞하는 것을 가장 양책良策으로 삼아 왔다"[53]고 하였다.

그는 특히 광종의 과거법 시행을 비판하여 "과거를 행하기 이전에도 호걸이 있었으며 문장·재사才士도 있었다. 삼국이 이들을 등용하여 능히 일방一方을 제패하였고 신라가 이들에 힘입어 동토를 통일하였으며 고려 태조가 이들을 등용하여 삼한三韓을 정돈할 수 있었다. 어찌 일찍이 과거로 인재를 뽑아 쓴 적이 있었는가. 광종이 중국 제도를 무조건 따라서 이를 시행한 것뿐이요 과거라는 것이 옛날 성왕이 사람을 등용하는 법이 아니었음을 알지 못했던 것이다. 결국 학자가 허문虛文만을 습득하게 되었으며, 이로 인하여 인재를 잃어버리고 좋은 풍속이 허물어져서 오늘날까지 그 제도를 그대로 따르면서 고칠 줄을 모른다"[54]고 우리나라가 문약해진 이유를 모화사상慕華思想 특히 과거법의 시행으로 인한 폐단에서 찾았다.

둘째, 국내의 정치적 불안을 지적하였다. 그는 고려 중엽 이후 권신들이 국정을 마음대로 하여 국내의 정세가 적에게 알려지게 되는 허점이 있었기 때문

53 위의 책. "地氣人禀未嘗弱也 而爲天下之最弱國者 是非他 法制使之然也 自新羅混一以後 尊事大唐 樂慕華風 專尙文華 武力漸屈 而高麗光宗以後 又爲科擧之法 擧一國之人 皆入其中才氣智慮 消磨于章句詞賦之間 而無餘力焉 及夫敵人臨境 唯有奉表乞哀 爲第一良圖 歷世皆然 悲夫."

54 위의 책, 21면. "科擧未行之前 亦嘗有豪傑之材 亦嘗有文章之士 三國用是人 而能虎視方隅 新羅用是人 而能混一東土 麗朝用是人 而能整頓三韓 曷嘗有科擧之士出而用之哉 光宗樂慕華風 斷而行之 殊不知古昔聖王用人之術 實不由於科擧 竟使士習虛僞 人材汨喪 風俗頹敗沿襲 至今而不知變可勝嘆哉."

이라고 하였다.[55]

이상을 요약하면 안정복은 안으로는 중국문화의 숭배를 배제하고 무력을 양성하여 왕도정치를 행함으로써 국내의 정치적 불안을 제거하며, 밖으로는 국제정세의 동향을 파악하여 소위 존화양이尊華攘夷라는 헛된 대의명분에 구애됨이 없이 우리나라의 이해관계에 의하여 국제적 추세를 판단하고 대처해 나아간다면 우리나라가 강국으로 발전할 역량을 충분히 가질 수 있다고 지적하였다.

2) 한국사의 독자성 인식

대외관계에 관한 장에서 화華와 이夷를 우열로 구분하지 않고 동등한 국가로서의 개념을 제시했으므로 안정복은 우리나라 역사서술에 있어서도 중국에 종속된, 중국의 일부로서의 서술에 이의를 제기하였다.

첫째, 사가는 우리나라의 역사성에 의한 독자적 사관을 가지고 우리나라 역사를 서술해야 한다고 생각하여 우리나라 역사를 중국인이 세운 사관에 맞추어 서술하면 우리나라 역사에 대한 올바른 이해를 도울 수 없다고 주장하였다.[56] 이러한 그의 설을 뒷받침해 준 것은 이익이 안정복에게 보낸 편지에서 "동국東國은 스스로 동국인 것이며 그 규제規制와 체세體勢가 중사中史와는 유별有別하다"[57]고 한 논평인 것이다.

둘째, 우리나라 역사의 서술에 있어서는 우리나라를 중심으로 할 것을 주장

55 『順菴叢書』 上, 『順菴集』, 205면. "自麗中葉以後 爲蒙古所脅 而當時權臣用事 國非其國 人非其人 國中之形勢 皆爲敵人所覰破 而仍爲天下之弱國 至于今不已."

56 위의 책, 51면. "中國人以立論爲主 故歷代史論 其麗不億 而東人則不以爲意 雖或有之 多不滿意 無以討出正議."

57 『星湖先生文集』 卷15~19, 「答安百順」, 고려대학교 도서관 소장본. "東國自東國 其規制體勢自與中史有別."

하였다. 그는 종래의 우리나라 역사가들이 중국 중심으로 우리나라 역사를 서술하여서 중국 제제諸帝를 본기本紀로 하고 우리나라를 세가世家에 넣은 것을 비판하여 "우리 동방이 비록 대국을 존사하고 그 정삭正朔을 받들며 지리적 위치가 대륙의 한편에 치우쳐 있으나 독립된 왕이 다스리는 나라이므로 중국 내의 제후들과는 근본적으로 다르다"고 하면서 "중국 제기帝紀가 동국과 무슨 관계가 있는가"고 반문하고 우리나라 역사를 본기로 하고 우리나라와 관계되는 중국의 사건만을 따로 모아서 외기外紀라 하여 권말에 붙여야 한다고 하였다.[58]

셋째, 우리나라 역사서술을 위한 사료수집상의 주의로서 중국 문헌이라면 전적으로 인정해 온 우리나라의 역사서들이 대체로 상세하지 못하고[59] 정사正史 또한 심히 소홀하며[60] 그나마 있는 공사문적公私文籍도 우리나라의 삼국시대부터 계속되는 병화兵禍로 인하여 대부분 소실되어[61] 사가가 근거할 것이 없으므로 중국사에서 취하는데, 중국사에 기록된 외이外夷 기사는 본국本國 민간民間의 전설이거나 또는 부정확한 소문에다가 억측을 붙여 부연했기 때문에 착오가 많아서 구별해 낼 수 없다고 하며 『후한서後漢書』·『북사北史』·『남사南史』·『통전通典』·『당서唐書』 등에 기재된 사항 중의 잘못 기록된 것을 지적하여 중국 사료의 믿을 수 없음을 일일이 제시하였다.[62]

---

58 『順菴叢書』 上, 『順菴集』, 198면. "我東雖尊事大國 奉其正朔 而地偏一隅 自爲聲敎 則與中國之諸侯有間矣 (…) 中國帝紀 何關於東國乎 愚意改世家以本紀 行中國正朔時 與我相關之事 別於卷末爲一篇 (…) 以外紀名之 附于卷末 可也."

59 위의 책, 222면. "海東一方史 皆不合人意 三國史荒雜無可言 高麗史稍爲簡實 而至若諸志所錄 皆不詳悉."

60 위의 책, 67면. "東史雖有數種 (…) 正史亦甚疎忽."

61 위의 책, 233면. "我東三國之際 蠻觸相爭 與奪無常 (…) 且以兵禍連仍 隋唐之間 二國覆滅 雖有公私文籍之可記 而擧必付于一炬之燼 不獨東人鹵莽之致也 今生于千載之下 究尋於斷爛之餘 何可得也."

62 『東史綱目』 3책, 「中國史論三國事實之誤」, 512면. "中國人記外夷事 或因本國諺俗所傳 或引懸聞臆說 故其言多錯 後漢書以東 明爲扶餘王 北史則以東明爲百濟始祖 見上文 又云朱蒙死 子如栗立 見上 又云公孫度之雄海東也 伯固(新大王) 與之通好 伯固死 子伊夷謨 (故

요컨대 안정복은 우리나라 역사서술에 있어서 우리나라의 역사성에 의한 독자적 사관을 가지고 우리나라를 중심으로 기술하며 사료 수집시에 중국 문헌의 오류에 유의하여 이를 변별하여 선택할 것을 논하였다.

3) 역대 사서 비평

안정복은 우리나라 사람들에게 우리나라 역사에 대한 주체성이 결여되어 있는 것을 평하여 "渠所樹立雖大 畢竟終是東人 身居此土 不知其事 誠可慨歎"[63]이라 하고 "우리나라 사람이 아무리 천지를 도리질하는 재주가 있다 할지라도 결국은 우리나라 사람인 것이다. 우리나라 사람으로서 우리나라 역사를 모른다면 되겠는가"[64] 하면서 기존의 역사서를 비판함으로써 역사인식을 고취하려 하였다.

다음은 그의 우리나라 역대 사서에 대한 비평이다.

國川王)立 伊謨自伯固時 已數寇遼東 又受亡胡五百餘戶 建安中公孫康 出軍擊之 破其國焚燒邑落 降胡亦叛 伊夷謨更作新國 其後伊夷謨復擊玄菟 玄菟與遼東合擊大破之 伊夷謨死子位宮(山上王)立 又云北齊天保三年 文宣至營州使崔柳使高麗求魏末流人 勅柳曰若不從便宜從事 及至 不見許 柳張目叱之 拳擊成(陽原王) 墜床下 成左右雀息不敢動 乃謝服 柳以五千戶反命 此條似是中國夸大之辭 或本國人諱以闕之耶 南史云晋世百濟據有遼西 又云百濟王牟都死 其誤弁見上 北史辰韓之始有六國 稍分爲十二 新羅其一也 或稱魏將毋丘儉 討高麗破之 奔沃沮 其後復歸故國 有留者遂爲新羅 其王本百濟人 自海逃入新羅遂王 其國初附庸於百濟 百濟征高麗 不堪戎役 後相率歸之 遂致强盛 因襲百濟附庸於迦羅國焉 又後漢書及通典云 馬韓海島上有州胡 其人短小 不與韓同 皆髡頭如鮮卑衣韋衣有上無下 略如裸勢 好養牛豚 乘船往來 貨市韓市中(按此疑見倭屬) 唐書云 長人者人類長三丈 鉅牙鉤爪 黑毛覆身 不火食 噬禽獸 或搏人以食 得婦人以治衣服 其國連數千里有峽 因以鐵關號關門 新羅常屯弩士數千守之 凡此等說話皆遠外傳聞之誤 別錄於此 以著中國史之失 此其大者 其小小舛謬 不煩錄."

63 『順菴叢書』 上, 「順菴集」, 51면.

64 위의 책, 205면. "東人雖有經緯天地之才 畢竟是東人而止 則東人而不習東事 可乎."

『삼국유사』는 본래 불교의 원류를 위하여 작성된 것이므로 왕력편王曆篇의 국사에 언급한 것은 다소 채택할 것이 있으나 대체로 이단의 허탄한 기사들이라 하였다.[65] 이러한 그의 비평은 그가 유교적 교양을 그의 학문의 바탕으로 하고 있으며 본조의 불교탄압정책에 의한 시대적 제약 등으로 인한 것으로 생각된다.

『삼국사기』에서 신라에 관한 것은 신라사의 유존遺存한 것에 의거하여 조금 갖추어졌으나 고구려와 백제는 수・당과의 전쟁과 신라 말의 견훤甄萱과 궁예弓裔의 싸움으로 역대 도적圖籍이 모두 고찰할 수 없게 되어 단지 고기古記의 단란한 문자에 의하였고 중국사에서 보충하여 겨우 세대를 기록하였을 뿐으로 탈루된 것이 많으며 신라가 삼국을 통일할 때에 고구려의 남계南界만을 얻었기 때문에 고구려지지高句麗地志의 작성을 단지 신라지지新羅地志에 의거하고 고적古跡을 널리 고구하지 않아서 요계遼界는 물론 지금의 서북 양도도 볼 만한 것이 없다고 하며 김부식金富軾은 자신이 대신과 군사령관의 직職을 겸임하였으니 요국遼國과 교빙交聘할 때에 그쪽의 유적을 탐방조사할 방법이 없지 않았을 것이고 또 발해는 오랫동안 존속하였으므로 전할 만한 자료가 많았을 터인데 모두 간략하게 만들고 말았다. 이러므로 허술하고 잘못된 곳이 많으며 거의 역사서로서의 규모를 이루지 못하였다고 비판하였다.[66]

---

65 위의 책, 280면. "麗僧無亟一然撰三國遺事 此專爲諸僧事迹 而王曆篇 亦有國事之可言者 蓋多荒誕."; 위의 책, 226면. "三國遺事 亦是麗僧一然所撰 其書盖撰僧家文字 而亦爲言及國事故或有可採者 而亦多荒誕之語."; 『東史綱目』 1책, 24면. "三國遺事 高麗中葉僧無亟一然撰凡五卷 其書本爲佛氏立教之源流 而作故間有年代之可考而專是異端虛誕之語 後來本朝撰通鑑時 多取錄焉."

66 『東史綱目』 1책, 24면. "三國史記 ○ 按三國當時 各有史官記事 而麗濟二國則隋唐用兵 新羅之末萱裔交亂 故歷代圖籍皆無可考 金氏撰史 於新羅則依本史之遺存者 麗濟則尤無可徵只憑所謂古記斷爛之傳 三國並取中國史 以補之其爲書也 疎略訛繆 殆不成史家規模."; 『順菴叢書』 上, 『順菴集』, 233면. "金富軾三國史 於羅則稍備 於麗濟則闕畧 (…) 富軾只據新羅地志 不復博究古跡 故致此後人無窮之恨耳."; 『東史綱目』 3책, 556면. "三國史以新羅爲主者 (…) 其所撰述皆因新羅遺籍故也 由是其史於新羅稍備 至如百濟僅記世代 多所脫漏

다시 말하면 『삼국사기』가 신라 중심으로 서술되어 고구려 고지故地인 요동이 우리나라의 영역으로 인정되니 못하였고 고구려 유민에 의해서 고구려 고지에 세워진 발해를 『삼국사기』가 기록하지 않음으로써 우리나라 역사에서 발해를 제외하는 결과를 가져왔으며 그것으로 인하여 우리나라 역사의 영역을 반도 내로 축소시켰다는 것이다.

『고려사』는 중국 중심으로 서술되어 왕의 기사를 본기로 하지 않고 세가로 하였는데 세가는 번용繁冗하고 지志는 탈락脫略하며 도이島夷 산융山戎에 대한 기록도 없으며 열전列傳은 소루疎漏하여 김보당金甫當이 열전에 들어 있지 않고 길야은吉冶隱과 서견徐甄이 충의전忠義傳에서 누락되었으며 문원文苑·유림儒林·은일隱逸·탁행卓行 등의 전이 모두 빠졌고 대외관계를 따로 다룬 항목도 빠졌으므로[67] 후세 고열의 자료가 되기에 미흡하다는 것이었다.

『동국통감』은 제사諸史에 비하여 자못 상세하므로 대질大帙이 되었으나 의례義例가 어긋난 것이 많고 사실에 오무誤繆가 심하다고 하였고[68] 상고시대의 단군과 기자箕子를 중국의 외기에 기재한 황탄한 전설·설화와 동등하게 다루어 외기에 넣은 것을 비판하여 본기에 넣어 역사시대에 들어가게 해야 한다며 우리나라 역사의 상한을 높일 것을 주장하였다.[69] 또한 그는 단군조선·기자조

(…) 地志載未嘗地分者 何哉 高句麗强大著見又非百濟比 新羅所得止於南界 故金氏 只據羅史所書麗志 而遼界勿論 今西北兩道 擧無所見 目之爲高句麗地志 使後之見者無所考信 而有若麗之郡縣 元止此數者 然以致無傳 可歎 其地雖入于靺鞨·渤海 富軾去古未遠 身都將相 朝聘遼國之際 盖無搜驗遺跡之道 且渤海傳國累世 則其事亦有可傳者矣."

67 『東史綱目』 1책, 24면. "高麗史 ○ 按是書世家失於繁冗 志失於脫略 列傳失於疎漏 比諸金氏頗典實 而不能無後人之恨."; 『順菴叢書』 上, 『順菴集』, 19면. "麗史所予奪 皆未可信 末年事蹟尤乖謬 此雖局於諱避 然傳信之書 豈容盡沒其實 而盖覆之也."; 『順菴集』, 235면. "高麗史則本紀之多 至於三十卷 繁冗多矣 所謂諸志亦無據 以爲法者 至若列傳 麗氏五百年豈止此而已耶 金甫當不入列傳 吉冶隱徐甄 漏於忠義者 有何所見耶 文苑儒林隱逸卓行 宜各有傳 而幷沒之 何哉 島夷山戎南北相接歷代之事變無常 其可無傳而爲應變之道耶."

68 『東史綱目』 1책, 25면. "東國通鑑 比諸史頗詳 故爲大帙 然而義例多乖訛繆舛駁 亦甚焉."

69 『順菴叢書』 上, 『順菴集』, 235면. "有通鑑一部 而全無義例 檀箕雖無事實 其可置於外紀 同

선・위만조선을 삼조선三朝鮮으로 하여 위만衛滿을 기자의 계승자로 인정한 것을 비판하고 위만의 왕위찬탈의 죄를 밝혀야 한다고 생각하였다.[70]

『동국통감제강東國通鑑提綱』은 홍여하洪汝河가 『동국통감』의 오류를 시정하고 정리한 것으로 차제次第와 절목節目이 모두 법도가 있으며 기자를 우리나라 역사시대의 시발로 하고 마한馬韓이 계승케 하여 정통으로 하고 위만의 찬위의 죄를 논하였다. 또한 마한이 멸망하기 전의 삼국의 군君은 신례臣例를 사용하여 칭왕稱王하지 않았는데 이것은 사가의 정례正例라 하였다.[71]

안정복은 이 『동국통감제강』에서 많은 영향을 받은 듯하며 그의 마한정통론馬韓正統論도 여기에서 힘입은 이론인 것으로 생각된다.

이상으로 동국의 역대 사서에 대한 안정복의 비평을 살폈는데, 그는 우리나라 역사서들이 대체로 소략하고 근거가 박약하다고 하였으며 우리나라 중심으로 서술되지 못했던 것을 비판하면서 좀 더 성실한 우리나라 역사서의 필요를 역설하여 "만약 다시 동사東史를 편찬할 사람이 있다면 상고로부터 여말麗末에 이르기까지 일편一編을 합성合成하고 『(자치통감資治通鑑)강목』의 예에 의하여 『동사강목』이라 이름하여 일방一方의 문헌이 되게 하여 전하면 좋겠다"[72]고 하였다.

이상에서 한국의 대외관계에 대한 안정복의 인식태도와 한국사를 대하는 자세, 그리고 우리나라의 역대 사서의 비평에 관하여 살펴보았다. 안정복이 중국에 대한 우월성의 인정을 거부하고 우리나라의 사대사상과 모화사상을 비판하

于傳疑之例耶."

70 『東史綱目』 1책, 13면. "衛滿簒賊也 通鑑與檀箕共稱爲三朝鮮 有若德同義均者 然今黜之依僭國例."

71 『順菴叢書』 上, 『順菴集』, 400면. "今讀是書 次第節目 皆有法度 始於箕子 爲正統之首 繼以馬韓 而斥衛滿之僭 馬韓未亡之前 三國之君 皆用臣例 不得稱王 此實史家之正例也."

72 위의 책, 222면. "若有人更編東史 自上古 至麗末 合成一編 依綱目之例 名之曰東史綱目 使一方之文獻有傳 似好矣."

여 재래의 사가들이 반드시 중국 제왕의 기년을 앞에 내세워서 우리나라 역사를 중국사의 일부처럼 취급하여 오던 서술방식을 배제하고 독자적인 우리의 기년을 두어 기술함으로써 우리나라 역사와 중국 역사를 대등하게 취급하려는 의도를 나타내었으며 우리나라의 고유문화와 역사성에 대한 깊은 이해를 갖고 있었던 것으로 생각된다.

4. 정통론正統論의 문제

정통론은 중국에서 시작되어 논의된 것이므로 중국 정통론의 성격을 약술하고 우리나라 정통론에 관한 안정복 이전의 논의 경과를 간략하게 소개하고 그의 정통론을 고찰하려 한다.

중국의 정통론이란 진대秦代부터 논의된 것으로 중국에 건립된 각 왕조가 각기 역사적으로 자기의 존재를 정당화하려는 의도로 인해서 발생한 것이다. 그러므로 천하를 통일한 왕조는 자동적으로 정통이 되지만 두 개 이상의 왕조가 정립鼎立했을 경우, 즉 중국에서 항상 문제가 되었던 삼국시대의 위魏와 촉蜀의 정통문제에 관해서 서진西晋의 진수陳壽와 북송北宋의 사마광司馬光은 자기 소속 국가의 현재적 상황과 비슷했던 위를 정통으로 인정하였으며 동진東晋의 습착치習鑿齒와 남송南宋의 주자는 촉을 정통으로 주장함으로써 자기 소속 국가의 처지를 옹호하였던 것이다.

명明의 경우, 한족에 의해서 건립된 왕조이므로 이적의 왕조를 배척하고 삼대三代와 한·당·송을 정통으로 규정하였으며, 청대淸代에는 황문양黃文暘·방동수方東樹 등의 역사가들이 송을 부당한 방법으로 정권을 탈취한 왕조라 하여 그 정통성을 부정하면서 정통을 한·위·서진·후위後魏·북주北周·수隋·당·요遼·금·원의 십대十代로 생각하였다.[73]

이것은 봉건제후시대에 천자가 전 중국을 지배해야 된다는 춘추대일통사상春秋大一統思想에서 기인한 것으로 정상적으로 계승된 왕조를 인정하며 찬탈하는 방식을 징계하려는 대의명분 관념에서 나온 것으로 열국列國이 병립한 때에는 가장 정당성을 가진 국가가 정통적인 왕조가 된다는 것이다. 그러므로 정통론은 위에서 말한 자기 소속 왕조에 대한 의리 이외에 오대시五代時에 부당한 방법으로 국가를 찬탈하는 일이 횡행하였으므로 이에 대한 반발로 이러한 행위를 징계하려는 의도도 있었다.

그리고 이 정통론에는 중국 중심의 세계제국적 견해가 포함되어 있다. 주자의 강목에 "凡正統 全用天子之制 以臨四方"[74]이라 하였는데 여기서 사방四方이란 중국 주변국가 전부를 지칭한 것으로 정통이란 천자가 아닌 중국 주변국가에서는 사용될 수 없는 것이었다. 요컨대 정통론은 자기 소속 왕조의 역사상의 정당성의 인정과 부당한 방법에 의한 전前 왕조 타도 즉 찬탈의 행위에 대한 징계, 그리고 중국 중심의 세계관에 의해서 발생한 것이다.[75]

우리나라에서 정통론이 논의된 것은 홍여하의 『동국통감제강』에서 기자를 정통왕조의 시발로 하고 마한이 계승케 하여 위만의 참僭을 배척한 것[76]에서 비롯되며, 성호의 '삼한정통론三韓正統論'[77]에서는 우리나라 역사의 상한을 높여 단군왕조부터 정통왕조로 생각하고 단군조선·기자조선·마한으로 우리나라 역사의 계통을 찾았다.[78]

이러한 성호 이익의 정통론은 안정복에게 계승되었다. 안정복은 주자의 촉

73 內藤虎次郎, 『支那史學史』, 東京: 弘文堂, 昭和 36년, 285면.

74 朱熹, 『資治通鑑綱目凡例』 2, 고려대학교 도서관 소장 목판본.

75 內藤虎次郎, 『支那史學史』; 이우성(1966), 「이조후기 근기학파에 있어서의 정통론의 전개」, 『역사학보』 제31집, 174~179면 참조.

76 『順菴叢書』 上, 『順菴集』, 400면. "始於箕子 爲正統之首 繼以馬韓 而斥衛滿之僭."

77 『星湖先生文集』 卷38~12. 「三韓正統論」. "三韓之界 不過南裔荒服之地 箕準避寇南遷 遂稱馬韓 (…) 開斥土疆 屬國五十餘 是則東方之正統不絶 而衛氏亦不過如周之狄人·漢之曹瞞 秉史筆者 宜不與數也 (…) 自準之南 衛氏雖據朝鮮故地 纔八十餘年而滅 衛滅而馬韓惟延至一百有一十有七年之久 西北一面 付之四郡二府 而東土之有國傳緖 惟馬韓是已 (…) 余故曰馬韓者 卽東國之正統也."

78 이우성, 앞의 글, 참조.

한정통론蜀漢正統論의 영향을 받은 이익의 삼한정통론을 토대로 하여 정통을 단군조선, 기자조선, 마한, 신라 문무왕文武王(9년 이후), 고려 태조太祖(19년 이후)로 계통을 세우고 삼국정립시기를 무통無統으로 처리하였다.[79]

그가 우리나라 역사의 계통을 위와 같이 세우는 근거는 다음과 같다.

첫째, 단군조선은 우리나라에 처음으로 건립된 국가로서 천여 년 동안 계속되었으므로 단군조선을 우리나라 역사의 시초로 생각하였다.[80] 그러나 단군조선에 관한 안정복의 이론은 모순이 있다. 그는 앞에서 말한 바와 같이 우리나라 정통왕조의 시발을 단군조선에서부터 한다고 하였다. 또한 우리나라 최초의 국가로서 단군조선을 인정하고 단군에 관한 설화를 합리적으로 해석하여 그 설화 속에서 역사적 사실을 발견하려 하였다. 또한 그 신화적인 면을 이해하려 하여 "대개 상세上世의 신성한 인물은 연수年壽가 혹 정당인正當人과 다르다. 광성자廣成子는 1,200세歲, 팽조彭祖가 800세라는 것이 비록 패가잡설稗家雜說에서 나왔으나 중국인의 전설이 이미 오래되었고 또 일본사日本史의 왜황수인시倭皇垂仁時에 왜희倭姬가 500여 세이며 (…) 대신 무내武內가 340세였다. (…) 이로써 보면 단군향년천여세檀君享年千餘歲라는 것도 괴이恠異하지 않으며 권근의 응제시應製詩에서 (단군조선의) 전세傳世가 얼마인지 알지 못하나 역년歷年이 천 년을 넘었다고 하였는데 그것은 1,048년으로서 전세역년의 수가 되어 이치에 맞는 고로 『통감通鑑』이 그 논論을 취하였으며 지금 이 설을 받아들인다"[81]고 하면서도 단군에 관한 기사가 황탄불경荒誕不經하고 무리無理가 너무 심하다는 이

79 『東史綱目』 1책, 13면.

80 위의 책, 12면. "檀君首出御國 箕子肇興文物 各千餘年 神聖之治 宜有不可泯者."

81 『東史綱目』 3책, 485면. "盖上世神聖之人 年壽或有與常人絶異廣成子千二百歲 彭祖八百歲 雖出稗家雜說 而中國人傳說已久 又見日本史 倭皇垂仁時 倭姬年五百餘歲 是當西漢元成之際 大臣武內年三百四十當晋之末 以此觀之 則檀君享年千餘歲 亦無足恠 而權近應製詩 傳世不知幾 歷年會過千 其意以千四十八年 歸之傳世歷年之數 頗爲近理 故通鑑取其論 今收入."

유로[82] 정문正文에 넣기는 주저하여 그의 편찬서인 『동사강목』에서 정통의 시발을 기자조선부터 하고 단군조선에 관한 것을 기자조선 하下에 부록附錄하였다. 그러나 그의 단군에 대한 인식은 『동국통감』보다는 다소 진전되어 "단檀·기箕의 사실이 비록 인몰되었으나 어찌 여와보천女媧補天, 예사십일지류羿射十日之類와 같게 취급할 수 있느냐"[83]고 하여 외기에 넣는 것을 반대하였다.

둘째, 기자조선의 정통성에 대해서는 기자가 단군조선을 찬탈한 것이 아니라 단군조선이 이미 쇠망한 후에 우리나라에 와서 개창開創했으며[84] 우리나라 문물을 조홍肇興시키었고 천여 년 동안 신성神聖의 치治를 베풀었으므로[85] 단군조선을 계승한 정통왕조로 한다는 것이었다. 안정복은 기자에 대해서 외국인이라는 의식은 없고 단지 성인이라는 것만을 강조하였다. 이에 관해서는 홍여하나 이익도 아무런 이의를 제기하지 않았으며 안정복에 이르러서도 민족에 대한 뚜렷한 의식이 나타나지 않다가 근대에 이르러서 처음으로 역사학자들에 의해서 개아지조선朝鮮·한씨조선韓氏朝鮮 등의 제설이 나오기 시작하여 외국인인 기자가 우리나라에 왕국을 건설하였다는 종래의 기자조선을 부인하게 되었던 것이다.

그러나 우리나라의 입장에서 중국을 대하는 그의 사고에서 중국 중심적인 사고 경향을 탈피하려는 노력을 발견할 수가 있다. 그는 기자가 성인이고 성인에 의해서 우리나라가 교화되었다는 것에만 유의하였으며 기자의 민족적 소속 문제에는 관심을 두지 않았다. 그는 기자가 주周에 대해서 대등한 입장에 있었

---

82 『東史綱目』 1책, 103면. "古者神聖之生 固有異於衆人者 豈有若是無理之甚乎."

83 위의 책, 12면. "通鑑以爲史書無傳 編於外紀 外紀之名 始於劉恕 劉恕與司馬公修資治通鑑 復采上古以下作通鑑外記 雜出於傳紀者 無所揀擇 而書之 若女媧補天 羿射十日之類是也 故名以外紀 檀箕事實雖湮 豈可同於此科乎."

84 『東史綱目』 3책, 486면. "箕子仁聖 豈有冒占人國之理 其誣聖甚矣 盖彼已衰亡 故箕子之來 披草萊開創耳."

85 각주 80) 참조.

다는 것을 밝히기 위해서, 기자가 주의 신하가 아니었다는 것과 주에 간 것은 객客의 예禮로서이며 조주朝周의 의미는 없다는 것,[86] 그리고 주周 무왕武王에게 진陳하였다는 '홍범洪範'은 무왕이 왕이 되기 이전에 속한 것이며 '십삼사十三祀'는 무왕 즉위 13년이 아니고 은殷 주紂 즉위 13년이어야 된다는 이설異說을 창시하기도 하였다.[87]

이러한 안정복의 기자조선문제에 대한 견해는 주 무왕과 기자의 대등하였던 사실을 밝힘으로써, 그리고 중국이 순舜・우禹 등의 성인에 의해서 교화된 것과 같이 우리나라도 기자라는 성인에 의해서 교화되었으므로 중국을 추종할 만한 문명국文明國임을 과시하려는 의도가 있었던 것이다.[88]

셋째, 마한을 기자조선의 정당한 계승자로 하는 이유를 안정복은 다음과 같이 설명하였다. "정통의 의義는 토지의 대소나 향국享國의 구근久近에 있는 것이 아니며 선왕의 계통이 끊어지지 않았으면 그 정통이 오히려 있는 것이다."[89]

그는 이 문장과 같은 사상을 기본으로 마한문제를 논하여 "기준箕準이 비록 나라를 잃고 남쪽으로 달아났으나 마한을 공파攻破하여 다시 방국邦國을 조성하고 태사太師(기자)의 사祀를 바꾸지 않았으므로 정통이 된다"[90]고 주장하였다. 안정복은 또한 주자의 촉한정통에 비하여 촉한과 비슷한 역사적 상황에 처한 마

86 『東史綱目』 1책, 108면. "按洪範一篇言 王邦于箕子 則王就而見之 不敢屈也 箕子稱武王 曰而 曰汝 而自稱我 終不臣周也 然則曷爲受封而朝周乎 曰武王之峰 固在箕子去之之後 猶以客禮待之 故箕子亦朝周而不憚."

87 『順菴叢書』 上, 『順菴集』, 59면. "洪範十三祀 王訪于箕子註 亦謂稱祀者 爲箕子不臣周也 然則十三者 武王卽位之年數也 祀者商之年號也 周年商號 混同於一歲之內 史氏筆法 似不若是之斑駁 且周旣滅殷 則箕子豈忍對滅我宗國之人 區區於講論之際耶 (…) 愚疑十三祀者 紂十三祀 而武王以西伯世子 有事于王國 聞箕子通範學 就問之耳 其稱王 史追記故也."

88 『東史綱目』 1책, 108면.

89 『順菴叢書』 上, 『順菴集』, 357면. "正統之義 不以土地之大小 享國之久近 而先王之統緒不絶 則其統猶在也."

90 『東史綱目』 1책, 12면. "箕準雖失國南奔 而攻破馬韓 再造邦國 使太師之祀不替 則是亦正統之所歸."

한이 정통임을 뒷받침하였다.[91] 그러므로 마한의 서술문제에 있어서 안정복은 임상덕林象德의 『동사회강東史會綱』에서 기준이 실국失國하고 남천南遷하여 세운 마한을 『주자강목朱子綱目』에서의 위衛의 예를 사용하여 기록하지 않은 것을 비판하여 노魯·위衛는 본시 후국侯國으로 전국시대에 이미 대단히 쇠약하였으므로 강목에 기록하지 않았으나 기자는 정통의 군이므로 쇠미무징衰微無徵하다고 정통의 열列에 기록하지 않을 수 없다고 하였다.[92]

이와 같이 안정복은 마한의 정통을 역설하고 위만조선에 관해서는 위만이 찬적이므로 참국僭國으로 취급한다고 하여 부당한 방법에 의한 기존 국가의 찬탈로 이를 징계하면서 전 장인 제 역사서의 비판에서 기술한 바와 같이 『동국통감』의 단군·기자·위만의 삼조선설三朝鮮說을 비판하였다.[93] 위만이 기자조선을 찬탈한 행위에 대한 안정복의 부정적인 견해는 고려 건국과 이조 건국에도 적용되어 왕조 교체를 위한 혁명을 근본적으로 부정하였던 것이다. 그는 이익의 삼한정통론에서 논의하고 있는 이론을 그대로 답습하여 위만의 찬탈 행위에만 주목하며 그의 민족 구분에는 아무런 관심도 표명하고 있지 않다. 그러므로 그에게서 근대적 의미의 민족의식을 찾기는 어려울 듯하다.

넷째, 삼국인 고구려·백제·신라가 병립竝立한 시기의 정통문제에 관해서 안정복은 삼국을 동등하게 취급하여 무통으로 하고 신라가 삼국을 통일한 후인 문무왕 9년 이후부터 신라를 정통으로 하였다. 안정복은 김부식의 신라정통론을 비판하여 "『삼국사』는 신라를 주로 하였는데 그것은 신라가 가장 먼저 흥

91 『順菴叢書』 上, 『順菴集』, 269면. "(蜀漢正統)溫公通鑑 升魏黜蜀 其義不是 故朱子綱目 改定以蜀爲正統 而朱子之前已有之 晉人習鑿齒著漢晉春秋 起漢光武 終晉愍帝 蜀爲正 魏纂逆 (…) 余撰東史 以馬韓 接朝鮮 爲正統."

92 『東史綱目』 1책, 12면. "林氏會綱 以爲箕準失國南遷 雖不得以舊時 宗主處之 其分註記年當首於三國 而衰微無徵依綱目分註不錄魯衛之例 按此說大段謬誤 箕子旣爲正統之君 則不可以衰微無徵而不書於正統之列矣 魯衛固是侯國 而戰國之時 衰弱已甚 則綱目之不書 宜矣."

93 위의 책, 13면. "衛滿簒賊也 通鑑與檀箕共稱爲三朝鮮 有若德同義均者 然今黜之 依僭國例."

기하였고 후에 고구려와 백제를 합병하였으며 고려 또한 신라를 계승했다는 것에 근거를 두었으며 그가 찬술한 바는 모두 신라 유적遺籍으로 인한 까닭이다"[94]라고 김부식이 신라를 정통으로 한 이유를 열거하고서 그중에서 신라가 가장 먼저 홍기하였다는 것을 부정하고 고구려의 역년이 신라보다 오래되었다는 것을 다음과 같이 논하였다.

> "以三國史觀之 高句麗歷年七百五年 新羅文武王謂麗安勝曰 公之太祖立功 子孫相續 年將八百云 則古人言事 雖擧大數然 何可以七百五年 謂將八百耶 自漢武元封三年癸酉 至建昭二年甲申 爲七十二年 則自麗亡上距置玄菟時爲七百七十六年矣 麗興在是前明矣 然而東方本史年代分明 只當依而記之 姑記疑於此 欲知其事之本 如是也(又唐賈忠言告高宗曰 高氏自漢有國九百年 據此亦可爲漢武前之證)."[95]

즉 『삼국사』에서는 고구려 역년이 705년이지만 신라 문무왕과 안승安勝의 대화에서 고구려 역년을 약 800년이라 하였고 당가충唐賈忠 또한 약 900년이라 하였으므로 고구려 역년이 705년이라는 것은 의심스러우며 대체로 한 무제의 현도군 설치 시인 B.C. 108부터 고구려 멸망까지가 776년이므로 고구려의 홍기가 이때 이전이 된다는 것이었다.

즉 그는 현도군치玄菟郡治가 되기 전 그곳에 위치하였던 고구려 부족이 남쪽으로 이동하여 점차 강대해졌으며 이것이 삼국의 하나인 고구려로 발전하였다고 하여[96] 고구려의 기원이 한 무제 이전이라고 주장함으로써 김부식의 신라정통론의 근거 중 하나를 제거하였다.

---

94 『東史綱目』 3책, 556면. "三國史 以新羅爲主者 以其起最先 後合麗濟 高麗又承新羅 其所撰述 皆因新羅遺籍 故也."

95 위의 책, 556면.

96 위의 책, 555면. "以高句麗所居 爲玄兎郡治而因爲縣 其部落則流徙南土 後漸强大耳."

다섯째, 고려는 태조 19년 이후 즉 삼국을 통일한 후부터 정통으로 하고 신라가 멸망하기 전은 참국僭國의 예에 의하였다.[97] 안정복은 "이때 신라정통의 군이 오히려 존재하였는데 궁예가 참란僭亂하였고 왕건은 그 무리의 일원이므로 그도 역시 군도羣盜의 유類이다"[98]고 하면서 고려 태조가 비록 구세救世한 공이 있다고는 하나 궁예가 신라의 반적叛賊이며 고려 태조가 그 신하이므로 그도 반적이라는 것이다.[99] 그러므로 그는 왕건의 신라 찬탈을 '강목의 불의不義로서 나라를 얻어 황제를 칭한 유類'[100]라고 비판하였다.

그는 왕건이 분명 찬적이며 자기는 고려의 신자臣子가 아니므로 태조 왕건의 죄를 밝혀 사서에 "泰封將王建 稱王逐其君弓裔 裔走死"라고 기록하여 후세에 감계鑑戒가 되도록 해야 한다고 하였다. 위의 문장 중 '泰封將'이라는 것은 왕건이 태봉泰封의 신하였다는 것을 나타낸 것이고 '稱'은 자존自尊의 언사이며 '逐'은 실사實事를 기록한 것이고 '裔死'라고 한 것은 궁예가 군도임을 나타내려는 것이라고 하였다.[101]

여섯째, 안정복은 『동사강목』을 공민왕恭愍王 훙년薨年에서 끝내고 이조에 대해서는 자기의 소속 왕조라는 시대적 제약으로 그 정통문제를 직접 논의하지 않았다. 그러나 위만의 기자조선 찬탈 행위나 고려 태조가 신라로부터 선위禪位를 받은 것에 대한 안정복의 비판은 이조 태조에도 적용되었다. 그는 이조 건국과 고려 멸망의 직접적 계기가 되었던 우禑·창昌의 비왕씨설非王氏說을 부인

---

97 『東史綱目』 1책, 13면. "高麗太祖 (…) 今以新羅未亡之前 依僭國例."

98 『順菴叢書』 上, 『順菴集』, 222면. "是時新羅正統之君猶存 而弓裔僭亂 建爲其徒 則是亦羣盜之類也."

99 『東史綱目』 1책, 13면. "高麗太祖 雖云代虐以寬 有救世之功 弓裔爲新羅叛賊 以麗朝爲其臣 則是亦叛賊也."

100 『順菴叢書』 上, 『順菴集』, 236면. "綱目不義而得國稱皇帝之類也."

101 위의 책, 228면. "王太祖分明是簒 麗人之婉順其辭者 爲尊諱也 我旣非其臣子 則當從史家本例 書曰泰封將王建稱王 逐其君弓裔 裔走死 其曰泰封將者 爲臣之辭也 其曰稱者 自尊之辭也 其曰逐者 紀實事也 其曰裔死者 裔爲羣盜也."

하여 이조 건국의 합리화를 거부하고 그 당시의 실태를 밝히려 하였다.

안정복은 우・창의 신씨설辛氏說을 두 가지 면에서 부정하였다.

첫째는 우・창이 신씨가 아니라는 것이다. 그는 다음의 여러 가지 증거를 근거하여 우・창의 신씨설을 부정하였다. 즉 창을 폐위시킬 때에 이르러 비로소 이 설이 나왔으며[102] 창의 즉위시에 이색李穡은 마땅히 전왕前王의 자子를 세워야 한다고 하였고 조신朝臣들도 이를 따라 창을 즉위시키었다.[103] 또한 창왕昌王에게 올리는 윤소종尹紹宗의 상서上書에 폐왕廢王 우에게 상왕上王이라는 존호를 사용하였다고 하여 안정복은 신씨설은 정설에서 나온 것이 아니라 하였다.[104]

안정복은 당시의 유학자였던 목은牧隱・야은冶隱・포은圃隱이 우・창을 신씨라고 생각하지 않았다고 하여 "牧老冶隱 是百代儒宗 而何以倡立前王子之論 亦何以爲禑方喪三年乎 據此可知矣"[105]라 하면서 "삼군자三君子의 말이 정론正論이 되기에 부족한가"[106]라고 반문하였다.

둘째 반론은 우・창이 비록 신씨라 하여도 왕씨의 사직祀職을 계승하였으므로 왕씨라고 하면서 우・창의 사실과 비슷했던 중국 역대의 왕실문제를 예로 들어서 그의 입론을 뒷받침하였다. 즉 진시황이 여불위의 자子이고 송주宋主 욱昱이 이도아李道兒의 자이지만 주자의 『자치통감강목』에서는 "秦王薨 子政立", "蕭道成弑其主昱 而立成安王"[107]라고 기술하였고 『자치통감』에서도 "立所名孝

102 『東史綱目』 3책, 454면. "當廢黜之時 何不以非劉倡作大義 明告四方 若然則當立前王子之論 牧隱亦不敢發矣 至昌立然後藉口而廢之何也."

103 『順菴叢書』 下, 『列朝通紀』, 23면. "及辛禑死 朝臣議所立於牧隱 牧隱曰當立前王之子 於是立禑子昌 盖圃牧則 以禑昌非辛氏故也."

104 『東史綱目』 3책, 432면. "按此書所謂上王之禑也 然則禑雖廢 而猶能尊以上王之號也 辛氏之說 未能明正說出."

105 『順菴叢書』 上, 『順菴集』, 205면.

106 『列朝通紀』, 19면. "三君子之言 顧不足爲正論乎."

107 『順菴叢書』 上, 『順菴集』, 228면. "綱目 秦始皇爲呂不韋之子 宋主昱爲李道兒之子 而書

惠子"라 기술하였지 장후자張后子라고 하지 않았다고 하면서 여말의 우·창의 사건도 이와 같은 유라 하여[108] "어찌하여 공민恭愍만을 의심하는가"[109]라고 비판하면서 우·창에 관한 기록상의 그의 태도를 다음과 같이 밝히고 있다.

> "綱目於呂政·李昱·柴榮 皆無異例 則高麗禑昌事 似亦同貫 而當時作史者 不因此例 以爲一種義理 此非後人所可容議 而史例不如此 故不敢從."[110]

즉 우·창의 기술에 대하여는 강목의 여정呂政·이욱李昱·시영柴榮의 기술에서와 같이 이례를 사용하지 않는다고 하면서 우·창의 문제에서도 사가가 이러한 예를 들어서 명분을 세우지 못한 점을 비난하였다. 또한 그는 우·창의 폐위가 이씨 일파의 고려왕실 전복의 수단으로 취해진 조치라고 하여 "여麗의 멸망은 무진戊辰년에 폐주廢主한 데서 연유한다. 폐주의 후부터는 (…) 도전道傳·소종紹宗 등의 무리가 비왕씨설을 만들어서 충신이 되었으나 왕씨라고 주장하는 자를 반역이라고 하여서 조정에서 선동하며 인심을 현혹시켰고 어육魚肉으로 사류士類들을 모조리 살해하고 사람들의 언론을 봉쇄한 지 5년 만에 고려가 멸망하였다."[111]고 하면서 이성계李成桂 일파인 조준趙浚·정도전鄭道傳·윤소종 등이 우·창의 비왕씨설을 창출倡出하여 구신舊臣을 타도하고 고려를 멸망

曰秦王蕘子政立 又曰宋立子昱爲太子 又曰宋主殂太子昱立 又曰蕭道成弑其主昱 而立成安王." 문장 중 宋은 B.C. 5C에 존재하였던 국가로서 남북조시대의 南朝 중의 한 국가이다.

108 위의 책, 268면. "資治通鑑 變文書之曰 立所名孝惠子 不云所名張后子 (…) 麗末禑昌事竊類之."

109 위의 책, 228면. "綱目 宋明帝以宮人陳氏 賜嬖人李道兒 生子昱 立爲太子 獨於恭愍何疑."

110 『東史綱目』 1책, 14면.

111 『列朝通紀』, 19면. "大抵 麗之亡由於戊辰之廢主 廢主之後 (…) 其時道傳紹宗等輩倡爲非王氏者爲忠 是王氏者爲逆之論 簧鼓朝廷 眩惑人心 遂得以魚肉士流箝制口舌 僅五年而國亡矣."

케 하여 이조에 화부和附한 것으로[112] 이들의 우・창 신씨설의 주안점은 여기에 있는 것이고 왕씨・신씨의 구별에 있는 것이 아니라고 생각하였다.

이상과 같이 안정복은 우・창의 신씨설을 부인하고 그러한 설을 만들어 낸 이면의 의미를 밝힘으로써 이성계 일파가 불의로서 전 왕조를 찬탈한 죄를 논박하려 하였던 것이다. 그러나 그는 이 문제에 관해서 "이조 신자臣子들로서는 명변明辨하여 직척直斥할 수 있는 것이 아니라"[113]하고 "우・창의 일은 후세의 공필公筆에 붙일 뿐이다"[114]고 자기의 처지와 논박의 한계를 말하고 결론적인 언급을 피하였다.

요컨대 안정복은 주자의 정통론을 기본으로 하여 우리나라 역사의 계통을 세웠으며 중국 중심적 세계관에서 탈피하려는 시도로써 천자만이 사용하여 온 정통론을 우리나라 역사에 적용하였다. 또한 정통론은 유교정치윤리상의 문제로서 왕조혁명에 대한 그의 부정적인 견해를 표명하여 위만, 고려 태조, 이조 태조의 전 왕조 전복의 부당성을 논하였다. 안정복은 정통문제에서 이 점에 가장 주목하고 있는 듯하며 여기에서 그의 역사발전에 관한 인식이 결여되어 있음을 느낄 수가 있다.

그 외에 안정복은 성호 이익에 이어 단군과 기자를 역사시대로 인정함으로써 우리나라 역사의 상한을 높여 장구한 역사를 지닌 문화민족으로서의 자부심을 고취하였던 것이다.

---

112 『東史綱目』 1책, 14면. "禑昌王辛之辨 初無可言 而鄭道傳・照準・尹紹宗輩 倡出非王氏之說 爲鉗制舊臣之計 擧國和附."

113 『順菴叢書』 上, 『順菴集』, 227면. "如王辛之別 昔年已蒙下敎 果非本朝臣子所可明辨而直斥者也."

114 위의 책, 80면. "禑昌事止當付於後世之公筆而已."

5. 결언

이상에서 안정복의 역사인식과 역사서술에 관한 이론, 우리나라 역사를 어떻게 인식하고 있는가, 역사 전개과정에 있어서 정통론의 문제를 고찰하였다.

이를 요약하면 안정복은 과거의 전통적인 사관인 교훈적 역사의 단계에 머물러 있으며 역사서술의 의의를 역사의 체계적 파악과 역사적 사실이나 인물의 포폄, 그리고 사료로서의 가치에 두었고 역사서술의 범위로 정치·경제·사회·문화의 모든 면을 취급할 것을 역설하였으며 각 지방의 특수성에 따른 지방지의 편찬과 지리지의 필요성을 강조하여 종래의 정치사나 왕조사 중심에서 탈피하려는 노력을 보이고 있다. 또한 청조淸朝의 고증적이고 실증적인 학문경향의 영향을 받아 그는 역사연구의 방법면에서 매우 실증적이었고 고증에 유의하였으며 이에 더 나아가서 사료를 대하는 역사가의 자세에 객관성과 공정성을 요구하였다.

우리나라 역사에 대한 그의 인식은 우리나라 대외정책에 대한 그의 평론에서 엿볼 수 있다. 그는 중국에 대한 우리나라의 사대사상을 비판하여 한민족漢民族의 우월성을 부정하였고 대의명분에 구애됨이 없이 국제정세를 파악하여 우리나라의 이해관계에 의해서 무리 없이 대처할 것을 역설하면서 모화사상에 의해서 야기된 문약의 폐풍을 일소하고 병력을 양성하며 국내의 정치불안을 제거하여 왕도정치를 행함으로써 강국으로 발전하여 국제무대에 등장하여야 한다고 생각하였다.

그는 우리나라의 많은 전승戰勝의 역사를 열거하고 반도라는 특수한 지리적 조건이 방어에 호好조건이 된다는 점과 민족의 강인성을 논하여 강국으로 발전할 우리나라의 역량을 시사하였다.

또한 우리나라 역사서의 서술에 있어서도 중국의 일부로 취급되었던 서술방식에 반대하여 우리나라 역사성에 의한 독자적 사관을 가지고 우리나라를 중심으로 서술하여 우리나라를 본기로 할 것을 주장하였다. 그리고 우리나라 역사편찬에 관한 사료수집상의 주의로서 우리나라 역사가들의 중국 문헌에 대한 전적인 신임을 경고하고 여러 서적을 참고하며 현지답사 등 가능한 모든 고증을 할 것을 논하였다.

역사의 전개과정에 있어서의 정통론은 본래 중국에서만 논의되던 것으로 이것을 우리나라 역사에 적용하였다는 것은 중국 중심적인 세계관에 대한 그의 도전을 의미한다. 또한 정통론은 유교정치윤리상의 문제로서 왕조혁명에 대한 그의 부정적인 견해를 표명하였다.

그 외에 이익에 이어 단군과 기자를 역사시대로 인정함으로써 우리나라 역사시대의 상한을 높였다. 그는 우리나라의 정통을 단군조선·기자조선·마한·삼국·고려·이조로 연결하였으며 이것으로 우리나라 역사를 체계화하려 하였고 이러한 체계적 파악에 의해서 역사를 움직이는 일관된 조류를 역사의 전개과정 속에서 찾으려 하였던 것이다.

이상 안정복의 역사이론은 대체로 성리학적인 전통사학에 근거하였으며 이익의 문하에서 이루어진 것으로 성호학파의 역사이론이 안정복에 이르러 종합정리되고 구체적으로 역사서술에 적용되었다. 즉 안정복의 역사이론은 성호학파 내지 전통사학 이론의 집약체라 하겠다. 그리고 여기에 다소의 새로운 역사인식을 내포하였으므로 근대사학으로 발전할 가능성도 찾을 수가 있다.

그러므로 그의 사학사상의 위치는 전통사학과 근대사학의 분수령이 된다고 하겠다.

『순암전집順庵全集』

이우성

1. 머리말

이 『순암전집』은 순암 안정복(1712~1791)의 문집과 그 밖의 여러 편저들을 모두 4책으로 엮어 『근기학파제현집近畿學派諸賢集』의 맨 첫 번째 책으로 간행한 것이다.

근기학파의 대종大宗은 성호 이익이다. 『성호전서』를 공간하여 세상에 내보낸 우리는 이제 다시 성호학의 원류를 두루 살피기 위하여 성호의 문인제자들의 글을 모아 『근기학파제현집』을 내기로 한다.

『근기학파제현집』에 있어서 『순암전집』을 일차적으로 펴게 된 것은 당시 성호 문하에 있어서의 순암의 학문적 위치도 중요하지만 오늘날 우리나라 학계의 수요와 기대가 다른 어느 사람의 글보다 앞서기 때문이다.

2. 근기학파와 순암

일반적으로 퇴계학통을 영남학파, 율곡학통을 기호학파라고 말한다. 영남은 거의가 퇴계학통 일색이고, 기호는 율곡학통에 속한 인사가 많았기 때문이다. 그러나 이것은 대체론大體論이다. 사실 기호지역 중 근기 일대에 퇴계를 소술紹述하는 학파가 따로 있어 심성이기心性理氣 문제에 독창적 견해를 보이는 한편 실용・실증의 학문을 창도하여, 우리나라 사상사상 하나의 신기원을 긋게 되었는데 이것이 오늘날 우리 학계에서 각광을 받고 있는 실학의 한 유파이다. 우리는 이것을 위의 기호학파와 구별해서 '근기학파'라고 부르고 또 실학의 다른 유파와 구별해서 '경세치용파'라고 부르기도 한다.

위에서 말했듯이 성호가 근기학파의 대종으로 실학의 학문방법과 사상적 기반을 확립시켜 놓았지만 성호의 문하에는 다시 백화난만百花爛漫한 기상으로 여러 갈래의 새로운 경향이 다채롭게 전개되었다. 그중에서도 소장층의 급진주의를 대표하는 인물이 녹암鹿庵 권철신權哲身이라면 노성층의 온건주의를 견지한 인물이 순암이다.

순암의 성격과 체질은 그가 성호에게 가르침을 받기 위해 처음 성호를 찾아갔을 때 성호와의 문답을 기록한 그의 『함장록函丈錄』(문집 권16)에서도 잘 나타난다. 성호는 주자를 독신하는 순암에게 학문은 '자득'이어야 하며 스스로 새 지식을 넓히기에 힘써야 한다고 강조하였다. 옛 성현의 말씀을 그대로 따르는 것이 아니라 자득을 통해 그것을 확인해야 하는 것이니 이 확인의 과정이 '치지致知'이며 이리하여 얻어지는 것이 지식이라는 것이다. 이 확인의 과정에서 옛 성현의 말씀이 얼마든지 의문시될 수 있기 때문에 성호의 지식주의는 다분히 비판적 성향을 내포하고 있는 것이다. 순암은 배움을 청한 첫날부터 이 지식주의를 전적으로 받아들이려고 하지 않았다. 순암은 오직 옛 성현의 말씀을 그대로 따라 성실히 실천에 옮기겠다고 하였다. 다음날 작별 때에 성호는 다시 순암에게 '지식'에 관한 말씀으로 간곡한 당부를 하였고, 마침내 순암은 스승의 말씀을 새겨들은 듯 성호의 경세치용학, 그중에서도 특히 역사학을 이어받아 훌륭한 업적을 남겼다.

그러나 녹암 권철신은 처음부터 순암과 달랐다. 첫째 옛 성현 특히 주자에 대한 맹종을 거부하였다. 그리고 유교경전을 자유로이 논평의 대상으로 삼았다. 순암은 항상 동문선배로서 또는 사장査丈의 입장(녹암의 동생 권일신이 순암의 사위임)에서 그에 대해 못마땅한 심정으로 주의를 주었다. 녹암을 선두로 한 소장층의 유교경전에 대한 새로운 해석, 주자학에 대한 회의와 비판, 서양문화에 대한 급진적인 수용 등 성호의 지식주의를 확대 발전시키고 있는 과감한 언론과 운동을 순암은 깊은 사려로 걱정하였다. 무엇보다 남인南人들의 정치사회적 상황에서 노론집권층 내지 그 추종자들의 호시탐탐 노리는 눈을 생각할 때에 사학邪學 또는 불온사상으로 몰릴 소지가 십분 염려되었기 때문이다.

근기학파의 공동 운명의 처지에서 장래를 크게 우려하고 탄식했던 순암이 세상을 떠난 바로 그해(1791)에 천주교사건－진산사건珍山事件이 터져 머지않아 큰 참화가 올 것을 예고하였다.

독자의 이해를 쉽게 하기 위해 여기 성호 문하의 이러한 두 계열과 그 흐름을 좌우 양파로 나누어 간단한 도표로 표시해 둔다.

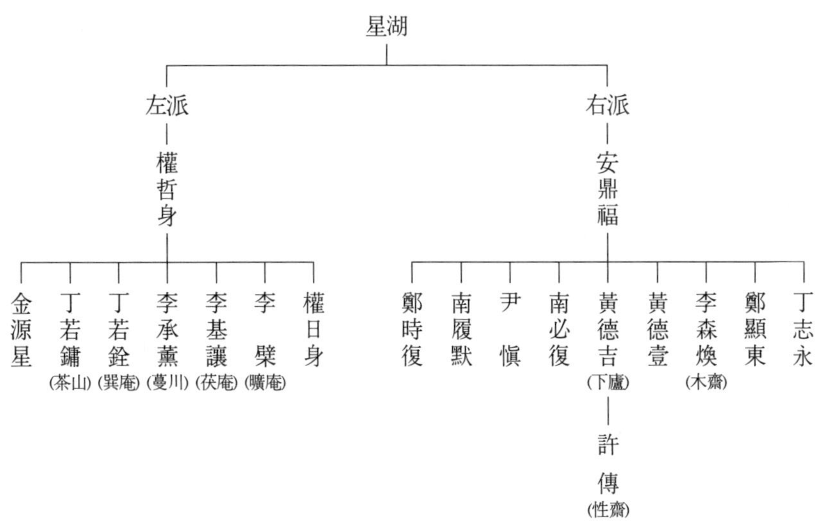

성호우파의 학통을 세운 순암은 성호와 마찬가지로 당시 정치권력에서 영영 소외된 남인의 가계이므로 그의 남다른 자품資稟과 학식 내지 포부와 이상을 정치상으로 실현시키지 못하고 오직 한 사람의 학자로서 연구와 수양에 정진하면서 그의 학파의 종지宗旨인 '경세치용'의 사상을 유교경전은 물론 정론政論과 사론史論 다방면으로 확충 발전시킨 보람찬 생애로 한평생을 마치고 말았다.

과거 출신이 아닌 순암은 40세가 가까워서 만녕전참봉을 비롯하여 한때 의영고봉사·귀후서별제·사헌부감찰 등 중앙관서의 하료下僚로 봉직하다가 곧 관계官界에서 물러났으며 60세가 넘어서 왕세손을 보도輔導하는 익위사익찬이 되고 목천현감으로 조그만 시골 원 노릇을 한 것도 있었으나, 선생은 한 번도 정치적으로 유위猷爲가 있을 만한 위치에 앉아 본 일이 없었으며 또 그 자신 관리생활에 미련을 가지지도 않았다.

목천현감을 마지막으로 실직實職에서 물러난 순암은 79세 때 가선대부로 승자陞資하여 동지중추부사가 되고 광성군廣成君을 습봉襲封(그의 선조 안황安滉이 선조왕宣祖王의 매서妹婿로서 호성훈扈聖勳에 의하여 광양군廣陽君으로 봉작을 받은 바 있음)하기까지 했으나 그것은 어디까지나 고령에 따른 형식적 예우에 불과한 것이었다.

이와 같이 정치적으로 불우했던 순암은 경제적으로도 항상 안정된 토대가 없었던 것 같다. 그의 조부 안서우安瑞羽가 서울에서 하급관리로 있으면서 남대문 밖 청파동靑坡洞에 집을 가지고 살았으나 관운이 없어 여러 차례 실직 낙향하였다. 선생이 출생한 충청도 제천堤川 유원楡院은 조부가 가권家眷을 데리고 우거寓居하던 친척 윤씨尹氏네 집이었고, 4세에 모친을 따라 상경해서 건천동乾川洞의 외가 이씨 택에서 살았으며 6세에는 다시 모친과 함께 전라도 영광으로 가서 외가의 농장에서 기식寄食하였다. 9세에 서울로 돌아와 남대문 밖 남정동藍井洞에 살다가 14세에 조부의 벼슬살이를 따라 경상도 울산으로 갔으나, 겨우 1년 만에 조부가 울산부사에서 해임되자 조부를 따라 전라도 무주로 가서 적상산赤裳山 아래에 살게 되었다.

24세에 조부를 여의고 그 익년에 비로소 경기도 광주廣州 경안면慶安面 덕곡리德곡리德谷里 선영하先塋下에 자리를 잡아 그곳에서 영주永住하게 되었다. 선생이 35세로부터 당시 광주지방에서 경세치용의 학풍을 창도하고 있던 실학의 대가 성호 이익을 사사師事하여 근기학파의 주요 구성원으로 활동하게 된 것은 이 시기의 광주 이주가 직접적 계기였던 것이다.

위에서 본 바와 같이 순암은 유년시절부터 각 지방으로 전전하면서 자라났거니와 그것은 주로 경제적 불안정에서 온 것이었다. 광주에 정착한 뒤에도 몇 이랑의 박전薄田으로 그의 생활을 지탱하고 있었다. 선천적으로 다병多病한 체질을 타고난 순암은 오식 의지로써 빈궁과 병을 극복하면서 연구와 저술에 전념하였다. 그는 책 살 돈이 없었기 때문에 '초서롱抄書籠'을 두어 자기의 수많은 저술들을 담아 놓기로 하였다. 오늘날 우리 민족문화의 연구에 있어서 귀중한 고전자료로 손꼽히는 순암의 역사적 노작들과 방대한 찬록물纂錄物들이 모두 '초서롱'과 '저서롱著書籠' 속에서 나온 것들이었다.

그러나 근기 일대의 모든 남인계 가문의 공통된 운명으로, 순암의 가문도 후세로 내려오면서 더욱 몰락되어, 순암의 일생의 고심정의苦心精義와 손때 묻은 그 책들이 하나도 당세에 간포刊布되지 못하였고 구한말에 와서 겨우 문집 15책이 목활자로 햇빛을 보게 되었으며, 『동사강목』 전질이 일제하의 고서간행회에서 인출印出되었을 뿐이다. 나머지 대부분의 책들은 필사본으로 있다가 일제시에 이미 산일散佚되어 일부는 국내 도서관에 수장되고 일부는 해외로 유출되기도 했으며 광주 본손本孫의 집에 잔존되어 있었던 약간의 책들은 6·25전쟁 중에 회신灰燼으로 화化하고 말았다고 한다. 내가 1970년경에 성균관대학교 대동문화연구원에서 『순암총서』를 출판하여 순암의 주요 저술이 비로소 학계에 널리 소개될 수 있었다. 그러나 그때 간행 부수가 적어 진작 품절되어 버리고, 10여 년이 지난 지금에 있어서는 순암의 글을 읽어 보기가 더욱 어렵게 되었다.

3. 순암의 편저들

현재 각종의 고서목록 속에는 선생의 편저로 알려진 책이 많이 나와 있으나 최근 출판된 규장각 소장 『잡동산이雜同散異』를 비롯하여 국립중앙도서관 소장 『전와傳譌』·『역대제도歷代制度』·『경제문經濟文』 등 50~60종의 유초遺草들은 대개 초서롱계抄書籠系의 찬록물에 불과하며 그중에는 진가眞假를 확인할 수 없는 것도 섞여 있는 듯하다. 이와 같은 찬록물이 아니고 저서롱계著書籠系에 속하는 선생의 저술은 연보年譜에도 일부 소개되어 있거니와, 최근 새로 발견된 「저술목록」에 의하여 대략 그 전모를 알게 되었다. 이 「저술목록」은 규장각본 『하학지남』의 권미卷尾에 부재附載되어 있는 것으로 아마 선생의 친필이 아니면 문제자질門弟子姪의 손으로 적어 두었던 것이라 생각된다.

저술목록

의문擬問	하학지남下學指南 2권
의행가례擬行家禮 3권	독사상절讀史詳節 24권
내범內範 2권	동국지리지東國地理志 6권
성현도聖賢圖 1장丈	홍범연의洪範衍義 60권
정변통도正變統圖 1장	사시양성서四時養性書 1권
동사강목東史綱目 10권	희현록希賢錄
동사보궐東史補闕 3권	팔가백선八家百選
동국문헌통고東國文獻通考	정전설井田說
영남선현전嶺南先賢傳	도통도道統圖
광릉지廣陵志 2권	치통도治統圖
산거록山居錄	학약學約
동국사문유취東國事文類聚	동약洞約
동국일사외기東國逸史外記	논맹의문論孟擬問
삼성전三聖傳(이윤伊尹·백이伯夷·유하혜柳下惠)	대학경설大學經說

동국근사전東國近思傳
기자통기箕子通紀
삼현전三賢傳(제갈량諸葛 · 장량張良 · 소옹邵雍)
동열녀전東烈女傳
남사南史
서양기西陽記
임관정요臨官政要
명물고변名物考辨
괘설卦說
가례집해家禮集解
소학강의小學講義
어류절요語類節要
병감兵鑑
사설유편찬僿說類編纂
사감史鑑
열조통기列朝通紀
목천지木川志
백시선百詩選
문장발휘文章發揮
천학고天學考
동고사전東高士傳

이 목록은 언제 작성된 것인지 알 수 없으나 선생의 저술의 전부가 망라된 것은 아닌 것 같으며 또 그 속에는 순전한 저술이 아닌 것도 들어 있다. 그런데 우기右記 49종의 서명書名 가운데에도 지금 그 소재가 확실한 것은 불과 10여 종뿐이다. 우리 후학으로서 애석한 마음 금할 수 없다.

이번에 펴내는 이 『순암전집』은 제1책에 『순암선생문집』과 그 부록으로 연보 · 행장 · 만장輓章 · 제문祭文 등을 수록하고 제2책에 『하학지남』 · 『희현록』 · 『의문』을, 그리고 제3책에 『일성록日省錄』 · 『임관정요』 · 『목주정사』 · 『목천현지』를 수록하였으며 제4책에 『만물유취萬物類聚』를 수록하였다. 『동사강목』 · 『열조통기』 등 그 밖의 편저들은 우선 다음 계획으로 미루어 두었다.

위의 수록된 것들에 대한 간단한 내용 해석은 각기 수록한 권두에 나누어 싣기로 한다.

제1책

『순암선생문집順菴先生文集』

순암의 문집은 우리나라 일반 문집과 체재를 같이하여 시詩·서書·잡저雜著·서序·기記·발跋·찬贊·전傳·사辭·설說·지장誌狀 등의 순으로 되어 있다. 원집原集이 26권 14책이고 부록附錄으로 연보와 행장이 따로 1권 1책으로 되어 있다.

순암의 제자인 황덕길黃德吉이 편차해 놓았던 것을 뒤에 안경위安景褘가 잡저의 편목編目을 약간 수정하여 구한말 광무光武 4년에 선생의 5대손 종엽鍾曄이 목활자로 간행하였다. 그러나 넉넉지 못한 물력으로 많은 부수를 찍어내지 못하여 세상에 널리 펴지 못했던 것 같다.

이 문집은 선생의 학문과 사상의 전반에 걸쳐 폭넓고 다채로운 내용을 담고 있는데 그중에서 특히 서書의 「동사문답東史問答」과 잡저의 『상헌수필橡軒隨筆』·『천학고天學考』·『천학문답天學問答』, 설說의 「정전설井田說」·「성제설城制說」 등은 우리나라 역사·사물·사상·제도에 관한 학적 가치가 높은 것으로 유명하다.

이 문집의 영인은 경남 밀양 퇴로리退老里 이가묵장李家墨莊 소장 목활자본을 대본으로 사용하였다.

제2책

『하학지남下學指南』

순암이 29세(1740년, 영조 16) 때에 찬撰한 것이다. 선생의 저술생활에 있어서 아마 이것이 최초의 저서가 될 것이며, 또한 선생이 자기 저서 중에서 상당히 중시한 책이었던 것 같다. 선생이 72세의 노경老境에 와서 이 44년 전의 구고舊稿를 어루만지며 감회 깊은 제사題辭를 쓴 것만 보아도 알 수 있다. 편차를 보면 수권首卷에 「일용편」, 상권에 「독서」·「위학爲學」·「심술心術」 등 3편, 하권에 「위의威儀」·「정가正家」·「처기處己」·「접인接人」·「출처出處」 등 8편으로 되어 있다. '하학지남'이란 초학자의 입문지침서라는 뜻이거니와 실은 대학자의 학문적 규범이 이미 그 속에 다 갖추어져 있다. 얼핏 보아 그 편목의 명칭들은 일반 성리학자들의 것과 별차 없는 듯하나 그 내용은 크게 다른 것이어서 벌써 실학파 학자로서의 기초가 확립되어 있는 것 같다. 이 시기는 아직 성호와 접촉하기 전이었다는 점에 유의할 것이다.

이 영인대본은 규장각본을 사용하였다. 상·하 2책의 필사본인데, 상책 서문의 끝에 "경신년庚申年 여름 광주廣州 영장산靈長山 덕곡리德谷里의 정사에서 편집하다"라고 기록되어 있고, 하책 끝장에는 위에 말한 「저술목록」이 부재되어 있다. 이 책은 1879년에 황필수黃泌秀가 정사精寫한 것이란 기록이 붙어 있다.

『희현록希賢錄』

순암이 44세(1755, 영조 31) 때에 기초起草하여 2년 후에 완성한 것으로 동양역사상의 인물들 가운데 존경하는 인물들을 골라 그 출처出處·행적行績에 관한 자료를 고전에서 발굴해 찬차撰次한 것이다. 사士는 현인을 희구希求하고 현인은 성인을 희구한다는 옛말을 취해 명명한 것이다. 총 3권 중에 상권에는 이윤伊尹·백이伯夷·유하혜柳下惠의 「삼성전三聖傳」, 중권에는 제갈공명·도연명의 「양현전兩賢傳」을 엮은 것이고, 하권에는 「희안록希顔錄」이라 하여 공자의 수제자인 안연顔淵의 자료를 자세히 발췌하여 엮은 다음 송나라 때로 내려와 주렴계周濂溪·정명도程明道를 간략하게 소개해 두었다.

여기에서 우리가 주의할 것은 삼성과 안연 등이 모두 고대의 인간이라는 것이다. 순암은 비록 송나라 현인 두 사람을 함께 실었지만, 주로 동양의 고전 고대에 대한 관심과 아울러 고대 인간상을 희구하고 있었음을 보여 준다는 사실이다. 중세를 극복해야 할 역사의 행정行程 속에서 이러한 고대의 희구는 중요한 의미가 있는 것이다. 이 영인대본은 구舊 장서각藏書閣 소장 필사본이다.

『의문擬問』

순암의 성리설性理說의 일단을 적어 놓은 것으로서, 문집 속의 여러 지우・후배들과의 왕복 서간에서 보여 주는 것과 상통한다. 이발理發・기발氣發 문제를 비롯하여 인물성동이문제人物性同異問題에 이르기까지 순암의 견해가 체계적으로 정리되어 있다.

저술연대는 알 수 없으나, 그 말미의 기록에 순암이 성호 문하에서 질의 강론하던 시절을 회상한 구절이 있는 것으로 보아 아마 성호가 작고한 뒤인 순암의 만년 소작所作으로 여겨지며, 위의 저술목록에 첫 번째로 『의문』을 적은 것은 여기에 중요한 의미를 부여했기 때문인 것 같다.

이 영인은 국립중앙도서관 소장 필사본을 대본으로 삼아 그것을 해서체로 바꾸어 인출한 것이다.

제3책

『일성록日省錄』

순암의 일기문으로, 32세(1743년 영조 19) 때인 계해년 11월(음력) 초7일에 시작하여 그 이듬해인 갑자년 정월 24일에 끝낸 것이다. 겨우 3개월에 걸친 짧은 일기문에 불과하나, 그 속에는 선생의 일상생활을 통하여 사상 감정의 동향이 잘 표현되어 있으며 문사文史 고전에 대한 독특한 견해도 여기저기에 나타나 있다. 또한 순암의 견문을 통하여 당시 기호지방畿湖地方의 민정물태民情物態와 몰락사족들의 생활상이 선명히 나타나 있다.

순암의 경행京行에서 광주와 서울간 연도沿途의 풍물이라든가, 남대문 근처 도동桃洞에 사는 진사 유발柳潑의 집에서 그의 증조인 반계磻溪 유형원柳馨遠의 이름을 처음 듣고 반계가 저술한 서명들을 소개받은 사실(이때 책을 보지는 못했음), 처음 반곡盤谷 유형원柳洞元이라고 잘못 적었다가 다시 정정訂正한 것이라든가, 왕세자(후일의 사도세자思悼世子)가 결혼하여 그의 비(혜경궁 홍씨)를 친영親迎하는 행차를 노변에서 관광하면서 왕세자의 용모 인상을 자세히 말하고 왕자王者로서의 그의 장래에 일말의 우려를 표한 것 등은 모두 홍미 넘치는 대목들이다. 이 영인대본은 국립중앙도서관본으로 선생의 친필임이 분명하다.

『임관정요臨官政要』

순암의 지방행정에 관한 저서로, 46세(1757년 영조 33) 때 증삭增削을 가하여 '정요政要'라고 이름을 고치고 자서自序를 붙였다(연보에 의함). 그런데 현재 국립중앙도서관에 『백리경百里鏡』이라는 선생의 친필 초고가 있는데 그것을 뒤져본 결과, 바로 『정요』의 초고임을 알게 되었다. 그리고 『정요』 중에는 집성본集成本과 절략본節略本의 양 종이 있는데 절략본은 대체로 1책 단권單卷이며 위의 『백리경百里鏡』의 내용이 많이 산삭되어 버렸다. 이 책에 수록한 『정요』는 『백리경』의 내용을 정리 개편하고 거기에 새로운 부분을 많이 첨가한 집성본으로 상편·하편·속편·부록 네 개의 분편으로 만들어진 건곤乾坤 2책본이다. 상편에 「정어政語」(지방행정에 관한 고금성현古今聖賢의 교훈)에 속한 논정論政·정기正己·형옥刑獄·금간禁奸 등 16장, 하편에 「정적政蹟」(지방행정에 관한 옛 사람들의 실행성과)에 속한 유리儒吏·능리能吏 등 5장과 항통법缿筩法·금송작계절목禁松作契節目, 속편에 「시조時措」(시대 사정을 참작하여 자기의 견해와 방책을 진술한 것)에 속한 위정爲政·용재用財·농상農桑·군정軍政 등 21장, 그리고 부록에 「향사법鄕社法」(향촌사회의 편제)과 「주자사창사목朱子社倉事目」 등으로 엮어져 있다.

이 정요는 선생의 초년 저술인 『하학지남』의 치도장治道章의 이론과 견식을 발전 대성시킨 것이며 후일 정다산의 『목민심서』의 원류가 되는 것으로 장차 크게 연구되어야 할 것이다. 이 영인대본은 국립중앙도서관본을 사용하였으며, 끝에 윤남한교수본에서 「목민심감牧民心鑑」을 발췌 첨부하였다. 국립중앙도서관의 건곤 2책본은 표지에는 『제금편製錦編』이라고 했으나 내제內題는 『임관정요』로 되어 있으므로 거기에 따랐다.

『목주정사木州政事』

순암이 60세(1776년, 정조 즉위)에 목천현감으로 부임하여 2년 5개월 동안 재임하면서 그 행정에 관한 자료를 편차해 놓은 것이다. '할계언용우도割鷄焉用牛刀'라는 격으로 60대의 원숙한 경지에 들어선 순암의 역량으로 이 조그만 고을을 다스리는 것이 마음에 차지 않았을 터이지만, 그는 그렇게 여기지 않고 정성을 다하여 맡은 바 임무에 충실하였다. 뿐만 아니라 순암의 경세치용의 식견은 이 고을의 행정을 아주 합리적으로 처리하여 당시 수령들의 새로운 본보기가 될 만하였다. 이조 후기에 목민에 관한 책들이 보여 주는 귀중한 자료이다. 이 중에 관내管內 남양홍씨(홍대용의 집)의 자제 및 노속奴屬의 사건으로 홍대용과 직접 두 차례 왕복한 편지가 있는데, 이는 당시 지방 양반층의 비리와 폐습의 일면을 보여주는 흥미로운 기록이기도 하다, 영인대본은 순암의 종손 안병선安秉善씨댁(광주읍廣州邑 중대리中垈里) 소장본이다.

『목천현지木川縣誌』

순암이 목천현감 재임 중에 편찬한 것이다. 지방행정에 있어서 먼저 지방의 실정을 파악해야 하므로 그는 빈약한 구읍지舊邑志를 그대로 둘 수 없어 이를 새로 만들었다. 지방의 연혁과 제도에 관한 설명에서 순암의 역사지식과 사물에 대한 인식이 곳곳에 나타난다. 이조 후기에 지방별 읍지가 만들어지기 시작하여 여러 종류가 나왔는데, 그중에서 이 『목천현지』는 연조年條로 보나 내용으로 보나 아주 모범적인 것이다.

관원官員・향임鄕任・이속吏屬 등 인원수를 비롯한 각종 사실을 1779년 현재로 기술했던 이 책은 뒤에 1817년 현감 조국인趙國仁에 의하여 약간의 증보增補가 있었는데, 그 증보된 부분은 모두 속續으로 표시되어 있다. 이 책의 명칭은 '대록지大麓誌' 또는 '목주지木州誌'라고도 했으나 책의 매 장 끝에 '목천현지'라고 되어 있으므로 그대로 따랐다. 영인대본은 규장각본이다.

제4책

『**만물유취**萬物類聚』

순암의 연보에도 저술목록에도 실리지 않아 이 책의 저술연대를 알 수가 없지만 책의 첫머리에 순암의 찬撰이라는 기록이 있다. 혹시 저술목록 속에 나오는 『동국사문유취東國事文類聚』의 다른 이름이 아닌지 모르겠다. 건곤乾坤 2책으로 되어 있는데 건에는 「천도류」·「지리류」·「동식류動植類」, 곤에는 「신도문臣道門」·「추관문秋官門」·「동관문冬官門」으로 나누어져 있다. 특히 신도 이하 세 부문 속에 당시의 정치·사회에 대한 탁월한 견식과 논평들이 들어 있다.

현재 이 책은 건권을 영남대학교 동빈문고東濱文庫가 그리고 곤권을 이화대학교 도서관이 각각 나누어 소장하고 있을 뿐, 달리 소장자가 있는지조차 알 수 없는 희귀본이다. 이 영인은 위의 두 곳의 것을 합쳐서 대본으로 삼은 것이다. 다만 이화여대 소장 곤권은 초서세자草書細字이므로 그것을 해자로 정서해 둔 서벽외사栖碧外史 벽오동정관본碧梧洞亭館本을 인출하였다.

추기追記 : 『순암전집』에는 『열조통기』가 수록되지 않아 그 해제 역시 생략되었다. 여기서는 『순암총서』에 수록된 해제를 전재轉載하여 열람閱覽에 대비한다. (편집자주)

『**열조통기**列朝通紀』 : 선생의 56세(영조 43년, 1767) 때에 기초하여 25권으로 작성한 것이다(연보에 의함). 선생이 48세 때 집필을 완료한 대저大著 『동사강목』이 고려조의 멸망에서 끝을 내었기 때문에 다시 이조 건국에서부터 시작하여 선생의 당대인 영조 52년까지 편년체로 서술한 것이 이 『열조통기』이다. 따라서 이 책은 『동사강목』에 다음가는 선생의 역사적 대저술이라고 할 것이다. 현재 비교적 완전한 형태로 남아 있는 것이 규장각본과 장서각본의 양 종인데 수권의 「선원계보璿源系譜」의 서술체재가 약간 상이할 뿐 전체가 동일하다. 다만 장서각본은 선조 10년에서 24년까지의 부분이 누락되어 있고 효종 8년에서 영조

25년까지의 부분이 전연 부재不載되어 있다. 이 영인은 장서각의 것을 대본으로 하고 다만 전기前記 누락·부재의 부분만을 규장각의 것으로 보충하였다. 장서각본의 자양字樣이 좀 더 해정該精하다고 생각되었기 때문이다. 여기 부기할 것은, 장서각본에 정종正宗·태종기太宗紀는 대동소이한 양 종이 중복으로 실려 있는데 본서에서도 원본 그대로 영인하였다.

『동사강목』

정리된 유교사관

김철준

1. 성호 문하의 석학

안정복의 자는 백순百順, 호는 순암順菴으로 울산부사를 지낸 안서우安瑞羽의 손자요 극極의 아들이다. 제천에서 태어나 청소년 시절을 영광·무주 등지에서 보내고 장년이 된 뒤 선영이 있는 광주 덕곡德谷에 와서 정착하였다. 어렸을 적부터 가학을 이어받아 학문이 크게 진척되더니 35세 때에 광주 안산安山 첨성촌瞻星村에서 후배들을 가르치고 있던 65세의 노학자 성호 이익을 찾아갔다. 이익은 안정복의 인물됨과 그 학문이 범상하지 않음을 보고 그에게 커다란 기대를 걸고 지도하게 되었다.

당시 정권에서 멀어진 남인들의 사회 안에서는 집권층에 대한 비판적인 태도를 취하는 입장의 남인학풍이 점차 성장해 오다가 이익에 와서 그 학풍이 확고하게 성립되었다. 이 학풍은 이미 당쟁적 입장에서의 주장이란 성격에서 탈피하여 보다 객관적인 학풍과 정신풍토로서 성립되었다. 그런 까닭에 성호 같은 이는 서인으로 지목된 율곡 이이가 가졌던 정치철학이나 실무에 관한 인식을 높이 평가했다.

이와 같이 조선의 사회와 문화에 나타난 모순에 대한 인식과 그 비판이 일반화되던 분위기 속에서 성장한 안정복과 그러한 학풍의 지도자인 이익과의 사제관계는 항상 가까이 있어 훈도를 받지 않았다고 하더라도 보다 자연스럽게 맺어진 것이다. 그런데 순암이 성호에게서 사사하였다 하나 이미 그는 35세의 장년이었다는 점과 성호와 만난 것도 네 번에 지나지 않은 것으로 보아 동지적인 입장에서의 지도라고 봄이 마땅하다. 그러나 학적인 면에서 성호의 영향이 컸고 또 안정복 자신이 성호를 스승으로 지극히 존경하고 있었음은 그가 지은 『함장록函丈錄』에 잘 나타나 있다.

같은 성호 문하로 서로 친교를 맺었던 이로는 윤동규尹東奎 · 신후담愼後聃 · 이병휴李秉休 등이 있다. 윤동규는 역사 · 지리와 역법曆法 · 의방醫方에 조예가 깊었던 이요, 신후담은 병학兵學 · 산학算學에 특출하였던 사람이다. 이 두 사람은 순암과 더불어 학문상으로 서로 영향을 줌이 많았을 것이다. 성호 문하에서 과거에 뜻을 두지 않고 주자와 이퇴계의 성리학을 근본으로 하여 우리가 말하는 실학이란 새 학풍이 일어날 적에 안정복은 우리나라의 역사연구에 힘쓰게 되었다.

그 후의 안정복의 경력을 대략 살펴보면 38세 되던 해인 영조 25년(1749) 만녕전참봉으로 처음 관리의 길에 나섰으나 영조 30년(1754) 사헌부의 감찰이 되었을 적에 부친이 별세하여 관직을 그만두고 귀향하였다. 이때부터 학문연구와 저술에 힘쓰게 되어 45세가 되던 해인 영조 32년(1756)부터 『동사강목』의 저술에 손을 대어 3년 뒤인 48세 때에 그 초고를 일단 완성하였다. 그리고 1762년에는 스승의 『성호사설』을 간추려 『성호사설유편』을 편찬하였고, 1767년에는 조선역사인 『열조통기』를 완성하였다. 이 동안 순암의 학명이 경향간에 널리 퍼져 영조 48년(1772) 세자를 보도輔導하는 익위翊衛가 되어 당시 세손이었던 정조의 학문에 커다란 도움을 주었다. 1776년 정조 즉위년에 충청도 목천현감으로 나가게 되었다. 목천현감으로 가 있는 동안에 목천읍지인 『목천지』를 편찬하였고, 또 『동사강목』 초고에 다시 손을 대어 정조 2년 그가 67세 되던 해(1778)에 그 수정을 끝마치고, 성호가 돌아가기 전에 썼던 「홍범설」을 붙여 서문을 삼고 자서도 붙여 완본으로 내어놓게 되었다. 다음해에 관직을 그만두고 귀향하였다가 정조 8년(1784) 익찬 벼슬로 나갔으나 병으로 그만두고 돌아와 있다가 정조 15년(1791) 80세로 세상을 떠났다. 그의 만년에는 그의 동료들인 남인들 중에 천주학을 믿기 시작하는 사람들이 있는 것을 보고 『천학문답天學問答』을 지어 천주교를 배척하고 장래에 이로 말미암아 화가 있을 것을 젊은 남인학자들에게 충고하기도 하였다. 과연 얼마 안 있어서 그가 예상했던 바와 같이 천주교 탄압이 일어나서 남인학자들이 많이 처형되었다.

2. 그 구성과 내용과 체제

『동사강목』에 붙인 안정복의 서문에 의하면 『동사강목』의 성격과 안정복의 사관이 어떤 것인가를 대개 짐작할 수 있다.

> 우리 동방의 역사도 또한 갖추어져 기전체로는 문열공文烈公 김부식金富軾의 『삼국사기』와 문성공文成公 정인지의 『고려사』가 있고 편년체로는 서거정과 최부가 교명을 받고 편찬한 『동국통감』이 있다. 이어서 유계兪棨의 『여사제강麗史提綱』과 임상덕의 『동사회강』이 나오고, 초절抄節한 것으로는 권근의 『삼국사략』과 오운吳澐의 『동사찬요東史纂要』 등의 사서史書가 나와 실로 성황을 이루었다. 그러나 『삼국사략』은 소략하고도 실을 잃었고 『고려사』는 번잡하고도 요긴한 것이 적고, 『통감』은 기준이 틀린 것이 많으며, 『여사제강』과 『동사회강』은 그 필법이 그릇되었을 뿐만 아니라 오류인 것을 그대로 따르고 와전함이 있다. 모든 사서들을 읽어 보고 이러한 결함이 있음을 한하여 드디어 간정刊正의 뜻을 가져 널리 동방 사서와

중국 사서에서 동방 역사에 미친 것을 취하여 이를 산절하여 책을 이루었으니 오로지 주자의 사관을 따랐으나 이 책은 사실私室의 광주리에 담아 두어 참고하는 자료로 삼을 뿐이며 감히 세상에 내어놓을 수 있는 찬술이라고는 생각지 않는다. 대체로 사학의 대법은 정통을 밝히고 산역簒逆을 엄히 구분하고 시비를 바로잡고 충절을 칭찬하고 제도문물에 상세히 하는 것 등이다.

이러한 점에서 모든 역사를 보건대 논란할 것이 많아 대략 고쳤고, 와류訛謬함이 심한 것은 따로 고찰하여 부록으로 뒤에 붙였다. 책을 완성한 지 20여 년에 이르도록 오랫동안 수정하지 못하다가 병신년(1776) 겨울 재주 없는 이 사람이 충청도 고을 하나를 맡아 갔을 적에 관무를 보던 여가에 비로소 수정을 끝내어 완본을 이루고 이제 그 뜻을 적어 가숙 자제들을 수업시키는 데 쓰게 하였다. 때는 성상(정조)이 즉위한 지 3년인 무술戊戌(1778) 2월 1일, 안정복은 목천의 용회당用晦堂에서 쓰노라.

이제 『동사강목』의 체제를 살펴볼 것 같으면 앞서 말한 바와 같이 이익의 서와 자서 다음에 목록이 있고, 그 다음 역사편찬의 기준 설명이라고 할 수 있는 범례 총 74조를 내세웠다. 정통에서 비롯하여 기년紀年・명호名號・즉위・개원改元・존립尊立・붕장崩葬・찬시簒弑・폐도유수廢徒幽囚・제사・행행行幸・은택・조회・봉배封拜・정벌・폐출・인사人事・재상災祥・채서採書・사론史論을 쓴 모든 유생의 성씨 등 상세한 것에까지 미치었다. 이것은 주자의 『통감강목』의 범례 방식을 따른 것이지만 사실史實 채택이나 그 포폄이 얼마나 엄격한 것인가를 알게 한다. 범례 다음에는 「동사강목도東史綱目圖」를 상・중・하 3권으로 나누어 실었으니 그 내용은 다음과 같다.

「동사강목도」 상

東國歷代傳授之圖・檀君箕子傳世之圖・新羅三姓傳世之圖(附 崔溥의 史論)・附伽洛國傳世圖・附大加耶國傳世圖・高句麗傳世之圖(附 崔溥의 史

論)·附夫餘國·附渤海國·百濟傳世之圖(附 崔溥의 史論)·高麗傳世之圖(附 崔溥의 史論)

「동사강목도」 중

地圖(東國總圖)·朝鮮四郡三韓圖·三國初起圖·高句麗全盛圖·百濟全盛圖·新羅全盛圖·新羅統一圖·高麗統一圖

「동사강목도」 하

官職沿革圖

「동사강목도」의 전세도傳世圖는 오늘날 개설류槪說類의 부록으로 붙이는 왕실세계도와 같은 것으로서 신라삼성전세지도 이하는 상세한 것이며, 삼국전세지도와 고려전세지도의 부설로 붙인 최부의 사론은 원래 『동국통감』에서 각 왕조가 끝나는 말미에 붙인 것인데 이를 그대로 전재하고 있다. 최부는 조선 성종 시에 서거정과 더불어 『동국통감』을 찬한 사람으로 각 왕조 역대 왕의 정치를 평한 그 사론이 간략하고도 요령이 있어 이름이 있는 것이다. 그 다음 도중圖中의 각 시대의 역사지도를 부록으로 실은 것 자체가 특기할 만하다. 그 지도의 배치순서는 오늘날 교과서나 개설류의 역사지도 배치순서와 같은 것으로서 안정복의 국사 인식체계가 그대로 오늘날의 인식체계의 기반을 이루고 있다고 보아도 무방할 것이다. 그리고 도하圖下의 역대관직일람표인 관직연혁도도 이미 중국에서는 일찍부터 있어 오던 것이나 우리나라에서는 처음으로 나타난 것이다. 이러한 관직연혁도의 제작은 안정복이 거기에 필요한 많은 고증적 연구를 하였기 때문에 비로소 가능하다는 점을 유의해야 할 것이다.

『동사강목』은 이와 같이 범례와 3권의 도표를 먼저 내어놓고 본론으로 들어갔는데, 그 처음에 『동사강목』 제1상·하는 기묘년일 기자 원년에서부터 신라 아달라왕阿達羅王 26년, 즉 고구려 신대왕新大王 15년, 백제 초고왕肖古王 14년까지 1301년 동안을 실었다.

東史綱目第一 上 起己卯箕子元年盡己未新羅
下 阿達羅王二六年高句麗新大 凡一千三百一年
王十五年百濟肖古王十四年

이라 하여 그 첫머리에 이 편에서 다룰 시대를 명시하였으며 마지막 편에서도 『동사강목』 제17상・하는 무진년 고려의 창왕昌王이 폐위된 뒤부터 공양왕恭讓王 4년까지 5년 간을 실었다.

東史綱目第十七 上 起戊辰年高麗後廢王昌 凡五年
下 盡壬申高麗恭讓王四年

이와 같이 각 편의 연대를 배분하여 단기檀箕에서부터 고려 말까지를 총 17편으로 기술하였다. 대개 그 기술의 분량을 보면 단기・마한까지를 1편으로 하고(第一上下), 그 다음 삼국시대에서 통일신라 말까지를 4편, 고려시대를 12편으로 기술하여 시대를 내려오면서 보다 상세하게 서술함을 원칙으로 한 것을 알 수 있다. 본편이 끝난 다음에는 다시 『동사강목』 부권附卷에 「고이考異」・「괴설변증」・「잡설」의 부록을 붙이고, 마지막으로 중국 동해안 지방의 위치와 대조하여 동국의 지리적 위치를 명확히 하고자 경위선분야도를 붙이고 있다.

3. 성리학적인 역사방법론 수립

『동사강목』은 단군조선・기자조선에서부터 시작하여 고려 말까지의 한국사를 정리하여 강목체의 개설을 이룬 것이다. 중국에서 『자치통감』이 나온 뒤에 성리학적 입장에서 본 『자치통감』의 결함을 고쳐 새로운 체계를 확립한 주자의 『통감강목』이 나왔던 것처럼 우리나라에서는 『자치통감』을 모방한 『동국통감』이 성종 16년(1485)에 서거정・최부 등의 편찬으로 나온 뒤 265년이 지나서 앞에 실은 『동사강목』의 서문에서 본 바와 같이 『동국통감』이나 기타 동국사서의 미비·미숙한 것을 정리하려는 심상치 않은 용의用意에서 나온 것이 바로 이 『동사강목』이다. 기전체에서나 편년체에서 사료를 정리 배열하고 적당한 곳에 사론을 붙여 자기 사론을 논하는 것과는 달리 하나의 역사적 사실을 간추려 강綱으로서 내세우고 그것을 일일이 다시 설명하는 목目을 붙이는 강목체제하에서는 일관된 사관을 갖지 않는다든지 사학 전체에 대한 식견이 풍부하지 않고서는 불가능한 것이므로 안정복이 강목체를 시도한 것 자체가 성리학적 사관에 대한 뚜렷한 자신이 있고 자기가 가진 사식史識이 풍부할 뿐 아니라 그 사식을 고증학적 검토를 거치면서 보다 확실하게 만든 후에야 가능한 것이다.

성리학적 사관으로 씌어진 것으로는 계몽적인 시기에 있었던 권근의 『삼국사략』이나 서거정 등의 『동국통감』이 있는데 그러한 사론들은 조선 건국을 합리화하고 조선의 유교정치이념을 옹호하기 위하여 조급히 만들어진 것으로 성리학적 이데올로기를 수립하려는 의식이 과잉된 것이다. 따라서 사학적 입장에서 볼 때에는 객관성을 잃어 수신교과서적修身教科書的 단계에서 멀리 벗어난 것이 아니었다.

그러나 명종 이후 퇴계 이황에 이르러 성리학의 철학체계에 대한 인식이 확립되고 율곡 이이가 나오면서 성리학적 입장에서 정치철학의 체계를 내세워 한국의 성리학이 토착화하고 개성화한 수준에 이르렀다. 그 뒤 임진·병자 양난을 치르고 또 심한 당쟁을 겪고 나서 조선 전기 문화에 대하여 가지는 반성 및 비판의식이 차차 체계적으로 성립되어 나가고 있을 때 성호 이익의 동국사학에 대한 새로운 관심에서부터 재래와는 질적으로 다른 사관의 형성을 보게 된 것이고, 이러한 이황의 사관은 제자인 안정복에 이르러 체계적인 것으로 수립된 것이다.

『동사강목』은 상고에서 고려 말까지를 다룬 그 당시의 국사개론이지만 그 국사개론의 주요 관점은 조선 초기 문화에 대한 비판의식에서 나온 것인데, 이 의식이 그 전 시대로 소급하여 일관된 체계를 이룩하는 까닭에 또한 조선 문화에 대한 비판체계도 보다 확실한 것으로 성립된다는 상관관계를 이해해야 한다. 이제 『동사강목』에 나타난 성리학적 사관이 어찌해서 그 전보다 객관적인 체계를 가질 수 있는지를 다시 생각해 볼 필요가 있다. 성리학이 그 방법론으로 격물치지를 내세우는데 그 격물치지란 말과 같이 사물을 관찰하여 얻은 결과에서 나온 원리의 인식과 파악을 제일 전제로 내세운다는 것은 그 전 불교에서는 없었던 일이다.

『주자어류』를 보면 산 위에서 발견된 조개의 화석을 보고 질이 연한 것에서 굳은 화석으로 변하였고, 바다에 있던 것이 지각변동으로 산 위에 있게 되었다는 정확한 관찰을 하고 있는데 주자보다 3백 년 뒤에 나온 레오나르도 다 빈치는 산 위에서 발견된 화석이 노아 홍수 때에 된 것이라고 보고 있다. 이러한 다 빈치의 해석에서는 아직 지각변동에 대한 인식이 성립되지 않았음을 알 수 있고, 정신적으로도 성서의 노아홍수설화에서 이탈하지 못한 면을 보여 주고 있다. 이 양자의 견해를 비교할 적에 주자의 견해가 보다 세련된 지성에서 나온 것이며 보다 정확한 관찰이라고 할 수 있는 것은 물론이다. 객관적인 관찰과 고증적인 정리를 전제로 하여야 비로소 성립할 수 있는 역사학에 있어서는 위에서 본 바와 같은 성리학에서 나온 사유방식이 역사학의 방법으로 적용될 때 역사학이 그 전 불교의 영향을 받던 시대나 성리학 이전의 유교정치이념을 적용하던 시대보다 훨씬 객관적인 사관을 성립시킬 수 있음을 알 수 있는 것이다.

이제 『동사강목』의 내용을 몇 가지 살펴보자. 안정복은 그의 서문에서 "대개 사학의 방법은 정통을 밝히고 찬역纂逆을 엄히 구분하고 시비를 바로잡아 충절을 칭찬하는 것과 제도와 문물을 상세히 하는 것이다"라고 주장하고 있는데 이 점을 분명히 하기 위하여 상세한 범례를 정하여 역사학적 용어의 의미 사용 한계를 명확히 하는 것을 제일 전제로 하고 있다.

그는 한국사에 있어서의 정통의 계승을 단기→마한→삼국시대→삼국통일 후의 신라→고려로 잡고 있는바, 김부식이 삼국시대부터 신라를 정통으로 잡은 것과는 다른 것이 주목되며 고조선의 하나인 위씨조선을 정통으로 간주하지 않고 삼국시대를 통일 전의 병립시대로 보고 있는 것이 특기할 만하다.

『동사강목』 첫머리의 서술은 기자 원년부터 시작되고 있으나 이것은 단군을 부인하는 것을 의미하는 것은 아니다. 그는 범례에서 유서劉恕의 『자치통감』 외기外記가 허황한 설화를 구별하지 않고 채록하였는데 『동국통감』이 이를 모방하여 외기를 만들고 여기에 단檀·기箕의 사실을 기록하고 있으니 단·기의 사실이 어찌 그와 같이 허탄한 것이랴 하고 비판하고 있다. 이로 보다 순암이 단군의 사실을 기자 원년조에서 부설로 붙인 것은 구체적인 기록이 없어서 그러한 것에 지나지 않는 것임을 알 수 있다.

부권附卷 중 괴설변증도怪說辨證圖에서도 단군은 실재한 성인으로 인정하고 있으나 환인桓因·환웅桓雄은 인정하지 않고 환인제석帝釋은 『법화경』에 나온 것을 취한 것에 지나지 않는다 하여 단군신화의 신화체계를 부인하고 있다. 기자 원년조에서 그는 고려·조선에 와서 구월산九月山 삼성사三聖祠에 환인·환웅·단군 삼위에 제사지내고 있는바 이 중 환인·환웅은 빨리 제거해야 할 것이라고 주장하고 있는데 이는 성리학자로서 취하는 태도라 할 것이다.

이와 같이 그는 단군을 부인하지는 않으면서도 실질적으로는 한국사를 기자 원년부터 출발시키고 있음을 보는데, 그러나 기자의 시기도 그 이후의 시기도 사료의 결핍은 마찬가지여서 기자 이후 삼국까지의 기록은 주로 중국 사서에서 자료를 취사선택하고 이를 동국의 전통과 배합 정리하여 하나의 체계를 이루어 나가고 있다. 그리고 삼한 이후 삼국까지는 중국 사서에 나오는 「동이전東夷傳」류의 서술을 요약하여 안문按文에 붙이어 고대사 이해체계를 보강하고 있다. 『동국통감』이 단·기·위 삼고조와 사군四郡·이부二府·삼한을 모두 언급하였다 하나 앞서 말한 것처럼 그들이 모두 외기에서 취급되고 있으며 실질적으로 본기는 김부식의 『삼국사기』와 같이 삼국에서 시작하는 바와 같은 결과에 빠진 것과는 현저히 다름을 이해해야 하겠다. 그러니까 순암은 고대사의 이해체계를 보다 소급시키는 방법으로 기자조선과 마한을 정통으로 삼고 그 뒤 삼국은 병립무통竝立無統의 시대로 잡은 것이다. 이러한 고대사의 소급적인 이해체계는 비록 기자설화를 줄거리로 하여 만들어진 것이라 하나 불교적인 전시대의 이해체계로 환원한 것은 아니다. 그것은 새로운 성리학적 입장에 서서 고려시대나 조선 초기의 중세 지성知性을 비판하는 데에서 나온 까닭으로 사학사뿐 아니라 조선 정신사에 있어서 주요한 의미를 갖고 있음을 알아야 할 것이다.

앞에서 단군은 인정하고 단군신화는 부인하는 그의 태도를 보았지만 『동사강목』 부권의 「괴설변증怪說辨證」에서 신라의 죽장릉설화竹長陵說話·천사옥대天賜玉帶·만파식적萬波息笛, 고려의 왕창근경문王昌瑾鏡文 등은 괴怪라 하지 않고 그대로 서술한 것은 어째서냐 하면 '理有常變 事有虛實'로서 '이理'가 '기氣'로서 나타나는 형태는 때에 따라 다르며 '사事'에 허虛한 것은 제거하고 죽장릉설화에서 보는 바와 같이 음병陰兵의 묵우黙祐라든지 충혼의 보국이라든지 만파식적이나 왕창근경문에서 보는 바와 같은 왕자의 부서符瑞 같은 것은 하늘의 뜻으로 그럴 수 있는 것이므로 그대로 기록하였으니 중국 정사에도 그러한 예는 많다고 말하고 있다. 그리고 서거정 등이 『동국여지승람東國與地勝覽』·『동국통감』을 찬하면서 최치원崔致遠의 「석리정전釋利貞傳」·「석순응전釋順應傳」에 나타난 가야관계 설화는 황탄하여 믿을 수 없음에도 그대로 실은 것은 사료를 평가하는 기준이 없음을 말하는 것이라고 주장하였다. 『동사강목』 부권 중에 안정복 자신의 견해로서 불합리하다고 비판되는 것은 대체로 신화적 속성이 두드러지게 나타나는 것들이었다. 이러한 것을 부인하는 그의 견해는 그 당시의 성리학적 입장에선 지성으로서는 무단武斷이 아니라 당연한 취사선택이며 고대사의 부인이 아니라 그들의 입장에서 고대사를 재구성하는 방법이었다. 그의 고대사 인식을 이해할 수 있는 하나의 예를 들어 보자. 신라 시조 17년조에 있는 박혁거세朴赫居世 거서간居西干이 왕비 알영閼英과 더불어 6부를 돌아보고 농상農桑을 장려하였다는 기사에 대하여 권근은 『삼국사략』에서 부인이 규문 밖의 일에 참여하는 것은 비례非禮라고 공격하였으나 안정복은 그의 안문에서 부인이 활동하는 것에 대한 가부를 직접 말하지 않고 있다.

당시의 신라는 초매한 원시국가를 건설한 단계였다. 이때의 농상은 맹자가 말하는 바 왕정의 기본이 되는 것으로서 위에 말한 것과 같이 박혁거세가 농상을 권장한 것은 그가 정치의 근본을 알고 있었다는 것을 의미한다고 안정복이 평한 것을 보면 오륜의 강조가 곧 역사로 생각되었던 권근의 수준에서는 이탈하여 역사의 파악이 보다 구체적으로 심화되어 있음을 본다. 서울의 사대부와는 달리 안정복은 농촌에서 농부들의 생활을 직접 보고 체험함으로써 그와 같은 견해를 내어놓을 수 있었는지 모른다. 구체적인 생활을 파악하려는 그의 의도는 한 걸음 더 나아가서 연대가 분명하지 않으나 불교적인 것이 아닌 설화, 『삼국유사』나 『삼국사기』에 보이는 일상생활에서 흔히 찾아볼 수 있는 전승설화들을 채택하여 추측적인 연대에다 삽입하고 있다. 이러한 태도는 『동국통감』에서 이미 시도하였던 바로서 『동국통감』의 이해체계를 그대로 따른 것이겠으나 여기서도 우리는 역사 내용을 풍부히 하기 위하여서는 어떠한 사료들도 버리지 않는다는 안정복의 태도를 엿볼 수 있다 하겠다.

『동사강목』에 나타난 국사관이 보다 구체적인 곳에 접근하였고 또 접근하려고 노력한 증거로서 들 수 있는 것 가운데 주요한 것은 그의 고증학적인 사료의 정리들이다. 우리는 안정복의 그러한 노력을 그의 수택본手澤本인 『삼국유사』에 지명이나 연대나 기타의 고증을 한 것은 '考'나 '可故' 표시를 한 것이라든지 『동사강목』 부록으로 실린 「고이」나 「괴설변증」 등을 보아 알 수 있는 것이다.

이러한 그의 고증에서 높이 평가해야 할 것은 삼한·사군 및 동국 하류 등 역사·지리에 대하여 넓은 이해를 시도한 것이니 이것은 학술사적으로 『동국문헌비고』에 나타난 역사·지리에 대한 정리와 함께 우리나라의 역사·지리의 근대적인 연구의 기초를 제공하는 것이었다. 한 걸음 더 나아가서 경위선분야도에 있어서 중국의 지리적 위치와 비교하여 한국의 지리적 위치를 정확히 파악하려고 시도한다든지 한강 유역의 중요성을 삼국의 흥망과 관련시켜 관찰한다든지(신라 진평왕 25년조) 요동을 잃었기 때문에 우리나라가 약소 국가가 되고 말았다는 요동의 정치학적 위치를 이해한 성호의 견해를 인용하는(고려 태조 25년조) 부분에서 고려 태조기를 전후하여 발해와 관련된 북진정책을 말하는 사료를 채택한 것 등은 그의 역사적 인식이 한 마디로 사서삼경만을 말하며 유교정치이념의 관념적인 것만 내세우는 타락한 유생들과는 다른 점이 있음을 보여 주는 것이다.

앞에서 체제를 논할 때에 언급한 바 있지만 역대 역사지도의 배열순서가 오늘날 국사 개설류나 교과서의 배열과 같은 순서임에 특히 유의할 필요가 있다. 오늘날 우리가 가지는 역사·지리적 인식은 이미 『동사강목』에서 성립된 것이었고, 이에 따라 지정학적 위치에서 파악한 한국정치사의 이해체계는 20세기에 들어와서 성립된 것이 아니라 이미 『동사강목』에서 성립된 것이라고 주장할 수 있다. 그것은 오늘날의 체계와 본질적으로는 다름이 없다고 본다. 한편 상세한 관직연혁도를 우리나라에서 처음으로 실어 동국의 관제일람표를 마련한 것은 그로 말미암아 개척된 사학이 자연과학적 인식이 결여되었을 뿐이지 기타는 근대적 역사학으로서의 조건을 구비하는 단계에 이르고 있음을 보여준다.

마지막으로 한 가지 더 유의해 둘 것은 조선 초기 사학자들의 병폐가 조선 건국을 합리화하고자 고려문화나 역사를 소급하여서 삼국시대의 역사나 문화를 덮어놓고 공격하는 치기稚氣에서 벗어나지 못하였고, 고려 말의 사실 서술에는 곡필曲筆을 함부로 한 것이 있다고 할 수 있는데 안정복은 그러한 오류를 지적하고 『고려사』나 『동국통감』의 그와 같은 서술을 믿으려 하지 않았다. 부권상 「고이」에서 김의金儀에 관한 그리고 공민왕 연간에 있었다고 하는 홍륜洪倫·최만생崔萬生 등에 관한 것이라든지 고려 말 우왕이나 창왕을 신씨辛氏의 혈통이라고 주장하는 『고려사』의 곡필을 배격하고 있는 것이다.

4. 민족 전 역사체계의 인식

위에서 『동사강목』이 거의 근대적인 역사학으로서의 면모를 갖추었다고 말하였거니와 『동사강목』이 그러한 위치에까지 올라갈 수 있었던 기본 조건은 사료를 고증적으로 정리하면서 좀 더 객관적인 해석체계를 얻으려고 한 점에 있었다. 이와 같은 국사에 대한 객관적인 해석체계를 얻으려고 하려는 움직임은 당시 지식 계급에 있어서 일반적인 경향으로 나타나게 된 조선 초기 문화에 대한 비판정신에서 오는 것이라고 본다.

우리는 이 시기에 있어서의 과거 문화에 대한 비판과 고증적인 인식이 위로는 조선 초기 학자, 아래로는 일제시대의 일본 학자들의 그것과는 성격이 다른 것임을 인식해야 한다. 조선 초기 학자들의 사학은 아직 고려조의 문화를 객관적 입장에서 정리하는 단계에는 이르지 못하고 고려문화에 대한 조선문화라는 상대적인 위치에서의 비판과 공격을 가했으나 안정복의 『동사강목』 단계에 와서는 그러한 상대적인 입장을 지양하고 있다. 퇴계학파의 학풍을 계승하는 데서 온 것이라고 생각되지만 그의 학문의 정신적 기조가 초기 문화에 대한 비판에 있었던 까닭으로 이것이 안으로는 조선 지배층의 자기 체질에 대한 반성으로 나타났고, 밖으로는 고려·통일신라·삼국시대·삼한시대에까지 거슬러 올라가면서 기자에까지 미치는 정통 정신에 대한 이해체계의 추구로 나타났던 것이라고 본다. 각 왕조 단위로 형성된 역사인식에서 그것을 초월하여 민족의 모든 역사의 체계를 인식하려고 할 때에 재래와 같은 상대적인 입장이 있을 수 없는 것이었다. 『동사강목』이 그러한 새로운 정신 경향에서 나왔다는 의미에서 그것은 마땅히 한국 초유의 국사개론이라고 할 수 있는 것이다.

그 다음 일본의 문헌고증학자들이나 이에 동조하는 한국의 고증학자들이 한국고대사나 고려사를 연구할 적에 이 『동사강목』을 입문서로 하여 거기에서 얻은 역사인식의 범위가 그들의 한국사 연구에 대한 기초를 이루고 있고, 그들의 연구 제재의 채택이나 고증 방법에 대한 착상이 『동사강목』에서 얻은 것이 많지만 안정복의 고증의 세계와 1910년 이후의 소위 문헌고증학자의 고증의 세계는 본질적으로 다르다. 안정복에 있어서는 그러한 고증은 우리나라의 전 역사를 일관하는 통일적인 문화관의 체계에서 나온 것이었고 또 그러한 체계를 수립하는 데 필요한 고증이었다. 그러나 뒤의 일본학자나 이에 따른 국내 학자들의 고증은 한국문화의 전통에 대한 통일적인 이해체계 없이 오히려 그것을 해체하는 경향을 따라가면서 과학적이고 학문적인 분화라는 미명 아래서 그야말로 고증으로 그치는 고증을 하는 문화라는 역사적 호흡에 대한 인식이 없이 사료 계산적인 단계에 머무르는 고증들이었다고 하여도 과언이 아니다.

더구나 그러한 고증학을 과학적이라고 하여 동조한 국내 학자들에게는 치명적인 정신적 결함이 있었다. 그것은 일제하에서 사회적·정치적 주도권을 상실하고 난 뒤에 그들의 역사적 경험의 범위가 축소되면서 식민지적 체질을 형성하고 나서는 과거의 우리나라 지식계급이 스스로 사회를 운영하고 문화를 육성하는 자주적인 경험과 그들이 가졌던 통일적인 세계관을 이해할 수 있는 정신적 바탕까지를 잃어버린 것이었다.

위에서 말한 몇 가지 관점에서 볼 때에 오늘에 와서 『동사강목』의 재인식과 재평가가 얼마나 긴요한 것인가를 통감하지 않을 수 없다. 일제 시기의 한국사학이 오늘날의 국사 인식체계에서 없어지지 않고 있는 이때에 이것을 천명하기 위하여서라도 우리는 다시 『동사강목』에서 제시된 한국사 인식체계에서부터 우리들의 재검토를 출발시켜야 할 것이며 그동안 일인日人들이 이루어 놓은 그들의 식민지 역사방법의 소박성 내지 천박성을 비판하면서 식민지사관을 불식해야 할 것이다.

『동사강목』 해제

윤남한

1. 서언

순암 안정복의 『동사강목』은 주지하다시피 영·정조대의 실학적 역사저술의 대표적인 것이며, 그의 또 다른 역사저술인 『열조통기』와 더불어 그가 동국사를 재구성하려던 역사의식을 표현한 것이었음은 말할 것도 없다.[1]

1 순암의 字는 百順이었고 漢山病隱·虞夷子·橡軒이라고도 號하였다. 그의 인물과 학문에 대해서는 이미 이병도, 「안정복」, 『한국명인전』에 所收되어 있고, 그 밖에 황원구(1965), 「안정복」, 『한국의 인간상』 4, 신구문화사; 김철준(1969), 「동사강목」, 『한국의 명저』; 황원구(1970), 「실학파의 사학사상」, 『연세논총』 75권; 심우준(1974), 「순암 안정복 연구서설」, 『중앙대 인문학연구』 제1집; 심우준(1973), 「안정복의 지방행정론」, 『중앙대논문집』 제18집; 윤남한(1974), 「안정복의 『하학지남』 해제」, 『국회도서관보』 제11권 제8호(미완) 등이 있고, 그의 사학과 『동사강목』에 대하여는 前記 논저 외에도 이우성, 「순암총서 해제」, 『順菴叢書』 卷首, 대동문화연구원 간; 「동사강목 해제」, 『동사강목』 영인본 卷首, 경인문화사 간 등

그가 비록 유교적 문화관과 정주적程朱的 역사의식에 바탕하였다 할지라도 자국의 역사체계를 재구성함으로써 동국적 정통론을 정립하고자 했던 자의식에는 분명히 유교적 문화관 내지는 역사관의 자각적 심화를 통한 민족사관의 성장이 있었다고 보인다. 이런 점에서 그의 『열조통기』와 더불어 『동사강목』은 단기조선檀箕朝鮮과 마한馬韓의 정통설을 가지고 동사東史의 정통을 밝힌 주체적 역사서술이라고 평가되고, 그의 사학에 대하여 관심을 가지게 된 것은 바람직한 일이라고 생각된다.

그럼에도 이에 대한 연구는 아직 본격화되지 않았다. 더구나 그의 실학이나 심성학心性學과의 관련을 구체화시킨 논저는 거의 없다. 그러나 그의 역사는 서명書名에서도 보여 주듯이 주자의 『통감강목』을 본떠 『동사강목』이라고 한 것과 같이 유교적 문화관이나 정주적 역사의식이 전제된 것이므로, 그의 역사저술은 정주적 도통론과 떨어져 있지 않았고 정주적 도통의식과도 일체가 되어 있었음은 말할 것도 없다. 이는 그의 수사修史가 그의 도학 즉 심성학과도 무관할 수 없다는 것을 의미하는 것이다.

사실 그는 이미 '명정학明正學 식사설熄邪說한 조신助臣'으로서 평가되었던 만큼 전통주의가 한창 고취되던 정·순조대의 시대성을 대변하였고 퇴계를 동방의 주자로 존숭할 만큼 주자와 퇴계를 연원으로 했으므로 실학자이기에 앞서서 먼저 심성학자였던 것이다. 이런 점에서 그의 역사관이나 수사修史의 정신은 주체적이더라도 조건부의 것이었다고 하여야 할 것이다.

그러나 한편 또 생각하면 그의 심성학은 하학에 힘쓰지 않고 이기理氣·성명性命만을 능사로 하는 동국의 이학理學을 현공설화懸空說話이니 창가倡家의 담론談論이라고까지 혹평하는 한편, 그 자신은 실심實心·실리實理·실공實工을 강조한 것이었으므로 종래의 심성학자로서도 또한 조건부의 것이었다고 할 것이다. 그의 심성학은 어디까지나 하학을 존중하고 실공에 전력하는 것이었으며 이것

이 있다.

이 곧 그의 실학으로 연결되는 것이었기 때문이다.

그의 수제首弟인 하려下廬 황덕길黃德吉도 「제순암선생문祭順菴先生文」을 지어서 그의 학學을 요약하였는데, "그의 학은 천적踐迹에서 구하였으니 하학은 그 조례였으며 이를 행사에서 본다면 동사東史을 필삭한 것이었다"고 하였다. 그는 하학을 위해서 『하학지남』을 저술했고 수사修史로서 『동사강목』과 『열조통기』 등을 남겼기 때문이다.

따라서 이 두 계통의 저술은 그가 심성학자에서 실학자로 전화轉化하던 위학과정爲學過程을 표현한 것인 동시에, 역사는 그의 심성학과 실학을 포함하는 공통분모였다고 할 수 있다. 그리고 그의 수사修史의 중심 방향이 바로 이 『동사강목』에서 구체화된 것이다. 『동사강목』은 송학적 정통론 내지는 도통론을 방법으로 삼음으로써 동국사의 재구성을 꾀하려던 그의 민족의식을 여기에서 표현할 수 있었고 그 점에서 실학적 역사서술이 될 수 있었던 것이다.

『동사강목』은 바로 이러한 관점에서 첫째로는 유교적 문화관 내지는 정주적 역사의식을 전제로 한 것이며, 둘째로는 그의 정주적 문화관이 기전체紀傳體가 아닌 편년체編年體 특히 주자의 강목체綱目體을 빌려서 동국사의 재구성을 가능하게 하였다. 셋째로는 그의 유교적 문화관은 동국사를 재구성함에 있어서 유교적 합리주의를 빌려서 신화나 황탄한 설화를 배제하였고, 그럼으로써 보다 정확하고 합리적인 민족사를 서술할 수 있었던 것이다. 넷째로는 정주적 도통론의 역사적 표현인 강목체의 방법을 빌려서 민족사의 정통을 정립하였으며, 다섯째로는 유교적 역사의식의 자각적 심화를 통하여 오히려 강목체를 비판하기까지 할 수 있었고 이것이 그의 민족사관과 융해되어 단기檀箕과 마한馬韓의 정통론을 전개하였다. 여섯째로는 이러한 역사의식 내지는 민족사관의 실천적 방향은 강목체에다가 도圖 · 고이考異 · 변증辨證 등을 첨가함으로써 강목체의 결함도 보완하였고 교육적 효과도 기대할 수 있는 것이 되었다.

그러나 『동사강목』이 지닌 중요성은 강목체를 정법定法으로 한 유교주의나 유교적 사관 자체가 아니라 그런 의식의 심화와 방법의 원용으로 자국의 역사를 좀 더 합리적이고도 체계적인 것으로 재구성하고 이를 효율적으로 교육함으로써 자의식을 보편화할 수 있게 한 데에 있었다고 보아야 할 것이다. 이러한 순암의 역사의식과 수사修史 방향은 강목체에 의하여 체계화되었고 유교주의에 의한 합리적 사유는 서명 · 범례 · 체재 · 구성 등에서도 그대로 일관되었다고 할 것이다.

2. 순암의 시대와 생애

『동사강목』의 찬자인 순암 안정복은 숙종 38년(1712)에 제천 유원楡院의 외가에서 안극安極의 아들로 탄생하여 정조 15년(1791)에 광주廣州 덕곡德谷에서 80년의 생애를 끝맺었다. 그는 현 · 숙종조 간의 치열했던 당쟁기에 정권에서 밀려난 남인 가정에서 탄생하여 생장하였고, 당쟁의 소강기小康期라고 할 수 있는 영조英祖대의 탕평정치하에서는 자자孜孜히 학문과 저술에 몰두하였으며 정 · 순조대의 벽이척사기闢異斥邪期가 임박할 때에는 그도 또한 정학正學을 고취하다가 몰세하였던 것이다.

또한 그의 탄생기에는 『가례원류家禮源流』와 『가례유집家禮類輯』 사건으로 소론 최석정崔錫鼎이 탄핵되고 이여李畬가 영도하는 노론 정권이 섰는가 하면 그의 몰세기에는 문체반정을 비롯한 전통운동과 벽이운동闢異運動이 일어났고 머지않아 신유사옥辛酉邪獄이 임박할 때였으며, 이 사이에도 신임사화辛壬士禍나 시벽時僻의 분쟁 등 정국의 변전變轉이 반복되던 때였다.

이런 정국의 변전과 정권에서 밀려난 사가士家의 자질子姪로서 체험한 시대성과 이에 연유하는 위기의식에서 떠나 있지 못했던 그의 80평생은 몇 단계로 나누어서 이해할 수 있다. 그의 생장기인 초기 25년 간은 남인가南人家의 자질이라는 것과 당쟁기라는 조건 때문에 경향京鄕을 전전轉轉했던 불안정한 생활이 불가피하였고 이 때문에 그는 뒤에도 자주 소년기의 실학失學을 자탄할 만큼 고난과 긴장을 반복해야 했다. 제천에서 탄생한 그는 5세에 상경했다가 6세에는 영광靈光으로 가야 했고, 9세에는 다시 환경還京하여 10세에 입학하였으나

14세에는 다시 조부의 임지 울산蔚山으로 갔으며, 다음해에는 조부의 해임으로 무주茂州로 이사했고 그 다음해에는 또 조부상祖父喪을 치르고서 광주에 정거定居하였기 때문이다.

그의 위학기爲學期라고 할 영조대에는 그가 광주에 정주함으로써 학문도 본격화되었고 『성리대전』과 『심경』도 읽었거니와, 29세 때에는 벌써 『하학지남』을 저술할 만큼 성장하였다. 그러나 그의 연보에는 이보다 앞서 『성리대전』을 읽던 때에 벌써 「치통도治統圖」와 「도통도道統圖」를 저술하였다고 하였으므로 그의 수학은 곧 저술을 할 만큼 본격적인 것이었고 저술과 수학이 병행된 것이었음을 알 수 있다. 또한 그의 수학이나 저술 방향은 도통을 중심한 것이었고 이는 그가 『동사강목』에서 정통론을 존중한 것과도 관련되는 것으로 보인다.

한편 그의 실학적 학문의 기점은 35세 때 성호 이익을 진배進拜한 데서 찾아야 할 것이지만, 그로부터 10여 년 뒤에는 벌써 『동사강목』을 저술하였다. 이는 『임관정요』를 저술한 지 2년 뒤였던 만큼, 40대부터의 실학적 저술에 몰두하던 때였다고 할 것이다. 한편 그의 역사저술은 이 밖에도 56세에 시작한 『열조통기』가 있었고 그 밖에도 『사감史鑑』을 비롯한 많은 저술이 있었던 만큼 이로써 보면 40~50대에는 실학적 저술과 역사 저술이 또한 병행되고 있었다고 할 것이다.

이에 비하여 그의 관운은 불우하고도 지진遲進하였다. 39세 때에 겨우 종사랑從仕郎에 조봉대부朝奉大夫가 되어 입경入京·사은謝恩하였고, 41세 때에는 통훈대부로 정릉직장靖陵直長이 되었으며, 43세에는 사마부감찰이 되었고, 61세에는 익위사익찬으로서 세손世孫을 교도하는 서연書筵에 입참入參하였으나 65세 때에는 다시 외직인 목천현감이 되었기 때문이다. 그리하여 78세에 그는 겨우 통정대부에 첨지중추부사가 되었고 이어 가선대부에 올라 동지중추부사가 되었다가 80세에 몰세歿世하였던 것이다. 그러나 바로 이러한 불운이 그로 하여금 많은 저술을 낳게 하였고 학자로서 대성하게 하였을지도 모른다. 따라서 그의 명성은 오히려 몰후歿後에 드높아져서 의정부좌참찬에 증직되었고 몰후 80년에는 문숙文肅이라고 증시贈諡되었던 것이다.

3. 순암의 저술과 『동사강목』

80평생에 이룩된 순암의 저술은 호한하였다. 이는 『순암총서』 권수에 있는 해제에 부재된 저술목록이나 심우준 교수의 논고에 부록된 〈표 I 저서목록일람〉에도 상세하며, 국립중앙도서관에 소장된 독립된 저술과 영본零本 단간斷簡 및 『안정복총서安鼎福叢書』로서도 짐작이 되는 것이다. 이들 저술목록에는 그의 저술이 아닌 비망備忘이나 타인의 저서를 필사한 것까지도 포함되었으므로 이에 대한 서지작업이 따로 요청되거니와, 그렇다고 하더라도 그의 저술은 실로 호한한 것이었다.

이 중에는 「치통도」·「홍범도」·『하학지남』 같은 도학서나, 『논맹의문論孟疑問』·『대학경설大學經說』 등의 경학서經學書, 『백시선百詩選』·『문장발휘文章發揮』 등의 사장서詞章書도 있으나, 그 근간을 이루고 있는 것은 『성호사설유선』·『동국문헌통고』·『동국사문유취東國事文類聚』 등의 백과전서적 유서類書와 『동사강목』을 비롯한 사서류史書類라고 할 수 있다.

또한 이들 사서류나 유서류類書類은 『임관정요』와 같은 경세서과 더불어 실학적 측면을 말하는 것이지만 그중에서도 사서류는 그의 저술의 중심이자 특색이었다고 할 수 있을 것 같다. 그의 역사저술에는 『동사강목』이나 『열조통기』 외에도 『독사상절讀史詳節』·『사감』·『삼성전三聖傳』·『삼현전三賢傳』·『기자통기箕子通紀』 등 중국사中國史에 관한 것이 있고, 『동사보궐東史補闕』·『동국일사외기東國逸史外紀』·『동국고사전東國高士傳』·『동사례東史例』·『동사외전東史外傳』 및 『동국열녀전東國烈女傳』 등 동국사東國史에 관한 것이 있으며 『영남선현전嶺南先賢傳』·『목천지木川志』 등 지방지류地方志類와 『지리고이地理考異』 같은 역사지리에 대한 것도 있기 때문이다.

그러나 가장 일찍부터 높이 평가된 것은 『동사강목』이었고 『열조통기』였다. 전자前者은 이미 고서간행회에서 활인活印되었다가 근자에 다시 경인문화사에서 영인되어 유포되고 있다.

그러나 『동사강목』에는 고서간행회본 외에도 본래 몇 종의 사본이 있었던 것으로 보인다. 연세대 도서관에는 원고본原稿本으로 일컫는 20권 20책본이 있는데 이는 31.6㎝×20.5㎝ 크기로서 1778년에 순암이 백순암百順菴에서 쓴 자서가 있고, 규장각에는 같은 20권 20책본, 27.7㎝×19㎝ 크기의 사본이 있는데 역시 1778년의 서문과 서만순徐萬淳의 인기印記가 있다.

한편 『고선책보古鮮册譜』에는 20책본 두 종이 저록되었고, 18권본과 22권본이 하나씩 저록되었다. 20책본은 『서서서목초본西序書目草本』과 『통감부 장서목록』에 의했고 18권본卷本은 『총독부 해제』, 22권본卷本은 『증정문헌비고』「예문지」 3에 의거한 것이었다. 이 밖에도 순암의 저술목록에는 10권본이 있고 동사東史에 관한 순암의 저술로서는 『동사례東史例』·『동사외전東史外傳』·『동사보궐東史補闕』 등이 있으나, 이는 『동사강목』의 일부에 해당하는 것이거나 그 영본零本으로 보이며, 『안정복총서본』 제18책에는 『동사강목교초본상東史綱目校草本上』이 있기도 하다.

그러나 그의 연보에는 『동사강목』 범凡 18권이라 하였고 또한 「고이考異」·「지리고地理考」 2권 합 20권이라고도 하였다. 따라서 현행본이 본고本稿 18권, 「고이」 1권, 「괴설변증怪說辨證」 1권, 「잡설雜說」 1권, 「지리고地理考」 1권임을 보면 결국 18권은 본래의 본고일 것이고, 20권본은 「고이」와 「지리고」를 합칭合稱한 것이며, 22권본은 여기에 「변증」과 「잡설」을 합칭한 것으로도 보이는 것이다.

4. 저술의 시기와 배경

『동사강목』의 저술시기는 그의 연보에도, "병자에 초草하기 시작하고부터 4년을 열閱하여서 책이 되었다[自丙子始草 閱四年而書成]"라고 하였으므로, 영조 32년에 시작하여 35년에 된 것이었다. 그러나 그의 연보에는 72세 때에도 이를 교정한 기사가 있는 만큼, 처음에 완성된 대로만은 아닌 것이었다. 더구나 영조 39년 계미조에는 '『사감』 8권이 저술되었다' 하였고, 동 43년 정해조에는 '『열조통기』 25권이 저술되었다' 하였으며, 이 사이에는 다른 역사저술도 진행되고 있었던 것이다.

한편 순암의 선사先師인 성호의 종자從子이자 동문이던 정산貞山 이병휴의 「제동사편면題東史篇面」에서는 영조 38년 즉 순암이 51세였고 성호가 82세 때에 이 책이 완성되었음을 말하고 있으며 정산은 이에다 제서題書했는데 이는 영조 50년 즉 순암이 63세 때에 된 것이었다. 이로써 보면 전기한 바 영조 35년에는 일단 저술이 완결되어서 성호에게 넘겨졌고 그것이 성호와 정산에게 열람되었던 것이라고 할 것이다.

한편 정조 5년 신축 즉 70세 때에 그는 돈녕부주부敦寧府主簿에 이어 헌릉령獻陵令이 되었는데 이때 왕명王命으로 1본本을 등진謄進하게 되었고 72세 때에는 직재장내각直齋藏內閣에서 교정·등사한 바가 연보에 보인다. 그러나 순암의 「동사강목서東史綱目序」는 정조 2년 즉 67세 때 목천의 용회당用晦堂에서 썼다고 되어 있음을 고려한다면, 67세 때에 교정·수보修補된 것을 70세 때 등진謄進하게 되어 다시 등사謄寫를 시작하였고, 이것이 72세에 완성된 것으로 보이는 것이다.

이렇게 『동사강목』은 45세 때 시작하여 48세 때 일단 완성되었다가 다시 산삭 수보되었고, 67세 때에 최종본이 되었으나 이것을 다시 교정하여 72세 때에 완성한 것이라고 할 것이다. 이는 영조 32년(1756)부터 시작하여 정조 7년(1783)에 끝낸 것이 되므로 실로 27년이나 소비한 저작이었다고 할 것이다. 그가 자서自序한 글에서도, "책이 된 지 20여 년인데도 오랫동안 선사하지 못했다[書成二十有餘年 而久未繕寫云云]"라고 한 것을 보면 20여 년이 걸린 것임은 분명하다.

한편 『동사강목』의 저술이 시작되던 영조 30년대는 그가 동사에 대한 관심을 한창 기울이던 때였다. 이는 순암이 성호나 윤소남尹邵南이나 이정산李貞山 등에게 '동사문답'을 벌이던 때였고 그의 사평史評을 담은 「동사문답」이나 「상헌수필」이 저술되던 때였기 때문이다.

한편 『동사강목』 저술의 시대적 배경은, 첫째로는 17~18세기에 팽팽하게 일던 역사의식과 주체적 자각이란 시대정신이었고, 둘째로는 종래의 동국 사서에 대한 그의 비판의식이었으며, 셋째로는 그가 동국사의 서술이나 재구성을 절감했던 교육적 필요성의 자각이었다.

시대정신이란 안으로 왜倭·호胡의 전란을 겪으면서 체험한 사회변동과, 밖으로 명·청 교체에 수반된 가치관의 변화에 따른 것이었고, 그 표현은 예론과 예학 및 예송 등으로 표현된 조선조 후기의 당쟁이었고, 이에 따른 의리명분에 관한 논쟁이나 주주朱註을 둘러싼 사문斯文의 논쟁이었다. 이들 당론이나 사상적 논쟁은 서로 얽혀서 전개되었지만, 결국 명·청 교체에 따른 위기와 이에 대응하는 문제를 둘러싼 대립을 의리의 문제로 집약한 것이었으며, 정치적으로는 체제과 반체제적 대립 문제였던 것이다.

따라서 이에 수반되는 가치관의 변동은 도통론의 강조와 더불어 왕성한 역사의식을 유발하였고, 이것은 자연히 역사서술의 유행을 가져왔다고 할 수 있다. 이는 경經·사史를 일체화시키던 명말의 사상과도 부합되는 것이었다. 하여튼 왜란 후 순암이 존세存世할 때까지 『동사강목』에 선행된 역사서술이 다음과 같이 많았던 것도 그 단적인 표현이다.

찬자撰者	생몰연대	사서명	권 / 책	간행연대
오운吳澐	1540~1617	동사찬요東史纂要	8 / 8	1609~1613 刊
조정趙挻	1551~ ?	동사보궐東史補闕	/	1646 跋
유계兪棨	? ~1644	여사제강麗史提綱	/	1667 刊
홍여하洪汝河	1621~1678	동국통감제강東國通鑑提綱	13 / 7	1672 刊
홍여하洪汝河	1621~1678	휘찬여사彙纂麗史	48 / 36	
임상덕林象德	1683~1789	동사회강東史會綱	12 / 10	

※ 이 표는 17~18세기에 순암의 『동사강목』에 선행된 것만을 제시한 것이며 그것도 이와 평행되는 중국사에 관한 저술은 제외하였다. 또한 이것은 『동사강목』의 채거서목에 들어 있는 것이다.

위의 저술은 거의 순암이 그 설을 채택하는 한편 비판의 대상으로도 한 것이었다. 그러나 이와 같이 왕성했던 역사저술의 유행은 선행된 조선 초기·중기의 수사修史가 겨우 『삼국사기』·『삼국유사』·『고려사』·『고려사절요』·『동국통감』 등에 불과하였던 데 비하면, 중기·후기에는 놀랄 만큼 많아진 것이며, 이런 경향은 한말에 갈수록 많아졌던 것이다. 이것은 위기의식이나 가치관의 변동기에는 으레 수반되는 역사의식의 고조와도 유관한 것이었다. 또한 이런 경향은 독사讀史나 수사修史를 통하여 우선 자국의 역사를 새로이 인식하고 그 계통을 밝힘으로써 자기 존재의 연원을 확인하려는 자의식의 표현이었음은 말할 것도 없는 것이다. 중·후기에 왕성해진 이러한 역사의식은 자국사에서뿐만 아니었다. 중국사에 대해서도 송징은宋徵殷의 『역대사론歷代史論』을 비롯한 장단長短의 사론과 사서가 많이 출간되었고, 이는 순암에게도 『사감』과 같은 저술을 갖게 하였기 때문이다.

다음으로는 종전의 사서에 대한 비판의식이 고조된 것이었다. 이는 중국 사서에 대한 비판이나 이와 대비된 자국의 역사서에 대한 비판이 병행된 것이었지만, 그중에서도 중심이 된 문제는 우선 사체史體에 관한 것이었다고 하겠다. 사체에 대한 비판의 공통점은 우선 중국 사서에 대해서는 정사체인 기전체나 편년체인 통감류나 기사본말체 같은 것이 비판된 대신 주자의 강목체가 사체의 제일로 된 것이었다. 이와 같이 기전체나 통감류가 비판된 것은 이들 사서에서는 통계統系의 투철함이 미흡했기 때문이었음은 물론이다.

한편 이러한 비판은 곧 동사의 서술에도 적용되었는데 이 경우에도 첫째로 선행된 사서에는 사체史體의 모순과 통계의 미진함이 있었기 때문이며, 둘째로 중국적 천하관을 전제로 한 본기·세가·열전을 둔 기전체는 중국과 대등한 또 다른 천하의식인 자의식을 가지고서는 자국의 역사를 쓰는 데 부적합했을 것이기 때문이다.

이런 관점에서 『삼국사기』나 『고려사』가 비판되었고, 특히 조선조의 건국을 합리화한 『동국통감』이 비판되었다. 그러나 이런 경향은 순암의 『동사강목』보다 선행된 유계의 『여사제강』에서도 보이며, 위의 사서도 모두 이를 비판하였고, 임상덕의 『동사회강』에서도 그러하였던 것이다. 따라서 순암은 이러한 선행된 사서에 대한 비판 방향을 승계하여 이를 더욱 심화시켰다고 할 것이다.

이러한 비판은 곧 역사에서의 통계統系 즉 체계화 의식 내지는 정통론의 강조를 의미하는 것인 만큼 주자의 강목체과 불가분의 관계를 가지게 하였다. 주자의 정법定法인 강목체를 사체의 제일로 생각한 것은 순암에서만은 물론 아니었다. 이는 17~18세기의 역사서술에서는 강목체가 보편화되었고, 이에 따른 역사의 정통을 밝히는 범례도 점차 일반화되었으며, 이는 당대의 시대사조를 반영한 것이기도 하였다.

『강목』은 말할 것도 없이 주자의 도통의식과 정통론의 강조를 전제로 한 주자학적 민족관 내지는 국민의식을 역사서술을 통하여 나타낸 것이다. 주자는 사마광司馬光의 『자치통감』이 정통론과 의리에 미흡하다고 보아서 이를 강綱과 목目으로 다시 체계화하였고, 이른바 촉한蜀漢정통론을 세웠던 것이다. 이러한 주자의 역사관은 송학의 도동론과 표리가 되는 것이었으므로 고려 말의 정주학 성행과 더불어 동토東土에서도 부단하게 영향을 주었을 것이다. 그러나 그 서술체의 보편화 현상은 조선조의 중·후기에서 볼 수 있는 경향이었다.

따라서 순암은 그의 『상헌수필』에서도 중국사와 동국 사서에 대한 비판과 역사관을 피력하여 술사述史의 난難과 이적난필夷狄亂筆·화이정통華夷正統·촉한정통蜀漢正統을 비롯한 사론을 폈고, 동국의 사서를 논평하여 그 와류訛謬를 지적하였다. 그리고 「동사문답」에서는 더욱 구체적으로 이를 거론하여 선행된 『동국통감』·『동사찬요』 등을 논평하였고 『여사제강』·『동사회강』은 가장 정밀하다고는 하였으나 역시 비판의 대상으로 하였다. 여기서는 또한 정통론을 성호에게 질의하였고, 사군론四郡論을 비롯한 강역彊域 문제는 윤소남尹邵南에게, 동사의 의례義例는 이정산李貞山에게 각각 문답하기도 하였다.

이를 통하여 보면 사서에 대한 그의 비판론과 역사관의 중심은 정통론과 합리적 역사사유 및 사실 중심의 실증성을 존중한 것이었다. 『동사강목』은 바로 이런 비판의식과 합리적 역사관을 표현한 것이었다고 할 것이다.

5. 『동사강목』의 체재와 내용

『동사강목』의 체재는 범례에서 밝히고 있듯이 주자의 강목체를 정법定法으로 하여 그 나름으로 민족사를 재구성하는 데 주안主眼하였다고 할 수 있다. 그러므로 주자가 발범發凡·명례明例을 가지고 『춘추』의 미의微意을 분명히 하고자 하여 그의 『강목』에서 범례 1권을 따로 만들어 권수卷首에 넣었듯이, 그도 이를 본받아서 상세한 범례를 권수에 달았다. 그리고 한결같이 주자의 정법을 따른다고 밝히고 있는 것이다. 강목체의 준용이나 상세한 범례의 설정은 말할 것도 없이 17~18세기에 보편화되던 사서의 체제였다고 할 수 있다.

그는 또한 주자가 사마광의 『자치통감』을 필삭하여 술작述作의 본지와 권계勸戒의 미의微意을 밝히되 강과 목으로 나누어서 권형예탈權衡豫奪을 일목요연하게 한 것을 그대로 따랐는데 이는 순암이 주자의 사체를 묵수하였다기보다는 그의 역사관에서는 강목체가 편리했기 때문이다. 『춘추』는 공자孔子가 당세 사람이었기 때문에 미언약의微言約意로 서술할 수밖에 없었던 데 대하여 주자는 후세의 사람이었기 때문에 일에 따라서 곧바로 서술하여[據事直書] 권선징악을 분명하게 나타낼 수 있었던 것이므로 이를 따른 순암의 수사修史도 또한 강렬한 사실 중심의 도덕주의에서 출발했음을 말하는 것이다. 즉 그는 『춘추』의 대의를 주자의 강목체에서보다 더욱 심화시키고자 했다고 할 수 있다.

그러나 보다 중요한 것은 순암이 이런 도덕주의를 동국사에 적용함으로써 동국 역사의 정통을 밝히고자 한 데 있었다. 그러므로 그는 범례에서 주자의 정법을 따른다고 밝히면서도 아울러 강목이 화하華夏을 중심으로 만국을 통괄한 것임을 감안하여 이를 그대로 동국사에 적용하는 것이 부적합한 것도 아울러 인식하고 있었다. 그가 말하기를,

> "동국은 땅이 한구석에 외져서 예禮가 다르고 일이 달랐던 것이니 부득불 이에 따라서 의례義例를 세운 것이다. 이는 대소의 형세에 다름이 있기 때문이었으니 보는 이는 마땅히 스스로 알아야 할 것이다."

라고 한 것은 중국과 우리는 예가 다르고 일이 다른 만큼, 수사상修史上의 의례義例도 또한 다른 것이어야 한다고 판단했을 것이기 때문이다. 따라서 순암의 뜻에서는 강목의 체를 빌리되 그 뜻을 가지고 동국 역사의 통계統系를 독자적

으로 정립하려는 데에 본지가 있었던 것이다.

따라서 순암은 필요하다면 강목체보다 오히려 『춘추』에 따랐던 것이다. 이는 세년歲年에서 중국의 정삭正朔을 받들고 있으면서도 동국의 기년紀年을 가지고 동사東史를 서술한 것으로도 알 수 있다. 이 점에서 순암은 중국적 천하관이나 이에 따른 사대관계가 전제된 기전체나 강목체를 버리고 대등한 열국관계가 전제된 『춘추』의 노魯의 기년법을 따른 것이며 이는 은연중에 중국과 대등한 동국의 역사임을 인식하려는 것이었다고도 할 수 있다.

한편 『동사강목』은 사체史體상으로는 편년체이자 강목체였으며 기전체나 기사본말체를 배제하고 있다. 그러면서도 이 때문에 결缺할 수밖에 없는 표表나 지志 또는 서書을 대신하여 수권首卷에서는 서·목록·범례 외에 동국역대전수지도東國歷代傳授之圖·단군기자전세지도檀君箕子傳世之圖·신라삼성전세지도新羅三姓傳世之圖·고구려전세지도高句麗傳世之圖·백제전세지도百濟傳世之圖·고려전세지도高麗傳世之圖 등을 실었고, 이어서 전지도全地圖·조선사군삼한도朝鮮四郡三韓圖·삼국초기도三國初起圖·고구려전성도高句麗全盛圖·백제전성도百濟全盛圖·신라전성도新羅全盛圖·신라통일도新羅統一圖·고려통일도高麗統一圖 등을 실었다. 이는 그의 역사가 지리와 강역을 전제로 한 것이었으며 요지遼地를 우리의 강역으로 삼은 주체의식을 표현한 것이었다고 할 수 있다. 이런 주체의식이 곧 그의 정통론이 되었고 이를 집약한 것이 그의 역대전세도歷代傳世圖을 비롯한 통계도統系圖였던 것이다.

그리고 상세한 관직연혁도官職沿革圖를 시도하여 역대 관제의 변화를 종람綜覽할 수 있게 하였는데 이들은 모두 첫째로 기전체紀傳體의 표를 대신한 것이며, 둘째로 동국사의 정통을 정립한 것이며, 셋째로 독자적 발전을 제도와 강역에서 일목요연하게 한 바, 그의 주체의식을 표현한 것이다. 그리고 넷째로는 그 실천적 표현인 교과서敎科書로 교육적 효율화도 고려한 것이었다고 할 수 있다.

한편 본문은 모두 제1에서 제17까지로 분편하여 기자조선에서 기필起筆하고 고려 공양왕 4년에서 종필하고 있거니와 그간의 편사編史는 위의 정신과 그 자신의 강목체로 체계화하였다고 할 것이다. 그가 분편한 대략의 체계는 다음

표와 같다.

편	統系	『동사강목』 내용 일람표 서술			비고
		연수	간지	왕조	
제1	正統	1310년 간	기묘 기미	기자 원년부터 신라 아달라왕 26년까지	檀箕朝鮮, 마한 밑에 삼국을 병기.
제2	無統	314년 간	경신 계유	신라 아달라왕 27년부터 신라 소지왕 15년까지	
제3	無統	155년 간	갑술 무진	신라 소지왕 16년부터 신라 진덕 여왕 2년까지	
제4		177년 간	기유 을사	신라 진덕 여왕 3년부터 신라 경덕왕 24년까지	문무왕 9년 이하는 정통. 신라정통 밑에 발해·후삼국과 고려 태조 18년까지를 부기
제5	정통	170년 간	병오 을미	신라 혜공왕 2년부터 신라 왕부 9년까지 고려 태조 18년	후삼국은 僭國例으로 다룸.
제6	정통	80년 간	병신 을묘	고려 태조 19년부터 현종 6년까지	이하 고려의 정통시대가 됨
제7	정통	88년 간	병진 계미	현종 7년부터 숙종 8년까지	
제8	정통	43년 간	갑신 병인	숙종 9년부터 인종 24년까지	
제9	정통	50년 간	정묘 병진	의종 원년부터 명종 26년까지	
제10	정통	54년 간	정사 을해	명종 27년부터 고종 37년까지	
제11	정통	25년 간	신해 을해	고종 38년부터 충렬왕 원년까지	
제12	정통	25년 간	병자 경자	충렬왕 2년부터 충렬왕 26년까지	
제13	정통	39년 간	신축 을묘	충렬왕 27년부터 충숙왕 8년까지	
제14	정통	24년 간	경진 계묘	충혜왕 후 원년부터 공민왕 12년까지	
제15	정통	14년 간	갑진 갑인	공민왕 13년부터 공민왕 23년까지	

제16	정통	14년 간	을묘 무진	고려 전 廢王 禑 원년부터 우 14년까지	
부권附卷 상·중·하가 계속됨					

※ 위의 표는 경인문화사 간 『동사강목』에 의거하였음.

위의 표에서와 같이 본문에서는 기자정통을 세우고 기준箕準까지를 정통으로 삼았으나 역대전수도歷代傳授圖에서는

정통: 단군조선 ── 기자조선 ──┬── 마한 부 진한·변한·예·맥·옥저
　　　　　　　　　　　　　　　└── 부 참국 위씨조선

이라고 하였으므로 단기정통檀箕正統과 마한정통馬韓正統을 세워서 서술하고 있는 것이다. 또한 무통無統은 삼국시대를 말하고 신라 문무왕 8년까지로 보고 있으며 이를 역대전수도에서는

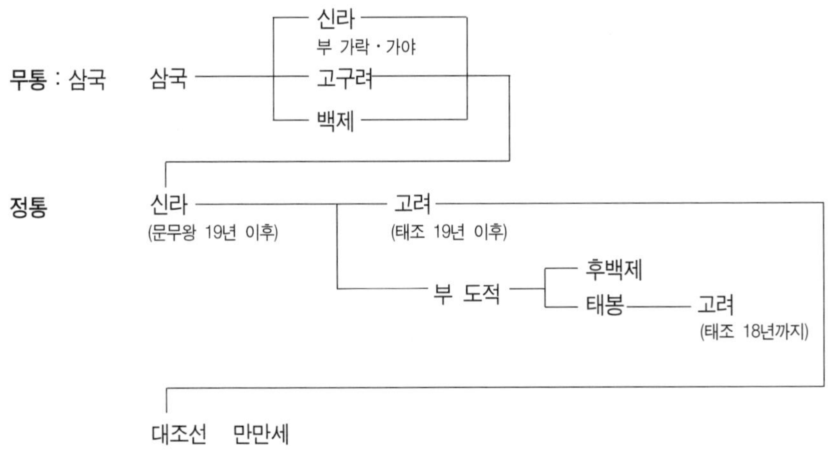

라고 하였으므로 문무왕 9년 이후부터 신라의 정통을 세우고 이를 경순왕敬順王 9년까지 연속시켰으므로 후삼국은 고려 태조 18년까지 포함하여 도적으로 보았고 참국의 예例로 다루었다.

한편 여기서는 길게는 제1편에서 1301년 간을 기술하였고, 제2편에서는 314년 간, 제3에서는 155년 간, 제4는 117년 간, 제5는 170년 간을 각각 다루었는데 이 5편에서 도합 2천년 간을 다루었다. 이에 비하여 고려 이후 공양왕 4년의 망국亡國까지 약 470년 간은 12편으로 분편하였으며 그것도 고려 초는 현종까지는 매편 80~90년 간을 기술하였고 숙종 이후 고종 37년까지는 매편 10여 년 간을 기술하였으며 제17은 불과 4년 간의 일을 한 편으로 묶고 있는 것이다. 이는 고대를 간명하게 기술하였고 하대일수록 상세히 다루었다는 것을 의미하며 그만큼 합리적 서술을 하고 있는 것이다.

또한 『강목』이 『동국통감』의 비판에서 출발하였고 『동국통감』이 조선왕조 건국의 합리화를 위한 것이었다면 이를 비판한 『동사강목』이 고려 말의 역사에 상세하고 공민왕 4년까지 기술한 것은 그만큼 여사麗史에 충실한 것이었고 왜곡도 그만큼 바로잡고자 한 실증의식을 표현한 것이었다고 할 것이다.

한편 그가 역사서술에서 고려의 대외항쟁을 상기詳記하고 여기서 활약한 충신과 명장을 현양顯揚한 것은 그의 감계적鑑戒的 사안史眼에서일 뿐더러 민족적 자의식을 표현한 것이었고 대민시책에 유의한 서술을 예리하게 한 것은 유교적 양민사상養民思想의 표현 이상으로 17~18세기 이후의 심성학자나 실학자들에게서 성장하던 인간적 자의식에 근거하여 사회적 모순을 광구匡救하려던 경세적 의식을 표현한 것이었다고 할 수 있다.

그런 만큼 본권 17편의 역사서술은 그가 범례에서도 밝힌 바와 같이 동사東史의 재구성 방향을 구체화한 것이며 선행된 사서를 집성한 위에 오히려 이를 뛰어넘은 것이 되고자 하였다고 할 것이다.

한편 끝에 실은 부권附卷의 「고이考異」·「괴설변증怪說辨證」·「잡설雜說」 및 「지리고地理考」·「분야고分野考」 등은 본문을 보충한 것이었다. 순암은 범례에서도 구사舊史의 황괴불경荒怪不經한 설을 일체 산거刪去하고 따로 변증辨證 1편을 만들었다고 하였고 삼국시대의 제도와 전장典章으로서 전하지 않는 것도 말할 수 있는 것은 따로 1편을 만들었다고 하였다. 따라서 「고이」는 제사諸史의 득실이동得失異同을 다룬 것이며, 「잡설」은 동사東史에 관한 별설別說로서 정사正史에 실을 수 없는 것을 실은 것이었다. 그리고 「지리고」는 동방의 지리에 관한 명호名號·강역疆域·계한界限에 관하여 여러 주장이 같지 않고 캘 수 없는 것을 모아서 편찬한 것이므로 권수卷首의 지도와 아울러 역사지리의 새로운 측면을 개척한 것이었다.

그런 만큼 이들은 첫째 기전체紀傳體의 지志를 대신한 것이며, 둘째는 유교적 합리주의와 도덕적 감계주의鑑戒主義를 담은 것이었고, 셋째로는 역사서술에 합리성과 실증성을 꾀하였으며 넷째로 역사의 통계와 강역 및 제도 전장의 독자성을 밝힘으로써 주체적 민족사의 체계를 좀 더 철저하게 한 것이었다. 동시에 다섯째로는 그의 역사의식의 실천적 성격을 담은 것이라고 할 수 있다.

6. 순암의 동사東史 구성構成

위에서 본 바와 같이 순암의 『동사강목』은 유교적 도덕주의와 합리주의적 역사의식과 강목체적 체재 및 『춘추』의 의례義例를 가지고 그의 민족적 자의식과 실천적 욕구에서 동국사를 재구성하려던 것이었다. 이러한 동사 구성의 중심은 동국사의 정통을 정립하는 데 있었고 그 범範은 주자의 『강목』이었으나 필요에 따라서는 『춘추』의 의례와 『통감』의 선례도 원용하였다. 그리고 무엇보다도 중요한 것은 그가 17~18세기에 팽배하게 일기 시작한 유교적 문화의식의 심화와, 이와 병행된 자의식 및 그 역사적 표현인 강목체 사서의 수사전통修史傳統을 이으면서도 이를 비판하고 보완한 위에서 그 자신의 역사로서 재구성을 기도한 데에 있었다.

이러한 그의 동사 구성의 요체는 수권首卷에 상세하게 설정한 범례에서 집약되었다고 할 수 있다. 이 범례의 외형은 말할 것도 없이 주자의 『강목』을 방법으로 한 것이었다. 그러나 그 내용으로 보면 동국사의 재구성을 위한 방법으로 원용된 것임은 이미 위에서 본 바와 같은 것이다.

주자의 『강목』 범례는 19강 154목에 걸친 것인 데 비하면 순암의 범례는 16강 70목에 불과한 것이지만, 이는 유계의 『여사제강』 범례가 20목 전후였고 임상덕의 『동사회강』 범례가 19강 56목인 데 비하면 동사의 강목체로서나 그 범례로서는 크게 집성된 것이었다.

이로 보면 주자의 『강목』이나 순암의 『동사강목』이나 임덕상의 『동사회강』은 모두 정통의 정립과 이에 따른 포폄을 전제한 것이었고 역사를 전통과 무통無統의 반복으로 본 것은 공통적인 사유였던 것이다. 그러나 『동사회강』이나 『동사강목』이 이런 사유와 원리를 적용하는 데서는 각기 달랐던 데에 동사 구성에 있어서 순암 나름의 독자성이 있었다.

『동사강목』의 동사 구성은 말할 것도 없이 동사를 정통과 무통의 단斷·속續과 반복으로 보는 것이었다. 이 점에서 그는 단군조선과 마한을 정통으로 한 것이었으며 이를 줄기로 하여 삼국은 무통이었고 통일신라와 고려는 정통이었으며 그 사이의 후삼국은 참국僭國이었다. 그의 정통과 무통의 구별은 고려 태조의 경우도 후삼국을 통일한 19년 이후는 정통이었지만 그 이전은 역시 신라의 반적叛賊이었다고 보고 있었으므로 신라의 전통을 그대로 연장시키고 후삼국은 참국의 예로 다룰 만큼 엄한 것이었다.

그러므로 『동사강목』에서의 동사 구성의 첫 과제는 강목체의 통계統系를 사가史家의 개권제일의開卷第一義로 삼은 바, 단기檀箕와 마한의 정통론을 정립함으로써 한국 고대사를 재구성하는 것이었다. 이러한 민족사의 주체적 재구성의 의도는 기년법紀年法에 있어서는 오히려 강목체를 버리고 『춘추』의 기년법에 따라서 동국기년東國紀年을 주로 하고 중국의 정삭正朔을 종從으로 한 것에서도 나타나 있다.

이러한 주체적 민족사의 재구성은 또한 유교적 도덕주의인 감계주의鑑戒主義로 질서지워진 것이었다. 이는 정통론을 전제로 한 것인 만큼 군신의 명분을 분명히 하여 왕·국왕·국군國君을 구별한 명호나 즉위即位·입立·사嗣 등을 구별한 것이나 반적叛賊·참국僭國을 드러낸 것 등은 『춘추』의 의례義例에 따른 도덕주의와 명분론을 그대로 표현한 것이었다. 그러나 왕호王號의 경우도 주왕周王에게나 쓰던 것을 그대로 쓴 것이나 신라 초의 왕호나 고려의 제호帝號를 원래의 것대로 습용襲用한 것은 동국의 독자적 역사세계를 그대로 인정하는 자의식이 전제된 것이었다고 할 수 있다.

다음으로는 유교적 합리주의나 주지적主知的 문화관이 전제된 합리적 동사 구성의 방향을 볼 수 있는 것이었다. 단기정통檀箕正統에서도 표면상으로는 기사정동箕子正統을 세우고 단군은 그 밑에 부기附記하였지만 이는 단군을 인정하되 그의 신화적 부분만을 배제한 합리적 내지는 주지적 문화관 때문이었기 때문이다. 그의 동사 구성에는 수권首卷의 동국역대전수지도東國歷代傳授之圖나 단군기자전세지도檀君箕子傳世之圖 등에서와 같이 민족사의 통계로서 단군조선과 기자조선[檀箕朝鮮]을 다 같이 정당시하고 있기 때문이다. 이는 「괴설변증」에서나 「고이」·「잡설」에서도 황괴불경荒怪不經한 것을 배제한 합리주의적 수사방향修史方向과 일치가 되는 것이었다.

다음으로 그의 동사 구성은 민족과 국가 곧 군주의 통계를 밝히는 것과 아울러 그 강역疆域과 분계分界를 밝히는 것이었다. 이는 역사지리적 인식을 전제로 하여 가능한 것이었거니와 그는 수권首卷의 강역도疆域圖나 통일도統一圖, 전성도全盛圖 등과 아울러 부권附卷에서는 「지리고地理考」를 시도하였다. "독사자讀史者는 먼저 강역을 정한 뒤에야 점거占據의 형편을 알고 전벌戰伐의 득실과 분합分合의 연혁을 상고할 수 있다"고 한 그는 단군의 강역을 요지遼地로 잡았고 그 남계南界를 한수漢水로 잡았으며 역대의 지리를 고증하는 한편 한국의 경위분야도經緯分野圖까지 시도하였다.

이러한 그의 동사 구성은 중국 사서에 대한 비판뿐 아니라 그에 선행한 한국 사서에 대한 비판도 전제된 것이었던 만큼 이는 첫째로 국초 건국의 합리화를 위해 편찬된 『동국통감』류의 역사를 비판함으로써 역사를 사실의 역사로서 서술한 것이었고, 둘째로는 민족사를 시·공의 전 체계에서 인식하려는 통일적 문화관 내지는 역사관을 전제로 한 것이었다. 그런 만큼 수권首卷의 범례에 나타난바, 선행된 사서를 비판한 것은 첫째의 경우에 해당하고 역대의 전수도와 강역도 등은 둘째의 경우에 해당되는 서술체계에서나 가능한 것이었다.

따라서 순암의 『동사강목』은 유교적 문화관에 바탕하고 강목적 사법史法을 원용하되, 자의식과 민족의식 및 실학적 사유의 심화를 통하여 유교적 역사를 실학적인 역사로 전화轉化시킨 것이며 동시에 주체적 역사의식을 반영한 17~18세기의 강목체 사서를 집성한 것이었다고도 할 수 있다.

7. 결언

이상에서 『동사강목』을 찬술의 시대와 찬자의 생애와 사상 및 저술 시기와 배경, 체재와 내용 그리고 동사 구성의 각 측면에 걸쳐서 조잡하게나마 개괄하여 보았다. 그리고 이를 통하여 『동사강목』이 17~18세기에 점고漸高하던 주체의식과 민족적 자의식, 이를 반영한 강목체 사서의 보편화 경향을 전제로 하면서 동국사를 재구성하고 체계화한 바를 이해하고자 하였다.

그리고 그의 역사서술이 실공實工을 존중하던 그의 심성학心性學과 양민養民·안민安民·애민愛民을 지향하던 경세적인 실학을 포괄한 것으로 보고, 이런 관점에서 『동사강목』은 우선 유교적 문화관이나 정주적程朱的 역사의식의 심화를 통하여 성장한 자의식이나 민족적 자각을 반영한 것이며 강목체란 방법으로 동국사의 정통을 정립한 것으로 볼 수 있었다.

다음으로 순암은 동국사의 정통을 정립하기 위하여 주자의 강목체를 빌렸고 때로는 이를 뛰어넘어 『춘추』의 의례나 『통감』의 전례를 좇아서 주체적 역사가 되게 하였는데, 이는 곧 동국의 역사를 중국적 역사세계에서 벗어나게 하려던 의도를 반영한 것이었다. 따라서 그는 단기檀箕·마한의 정통론을 세움으로써 고대사 인식을 새로이 하는 터전을 마련하였다. 그러나 정통과 무통을 엄격히 구분한 사체史體는 한편으로는 유교적 문화관이나 역사의식의 심화를 통한 강렬한 정통의식이거나 도덕주의를 표현한 것이므로 그의 주체성은 조건부의 것이었다. 그렇더라도 한편 유교적 합리주의나 주지적 사유를 통하여 얻어진 사실 중심의 실증적 역사서술을 이룩하였다고 할 수 있고 그 서술 효과는 도圖·표表·고이考異·변증辨證 등을 통하여 더욱 특이한 것이 되게 하였다. 이 점에서는 합리적이며 실증적 역사서술이 전개되었다고 할 것이다. 더욱이 도·표·고이 등을 통한 교과서적 편찬은 민족사 구성을 계몽적으로 정초하였다고도 할 수 있고 이는 그의 실학적 사유의 실천적 측면이었다고 할 것이다.

또한 그의 역사는 한말 계몽기에, 민족사학의 정초자들이라고 할 수 있는 박은식朴殷植이나 장지연張志淵, 신채호申采浩 등에게도 영향을 주었고 그들의 역사저술의 연원이 되었을 것이 기대되는 만큼 역사적 의의를 지닌 것이라고 할 것이다.

『동사강목』이 지닌 역사적 의미는 그가 정주적程朱的 도통론과 감계적 의식을 바탕으로 하고 또한 주자의 『강목』을 정법定法으로 하고 『춘추』의 의례를 원용하였음에도, 이를 방법으로 하여 주체적 민족사를 재구성하고자 하였다는 점에서 정주적 역사를 실학적 역사로 전화시키고 이를 한말 계몽기 사학史學을 선도하게 하였던 데에 있었다고 할 것이다.

부기

이 글에서는 1. 서언에서 소개한 논저의 인용 또는 참조된 부분과 『순암총서』 대동문화연구원 간행 영인본에 수록된 순암의 저술과 연보, 행장 및 인용된 각 도서관의 서목 등에 대하여 이를 일일이 밝히고 보충한 주기註記를 예정하였으나 지면 관계로 생략하였다.

또한 이 역본이 대본으로 삼은 규장각본과 종래의 유행본인 경인문화사의 영인본 및 연세대 도서관에 소장된 『동사강목』을 상호 대조하고 이를 교감하는 작업을 하지 못한 채 해제를 하게 되었다.

그리고 심성학과 실학을 연결하는 문제로서 경사일체관經史一體觀 위에서의 그의 역사서술과 그런 각도에서 기대되는 역사서술의 성행 경향 등에 관한 문제도 언급하고자 하였으나 못하였다.

또한 주자의 강목체와 순암의 강목체의 같고 다른 점을 보다 구체적으로 검토함으로써 그 동국적 전개가 지닌 역사적 의미, 즉 순암의 역사서술에 있어서의 주체성 내지는 민족사 재구성의 실체를 밝혀 보는 일도 역시 과제로 남겨 놓은 채 개략적인 해제만을 하게 되었음을 부언하는 바이다.

『동사강목』 관규管窺

천관우

1.

개인 신변에 관한 이야기에서 붓을 일으키는 것이 송구스럽지만, 나에게 있어 『동사강목』은 그 속에서 지혜의 샘물을 찾는 애독서라 할 수는 없어도 손이 쉽게 닿는 책상머리에 두고 자주 이용하며 감탄하는 저술의 하나임에는 틀림없다.

첫째로 나는 『동사강목』이 적어도 고려 말까지의 한국사에 관한 한 현대의 오늘날로 보아도 가장 우수한 편년기의 하나가 아닌가 여기고 있다. 여기에는 『동사강목』이라는 명저 내지 고전을 한낱 편년기로 간주하느냐고 하는 이의가 있을 법하다. 그러나 『동사강목』은 적어도 제1차사료 내지 기본사료가 아닌 것은 분명하다. 그것은 여러 종류의 국내외 기본사료를 재편성하여 강과 목을 세워 하나의 통사로 체계를 세운 것이다. 또 한국의 전통 사서는 대부분이 편년기적 서술에 든다고 한 어느 서양인 학자의 지적과 같이 『동사강목』은 비록

강목체를 겸채하였으나 일종의 편년체인 것은 결코 『동사강목』만의 문제가 아닌 것이다.

그보다도 더 문제는 편년기 내지 연표라고 하면 여러 사실史實을 적절히 시대순으로 나열한 단순작업의 결과는 결코 아니라는 점이다. 도리어 정작 편년기 내지 연표를 애용하는 연구자에게는 이것이야말로 저자의 주관을 되도록 배제하면서 저자의 역사 인식의 기본태도를 단적으로 나타내야 하는 서술 방식임을 절감하게 되는 것이 사실인 것이다. 그 하고많은 사실 가운데서 어떠어떠한 사실만을 추려서 남기는가의 문제도 그렇고 그 추려진 사실들이 얼마나 서로 연결된 상태로 파악되도록 하는가의 문제도 그렇다.

이러한 전제 위에서 다시 『동사강목』을 돌이켜보면, 그 저자가 얼마나 명철하고 투철한 정리능력의 소유자이었는가에 다시금 감탄하게 되는 것이다. 그것은 유교사관이라든가 명분론적 입장이라든가 하는 사관적인 시각을 우선 떠나서 『삼국사기』나 『고려사』에서 읽는 사실이 『동사강목』에서는 훨씬 더 입체적으로 독자들이 파악하도록 되어 있는 데 대한 감탄이다. 또 현대의 안목으로 볼 때 예컨대 사회경제사적인 서술이 빈약하다고 하면 그것은 기본사료 자체가 그러했던 것이지 『동사강목』은 도리어 『삼국사기』나 『고려사』 혹은 중국 고문헌들의 주요 사실을 교묘하리만큼 빠짐없이 강라綱羅하고 있는 것이다.

둘째로 내가 『동사강목』을 크게 평가하는 것은 그 부권附卷으로 되어 있는 「고이」·「괴설변」·「잡설」·「지리고」 등과 본문에도 여러 곳에 삽입되어 있는 일련의 고증이다. 이 부분은 본래 저자가 본문을 집필하면서 어느 사실을 취하고 어느 사실은 버리고 또 어느 사실은 어떤 견해를 따르고 한 그 판단의 근거로 이 일련의 고증을 제시한 것이다. 그 부분이 상고사 내지 고대사에 관한 것인데, 고고학이나 인류학과 같은 신분야가 없던 당시 문헌의 분석에만 의존한 것은 당연하고, 또 『동사강목』의 고증이 한결같이 믿을 만하다고 한 것도 아니다.

사실, 확실한 자료에 의한, 확실한 논리로 누구에게나 수긍되는 고증이란 그리 흔한 편은 아니며, 대개는 자료나 논리에 있어 얼마만큼 설득력을 갖고 있고 얼마만큼 소홀 미비가 적은가에 따라 그 고증의 신빙도가 결정되는데 이것은 오늘날의 연구에서도 마찬가지라고 생각한다. 그 점에 있어 최근 몇 해 동안 상고 고대사에 다소의 관심을 가져온 나의 경우, 『동사강목』의 고증은 『강역고』(정약용 저)의 고증과 함께 크게 참고가 되었고, 앞으로도 이들 선인의 고증에서 아직도 배울 것이 많다는 것을 실감하였다. 결론에 있어 의견을 같이하지 않는다 하더라도, 그들의 제 자료나 논리에서 시사하는 것이 많다는 뜻에서이다.

본고에서 『동사강목』에 대한 나의 소박한 소감부터 적어 본 것은, 이 명저에 대한 본격적인 해제로,

김철준, 「동사강목-정리된 유교사관」(『한국문화사론』 수록, 1960)
이우성, 「동사강목 해제」(경인문화사 판, 1970)
황원구, 「실학파의 사학이론」(『동아세아사연구』 수록, 1970)

여러 편이 여러 해 전부터 있어 왔고, 『동사강목』에 대하여 고찰되어야 할 주요 문제들이 이 논술에서 이미 고루 다루어져 있어, 더 부론할 새 의견이 별로 많지 않기 때문이다. 그러나 『동사강목』 내지 안정복의 사학을 주제로 삼은 이 글이라, 위의 제가의 해설을 참고하면서 약간의 소감을 덧붙여 두고자 한다.

2.

황원구 씨가 실학파의 '삼사三史'라고 호칭하였듯이, ① 안정복(1712~1791)의 『동사강목』 20권, ② 이긍익(1736~1806)의 『연려실기술』 59권, ③ 한치윤(1765~1814)의 『해동역사』 70권, 이 세 사서史書는 과연 조선 후기 실학파의 사학을 대표하는 저술들이라 할 수 있다.

이 가운데서 ①은 앞에서 말했듯이 상고시대부터 고려 말까지를 다룬 편년체 내지 강목체요, ②는 조선시대(태조~현종)를 다룬 기전체를 가미한 기사본말체요, ③은 중국·일본 등 외국 사서에서 한·중관계를 발췌 편집한 일종의 기전체라는 것은 다 아는 바와 같다. 이와 같이 실학파 '삼사'는 각 내용과 특징을 달리하고 있지만, 여기에 한두 가지 공통성이 지적될 수 있으리라고 생각한다.

첫째는, 서술 방법에 차이는 있을지언정 모두 되도록 객관성이 유지되도록 하는 치밀한 과학적 시도이다.

『연려실기술』은 그 서문에서도 밝혔듯이 술이부작述而不作으로 일관하여 출전을 밝히되 저자의 안설按說을 전혀 붙이지 아니하였다. 『해동역사』 또한 자료집으로서의 성격을 구성의 대전제로 하되 저자의 안설은 원전의 인용과 엄격히 구별하고 있다. 『동사강목』은 그 통사 본문(부설 제외)에서 강綱에 해당하는 대문은 저자의 작문이지만 목目에 해당하는 대주大註는 대부분이 원전의 인용이고 안설은 소주小註로 처리되고 있다.

이와 같이 인용을 위주로 한 자료집적 구성이라는 점, 출전을 밝히고 인용과 안설을 구별한다는 점도 물론 과학적 태도의 한 표현이기도 하다. 그러나 다시 말하여 그 과학성은 자료의 선택과 해석에서 더 본질적인 것을 찾아야 할 것이다.

그러한 관점에서 볼 때 『연려실기술』의 경우 그 저자 자신의 가정이 당론으로 몰락해 있었음에도 당론 자료의 취사取捨에 엄정을 기하는 데 최선을 다한 것이라든지, 『해동역사』의 경우 국내에서는 용이하게 볼 수 없는 외국의 자료를 수습강라收拾綱羅하는 데 전력을 기울인 것이라든지, 『동사강목』의 경우 사실 해석에 의의가 있는 것은 고증을 통하여 입론立論의 근거를 부석剖析해 놓은 것이라든지 그 과학적 태도는 과연 실학파의 이름에 값하는 것이라고 아니할 수 있다.

나는 앞서 다른 기회에 조선 후기 실학의 특징을 크게 잡아 하나는 전근대의식에 대립되는 근대지향의식, 또 하나는 몰민족의식에 대립되는 민족의식을 든 일이 있다. 그리고 청대 학술을 논한 양계초의 말을 빌어 조선 후기 실학의 고증학 내지 과학적 연구라는 것이 그 정신과 방법에 있어 매우 근대적인 일면을 가진 것이기는 하나 그것은 한편으로 연구법의 운동일지언정 주의主義의 운동은 아니었다는 점에서 그 근대적 성격이라는 것도 큰 제약을 가진 것이라고 한 바가 있다. 실학파의 사학이 가진 주의상主義上의 근대성에 대해서는 뒤에 다시 언급하기로 하거니와 우선 여기서는 그것이 적어도 연구법상으로는 매우 근대적인 면이 있음을 먼저 말해 두어야 하겠다.

실학파 '삼사三史'에 공통되는 것으로 다음에 지적할 것은 너무나 당연한 지적인지는 모르나 그들이 엄청나게 많은 문헌을 소화消化하고 있다는 사실이다. 그것은 삼사 인용서목의 방대한 양이 곧바로 말해 주고 있다. 나 자신을 포함한 근대의 사학연구자들이 당장에 소용되는 자료 몇 가지로 논문작성에 급해하는 경향도 없지 않은 것을 보면서 옛날 연구자들의 독서나 저술이 우리와는 너무도 대조적으로 심혈을 기울인 그것이었다는 데에 새삼 감명을 받게 되는 것이다.

안정복의 경우는 사학에서도 『동사강목』 이외에 『열조통기』(조선시대사) 등이 남아 있고 사학 이외에도 상당히 광범한 분야에 걸친 여러 저술이 있었다. 그러나 이긍익이나 한치윤의 경우는 적어도 현존하는 그들의 저술만으로 보아 이 분들이 그 책 하나 쓰기 위해 이 세상에 왔다가 간 것이 아닌가 하는 느낌을 갖게 할 만큼 필생의 정력을 거기에 기울인 자취를 보는 것이다.

더구나 당시는 인쇄사정에 있어 저자의 생존 중보다는 어쩌면 그것도 몰후沒後 몇 세기가 되기는 오랜 장래에 독자를 기대하기도 하면서 진행된 것인 듯하다. 그것은 저자로 하여금 목전目前의 주변 상황에 크게 개의치 않게 하는 것이기도 하지만 또 그만큼 자신의 저술에 자신을 요구하는 것이 되는 것이 아니었을까.

3.

『동사강목』은 범례의 서두에서 '한결같이 주자의 정법定法을 따랐다'고 하였듯이 사론상史論上의 대의명분론과 사체상史體上의 강목체 등 모두 주희의 『자치통감강목』을 모델로 한 것이 있다. 이리하여 한국사에 있어 역대 왕조의 통계統系(정계正系)를 단군－기자－마한(무통無統, 삼국三國)－통일신라로 굳이 도식화하기도 하였고, 명호名號(용어) 하나하나에 명분론상의 세심한 구별의 기준을 마련하기도 하였다. 그것은 어떤 면에서 근대적 사학과는 상당한 거리가 있는 것이라 하겠다.

그러나 그보다도 주목되는 것은 같은 범례에서 '『통감강목』은 화하華夏(중국)를 주로 하였지만 (…) 이 책은 동국의 일이라 체體(제도)가 다르고 사事가 다르다'고 하면서 한국사의 자주성을 비교적 분명하게 드러내고 있는 점이다. 이리하여 세년歲年(기년紀年)에 있어서도 『춘추』가 주周 아닌 노魯의 기년紀年을 따른 것처럼 우리도 본국기년本國紀年을 쓴다고 한 것이라든지 고려본조는 황제의 예例로 기술한다고 한 것도 그러한 수례數例가 된다. 더욱이 「동사강목도東史綱目圖(중)」에서 '역대의 폭원幅員(지역적 계선界線)은 이것을 기준으로 한다'고 전제하면서 송화강 이남과 요동·요서를 모두 한국사의 무대로 도시圖示한 것은 오늘날의 국사체계에도 크게 교훈적인 시사示唆를 던져 주고 있다.

더욱이 김철준 씨가 지적한 바와 같이 『동사강목』은 각 왕조 단위로 형성된 역사인식을 초월하여 민족의 모든 역사의 체계를 인식하려고 한 의미에서 한국 초유의 국사개론이었던 것이다. 또한 『동사강목』을 출발점으로 한 후대의 고증학자들이 한국 문화의 전통에 대한 통일적인 이해를 도리어 과학적이라는 미명美名 아래 해체시키는 경향마저 있었다고 한다면 『동사강목』의 의미는 그만큼 큰 것이라 할 수 있다.

『동사강목』에 이르러 민족의식의 발양發揚은 그 이전의 사서史書에 비하여 크게 두드러지게 되었다. 그러나 그 역시 오늘날의 안목으로 보면 미흡한 점이 많은 것은 어쩔 수 없는 시대적 제약이어서 예컨대 부여는 "북방절역北方絶域에 있어 단군의 후예이기는 하지만 제국에 열기列記할 수는 없다”든가, 발해는 “아사我史에 기록할 것은 아니나 본래 고구려의 고지故地였으므로 수록한다”든가 하여 소극적인 기술로 되어 있는 것이다.

한동안 많은 논의가 있었던 『삼국사기』에 대한 폄하와 같은 경우도 그러했지만 과거 어느 시대의 문화적 소산을 그 시대에 놓고 평가해야 할 일면을 제쳐 놓고 곧바로 현대의 기준에서만 그것을 평가하는 일은 자칫 그 가치를 그릇 판단하기 쉽다. 조선 중기 한국사학의 연구수준이나 의식수준이 오늘날의 그것에 도달하기에는 수많은 노력의 집적集積이 있었던 것이고, 오늘날의 근대의식이나 민족의식을 척도로 하여 동일同日에 『동사강목』의 주자학적인 명분론이나 정통론만을 평하기보다는 도리어 오늘날에 훨씬 앞서서 그 저자가 회포했던 선각적인 파악도 아울러 크게 보는 것이 옳을 줄로 안다.

안정복보다 약간 시대가 뒤지는 홍대용의 『의산문답』이나 박지원의 『열하일기』(고구려 등에 대한 언급), 또 그보다 약간 뒤늦은 유득공의 『발해고』나 정약용의 「척발총론」 등 저론著論에 이르면 민족의식은 훨씬 더 강렬하게 나타나게 되듯이 조선 후기 실학의 큰 특징의 하나는 민족의식에 있었다. 그리고 개화사상의 사상적 토양의 하나가 실학에 있었다고 하면 『동사강목』이 구왕조 말의 민족사학 수립자들에게 큰 영향을 미친 것은 어느 의미에서 당연한 일이었다고 하겠다.

이우성 씨에 의하면 『동사강목』에 흐르고 있는 사상은 저자가 역사상의 사실을 통하여 저자 자신의 시대현실을 비판했던 것이고 그 비판의 관점은 곧 경세치용학적 견지에서 나왔던 것이라 한다.

사실 동양 전래의 사학은 사료의 수집·감별鑑別이나 전석箋釋·교감校勘 등에 치중하면 고증학이 되지만 이른바 미언대의微言大義에 치중하면 의리학義理學이며 이른바 사가의법史家義法에 치중하면 경세학經世學이 되어 사학이 경세학의 중요한 부분을 이루기도 하였다. 조선 후기 실학파의 사학도 대개는 고증학적 방법 또는 적어도 실증정신에 충만해 있었지만 한편으로 대개는 현실비판의식 특히 분명하게 민족의식의 표현수단이기도 했던 것이고 그런 면에서는 『동사강목』이 실학파 삼사三史 가운데서도 가장 강렬한 편에 드는 것이 아니었던가 짐작되는 것이다.

조선 후기 신라인식

『동사강목』을 중심으로

조광

1. 머리말

조선왕조의 성립과 신라의 멸망 사이에는 거의 5세기에 걸친 시간적 간격이 놓여 있다. 또한 신라가 통일을 성취하고 찬란한 문화의 꽃을 피우던 시기와 조선왕조에서 신라에 대한 연구가 가장 활발히 일어나고 있던 조선 후기 사이에는 10여 세기의 간격이 있다. 더욱이 신라와 조선왕조는 그 문화적 특성을 달리하고 있는 것으로서, 신라의 중대 이후에는 불교가 그 문화를 특징지어 주고 있었던 반면에 조선왕조는 건국 이래 주자학을 지도이념으로 삼아 왔고, 주자학은 모든 학문적 인식과 가치판단의 기준이 되어 왔다.

신라와 조선왕조 사이에 놓여 있는 이러한 시간적 간격이나 가치판단 기준의 상위함 때문에, 조선시대의 신라에 대한 이해는 신라사회가 가지고 있던 본래의 모습과는 상당한 차이가 나올 수 있는 것이었다. 즉 조선시대의 신라에 대한 이해는 주자학이라는 당시 사조의 영향을 받을 수밖에 없었던 것이다.

조선왕조 시대 때 신라에 대해 이해하고자 했던 인물 가운데 가장 대표적인 존재는 신라의 역사를 편찬했던 역사학자들이었다. 그런데 역사의 기록이란 역사가의 안목과 가치관에 의하여 재구성될 수밖에 없는 속성을 가지고 있다.[1] 그러므로 조선왕조 당시 신라에 대한 인식과 평가는 조선왕조가 가지고 있던 시대적 분위기가 반영된 것이었다.

본고에서는 신라에 대한 조선왕조 시대의 인식에서 드러나는 특징을 다루어 보고자 한다. 즉 신라의 역사를 조선왕조 시대의 인물들이 유학적 역사이해라는 범위 안에서 어떻게 재구성하려 했는가를 검토해 보려는 바이다. 이러한 작업을 통하여 우리는 조선왕조 시대의 사상적 특성을 확인해 보고, 신라사에 대한 좀 더 정확한 이해에 도달할 수 있을 것으로 생각된다.

조선왕조 시대의 신라에 대한 이해는 그 초기에 『삼국사절요』나 『동국통감』 등의 편찬물을 통해서도 추출될 수 있을 것이다. 그러나 조선왕조 초기의 역사 인식이나 유학에 대한 이해도는 조선 후기보다는 미숙한 것이었다. 즉 조선 후기에는 유학적 역사인식의 태도가 확립되고 이를 발전시켜 실학적 역사인식의 단계로까지 나아갈 수 있었다. 이 실학의 역사인식 방법도 유학의 수사방법과 정신에 큰 영향을 받은 것이다. 따라서 이 단계의 역사인식을 통하여 조선왕조 시대 역사에 대한 이해의 전형을 찾아볼 수 있으며, 우리는 그 대표적인 예로서 안정복이 저술한 『동사강목』을 들 수 있을 것이다. 그러므로 본고에서는 『동사강목』을 통하여 드러나고 있는 신라에 대한 인식문제를 집중적으로 다루어 보고자 한다. 그리고 조선왕조와 신라가 가지고 있던 가장 중요한 사상적 특성인 불교와 유학에 관한 문제를 검토해 봄으로써 조선왕조 시대 신라에 대한 인식의 특성을 밝힐 수 있을 것으로 생각된다. 그러므로 본고에서는 신라사

---

1 李相信 역(1978), 『歷史의 理論과 歷史』, 三英社(Croce, 1915, 『Zur Theorie und Geschichte der Historiographie』, Tübingen, Mohr), 128면까지.

에 대한 유교적 인식태도와 신라 불교에 대한 『동사강목』의 평가에 관한 문제를 다루어 보고자 하는 바이다.

이상과 같은 접근방법으로 『동사강목』의 신라에 대한 기록을 분석한 기존의 연구는 없었던 것으로 알고 있다. 그러나 이 논고를 작성하는 데에는 조선왕조 전기의 역사인식과 실학자의 역사인식에 대한 일반적인 연구가[2] 크게 도움을 주었다. 이 논고가 『동사강목』의 이해에 도움이 될 수 있기를 기대해 본다. 아울러 본고가 조선 후기의 사학사상이나 신라사에 대한 이해에도 보탬이 될 수 있다면 필자는 그것을 부수적인 소득으로 생각하려 한다.

2. 자료의 성격

본고에서는 안정복의 『동사강목』을 주된 자료로 삼고 있다. 그러므로 본론에 들어가기에 앞서 이 자료의 성격을 먼저 밝혀 둘 필요를 느끼게 된다. 안정복(1712~1791)은 조선 후기의 대표적인 역사학자로서 '전통사학의 총정리자'로 평가되고 있다.[3] 그는 남인 계통 가문 출신으로 충청도 제천에서 태어났다.[4] 그는 유년기와 소년기에 빈한한 가세로 인하여 불우한 처지에 놓여 있었다. 그가 학문의 길에 본격적으로 투신하게 된 때는 그의 나이 24세 때였다. 이때 그는 경기도 광주군 경안면 덕곡리에 있는 선영하에 안주하여 주자학을 연구하

2 李元淳(1979), 「朝鮮前期 史書의 歷史認識」, 『한국사론』 6, 국사편찬위원회, 56~104면; 黃元九(1979), 「實學派의 歷史認識」, 『한국사론』 6, 186~196면; 李佑成(1966), 「朝鮮後期 近畿學派에 있어서 正統論의 展開」, 『역사학보』 31, 역사학회, 395면; 李萬烈(1974), 「17・8世紀의 史書와 古代史認識」, 『한국사연구』 10, 97~124면.

3 卞媛琳(1973), 「安鼎福의 歷史認識」, 『사총』 17・18합집, 고려대사학회, 329면.

4 『順菴叢書』 上, 성균관대학교 대동문화연구원 영인본, 1970, 598면. 안정복의 생애에 관한 부분은 주로 『순암총서』에 수록된 그의 연보에 의하여 서술한다.

게 되었던 것이다. 그의 학문적 경력에 있어서 가장 중요한 전환점이 되었던 것은 이익과의 만남이었다. 그는 성호 이익의 문하생이 되었고, 성호의 경세치용학의 영향을 받았던 것이다. 그는 성호 이익의 영향 아래에서 경학과 사학의 연구를 진행시켜 나갔다.

안정복이 저술한 대표적인 역사서로는 『동사강목』을 들 수 있다. 안정복은 이 저서를 통하여 역사는 과거의 사건을 통해서 현재와 미래에 도움을 줄 수 있는 교훈을 얻고자 하는 데에 목적이 있음을 밝혔다.[5] 또한 그는 역사를 서술할 때에 역사가는 자신이 살고 있는 시대의 도덕과 윤리를 통해서 과거의 역사적 사실을 인식할 것을 요구하였다.[6] 역사의 궁극적 목적이 독자에게 교훈을 주는 데 있다고 생각한 그는 주자의 『통감강목』에서 드러나는 저술 방법을 높이 평가하였으며,[7] 이 방법을 본받아 『동사강목』을 저술하였던 것이다. 한편 그는 춘추필법의 전통적인 서술 방식에 따라 역사적 인물의 선악을 판단하려 하였다.[8] 안정복에 있어서 역사적 서술의 대상이 되고 있는 것에는 전통적인 수사체제에서 기본이 되고 있는 왕실의 동향 이외에도 유교적 가치관에 속하는 예와 악뿐 아니라 그 당시의 사회상이나 역사지리에 관한 문제까지도 포함되어 있다. 그는 이러한 사실들의 서술에 있어서 철저한 고증을 주장하였다.

그는 주체적인 측면에서 민족사를 이해하려 하였다. 민족사의 주체적 인식을 주장한 그의 견해는 우리나라와 중국의 관계를 논하는 부분에서 선명히 드러난다. 즉 그는 '중국이란 대지 중의 한 조각의 땅에 불과한' 것으로[9] 이해하는 데에 동의하면서, 전통적인 유학자들이 가지고 있던 화이지분에 대하여 다

---

5 『東史綱目』 卷1. "綱目皆據事直書 昭示勸懲 此古今質文之殊也."

6 卞媛琳(1973), 앞의 논문, 332면.

7 『東史綱目』 卷1. "按撰述之書皆有義例 猶法律之有斷例 禮樂之有儀節也 況史家繁縟 苟非發凡立例 (…) 以貫之 則無以明述作之旨 寓勸戒之意 是以先夫子華削資治通鑑爲綱目."

8 『東史綱目』 卷1.

9 李瀷, 『星湖僿說』 上, 경인문화사 영인본, 1968, 31면.

음과 같이 공격하고 있다.

> 옛부터 유학자들은 언제나 중화中華과 이적夷狄의 구분을 엄격히 하며, 중국 땅에서 태어나지 않으면 다 이夷라고 하는데 이것은 통할 수 없는 이론이다. 하늘이 어찌 지역을 가지고 인간을 구별하였겠는가.[10]

이상의 말을 검토해 보면, 안정복 자신은 주자학적 소양을 기반으로 하여 역사를 논하고 있다 하더라도 전통적인 경사일체적經史一體的 방법에 의하여 교육받아 온 일반 유학자와는 달리 좀 더 진보적인 견해를 가지고 있었음을 알 수 있다.

역사서술을 통하여 드러나는 그의 진보적인 견해의 일단으로는 한국사의 독자성에 대한 투철한 인식을 들 수 있을 것이다. 그는 한국사가 중국사의 일부가 아닌 독자적인 것으로 이해하였다. 그리하여 그는 "우리나라는 스스로 우리나라인 것이며 그 규제規制과 체세體勢가 중국의 역사와는 다르다"는 그의 스승 성호 이익의 가르침에 따라,[11] "우리나라는 (…) 독립된 왕이 다스리는 나라이므로 중국의 제후들과는 근본적으로 다르다"고 주장하였다.[12]

이러한 그의 관념은 한국사를 서술하는 데에 있어서 정통론을 도입시킨 것을 통하여 분명히 드러난다. 원래 정통론은 중국의 역사를 기술하는 방법이었다.[13] 그리고 정통론은 오직 중국사의 서술에만 적용될 수 있는 것이며, 동국東國은 중화中華의 제후 중 하나에 불과하다는 관념이 조선 전기의 대표적 사서인 『동국통감』에 나타나고 있다.[14] 안정복은 이러한 조선 초기의 역사인식 태도를

---

10 『順菴叢書』 上, 53면.

11 李瀷, 『星湖先生文集』, 「與安順菴」.

12 『順菴叢書』 上, 198면.

13 內藤虎次郎(1949), 『支那史學史』, 弘文館, 285면.

14 權重達(1979), 『自治通鑑對中韓學術的影響』, 政大中文研究所博士論文, 臺北, 396면.

청산하고 그의 스승인 이익의 '삼한정통론三韓正統論'[15]을 발전시켜 우리나라의 역사서술에 정통론을 도입하였다. 그리하여 한국사에서 등장하는 최초의 왕조인 단군조선을 정통 왕조의 기점으로 삼아 기자조선·마한·신라·고려로 이어지는 정통성의 맥락을 설정해 놓았다.[16] 이와 같이 그는 정통성의 이론을 한국사 서술에 도입함으로써 중국을 중심으로 하는 세계관에서 탈피하였다. 그리고 그는 한국사도 중국사와 대등한 역사전통을 가지고 있으며, 한국사의 주체도 중국인이 아닌 한민족임을 밝혀 주고 있는 것이다. 이러한 그의 견해는 그가 비록 교훈적 역사인식의 테두리 안에 머물러 있었고 유학적 역사의 이해방법에서 완전히 벗어난 것은 아니라 하더라도 매우 발전된 것이었음을 부정할 수 없다.[17]

안정복이 『동사강목』을 저술하는 데에 있어서 이용한 자료로는 김부식의 『삼국사기』와 일연의 『삼국유사』가 가장 근본적인 사료였다. 그는 『동사강목』의 신라사 부분을 서술하기 위하여 이상의 자료 이외에도 서거정徐居正의 『동국통감東國通鑑』, 오운吳澐의 『동사찬요東史纂要』, 임상덕林象德의 『동사회강東史會綱』, 홍여하洪汝河의 『동국통감제강東國通鑑提綱』 등의 저술을 참고로 하였다. 그 밖에도 그는 중국의 여러 역사서와 동국제유東國諸儒의 문집들까지도 이용하여 역사사실의 서술에 철저한 고증을 기하려 하였다.[18] 또한 그는 이러한 연구서들을 통하여 드러나는 사론에 주목하고 있으며, 자신의 의견을 제유諸儒의 사론史論을 통하여 피력하기도 하였다. 그리고 이 사론 가운데 안정복 자신의 견해

---

15 李瀷, 『星湖先生全集』 卷47, 「三韓正統論」.

16 『東史綱目』 卷1. "正統 謂檀箕馬韓新羅文武王九年以後 高麗太祖."

17 안정복의 역사인식에 관해서는 金哲埈(1969), 「東史綱目」, 『한국의 명저』, 현암사; 李佑成(1969), 「東史綱目」, 『한국의 고전백선』, 동아일보사; 卞媛琳(1973), 앞의 논문 등이 있다. 그런데 본고의 주제는 『동사강목』을 통한 신라에 대한 인식에서 드러나는 특징을 다루는 것이다. 그러므로 자료가 가지고 있는 자세한 성격 규명은 위의 논문들을 참고하시기 바라며, 본고에서는 그중 가장 중요한 부분만을 서술하고자 하였다.

18 『東史綱目』 卷1.

와 차이가 나는 부분들은 그것을 구체적으로 지적해 나갔다.

이상의 저서나 사론들이 작성된 시기는 고려 중기와 조선 전기 그리고 안정복 자신이 살고 있던 조선 후기로 크게 나누어 볼 수 있다. 그는 이 세 시기에 걸쳐 저술된 저서 중에서 고려시대의 것인 『삼국사기』에 대해서는 "역사서로서의 규모를 이루지 못하였다"고 비판하고 있다.[19] 또한 『삼국유사』에 대해서는 "대체로 이단의 허탄虛誕한 기사가 많다"고 평가하였다.[20] 이와 같이 그는 비판적인 안목을 가지고 이 두 저서를 평가하고 있다. 그는 과거의 저서에 대한 비판을 통하여 새로운 역사인식 방법을 제시해 보고자 하였던 것이다. 그리고 그가 『삼국사기』와 『삼국유사』에 대한 비판적인 안목을 가지고 있었다는 것은 신라 당시의 역사적 진상이나 이에 대한 고려 중기의 이해와는 다른, 신라에 대한 자신의 또 다른 견해가 있음을 암시하는 것으로 생각된다. 그리고 이 점은 조선왕조 시대에 신라를 보는 특수한 시각이 있었음을 말하는 것이다. 그러므로 본고에서는 이러한 시각에 대해 밝혀 볼 수 있는 여지를 갖게 되었다.

안정복은 조선왕조 전기에 저술된 역사서에 대해서도 대체로 비판적인 견해를 가지고 있었다. 즉 그는 당시의 대표적 역사서인 『동국통감』이 "여러 사서에 비하여 상당히 자세하며 거질巨帙이기는 하나 의례가 흔히 어긋나고 그릇되며 매우 혼잡하기도 하다"고 평가하였다.[21] 그러나 조선 전기에 저술된 역사서들을 종합 검토하고 새로운 자료들을 참작하여 조선 후기에 저작된 역사서들에 대해서는 긍정적인 평가를 내리고 있다. 즉 그는 임상덕의 『동사회강』은 "여러 사서 가운데 가장 간결하고 마땅하다"고 보았으며,[22] 홍여하의 『동국통

19 『東史綱目』 卷1, "疎略訛繆 殆不成史家規模."

20 『東史綱目』 卷1, "專是異端虛誕之說."

21 『東史綱目』 卷1, "比諸史頗詳故爲大帙 然而義例乖訛繆舛駁 亦甚焉."

22 『東史綱目』 卷1. "諸史中最爲簡當."

감제강』은 『동국통감』의 오류를 시정하여 정리한 것으로 "차제次第과 절목節目에 법도가 있다"고 높이 평가하고 있다.[23] 이러한 조선 후기의 역사서들은 대체로 조선 전기의 역사서들이 가지고 있는 약점을 보완하고 유학적인 역사서술의 원칙에 보다 충실한 저서로 평가할 수 있을 것이다. 그런데 안정복 자신은 이들 조선 후기의 역사서로부터 많은 영향을 받고 있었다. 따라서 그의 『동사강목』은 조선 전기 역사서들의 단점을 보완한 조선 후기의 역사서가 가지고 있는 장점을 다시 수렴한 것으로 생각된다. 그러므로 이 『동사강목』에서는 조선시대 역사인식의 전형을 찾아볼 수 있을 것이다. 바로 이러한 이유 때문에 조선시대의 신라에 대한 이해상의 특징을 고구해 보려는 본고에서는 그 주된 검토의 대상으로 『동사강목』을 택하게 되었던 바이다.

특히 『동사강목』에서는 『삼국사기』 이래의 전통에 따라 신라에 대하여 주목하고 있으며 신라사의 서술에 많은 지면을 할애하고 있다. 안정복은 물론 『삼국사기』의 신라에 대한 평가를 맹종하지는 아니하였다. 그는 그의 저서를 통하여 『삼국사기』와는 달리 고구려가 신라보다 먼저 건국되었음을 밝혀 주기도 하였던 것이다.[24] 그러나 문무왕 9년(669년) 이후로는 신라가 삼국분립이라는 무통의 단계를 지나 정통의 왕조가 되었음을 주장함으로써[25] 신라사의 중요성을 천명하고 있는 것이다. 삼국통합 이후의 신라를 정통왕조로 인정하고 이를 중시하는 그의 태도에서 우리는 신라사에 대한 그의 독자적 견해의 출현을 기대할 수 있게 된다.

23 『順菴叢書』 上, 400면.

24 『東史綱目』 卷3. "新羅起於漢宣帝五鳳元年甲子 高句麗起於元帝建 昭二年甲申 百濟起於成帝鴻嘉三年癸卯."

25 『東史綱目』 卷1. "正統 謂檀箕馬韓新羅文武王九年以後 高麗太祖."

3. 유교적 인식태도

조선왕조의 출현으로 주자학은 국가의 새로운 지도이념이 되었다. 그리하여 이미 조선왕조 초기부터 주자학에 입각한 사정체계가 마련되었고 정학正學인 주자학의 입장에서 역사의 서술도 이루어지게 되었다. 즉 지나간 과거의 역사를 서술하는 데에 있어서도 유학적 편사방법編史方法이 존중되었고, 유학의 일단인 주자학의 영향으로 명분론과 의리론, 그리고 이와 유관한 충의忠義·효열孝烈·예학禮學의 정신이 역사서술에 투영되었다.

1) 유교적 수사방법 및 인식의 발달

조선왕조 초기에 이르러 삼국 및 신라시대의 역사를 서술하는 데 있어서 고려시대보다 더욱 다양한 접근방법이 시도되고 있었다. 즉 15세기 초 권근은 기전체적紀傳體的 역사서인 『삼국사기』가 가지고 있는 번다함을 비판하며,[26] 편년체인 『동국사략東國史略』을 저술하였다. 또한 15세기 중엽 서거정 등은 같은 편년체 사서인 『삼국사절요』를 지어 삼국과 신라의 역사를 재정리하였다. 그 후 15세기 말엽에는 대표적 관찬사서官纂史書인 『동국통감』이 서거정 등에 의하여 저술되었는바, 이 책도 편년체의 서술 방법을 따르고 있었다. 『동국통감』은 『자치통감』에 자극받아 저술된 것으로서 '주자학적 춘추대의의 성리사관性理史觀이 작용되어 있었던' 것이다.[27] 춘추대의를 비롯한 정통론에 대한 인식은 18세기에 이르러 저작된 『동사강목』에 의하여 집대성되고 있다. 『동사강목』에서는 상술한 바와 같이 정통론이 한국사의 서술에 도입되고 있으며 춘추필법이 매

26 徐居正 외, 『東文選』 卷91, 「三國史略序」.

27 李元淳(1979), 앞의 논문, 62면.

우 존중되었던 것이다. 이러한 역사서들에서 우리는 유학적 역사인식의 전개 과정과 발전의 정도를 가늠해 볼 수 있을 것이다.

안정복은 『동사강목』을 통하여 신라사를 서술하면서 춘추필법 및 정통正統과 무통無統에 관한 이론을 엄격히 따르려 하였다. 그러므로 그는 춘추가 노사를 근본으로 하여 노魯의 기년紀年을 따랐던 예를 한국사에 적용하여 중국의 정삭正朔이 아닌 동국의 기년을 써서 신라사를 비롯한 한국사를 서술하고 있다.[28] 또한 삼국이 정립한 때를 무통으로 보고 신라가 삼국을 통합한 문무왕 9년 이후를 정통으로 설정하였다. 그리고 그는 무통과 정통의 단계에 따라 특정한 인물이나 현상을 표현하는 용어에도 엄격한 구별을 두고 있다. 즉 그는 군君과 왕王, 입立과 즉위卽位, 훙薨·장葬과 졸卒 등의 용어를 뚜렷이 구별함으로써 동일한 신라의 역사를 서술하면서도 무통보다는 정통을 존중하는 그의 태도를 분명히 하였다.[29] 또한 그는 춘추의 직필直筆을 본받아 역사적 사실에 대한 직필을 통하여 통서統緖을 범한 죄과나 망하게 된 소이연所以然을 나타내고자 했던 것이다. 그리고 모든 신라 초기의 왕호를 표시할 때에는 『동국통감』과는 달리 거서간居西干·차차웅次次雄·이사금尼師今·마립간麻立干 등의 칭호를 사실대로 기록하고 있다.[30]

이러한 춘추필법에 대한 인식은 조선 초기의 사서史書에도 나타나고 있는 바

---

28 『東史綱目』卷1. "凡[歲年] 東國歷世承用中國正朔 則似當紀以中國之年 然春秋尊王之書也 本魯史 故直以魯紀年 今旣是東史 則依春秋之例 以本國紀年."

29 『東史綱目』卷1. "凡[名號]正統之君曰某國王 小國之君曰某國君 金首露 之類 盜賊曰某 萱裔之類", "凡[卽位]皆依本例 正統繼世曰卽位 新羅文武王以後皆書卽位其書立者下順之辭 無統曰立 正統之世 諸國曰嗣[新羅三姓相傳多異常例故隨事變文以致共詳 而異姓書姓]", "凡[崩葬]拜從本例 正統曰薨[臣子之辭] 葬必書 無統 稱薨而書名 葬不書其書者變例也 正統太后王后薨葬 書其不書者 史闕也 正統之世 諸國王及妃 拜書卒[高句麗朱蒙及松氏之類] 女主曰女主某卒[女居尊位陰疑於陽干統甚矣 不可與正尊同稱故書卒]."

30 『東史綱目』卷1. "新羅之初王號未定 稱居西干 次次雄 尼師今 麻立干 崔致遠年代歷 嫌其夷語 變文書之 通鑑因之 史是記實之書 當從實書之 今依本史[綱從本號目則稱王]."

이지만 안정복 단계에 이르러 더욱 강화되고 있었던 것이다. 우리는 그 전형적인 예를 『동사강목』 신무왕 원년조의 사평史評에서 찾아볼 수 있는 바이다.[31] 그는 김명金明이 희강왕僖康王을 시해하고 스스로 왕위에 오른 것을 비난하고 있다. 그리고 김양金陽이 김명을 토벌하여 주살한 후 김명을 민애왕閔哀王으로 추존하였던 사실을 비난하며 "김명이 임금을 죽이고 스스로 왕이 된 것을 토벌하여 죽였으니 마땅히 그 죄를 밝혀 중외中外에 효유해야 할 것인데도, 이제 추시하여 왕이라 칭해 주었으니 어찌 잘못된 것이 아니겠는가"라고 말하였다.[32] 그리고 그는 여기에 이어서 권근의 『동국사략』에 언급된 사평을 다음과 같이 인용함으로써 춘추대의를 밝히고자 하였다.

> 『예기』에서는 원수 갚는 것을 중하게 여겼고 춘추에서는 반역에 대한 토벌을 귀하게 여겼다. 그러기에 임금과 아버지의 원수는 한 하늘 아래 같이 살 수 없고, 임금을 죽이고 왕위를 찬탈한 도적은 누구나 다 토벌할 수 있는 것이다. 그리고 젊은이가 어른을 업신여기거나 천한 이가 귀한 이를 방해하는 것은 춘추에서는 매우 미워하였다. 김양金陽이 김명金明을 토벌하여 죽이고 김우징金佑徵을 왕으로 세웠으니 이는 참으로 원수를 갚고 도적을 토벌하는 대의에 합당한 것으로서 마땅히 찬미하여 만세萬歲에 신자臣子들을 권장해야 할 것이다. (…) 신라시대 임금과 신하의 일로서는 이것이 가장 의리에 맞는 것이라 하겠다.[33]

31 『東史綱目』 卷1.

32 『東史綱目』 卷1. "未神式王元年[文聖王 元年] 春閏正月 金陽 討明誅之 (…) 謚閔哀[按金明弑君自立 討而誅之 則當明正其罪 曉論中外 謚稱王 豈不謬哉]."

33 『東史綱目』 卷1. "權氏曰 禮重復讎 春秋貴討賊 故君父子讎 不共戴天 簒弑之賊 人人所得討也 且小陵長賤妨貴 亦春秋之所深惡也 (…) 而陽等討殺明而立祐徵 是眞得報讎討賊之議 當加美詞 以爲萬世臣子之勸也 (…) 羅代君臣之事 此最合於義者也."

신라 초기에는 왕위 세습에 박·석·김 3성 교체 현상이 있었다. 이는 왕권이 확립되지 못하고 정치적 권위가 지배자(ruler)가 아닌 지도자(leader)에 의해서 유지되던 전통이 남아 있던 당시의 상황을 반영한 현상이었다. 그러나 왕위의 계승문제는 유학적 역사이해에 있어서 가장 중요한 요소가 되므로 조선왕조 전기의 역사가들은 이에 대하여 사평을 가하지 않을 수 없었다. 왜냐하면 성씨姓氏의 교체는 왕통의 교체인 혁명에 준하는 것으로 판단되고 있었기 때문에 이를 중시하였을 것으로 생각된다. 따라서 『동국통감』에서는 신라 초기 삼성 교체三姓交替의 현상에 대하여 통론하고 있었으며 왕성이 교립하여 사통이 끊겨지고, 혹 이성군주異姓君主가 제사를 드린다 하더라도 예가 될 수 없다고 비난하였던 것이다.[34] 이러한 조선 전기의 견해는 조선왕조가 창건된 초창기에 당하여 왕실의 통서統緖를 분명히 하고 사제祀祭의 전통을 확립해 보고자 하던 노력의 표현으로 생각된다.

그런데 조선 후기에 저술된 『동사강목』에서는 삼성교립三姓交立의 현상을 전통적인 왕위 세습방법으로 인정하지는 아니하였지만, 삼성교립이 왕위와 같은 지고한 자리라도 서로 양보하는 미덕을 나타내는 현상으로도 볼 수 있음을 지적하였다. 즉 안정복은 '이성異姓의 왕을 세우는 것은 난명亂命을 따름에 지나지 아니하고, 또 이것은 자손을 위한 좋은 계책이 아님'을 분명히 하고 있다. 그러나 이와 같은 신라의 풍속은 후세에 왕위를 탐내어 동기간에 혈전을 벌이는 자에게 비하면 매우 훌륭한 일이었음을 상기시킨다.[35] 그가 이러한 사평을 시도하게 된 이면에는 17세기 이후 치열하게 전개되었던 당쟁黨爭에 대한 비판이 잠재되어 있었던 것으로 생각된다. 왜냐하면 당쟁이란 우선 관직을 획득하고자 하는 투쟁이었는데, 안정복 자신이 이를 부정적으로 파악하고 있었던 경향이 드러나고 있기 때문이다.[36] 아마도 그는 권력을 획득하고자 하는 모든 투쟁

---

34 徐居正, 『東國通鑑』.

35 『東史綱目』 卷1.

에 대하여 회의하고 있었던 듯하다. 그러므로 그 자신도 관직에 대한 뜻을 버리고 학문의 연구에만 전념할 수 있었을 것이다.

신라의 역사에서 등장하는 세 여왕에 대한 평가도 조선왕조 당시의 사론 중에서는 특징을 띠고 있다. 이에 대하여 조선 초기 『동국사략』의 사론을 검토해 보면 권근은 천도에 있어서 양陽은 강한 것이고 음陰은 유柔한 것이며, 인도人道에 있어서는 남존여비가 정상적인 것인데 여왕의 등장은 이러한 상궤常軌에 반하는 것으로 평가하고 있다.[37] 이와 같은 권근의 평은 여왕이 등극했던 신라시대 당시의 정치적 상황을 도외시하고 주자학의 가치체제에 입각한 관념직 사론으로 생각된다. 그리고 우리는 권근의 이러한 사평을 통하여 주자학에 충실하고자 했던 권근의 자세를 확인할 수는 있을 것이다.

한편, 『동국통감』에서는 이들 신라의 여왕들이 자립전천自立傳擅한 것이 아니라 군신君臣들의 추대를 받은 것이므로 그 존재를 인정해 주어야 한다[38]는 사평도 보이고 있다. 이는 『동국통감』의 편찬자들이 조선 초기 거듭된 정변을 체험한 위정자로서, 사태를 감성적으로 보지 않고 냉철한 정치의식을 가지고 인식할 수 있었던 까닭으로 생각되고 있다.[39]

조선 후기에 저술된 『동사강목』에서는 신라의 세 여왕이 모두 선군先君의 명을 받아서 즉위하였으나 여자로 군존君尊이 되어 통서統緖를 범함이 심하다고 평가했고, 그들을 여왕이라는 명호名號 대신에 여주女主라는 칭호로 부르고 있다.[40] 또한 여주 진성眞聖의 실행失行과 폐정弊政을 치열히 공격하여 여자로서

36 『順菴叢書』 上.

37 徐居正, 『東國通鑑』, 경인문화사, 1970. "[權近曰] 天道陽剛而陰柔 人道男尊而女卑 男正位乎外 女正位乎內 此天地之常經也."

38 徐居正, 『東國通鑑』, 경인문화사, 1970. "又立女弟曼曼 又荒淫天厭穢德覆亡繼至原 其始則三主之得干天位者 非若昌武專擅自立之比 眞平定康之亂命有以致之也."

39 李元淳(1979), 앞의 논문, 82면.

40 『東史綱目』 卷1. "新羅三女主 雖皆承先君之命而立 以陰君尊于統甚矣 通鑑眞聖之年 黜而分注 今從之 依于統例."

왕위에 오른 인물의 제한성을 부각시켜 보려 하였다.[41] 그리고 안정복은 여왕에 대한 권근의 평론을 존중하고 있다. 이러한 안정복의 견해는 그 자신이 유학적 역사해석의 원리에 충실하고자 하였기 때문에 제시될 수 있었던 것으로 생각된다. 또한 그가 여왕의 즉위 당시 상황에 대한 현실적 이해보다 명분론에 더 치우치고 있는 것은 조선 초기 『동국통감』과 같은 관찬사서의 편찬자들과는 달리 정치활동의 경험이 거의 없었던 데에서 유래한 것으로 해석될 수도 있을 것이다.

이상과 같이 조선왕조 시대에 들어와 유학적인 수사방법의 폭이 넓어져 편년체의 사서가 다수 등장하고 있었다. 그리고 이러한 사서 가운데에는 『통감강목』의 자극에 의하여 강목체적 서술을 시도한 저서도 등장하였다. 이 시대의 사서들은 유학적 역사인식을 강하게 드러내고 있다. 이러한 특징은 춘추대의나 정통론에 관한 주장을 통하여 집약적으로 드러나며, 신라사를 기술하는 데에 있어서도 이 인식의 원칙이 적용되고 있었던 것이다.

2) 유학적 가치관의 강조

조선왕조 시대의 역사서들은 근대의 그것과는 달리 교훈적 성격을 뚜렷이 가지고 있었다. 그리고 경사일체적經史一體的 교육풍토 아래에서 역사를 통한 유교적 가치관의 보급이 시도되고 있었다. 이러한 시대적 특성 때문에 신라사를 서술하는 데에 있어서도 충의・효열, 그리고 예학과 같은 주자학적 가치판단의 기준에서 사료를 선택하였고, 그것에 대한 사론을 통하여 유교적 가치관을

41 『東史綱目』 卷1. "權氏曰, 漢雉唐瞿 皆牝晨程惡 謀覆宗國 危而復安 劉李之不亡幸矣 定唐藉善德眞德故事 遺命立曼 其臣俊興 不學無衛 勉從亂命 (…) 國隨以亡 可謂君不君而臣不臣矣."

강조하게 마련이었다. 우리는 이러한 예를 조선 후기의 역사서인 『동사강목』을 통하여 다시 한번 확인할 수 있을 것이다.

3) 유학적 가치관의 투영

실천윤리적 성격이 농후한 유학에 있어서 가장 중요시되고 있는 가치관은 삼강三綱과 오륜五倫의 범위 안에 집약되어 있다. 그러므로 유학을 지도이념으로 삼고 있는 사회에서는 충의·효열 및 예와 같은 가치가 존중되게 마련이었고, 안정복의 『동사강목』에도 이러한 가치관이 반영되어 있다.

안정복은 신라의 습속을 서술하며 충과 의에 관한 사실을 중시하였다. 그는 "신라의 습속이 충신과 절의를 숭상하여, 싸움에 나아가 죽는 것을 영광으로 알고 물러가 사는 것을 수치로 여겼음"을 밝히고 있다.[42] 그리고 신라의 왕을 위하여 순절한 신하의 충절을 높이 평가하였다. 즉 그는 박제상朴堤上의 충절을 밝히기 위해서 노력하였고, 박제상이 위계僞計로 왜로 달아났다가 왜에게 죽임을 당하였다 하여 그를 낮게 평가해서는 안 됨을 밝히고 있다.[43] 또한 그는 장보고를 계석지신桂石之臣이라 평하며 그의 충절과 원사怨死를 논하면서 장보고를 살해한 자를 '도盜'라고 표현하였다.[44] 그리고 경애왕景哀王의 죽음을 서술하며 왕건이 '왕실을 높이는 의리를 알아서' 신라를 도우려 했던 사실을 높이 평가하였다.[45] 한편, 충절의 반대개념인 역적에 대한 그의 판단은 매우 준엄한 것이었다. 그는 그의 저서를 통하여 '역逆'이나 '시弑'라는 용어를 가지고 충절에 반

---

42 『東史綱目』 卷1. "崔氏曰 新羅之俗 尙忠信崇節義 臨戰則以進死爲榮 退生爲辱."

43 『東史綱目』 卷1.

44 『東史綱目』 卷1. "丙寅八年春 盜殺鎭海將軍張保皐[按張保皐之忠勇勳業 可謂桂石之臣 而言一輿竟至屠殺 此時金陽當國無一言相救 豈非地醜迹逼不敢言耶 誠可恨也]."

45 『東史綱目』 卷1.

대되는 행위를 단죄하고 있다. 이러한 가치판단의 뚜렷한 예는 개소문에 대한 그의 평가에서 드러나는 바이다. 즉 그는 개소문을 긍정적으로 평가했던 왕안석王安石이나, 재사才士라고 말했던 김부식의 견해에 정면으로 반대하여 그들이 춘추의 필법筆法인 '토주討誅의 의리를 몰랐기 때문에' 이와 같은 평가가 나온 것으로 보았다.[46] 안정복의 이와 같은 사고방식은 신라사의 서술에도 여지없이 적용되고 있는바, 그는 김헌창金憲昌의 반역행위에 대해서도 이러한 관점에 입각한 견해를 가지고 있었다.[47]

안정복은 『동사강목』에서 신라사 부분을 서술하면서 당시 효행에 대한 기록을 중시하여 이를 발췌해서 기록하고 있다. 즉 그는 어머니의 병을 치료하기 위해 넓적다리를 베어 약으로 썼던 성각聖覺의 '효행'이나, 효자 손순孫順의 사적, 효녀 지은知恩에 관하여 상당한 지면을 할애하고 그들의 행위를 높이 평가하였다.[48] 한편 안정복은 효와 함께 열烈에 대해서도 이를 선양하려 하였다. 이에 관한 구체적인 예는 신라사에서는 드러나지 않고 있으나 백제의 개루왕蓋婁王과 함께 도미都彌의 아내에 관한 기사를 통하여 그 정결貞潔을 칭송하였던 것이다.[49]

조선왕조 후기의 사회에서는 예학이 크게 발달하였고 양반계층에 있어서 예의 실천은 생활화되어 있었다. 안정복은 이러한 사회적 분위기에 영향을 받고,

46 『東史綱目』 卷1.

47 『東史綱目』 卷1. "三月 熊州都督金憲昌 擧兵反 遣張雄等討誅之 憲昌 屢典外藩 形勢頗張 常怨其父子不得爲王 擧兵叛 國號長安."

48 『東史綱目』 卷1. "賜孝子聖覺租三百碩 聖覺 菁州人 養母至孝母病割股", "賜孝子孫順宅 歲給米六十碩 順 牟梁人 有至性 父歿 未妻傭作以養母 順 有小子 每奪母食 順 難之 謂妻曰 兒可得 母難再求 乃負兒歸山北郊 掘地欲埋", "丁巳孝恭王元年 旌孝女知恩之門 知恩 漢岐部民連權女也 性至孝 小喪父獨養母 年三十二猶不從人 不離左右 家貧傭作."

49 『東史綱目』 卷1. "是爲肖古王[一云素古] 先是盖婁王 聞民有都彌者 其妻姜麗有節行 召謂都彌曰 婦人雖貞潔 若在幽昏無人之處 誘以巧言 能不動心者鮮矣 對曰人雖不可測 若臣之妻雖死無貳也 王留都彌 使近臣詐爲王 夜抵其家云云."

또 예의 실천을 선양하기 위하여 신라의 역사를 서술하면서 혼례·상례, 그리고 제례에 관한 문제를 소중히 다루었다. 즉 그는 '예란 인도人道의 큰 절조요 관혼상제는 일용에 가장 절실한 일'임을 밝히면서 신라를 비롯한 삼국에 있어서 예의 문란상을 통탄하였다.[50]

그는 혼례에 있어서 동성불혼同姓不婚의 원칙에 입각하여 신라의 결혼습속을 비난하고, 그것을 자세히 밝히어 기의譏議하는 뜻을 나타내고자 함을 천명하였다.[51] 그리고 그는 신라의 동성혼同姓婚을 비난한 김부식의 사평史評에 동조하는 태도를 다음과 같이 취하고 있다.

> 아내에게 장가들 때 같은 성에 장가들지 않은 것은 분별을 철저히 하려는 까닭이다. 그러나 신라에서는 동성同姓에 장가들 뿐 아니라 형제의 아들과 내외종內外從 누이들까지도 모두 맞아들여 아내로 삼았으니 예로 따지면 너무나 잘못했다.[52]

이러한 안정복의 태도는 동성불혼의 원칙에 따라, 자비왕慈悲王이 자기 계녀季女의 딸을 왕비로 맞아들였던 것을 비난하며 "왕과 왕비가 조상을 같이하고 있으니 종묘의 제사 때 신위神位가 그 제사를 받아들일 것인가"라고 생각했던[53] 조선왕조 초기 역사가들의 생각과 크게 다를 바 없는 의견을 가지고 있었다. 즉 그는 유학적 관념의 연장선 위에서 혼인에 관한 문제를 생각하고 있었으므

---

50 『東史綱目』 卷1. "新羅始頒喪服[按禮者 人道之大節 而冠婚喪祭 最切於甲箕王之世 必有一代之制 而惜乎夷貊交亂倫斁 滅禮樂文物 蕩然無存]."

51 『東史綱目』 卷1. "冠婚依例 而其同姓婚娶 特詳以示譏."

52 『東史綱目』 卷1. "金氏曰 娶妻不娶同姓 以厚別也 新羅不止取同姓兄弟子姑姨從姊妹 皆聘爲妻 責之以禮 則大悖矣."

53 『東史綱目』 卷1. "慈悲王 納其季女未斯欣之女爲妃 其無人道甚矣 夫王與妃 同其祖矣 以奉宗廟之祀 神其享之乎 神不享 則祚必不長矣 傳曰 男女同姓 其生不繁 慈悲生炤智炤智遂絶嗣 可不戒哉."

로 신라 왕실의 혼인풍습을 비난했던 것이다.[54]

또한 그는 진흥왕이 백운白雲・김천金闡과 여자 제후際厚에게 벼슬을 내렸던 사실을 가지고 말하기를 "제후가 백운과의 결혼에 관한 약속을 지키려 했던 사실은 가상하나 외간남자와 몰래 말하였으니 이미 예가 아니다. 또한 백운과 함께 산골짜기로 잠행한 것은 간통과 다를 바 없다. (…) 신라 왕이 이를 법으로 단죄하지 아니하고 도리어 좋은 벼슬로 표창하였으니 너무 지나친 것이 아닌가"라고 했다.[55] 이 말을 통하여 살펴볼 때 그는 유교의 혼례에 관한 규정을 엄격히 실행해야 된다고 생각했음을 알 수 있으며, 결혼 전 남녀간의 자유로운 교제에 대해서도 극히 부정적으로 평가하고 있었음이 드러난다. 이와 같이 안정복은 신라의 혼인풍습에 대하여 논하면서 자신의 유교적 가치관을 강하게 투영시켰던 것이다.

그의 유교적 윤리관은 상례를 논하는 과정에서도 작용하고 있다. 그는 신라에서 지증왕 5년에 상복제도를 반포한 것에 주목하고 있으며, 당시의 상례에 관한 고증을 시도하고 있다.[56] 또한 지증왕이 순장을 금지시킨 사례를 들어 왕의 현명함을 칭송하였다.[57]

---

54 『東史綱目』 卷1. "新羅后妃 率皆同姓 而嫌於犯禮 告奏上國 多以父名爲氏 權氏曰 昔魯昭公娶於吳 爲同姓 謂之吳孟子 羅之君臣 亦知娶同姓 爲非禮而諱之 不能謹於始而犯之 是不待貶絶而自著矣."

55 『東史綱目』 卷1. "按爵祿者 命德之器而礪世之具也 三人可罪 不可爵也 白雲從有抱柱之信 旣犯作奸之科 金闡雖出許友之義 雖免咎繇之法 際厚之必欲守約 則賢矣 與外間男子 私相密語 已爲非禮 與白雲潛行山谷 無異私奔 爲俠客所掠 而又不之死 則其節安在 羅王不能斷之 以禮律 反加縻爾之寵以褒之 不亦過乎."

56 『東史綱目』 卷1. "新羅始頒喪服[按禮者 人道之大節 (…) 北史曰 高句麗婚嫁 取男女相悅 卽爲之男家送猪酒而已 無財聘之禮 或有受財者 人共耻之 以爲賣婢死者 殯在屋內 經三年 擇吉日而葬 居父母及父喪服 皆三年 兄弟三月 初終哭泣 (…) 取死者 生時服玩車馬置墓側 會葬者 爭取而去 百濟 若朝拜祭祀 其冠兩翅拜謁之醴 以兩手據地爲醴 婚娶之禮略 同華俗 父母及父死者 三年居服 餘親則葬訖 除之 新羅婚嫁禮惟酒食而已 (…) 王及父母妻子喪 居服一年 此其大略也]."

57 『東史綱目』 卷1. "二月 鷄林 始禁殉葬 前時王薨 殉以男女各五人 至是禁焉崔氏曰 葬不遵

안정복이 가지고 있던 상례에 관한 유교적 해석방법은 화장산골火葬散骨에 대한 비난을 통해서도 드러나고 있다. 안정복은 선덕왕이 죽은 후 화장하여 그 유골을 동해에 뿌린 사실에 대하여 '스스로 그 몸을 형벌한 것'이며, '시역弑逆의 과보를 받은 것'으로 생각할 수밖에 없다고 평하였다.[58] 이러한 그의 사고방식은 호국용護國龍이 되어 나라를 지키겠다는 의지로 동해상의 산골散骨을 유언으로 남겼던 문무왕의 행위를 비난하던 조선왕조 초기의 역사인식 태도와[59] 별다른 차이가 없는 것이었으며, 그가 생존했던 당시 일반 양반층이 가지고 있던 견해와도 하등 다를 바가 없는 것으로 생각된다.

안정복은 상례와 함께 제례에 대해서도 언급하고자 하여 왕의 추존이나 왕실의 제례를 주의 깊게 관찰하였다.[60] 즉 그는 조상에 대한 유교적 숭배의식을 강조하기 위한 방편으로 신라에서 시조묘를 세우고 제사를 지낸 데에 주목하였다.[61] 또한 혜공왕惠恭王 때에 왕묘王廟을 세워 1년에 6번 제향祭享한 사실을 비교적 상세히 기록하고 있다.[62] 그리고 이러한 제사에 대해서도 유교적 규범을 강조하고 있었으므로 남해왕南解王이 시조묘를 세운 후 자신의 누이동생인 아노阿老를 시켜 주재하게 한 것은 '오랑캐의 풍속으로 의義가 없는 일'이라고

古 作俑以葬 其甚至於殉人 不仁孰大 羅法 王薨必殉 習以爲常 歷數十世 而莫能革者 王能禁之 其視秦穆之亂命 康公之迫而納之壙中者 豈不賢哉."

58 『東史綱目』 卷1. "死後依制燒火 散骨東海 謚曰宣德 [按乃燒火散骨東海抑天誘其衷 自刑其身 以受弑逆之報."

59 『東史綱目』 卷1. "[權氏曰] 葬者藏也 (…) 其逆理悖常 甚矣 後世之人 惑於其說 而不察也 至有以之親之屍 付之烈焰之中 而焚燒之 其爲不仁 至此極矣 今文武王 遺命火葬 一時臣子從其亂命 而不知其爲非 至於孝成宣德 旣燒其柩 又散骨東海 邪說之惑人 可勝痛."

60 『東史綱目』 卷1.

61 『東史綱目』 卷1. "丙寅馬韓 [新羅南解王三年 高句麗瑠璃王二十五年 百濟始祖二十四年] 春正月 斯盧立始祖廟 立始祖赫居世廟 四時祭之."

62 『東史綱目』 卷1. "初新羅宗廟之制 未詳 南解王立始組廟 自是嗣君必告謁廟炤智王 復位神宮 嗣君必親祀 至是始以味鄒王 爲金姓始祖 太宗文武平麗濟有大功德 爲不毁之宗 拜祖禰爲五廟 一年六祭 正月二日五日五月五日七日上旬 八月五日十二日寅日."

단죄하였다.[63] 그는 조상숭배에 관한 신라 민간의 유교적 제례에 관하여 언급하기를 원했을지도 모를 일이나, 아마도 자료의 부족으로 제사에 대한 언급이 여기에까지는 미치지 못했던 듯하다.

안정복은 왕도정치를 가장 이상적인 것으로 생각하고 있었으므로 신라사의 서술에 있어서도 이러한 유교적 가치관에 영향을 받고 있다. 그는 신라의 임금이 충신과 절의를 숭상하여 이를 몸소 행하고 마음에 깨달아서 인도하였다면 "노를 변하여 도에 이르게 한다"는 『논어論語』「옹야雍也」편에 나오는 왕도정치를 구현할 수 있었으리라는 가정을 하고 있다. 그리고 왕도정치가 신라에서 시행되지 못하였음을 애석해하였던 것이다.[64] 그는 왕권의 전횡에 대하여 상당히 경계하고 있었으며,[65] 한편으로는 군신 사이에 명분이 혼란되는 것을 우려하였던 것이다.[66] 요컨대 그는 왕도정치의 시각에서 신라의 왕정을 논하려 하였으며, 유교적 가치관을 투영시켜 신라사의 의미를 추구했다. 그리고 유학적 편사방법編史方法에 의해 그 역사를 기술하고 있었던 것이다.

4. 신라 불교에 대한 평가

조선왕조는 주자학을 새로운 지도이념으로 삼아 창건된 국가였다. 따라서 조선왕조에서는 건국 직후부터 전 왕조인 고려와는 달리 불교를 배격하는 태도가 명백히 드러나고 있었다. 조선왕조의 척불양유정책斥佛揚儒政策을 수립하고

63 『東史綱目』 卷1. "斯盧立始祖廟 立始始赫居世廟 四時祭之 以王親妹阿老主祭[按以妹主祭是夷俗之無義者]."

64 『東史綱目』 卷1. "蓋其人心 世道之淳厖 有以致之世 非麗濟所能及 其君如有躬行心得而倡之者 則變魯至道 其在於此 而惜乎新羅之治 止於新羅而已也."

65 『東史綱目』 卷1.

66 『東史綱目』 卷1.

이를 추진시켜 나갔던 당시의 유학자들은 고려 불교의 폐단뿐 아니라 불교가 지니고 있는 종교적 진리 자체에 대해서까지도 공격하기를 서슴지 않았다. 그들은 불교를 무부무군無父無君의 교敎로 파악하였고, 이적夷狄 금수禽獸의 도로 인식했던 것이다. 그리하여 그들은 그들이 저술한 역사서에도 이러한 척불적斥佛的 관념을 드러내게 되었다.

반면에 고려의 역사가들은 당시의 불교적 풍토에 힘입어 전대의 역사를 서술하면서도 불교에 대하여 긍정적인 견해를 가지고 있었다. 즉 김부식의 경우를 보면, 비록 그가 유교적 합리정신에 입각하여 『삼국사기』를 저술했다 하더라도[67] 삼국시대 불교가 가지고 있던 긍정적인 측면을 충분히 인정하는 입장에서 이를 서술하고 있었다. 또한 불교의 승려였던 일연도 그의 『삼국유사』를 통하여 불교사 영역의 확대를 꾀하며 불교사상의 총화를 기하려 하였고, 호국불교 사상 및 대중불교의 정신을 선양하려 하였던 것이다.[68]

그러나 안정복은 신라의 불교에 대하여 서술하는 과정에서 고려시대 역사가들의 태도보다는 조선왕조 전기에 살았던 인물들의 견해를 거의 그대로 존중하고 있었다. 불교사에 대한 이러한 그의 태도는 신라사에 대한 유교적 인식의 또 다른 측면을 나타낸 것이거니와, 그는 척불론적 입장에서 신라의 불교를 다루고 있다. 신라 불교에 대한 척불적 입장의 서술은 신라사의 사료를 취사선택하는 과정에서도 분명히 드러난다. 즉 그는 불교에 관한 풍부한 사료를 무시하고, 불교에 관계되는 기사는 '그 시초만을 쓰거나 그 심한 것만을 들어' 불교사의 부정적인 측면을 강조하고자 하였다.[69] 이와 같은 그의 태도는 신라시대 유교에 관련될 수 있는 거의 모든 기사를 빠짐없이 기록하려 했던 것과는 좋은

67 高柄翊(1969), 「三國史記에 있어서의 歷史敍述」, 『金載元博士回甲紀念論叢』, 을유문화사, 85면.

68 金相鉉(1978), 「三國遺事에 나타난 一然의 佛教史觀」, 『한국사연구』 20, 58면.

69 『東史綱目』 卷1. "自三國 至高麗 尊奉佛教 如人關燃燈百高座 受菩薩戒 講經飯僧 創寺建塔之類 不可勝書 或書其始 或擧其甚者."

대조를 이루고 있는 것이다.

안정복은 신라 문화의 형성과 발달에 있어서 불교가 끼친 긍정적인 요소를 다음과 같이 부정하고 있었다.

> 이 시기에 동국의 풍속은 거칠고 촌스러워 불교를 신봉한 뒤에는 허망한 말이 이르지 않은 것이 없으니, 이는 성인의 도가 행해지지 않아서 사람들이 이치를 밝혀 봄이 분명하지 못한 까닭이다. 슬프도다.[70]

즉 안정복은 신라인들이 불교에 '현혹되어' 이치를 밝혀 볼 수 없었다고 말함으로써 불교의 긍정성을 부인하고 있는 것이다. 그리고 그는 불사佛寺에 뇌전雷電한 경덕왕 17년의 기사를 서술하면서 불교가 들어온 이래 '사설邪說이 가득하고 사람의 심술心術이 무너져서 그 화禍가 홍수나 맹수보다 심하고, 이적이 찬시簒弑하는 변고보다 참혹했으며 (…) 이로부터 난신적자亂臣賊子가 없는 때가 없어서 위망이 뒤따랐고, 무부무군無父無君의 교가 사람을 해침이 참혹했음'을 강조하던 조선왕조 초기의 신라 불교에 대한 인식을 따르고 있었다.[71]

한편 안정복은 고려시대의 역사가들이 불교적 사관에 입각하여 삼국과 신라의 역사를 서술하고 있었던 데에 대하여 공격하였다. 즉 그는 신라와 고려시대에는 불교를 존숭하였기 때문에 그 폐단이 많았는데 "역사를 쓰는 사람이 그 기록할 것이 없음을 민망히 여기어 심지어는 이와 같은 불교에 관한 일을 정사에 엮어, 한 구역 어진 나라를 모두 괴이한 무리로 만들었으니 너무나 애석한 일이다"라고 한탄하기까지 하였다.[72]

70 『東史綱目』 卷1. "此時 東俗荒陋 及自奉佛 以後誕妄之說 無所不至 此聖人之道不行 人之燭理不明 故也 悲夫."

71 徐居正, 『東國通鑑』 上. "自佛氏入中國以來 邪說充塞 壞人心術 其禍甚於洪水猛獸之害慘於夷狄簒弑之變 故天之警告 (…) 自是 亂臣賊子 無世無之 而危亡隨至 無君無父之敎之禍人國家 如是 其慘矣 後之溺佛之主 盍亦少悟焉."

또한 그는 일연의 『삼국유사』에 대해서도 "이 책이 본디 불교의 원류를 전하기 위하여 지었기 때문에 더러 연대는 상고할 수 있으나 전혀 이단의 허탄한 설이다"라고 그 참다운 가치를 인정하려 하지 아니하였다.[73] 그리고 불교에 관한 모든 긍정적인 기록은 '불佛에 아첨하는 것'으로 보고 있었다. 그러므로 그는 당시 동방도학東方道學의 원류로까지 추앙되던 신라의 최치원이 「승리정전僧利貞傳」에서 한 승려의 생애를 언급한 것은 '불에 아첨하여 요망한 지경에 돌아간 것'임을 지적하고 한탄했던 것이다.[74]

안정복은 삼국 가운데 신라에서 불교가 가장 성행했음을 인정하고 있었다.[75] 그리고 신라의 불교에 관한 중요한 사실을 발췌하여 기록하고 유교적 입장에서 사평을 가하기도 하였다. 그는 법흥왕이 불교를 공인하기 이전부터 신라에 불교가 있었다는 사실을 강조하고 있다. 즉 그는 법흥왕 이전 자비왕慈悲王이라든지 소지왕炤智王과 같은 칭호가 모두 불가佛家의 용어임을 지적하였다.[76] 이와 같이 그가 신라 불교의 연원을 소급시킨 것은 자신의 현학을 드러냄과 동시에, 불교적 사관을 가지고 있던 역사가들이 고증에도 철저하지 못하였음을 드러냄으로써 자신의 유학적 사관에 넓은 동조자를 구하기 위한 방편이었던 것으로 생각된다. 이와 같은 그의 의도는 부여사扶餘史에서 아란阿蘭과 가섭迦葉과 같은 불교용어가 등장함에도 이를 간과하고 사료로 채택한 데 대한 비난에서도 나타나고 있다.[77]

---

72 『東史綱目』 卷3. "按東國古初怪說甚多 作史者 悶前代載記闕漏 無事可稱遂取俚俗不經之說 編入正史 有若實有足事者然 今一切刊正 作怪說辨證."

73 『東史綱目』 卷1. "其書 本爲佛氏立敎之源流 而作故間有年代之可考 而專是異端虛誕之說."

74 『東史綱目』 卷3.

75 『東史綱目』 卷1. "甲子[新羅眞興王五年 高句麗安原王十四年 百濟聖王二十二年] 春二月 新羅作興輪寺 度人爲僧尼 新羅自此廣興寺刹 奉佛之勤 最於三國矣."

76 『東史綱目』 卷3. "新羅佛法之行 雖在是年 而炤智王時 有焚修僧 則前已有佛矣 且慈悲炤智等號 皆有佛語 盖佛語雖存 而一國信奉 從此始也."

77 『東史綱目』 卷3. "三國史云 扶餘王解夫婁相阿蘭弗曰 日者夢 天帝曰 將使吾子孫 立國於此

그는 척불적 입장에서 불교를 논하고 있으므로 사료를 선택하는 데에도 "절을 새로 짓는 것을 금지하였다"는 애장왕대의 기록과 같은 것에 주목하고 있었다.[78] 그의 척불적 입장은 여러 사평을 통하여 잘 드러나고 있다. 즉 그는 신라 불교의 공인에 관하여 언급하는 과정에서 "법흥왕이 불법을 일으키려 하니 여러 신하들이 이를 배척한 것은 참으로 양지良知가 있었던 것인데, 이차돈李次頓이 자기의 죽음을 아끼지 않고 그 불법을 일으키려는 계책에 찬성하였으니, 그는 화를 빚어낸 주인이요 임금을 함정에 빠뜨린 신하라고 할 수 있다"는 권근의 견해에 동조하고 있다.[79] 그리고 이차돈의 죽음에 관하여 자신의 견해를 첨가하기를, "불교가 영이靈異함이 있어 실제로 이러한 일이 있었다 하더라도 이것은 인간세상 밖의 허탄한 가르침에 불과한 것이니 어찌 집과 나라의 일에 관계되는 것이겠는가. 제왕이 천하를 다스림에는 절도와 떳떳한 인륜과 법도가 있는 법이요, 실로 딴 곳에서 이를 바랄 것이 없는 바인데 세상의 임금으로서 황홀하고 신괴神怪한 가운데에 빠져 이를 스스로 깨닫지 못한 것은 무슨 까닭인가"라고 반문하였다.[80]

안정복은 신라에서 백좌강회百座講會과 팔관회를 설치했던 사실에 대하여 공격하고 있으며,[81] 진흥왕과 그 왕비가 승니僧尼이 되었음을 혹독히 공격하였다.[82] 그리고 그는 문무왕의 예를 들어 불교의 화장을 공격하면서 "그 교설敎說

汝其避之 東海之濱有地 號曰迦葉原 土壤膏沃 (…) 阿蘭弗勸王移都於彼."

78 『東史綱目』 卷1. "禁新創佛寺 時佛寺遍於中國 王下教禁新創 唯許修葺又禁以錦繡爲佛事 金銀爲器用."

79 徐居正, 『東國通鑑』 上. "今法興王 欲興其法 羣臣共請斥之 可謂有良知矣 異次頓 不惜其死 贊成其計 可謂其禍之主而陷君之臣矣."; 『東史綱目』 卷1. "權氏曰 佛氏之教淸淨寂滅 (…) 今法興王 欲其法 群臣斥之 可謂有良知矣 異次頓不惜其死 贊成其計 可謂其禍之主而陷君之臣矣."

80 『東史綱目』 卷1. "佛教靈異 實有此事 是不過物外虛誕之教 有何關於家國事耶帝王之治 天下自有彝倫典常之道 實無待於也 而世主惑溺於怳惚怪之中 不自覺焉何哉."

81 『東史綱目』 卷1. "新羅始設百座講八關會 (…) 是足以保天命民心 而歷年愈長 八關之會 其無稽 作俑之罪 大矣."

에는 금수를 태우는 것도 오히려 죄가 된다 하여 인과응보의 참혹함을 극언極言하였는데, 사람이 죽으면 반드시 태우려 하니 지친至親을 금수만도 못하게 보는 것이며 매우 이치에 어긋나고 상도常道에 어그러지는 바이다"라고 말한 조선 초기 유학자들의 견해에 동조하였다.[83] 그는 불교의 화장火葬이 가지고 있는 본래의 의미에 대하여 알기를 거부하고 유교적 예학의 입장에서 이를 비난만 하고 있었던 것이다.

안정복은 불교에 대하여 부정적으로 평가하고 있었으므로 신라가 멸망한 원인에 대해서도 이를 굳이 불교와 연관시키려 하였다. 즉 그는 "온 나라가 불교를 신봉하여 후세에 가서는 마침내 나라까지 망치게 되었다"고 신라 멸망의 책임을 불교에 돌렸다.[84] 그리고 '신라가 삼국을 통일한 것은 힘써 불교를 받들었기 때문'이라는 의견에 대하여 공격하기를 다음과 같이 하였다.

> 신라가 삼국을 통일한 것은 힘써 불교를 받들었기 때문이라 하였다. 그렇다면 고구려와 백제도 불교를 받든 것이 신라에 못지않았고 신라 말기에 시주하는 풍습이 전대前代보다 더하였는데도 망하였으니, 부처는 한 가지인데 어찌 신라에는 복을 주고 저 고구려·백제에는 화를 주며, 전기에는 영험했는데 후기에는 영험하지 아니한가. 이것이 그 설의 망령됨이다. 하늘이 고구려와 백제를 싫어하고, 신라의 국운國運이 바야흐로 홍할 때에

---

82 『東史綱目』 卷1. "秋八月 新羅王彡麥宗薨 次子金輪 立 王自卽位以來 一心奉佛 末年祝髮被僧衣 自號法雲以終其身 王妃思道夫人朴氏 角干英失之女 亦落彩爲尼 初毛禮之妹名史氏 投黑胡子爲尼 (…) 崔氏曰 蕭梁捨身爲奴 貽笑萬世 然只捨其身 未聞捨及其妃今王與妃同時剃髮 將何以奉宗社臨君臣乎 是必髡一國之士女然後已也 新羅之終於佛法 衰敗不亦宜乎."

83 徐居正, 『東國通鑑』 上. "火葬之法 出於佛氏其說 以焚炙禽獸 猶以爲罪 極言其報應之慘至於人死 則必欲焚之 其視至親不如禽 獸其逆理悖 常甚矣."; 『東史綱目』 卷1.

84 『東史綱目』 卷1. "亦是胡卑幻變欺誑之術 而擧國迷惑 遂至信奉 至于後世 竟以亡國 可不戒哉."

> 불교를 신봉하는 일이 마침 그 기회에 맞았기 때문인데 무지한 사람들은 부처의 힘으로 된 것이라 하니 어찌 우습지 아니한가.[85]

이상의 자료에서 볼 수 있는 바와 같이 그는 신라의 문화와 역사발전에 미친 불교의 긍정적 기여도를 인정하지 아니하였으며, 신라사에 적용된 불교사상의 단계적 성격을 도외시하고 이를 획일적으로 이해하고 있는 것이다. 그리고 그는 유교적 천명天命사상에 입각하여 신라의 삼국통일과 그 멸망을 논해야 할 것으로 주장하였다. 이와 같이 그의 불교에 대한 태도는 척불양유론斥佛揚儒論에 몰두하고 있던 조선 전기 유학자들의 관념과 하등의 다를 바가 없다. 요컨대 안정복은 유학자의 입장에서 불가佛家을 논하였던 것이고, 유학을 선양하기 위한 적극적인 방법으로 신라시대 불교와 그 문화를 공격하였던 것이다.

5. 맺음말

한 시대의 역사관은 그 시대정신과 밀접한 관련을 가지고 형성되게 마련이다. 그리고 그 시대정신이 반영된 역사관에 입각하여 지나간 시대에 대한 이해와 재구성을 시도하게 된다. 우리는 이러한 사실을 조선시대의 신라에 대한 인식에도 적용시킬 수 있다.

본고에서는 조선시대의 신라에 대한 인식태도를 파악하기 위하여 그 시대정신을 가장 잘 반영하고 있는 역사서에 등장한 신라사에 대한 부분을 검토해 보

85 『東史綱目』 卷1. “按爲佛氏之說者曰 新羅之統一三韓 由於奉佛之勤 然則麗濟奉佛 不下於新羅 羅末施舍 殆過於前代 而其至亂亡 佛則一也 而何其福於此 而禍於彼靈於前 而不靈於後耶 是其說之妄也 天厭麗濟 而羅運方興 其奉佛之事 適與之會 故無知者委之佛力 豈不可笑乎.”

았다. 여기에서 주된 자료로 이용되었던 것은 성리학적 사관에 의한 역사서의 결정판으로 볼 수 있는 안정복의 『동사강목』이었다. 이 자료의 검토를 통하여 우리는 조선왕조 시대의 인물들이 유교적 안목에 입각하여 신라를 이해하고 있었음을 확인하게 되었다. 즉 그들은 신라에 대해서 이해할 때에도 성리학적 원리에 입각하여 춘추대의를 논하고 충신·효열과 예를 논했던 것이다. 그리고 유학자의 입장에서 신라의 예속禮俗에 관하여 신랄한 비판을 가하거나 특정 사실을 강조하려 하였다. 이와 같이 신라를 이해하는 데에 있어서도 양유적揚儒的 태도를 취하고자 했던 것의 다른 측면은 불교에 대한 배척으로 드러나고 있다. 그러므로 조선왕조 시대에 살았던 인사들은 신라의 발전에 긍정적으로 작용했던 불교의 가치를 인정하지 않았다. 그리고 유학을 선양하기 위한 또 다른 방법으로 신라시대의 불교와 그 문화를 공격하게 되었던 것이다. 요컨대 안정복의 『동사강목』을 통해서 볼 수 있는 바와 같이 조선시대의 신라에 대한 인식은 유교적 관점에서 이루어졌던 것이므로 신라의 진면목을 이해하는 데에는 많은 난점이 수반되었던 것으로 생각된다.

안정복의 『열조통기』에 대한 일고찰

김세윤

1. 서언

조선 후기 소위 실학자로 알려진 인물들에 의해 몇 개의 전문적인 역사연구서가 찬술되었다. 즉 안정복의 『동사강목』과 『열조통기』, 이긍익의 『연려실기술』, 그리고 한치윤의 『해동역사』 등이 그것이다. 이러한 사서들은 대체로 실학자들이 개혁하기를 원한 현실과 연결되어 있었던 과거의 역사를 살펴보기 위한 목적으로 쓰여졌던 것으로 이해될 수 있을 것이다.

상기 사서에 관해서는 많은 학자들이 실학연구 분야의 하나로 관심을 가져 지금까지 적지 않은 연구가 발표되었다.[1] 그러나 그 대부분이 『동사강목』·『연

1 이에 대한 연구를 나열하면 다음과 같다. 황원구(1962), 「한치윤의 사학사상」, 『인문과학』 7; 황원구(1976), 『동아세아사연구』, 일조각; 황원구(1970), 「실학파의 사학이론」, 『연세논총』

려실기술』·『해동역사』 세 사서에 관한 것이고[2] 또 안정복에 대한 연구에서도 주로 『동사강목』에 관심이 집중되고 있을 뿐 또 다른 저서인 『열조통기』는 『동사강목』의 그림자에 가리어 그동안 별로 주목받지 못하였다고 볼 수 있다. 자연 『열조통기』는 『동사강목』의 뒤를 이어 조선시대의 역사를 편년체로 서술한 사서라는 것 정도만 우리에게 알려져 있을 뿐[3] 사서로서의 성격을 파악하는 데에 도움을 줄 만한 구체적인 것이 밝혀져 있지 못한 실정이다.

따라서 필자는 본고에서 안정복의 『열조통기』에 관하여 다음 몇 가지 점을 살펴보고자 한다. 먼저 『열조통기』의 필사본에 대하여 서지학적 검토를 해보고자 한다. 규장각과 장서각에 비교적 완전한 형태의 필사본이 남아 있는 이상 양본을 비교 검토하여 진본을 가려내는 것이 필요하다고 여겨지기 때문이다. 둘째 『열조통기』에 나타난 몇 가지 서술상의 특징을 살펴보고자 한다. 이를

7, 1970; 황원구(1982), 「해동역사의 문화사적 이해」, 『진단학보』 53·54합집; 김사억(1965), 「안정복의 역사관과 그의 조국역사 편사에 대하여」 I·II, 『역사과학』 5·6; 이우성(1966), 「이조후기 근기학파에 있어서의 정통론의 발전」, 『역사학보』 71; 『한국의 역사인식』 하, 1976 재수; 이우성(1970), 「동사강목해제」, 경인문화사간본; 이우성(1970), 「순암총서해제」, 대동문화연구원; 김철준(1969), 「동사강목」, 『한국의 명저』, 현암사; 송찬식(1970), 「성호의 새로운 사론」, 『백산학보』 8; 『한국의 역사인식』 하, 1976 재수; 변원림(1973), 「안정복의 역사인식」, 『사총』 17·18 합집; 이만열(1974), 「17·8세기의 사서와 고대사인식」, 『한국사연구』 10; 『한국의 역사인식』 하, 1976 재수; 이태진(1982), 「해동역사의 학술사적 검토」, 『진단학보』 53·54합집; 진단학회 편(1982), 「제11회 한국고전연구 심포지움－해동역사의 종합적 검토－토론속기록」, 『진단학보』 53·54 합집; 졸고(1984), 「이긍익의 연려실기술」, 『부산여대논문집』 17; 심우준(1985), 『순암 안정복연구』, 일지사; 조광(1985), 「조선후기의 역사인식」, 『한국사학사의 연구』, 을유문화사.

2 『동사강목』, 『연려실기술』, 『해동역사』가 학계에서 당시대의 대표적인 사서로 주목받은 것은 황원구 씨가 세 사서를 '三史'로 칭하고 있는 것에서도 알 수 있다(『실학파의 사학이론』, 163면).

3 이우성, 「순암총서해제」 참조. 이 외에도 저자는 『열조통기』가 영조 43년(1967)에 起草하여 25권으로 작성되었으며 현재 규장각본과 장서각본이 비교적 완전한 형태로 남아 있다고 밝히고 있다. 그리고 김사억 씨와 변원림 씨의 전게 논문에서도 『열조통기』에 대한 언급이 조금 있지만 주로 『동사강목』에 치중하고 있다.

통하여 『열조통기』의 구체적인 모습이 어느 정도 드러날 수 있을 것이다. 끝으로 『열조통기』의 찬술 동기에 대하여 알아볼까 한다.

사실 본고는 『열조통기』에 대한 몇 가지 기초적인 사실을 밝힌다는 매우 초보적인 것에 지나지 않아 학문적인 가치가 있으리라 생각되지는 않는다. 그러나 본 연구가 『열조통기』 이해의 밑거름이 되고 한국사학사의 공백기라고 할 수 있는 조선 후기의 한 부분을 메울 수 있다면 다행일까 한다. 많은 질정을 바란다.

2. 규장각본과 장서각본

『열조통기』는

> ① (英宗)四十三年丁亥 先生五十六歲 (…) 始草列朝通紀裒輯國朝故事及文集野乘諸書 編年而成之 書凡二十五卷
>
> (「順菴先生年譜」, 『順菴叢書』 上, 611면)

라 하여 안정복이 영조 43년(1767)에 찬술한 사서임을 알 수 있다. 그 후 『열조통기』는 여럿 필사되어 읽혀졌으리라 생각되는데, 현재 비교적 완전한 형태로 남아 있는 것이 규장각소장본(청구기호7475: 이하 규장각본)과 장서각소장본(청구번호 2-80: 이하 장서각본)이다.[4] 내용이 다른 필사본이 현존하는 이상 해당 사서에

4 이우성 씨의 「순암총서해제」에 의하면 현존 필사본 가운데 규장각본과 장서각본이 비교적 완전한 형태라고 한다. 그리고 필자가 조사한 바로는 국립중앙도서관본과 국사편찬위원회본도 현존하고 있다. 그러나 국립중앙도서관본(청구번호 한-50-76)의 경우 국립중앙도서관 『고서목록』 2, 1971, 528면에 의하면 그 청구번호와 서명이 나와 국립중앙도서관에서 소장하고 있는 것으로 되어 있지만 실제 도서청구를 한 결과 의아스럽게도 소장하고 있지 않다는 답

대한 서지학적 검토는 가장 기본적으로 필요한 작업일 것이다. 따라서 필자는 본장에서 『열조통기』의 진본을 가려보고자 한다.

현재 우리가 손쉽게 이용할 수 있는 대동문화연구원 간刊 『순암총서』에 실린 『열조통기』는 장서각본을 대본臺本으로 하고 선조 10년에서 24년까지, 효종 8년에서 영조 52년까지의 누락·부재不載의 부분을 규장각본으로 보충한 것이라고 한다. 그리고 장서각본과 규장각본은 수권首卷의 선원계보璿源系譜의 서술 체재가 약간 상이할 뿐 전체가 동일하지만 장서각본을 대본으로 한 까닭은 그 자양字樣이 좀 더 해정該精하다고 생각되었기 때문이라고 하는데[5] 아마 이는 그 뿐 아니라 편자가 장서각본이 진본에 가까운 것으로 보았던 이유에서가 아닐까 생각된다. 그러나 양본을 자세하게 비교하여 보면 자양의 차이뿐 아니라 다음의 차이점도 찾아진다.

사실 규장각본과 장서각본의 내용은 앞서 언급한 것처럼 거의 동일하지만 필자는 양본의 상이점에 주목하고자 한다. 다음과 같은 예는 많이 보이지만 정종 원년 3월의 기사 하나만 제시하면 〈표 1〉과 같다. 〈표 1〉에서 나타나는 바와 같이 규장각본의 내용은 장서각본의 기사에 비해 세 기사만 나오는 매우 간략한 것임을 알 수 있다. 자연 장서각본이 진본이지 않겠냐는 추측을 불러일으킬 수도 있지만 기사의 상략만을 가지고 진위를 가릴 수는 없을 것이다.

〈표 1〉

奎章閣本		藏書閣本	
(定宗 元年)		(定宗 元年)	
○三月 遷都開城…	<寶鑑>	○三月 遷都開城…	○
○罷東北面江原道船君…	<上同>	○上性質純謹…	×
○置集賢殿…	<上同>	○初太祖將開大業…	×

을 받았다. 그리고 국사편찬위원회본(청구번호 B3B-29 및 中B5B-9)은 결본이 많아 규장각본·장서각본과 같이 비교 검토하는 대상에서 제외시켰다.

5 이우성, 「순암총서해제」 참조.

	○上王宮有一宦官… ○罷東北面江原道船君… ○置集賢殿…	× ○ ○

* 양본의 기사 첫머리만 적은 것임.
* 규장각본의 기사 끝의 〈 〉는 그 전거를 말함.
* 〈표 1〉의 오른쪽의 ○은 양본에서 같이 나오는 것, ×은 장서각본만 나오는 것임.

그러면 다음의 〈표 2〉를 주목해 보기로 하자. 〈표 2〉의 기사에서도 〈표 1〉에서와 같이 규장각본의 내용이 장서각본에 비해 매우 간략하게 나타난다. 이는 『용비어천가』의 본문과 비교해 볼 때 더욱 두드러진다. 그런데 규장각본과 장서각본의 차이가 내용의 다과多寡에만 있지 않고 그 기사가 실린 일자에도 보이고 있다. 즉 규장각본은 태조 3년 9월에서 12월 사이, 장서각본은 태조 4년 8월로 되어 있는 것이다.

〈표 2〉

奎章閣本	藏書閣本	『龍飛御天歌』 卷2 第12章
還給禹玄寶職牒 鄭道傳與玄寶宿怨 可以陷禹氏一門者 無所不圖 及上卽位 道傳請李穡禹玄寶等十餘人皆置極刑 上曰勿爾(再의 잘못 : 필자)言 後召穡 還給玄寶職牒 <龍飛歌>	鄭道傳與禹玄寶有宿怨 凡可以陷禹氏一家者 無所不圖 及上卽位 道傳請李穡玄寶等十餘人皆置極刑 上曰 此輩何至極刑 勿論 又請減科罪 上曰 勿再言 後召穡待以故旧之禮 置酒歡洽 賜科田一百二十結 米豆三百石 且賜酒肉 以養氣體 時穡事佛斷酒肉 故有此教 又賜材瓦 令造居等 尋封韓山伯 仍命義成德泉等五庫都提調玄寶給牒	道傳餘玄寶有宿怨 凡可以陷禹氏一門者 無所不圖 及太祖卽位 道傳請穡玄寶等十餘人 皆置極刑 太祖曰 此輩何至極刑 勿論 道傳等請減等科罪 太祖曰 勿再言 後召穡待以故旧之禮 置酒歡洽 賜科田一百二十結米豆三百斛 鹽五斛 且賜酒肉曰 卿已老矣 且復酒肉 以養體氣 時穡事佛斷酒肉 故有是命 又賜材瓦 令造居等 尋以穡爲韓山君 仍命爲義成德泉等五庫都提調還給玄寶職牒
태조 3년 9월~12월	태조 4년 8월	

* 규장각본 기사 끝의 〈 〉는 그 전거를 말함.
* 양본 기사 아래의 연월은 그 기사가 실려 있는 부분임.

〈표 3〉

道傳與禹玄寶有宿怨 凡可以陷禹氏一門者 無所不圖 未稱其情 至是以十餘人爲援例 謀置極刑 以爲條畫末節以進 上使都承旨安景恭讀之驚駭曰 此輩何至極刑 宜皆勿論 道傳等請減科罪 上曰 若韓山君禹玄寶偰長壽雖減等 亦不可加刑 愼勿再言 道傳等再請餘人杖決 上謂受杖者不至於死 不强止之	『太祖實錄』元年7月 丁未
韓山君李穡 來自臺山 初穡見擯于外 及蒙恩從便 請游關東 至臺山因留居 上遣人召之 至是穡至 上待以故旧之礼 從容與語 置酒歡洽 及出送至中門	『太祖實錄』4年11月 甲申
賜韓山君 李穡科田 一百二十結 米豆百斛 塩五斛	『太祖實錄』4年11月 丁亥
賜韓山君李穡米豆百斛 且賜酒肉曰 卿已老矣 宜復酒肉 以養體氣 時穡托佛斷酒肉 故有是命	『太祖實錄』4年12月 丁酉
以李穡爲韓山伯 仍命爲義成德泉等五庫都提調	『太祖實錄』4年12月 辛亥
命都堂 還給禹玄寶職牒 家産及其子 洪富洪康職牒	『太祖實錄』7年閏5月壬申

이 기사의 원래 출처인 『용비어천가』에는 연월이 보이지 않으므로 『왕조실록』에서 본 기사에 해당되는 내용을 수집하여 정리하면 〈표 3〉과 같다. 『왕조실록』에서 추출된 기사의 연대는 태조 원년 7월에서 태조 7년 윤5월까지이다. 그러므로 엄밀하게 말한다면 규장각본이나 장서각본 모두 정확한 연월을 맞추지 못하였다고 볼 수 있다. 그러나 대강의 연월을 본다면 『왕조실록』에 태조 4년의 기사가 많으므로 장서각본이 규장각본보다는 정확한 것에 가깝다고 할 수 있을 것이다.

그렇다면 장서각본이 진본일 가능성이 많을까. 그러나 필자는 그 반대일 것으로 생각한다.

양본의 차이 가운데 가장 큰 차이점으로 볼 수 있는 것은 아마 인용서목의 유무가 아닌가 싶다. 규장각본의 경우, 후술되겠지만 여러 자료에서 인용된 기사의 말미에 그 인용서목을 밝히는 것을 원칙으로 하고 있다. 한편 장서각본에서는 초반 부분에서만 그 전거가 일부 밝혀져 있을 뿐 시대가 내려갈수록 특히 태종조 이후부터는 거의 보이지 않고 있다. 이는 앞의 〈표 1〉과 〈표 2〉에서 규장각본의 전거는 밝혀져 있는 반면 장서각본은 한 군데도 밝혀져 있지 않은 것으로도 알 수 있다.

먼저 장서각본이 진본이고 규장각본이 이를 필사한 것이라고 가정해 보기로 하자. 이러할 경우 규장각본에서 그 수많은 기사를 수백여 종의 원전과 대조하여 그 인용서목을 하나하나 밝히는 것은 거의 불가능한 작업으로 여겨진다. 혹 그러한 노력을 기울여 전거를 찾아내었다 하더라도 각 기사의 순서마저 그대로 따랐을 리가 없을 것이다. 따라서 그 반대의 경우를 우리는 생각해 볼 수 있을 것이다. 장서각본이 규장각본을 필사하면서 그 인용서목을 빠뜨렸다고 보는 것이 타당할 것이다.

규장각본이 진본일 가능성이 많을 것이라는 또 다른 이유는 앞서 지적되었듯이 규장각본과 장서각본의 차이점이 많은 태조 즉위 이전의 사실에 관한 부분에서 찾을 수 있을 것이다. 이 부분은 우선 내용상 상이한 것이 매우 많다. 앞의 〈표 1〉과 〈표 2〉에서 보는 정도 이상의 차이점이 보이는 것이다. 그리고 규장각본의 경우 '선원보계기璿源譜系紀', '왕업조창기王業肇刱紀', '용잠사공기龍潛事功紀'의 제목으로 된 내용이 수권首卷을 이루고 있는 반면 장서각본은 별도의 권이 아닌 권1에 '선계璿系', '잠룡시潛龍時', '왕업조기王業肇紀'라는, 규장각본과는 약간 다른 제목으로 되어 있다.

여기서 장서각본의 첫 부분을 규장각본이 아닌 『연려실기술』과 비교해 보면 흥미로운 사실이 드러난다. 필자는 장서각본의 첫 부분의 기사, 즉 '선계', '잠룡시', '왕업조기' 등이 『연려실기술』의 기사와 매우 유사함에 주목하여 양서를 대조해 본 결과 '선계', '잠룡시' 기사에는 『연려실기술』에서 볼 수 없는 몇몇 기사가 중간에 끼여 있기도 하지만 대체로 동일한 것을 알 수 있었다. 더욱이 장서각본의 '왕업조기'와 『연려실기술』의 태조조 고사본말 '고려정란 왕업조기'의 첫 부분은 〈표 4〉에서 나타나듯 그 내용뿐 아니라 순서에 있어서도 조금도 틀리지 않고 있다. 장서각본의 인용서목이 하나도 밝혀져 있지 않은 반면 『연려실기술』에서는 인용서목이 거의 밝혀져 있는 것으로 보아 장서각본이 『연려실기술』을 그대로 베꼈을 것으로 판단된다. 그리고 『연려실기술』이 널리 읽히기 시작한 것은 정조 14년(1790) 이후로 추정되는데,[6] 정조 15년(1791)에 사망하는 안정복이 이를 참고하기는 어려웠을 것이다. 그러므로 장서각본은 『열조통기』의 진본으로 볼 수 없다고 생각된다.

〈표 4〉

藏書閣本『列朝通紀』	『燃藜室記述』
僧遍照本玉川寺婢之子也…	僧遍照本玉川寺婢之子也…
○ 王信旽日深…	○ 王信旽日深… <上 仝>
○ 旽始出禁中…	○ 旽始出禁中… <上 仝>
○ 旽貪淫日甚…	○ 旽貧淫日甚… <上 仝>
○ 慶復興等…	○ 慶復興等… <上 仝>
○ 旽性畏田犬…	○ 旽性畏田犬… <上 仝>
○ 右正言李存吾曰…	○ 右正言李存吾曰… <上 仝>
○ 恭愍王 年…	○ 恭愍二十 年… <上 仝>
○ 恭愍二十三年…	○ 恭愍二十三年… <上 仝>
○ 初王置子弟衛…	○ 初王置子弟衛… <上 仝>
○ 初王使倫等…	○ 初王使倫等… <上 仝>
○ 王崩之三日…	○ 王崩之三日… <上 仝>
○ 初恭愍常憂無嗣…	○ 初恭愍常憂無嗣… <上 仝>
○ 林樸與李美冲…	○ 林樸與李美冲… <上 仝>
○ 般若夜潛入…	○ 般若夜潛入… <上 仝>
○ 廢主禑九年…	○ 廢主禑九年…
○ 辛禑時…	○ 辛禑時… <東閣雜記>
○ 世族大家…	○ 世族大家 <寄齋雜記 尹月汀根壽 所論>
中間省略	
○ 己巳 月廢主昌…	○ 己巳廢主昌… <攷事撮要>
○ 金佇崔瑩甥也…	○ 金佇崔瑩甥也… <麗史提綱>
○ 尹紹宗上書…	○ 尹紹宗上書… <上 仝>
○ 世傳王氏之承統者…	○ 世傳王氏之承統者… <閑骨董>
○ 恭讓王敎曰…	○ 恭讓王敎曰… <龍飛御天歌>
○ 諫官等…	○ 諫官等… <麗 史>

○ 前朝革命時…	○ 前朝革命時… <逐睡篇>
○ 麗史…	○ 麗史… <象村集>
○ 史云…	○ 史云… <尤庵集牧隱碑陰記>
○ 訥齋張沆曰…	○ 訥齋張沆曰… <夢囈錄>
○ 玄陵之弒…	○ 玄陵之弒… <上 仝>
○ 元天錫…	○ 元天錫… <詳下元耘谷天錫>
○ 禑昌之事…	○ 禑昌之事… <象村集>
○ 或曰…	○ 或曰… <崑崙集>

* 양본의 기사 첫머리만 적은 것임
* 『연려실기술』 기사 끝의 〈 〉는 그 전거를 말함.

그렇다면 규장각본이 『열조통기』의 진본일 가능성이 많은데 이러한 생각을 더욱 굳게 해주는 것은 『열조통기』의 서문에 해당되는 「열조통기 소지小識」이다. 장서각본에는 없는 「열조통기 소지」는 안정복의 문인인 정현동鄭顯東이 지은 것으로 『열조통기』에 대한 기본적인 지식을 우리에게 잘 전해 준다.

> ② 順菴先生編東史綱目 上自箕聖下至勝國 (…) 名曰 列朝通紀 用陳建皇明通紀例也 未及成書 而先生歿 顯東念其固就 而考校序次之疊者刪 略者補取 諸說中摘句句字字 相續成文以完事之始末 (…) 先生旣歿之十年庚申門人鄭顯東謹識

위의 기사를 통하여 우리는 첫째 『열조통기』는 명明 진건陳建의 『황명통기』를 본받아 썼다는 점, 둘째 순암은 『열조통기』를 미처 완성하지 못하고 사망하

6 『연려실기술』이 정조 14년(1790) 이후 널리 읽혀지기 시작한 것은 다음의 「연려실기술 의례」를 통하여 알 수 있다. "歲庚戌遊楓岳 全帙借人而去 轉傳借看 有一宰相 選書手數十分謄之遂致傳寫屢本." 이 자료는 이긍익이 경술년 즉 정조 14년(1790)에 금강산에 놀러 가면서 남에게 빌려 준 전질이 여러 본 등사되어 유포되었음을 말해 주고 있다.

여 문인 정현동이 갑신년, 즉 정조 24년(1800)에 이어 완성하였다는 사실을 알 수 있다.

이와 같은 「소지」가 남아 있는 이상 우리는 규장각본을 『열조통기』의 진본으로 판단하여야 할 것이다. 그리고 규장각본이 소화 3년(1928)에 등사되었다는 사실이 약간 걸리지만 안정복의 후손으로 보이는 경기도 광주 안학수 씨의 소장본이 그 대본이라는 점[7]으로 보아서는 더욱 그러할 것이다.

이상에서의 논의를 정리해 볼 때 우리는 규장각본이 진본일 가능성이 매우 큰 것임을 알 수 있었다. 〈표 1〉·〈표 2〉·〈표 4〉에서 나타나는 바와 같이 규장각본에 없는 내용이 장서각본에서 보일 수 있었던 것은 장서각본의 필사자가 규장각본은 대본으로 등사하면서 자신이 열람한 서적의 내용 가운데 규장각본에 없는 부분을 보완한 것으로 추측할 수 있을 것이다. 그리고 장서각본에서 규장각본의 인용서목을 거의 옮겨 놓지 못한 것은 필사자가 전거보다는 내용을 더욱 중요시한 결과가 아닌가 생각된다.[8]

그러나 아직 의문점은 남아 있다. 본장의 서두에서 인용된 사료 ①의 「순암선생연보」에 의하면 『열조통기』는 25권으로 구성되어 있다고 한다. 그런데 규장각본은 수권首卷을 제외하고도 27권으로 남아 있다.[9] 그리고 안정복이 친히 썼다고 하는 일기에는 『열조통기』가 28권으로,[10] 목록에는 30권으로,[11] 게다가 사료 ②에 의하면 규장각본은 안정복이 미완성으로 남긴 것을 정현동이 완성

---

7 "昭和三年六月日 京畿道廣州郡慶安面中垈里 安學洙氏所藏本ニ依リ謄寫ス謄寫人 扈榮澤" (규장각본 首卷의 끝 페이지).

8 『열조통기』를 傳寫하는 목적에 있어 소속 왕조의 역사에 대한 많은 지식을 얻기 위한 것이 우선되는 것이라면 필사하면서 그 전거를 생략할 수 있을 것이다.

9 규장각본은 권18, 19가 결본으로 되어 있다. 이는 인조 8년에서 인조 27년까지의 기사인데 이 두 권을 뺀 25권을 안정복이 찬술하였다는 것은 아닐 것이다. 규장각본에서 권 18, 19가 빠진 것은 아마 후대인이 등사하는 과정에서 빠뜨린 것으로 추측된다.

10 심우준, 앞의 책, 32면의 〈표 1〉 참조.

11 위와 같음.

시킨 것이므로 어느 부분까지가 안정복 자신의 저술인지는 정확하게 알기 어렵다.[12]

규장각본에서도 이러한 문제점을 안고 있지만 더 이상의 검토는 필자의 능력으로 무리이다. 그러나 필자가 위에서 살펴본 바와 같이 규장각본이 순수한 안정복의 작품이 아니라고 하더라도 그것에 매우 가깝다고 여겨지기에 앞으로 규장각본을 대본으로 하여 본고를 진행시키고자 한다.

3. 서술의 특징

이제 본장에서는 『열조통기』에 나타난 서술상의 특징을 살펴보고자 한다. 아래에서 설명되는 제 특징은 그 성격상 분리될 수 없는 것도 있지만 편의상 다음의 넷으로 나누어 보았으면 한다.

1) 편년체

『열조통기』는 앞서 사료 ①에 보이듯 동양의 가장 보편적인 역사서술 방식인 편년체로 이루어져 있다. 태조 즉위 이전의 태조와 그 선조에 대한 역사적 사실을 기록한 '선원보계기', '왕업조창기', '용잠사공기' 등은 편년체 서술에 있

---

12 후술하겠지만 『열조통기』의 내용 가운데 小註에서 '顯東校'라고 한 부분은 정현동이 교정한 것임을 분명히 알 수 있다. 그리고 정현동이 스승 안정복이 영조 52년까지 틀을 잡아 놓은 것에 대하여 그 내용만을 정리하였는지 혹 영조 52년 이전의 어느 시대까지 이루어 놓은 것을 시대를 이어 완성시킨 것인지는 현재로서 확실하지 않다. 그러나 영조 52년까지 시대적으로 연장시켜 지을 가능성도 배제할 수 없지만 사료 ②로 보아서는 그 내용을 정리한 것으로 추측된다.

어서 약간 예외적인 것으로 볼 수 있지만 『열조통기』는 태조 이후 각 왕의 기사가 연대순으로 진행되는 순수한 편년체로 볼 수 있다.[13]

편년체는 연대순으로 기술되는 방식이므로 정확한 연월을 밝히는 것이 무엇보다도 중요하다고 생각된다. 그러나 『열조통기』의 작성에 이용된 자료는 대부분 그 정확한 연대를 밝혀 놓고 있지 않는 야사 · 소설 · 문집 등이므로[14] 『열조통기』에서는 부분적으로 인용기사의 정확한 연월을 제시하고 있지 못한 형편이며 특히 월일에 있어서는 더욱 그렇다. 실제 『열조통기』를 열람해 보면 안정복이 기사의 정확한 연대를 밝히는 데에 얼마나 고심하였는가를 느낄 수 있다. 순암은 연대가 분명하지 않은 기사의 말미에 월일미고月日未考, 월일미상月日未詳, 연조미상年條未詳 고부차姑附此 등의 소주小註를 붙이고 있는 것을 보아서도 그것을 알 수 있다. 따라서 후술되다시피 수많은 인용서목 가운데 정확한 연대가 있는 『국조보감』이 가장 많이 인용될 수 있었던 한 요인도 안정복이 『열조통기』를 찬술하면서 역사적 사실의 정확한 시간을 밝히는 기본적인 틀을 『국조보감』에서 찾았기 때문이 아닌가 추측된다. 요컨대 안정복은 『열조통기』 작성에 있어 편년체 방식에 충실하려고 매우 노력하였던 것을 알 수 있다.

한편 『열조통기』는 사건의 기술을 시간의 순서에 따르는 편년체를 서술의 원칙으로 하고 있지만 하나의 사실을 통괄적으로 기술하기 위해 시간을 무시하고 그와 관련 있는 후대의 사실을 앞당기기도 하는 특이한 경우도 볼 수 있다.

---

13 독자의 이해를 돕기 위하여 『열조통기』의 서술 방식과 가장 비슷한 사서를 제시한다면, 물론 안정복이 이를 참조한 것은 아니라고 생각되지만, 『조선왕조실록』이 아닌가 싶다. 편년체인 『조선왕조실록』 맨 첫머리의 「總書」에도 태조 즉위 이전의 역사적 사실이 게재되어 있는 것으로 보아 그렇다.

14 『열조통기』의 인용서목에 대해서는 후술될 것이다.

③ 置田制詳定所 首陽大君爲提調 左贊成河演 戶判朴從愚 中樞鄭麟趾爲提調 田分六等年分九等… 〈柳氏馨遠磻溪隧錄曰 祖宗立制 其條理詳密如此 重民勤國均賦薄斂之意至矣 苟以是心行之 雖千萬世無弊也 而至于今 結負无紀 賦稅不均 何也…〉(卷4, 世宗 26年)

•〈 〉는 소주小註를 말함 : 이하 同

사료 ③에서 나타나듯 본문에서는 세종조의 사실을 언급하면서 소주에서는 『반계수록』을 인용하여 조선 후기의 상황과 비교하고 있다. 즉 일반적으로 편년체에서 볼 수 없는 방식을 사용하여 조선 초기의 이상적인 구조와 조선 후기의 현실적 모순을 시간을 뛰어넘어 접합시키고 있는 것이다.

그리고 또 하나 주목되는 점은 『열조통기』가 편년체 사서이면서 『동사강목』에서 볼 수 있는 강목체로 서술된 기사가 가끔 눈에 띈다는 사실이다.

④ 殷太師箕子東來 周天子因以封之 箕子 子姓 名胥餘 殷紂之親戚也 封於箕而子爵 故號箕子… (『東史綱目』 第1上, 己卯朝鮮箕子元年)

⑤ 李施愛叛 討平之 施愛吉州人 歷官會寧府使 遭喪居家 與弟施合謀叛 節度使康孝文到吉州 (…) 又流言 韓明澮申叔舟盧思愼韓紬禧爲內應… 〈東閣雜記北關志輿覽梁誠之平朔方序參錄〉(卷5, 世祖 13年)

먼저 사료 ④에서 볼 수 있듯이 하나의 큰 줄거리를 강綱으로 하고 그에 대한 상세한 설명은 목目으로 하는 것이 강목체인데 『동사강목』은 모두 이러한 체재로 이루어져 있다. 『열조통기』에서는 원칙적으로는 그렇지 않으나 사료 ⑤에 나타나는 바와 같이 여러 자료를 참고하여 이시애가 반란을 일으켜 이를 토벌하였다는 큰 제목을 먼저 적고, 물론 『동사강목』에서와 같이 그것이 행을 바꾸어 따로 되어 있지는 않지만, 그 뒤에 이시애난의 전말이 상술되는 부분이 가끔 보이고 있다. 이는 안정복이 『동사강목』에서 사용한 강목체 서술을 『열조통기』에서도 어느 정도 취하고 있음을 말해 준다 하겠다.

이상과 같은 서술상의 특이한 점이 존재하더라도 『열조통기』는 기본적으로 편년체에 아주 충실한 사서인 것은 변함이 없을 것이다. 『열조통기』가 순수한 편년체로 구성되었다는 사실은 그 전후의 사서와 비교해 볼 때 매우 독특한 점으로 보인다. 『열조통기』보다 시대가 조금 앞선 16, 17세기의 사찬사서의 경우 그 체재가 자유로웠던 것으로 알려져 있다.[15] 그리고 동시대의 사서 특히 『열조통기』와 같이 조선왕조의 역사를 다룬 사서, 즉 본조사本朝史에 있어서도 그 서술체재는 일정한 틀에 매이지 않았던 것으로 생각된다. 『연려실기술』은 흔히 기사본말체의 사서로 알려져 있으나 그 기본적인 구성은 기전체로 이루어져 있다고 여겨진다.[16] 그리고 『조야첨재』·『조야집요』, 『약파만록』은 편년체를 기본으로 하면서 중간중간 유명인물조가 끼워져 있는 특이한 형태로 구성되어 있다.[17]

이렇게 본다면 『열조통기』는 동시대와 그 이전의 사서와 같이 자유로운 체재로 이루어진 것이 아닌 전통적인 편년체를 고수한 것으로 파악되어야 할 것이다. 특히 안정복 자신이

15 정구복(1977), 「16~17세기의 사찬사서에 대하여」, 『전북사학』 1, 92면.

16 『연려실기술』에서 태조조고사본말을 한 예로 든다면 '태조'에서 '貞陵廢復'까지는 본기, 태조묘정배향에서 태조조명신까지는 열전, 그리고 별집은 지에 해당하는 것으로 파악되기에 『연려실기술』의 전체적인 체재는 기전체에 가깝다고 볼 수 있으며, 본기에 해당하는 항목에 대한 서술은 기사본말체로 이루어졌다고 판단된다. 그리고 찬술연대는 대개 정조 14년(1790) 이후로 추정된다. 『연려실기술』의 체재와 찬술연대에 관해서는 앞의 졸고, 122~127면을 참조하시오.

17 황원구 씨는 『朝野僉載』·『朝野輯要』·『藥坡漫錄』 등에서의 형식을 편년체에 기사본말체를 혼용한 것으로 주장하고 있다(「실학파의 사학이론」, 177면). 『조야첨재』는 肅宗朝人 尹衡이나 혹 尹得運에 의해 숙종조에(고려대민족문화연구소 編, 『韓國圖書解題』, 484면), 『조야집요』는 찬자가 확실치 않으며 정조 8년경에(『한국도서해제』, 484면), 『약파만록』은 숙종·英祖朝人 李希齡이 저술하던 것을 손자 李漢宗이 景宗·英祖朝의 기사를 덧붙여 순조 32년(1832)에 완성하였다(『補訂奎章閣圖書韓國本綜合目錄』, 557면).

⑥ 文苑儒林隱逸卓行 宜各有傳而幷設之 何哉(「東史問答」, 『順菴叢書』 上, 235면)

라 하여 유명 인물에 대한 전기를 엮을 것을 강조하면서 동시대의 사서에서 흔히 볼 수 있는 인물조를 두지 않은 것은 그가 전통적인 편년체에 집착하고 있었음을 잘 말해 주는 것이라 하겠다.

사실 편년체는 역사를 통람하는 데 매우 편리한 사체이다. 따라서 안정복은 조선왕조의 역사에 대한 구조적인 이해보다는 편람적인 지식을 습득하기 위하여 『열조통기』에서 편년체를 사용하였다고 추측된다. 특히 안정복이 순수한 편년체를 고수하였던 것은 동시대의 사서에서 유행한 자유로운 체재에 대한 반발로 역사서술의 방법 자체를 원래의 형태로 유지하고 싶었기 때문으로 보인다. 즉 전통사학의 방식을 회복하려는 것이 아닐까 싶다. 이는 나아가 역사의 주인공으로 왕 이외의 중요 인물에 비중을 많이 둔 형태보다는 역대의 왕을 중심으로 역사서술을 함으로써 역대 왕의 위업을 찬양·미화하고자 하는 목적이 있었던 것으로 보아도 좋지 않을까 한다.

2) 자료의 부집

동양의 전통적인 사서편찬은 찬자 나름대로 자료를 수집하여 그 이야기의 진행에 있어서의 선후관계를 논리적으로 배열하는 작업으로 널리 알려져 있다. 그리고 그러한 과정을 거쳐 편찬된 사서는 대개 어느 부분이 찬자가 참고한 원 사료인가를 독자들이 구분할 수 없도록 구성되어 있다. 우리나라의 『삼국사기』 이래의 『고려사』, 『통국통감』 등 대부분의 사서가 그렇게 짜여져 있는 것이다.

그러나 『열조통기』의 경우 이와는 다르게 이루어져 있다. 다음의 「열조통기 소지」에서 『열조통기』의 기본구조를 먼저 알아보기로 하자.

⑦ 順菴先生編東史綱目 上自箕聖下至勝國 東史遂成一統 惟我列朝聖神相繼治化休明迥出千古 名臣懿迹亦多可觀 散見野史小說及諸家文集者 隨見隨錄 名曰列朝通紀 用陳建皇明通紀例也

즉 안정복은 자신이 열람한 서적에서 필요로 하는 부분을 조목별로 옮겨『열조통기』를 편찬한 것이다. 실제 그 본문을 살펴보아도『열조통기』는『삼국사기』,『고려사』 등과는 달리 필요한 부분을 원자료 그대로 떼어 모아 놓은 것임을 확인할 수 있다. 요컨대『열조통기』는 역사적 사실을 서술함에 있어 자료를 부집裒輯한 형태로 이루어져 있는 것이다.[18]

그렇다면 이와 같은 방식은『열조통기』에서만 찾아볼 수 있는 독특한 것일까. 동시대의 다른 사서를 열람해 볼 때 필자는 그렇게 생각하지 않는다.『조야첨재』,『조야집요』,『연려실기술』,『약파만록』,『해동역사』 등 사서의 기본적 서술 형태는『열조통기』와 같이 여러 참고서적으로부터 필요한 기사를 뽑아 모은 것으로 나타나고 있다. 특히「연려실기술 의례」에서는

⑧ 今余所編燃藜記述 博採諸家野史而集成 畧倣記事本末之體 隨所見而分類記載 以便續續添書 其有余所未見而不及錄入者 後之覽者未妨隨得隨補以成完書耳

라 하여 그 서술 방식이「열조통기 소지」와 똑같은 것임을 찾아볼 수 있다. 요컨대 이는 당시 유행하던 일반적인 방법론으로 판단된다.

이와 같은 서술 방식의 효시는 조선 건국부터 명종조까지의 역사를 다룬 선조조 허봉許篈의『해동야언海東野言』이 아닌가 생각된다.『해동야언』이 선인先人

18 앞서 사료 ⑤에서와 같이 하나의 역사적 사실을 여러 자료를 토대로 하여 서술한 부분도 일부 보이고 있지만 대부분은 자료를 포집한 형태이다.

의 수록 속에 보이는 사실을 적록하여 하나의 편년사로 만든 최초의 야사였다는 선학의 지적이 있듯이 [19]『열조통기』를 비롯한 동시대 사서의 체재가 『해동야언』과 아주 유사하다는 점에서 이를 그러한 방법론의 시원始源으로 간주하여도 좋을 것이다.[20]

여러 참고서적으로부터 필요한 부분을 뽑아 시대순으로 모은 『열조통기』의 내용을 살펴보면 전통적인 역사서술에서 크게 벗어나고 있지 않은 것으로 보인다. 먼저 사화나 당쟁 중심의 정치관계 기사가 상당히 중요시되어 많은 부분을 차지하고 있는 데서 그것을 알 수 있나. 그리고 자연현상이 인간사회의 현상과 유기적인 연속체를 만들고 있다는 유교적 자연관에 의한 역사관을 강조하고 있는 기사가 보이기도 한다.

⑨ 五月十五日 特拜戶曹判書安瑭爲右議政 李長坤爲戶曹判書 右承旨金淨爲戶曹參判 韓忠陞應教 金球爲吏曹佐郎 〈龍泉談寂記 龍泉談寂記曰 是日批下忽有大異 瑭敗死 忠杖斃 絿竄島 長坤亦未免廢黜天之警人眞不虛〉(卷8, 中宗 13年)

⑩ 是日沈貞亦爲刑曹判書 (…) 是日地大震 光祖驚曰 今日沈貞必判秋曹 京外地大震 太廟屋風飄落 闕內墻垣搨倒 民家有頹圮者 〈東閣雜記 赴京使臣聞見錄曰 是年五月十五日 蘇州常熟縣 有白龍一黑龍二

---

19 前間恭作, 『古鮮册譜』 제1책, 147면; 末松保和(1966), 「李朝の野史叢書について」, 學習院大學文學部硏究年報 12L; 『靑丘史草』 2, 1966, 241면 참조.

20 김사억 씨는 『열조통기』가 꼭 같은 서술 방법을 본뜬 『연려실기술』을 낳게 한 선구적 역할을 한 것으로(앞의 논문 II, 16면), 이우성 씨는 『열조통기』 이전에는 조선시대의 역사를 체계적으로 서술하지 못한 것으로(『우리 역사를 어떻게 볼 것인가』, 삼성문화문고 88, 1976, 72면의 이우성 씨 발언) 보아 『열조통기』의 서술 방식을 선구적인 것으로 파악하고 있는 듯하다. 이 두 사람이 어떠한 근거에서 그렇게 평가하고 있는지 잘 알 수 없지만 필자가 본문에서 서술한 바와 같이 『열조통기』의 서술 방법은 그 이전부터 있었으며 동시대 사서에서도, 그 선후관계는 좀 더 검토가 필요하지만, 널리 쓰이던 것으로 보아야 하며 『열조통기』에만 특별한 의미를 부여해서는 곤란할 것이다.

乘雲 而下口吐火焰 隨以雷電風雨 捲去傍近民家三百餘戶 船十餘隻 飄入半空粉碎云〉(卷8, 中宗 13年)

즉 천재지변이 인간생활과 연관하에서 발생하는 것으로 서술하여『열조통기』는 전통적인 서술을 유지하고 있었던 것으로 판단할 수 있다.

『열조통기』의 내용이 전통적 역사서술에서 크게 벗어나고 있지는 못하지만 안정복은 공정하게 역사를 서술하려는 태도를 견지했다.

⑪ 或兩說不同者並書 以待後人公眼取捨(「列朝通紀 小識」)

즉 견해가 다른 기사도 함께 기술하여 후인의 판단에 맡기겠다는 것이다. 이러한 자세는 실제『열조통기』의 내용에서도 그렇게 나타나고 있다.

⑫ 十一月 前贊成李彦迪卒于江界謫所 (…) 晦齋集退溪集 (…) 栗谷李氏曰 李文元只忠孝人 讀古書 善著述 觀其居家 近不正之色 立朝不能行道之責 乙巳之亂 不能直言抗節 作推官參僞勳 竟得罪癩有泚矣 烏可以道學推哉 又曰 觀人先取其大節 然後可議其細行 權李二公平日行檢 權不如李臨難抗節 李讓於權 或以爲李優於權 吾不信 西厓柳氏成龍曰 世人徒見冲齋論政被罪之人 而晦齋不言 似欠直截 然何必相同比干諫而死得爲仁微子箕子不得爲仁乎 冲齊之所言小 晦齋之所言大…(卷10, 明宗 8年)

본문에서 회재 이언적이 사망하는 기사를 싣고는 소주小註에서 율곡과 서애의 회재에 대한 평을 싣고 있다. 율곡은 회재와는 성리학적 경향이 다르기 때문인지 충재 권벌과 비교하여 그를 비판적인 입장에서 평가하고 있다. 이에 반하여 서애는 스승 퇴계가 주리파의 선구자인 회재의 뒤를 이어 대성하였기에 자연 회재를 충재보다는 뛰어난 인물로 말하고 있다. 이와 같이 안정복은 한 인물에 대한 상반된 견해를 함께 기재함으로써 공정한 사안을 강조하고 있는 것을 알 수 있다. 그리고 이러한 태도 역시 「연려실기술 의례」에서

⑬ 今余所編燃藜記述 博採諸家野史而集成 (…) 每於各條下 書其引用書目 刪削其繁冗處雖多 而不敢以己意增加論著 竊附述而不作之意 東西分黨之後 彼此文籍毁譽相反 而記載者 或多偏主一邊 余則並爲據實收錄 以俟後之覽者各有定其是非焉

라고 하는 바와 같이 당시 사서에서 보편적으로 찾아볼 수 있는 편찬태도의 하나로 말할 수 있을 것이다.

이상과 같이 그 내용에 있어 전통적 서술을 유지하고 상반된 평가를 같이 게재하여 객관성과 중립성을 엿보게 하는, 자료의 부집이라는 편찬방식은 여러 저작물 가운데에서 가치 있는 기록을 떼어 내어 하나의 독립된 역사서로 구성하겠다는 측면에서 볼 때 이는 상당히 특이한 역사서술 형태로 볼 수 있는 것이다.

그러나 서술을 하지 않고 자료를 유취하였다는 점에서는 사서로서의 한계가 분명 존재하는 것이다. 게다가 관계되는 자료를 뽑아 모으면서 고증이 결여된 부분이 나타날 수 있지 않을까. 후술되겠지만 안정복은 소주小註를 통하여 연대와 역사적 사실의 진위를 고증하려는 노력을 하고 있다. 그러나 수많은 자료를 참고하면서 필요한 기사를 분류·기재하는 과정에서 부분적으로 오류가 발생할 수 있을 것이며 소주를 통해서만 고증을 하고 있으니 그 본문 자체는 고증되지 않은 것으로 볼 수 있다.

권7 중종 2년조에

⑭ 錄推誠保社祐世定亂功臣盧永孫等二十一人 後因臺啓削去二十人 只錄永孫資憲光原君 〈功臣錄〉

이라는 『공신록』의 기사가 얼마간의 사이를 두고 두 번씩 게재되어 있다는 것은 자료의 부집이라는 방식이 가져온 실수가 아닐까 생각된다.[21] 그리고 앞에서 언급한, 상반된 견해를 같이 기재하는 것도 긍정적으로 보면 객관적이고 중립적이지만 또 어떻게 보면 취사선택하지 않고 무비판적으로 인용하고 유취한 것으로도 볼 수 있다. 게다가,

> ⑮ 時有强盜張吉山出沒海西道中… 〈僿說又曰 西道自古多受賊 古有洪吉童 後有林巨正 今有張吉山…〉(卷23, 肅宗 21年)

라고 하는 바와 같이 안정복은 스승인 이익의 『성호사설』을 인용하면서 그 기사의 옳고 그름을 가리지 않고 홍길동을 임꺽정·장길산과 같은 역사적인 실재인물로 간주하는 비고증적인 태도도 눈에 띈다.[22]

이제 안정복이 자료의 부집이라는 편찬방식을 취하게 된 이유에 관하여 살펴보기로 하자.

첫째, 당시 재야의 학자로서 조선시대 역사에 대한 충분한 자료를 얻기 힘들었다고 여겨지기에 이를 전체적으로 조망하는 것이 불가능하였을 것이다. 따라서 이러한 형태의 서술이 나왔던 것 같다.

둘째 이유는 무엇보다도 『열조통기』의 본문이 찬자 자신의 창작이 아니라는 점을 명백히 밝히기 위한 것으로 보인다. 이 점을 보다 분명히 하기 위하여, 후술하다시피 기사의 말기에 그 전거를 밝혀 그것이 다른 서적으로부터 인용

---

21 사료 ⑭는 두 번 실려 있지만 두 번째의 기사는 첫 번째와 몇 자 달리 나타난다(·은 다른 글자 표시임). "策推忠保社祐世定亂功臣錄盧永孫等二十一人 後因臺啓削去二十人 只錄永孫資憲光原君."

22 홍길동을 실존인물로 보는 견해도 있기는 하지만[이능우(1969), 「『홍길동전』과 허균의 관계」, 『국어국문학』 42·43 合倂號] 필자는 이제까지 알려진 바와 같이 허균의 소설 속에 나오는 가공인물로 보고자 한다.

된 것임을 나타내고 있다. 이러한 태도를 당시에는 '술이부작'이라고 이름하였는데 이러한 방식이 술이부작 본래의 의미와 동일한 것인가 하는 문제는 일단 접어 두더라도 '부작不作'한다는, 즉 찬자의 견해를 조금이라도 가미하여 짓지 않겠다는 의미를 내포하고 있다.[23] 다시 말하면 『열조통기』가 자신의 작품이지만 그 본문은 모두 남의 견해라는 점을 강조하기 위한 것으로 볼 수 있다. 이는 본조사本朝史의 편찬으로 화를 자초하게 됨을 꺼려하였기 때문인 것이다.[24] 상기 사료 ⑬의 『연려실기술』에 나타나는 바와 같이 찬자의 견해에 의한 기사가 없다는 것이나 주장이 상반되는 자료를 함께 게재하고 있는 태도에 대한 설명이 당쟁과 더불어 언급되어 있는 것으로 보아 그것을 짐작할 수 있다.

끝으로 이와 더불어 생각해 볼 수 있는 것은 전통적인 역사서술 태도와 관련해서이다. 찬자의 주관적 평가인 논찬을 제외하고는 역사적 사실의 배경, 인과관계 그리고 영향에 대한 설명 같은 주관적인 역사서술은 전통적 사서에서는 찾아볼 수 없고 자료를 수집하고 논리적으로 배열하는 것이 그 기본적인 태도이다. 그러므로 관계되는 자료의 부집은 역사적 사실을 진행시키는 데 있어 각 기사를 연결시키는 부분에서조차 찬자의 입장을 완전히 배제시키고자 한

23 「列朝通記 少識」에서는 자료의 부집이라는 역사서술 방식을 '述而不作'이라고 표현하고 있지 않지만 『연려실기술』에서는 앞서 사료⑬에서 볼 수 있는 바와 같이 述而不作이라는 용어를 사용하고 있으며 『海東繹史』도 述而不作의 방법으로 이루어졌다고 한다(황원구, 「한치윤의 사학사상」, 218면). 따라서 당시 이러한 편찬방법을 述而不作이라 이름하였음을 알 수 있다. 그러나 述而不作이 동양의 전통적인 역사서술 방식으로 널리 알려져 있지만 『열조통기』·『연려실기술』 등에서와 같이 관계기사를 인용하여 모으는 것에 그치는 방식은 아니다. 그러므로 이 당시의 서술 방식을 엄밀하게 말한다면 述而不作보다는 유득공의 「『海東繹史』序」에 보이는 '칼과 풀의 역사'(手刀與糊 離而合 合而離)라는 말이 더 어울릴 것으로 생각된다.

24 김사억 씨는 『열조통기』에서 이전 사람들이 지은 단편적인 논술들을 인용·서술함으로써 본인의 창작이 아닌 것같이 보이기 위한 것이며 이는 본조의 역사를 지었다고 하는 법적인 추궁을 면하고자 한 데서부터 나온 것이라고 지적하였다(앞의 논문 II, 16면). 올바른 견해라고 여겨진다.

것이 아닌가 한다. 이는 전통적 역사서술 방식에 역으로 흐른 것으로도 볼 수 있지만 어떻게 보면 찬자의 주관을 조금이라도 보이지 않게 하고 전통적 역사서술 방식에 더욱더 충실하기 위하여 그러한 서술방식을 택한 것으로 추측하여도 큰 무리가 없을 것으로 보인다.

3) 인용서목

앞서 설명한 바와 같이 안정복은 여러 서적으로부터 필요한 부분을 발췌하여 『열조통기』를 찬술하였다. 그리고 인용된 기사의 말미에는 그 인용서목을 붙이고 있다. 즉 「열조통기 소지」에서

⑯ 相續成文以完事之始末 各書册名於其下 不敢擅入一字

라고 하는 바와 같이 전거를 제시하는 방식이 기본형태임을 밝혀 놓고 있다.[25]

그 인용서목을 기사의 말미에 붙여 놓은 것은 찬자 자신의 창작이 아니라 타인의 것이라는 점을 분명히 하기 위해서라고 보인다. 그렇다고 하더라도 전거를 제시하는 것은 실증·고거考據의 정신에 의한 역사서술 방법론에 있어 발전적인 현상으로 헤아려진다.

이러한 방식은 자료의 부집이라는 서술태도와 마찬가지로 『열조통기』에서

---

25 간혹 '明史曰' 하는 식으로 기사의 첫머리에 전거를 두는 경우도 있다. 특히 소주의 형식에서 나오는 고증이나 타인의 평론을 이용한 논찬에서 그러한 예를 많이 찾아볼 수 있다. 그리고 사료 ⑯에서 인용기사의 말미에 그 전거를 제시한다고 언급하지만, 실제 그 내용에서 확인되는 바와 같이 인용서명이 밝혀져 있지 않은 부분도 꽤 있다. 이는 찬술과정에서 실수로 누락시킬 수도 있을 것이며 혹 전거를 밝히지 않은 기사를 실은 서적을 참고·인용하여 그럴 수도 있을 것이다.

만 나타나 있는 것이 아니라 당시 사서에서 널리 사용되었던 일반적인 방법론으로 생각된다. 상기 사료 ⑬에서의 『연려실기술』이나

> ⑰ 每於條下 各縣所出本册之名 以著其不由己 而因循旧迹焉(申協 撰, 『藥坡漫錄』 序, 奎章閣, 청구번호1104)

라는 『약파만록』에서 「열조통기 소지」에서 보이는 방식을 찾아볼 수 있으며 『조야첨재』, 『조야집요』 등도 그 본문을 열람해 보면 이를 알 수 있다.

이는 청대 고증학의 영향으로 전거의식이 높아진 추세에 따라 그러한 현상이 나타난 것으로도 풀이될 수 있다.[26] 하지만 앞서 자료 부집 형태의 시원이라고 여겨지는 선조조 허봉의 『해동야언海東野言』이 그 인용된 기사 끝에 전거가 밝혀져 있는 것으로 보아서는 인용서목의 제시는 일찍부터 들어왔던 방법으로 생각된다. 따라서 반드시 청대 고증학의 영향으로 돌릴 수는 없을 것이며 이전부터 있었던 전거 제시가 청대 고증학의 영향으로 더 일반화될 수 있었던 것으로 추측할 수 있을 것이다.[27]

필자가 조사한 바에 따르면 『열조통기』의 인용서목에 나오는 자료의 총수는 550여 종에 이른다.[28] 그 종류는 『국조보감』·『승정원일기』·『비변사등록』·

---

26 이태진 씨는 『해동역사』·『지봉유설』·『林園十六志』 등에서 인용서목이 제시된 것은 전거에 대한 의식-그는 이를 典據意識이라고 말하고 있다-이 강한 것으로 파악하고 있으며 이를 청조 고증학의 영향으로 분석하고 있다. 그리고 『연려실기술』의 전거표시도 이와 같은 추세에서 이해하고 있다(앞의 논문, 231~239면 참조). 필자는 씨의 견해가 올바른 것으로 판단되며 이러한 전거의식이 『열조통기』에 어느 정도 작용한 것으로 보고 싶다.

27 전거의식이 고조되었다고 하여 당시 모든 사람이 고거에 대한 의식이 강하였다고 볼 수는 없다. 『五州衍文長箋散藁』의 箕子 부분은 『성호사설』을 그냥 베낀 것임에도 아무런 언급이 없는 것으로 보아(「실학의 개념」(좌담), 『이을호박사정년기념실학논총』, 전남대학교 호남문화연구소, 1975의 제1부, 31~32면의 천관우 씨 발언 참조) 이를 알 수 있다.

28 『열조통기』에서 인용된 서적의 수는 정확하게 파악하기가 힘들다. 단순히 행장·비문·비명 등의 명칭으로 여러 번 나오는 자료의 완전한 이름을 현재로서는 알아내기가 어렵기 때

『천의소감闡義昭鑑』 등 관찬서적에서부터 『석담일기』·『고사촬요』·『동각잡기』 등의 사찬서적에 이르는 매우 다양한 것이다.[29] 이는 사서를 편찬할 때 국가비적國家秘籍, 제가비장諸家碑狀 및 패관야승稗官野乘까지 두루 참조하여야 한다는 「잡저雜著」에서의 그의 주장과도 일치하는 것이다.[30]

인용서목을 전체적으로 보면 상기 사료 ⑦에서 야사·소설·문집 등을 이용하여 『열조통기』를 찬술하겠다는 언급에서 나타나는 바와 같이 관찬서적보다 사찬서적이 그 주류를 이루고 있다. 관찬서적의 경우 우선 열람의 한계가 있으며 인용시에도 정확한 연대와 국가의 입장에서 정리된 사건전말의 전반적인 이해만 가능하게 하였을 뿐이므로 자연 역사적 사실에 대한 관계인물의 견문록·일기·문집 등을 인용함으로써 그 내용을 풍부하게 할 수 있었기 때문에 이러한 현상이 나타난 것으로 믿어진다.

『열조통기』에서 기사의 끝과 첫머리에 밝혀져 있는 전거와 한 기사의 전거가 둘 이상일 때 모두 다 포함시켜 인용서목이 제시되어 있는 기사의 총수를 계산하면 6,392회이다. 이 가운데 200회 이상 인용된 서적을 모아 보면 〈표 5〉와 같다. 인용 횟수로 보면 『국조보감』·『명신록』·『고사촬요』 순인데 550종이 총 6,392회 인용하였으니, 한 서적의 평균 인용 횟수가 약 12회인 것을 고려한다면 〈표 5〉에서의 서적은 매우 빈번히 참고된 것임을 알 수 있다. 그러나 『청천집菁川集』은 선조조와 광해군조에, 『석담일기』는 명종조와 선조조에

문이다. 그리고 자료 부집 형태의 사서편찬은 그 인용서목을 수백 종에 이르게 하였을 것이다. 『연려실기술』이 400여 종을(황원구, 「실학파의 사학이론」, 169면), 『해동역사』가 545종을(황원구, 「실학파의 사학이론」, 172면) 참조하여 이루어진 것은 『열조통기』와 같은 경우라고 보아야 할 것이다.

29 관찬서적에 있어 『국조보감』의 경우 안정복이 열람하는 것이 용이하였겠지만 『승정원일기』(총 4회 인용)와 『비변사등록』(총 22회 인용)을 직접 열람하는 것이 과연 가능하였는지 조금 의심스럽다.

30 『順菴先生文集』 卷12, 雜著, 「橡軒隨筆」 上. "大抵作史者 襍稡國史秘籍 諸家秘狀 稗官野乘 折衷而爲之書." 이에 관해서는 변원림, 앞의 논문, 335면; 조광, 앞의 논문, 162면 참조.

집중적으로 인용되어 전체 숫자상으로는 많이 인용된 서적이면서도 여러 시대에 걸쳐 널리 인용되지 못한 점이 눈에 띈다. 그 외 다른 서적은 시대적으로 비교적 골고루 인용되었는데 특히 『국조보감』은 전 시대에 걸쳐 그리고 가장 많이 인용되었다. 『열조통기』를 통틀어서 볼 때 사찬서적이 관찬서적보다 많이 인용되었다는 것은 앞서 언급한 바 있지만, 관찬인 『국조보감』이 가장 많이 인용된 점에 대해서는 좀 더 주목해 볼 필요가 있다.

〈표 5〉

연대 / 서명	首卷	태조	정종	태종	세종	문종	단종	세조	예종	성종	연산	중종	인종	명종	선조	광해	인조	효종	현종	숙종	경종	영조	인용횟수	백분비
국조보감	0	29	23	108	101	4	4	60	6	103	1	62	7	56	53	0	27	62	42	296	19	146	1209	19%
명신록	0	4	0	12	35	4	6	29	2	36	26	56	6	39	48	10	12	0	0	0	0	0	325	5%
고사촬요	0	12	0	32	40	2	1	15	0	26	11	31	3	42	72	10	26	0	0	0	0	0	323	5%
청천집	0	0	0	0	0	0	0	0	0	0	0	0	0	1	193	56	0	0	0	0	0	0	250	4%
석담일기	0	0	0	0	0	0	0	0	0	2	0	0	3	37	197	0	0	0	0	0	0	0	239	4%
동각잡기	11	10	3	13	32	3	4	8	2	4	7	54	16	43	4	0	0	0	0	0	0	0	214	3%
승람	5	20	4	32	36	0	0	27	5	33	19	23	0	0	0	0	0	0	0	0	0	0	204	3%
																							총 6392	100%

사실 『열조통기』의 전체 인용서목 횟수에 있어 『국조보감』이 19%를 차지한다는 것은 안정복이 『국조보감』으로 『열조통기』의 기초적인 틀을 잡은 것으로 생각된다. 더구나 〈표 5〉에서는 나타나지 않지만 필자가 조사한 바에 따르면 숙종조・영조조에서 『국조보감』이 차지하는 비중은 다른 시대보다 훨씬 더 커진다. 즉 숙종조에서 인용서목이 붙어 있는 총수는 483회로 『국조보감』(296회 인용)이 61%를, 영조조에서는 총 184회로 『국조보감』(146회 인용)이 79%를 차지하고 있는 것이다. 이 점 혹 안정복의 저술이 아닌 정현동의 것일 가능성도 있으나 안정복 자신이 생존한 연대와 매우 가까운 시기이기에 폭넓은 자료수집의 어려움으로 『국조보감』에 의존하였던 것으로 추측하여도 좋을 것이다.

안정복이 『열조통기』를 찬술하면서 『국조보감』에서 상당 부분을 인용한 이유는 『국조보감』의 기사가 정확한 연월을 밝히고 있는 데서 먼저 찾아볼 수 있다. 『열조통기』가 편년체 사서이니 기사의 정확한 연월을 제시하는 것이 기본적인 작업이다. 『열조통기』 인용서목으로 개인의 견문록·일기·문집 등의 서적이 주종을 이루고 있지만 『국조보감』만큼 기사의 연월을 정확하게 밝혀 주지 못하므로 『국조보감』을 이용하여 인용서목의 전체적인 틀을 이루었다고 생각된다.

그리고 『국조보감』을 많이 인용하고 있는 또 다른 중요한 이유는 『국조보감』이 『열조통기』의 찬술 의도와 궤를 같이하는 사서였기 때문이 아닐까. 『국조보감』의 찬술 목적은 성리학적·교훈적 역사의식에 입각한 역대 군주의 공덕을 기술하여 그것을 유양하기 위한 것이다.[31] 『열조통기』에서는 『국조보감』에 나타낸 이러한 점을 강조하기 위하여 다른 어느 서적보다도 『국조보감』을 많이 인용한 것으로 보인다. 요컨대 『열조통기』의 찬술에 있어서 정확한 연대를 알 수 있다는 자료이용의 편리함과 그 찬술 의도가 같았다는 점에서 『국조보감』의 많은 인용을 가능케 한 것으로 추측된다.

4) 소주小註

끝으로 편년체 자료의 부집, 인용서목 등과 더불어 『열조통기』의 서술상의 특징으로 들 수 있는 것이 소주 부분이다. 소주는

⑱ 按字 先生所按 校者 顯東所校(「列朝通紀 小識」)

31 『국조보감』의 찬술 목적에 대해서는 李元淳(1976), 「國朝寶鑑解題」, 세종대왕기념사업회, 4~6면; 鄭亨愚(1983), 『朝鮮時代 書誌史研究』, 韓國研究院, 187~188면 참조.

라고 한 바와 같이 문인 정현동이 부분적으로 추가한 것 이외에는 안정복이 해당 본문에 관계되는 기사를 타인의 저술에서 인용한 것과 그 자신이 직접 지은 것으로 이루어져 있다.[32] 안정복은 소주의 형식을 통하여 본문에 대한 자신의 견해를 나타내고자 하였는데 이를 그 내용상 몇으로 나누어 살펴보고자 한다.

첫째, 정확한 연대에 대한 고증이다. 다음의 기사들은 그 몇 가지 예이다.

⑲ 册定宜君芳碩爲世子… 〈按 芳碩爲世子 似在夏秋間〉(卷1, 太祖 3年)

⑳ 令觀際使發近縣丁夫 高麗太祖廟于麻田縣… 〈輿地勝覽 太祖元年 立麗祖廟於麻田 寶鑑作六年 今從寶鑑… 〉(卷1, 太祖 6年)

㉑ 六月 領議政申叔舟卒… 〈名臣輿覽樂府行狀參用 而行狀云戊戌卒當更考〉(卷6, 成宗 8年)

사료 ⑲에서는 그 정확한 월을 추정하고 있으며, 사료 ⑳은 여지승람과 국조보감 두 서적을 비교하여 국조보감의 연대를 따르고 있으며, 사료 ㉑에서는 행장에서의 졸년을 의심하고 있는 등 시간에 대한 고증을 안정복이 다양한 방법으로 하고 있음을 보여 주고 있다. 그리고 연대가 확실하지 않은 기사의 경우 앞서 언급한 바 있듯이 월일미고, 월일미상, 연조미상 고부차 등의 소주를 붙이고 있다.

둘째, 역사적 사실에 대한 고증으로 다음의 기사는 그 좋은 예가 된다.

㉒ 太祖潛邸時 登三角山白雲峯 詩云… 〈按 安社穆祖諱 故恭讓時賜功臣號 有安社二字 太祖辭之 今此詩有此二字 可疑當更詳之〉 (首卷, 龍潛事功紀)

32 『열조통기』에서 小註는 작은 글자로 본문의 뒤에 붙어 있는데 '顯東校'로 시작하는 것 이외의 愚按·愚校·按 등은 안정복이 붙인 것이다.

㉓ 太祖修禮樂 而毖祀事 定章服…〈建元陵碑 權近建元陵碑不言北狩之事 而基奉敎撰 上御題詩序云 我太上王之北狩駐蹕平壤 觀其寫眞 因題一絶 又云 (…) 然則北狩明矣 五山說林及安應昌小說老峯關鼎重朴淳溢狀高峯奇大升論思錄皆言北狩 載首卷〉(卷1, 太祖 7年)

사료 ㉒에서는 나올 수 없는 글자가 있음을 이유로 태조의 시를, 사료 ㉓에서는 건원릉비健元陵碑에서 태조가 북수北狩한 사실이 보이지 않는 것을 여러 자료를 이용하여 살펴보고 있다.

소주에서 역사적 사실의 연대와 그 진위에 대해 고증하고 있는 것은 안정복의 대표적 저술인 『동사강목』에서 나타나는 고증에 대한 기본태도와 같은 것으로 볼 수 있다. 즉

㉔ 司馬氏作通鑑 參考群書 評其同異 以示去取之意 爲考異三十卷 只取典實可法者 此作史者之柯則也 今倣之 爲東史考異(『東史綱目』 附卷 上, 「考異」)

라 하여 사마광이 『자치통감』을 저술하면서 철저한 고증을 위해 「고이편」을 두었으므로 이에 따라 안정복 역시 선택된 사료에 대한 치밀한 고증의 중요성을 강조하고 있음을 우리는 알 수 있다.[33] 하지만 『열조통기』의 본문은 여러 기사를 부집한 것이기에 본문의 고증은 자연 소주에서 처리할 수밖에 없었으므로 이는 본문 자체가 고증되지 않은 것이라는 의미로 받아들일 수 있다. 따라서 『열조통기』는 모든 내용에 대한 고증단계를 거친 『동사강목』에 비하여 고증의식이 약간 떨어진다고 생각된다.

셋째, 소주를 통한 본문 내용의 추가 설명이다. 즉

---

33 안정복이 사료고증의 중요성을 강조하였다는 것에 대해서는 변원림, 앞의 논문, 336면 참조.

㉕ 策定社功臣〈功臣錄曰 戊寅太祖禪位于定宗 仍遷松都 奸臣鄭道傳 南誾… 立僞世子 謀作亂 和等除奸定社〉(卷1, 太祖 7年)

라 하듯 정사공신 책봉에 대한 자세한 설명을 소주를 통하여 자세히 덧붙이고 있음을 알 수 있다.

끝으로 논찬이 소주에서 보인다. 논찬이란 찬자의 사평史評으로 그의 역사관을 나타내는 것이다. 따라서 논찬은 역사서술에 있어서 찬자의 주관을 표현하는 가장 직접적인 방법이라고 할 수 있다. 실제『열조통기』를 살펴보면 안정복이 역사적 사실에 대한 평가를 내리는 논찬이 소주에서 상당수 보이고 있다. 그리고 이는

㉖ 皇明英宗皇帝復位 改景泰八年爲天順元年〈愚按 禍福之來 事機適輳 是時天朝則英宗爲上皇在幽南城 我朝則端宗爲上王 出御錦邸 (…) 盖大國多恢弘之論 小國有謹守之規 此所以不同也〉(卷5, 世祖 3年)

에서 보이는 바와 같이 안정복이 직접 작문한 것도 있고 앞의 사료 ⑫에서처럼 타인의 평가를 이용한 것도 있다.

이와 같이 자신의 왕조역사에 대하여 평가하고 있다는 사실은 매우 특수한 예가 아닌가 생각된다.『연려실기술』의 경우 논찬은 고사하고 연대고증에 대한 부분도 별도로 존재하고 있지 않다. 이에 반하여『열조통기』는 개인에 대한 평가에만 그치는 것이 아니라 조선왕조 개국에 따른 역사적 사실에 대해서도 비판적인 입장에서 평가하고 있다. 즉

㉗〈象村申文貞欽曰 觀天錫集中 辛禑之遷・崔瑩之誅・禑昌之廢及賜死・牧隱之謫長湍皆有詩直言無諱 此之麟趾之史 不啻日星蝃蝀之相懸 草野之間 有此董狐之筆 豈非石壓笋斜出者乎〉(卷2, 太宗 元年)

라 하여 『상촌잡록』을 인용하여 폐가입진廢假立眞을 비롯한 조선 건국시의 역사적 사실을 간접적으로 비판하고 있는 것을 알 수 있다.[34] 조선시대인의 소속 왕조 역사에 대한 평가는, 특히 그것이 비판적인 경우는 조선 후기 당시의 정치적인 분위기로 보아 어려울 것으로 판단된다. 조선왕조의 일부 역사적 사실을 왜곡시킨 중국측 사서를[35] 수입・소장・열람한 인물들이 매우 엄하게 처벌되었던 예로 보아 이를 짐작할 수 있다.[36] 그럼에도 『열조통기』에서 논찬이 존재할 수 있었던 것은 섣불리 평가할 수 없는 소속 왕조의 역사라고 하더라도 주관적인 판단을 하여야 한다는, 참위포폄僭僞褒貶과 같은 성리학적 대의명분에 입각한 안정복의 찬사태도에 말미암은 것으로 볼 수 있다. 이는 『동사강목』에서 나타난 그의 역사서술 태도가 『동사강목』보다는 그 정도가 낮지만, 그 후 어느 정도 계속 견지되고 있음을 잘 보여 주는 것이다.

4. 찬술 동기

한 사서가 편찬되었다면 왜 편찬되었느냐는 의문을 갖는 것은 당연한 일이다. 필자는 다음 두 측면에서 『열조통기』의 찬술 동기를 살펴보고자 한다.

---

34 안정복이 『동사강목』과 『열조통기』에서 廢假立眞에 대하여 비판적 태도를 취하고 있음은 일찍이 변원림 씨에 의해 지적된 바 있다(앞의 논문, 354~356면). 그러나 氏가 『열조통기』에서 입론의 근거로 하는, 앞서 〈표 4〉의 뒷부분에 나타나는 장서각본에서의 폐가입진에 대한 논의는 안정복이 적은 것이 아니라 『연려실기술』을 그대로 베낀 것이기에 씨의 장서각본을 이용한 해석은 곤란할 것 같다. 본문에서 필자가 언급한 것처럼 타자료를 인용하여 간접적으로 비판하고 있다고 보아야 할 것이다. 그리고 폐가입진에 대한 안정복의 비판적 견해는 스승 성호의 폐가입진에 대한 입장을 계승한 것으로 여겨진다(성호의 폐가입진에 대한 입장은 송찬식, 「성호의 새로운 사론」, 372면; 조광, 앞의 논문, 169면 참조).

35 이에 관해서는 黃元九(1982), 「清代七種書所載 朝鮮記事의 辨正」, 『東方學志』 30을 참조하시오.

36 『英祖實錄』, 四十七年 五月 辛酉條, 癸亥條, 丙寅條 및 六月 辛未條, 庚寅條 참조.

첫째, 『열조통기』는 어떠한 목적으로 지어졌으며 사찬사서인 본조사의 유행과 어떤 관련이 있는가. 그리고 관찬사서와는 달리 사찬사서로서 어떠한 점을 강조하였을까 하는 점이다. 둘째, 『열조통기』 서술의 밑바닥에 기본적으로 깔려 있는 조선왕조 역사에 대한 안정복의 입장은 어떠한 것일까 하는 점이다.

다소 번거롭다고 여겨지지만 독자의 편의를 위하여 앞에서 언급한 사료 ⑦을 다시 한번 인용하면서 첫 번째 의문부터 풀어 나가고자 한다.

> ⑦ 順菴先生編東史綱目 上自箕聖下至勝國 東史遂成一統 惟我列朝聖神相繼治化休明迥出千古 名臣懿迹亦多可觀 散見野史小說及諸家文集者隨見隨錄 名曰列朝通紀 用陳建皇明通紀例也

『열조통기』의 찬술은 고대로부터 고려 말까지의 『동사강목』을 계승하여 그 뒤를 보충하는 의도였음을 알 수 있다. 그리고 위 기사에 의하면 『열조통기』를 작성하면서 진건의 『황명통기』를 참고한 것으로 되어 있는데 이는 『동사강목』의 참고서목에 『황명통기』가 제시되고 있는 것으로 보아 안정복은 『동사강목』 작성시 이미 『열조통기』의 편찬을 구상하고 있었음을 말해 주는 것이라 하겠다.

사서편찬에 있어서 대개의 경우 찬자의 소속 왕조 이전까지만 취급한 것을 염두에 둔다면 [37] 안정복의 『열조통기』 저술은 상당히 예외적인 것이다. 그러므로 안정복은 전통시대의 사가로서는 유일하게 고대로부터 자신의 생존시까지의 역사를 처음으로 정리한 인물로, 이 점 한국사학사에서 높이 평가되어 좋을 것이다.[38]

---

37 『삼국사기』 이래 『고려사』·『동국통감』·『여사제강』 등이 그 예가 될 수 있다.

38 김사억 씨는 안정복이 『동사강목』과 『열조통기』를 통하여 우리나라 全史를 처음으로 완성하였다는 점을 높이 평가하고 있다(앞의 논문 II, 15면).

이와 같이 안정복이 『동사강목』에 이어 『열조통기』를 찬술한 것은 그의 우리나라 역사에 대한 관심과 관련이 있을 것 같다.

㉘ 而東人雖有經緯天地之才 畢竟是東人而止 則東人而不習東史 可乎
(「答鄭子尙書」, 『順菴叢書』 上, 204면)

㉙ (英宗)三十五年己卯 先生四十八歲

○東史綱目成

先生嘗嘆東人之專昧東史 自丙子歲始草 閱四年而成 (「順菴先生年譜」, 『順菴叢書』 上, 607면)

상기 기사에서 볼 수 있듯이 동사, 즉 우리나라 역사에 대한 지식의 습득을 강조하여 『동사강목』이 저술되었으며 그러한 인식이 시대적으로 안정복 자신의 왕조사에까지 확대되어 『열조통기』가 나타났다고 볼 수 있다.

소속 왕조 이전의 역사를 다룬 『동사강목』의 뒤를 이어 자신의 본조사인 『열조통기』를 안정복이 지을 수 있었던 배경은 당시 본조사가 많이 유행하였다는 사실과 관련지어 설명될 수 있을 것이다.[39] 앞서 밝혔듯이 자료의 부집과 인용서목을 밝히는 서술태도를 『조야첨재』·『조야집요』·『연려실기술』 등 동시대의 사서에서 공통적으로 찾아볼 수 있다는 점도 바로 그것을 말해 준다. 즉 당대인의 견문록과 같은 단편적인 기록만으로는 조선왕조사의 윤곽을 헤아릴 수 없으니 자연 체계적으로 저술된 사서가 나와야 한다는 시대적 요구에 따른 것으로 생각된다.[40]

39 조선 후기 本朝史의 유행에 대해서는 稿를 달리하여 상론할 예정이다.

40 『열조통기』의 찬술이 동시대의 본조사 편찬과 관련된다는 필자의 견해는 앞서 밝혀진 바와 같이 안정복이 진건의 『황명통기』를 본받아 『열조통기』를 지었다는 사실로 더욱 분명해질 수 있을 것 같다. 『황명통기』가 "昔漢中葉有司馬遷史記 有班固漢書 有荀悅漢紀 宋中葉有李燾長編皆蒐載當時累朝制治之迹 以昭示天下 我朝自 太祖開基 (…) 二百禩矣 而未有紀

요컨대 『열조통기』는 당시 유행하였던 본조사 가운데 하나이며, 안정복이 본조사의 유행에 자극을 받아 지은 것으로 보인다.[41]

이상과 같은 본조사의 유행이라는 분위기 아래 안정복은 사찬사서로서 어떠한 점을 강조하기 위하여 『열조통기』를 저술하였을까. 본조사의 흐름에 대한 전반적인 이해는 『국조보감』과 같은 관찬사서를 통해서도 가능할 것이다. 자료수집이 어려운데도 굳이 『열조통기』를 찬술한 까닭은 무엇일까. 이는 안정복이 관찬사서가 갖지 못하는 사찬사서, 즉 야사 나름대로의 효용성을 인식하였기 때문으로 풀이된다.

사실 조선왕조의 역사를 다루는 야사에 대한 조정의 입장은 부정적인 것이었다. 임진왜란 동안 상실된 기록을 보충하기 위한 논의에서도

㉚ 記憶追錄 必有失實之弊 所關非經 野史亦難憑信 幷參酌施行 (『宣祖實錄』, 28年 2月 戊午)

라 하여 야사는 믿을 수 없다는 견해가 나오고 있다. 그리고 이러한 태도는 정조조에 『국조보감』을 편찬하는 과정에서도

㉛ 尙喆曰 野史所記 有難的信 固不必錄矣 (『正祖實錄』 5年, 9月 庚子)

者"라 하여 역대의 유명 사가가 소속 왕조의 역사를 정리한 本朝史에 자극을 받아 저술된 것임을 안정복이 참고하였던 것으로 보인다. 이 점 "馬遷之史記 班固之漢書 孫盛之晋春秋 李燾之續通鑑長編 陳建之通紀 皆以當世之人 記當世之史 直書時諱 而不以爲非 私自著述 而不以爲僭(『東史綱目』 第13下, 丁巳)"라고 하는 진건의 「皇明通紀序」에 보이는 역대 중국 본조사의 장점을 말하고 있는 『동사강목』에서의 기사를 통해서도 알 수 있다.

41 필자의 이러한 추측이 옳다면 『동사강목』도 시대적으로 앞선 『麗史提綱』·『東國通鑑提綱』·『東史會綱』 등 강목체 사서의 자극을 받아 저술되고 또 그 가운데 하나의 사서로 파악하여도 좋을 것이다. 조선 후기 강목체 사서에 대하여는 이만열 씨의 앞의 논문을 참조하시오.

라고 하듯이 그러한 입장이 계속 지켜지고 있음을 알 수 있는 것이다.

이와 같은 국가의 태도에 대하여 안정복은 매우 비판적이었다. 즉

> ㉜ 自後世野史有禁過數十年 則善惡泯然無迹 使爲惡者無所憚 而亂臣賊子無所懼 是所謂君子之不幸 而小人之幸也 高麗時鄭可臣嘗私撰金鏡錄則此時無野史之禁 而忠烈亦命閔漬增修 則自上亦勒其成矣此可爲後世之法而惜乎 (『東史綱目』 13下, 丁巳)

라 하여 야사를 장려한 고려왕조와 비교하면서 야사를 금지한 조선 조정의 정책을 비난하는 것을 통하여 알 수 있다. 이는 안정복이 조선왕조의 역사를 취급한 야사를 매우 중요시하고 있었던 것으로 풀이된다.[42]

그렇다면 안정복은 조선왕조사를 취급한 야사의 어떠한 면을 중요시하였을까. 필자의 생각으로는 안정복은 야사를 통해서만이 어느 특정 역사적 사실에 대해 관계인물이나 후대인이 기술한 여러 뒷이야기와 평가를 전할 수 있다는 점을 무엇보다 강조한 것 같다. 특정 역사적 사실에 얽힌 여러 뒷이야기를 게재함으로써[43] 생동감과 호소력이 있는 역사가 이루어질 수 있고, 또 상반된 평가를 실음으로써[44] 역사 해석에 있어 다양성을 꾀할 수 있을 것이다. 즉 야사를 불신하는 정부의 입장에서 편찬된 관찬사서가 보여 주는 역사서술의 획일화를 지양하고자 한 것으로 여겨진다. 따라서 본조의 역사에 대한 다양한 지식의 습득이 『열조통기』 찬술의 첫째 동기라고 생각된다.[45]

---

42 안정복이 야사의 중요성을 강조하였다는 점에 대해서는 변원림 씨가 일찍이 지적한 바 있다(앞의 논문, 335~336면). 그러나 변원림 씨가 말하는 야사는 일반적인 사찬사서를 의미하는 것이지 조선왕조의 역사를 취급한 사찬사서를 지적하는 것은 아닌 것 같다.

43 한 예에 불과하지만 연산군의 생모 尹氏賜死사건에 대하여 권3 성종 20년의 小註에서 『己卯錄補遺』·『破睡篇』·『竹溪小說』·『安應昌日記』 등을 인용하여 이에 얽힌 일화를 전하고 있다.

44 본문의 사료 ⑫ 참조.

이상의 것이 그 첫째 동기라면 안정복은 본조사의 다양한 지식을 통하여 궁극적으로 무엇을 주장하고자 하였을까. 다시 말하면 『열조통기』 서술의 밑바닥에 기본적으로 깔려 있는 조선왕조의 역사에 대한 안정복의 입장은 어떠한 것일까. 이 의문에 대한 해답이 그 두 번째 찬술 동기로 이야기될 수 있지 않을까 한다.

안정복의 역사의식의 특징은 널리 알려진 바와 같이 정통론 사상으로 볼 수 있다. 「동사강목 서」에서

㉝ 史家大法 明統系也 嚴簒賊也 褒忠節也 正是非也 詳典章也

라 하여 계통을 밝히는 것을 역사서술 태도의 첫머리에 둔 것이 바로 그것을 분명히 말해 주는 것이며 이러한 입장에서 『동사강목』이 이루어졌던 것이다.[46] 그 『동사강목』에서 안정복이 밝힌 바대로 고려왕조로 끝난 역대 왕조의 정통성은, 매우 당연하고 상식적인 지적이지만, 자연 자신의 소속 왕조인 조선왕조로 이어진다고 분명 생각하였을 것이다.

그렇다면 조선왕조의 정통성을 강조하기 위하여 안정복은 기본적으로 본조의 역사를 찬양하는 입장에 서고자 하였을 것이다. 이와 같은 입장은 상기 사료 ⑦에서 잘 찾아볼 수 있다. 즉 조선시대 역대 왕과 명신의 훌륭한 업적을 드러내기 위한 저술이 『열조통기』라는 것이 바로 그것을 말해 준다. 이 점 앞서 언급하였듯이 『열조통기』가 역대 군주의 위업을 찬양하기 위하여 편년체의 형식에 집착하였으며 역대 군주의 공덕을 유양하기 위하여 편찬된 『국조보감』

---

45 이렇게 볼 때 『동사강목』은 취급시기에 대한 역사적 지식의 축적보다는 평가를, 『열조통기』는 평가보다는 지식의 축적을 우선으로 하는, 그 성격이 뚜렷이 대조되는 사서로 보아도 좋은 것이다.

46 안정복의 정통론에 대해서는 이우성, 「이조후기 근기학파에 있어서의 정통론의 전개」, 359~361면 및 변원림, 앞의 논문, 332~334면 참조.

이 가장 많이 인용되고 있다는 서술상의 특징을 통하여서도 더욱 분명해진다고 볼 수 있다.

필자의 이러한 생각이 크게 빗나간 것이 아니라면 다음 단계에서 의문을 가져볼 수 있는 문제는 왜 안정복이 『열조통기』를 통하여 조선왕조의 정통성을 강조하고 그 역사를 찬양하려고 하였을까 하는 것이다. 여기에 대하여는 『열조통기』 찬술시 참고된 『황명통기』를 통하여 어느 정도 시사받을 수 있을 것 같다.[47]

『황명통기』는 원래 명明 가정嘉靖 34년(1555)에 진건이 완성한 명대사로 원元 지정至正 11년(1351)부터 명明 정덕正德 16년(1516)까지를 내용으로 하고 있다. 진건의 『황명통기』는 완성 후 곧 우리나라에 유입된 것으로 추측되는데[48] 실제 조선 후기에 많이 유포된 『황명통기』는 진건이 저술한 『황명통기』의 뒤를 천계天啓 7년(1627)까지 보충하여 숭정崇禎 12년(1639)에 완성한 마진윤馬晋允의 것으로 보인다. 왜냐하면 영조 47년 조정에서 영조의 어제소지御製小識를 붙여 활자본으로 펴낸 『황명통기』는 바로 마진윤의 것을 대본으로 하고 있기 때문이다.[49] 따라서 안정복은 상기 사료 ⑦에서 진건의 『황명통기』의 예를 따른다고

---

47 『열조통기』 찬술시 『황명통기』를 참고하였지만 자료의 부집과 전거의 게시와 같은 서술 방법을 따른 것은 아니다. 『황명통기』는 『열조통기』와는 달리 보통 사서에서 볼 수 있는 일반적인 서술 형태로 이루어져 있다.

48 『明宗實錄』, 十七年 十一月 甲辰. "及今考見皇明通紀 則永樂大典之纂修 只載書契以來經史子集百家之書"라 하여 『황명통기』가 완성된 지 7년 후인 명종 17년(1562)의 기록에 『황명통기』가 언급되는 것으로 보아 그것을 알 수 있다.

49 『英祖實錄』, 四十七年 六月 庚寅. "遂命開局更印 親製弁卷小序 復因大臣陳達 命通紀中我朝姓字大書之 諱則以小註書之 冊名則改之以皇明通鑑"이라 하여 조정에서 영조의 小序가 붙여진 『황명통기』를 간행한 것을 알 수 있다. 그러나 위 기사에는 책명이 『皇明通鑑』으로 나타나지만 분명 이것과 동일한 것으로 생각되는, 현존하는 국립중앙도서관소장본은 『皇明通紀』(청구번호 古2255-5)로 되어 있다. 그리고 규장각소장본은 국립중앙도서관소장본과 같은 내용이지만, 서명은 『皇明通紀輯要』(청구번호 292, 736 등 다수)이다. 양 도서관본 모두 馬晋允의 『皇明通紀』를 대본으로 하고 있으며 영조의 御製小識가 붙어 있다.

하였지만 실제로는 마진윤이 보충한 『황명통기』를 열람하였을 가능성이 많다고 여겨진다.

마진윤의 「황명통기서皇明通紀序」에 따르면

> ㉞ 高皇帝驅除胡虜 (…) 成祖復躬越沙漠掃穴犁庭 (…) 列聖繼起 明良賡歌迄今 特三百年天下全盛過於昔時 雖內外交訌 物力告竭 而民有固志 士有同仇 豈非二祖列宗之靈昭爍來乎 臣晋允非史才又無修史之職 偶取本朝編年紀事之書

라 하여 『황명통기』가 명의 멸망 직전에 청의 흥기에 대한 한민족으로서의 자부심과 우월감을 강조하기 위하여 편찬되었음을 말해 주고 있다. 다시 말하면 『황명통기』의 찬술은 명 멸망 직전의 위기의식으로 말미암은 것이라고 할 수 있다.

『황명통기』 찬술의 이러한 배경을 염두에 둔다면 『열조통기』 역시 당시 사회적 위기감의 산물로 볼 수 있지 않을까 한다. 이 점 간단히 말할 성질의 것은 아니지만 널리 알려진 바와 같이 조선 후기 농업과 상공업의 발달에 따른 양반신분체제의 동요는 안정복으로 하여금 상당한 불안감을 느끼게 하였을 것이다. 특히 조선왕조의 기본질서를 부정하는 천주교의 유입은 그러한 위기감을 더욱 크게 하였던 것으로 풀이된다. 안정복이 천주교를 이단으로 규정하고 이를 비판하기 위하여 『천학고』와 『천학문답』을 저술한 것도 바로 이러한 맥락 속에서 이해될 수 있다.[50] 요컨대 안정복은 조선 후기 양반신분체제의 동요에 따른 위기의식으로 말미암아 왕조의 기존질서를 옹호하면서 전통적인 것을 지키려는 의도에서 조선왕조 역사를 찬양하는 『열조통기』를 저술하였다고 생각된다.

50 안정복의 천주교에 관한 입장에 대해서는 李元淳(1970), 「안정복의 천학론고」, 『李海南博士華甲記念史學論叢』을 참고하시오.

5. 결어

지금까지 『열조통기』의 규장각본과 장서각본에 대한 검토, 그 서술의 특징 그리고 찬술 동기 등에 관하여 살펴보았다. 그 대강을 요약하면 다음과 같다.

『열조통기』의 여러 필사본 가운데 현재 비교적 완전한 형태로 남아 있는 것은 규장각본과 장서각본이다. 양본을 비교하여 보면 그 내용은 대부분 동일하지만 인용서목의 유무, 장서각본과 『연려실기술』의 비교 그리고 정현동의 「열조통기 소지」 등으로 보아 규장각본이 진본일 가능성이 많다. 그러나 권수에 있어서 약간의 문제점이 남아 있다.

『열조통기』는 부분적으로 시간을 뛰어넘는 서술과 강목체 형식의 기사가 있지만 대체적으로 순수한 편년체로 이루어져 있다. 이는 조선왕조의 역사에 대한 구조적인 이해보다는 편람적인 지식을 얻기 위한 것이며 나아가 역대 왕의 위업을 찬양하려는 목적에서였다고 여겨진다.

『열조통기』는 이전의 전통적 사서와는 달리 역사적 사실을 서술함에 있어 자료를 부집한 형태로 이루어져 있다. 이는 당시 유행하던 일반적인 방법론으로 그 효시는 선조조 허봉의 『해동야언』으로 추측된다. 그리고 『열조통기』의 내용을 살펴보면 정치관계 기사가 많은 부분을 차지하고 있어 전통적인 역사서술에서 크게 벗어나고 있지 않은 것으로 보이며 서술에 있어 공정한 태도를 견지하고 있다. 그러나 서술을 하지 않고 자료를 부집하였다는 점은 사서로서의 한계로 여겨진다. 안정복이 『열조통기』에서 이러한 방식을 취한 이유는 본조사의 편찬으로 화를 자초하게 됨을 꺼려한 것과 찬자의 주관을 완전히 배제하는 전통적 역사서술의 방식에 더욱더 충실하기 위한 것으로 풀이된다.

안정복은 『열조통기』에서 인용된 기사의 말미에 그 전거를 제시하고 있다. 이 역시 당시 널리 사용된 일반적인 방법론으로 원래 일찍부터 있어 왔던 것이지만 청대 고증학의 영향으로 좀 더 일반화되었다고 생각된다. 그리고 『열조통기』의 인용서목을 살펴보면 그 서적의 수는 550여 종에 달하며 관찬사서에서 사찬사서에 이르기까지 매우 다양하게 나타나고 있다. 인용서적 가운데 가장 많이 인용된 것은 『국조보감』인데, 이는 『열조통기』의 찬술에 있어 정확한 연대를 알 수 있다는 사료이용의 편리성과 역대 군주의 공덕을 유양한다는 그 찬술 의도가 같았기 때문인 것으로 여겨진다.

안정복은 소주에서 정확한 연대와 역사적 사실에 대한 고증, 본문 내용의 추가 설명, 찬자의 주관적 평가인 논찬 등을 싣고 있다. 특히 논찬은 조선 후기 당시의 정치적인 분위기로 보아 어려운 것이지만 성리학적 대의명분에 입각한 역사서술의 결과로 나타날 수 있었던 것으로 보인다.

끝으로 안정복은 조선왕조의 역사에 대한 지식의 습득을 위하여 『열조통기』를 찬술하였다. 이는 당시 본조사의 유행에 자극을 받은 것으로 보이는데 사찬사서의 입장에서 관찬사서에서 찾아볼 수 없는 다양성을 추구하였다. 그리고 안정복은 조선 후기 양반신분제의 동요에 따른 위기의식으로 말미암아 왕조의 기존질서를 옹호하려는 의도에서 조선왕조사를 찬양하는 『열조통기』를 저술하였던 것이다.

순암 안정복의 사학사상

『동사강목』을 중심으로

정구복

1. 머리말

순암 안정복(1712~1791)은 조선 후기 실학파의 대표적인 역사가로 인정받고 있다. 그가 편찬한 역사서로는 단군조선부터 고려 말까지를 다룬 『동사강목』과 그가 살았던 당대 왕조사인 『열조통기列朝通紀』가 있다.[1] 이 두 사서는 그가 당시 이용할 수 있었던 사료의 차이로 말미암아 동렬로 논할 수는 없다. 이를 좀 더 부연한다면 『동사강목』은 당대의 모든 사료를 이용할 수 있었지만, 『열조통기』는 실록을 이용할 수 없던 당시의 시대적 요인에 의해 주로 실록에서

1 『東史綱目』은 부록 3권을 합쳐 20권으로 되어 있고, 『列朝通紀』는 28권으로 되어 있다. 『열조통기』는 조선 태조로부터 영조 말(1795)까지의 역사를 기술하였다.

발췌한 『국조보감國朝寶鑑』의 관찬사료와 개인 학자들의 문집 기록을 편년체로 정리한 것에 불과하다.

『동사강목』의 경우 고려사까지는 많은 학자들의 연구와 사론이 있었기 때문에 이를 기초로 하여 새로운 관점을 제시할 수 있었지만, 『열조통기』의 경우 당대 왕조사가 사료 자체로서 정리되지 않았을 뿐만 아니라 아직 연구의 대상이 되지 못하였기 때문에 『동사강목』에 비하여 찬자 자신의 견해를 제시한 것이 대단히 적다.[2] 또한 그가 두 사서에 대한 관심이나 쏟은 정력, 저술 기간 등을 고려해도 『동사강목』은 『열조통기』에 비하여 훨씬 우위를 차지한다. 본고에서 『동사강목』을 분석하여 그의 사학사상을 추출하고자 하는 이유도 바로 여기에 있다.

그런데 『동사강목』에 대한 지금까지의 연구는 여러 편의 논문이 있으나[3] 그 일부만을 다루었을 뿐이고, 그가 쓴 사론을 분석하여 사학사상을 깊이 있게 연구한 것은 거의 전무한 편이어서 『동사강목』이나 안정복의 사학사상을 올바르게 파악하지 못하였다고 생각한다. 또한 안정복의 사학사상을 올바로 이해하기 위해서는 그 이전 사가들의 사학사상에 대한 이해가 전제되어야 함은 당연한데도, 이제까지 연구자들의 대부분이 이에 대한 선행 연구 없이 안정복만을 떼어 내어 연구한 결점을 지적하지 않을 수 없다. 또한 『동사강목』이 실학파의 대표적인 역사서로 논의되고 있으면서도 어떠한 점들이 실학적인 것인가에 대하여 아직 확실히 밝힌 연구가 없다. 이는 곧 실학사상으로 연구된 결과와

---

2 『동사강목』에 비하여 사론이 대단히 적게 쓰여졌을 뿐만 아니라 사료를 인용하면서도 전거를 대지 않은 것이 많다. 또한 역사의 큰 줄거리를 제대로 기술하였는가에도 의문이 간다. 이에 대하여는 앞으로 구체적인 검토가 요구된다.

3 卞瑗琳(1973), 「安鼎福의 歷史認識」, 『史叢』 17 · 18호; 李佑成(1966), 「李朝後期 近畿學派에 있어서의 正統論의 展開」, 『역사학보』 31, 112면; 沈嵎俊(1985), 『順庵 安鼎福研究』, 일지사; 김사억(1965), 「안정복의 역사관과 그의 조국 역사 편사에 대하여」, 『역사과학』 5 · 6; 黃元九(1970), 「實學派의 史學理論」, 『연세논총』 7; 黃元九(1979), 「實學派의 歷史認識」, 『韓國史論』, 국사편찬위원회.

사학사상과의 관련을 내용적으로 밝히지 못한 것이라고도 할 수 있다.

따라서 본고에서는 안정복의 사학사상을 실학과 관련지어 파악하고자 하며, 그에 대한 올바른 이해를 위해 이전 사학자의 사학사상으로부터 계승된 것은 어떤 것이며, 어떤 점이 새로운 것인가를 밝히는 데에 주력하되, 그의 사학사상을 총체적으로 이해하려 한다. 그의 생애에 대하여는 후손에게 전해 오는 고문서를 이용하여 아직 밝혀지지 않았던 몇 가지를 보완하였다.[4]

2. 안정복의 생애와 학문

안정복은 경주안씨慶州安氏로 아버지 안극安極(1696~1754)과 어머니 전주이씨(1694~1767) 사이에서 1712년 장남으로 태어나 80세가 되던 1791년 광주廣州에서 죽었다. 그의 가계도는 다음과 같다.

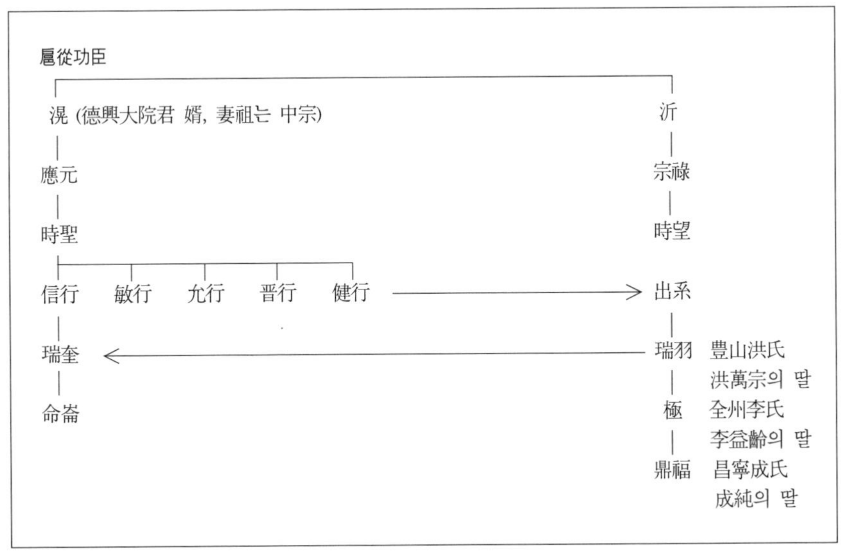

4 강세구의 『東史綱目研究』(民族文化社, 1994)라는 전문적인 연구서가 출간되었다.

안정복은 할아버지 안서우安瑞羽(1664~1735)의 관직에 따라 여러 곳을 옮겨 살게 되었다. 충청북도 제천 유원楡院에서 출생하여 경상북도 울산과 서울, 전라북도 무주 등지에서 어린 시절을 보내고, 20대 이후는 광주廣州의 선영 밑에 터전을 정하였다. 조부는 1693년 문과에 급제하여 비인현감과 태안군수를 거쳐 울산부사로 재직 중에 암행어사의 복명으로 탄핵을 받아 파직되자[5] 무주 주계(현 설천면)로 이사하여 이곳에서 10여 년 간 살았다(안정복 14~24세까지).

이곳에 살 때 그는 반계 유형원(1622~1673)의 학문이 높다는 명성을 듣게 되었고,[6] 이는 반계의 학문을 계승하게 되는 첫 계기가 되었다. 그 후 유형원의 증손인 유발柳發로부터 『반계수록磻溪隨錄』과 『동사강목조례東史綱目條例』 등을 33세(1744) 때에 접하게 되면서[7] 그의 학문을 사모하게 되었다. 아마 『동사강목』의 편찬은 유형원이 이룩하지 못한 일을 안정복 자신이 완성시키려는 뜻에서 착수한 듯하다.

조부의 상을 마친 26세 때에 안정복은 아버지를 따라 광주의 경안면 덕곡으로 이사를 하게 되었는데, 당시 이사를 하게 된 중요한 이유가 있었다. 10여 년 전 종손 안명륜安命崙에게 도덕적으로 불미한 일이 일어나자[8] 가문 종친회에서 집안의 불천지위不遷之位인 안황安滉[9]의 제사를 받드는 봉사손奉祀孫으로서의

5 전년도 田政磨勘時에 災結을 三千餘 結로 처리하고 그중 팔십여 결을 사사로이 처리하여 탄핵되었다(『英祖實錄』 권10, 英祖 二年 十二月 辛未條).

6 『順庵集』 卷18, 「磻溪年譜跋」. "鼎福 幼在湖南 從長者 熟聞柳磻溪先生之大德君子 而時未有知 不能得其詳 旣長思之 每深愧恨 甲子歲謁秀村公於京師之桃楮洞 公卽先生之曾孫也." 이 글에서 갑자년은 1744년이다. 이때 반계의 저술을 접하게 되었다

7 한국학중앙연구원(옛 한국정신문화연구원) 소장 장서각도서 중에 『東史例』라는 필사본이 있는데, 이에 적혀 있는 것 중에 「東史綱目凡例」와 「東史怪說辨」, 「與朴進士 自振論 東國地誌」 등은 유형원의 글을 필사한 것으로, 이 중 「동사강목범례」는 안정복의 것과는 크게 다른 점에서 유형원의 연보에 기록된 저술 초고인 듯하다.

8 이 내용은 1722년 忠勳府에 올린 所志에 상세히 기록되어 있다.

9 安滉은 왜란 때 세운 공로로 扈聖功臣 廣陽君에 봉해져 이 집안의 가묘에서 영구히 제사를 올리는 불천지위가 되었다. 그는 德興大院君 李岧의 女婿이며, 처의 祖는 中宗이었다.

소임을 안서우에게 맡기기로 결정하고 국가의 공식적인 허가도 받았으나, 서우는 봉사손이 되고 나서도 이사를 하지 않았다. 그런데 조부가 죽자 집안의 독촉이 심해져서 안정복의 아버지 안극이 가솔을 데리고 선영과 종토宗土가 있는 광주 덕곡으로 이사한 것이다. 따라서 안정복은 지손支孫으로서 가통家統을 계승하여야 하는 종손이 되었다.

이러한 가계상의 변화는 역사에서 정통론과 궤를 같이 하는 것으로 이해되어야 할 것이다. 또한 이와 관련하여 당시는 그의 학문상에 큰 변화가 있었다. 즉 그가 『성리대전性理大全』을 읽게 되고, 또 『치통도治統圖』와 『도통도道統圖』를 짓게 되었다는 것은 종통과 맥을 같이하는 것으로서 주목할 만한 것이다.

더구나 광주로의 이사는 당시 식견이 탁월하였던 성호 이익李瀷(1681~1763)에게 사사받게 되는 계기가 되었다. 이익은 이웃 고을인 안산 성촌星村(현 안산시)에 살았는데, 안정복은 35세에 선생을 만난 이후 네 차례 더 찾아뵙고 잦은 서신왕래를 통하여 학문을 논하였다. 특히 동사東史에 대한 문납은 주지하듯 그의 사안을 뜨게 하는 데 크게 영향을 주었다.

안정복은 한번도 과장科場에 나가지 않았으며, 그의 아버지도 관직에 나갈 뜻이 없었다. 일생을 학문연구에 쏟으려 했던 그의 학문적 태도는 『하학지남下學指南』의 편찬에서 단적으로 볼 수 있다. 당시 학자들이 '먼 것에 힘쓰고 가까운 것을 소홀히 하는' 폐단을 지적하며,[10] 학자들의 행동지침서로서 만든 것이 바로 『하학지남』이다. 『하학지남』은 일용편日用篇・독서讀書・위학爲學・심술心術・위의威儀・정가正家・처기處己・접인接人・출처出處의 9편으로 나누어 일상생활에서 실천할 내용들을 성현들의 가언嘉言・선행善行 등을 인용하여 제시한 것이다.

이처럼 실천을 중시하는 그의 학문 태도는 후일 관직에 나아갔을 때에도 일관되었으며,[11] 『동사강목』의 편사 정신도 이와 같은 관련을 갖는다. 이 부분에

---

10 『順菴集』, 「年譜」, 二十九歲 撰下學指南條. "先生以爲 古來學者之患 多在於務遠忽近."

대하여는 뒤에서 상고하겠지만, 여기에는 그의 현실적 문제의식이 짙게 깔려 있음을 알 수 있다.

그는 40세가 되던 무렵부터 『자치통감강목』을 연구하여 잘못 서술된 것을 찾아내는 공부를 하였다. 중국사에 대한 이러한 연구는 본국사를 정리하는 기초가 되었는데, 즉 그는 역사서술의 범례와 서술의 문제라는 문제의식을 갖고 중국사를 검토하였다고 이해할 수 있다. 또한 의문나는 점을 이익에게 질의하여 그 의미를 탐색하고 심화시켜 나갔다.

그는 45세가 되던 해부터 『동사강목』을 쓰기 시작하여 4년 만에 초고로 20권을 완성하였다. 초고에서는 본편이 18권, 부록 2권으로 되어 있었던 듯하다.[12] 그러나 20여 년 간 선배인 윤동규尹東奎(1695~1733)와 스승인 이익과 의견을 교환하고, 이를 수정 보완하여[13] 67세 되던 해에 서문을 씀으로써 완성되었다고 볼 수 있는데, 이때 본편 17권, 부록 3권으로 정리된 듯하다. 『동사강목』은 정조에게 바치기 위하여 1783년 전주감영에서 베꼈으나 오자가 많아 안정복 자신이 교정한 바 있고,[14] 이를 왕이 읽었다. 그리고 정조가 이를 간행하도록 명하였으나, 그가 죽을 때까지 미처 간행되지 못하였다.[15]

11 관직에 나가서 그 관청의 폐단과 폐습이 무엇인가를 확인하여 이를 해결하려고 노력하였다. 또 그는 백성의 교화에 깊은 관심을 가졌으니, 향약 실천과 서원규약의 제정을 통하여 이를 확인할 수 있다.

12 '先生 四十八歲 東史綱目成'이란 연보기록에 "凡八十卷 又有考異 地理考二卷合二十卷"으로 되어 있는 그 다음에 自撰序文(67세 시작)을 연달아 기록하고 있어 연보 작성자의 착오가 아닌가 생각한다. 부록에 있는 「怪說辨證」을 기록하고 있지 않아서 초고본을 본 것이 아닐는지 모르겠다.

13 49세 때 초고가 완성된 후에 보완된 것은 특히 사론 부분이라고 생각된다. 왜냐하면 『성호사설』을 編次한 것은 그의 나이 50세 때로, 『동사강목』의 사론으로 『僿說』이 인용되고 있는 것을 통하여 확인할 수 있기 때문이다.

14 『順庵集』, 「年譜」 참조.

15 한국정신문화연구원 편(1998), 『古文書集成』 40, 廣州安氏篇, 丁志永의 祭文(辛亥 九月). "至若東史綱目 則自上特命閣臣 校正刊行 卽姑未印出."

안정복은 학문에 전념하였으나 장손으로서 관직을 포기할 수는 없었다. 그의 첫 관직은 수기修己의 학문이 어느 정도 완성된 38세 때부터이다. 스승인 이익이 경학에 밝다고 추천하여[16] 동몽교관童蒙敎官의 의망擬望에 올랐고, 공신의 자손이라 하여 후릉참봉厚陵參奉에 임명되었으나, 아버지가 받아야지 자신이 받는 것은 차례가 아니라 하여 출사하지 않았다. 그러나 윤동규와 이익의 권유로 그해 11월에 만녕전참봉에 임명되어 출사하게 되었다.

40세 때는 의영고봉사로 재직하였고 청렴하고 근면하여 다음 해 떠날 때에는 백성들이 거사비去思碑를 세워 주었다. 이는 맡은 바 임무를 충실히 하여 백성에게 이익이 되도록 사무를 처리하였기 때문으로 이해된다. 이에서 그의 관직에 임하는 태도가 실천 위주의 실학적 학문관과 일치하고 있음을 발견할 수 있다.

그러나 관직에 연연하지 않음으로써 곧 관직에서 물러나 학문에 몰두하곤 하였다. 61세 때에는 세자를 보필하는 익위사 익찬이 되어 세손 경연에 나아가 경학을 강하기도 하였다. 그는 일생 갖은 질병으로 건강한 몸이 아니었기 때문에 관직에서 물러나기도 했는데, 정조가 즉위하자 65세로 목천현감에 임명되었으나 4년 만에 이를 버리고 귀가하였다.

79세 때 2품의 가선대부 동지중추부사에 임명되어 3대를 추증 삼는 영광을 가문에 가져왔고, 자신은 광성군廣成君에 봉해졌다. 즉 아버지는 호조참판에 증직되고 광평군廣平君에 봉해졌으며, 할아버지는 예조참의에 추증되었다. 이 무렵 일 년 간 녹祿으로서 매달 요미料米 1석 11두와 태太 1석 5두를 받았다.

그의 경제적 상태는 결코 넉넉한 편이 아니었다. 아버지 안극은 원종손原宗孫 안명윤이 팔아넘긴 종토를 환퇴還退하는 일을 주선하였으나 이를 다 이루었는

16 위의 책, 乾隆 五十五年 七月條 및 祿牌의 “一命之除 誠出慮外 除目初來 不知以何懸注 後聞前日蒙師擬以經學今者寢 郎注以門蔭”이라는 내용이 『順庵集』 卷2, 「上星湖先生書 己巳」와 同書 卷3의 「答邵南尹丈書 己巳」에 함께 보여 이익이 천거한 것임을 알 수 있다.

지는 알 수 없다. 아마도 이를 모두 복구하지 못한 듯하다. 부친인 광평군이 두 아들을 앞에 놓고 유언한 내용을 보면,[17] 자신이 병을 고치려고 동구 밖의 논 4마지기를 잠매한 것을 대단히 부끄럽게 생각하면서 이의 환퇴를 당부하고 있는 점에서, 이는 종답宗畓으로서 종중의 동의를 받지 않고 판 듯하다. 또 이 유언에서는 묘위墓位 산림을 보호할 것을 간곡하게 부탁하고 있다.

안정복은 『동사강목』의 초고를 정리할 무렵인 1755년의 한 서신에서 자신의 생활 형편을 소상히 쓰고 있다.

> 요즘은 수한水旱을 자주 당하고, 식구는 늘고 토지는 줄어들어 선영 아래의 토지에서 평년 수입이 40석이 되지 않으며 흉년에는 그 절반에 이른다. 식구가 많을 때에는 22명에 이르며, 조세, 의복비, 제수의 준비, 빈객의 접대가 모두 이에서 지출된다. 이 소입所入을 열두 달 분으로 나누고 매달 분을 30일로 나누어 쓰려면 온 식구가 죽을 먹어야 하는 경우도 있다.[18]

그가 소유한 토지는 그 규모만을 놓고 본다면 당시에는 중농中農이었지만 식구가 대가족임을 고려하면 여유 있는 형편이 못 되었다. "책을 살 돈이 없어서 종일토록 앉아 머리를 숙이고 베꼈다"는 표현이[19] 사실이었을 것이다. 사모하는 역사적 인물로 제갈량諸葛亮과 도잠陶潛을 들고 그들에 대한 전기를 쓴 바 있듯이, 그가 청빈한 생활로 일관하였음을 알 수 있다.

그는 말년에 남인 계열의 소장 기예들이 서학에 심취되어 가는 것을 막기 위하여 영의정 채제공蔡濟恭(1720~1799)에게 이를 막도록 당부하고, 자신은 학문

17 古文書 「廣平君遺書」는 장손인 景曾이 받아쓴 것이다.

18 『順庵集』 卷4, 「與鄭永年壽延書 乙亥」.

19 『順庵集』 卷1; 김사억, 앞의 논문, 26면 참조.

적으로 서학[天學]이 이교임을 밝혀 불교와 같은 것이므로 배척하여야 한다는 내용의 『천학고天學考』·『천학문답天學問答』을 직접 집필하였다. 이때 불교에 대한 그의 지식은 이전에 읽은 소양과 『동사강목』을 편찬하고 사론을 쓰는 과정에서 얻은 불교의 폐단이 작용된 듯하다.

그러나 그 자신 역시 서학에 관한 책들을 읽고 서양의 수학과 기예가 중국보다 뛰어났음을 알고 있었으며,[20] 이러한 서학서로부터 지리에 관한 새로운 인식을 하게 되었다. 다시 말하면 세계의 중심이 반드시 중국이 될 수는 없다는 생각과, 지구를 경도와 위도를 적용하여 360도로 나눈다는 것, 지구가 둥글다는 사실, 일본 동편에 해외 국가가 존재한다는 것을 의식하였고, 이러한 새로운 의식은 『동사강목』의 저술에도 직접·간접으로 영향을 주었다고 생각된다.

또한 안정복은 사위인 권일신權日身(?~1771), 사위의 형인 권철신權哲身(1736~1801)과 잦은 서신왕래를 통하여 사제관계로서 학문을 논한 바 있는데, 이 권씨 형제가 독실한 서학 신봉자였으므로 안정복에게 서학의 문제는 당파·인척·제자들을 올바르게 이끌어야 한다는 입장에서 지대한 관심이 아닐 수 없었다. 서학을 통하여 새로운 지식을 얻을 수 있었지만, 그의 철학은 성리철학에 뿌리를 깊게 내리고 있었기 때문에 이에 대한 회의보다는 오히려 성리철학으로써 서학을 배격하려 하였음을 알 수 있다.

그의 성리철학은 이황李滉(1501~1570)의 설을 받아들인 것으로, 이는 그가 이황의 서술을 정리하여 『이자수어李子粹語』를 편찬[21]한 데서도 단적으로 입증된다. 또한 철학 내용에서도 그의 설을 수용하였다.[22] 안정복은 또 스승인 이익

20 李元淳(1970), 「安鼎福의 天學論考」, 『李海南博士華甲紀念史學論叢』, 141~142면; 崔東熙(1976), 「安鼎福의 西學批判에 관한 硏究」, 『아세아연구』 19-2, 66~69면.

21 42세 때 『李子粹語』를 편찬하였다

22 沈嵎俊(1985), 『순암 안정복 연구』, 일지사, 135~144면.

으로부터 영향을 받은 바가 크다. 특히 그는 예학에도 정통했는데, 이는 성리학과 표리관계를 갖는 한 분야이다.

요컨대 안정복의 학문 중 실학자로서 실천 중심의 학문, 수기치인修己治人의 학문, 실용적인 역사학은 유형원과 이익의 영향을 크게 받았으며, 철학은 이황·이익의 영향을 받았다고 할 수 있다. 그의 학문은 성리학에 깊은 기초를 두면서도 당시의 새로운 학문, 예컨대 역사지리학과 서학 등의 새로운 경향을 수용하고 이해함으로써 보수·진보의 양면성을 갖게 된 것이라고 할 수 있다.

3. 『동사강목』 서술을 통해 본 사학사상

일반적으로 근대 이전의 사서는 사료의 '편찬編纂'이라고 할 수 있다. 이는 『동사강목』도 예외가 아니었다. 그럼에도 이를 '서술敍述'이라 하는 것은 많은 사료를 원문 그대로 인용하고 있지만 적어도 강목綱目에서는 그 표현에 저자의 견해를 나타내는 용어로 바꿔 쓰고 있기 때문이다. 다시 말하면 저자의 견해가 반영되고 있는 서법敍法을 지칭하는 표현으로는 편찬이라는 용어가 적절하지 않기 때문에 서술이란 용어를 쓴다. 그러나 앞에서 언급한 것처럼 『동사강목』의 경우 서술과 편찬의 두 가지 특징을 공유하고 있으므로 경우에 따라 두 용어를 함께 쓰기로 한다.

안정복이 『동사강목』을 쓰게 된 동기는 무엇일까를 먼저 살펴보자. 자신이 지은 서문에서 그는 기존 사서에 대해 비판을 가하고 있다.[23] 요컨대 그가 기

23 金富軾의 『三國史記』는 疏略하여 事實을 널리 구하지 못하였고, 『고려사』는 번거로워 要領을 얻지 못하였고, 『東國通鑑』은 義例에 잘못된 것이 많고, 兪棨의 『麗史提綱』과 林象德의 『東史會綱』은 필법이 잘못된 것도 있고 오류를 답습하고 잘못을 그대로 전하고 있다. 『東史綱目』 序와 이 밖에 그의 문집 『동사강목』의 本篇에 의하면 『三國遺事』는 虛誕한 내용을 싣고 있으며, 『고려사』는 고려 말 기사를 誣筆하였다고 쓰고 있다(『順庵集』 卷9, 「與鄭

존 사서에 대해 갖고 있는 불만은 첫째, 사료를 널리 구하지 않은 점, 둘째, 서술에서 요령을 잃은 점, 셋째, 의례義例에 어긋난 점, 넷째, 잘못된 서술과 신빙성 없는 서술 등이었다.

따라서 그는 사료를 널리 수집하고 주자朱子의 『자치통감강목』의 의례에 따라 사료 비판을 하여 쓰겠다고 말하고 있다. 실제로 그는 중국사를 널리 이용하고, 당시까지 거의 주목하지 않았던 일본 측 자료를 많이 보충하였고, 『삼국유사』와 『동국여지승람』 중에서 유물·유적의 자료를 이용하여 사료 수집에 많은 노력을 하였음을 알 수 있다. 또한 강목 형식의 서술 방법을 택함으로써 사건의 줄거리와 그 내용을 강綱과 목目으로 구분해 썼다. 이는 사학사적인 입장에서 볼 때 기사본말체紀事本末體의 선구적인 형식이라 할 수 있는 요령 있는 서술 형식이다. 그리고 지금까지 사서에 기록되어 왔던 신화와 설화는 믿을 만한 내용이 아니라 하여 철저히 삭제하였다.[24]

또한 그는 『동사강목』의 서문에서 사가史家의 대법大法은 통계統系를 밝히고, 찬역簒逆을 엄히 하고, 시비를 바르게 하며, 충절을 포창褒彰하고, 전장典章을 상세히 살피는 것이라고 쓰고 있다. 이는 그가 역사서술에서 가장 중시하여야 할 바를 예거한 것이라 할 수 있다. 이러한 점들이 기왕의 역사서에서 소홀히 다루어졌다고 생각한 것이 『동사강목』을 서술한 또 하나의 동기라고 할 수 있다.

통계를 밝힘에 있어 『동국통감』에서는 기록문헌이 적다는 이유로 단군조선으로부터 삼한까지를 외기外紀로 처리하였고, 『동사회강東史會綱』에서는 삼국의 건국부터 고려 말까지를 서술하였다. 이에 대하여 『동사강목』에서는 단군조선부터 고려 말까지를 똑같은 강목 형식으로 서술하였으며, 각 왕조의 역대 왕의

子尙別紙癸卯」). 또한 범례 뒤에 採據書目을 붙이고 있는바, 이에서 간략한 해제를 쓰고 있다.

24 삭제한 신화나 설화에 대해서는 附錄 중의 「怪說辨證」에서 비판하고 있는데, 이것은 유형원이 처음 시도한 것을 계승한 것이라는 사실을 서문에서 확인할 수 있다.

세계도世系圖[25]와 동국역대전수지도東國歷代傳授之圖를 서두에 붙였다. 특히 그는 정통국가를 강조하여 조선에서 마한으로 정통이 계승되었다고 보고는, 마한이 멸망한 백제 온조 27년(A.D. 9)까지는 삼국을 제국예諸國例[26]에 따라 기술하였고, 『동국통감』에서 위만조선을 병렬로 처리한 데 대하여 찬탈자로 규정하여 정통국가에서 제외시켰다. 마한이 멸망한 이후에는 삼국을 무통無統의 시대로 보았으므로 삼국을 모두 정통국가로 인정한 셈이다.[27] 그리하여 백제부흥운동을 일으킨 풍왕豊王을 정식 왕으로 인정하여 백제의 멸망을 663년으로 서술하였으며, 고구려가 멸망한 668년 이후, 즉 문무왕 9년부터 신라를 정통국가로 보았다. 발해는 우리나라 역사로 파악하지 않고 있다.[28] 고려는 신라가 멸망하기 전에는 찬적簒賊인 궁예弓裔 아래에서 건국되었다 하여 왕을 자칭한 것으로 서술하고,[29] 신라가 멸망한 이후부터 고려를 정통국가로 인정하였다.

---

25 이에는 「檀君箕子傳世之圖」(附 衛氏), 「新羅三姓傳世之圖」(附駕洛國, 大伽倻國), 「高句麗傳世之圖」(附 夫餘國, 渤海國), 「百濟傳世之圖」, 「高麗傳世之圖」를 붙이고, 「신라전세지도」 이하에는 『동국통감』에서 역대 각 왕의 치적을 총평한 사론을 인용해 싣고 있다.

26 범례에서 諸國이라 함은 정통국가와 공존하였던 나라를 뜻한다. 곧 정식 국가로 인정하지 않았다.

27 『三國史記』에서는 삼국을 형식상 대등하게 다루었으나 조선 초기의 權近은 『東國史略』에서 신라를 정통으로 서술했다. 그러나 『三國史節要』와 『東國通鑑』에서는 삼국이 勢均力敵하다고 하여 대등하게 서술하였으며, 17세기의 洪汝河는 『東國通鑑提綱』에서 신라를 정통으로 서술하였고, 18세기 초 洪萬宗이 편찬한 『東國歷代總目』에서도 신라를 정통국가로 본 것에 대하여 안정복은 無統의 시대로 파악하였다.

28 범례의 "隣國興亡은 마땅히 쓴다"라는 조목에서 발해를 隣國의 예로 들고 있으며, 발해의 건국기사를 본문에서 명확하게 기술하고 있지 않다. 그러나 『동사강목』 서두에 붙인 「高句麗傳世之圖」에서 附로 발해의 역대 왕을 붙이고 있는 것을 보면 안정복 자신이 이에 대한 일관된 견해를 갖지 않았다고 생각할 수밖에 없다.

29 범례에서 "高麗太祖依稱皇帝之例"라고 하였는데, 이는 『資治通鑑綱目』에서 황제를 자칭한 예에 따라 서술한다로 해석되어야 할 것이다. 윗글의 세주에서 "지금까지의 諸史에서 모두 諸將이 왕건을 세워 왕으로 삼았다"로 서술한 것은 강목의 예가 아니므로 바로잡아 쓴다고 했으며, 실제 해당 기사에서도 "泰封將王建稱王"으로 서술하였다. 본문의 사론에서는 임상덕이 『東史會綱』에서 주장한 것처럼, 왕건이 건국할 당시에는 신라가 실제로 전국을 통치

찬역자簒逆者를 엄히 취급하는 것은 위만·궁예·견훤의 경우에 해당되며, 이밖의 신라 말기의 왕위찬역자와 고려의 숙종 등이 이에 해당한다. 또한 시비를 바르게 하는 것은 의리상의 시비일 수도 있고 사실의 시비일 수도 있는데, 안정복은 특히 후자에 고증적인 태도를 보였다. 『동사강목』 부록 상의 「고이考異」는 이에 해당하며 사실적일 수 없는 내용을 논변하였다. 이러한 고증적인 학문태도는 청의 고증학을 수용한 데서 비롯된 것이 아니라 한백겸韓百謙(1552~1615)의 『동국지리지東國地理誌』와 유형원柳馨遠(1622~1673)의 『반계수록磻溪隨錄』 등에서 독자적으로 발전시킨 것이었다.

이것이 바로 『동사강목』이 근대적인 성향을 띠는 점이라 할 수 있다. 특히 고증에서 당시 전해지던 유적을 널리 밝히고 있는 점,[30] 진흥왕의 마운령비磨雲嶺碑를 소개한 점,[31] 옛 왕릉의 역사에 깊은 관심을 표명한 것,[32] 지리에서 옛 지명의 현재 위치를 밝히려 한 점 등이 그러한 예들이다.

충절을 포창하는 것이 사가史家의 대법大法이라고 한 것은 그의 애국심의 발로라고 생각된다. 특히 백제가 신라에 의해 멸망될 때 끝까지 항쟁하다가 처절하게 죽어간 옹산성甕山城의 장수, 신라 문무왕 때 당군을 격파한 천성泉城의 장군 문훈文訓, 수문제隋文帝가 영양왕 25년에 고구려에 침입했을 때 표를 올리는 사신을 따라 활을 품고 가 저격한 노사弩士 등의 충절을 강조하였다.[33] 그는 이

할 수 없는 형편이었다 하여 고려 건국에서부터 정통국가로 다루었다.

30 이를 枚擧할 수 없지만 본문 중의 짧은 註와 附錄의 「地理考」에서 많이 발견할 수 있다. 본문 중의 예를 들면 다음과 같다. "河南慰禮城 在今稷山縣聖居山 閼川 在慶州府東五里 今洛東川 箕準城 在龍華山上."

31 『東史綱目』의 附錄인 「地理考」에서는 이를 진흥왕정계비로 소개하고, 마운령비는 端川碑를 소개하였다. 그러나 이는 荒裔에 있는 片石으로 千古에 故事를 남기고는 있으나 모두 奇事로서 正史로 보이지 않으므로 본문에는 취하지 않고 「지리고」에 써서 "異聞을 넓히고자 한다"라고 쓰고 있어 직접 그 사료를 이용하지는 않았다. 이는 금석문의 해독이 아직 철저하지 못한데다 금석문의 중요성에 대한 인식이 부족했기 때문이다.

32 高句麗王陵이 전하는 것이 없는 것은 고려 충렬왕 때 崔坦이 先代 君王陵을 도굴하였기 때문이 아닌가라고 쓰고, 왕릉의 소재처의 현재 위치를 밝힐 수 있는 대로 밝히고 있다.

들에 대하여 악부樂府를 지은 바도 있는데,[34] 이것은 이전의 사가들이 국가를 위해 목숨을 바친 애국자들을 등한히 평가한 것을 보충한 것이었다. 또 계백階伯이 출전에 앞서 처자를 죽인 것은 인륜을 저버린 것이라고 평한 권근의 사론은 부당한 평론이라고 비판하였다.

이렇듯 애국자를 높이 평가하여야 한다는 의식은 바로 1세기 전 당하였던 왜란倭亂과 호란胡亂의 충격으로부터 고조된 듯하다. 즉 명明・청淸이 교체된 국제정세의 변화로 인한 본국의 위치에 대한 각성이 지식인 사이에 크게 일어나고 있었는데, 이러한 새로운 시대의식을 이전의 사서에서는 외면하고 있는 점이 그에게는 커다란 불만이었던 듯하다.

『동사강목』에서 이렇듯 새로운 시대의식이 반영된 점을 찾아보면, 과거의 역사에서 비록 사대관계를 가졌던 요遼・금金도 이적夷狄의 왕조라는 이유로 중국의 정통왕조로 간주하지 않았다는 점과, 우리나라 역사를 독자적으로 파악하려 하였다는 점을 들 수 있다.[35] 이는 민족의 주체성을 높이는 것으로서 민족의식을 고조시키려는 목적의식이 깊이 깔려 있었던 바, 이는 근대 지향적인 성격을 띠는 것이라 할 수 있다.

끝으로 그가 사가의 대법으로서 강조한 '전장典章을 상세히 밝혀야 한다는 것'은 그의 역사학의 아주 독특한 관점으로, 이전의 사가들에게서는 찾기 어려운 점이다. 물론 기전체紀傳體의 역사인 『삼국사기』나 『고려사』에서는 그 내용이 지志로써 설정되어 서술된 바 있으나 통사를 편년체로 다룬 대부분의 사가

33 이들은 '死之'로 서술하고 있다.

34 『順菴集』 卷1. "觀東史有感効樂府體五章."

35 이에 대한 안정복의 생각은, 우리나라는 지리적으로 중국과 구분된 별개의 지역이라는 점과, 우리나라 역사서술을 공자가 魯나라 중심으로 『춘추』를 서술한 것처럼 우리나라 중심으로 서술하여야 한다는 점 등을 들 수 있다. 이를 좀 더 구체적으로 살펴보면 年紀 표시에서 우리나라 왕의 재위연대를 기술하고 있는 점 등을 들 수 있다. 이에 대하여는 卞瑗琳의 앞의 논문, 339~348면 참조.

들은 소홀히 했던 점이다.

전장典章이라 함은 국가의 통치제도와 법제를 의미하는 것으로서, 이를 특별히 강조한 것은 국가통치제도를 개선·개혁함으로써 당시의 제 모순을 해결하려 한 유형원과 이익으로 대변되는 실학 경향을 반영한 것이라 판단된다. 실제로 그가 『동사강목』 서두에 역대의 관직연혁도官職沿革圖를 제시한 것은 역사에서 전장을 중시하여야 한다는 역사관의 직접적 표현이다. 그는 본문의 사론에서도 제도의 시원에 대해서는 반드시 그 시원임을 적고 있다.

『동사강목』은 이렇듯 실학자들의 중요 관심사를 역사에서 강조하였을 뿐만 아니라 서술의 목目 또는 사론으로 유형원·한백겸·이익 등 실학자들의 견해를 반영하였다는 점에서 이전의 사서에서 크게 발달된 사학사상이라 할 수 있다.

이상에서 살펴본 『동사강목』의 서술 동기를 요약하면 다음과 같다. 이전의 사서들이 사료의 수집에서 철저하지 못했던 점, 요령 있는 서술을 못한 점, 서술에서 의례를 제대로 설정하지 못한 점, 오류를 비판하지 못하고 그대로 전하고 있는 점과 역사에서 통계를 밝히지 못하여 체계적인 인식을 하지 못한 점, 찬역자를 엄토嚴討하지 못한 점, 애국·충절을 바친 자를 새로이 찾아내지 못한 점, 전장제도를 밝히지 못한 점 등에 대한 불만이 바로 『동사강목』을 서술하게 된 동기였다. 이를 달리 말한다면 안정복 당시의 시대의식, 당시 역사학이 이룩한 역사지리학과 사회경제사적인 연구 결과, 그리고 이에 사용된 고증학적인 학문 태도, 사회문제를 해결하려 한 실학의 학문적 내용 등이 당시 역사학에 수용되지 않았기 때문에 이를 해결하기 위한 방법으로 주자의 『자치통감강목』의 의례에 따라 『동사강목』을 서술하되, 이에 언급한 당시대의 시대의식과 학문적 연구 성향을 크게 반영하고 있는 것이다.

그러면 안정복이 『자치통감강목』의 의례에 따라 역사를 정리하면서 나타난 특징을 살펴보자. 첫째 강綱과 목目으로 나누어 서술하였기 때문에 기록된 내용은 찬자 자신이 중요한 사건으로 인식하였음을 뜻하며, 앞으로 살필 서술상의 범례도 강의 서술에만 적용된다는 사실을 지적해 둔다. 또한 모든 사건이 강과 목을 갖춘 것은 아니나, 강으로 서술되지 않고 목으로만 서술된 예는 거의 없다.

이렇게 볼 때 반드시 검토하여야 할 문제가 있다. 그것은 『동사강목』의 첫 기사인 단군에 대한 기사를 강으로 서술하지 않고 "殷太師箕子東來 周天子因以封之"라는 강 아래에 목으로 기술한 것으로, 이는 단군조선에 대한 저자의 인식의 심도를 알게 해준다. 그러나 서두에 붙인 「역대전수지도歷代傳授之圖」에는 조선의 시조를 단군으로 하고 그 뒤를 이어서 조선의 기사를 쓰고 있으며, 「단군기자전세지도檀君箕子傳世之圖」에서도 단군조선을 맨 처음 국가로 기술하고 있다. 또 그의 문집에 전하는 글에는 단군과 기자를 정통으로 보아야 한다는 점이 강조되고 있다.[36]

이 두 가지 기술상에는 차이가 있다. 원래 안정복은 단군 기사를 강으로 설정하려는 뜻을 가졌던 것 같다. 그런데 스승인 이익에게 서신으로 물어보았던 바 답서에는 강으로 별립別立하지 말고 다만 전의일편傳疑一篇을 짓는 것이 좋을 듯하다는 충고를 받고, 『동사강목』의 본편에서 강으로 별립하는 것을 수정한 듯하다. 이에 대한 증거는 『성호선생문집』의 「답안백순答安百順」을 통하여 확인할 수 있다.[37]

안정복은 『동사강목』 부록 상의 「고이考異」에서 단군과 관련된 9개 항목에 대한 자신의 견해를 피력하고 있다.[38] 이에서 단군이란 어느 한 사람의 고유한 이름이 아니라 그 자손들도 단군을 칭했다고 해석하고 있다.[39] 다만 사료적 신

---

36 『順庵集』 卷10의 「東史問答」, 與李貞山書 戊寅에서 "檀箕馬韓爲正統之首"라고 쓰고 있다.

37 『星湖先生文集』 卷16, 「答安百順 辛巳」. "其中檀君事 本多可疑 何可別立綱目之例 李友之意 果得矣. 只著傳疑一篇可矣. 大抵東方是箕之國." 이 서신 중 李友는 李寅燮인 듯하다(『順庵集』 卷5, 「答李士賓書 辛巳」).

38 '檀君元年戊辰當堯二十五年', '檀君異稱', '王儉', '教民編髮盖首', '彭吳之非', '夫婁當有二人', '檀君薨', '入阿斯達山爲山神', '檀君避箕子移藏唐京'.

39 『東史綱目』 附錄上, 「考異」, 夫婁當有二人條. "『三國遺事』 (…) 又其王曆篇云 朱蒙檀君子 則此以解慕漱 檀君也. 所稱檀君 或非謂始降之檀君 而以檀爲姓 則其子孫因以爲號 幷稱爲

빙성이 적기 때문에 서술상에서는 이를 취하지 않고 있을 뿐이다. 그러나 그가 단군에 대하여 지대한 관심을 가졌음을 충분히 유추할 수 있다.

『동사강목』에서는 정통론을 크게 강조하고 있다. 이는 강목 형식의 역사서술에서 가장 중시된 것이었다.[40] 이를 같은 체재로 서술된 『동사회강東史會綱』과 비교하여 그 의미를 살펴보자. 『동사회강』은 안정복이 참조하고 검토한 바 있는 사서로서, 주자의 『자치통감강목』의 범례를 가장 충실히 따르고 있다. 즉 범례 19문門을 모두 답습하고 있을 뿐만 아니라 『자치통감강목』의 범례 139항목이 넘고 있으며 서술의 원칙도 그대로 원용하고 있는 바가 많다.

그런데 『동사회강』의 경우 정통은 역사적 사실을 크게 고려하였다. 저자인 임상덕의 견해에 따르면, 삼국의 건국은 찬탈로 이루어진 것이 아니므로 정통국가의 예에 따르며, 단군조선·기자조선의 문제를 강으로 설정하지는 않았지만 신라 건국 기사의 목에서 다루고 있으며, 기자의 후손이 건국한 마한을 정통으로 삼아야 하지만 당시 마한의 국세가 크지 못하였으므로 이를 정통으로 설정하지 않으며, 고려 태조는 비록 적인 궁예 아래에서 건국하였지만 당시 신라의 정세가 전국을 장악할 만한 위치에 있지 못하였기 때문에 정통국가로 인정한다는 것이었다. 또한 홍여하洪汝河는 기자-마한-신라설을 안정복에 앞서 『동국통감제강東國通鑑提綱』에서 서술한 바 있다. 비록 이들이 사서에서 정통국가와 관련하여 파악한 내용이 안정복과 차이를 보이고 있지만, 안정복이 생각한 바를 그들도 미리 고려하고 있었음을 알 수 있다.

이는 성리학적 역사관과 도덕적 윤리사관의 견지에서 당연히 도출될 수 있는 문제임을 뜻한다. 그런데 임상덕은 당시의 실세를 중시하였고, 안정복은 의

檀君 所謂 解慕漱者 亦始降檀君之後."

40 이는 『자치통감강목』의 범례에서도 가장 중요시된 점이고, 『동사강목』의 범례에서도 "凡統系 爲史家開卷第一義"라고 강조했을 뿐만 아니라, 상기 두 사서의 서법에도 기준이 된 문제이다.

리를 더욱 강조하였다. 이렇게 볼 때 정통론에 있어서 안정복은 더욱 철저하게 친주자적이며 도덕사관에 심취하였다고 할 것이다. 그럼에도 안정복의 정통론에 깊은 영향을 준 이익의 삼한정통론의 역사적 의미를 따진다면, 중국의 천자에게만 적용된 정통론을 우리나라에 적용시켰다는 점에서, 이는 우리나라 역사를 중국 중심적 세계관에서 탈피하여 독자적인 역사로 체계화한 것으로 평가되고 있다. 또한 연구자들은 『동국통감』에서 외기外紀로 처리된 단군조선·기자조선을 『동사강목』에서는 본편에 서술함으로써 역사의 시원을 올리는 결과가 되었다고 해석하고 있다.[41]

그러나 정통론이 중국의 역사에서, 더구나 중국의 황제에게만 적용된 것으로 보는 것은 잘못된 이론이다. 물론 정통론이 중국에서 비롯된 것은 사실이나 우리나라의 역사에서도 이미 정통론이 논의되고 있었다. 정통론이 우리나라 역사에 적용된 것은 조선 초기 권근의 『동국사략』과 서거정의 『동국통감』에서이며, 17세기 홍여하의 『동국통감제강』에서는 이미 확고한 위치를 갖게 된다.[42]

어쨌든 안정복의 『동사강목』에서 정통론의 의미는 무엇일까? 이는 우선 기자조선의 강조라는 점을 들 수 있다. 단군을 기자箕子 동래기사東來記事의 목에서 서술한 것, 기자의 후손인 기준箕準이 마한을 통치하였다는 것 등이다. 또 다른 의미는 한국사에서 위만조선 이후에 사군四郡·이부二府의 시대를 설정하여 일견 한국韓國의 전부가 한漢의 지배하에 있었던 인상을 완전히 탈피하여, 한군현의 설치가 일부 지역에 국한된 것임을 명확하게 서술하고 있다. 즉 한의 군현이 설치되었을 때에도 한국사는 마한으로 연면連綿히 계승되었음을 나타내

41 李佑成, 앞의 논문, 175~179면; 卞瑗琳, 앞의 논문, 349~356면.

42 洪汝河는 箕子－馬韓－新羅를 정통국가로 보는 설을 제기한 바 있다. 그러나 이를 안정복이 쓴 것은 『동사강목』이 완성된 후이다. 이는 성리학적 사고의 귀결로서, 16세기 이래 계속되어 온 기자 존숭의 결과라고 생각된다.

고자 한 것이다.

정통론은 정통국가를 어떻게 파악하는가 하는 문제 이외에도 서술상에서 여러 가지 근간이 되고 있다. 정통국가의 왕을 '王'으로 서술하고, 왕의 즉위와 죽음은 물론이고 왕비와 태자에 대한 서술도 구별되기 때문이다. 또 정통국가라 하더라도 정당한 군주가 아니라면 이를 폄하하여 쓰는 것도 정통론과 밀접한 관련을 갖는 것이다. 예를 들면 신라에서 여왕이 즉위한 경우에 이를 여주女主로 표현하고, 진성여왕의 경우 기년을 이행二行으로 분주分注하고 있음을 들 수 있다.[43]

또한 중국의 정통국가의 파악은 우리나라에서 사신을 보냈다는 표현에서 차이를 보이고 있다. 안정복은 중국 민족의 국가인 한漢·당唐·송宋·명明만을 정통국가로 보고, 이적夷狄이 세운 요遼·금金·원元은 정통국가로 간주하지 않았다. 따라서 한·당·송·명의 경우에는 '입공入貢'·'입조入朝'·'입하入賀'로 서술하고 요·금·원의 경우에는 '견사여모국遣使如某國'으로 서술하는 범례를 세우고 있다.

이상에서 살핀 정통론은 민족사의 체계화를 위해서 도입했다기보다는 주자의 『자치통감강목』의 의례를 본국사 서술에 도입하면서 필연적으로 나타나는 당연한 귀결이라고 해석함이 진실에 가깝다고 생각한다. 『자치통감강목』의 의례를 본국의 입장에서 적용하려 한 것은 성리철학이 깊이 연구된 16세기 이래 학풍의 결과라고 할 것이다.

다음으로 『동사강목』 서술에 나타나는 특징으로, 오늘날에도 그 의의를 여전히 인정할 수 있는 점을 살펴보자. 이 점들은 바로 『동사강목』이 발현하는 근세의식이라고 볼 수 있는 것이다. 『동사강목』은 도덕적 관점에서 선초鮮初의

43 신라의 眞德女王과 善德女王 시대는 三國 共存期로, 삼국의 연대를 병기하여 모든 다른 왕의 年紀가 分註되었으므로 이전 방식의 표현으로 貶下를 나타낼 수 없었다. 그러나 여자가 왕위에 오름이 윤리상 부당한 것임을 사론을 통하여 나타내고 있다.

사서史書보다 더 심화된 것임에도, 서술에서 역사 사실을 존중한 사례를 발견할 수 있다. 즉 새로운 왕이 즉위할 때, 그해를 원년元年으로 칭하는 것은 선왕에 대한 예절에 어긋난다 하여 이를 즉위 익년으로 칭하는 서술이 있어 왔다. 김부식은 비록 예에는 어긋나는 것을 알면서도 즉위년 칭원稱元을 사실대로 기술하였고, 권근은 이를 유년칭원踰年稱元으로 개서改書하였으며, 조선 초기의 『동국통감』에서는 사실대로 기술하였다. 홍여하는 이를 유년칭원으로 썼으며, 임상덕과 안정복은 사실대로 썼다. 안정복의 경우에는 사실에 저오牴牾될 것을 염려한 것으로 이해할 수 있다.

그는 삼국의 건국에 대하여 새로운 견해를 제시하였다. 즉 고구려는 현도군玄兎郡 하下의 고구려현에서 발전하였으며, 백제는 마한의 백제국에서,[44] 신라는 진한의 사로국斯盧國에서 발전하였으며,[45] 삼국의 건국 초기에는 조그만 지역 국가에서 시간이 지나면서 강역을 넓혔다고 보았다. 이는 유형원의 설에 영향을 받은 것이다.[46] 또한 고구려의 건국이 삼국 중에서 제일 먼저 이룩되었다는 것을 『삼국사기』 기록을 통하여 논증하였다.[47] 그러나 서술에서는 『삼국사기』 고구려 본기의 기록에 따라 서술하고 있다. 『동사강목』의 부록에서 새로이 밝힌 사실도 서술에는 반영하지 않고 있는 다른 예를 발견할 수 있듯이,[48] 고구

---

44 『삼국사기』에서 百濟라는 국호는 百人이 강을 건너와 건국하였다는 뜻으로 해석한 것을 의심하고 伯濟國에서 발전한 것으로 해석하였다(『東史綱目』 附錄上, 「考異」, 十濟, 百濟之稱 참조).

45 『삼국사기』에서 '新羅'라는 국명은 '德業日新, 網羅四方'의 뜻을 취하여 정한 것이란 해석을 취하지 않고, 이는 辰韓 十二國인 斯盧에서 斯羅. 新羅로 유래되었다고 밝히고, 본문에서도 그렇게 서술하고 있다.

46 한국학중앙연구원 소장 장서각도서, 『東史例』 참조 및 『東史綱目』 卷1, 新羅始祖 十七年條 史論에서 "羅祖 (…) 初起之時 不過爲一邑酋師…"라고 밝히고 있다(「地理考」, 高句麗縣考 및 앞의 책, 부록하 참조).

47 『東史綱目』 附錄下, 「雜說」, 三國始起條.

48 그런 일례로 唐 太宗의 침입을 격퇴한 安市城主의 성명이 楊萬春임을 부록에서 밝혔으나 본문에서는 이를 쓰지 않고, 성명이 전하지 않는다는 김부식의 사론을 싣고 있다.

려 건국이 삼국 중 제일 먼저 이루어졌다고 보았지만 본문의 서술에는 아직 반영하지 않고 있다.

또한 그는 신화와 설화의 내용을 부록 「괴설변증怪說辨證」에서 일일이 비판하고 있으며, 실제로 역사 사실로 취급하는 것을 완전히 배제하고 있다. 이것도 유형원의 영향을 받은 것이지만,[49] 이는 김부식 이래 유교적 합리사관의 발전이라 할 것이며, 아직까지 그는 신화나 설화 속에서 역사적 의미를 추출해 낼 수 있다는 생각을 갖지 못하였다.

그는 서술에서 우리나라 부족국가에 대한 풍속을 『삼국지』와 『후한서』, 『통전通典』 등을 통하여 상세히 인용해 싣고 있으며, 이웃 나라인 일본에 대하여 이전의 사서에서 찾아볼 수 없는 내용을 기술하여 깊은 관심을 표명하고 있다. 또한 지리적 강역에 대하여 지대한 관심을 표명하고, 부록에 이에 대한 상세한 논을 붙이고 그 서문에서 다음과 같이 쓰고 있다.

> 역사를 연구하는 자는 반드시 먼저 강역을 정하여야 한다. 그런 연후에야 점거占據의 실태를 알 수 있고, 전벌戰伐의 득실을 살필 수 있으며, 분합分合의 연혁을 살필 수 있다.

뿐만 아니라 본문에서도 지리적 강역에 대하여 깊은 관심을 갖고 서술하고 사론을 붙였으며, 서두에는 「동사강목도東史綱目圖」, 「조선사군삼한도朝鮮四郡三韓圖」, 「삼국초기도三國初起圖」, 「고구려전성도高句麗全盛圖」, 「백제전성도百濟全盛圖」, 「신라통일도新羅統一圖」, 「고려통일도高麗統一圖」 등의 역사지도를 작성하여 붙였다. 그의 강역에 대한 특징적인 서술은 요동 지방이 단군과 기자 이래 우리나라의 강역이었다고 주장한 점이다. 이는 주로 중국측 자료를 통하여 도달한 결론이었고, 요동에 대한 고강역설古疆域說은 홍여하와 이익도 가지고 있었다. 그

49 『東史綱目』 附錄上, 「怪說辨證」 序文.

러나 이것은 스승의 영향이라기보다는 안정복이 먼저 가졌던 듯하다.

이처럼 안정복은 지리적 강역을 중시하였기 때문에 고구려와 백제가 신라에 비해 중성기中盛期 이전에는 강국이었음을 인식하였고, 요동 지방의 고강역설은 고려시대의 북진정책을 추진한 원인이 되었으며, 최영崔瑩에 의한 요동정벌의 중단이 결정적으로 우리나라가 고강역을 회복할 수 있는 마지막 기회로 보았다.[50] 중국을 제패할 수 있는 지리적 요충으로서 요동을 중시하였고,[51] 고려 말 명明이 설치한 철령위鐵嶺衛도 함경도 철령이 아니라 그 치소는 심양瀋陽 지방에 해당된다고 쓰고 있다.[52]

우리나라가 끝내 천하의 약국이 된 중요한 원인으로 요동 지방을 차지하지 못한 것을 들었는바, 이는 신라가 통일 후 강역 확장에 적극적이지 못하고 현상 유지에 급급한 안일책을 씀으로써 우리나라로 하여금 고구려 강역을 상실하게 하였다는 한백겸의 사학사상[53]과 유사함을 찾을 수 있다. 또 안정복의 사론은 한백겸의 역사지리학 사상의 영향을 받아 이를 더욱 발전시킨 것이라고 할 수 있다. 즉 요동 지방에 대한 이해가 한백겸보다 더 깊었으며, 요동이 천하의 요충이라는 설은 한백겸의 사론을 진전시킨 것이라 할 것이다.

끝으로 안정복은 고려 말에 조작된 정치사건에 관한 기록에 회의를 가지고 개인 저술을 더욱 신뢰하였다. 좀 더 구체적으로 말하면, 조선 초기의 『고려사』에서 서술된 우왕·창왕의 신씨설辛氏說을 정도전과 윤소종尹紹宗 등의 조작이라 주장하고, 이색·원천석의 자료를 더 사실에 가깝다고 믿었다.[54]

---

50 『東史綱目』 附錄下, 「地理考」, 遼東郡考.

51 『東史綱目』 卷3上의 癸亥 新羅 眞平王 二十五年, 高句麗 嬰陽王 十四年, 高句麗侵新羅北漢山城 記에 붙인 사론에 삼국의 요충은 北漢山으로 이해하였다.

52 『東史綱目』 卷16下, 禑王 十四年 二月條, 3책, 421~422면.

53 정구복(1987), 「한백겸의 사학과 그 영향」, 『진단학보』 63, 181면 참조.

54 『東史綱目』 3책, 447면, 史論. "按申氏曰 元天錫集 國家令前王父子賜死爲題者一首 (…) 皆有詩直書無隱 比之麟趾之麗史不董狐之筆 豈非石壓笋斜出者耶"; 같은 책, 476면.

그 결과는 『동사강목』의 서술에서 우왕과 창왕의 기년표시를 정통군주와 같이 하고, 오직 폐왕으로 칭하였을 뿐이다. 이러한 고려 말 정치사건에 대한 기술은 조선 초기 관찬사서에 대한 반발이었고, 이는 16세기 박상朴祥의 『동국사략東國史略』, 17세기 초 오운吳澐의 『동사찬요東史纂要』 이래 발전해 온 사림의 역사의식을 발전시킨 것이라 할 수 있다. 이러한 인식의 발전은 역사에서 기록을 그대로 신빙하지 않고 의심하여 역사의 의미를 찾아내야 한다는 역사관을 반영한 것이다.

4. 사론을 통해서 본 사학사상

안정복이 『동사강목』에 쓴 사론은 600여 편이 넘는다. 이는 본문에 붙인 사론의 숫자이고, 이밖에 부록에 쓴 자신의 견해까지 합치면 그 수는 훨씬 많아진다. 본문에 붙인 사론은 2행으로 써서 본문과 명확히 구분되며, 단순히 주를 단 내용도 2행으로 썼으나, 사론은 '안按'자를 첫머리에 붙이고 있어 쉽게 구별할 수 있다.

그의 사론은 성격으로 보아 세 가지 유형으로 구분할 수 있다.

첫 번째 유형의 사론은 서법敍法을 보충 설명한 것으로 다음과 같은 것을 예로 들 수 있다.

- 예1 : 定宗三年 秋九月 東女眞來獻馬 (…) 按 東史 女眞之名始此
- 예2 : 惠宗二年 葬順陵, 義和王后林氏 祔葬 (…) 按 后立薨史闕

이런 유형의 사론에 그의 사상이 전혀 표현되어 있지 않다고는 할 수 없으나 그 의미가 별로 중대하지 않은 것이 태반이다. 이런 이유로 이들 사론은 본고의 고찰 대상에서 제외하였다.

두 번째 유형의 사론으로는 본문의 내용을 보충하거나 다른 내용을 인용한 것들로, 주로 중국 문헌인 『통전通典』과 『통고通考』 등의 자료가 많이 인용되어 있다. 이렇게 다른 자료를 인용한 것은 처음부터 끝까지 그대로 인용하였을 뿐 저자 자신의 견해가 피력되어 있지 않으므로 역시 고찰의 대상에서 제외한다. 그러나 여기에도 사론으로서의 성격을 띠고 있는 것이 있는데, 바로 『성호사설』을 인용한 부분이다.[55] 비록 자신의 견해를 첨부하지는 않았으나 이는 그 의견에 동조했기 때문에 인용한 것으로 보아야 할 것이다. 이는 고찰할 대상으로 삼겠다. 이전 사가들의 사론은 모두 목目의 형식으로 서술한 점에서 이는 사료로서 이용하였다고 할 수 있다.

세 번째 유형의 사론은 저자 자신의 견해를 나타낸 것이다. 이들 사론을 검토의 주 대상으로 삼는다. 앞에서 이미 언급한 것처럼 그의 역사서술에도 이전의 사학적 성향을 계승한 면이 있듯이 사론에도 이전 사가의 사상과 성향을 계승한 측면이 있다. 즉 불교사상을 이단시하여 그 신앙을 비판한 것이라든지, 신하로서 의리와 충절을 강조한 것, 고려시대의 예제가 유교 논리의 원칙에서 어긋난다는 점 등이 이에 해당한다.

그러나 불교신앙에 대한 비판의 경우 이전의 사가들과는 색다른 견해가 보이고 있다. 즉 그는 우리나라 사람들이 괴탄怪誕한 신화를 좋아하는 것도 불교 때문이라고 해석하였으며,[56] 고려시대 주약신강主弱臣强한 이유도 불교의 숭상 때문으로 해석하였다.[57] 왜냐하면 불교는 무군무부無君無父의 학문으로 보았기 때문이다. 이는 역사해석에서의 진전이라고 할 수 있다.

---

55 『성호사설』에서 인용한 15편의 사론은 다음과 같다. 1책, 137면. 2책, 8 · 98 · 464 · 530면. 3책, 71 · 100 · 170 · 263 · 274 · 322 · 346 · 420 · 442 · 453면. 이 밖에 유형원의 설로 『磻溪隨錄』에서 인용된 것(1편 2책, 129면)이 있고, 한백겸의 설로 인용된 1편은 유형원의 『동국여지지』에서 인용된 사론이다(2책, 63면).

56 『東史綱目』 卷3上, 新羅 眞智王 四年 新羅作天賜玉帶條, 1책, 306~307면에 있는 史論 참조.

57 이는 이익의 견해를 받아들인 것이다. 『東史綱目』 卷13下, 忠肅王 12年 冬十月下敎大赦條 3책, 170면.

의리와 충절에 대한 사론에서는 이제까지의 사서에서 반역자로 평가됐던 인물을 충신으로 보는 새로운 해석을 내린 바 있다. 위만조선이 멸망될 때에 끝까지 항쟁한 성기成己는 우리나라 입장에서 해석할 때에는 충신으로 보아야 함에도[58] 종래의 사서에서 적국의 사서인 『한서漢書』의 자료를 그대로 인용하여 평가한 것은 잘못이라고 논하였다. 그래서 종래 '주성기誅成己'라는 표현을 '살성기殺成己'로 바꿔 썼다. 또한 지금까지 별로 폄론貶論된 바 없는 최언휘崔彦撝에 대하여서는, 신라의 신하인 그가 신라를 배반하고 고려의 태조를 섬겼다 하여 소인지유小人之儒라 평하고, 그가 교수직敎授職을 받았을 때 충의忠義·명절名節을 어떻게 가르칠 수 있겠는가라고 논하였다.[59] 이에 그를 폄하하기 위하여 그의 관작을 쓰지 않고 '최언휘졸崔彦撝卒'이라고 썼다.

또한 신하로서 권력을 마음대로 휘두른 자라고 생각한 고구려의 천개소문泉蓋蘇文·천남건泉男建, 고려의 정중부鄭仲夫·최충헌崔忠獻은 스스로 관직을 장악하였다고 하여 '자위모직自爲某職'이라 서술하고,[60] 특히 최충헌의 경우에는 권력 장악의 음흉하고 교밀한 계략을 사론으로 밝혔다.[61]

고려시대의 예제禮制가 비속한 것으로는 동성혼, 이일역월以日易月의 상제喪制, 외손을 입후入後한 사례 등을 비판하였다. 그러나 그 비판이 단순한 도덕적 원칙론에 입각하여 논함에 그치지 않고 조선조의 예제와 격차가 있음을 언급하고 있다. 즉 동성혼을 논한 사론에서는 조선조에는 동성은 물론 이성친異姓親도 재종·삼종과 결혼하지 않음을 들고 있으며,[62] 조선조에는 천민인 노비까지도 삼년상을 치르고 있음을 들고 있다.[63] 이러한 사론은 고려시대보다 조선의 예

58 『東史綱目』 卷1上, 1책, 117면.

59 『東史綱目』 卷6上, 高麗 惠宗 元年, 2책, 12면.

60 『東史綱目』 卷4上, 1책 340·399면 및 卷9下, 2책, 354·396면 참조.

61 『東史綱目』 卷9下, 2책, 397면.

62 『東史綱目』 卷6上, 惠宗 元年條, 2책, 13~14면.

63 『東史綱目』 卷14下, 恭愍王 九年 八月 第三年喪條, 3책, 265면 사론.

가 한 단계 발전하였음을 뜻하는 것으로, 바꿔 말하면 고려조의 예제가 아직 고도로 발전하지 못했음을 인식한 결과라고 이해할 수 있다. 이처럼 조선조의 사실과 관련을 지은 것은 과거의 역사를 현재의 문제로 끌어올렸다고 할 것이다.

또한 고구려 유리왕琉璃王의 태자 해명解明이 아버지의 명을 받고 자살한 행위에 대하여 궁중의 권력암투로 이해하려 한 이익의 탁견을 사론으로 싣고 있으며,[64] 자신의 견해를 따로 썼다. 이에서 그는 부자만의 관계로 파악하기보다는 왕의 두 왕비 사이의 총애 다툼으로 이해함으로써 정치사에 있어서 심층적인 이해에 도달하였다.[65] 즉 이것은 스승이었던 이익의 사론의 영향을 직접 받아 발전시킨 것이라 할 수 있다. 이러한 정치사적인 측면에서 고려의 숙종이 찬위簒位하였다는 유계兪棨의 설을 수용하여 '희폐왕자립熙廢王自立'이라 폄하해 썼다.[66]

또한 안정복의 사학사상의 중요한 특징은 역사에서 지리를 강조하였다는 점과 당시의 현실 문제를 과거의 역사에 투영하여 해결하려 했다는 점을 지적할 수 있다. 우선 그가 역사에서 지리적 요인에 대하여 사론으로 쓴 것을 보면, 먼저 우리나라는 3면이 바다로 둘러싸여 있고 1면이 육지로 연결되었다는 것을 분명하게 의식하고,[67] 우리나라를 방어하려면 수륙水陸의 양병을 길러야 하

64 『東史綱目』 卷1上, 瑠璃王 二十八年條, 1책, 137면 참조.

65 『東史綱目』 卷1上, 瑠璃王 二十八年條. "按 (…) 怨恨之心起 加以愛憎生於宮姬之爭寵 讒搆起於兩宮之異處."

66 『東史綱目』 卷7下, 肅宗 元年 十月條, 2책, 188면. 熙는 숙종의 諱로 헌종을 폐위시키고 찬탈하였다는 뜻으로 이름을 쓰고, 따라서 '自立'이라 하였다. 그리고 그의 찬탈에 협력한 자를 포상함에 관직을 濫授하였다는 사론을 쓰고 있다(『東史綱目』 卷7下, 肅宗 卽位年 十月條, 2책, 189면 사론 참조).

67 漢이 朝鮮을 침략한 기사에 붙인 사론에서 "按我東三邊環海 一隅連陸 誠四面受敵之國也"라 하였고, 고려 忠烈王 때 元나라와 함께 일본을 정벌한 기사에 붙인 사론에서도 "按我東三面環海 西通中國 東南憂倭 · 海防之策不容少緩"이라 쓰고 있다. 1책, 115면, 3책, 438면 사론. 또 1책, 104면의 사론에서도 "我東地形 三面阻海 其狀如島"로 썼다.

며, 이에 대한 방책을 잘 세워야 한다고 강조하였다. 특히 동남의 왜에 대한 해방책海防策을 조금도 소홀히 하여서는 안 되며, 육지의 방어를 위해서는 전차戰車가 중요함을 강조하였다.

한편으로 방어책의 강화만이 아니라 중국・왜와 외교적으로 실화失和하여서는 안 된다는 것을 또한 강조하였다. 특히 그가 일본에 대한 경계 및 해방을 강조한 것은 임진왜란으로부터 받은 충격이 작용된 것이라 할 수 있다. 그는 여원동정麗元東征 후에 고려에서 일본에 사신을 보내어 사과를 표하였더라면 여말 왜구의 침략을 받지 않을 수도 있었다는 이익의 논을 싣고 있어[68] 이 견해에 찬동하고 있음을 알 수 있다.

그리고 안정복은 이익과 같이 강역상으로는 우리나라가 천하의 약국이지만 문화적으로는 중국과 같은 수준의 국가라고 인식하였다.[69] 그러나 그는 우리나라가 비록 약한 나라이지만 삼국시대에는 오로지 상무尙武에 힘써서 수・당이 천하의 병으로도 승리하지 못하였다는 등의 자부심을 갖고, 우리나라 사람 1명이 중국인 100명을 당해 낼 용기가 있다고 주장하고, 천하의 최약국이 된 것은 다른 데 이유가 있는 것이 아니라 법제가 그렇게 만들었다고 주장하면서 이를 다음과 같이 밝히고 있다.

> 신라가 통일한 이후에 오로지 당을 섬기고 화풍을 악모樂慕하고 문화를 오로지 숭상하여 무력이 점굴漸屈해졌다. 또 고려 광종 이후에 과거법을 실시하여 일국의 모든 인재가 모두 그 중에 들어가 재주 있는 자가 국경에 다다라서도 봉표걸애奉表乞哀를 제일의 양도良道로 삼아 대대로 그렇게 하니 슬픈 일이다![70]

68 『東史綱目』 卷12上, 忠烈王 二十年條, 3책, 71~72면.

69 『東史綱目』 卷11上, 元宗 二年 九月條, 2책, 530면. "按僿說曰 我國天下最弱者也 不但地偏民貧 自箕封以來 文敎不絶 共稱禮義之邦."

70 『東史綱目』 卷11上, 元宗 二年 九月條, 2책, 530~531면.

이에서 그는 우리나라가 약하게 된 이유를 억무숭문抑武崇文의 과거제도에서 찾고 있음을 확인할 수 있다. 이 때문에 광종이 과거제도를 실시한 기사에서도 이러한 논조로 비판을 가하고 있다.[71] 그가 우리나라가 약국이 된 근본적인 이유가 법제의 잘못에 있다고 본 것은 유형원·이익의 실학사상과 상통하는 관점이며, 그의 두 스승이 과거에 응시하지 않았듯이 자신도 과거에 응시하지 않은 점에서 스승의 가르침을 충실히 따랐다고 판단된다.

그는 또 지리를 강조하면서 대륙을 제패할 요충을 요동으로 보았으며,[72] 요동은 단군과 기자 이래 고구려까지 우리나라 영토였다고 주장하였다.[73] 이런 점에서 그는 고려시대 구강舊疆의 회복책을 높이 평가하고 있으며,[74] 한반도 내에서는 북한산의 점유가 승패를 좌우하는 요충이었다고 삼국시대의 역사에서 밝히고 있다. 이러한 요충지의 장악을 국가가 발전할 수 있는 중요 관건으로 이해하였다.[75]

---

71 『東史綱目』 卷6上, 光宗 九年 五月條, 2책, 20~21면. 이 사론에서는 중국의 인재선발제도사를 개관하고, 과거제도는 교육과 선발이 무관하며 선비들이 실행을 닦지 않고 長才大器가 岩穴에서 老死하는 등의 폐단을 지적하고, 鄭東益의 말을 인용하여 과거가 실시되기 이전인 삼국과 고려 태조 때에는 豪傑之才와 文章之士가 함께 발탁되었는데 과거제로 이 좋은 用人之術이 없어졌다고 논하고 있다.

72 『東史綱目』 卷2上, 高句麗 故國川王 十二年條, 1책, 185면. "按遼東在九州之外 東北一隅被山帶河 南臨大海據形勝之地 擅魚鹽之利 當天下有事之時 其勢亦足以自爲 故公孫度 … 渤海大氏 亦皆雄據一方 虎視諸夷 而中國亦不能禁 至遼至金 莫不先定遼地 而與天下爭衡 此亦籌策之士 所宜知."

73 『東史綱目』 附錄下, 「地理考」의 檀君疆域考·箕子疆域考·遼東郡考·高句麗疆域考 참조 및 1책, 104면 사론.

74 『東史綱目』 卷6上, 2책 8면에서 『성호사설』을 인용하여 태조 때 요동을 회복할 기회를 잃었음을 개탄하는 사론을 싣고 있으며, 禑王 때 명에 鐵嶺衛를 설치한 기사에 붙인 사론에서 "原始以言之 則遼河以東 烏剌以南 本皆我地 而高麗以後 始以豆滿 鴨綠 一大鐵限 經界不難辨矣"라고 쓰고 있다.

75 『東史綱目』 卷3上, 高句麗 嬰陽王 十四年條, 1책, 314면. "按列國分治 各有界限 卽其形勝之地 我守之而爲要 敵據之而爲害者 是有國者之所必爭而爲國者也 北漢爲地 南臨漢水 北阻臨津 東連泰山 西俯大海 卽四方之道理正均 此實海東之第一要會也 是以三國之時 必爭

안정복 당대의 현실의식이 투영된 사론으로는 통치제도와 노비제도, 환곡제도 등에 붙인 사론을 들 수 있다. 통치제도는 이미 앞절에서 살펴보았듯이 전장典章을 상세히 서술한 것과도 깊은 관련을 가진다. 삼국시대의 율령의 실체 및 관직에 대해서는 중국 문헌을 사론으로 인용하여 보충하고 있으며, 노비세습법은 반드시 고쳐야 할 천하의 악법이라는 유형원의 논을 싣고, 이에 붙인 자신의 사론에서 노비제도의 개혁방안으로 고용법을 쓸 것을 주장하였다.[76] 이 방안은 유형원과 견해를 같이하는 것이다.[77] 노비세습법의 개혁은 이익도 주장한 바가 있으며, 안정복 자신도 이를 중요한 현실 문제로 인식하고 있었다.

환곡제도에 대해서는 고구려의 진대법賑貸法을 그 시원으로 보고, 가난한 백성을 구휼하는 '진賑'은 가하나 곡식을 빌려 주는 '대貸'는 부당하다고 논하였고, 고려의 빈민구제기구였던 의창제도義倉制度를 좋은 제도라고 칭찬하면서도 십이목十二牧에만 설치하고 군현에 설치하지 못한 것에 대한 아쉬움을 표하였다.[78] 특히 고려에서 세미稅米의 모곡耗穀이 일석당一石當 일승칠합一升七合으로 증가되는 것을 논하였다.[79]

그는 당시 환곡제도에서 모곡이란 명목을 세워 국가재정의 수입으로 삼는 것이 외국에 알려지면 수치스러운 일이라 하여 환곡제도의 폐지를 주장한 바 있다.[80] 이러한 현실의식이 역사를 서술하면서 사론에 표출되어 있다. 또한 그는 하부 향촌사회의 교화를 위하여 향약의 실시에 힘쓴 바 있는데, 고려 성종이 제촌諸村에 장정長正을 설치한 것에 대하여 치체治體를 아는 군주라고 칭찬한 바 있다.[81]

之地 高句麗得之 而羅濟苦兵 新羅得之而顚麗踣濟 誠得地理之宜矣."

76 『東史綱目』 卷6上, 光宗 七年條, 2책, 21면.

77 정구복(1970), 「磻溪 柳馨遠의 社會改革思想」, 『역사학보』 45, 31~38면.

78 『東史綱目』 卷6上, 成宗 五年 七月條, 2책, 47면.

79 『東史綱目』 卷7上, 端宗 七年 九月條, 2책, 144면.

80 『順菴集』 卷5, 「與洪判書書」.

요컨대 그가 통치제도에 대한 관심이 컸던 것은 백성의 생활에 대한 깊은 배려에서 나온 것이다. 당시 백성의 생활이 곤궁해지고 국가재정이 파탄에 이른 것은 국가의 통치제도의 잘못에 있다고 파악하고, 그 제도의 개혁을 통하여 현실 문제를 해결하고자 한 사상이 그의 스승이었던 유형원과 이익의 실학사상이었다. 비록 안정복은 현실개혁안으로서 통치제도에 대한 체계적인 연구를 한 바는 없었지만 스승들의 실학사상을 과거의 역사를 통하여 강조하였음을 알 수 있다.

그의 대외교섭에 대한 시각도 이전의 사가로부터 중요한 변화를 가져왔다. 즉 그는 중국이 우리나라를 침략하여 직접 지배하려는 정책이 실현성이 없는 무모한 것임을, 한이 사군을 설치하였다가 곧 철수한 점, 당군이 백제와 고구려를 멸망시키고 쫓겨간 사실, 명에서 철령위를 설치하였으나 함경도에서 철수한 사실을 통하여 논하였다. 그러나 중국과의 선린외교가 우리나라의 안보를 위하여 중요하다는 사실을 인식하고 있었으나, 무조건의 사대가 아니라 투쟁을 한 후에 교섭을 하여야 실효가 큼을 들어 강은양면強隱兩面의 대외정책을 주장하였다.

그는 일본에 대한 방어에도 지대한 관심을 쏟았다. 일본인의 풍속과 습성에 대해서 중국 측 자료와 일본에 사신으로 갔다 온 조선인의 기록에서 찾아서 많이 싣고 있으며, 왜구의 침입이 있었던 신라・고려의 당해기사에 사론을 붙여 '策略之士 當豫籌之也'[82]라 하여 역사적 사건에 대한 현재적 문제의식을 제고하려고 노력하였다. 이러한 그의 대외관의 변화는 16, 17세기의 왜란과 호란의 충격과 세계관의 확대,[83] 지리적 인식의 심화로 나타난 현실의식의 표출이라 할 수 있다.

81 『東史綱目』 卷6下, 成宗 六年 九月條, 2책, 49면.

82 『東史綱目』 卷12上, 忠烈王 七年 八月條, 3책, 40~41면.

83 그는 「지리고」에서 「萬國地圖」를 보고 한국의 위치를 經緯度로 설명하고 이에 따라 지도를 붙였다.

5. 맺음말

안정복은 『동사강목』의 편찬을 위하여 20여 년의 시간을 보냈다. 그 과정에서 의심나는 문제를 친구나 스승과 서신으로 논한 열정과 관심의 지대함, 많은 사료를 수집하고 사실을 고증하려 한 노력 등은 이전의 어떤 사서 편찬자와 비교할 수 없을 정도로 뛰어난데, 이런 모든 것이 어우러진 『동사강목』은 이전의 사서에서 볼 수 없는 새로운 구성의 국사國史라고 할 수 있다. 이 점에서 안정복은 그야말로 한국사를 전공한 유일한 첫 사가라 할 수 있다.

『동사강목』은 외형적인 구성에서도 새로운 특색을 띤 점에서 가치가 높이 평가되어야 할 사서이다. 즉 책의 서두에 역대 왕조의 세계도世系圖를 작성하여 싣고, 각국의 역사지도인 강역도와 전성도를 실었으며, 삼국시대 이래의 관직의 변화를 담은 관직연혁도를 독창적으로 상세하게 만들어 실었다. 또한 부록으로 한국사상의 문제점을 낱낱이 논한 「고이」·「괴설변증」·「지리고」를 붙여 당시까지의 한국사 연구 성과를 담고 있는 점 등이 그것이다.

뿐만 아니라 서술 형식과 내용에서도 색다른 점을 보이고 있다. 우선 『동사강목』의 서술 형식은 17세기 이래 성리학의 심화에 따른 주자의 『자치통감강목』에 따라 한국사를 서술하는 서술 경향을 따른 것이지만, 강과 목으로 나누어 서술하는 방식은 요령 있는 서술이라 할 것이다. 비록 범례나 사론에서 역사적 사실에 대해 도덕적인 평가를 내리려 한 태도가 아직은 남아 있고, 선초의 『동국통감』의 사론을 답습하여 이를 더욱 심화한 면이 있는 것도 사실이다. 그러나 주자가 중국인의 입장에 서서 중국사를 주체적으로 정리한 것과 같이, 그가 한국사를 한국인의 입장에서 서술하려 한 점은 이전의 강목 형식으로 역사를 정리하려 한 선배 사가보다 진전된 의식이라 할 것이다.

특히 그는 17세기 이래 발전한 역사지리학에 성리학적 인식을 심화시켰으며, 유형원과 이익의 실학사상을 사론으로 실었고, 정치사건에 대한 해석에서도 권력투쟁이란 각도에서 새로운 해석을 내리려 했다는 점, 국가의 안보를 위한 대외관계의 새로운 인식, 단군·기자 이래 요동 지방이 우리의 강역이었다는 의식, 애국적인 순절자의 포양褒揚 등으로 국가의식을 고조시켰다.

그리고 안정복은 과거의 역사적 사실을 정치적·도덕적 교훈으로 삼으려 했던 김부식 이래 조선 초기 사가들의 역사관으로부터 벗어나, 이를 현재의 문제와 연관시켜 생각할 수 있도록 문제의식을 제기하였다는 점에서 새로운 역사의식을 발견할 수 있다. 역사에서 지리적 요인의 강조, 정치제도에 대한 고구考究와 비판, 숭문崇文의 폐단에 대한 비판 등은 근대적 성향을 띤 사학사상으로 볼 수 있을 것이다.

18세기 한국사회는 철학·학문·정치·사회·경제 등의 제 부분에서 커다란 변화가 일어나고 있었다. 철학에서는 정통 성리학이 서학의 전래로 인해 그 이론 자체가 존립할 수 없을 만큼 위협을 받고 있었으며, 학문적으로는 실학이 일어나 학문상의 자기 반성이 크게 일어나고 있었다. 또한 중국 중심주의 세계관이 서서히 무너져 가고 있었으며, 정치적으로는 북벌론이 점차 수그러들어 가는 가운데 노론 중심의 일당 전제정치가 강화되어 사회문제를 보수적으로 지키려 하고 있었으며, 사회신분상에는 성리학적인 사회 기반이었던 지주전호제가 붕괴되어 신분제의 폐지가 크게 진척되었다. 농업에서도 주자농법이 극복되어 자작농 중심의 토지개혁론이 크게 일어나고, 상업에서도 국부國富의 증진을 위하여 해외교역론이 강하게 일고 있었다.

이러한 상황에서 『동사강목』이 무너져 가는 중세의 정치 이데올로기인 주자의 강목 형식을 취한 점은 주자학을 지키려는 마지막 노력이라 할 것이다. 그러나 이 책은 당시의 새로운 사회인식과 역사인식, 역사학의 연구 성과를 함께 담고 고증적인 학문방법을 크게 이용하면서 정치사에서 새로운 해석을 시도하였으며, 과거의 역사사실을 현재적인 문제의식을 갖고 해석하였고 역사를 주체적으로 이해한 점에서 중세적인 성향과 근세적인 성향, 중국 중심적인 역사관과 민족 중심의 역사관이 함께 담겨진 사서라 할 것이다.

결론적으로 안정복의 『동사강목』은 유교사관이 나타난 김부식 이래로 이제현·권근·최부崔溥·한백겸·홍여하·유계·임상덕이 이룩한 연구를 전부 수용하여 여기에 자신의 새로운 견해를 붙인 사서로서, 조선조에 이룩된 한국사로서 가히 대표적인 사서라 할 것이다. 후일 근대의 민족주의 사학자인 신채호가 『동사강목』을 높이 평가하고, 이를 통하여 연구를 한 것도 충분히 이해할 수 있다.

안정복

이병도

1.

숙종~영조 간의 기하畿下 남인 학자로 퇴계의 학을 숭봉하면서 일방으로 실사구시 박학고증의 신학풍을 연 성호 이익李瀷의 문하에는 그의 자질子姪(아들 맹휴, 조카 병휴 등)을 비롯하여 제제濟濟[1]한 명사(소남 윤동규, 하빈 신후담, 순암 안정복 및 기타)들이 종학從學하여 그 학풍을 본받았거니와 그중에도 경사經史를 전공으로 풍다한 저술을 남겨 후학에 비익함이 컸던 이는 순암 안정복 그였다. 즉 순암은 경經을 경經으로 삼고 사史를 위緯로 하여 양자를 겸치하되 특히 조선 사학에 중重을 치置하여 성호의 이 방면의 학문을 일층 더 진보 발전시켰던 것이

1 濟濟: 많고 성함.

니 순암의 후학을 가혜嘉惠한 공도 이 사학 방면에 더 많다고 볼 수 있다. 그러면 순암은 어떠한 생애와 저술을 하였던가?

2.

순암 안정복의 자는 백순百順이니 순암은 그의 호이며, 그의 선先은 광주인廣州人으로 부의 명은 극極이요 조祖는 울산부사 서우瑞羽였다. 순암은 숙종 38년 12월 25일에 제천에서 출생하여 그 후 경성으로 또는 영광・무주로 이거하다가 26세 때에 광주 경안면 덕곡리로 내주하니 이곳은 즉 그의 선영 소재지이다. 그는 어릴 때부터 두뇌가 명석하고 학문을 좋아하여 경사를 중심으로 음양・성력星曆・의약・복서卜筮・병학・불노佛老・패사稗史・소설에 이르기까지 박람치 아니함이 없었지만 더욱 이로부터는 거업擧業을 전폐하고 성리학에 유의하여 『성리대전』, 『심경』 등 서를 읽기 시작하였다 한다.

순암이 이성호(익)의 학덕을 사모하여 왕배문학往拜問學하기는 영조 22년(35세)이니 그때 성호는 안산 성촌에 거하여 65세의 노인으로 학문이 점점 정숙하여 갈 때였다. 성호의 고족高足[2]인 윤소남尹邵南(東奎)・이정산李貞山(秉休) 등을 동문사우로 교류하기도 이로부터였다. 이후 순암은 17년 동안 성호를 사사하였으되(신병과 기타 부득이한 사정으로 인하여) 왕방往訪 승수承受한 것은 전후 4차에 불과하였고 그리하여 그는 성호 몰후에 이를 대단히 유감으로 여겨 4차 승회承誨한 일록을 별기하여 책명을 『함장록函丈錄』이라 하여 추모의 침을 표하기까지 하였지만 성호 생전에도 매양 그를 산두山斗와 같이 경앙하여 서찰로써 왕복 질의함이 십수 차에 이르러 직접・간접으로 성호에게 계발되고 영향받아 자극된

2 高足: 高足弟子의 준말로 뛰어난 제자를 이름.

바가 많았다.

성호도 그를 보통 문인보다는 유달리 알아 자기의 소찬所撰인 『도동록道東錄』(퇴계의 언행을 집한 것)을 순암과 윤소남에게 촉囑하여 서로 상론편차商論編次케 하여 이를 『이자수어李子粹語』라 고쳤고, 또 그 만년에는 그의 명저 『사설』을 순암에게 촉하여 분류 산정케 하여 서명을 『사설유편』이라 하니 모두 12권이 되었다. 지금 방간坊間에 유행하는 『성호사설』이란 것이 바로 이것이다.

영조 25년(38세)에 조정에서 순암의 이름을 듣고 후릉참봉厚陵參奉을 제하였으나 부임치 아니하였고 이해 이어 만녕전참봉萬寧殿參奉을 제하매 부득이 출사하여 익년에는 조산대부朝散大夫 의영고봉사義盈庫奉事에 승진하였다. 그 후 누관屢官하여 동왕 30년(43세)에는 사헌부감찰에 전임하였던바 오래지 않아 부상父喪을 만나 사직 퇴거하여 이후 근 20년 간 두문불출 독서와 저술에 전심하였다. 그의 경사에 대한 조예는 이때에 더욱 깊어 가고 그의 중요한 편찬과 저술도 이때에 많이 되었다.

동왕 48년(61세)에 이르러 병판兵判 채제공蔡濟恭의 천거로 익위사익찬翊衛司翊贊(일명 계방桂坊이니 세자 시위의 직)을 배수하고 그 후에 또 동사 위솔衛率을 제하여 전후 동궁을 보도輔導한 공이 컸으니 동궁은 바로 근세 호문好文의 주主인 정조시었다. 동궁의 학문은 이미 이때에도 고명하여 보통 강관講官으로는 그 뜻에 부합하기 어려웠고 오직 순암과 같은 박학강기博學强記의 인물이라야 그 임에 적당하였다. 과연 동궁은 순암의 강설을 경청하여 매양 기己를 허虛하여 문난問難하였다 한다.

정조 즉위 초(65세)에 목천현감을 제수하여 제임 3, 4년에 혹은 권농 혹은 향약을 권행하고 혹은 사마소司馬所를 설치하여 읍중邑中의 사자士子로 강학講學 습업習業케 하는 등 자못 교화에 힘을 썼다. 정조 8년(73세)에 또다시 익찬의 배명을 받으매 노병을 이유로 곧 사은, 퇴귀하였다. 동왕 13년에는 첨중추, 익년에는 동중추의 명예직을 제수하고 이어 광성군廣成君을 봉하였더니 익 15년 7월에 이르러 80세의 고령으로 역책易簀하였다. 일찍이 서학 배척의 공이 있다 하여 순조 원년에 특히 좌참찬左參贊의 직을 증하고 고종 8년에는 문숙文肅이라는 시호諡號를 하사하였다.

3.

순암은 역시 남인 학자로 더욱 성호의 영향을 받아 영남 남인의 학조인 퇴계를 극존하여 매양 '퇴도이부자退陶李夫子' 혹은 '이자李子'라 하고 또 일찍이 그 문인 ★黃德壹에게 이르되

"주자를 배우려면 먼저 퇴계를 배우라."

하고 인하여 『이자수어』를 주어 가로되

"공맹의 말은 왕조의 법령과 같고 정주의 말은 엄사嚴師의 칙려勅勵와 같고 퇴계의 말은 자부慈父의 훈계와 같은지라. 이 책은 사람을 감발함에 우절尤切하다."

고 하였다. 순암의 퇴계 숭배가 이와 같으므로 그 성리학설에 있어서도 퇴계의 설을 존봉하여 매양 사우 문인으로 더불어 변론하기를 마지아니하였지만 더욱 퇴계의 소편所編인 『주자서절요』를 애독하여 마침내 이에 방倣하여 『주자어류절요朱子語類節要』 8책을 편찬한 일도 있었다.

영조 50년 위솔로 서연書筵(세자 강석講席)에 들어가 율곡의 명저 『성학집요聖學輯要』를 강하였을 때 동궁(정조)이

"퇴계와 율곡의 이기설이 서로 다른데 그대는 어떤 설을 좇느냐."

고 물으니 그는 역시 가로되

“율곡의 자득의 견見이 비록 좋기는 하나 퇴계의 사칠설은 『주자어류』에 근거한 원연源淵이 있는 설이므로 일찍부터 퇴계의 설을 좇아 왔다.”

고 하였다. 율곡은 서인의 학조인 까닭에 서인과 당파를 달리한 남인은 기호인이라도 대개 영남 남인의 학조인 퇴계를 추앙하게 되므로 순암의 퇴계 숭배에는 역시 이러한 당파적 영향이 많았을 것이다.

순암은 이와 같이 정주학·퇴계학을 준수하였던 터이므로 조금이라도 이들과 설을 달리한 신이한 설에 대하여는 공격의 화살을 아끼지 아니하였다. 더욱 당시 연소 남인학자간에는 양명학설, 명·청간 고증학설, 서양 천주교설을 신봉하는 자가 많이 있는 까닭에 순암은 비단 학문적 입장에서뿐 아니라 장래의 당화를 두려워하여 이를 극력으로 척계斥戒하였다. 그의 서婿 권일신權日身의 형 권철신權哲身과 같은 이는 재기가 영발穎發하고 자못 호기好奇의 벽이 있어 고증학파의 신설과 왕양명의 치양지설致良知說을 좋아하여 이로써 가끔 순암과 왕복논변한 일이 있었지만 순암은 매양 이를 불가한 양으로 논척論斥하였으며 그 후 철신이 그 아우 일신 및 그 지구知舊 문인門人으로 더불어 성히 서양 천주교를 습신習信함에 이르러서는 순암은 누누이 장서長書를 보내어 서교의 불가함을 극론하고 아울러 당화의 우려를 암시하여 속히 폐지하기를 간청하였다.

그러나 철신 등은 이를 듣지 아니하고 점점 거기에 열중하였으며 그 신도 중에는 왕왕 성호의 「천주실의발天主實義跋」로써 성호도 일찍이 이 교를 신습하였다고까지 하는 사람도 있었다. 순암은 이를 크게 염려하여 정조 9년에 『천학고天學考』·『천학문답天學問答』 등 서書를 저著하여 천주교의 비非를 척斥하는 동시에 성호의 「천주실의발」을 그 책에 말부末附하여 성호의 진의를 변명하였다. 순암 몰후 겨우 수개월에 국금國禁이 내려 천주교를 사교라 하여 신자를 극형에 처하고 그 후 사옥이 계기繼起하여 신도들이 수차로 취륙就戮하매 사람들은 비로소 순암의 선견의 명을 알았다고 한다.

순암의 유학사상은 시대환경의 관계도 있었겠지만 도대체 완고하고 고루하여 위와 같이 신이한 설을 배척하기를 좋아하였거니와 일찍이 성호가 그에게

"배움은 스스로 체득한 것을 귀하게 여기는 것이요 반드시 옛사람들이 말한 것에 막혀 고정될 필요는 없다."

고 하였음에 대하여 그는 말하되

"뒤에 태어난 젊은이가 그 진리를 궁구하는 것이 이르지 못하고 뜻과 생각이 정하여지지 않았으면서도 간략한 소견이 있다 하여 문득 자기의 뜻을 고집하면서 옛사람들이 알지 못하던 것이라 하는 이런 습성이 점점 커진다면 한갓 그의 가볍고 얕은 뜻만을 고집하는 것에만 더할 뿐이지 덕의 업에 나아가는 데는 무익하다."

고 하였다. 순암의 말 가운데에는 물론 일리가 없는 바는 아니나 너무도 (신인의) 자득 자견의 진보적 태도를 무시한 말이라고 하지 않으면 안 된다. 학문은 성호의 말과 같이 독창 자득을 숭상할 것이지 반드시 전인의 설에 구니拘泥[3]할 것은 없는 까닭이다. 그리 함에서 진보가 있고 발전이 있는 것이다. 그러므로 순암의 위의 태도와 언론에는 전부를 찬성치 않는다.

그런데 사학 방면에 있어서의 순암의 학적 태도는 매우 비판적이요 진보적이었다. 재래의 동방 사책에 대하여 그는 큰 분개와 불만을 느끼고 무수한 결함을 지적하여 마침내 『동사강목東史綱目』(모두 20권)이란 대저를 저술하였지만 그는 될 수 있는 대로 전사前史의 그릇된 점을 바로잡고 소략한 곳을 보충하고 모호한 데를 밝히려고 하였다. 더욱 고대 지리연구에 있어서는 정밀한 고증과 날카로운 비판을 시試하여 전인의 연구에서 수보를 내킨 바가 있었다. 물론 그 저술 중에는 오견오해처誤見誤解處도 더러 있고 의문 중의 것도 불소不少하지만 가다가 정론탁견精論卓見을 발한 곳도 많이 있어 그 개척의 공은 물론이요 후학

3 拘泥: (일정한 일에) 얽매임.

을 개도비익開導裨益한 공이 또한 크다고 아니할 수 없다. 『동사강목』은 상고에서 붓을 일으켜 여말에 그친 강목체綱目體의 사기로 조선 측 및 중국 측 사료를 널리 참고하여 만든 것이니 그중의 주 및 안설按說과 부록의 「고이」·「지리고」는 문집에 수록된 「동사문답」과 한가지로 다 그의 단편적 연구로 조선사 연구자의 일독을 요할 큰 참고서이다.

또 그의 동사에 관한 저술로는 『열조통기列朝通紀』(모두 28권)란 것이 있는데 이는 이조 태조에서 시작하여 영조 말까지의 사실史實을 각 서에서 수집한 것으로 사체史體는 이루지 못하였으나 『동사강목』에서 계속된 자매편이라 할 수 있는 것이다.

순암의 경사 기타에 걸친 편찬·저술은 매우 풍다하여 이를 통틀어 열거하여 보이면 편찬에는 『이자수어』, 『성호사설유편』(이상 성호 소찬), 『주자어류절요』 등이 있고, 저술에는 『하학지남下學指南』, 『내범內範』, 『희현록希賢錄』, 『가례집해家禮集解』, 『시명물고詩名物攷』, 『홍범연의洪範演義』, 『잡괘설雜卦說』, 『소학강의小學講義』(이상은 유학에 관한 것), 『동사강목』 및 「고이」·「지리고」, 『사감史鑑』, 『열조통기』, 『독사상절讀史祥節』, 『광주지廣州誌』, 『목주지木州誌』(이상은 사지史地에 관한 것), 『임관정요臨官政要』(행정에 관한 것), 『천학고』, 『천학문답』(이상은 천주교에 관한 것이니 문집 중에 실림) 및 문집 등이 있다.

안정복의 사상과 『동사강목』

한영우

1. 머리말

18세기 중·후반기의 소위 영정시대는 정치적으로는 탕평의 안정기로 볼 수 있으나 사회경제적으로는 상공업의 발달에 따른 신분제의 변동이 격심해지고, 사상적으로는 남인실학과 북학사상이 성숙해 가던 시기로 특징지어진다. 이 시기에는 이와 같은 사회경제적 변동과 사상계의 변화에 수반하여 역사서술상으로도 다양한 역사의식을 반영하는 사서史書들이 출간되었다. 먼저, 관변 측 사업으로는 『동국문헌비고』의 편찬(1770)과 그 수정작업이 있었고, 개인의 저술로는 신경준의 『강계고疆界考』(1756), 이익의 『성호사설』, 이만운李萬運의 『기년아람紀年兒覽』(1778), 이종휘李種徽의 『동사東史』, 유득공의 『발해고』(1784), 이긍익의 『연려실기술』(1797) 등이 이 시기를 대표하는 역사서술이라 할 수 있다.

그런데 영·정조시대 사서를 논의할 때 사서로서의 격식을 가장 충실하게 갖춘 것은 사실은 안정복의 『동사강목』(1759, 1778)을 으뜸으로 꼽을 수 있다.

『동사강목』은 『동국통감』 이후로는 가장 방대하고 체계가 잡힌 통사通史로서 조선시대 사서를 말할 때 조선 전기를 대표하는 것이 『동국통감』이라 한다면 조선 후기를 대표하는 것은 『동사강목』을 드는 데 이론이 없을 것이다.

『동사강목』은 후대에 미친 영향도 매우 크다. 개화기의 사서류는 기본적으로 『동사강목』을 토대로 재구성되었으며, 한말・일제시대의 민족주의사가들도 『동사강목』을 널리 참고하였다. 신채호는 그의 『조선상고사』 총론에서 한국사학사를 개관하면서 안정복을 최초의 역사전문가로 평가했다. 그의 평을 그대로 다 받아들일 수는 없지만, 『동사강목』이 타 사서에 비해 그만큼 전문성이 높은 점을 지적한 것은 옳은 것이었다.

『동사강목』은 이러한 사정으로 인해서 그동안 학계의 많은 관심을 끌어 왔고[1] 최근에는 『동사강목』뿐 아니라 안정복 자신의 사상체계에 대해서도 관심이 쏠리기 시작하고 있다.[2] 그러나 『동사강목』과 안정복의 사상체계를 하나로 묶어서 이를 총체적으로 파악하면서 그의 사학사적 위치를 점검하는 연구는 나타나지 않았다.

본고는 이와 같은 문제의식에서 출발하여 무엇보다도 안정복의 역사의식의 기저가 되는 사회사상을 이해하고, 이를 토대로 『동사강목』의 한국사 체계의 특징을 파악하는 데 초점을 맞추려고 한다.

1 황원구(1970), 「실학파의 사학이론」, 『연세논총』 7; 황원구(1981), 「실학파의 역사인식」, 『한국사론』 6; 이우성(1970), 「동사강목 해제」, 경인문화사; 변원림(1973), 「안정복의 역사의식」, 『사총』 17・18.

2 심우준(1985), 『순암 안정복 연구』, 일지사; 한상권(1987), 「순암 안정복의 사회사상」, 『한국사론』 17; 하우봉(1988), 「순암 안정복의 일본인식」, 『전라문화논총』 2.

2. 안정복의 생평生平

안정복(1712~1791)은 숙종 말기에 태어나서 신해통공辛亥通共이 이루어지던 정조 말기에 세상을 떠났다. 관향은 광주이고, 호는 순암順菴이며, 자는 백순百順이다.

그는 80세의 비교적 긴 생애를 통해서 많은 저술을 내어[3] 학인으로서는 성취가 높은 편이었지만, 관인으로서는 성공한 인물이 아니었다. 그는 말년에 가선대부(종2품)로서 동지중추부사에 올랐지만 이는 가자加資에 의한 산직散職에 불과한 것이고, 실직實職으로서는 5품 이상의 청요직에는 한 번도 나가 보지 못했다. 그것은 그의 출사가 과제科第를 통한 것이 아니라 조부의 문음門蔭에 의한 것일 뿐 아니라 당색이 남인이라는 사실과도 관련이 깊다.

안정복의 집안은 멀리는 고려시대의 명사인 안방걸安邦傑·안성安省으로 이어지는 대족大族이요, 조선시대에 들어와서도 안윤덕安潤德(중종中宗 때 삼포왜란三浦倭亂을 토벌한 부원수), 안황安滉(덕흥대원군德興大院君의 여서女婿이자 임란 때의 호성공신扈聖功臣) 같은 명인을 낸 바 있지만, 안정복에 가까이 올수록 현달한 인물이 나오지 못했다.[4] 안정복의 고조 시성時聖은 현감(종6품)에 그쳤고, 증조 신행信行은 그보다도 못한 빙고氷庫 별검別檢(종8품)이었으며, 조부 서우瑞羽가 비교적 현달하여 태안군수를 거쳐 울산부사(종3품)에까지 올랐다.

그러나 조부 서우가 청의淸議의 존중을 받으면서 울산부사로 있던 시절에 영조가 즉위하여 노론이 집권하는 세상이 되면서 당류의 배척을 받아 탐오죄貪汚

---

3 안정복의 저술이 정확하게 얼마나 되는지는 확실하지 않다. 이우성 교수는 48종설을 주장하고 심우준 교수는 23종설을 주장하여 현격한 차이가 있다. 필자는 후자의 설을 일단 받아들여 안정복의 사상을 검토하려고 한다. 『雜同散異』를 검토대상에서 제외한 것도 이 때문이다.

4 안정복의 가계는 그의 문인 黃德吉이 지은 「順菴先生行狀」(『順菴叢書』 上, 대동문화연구원)에 의거해서 작성했음(632면).

罪로 나국拿鞫·파직되는 비운을 만났다.[5] 그리하여 그는 파직 후 전라도 무주에 내려가 복거卜居생활을 시작했는데, 그의 아들 극極과 손자 정복鼎福 등 온가족이 함께 무주로 이사하게 되었다.[6]

조부의 몰락은 안정복과 그의 부친에게 큰 충격을 준 것 같다. 안정복의 부친은 일평생 처사로 일관했으며, 안정복도 15세의 어린 나이로 할아버지의 비운을 목도한 후 38세에 이르기까지 과업은 물론 어떤 형식의 출사도 일체 포기하였다.

영조 2년(1726)부터 무주에 복거하던 안씨 일가는 영조 11년(1735)에 조부가 사망하자 다음해에 고향인 광주 경안면慶安面 덕곡리德谷里로 돌아왔다.[7] 이때 안정복의 나이 25세였다. 덕곡리로 돌아온 안정복은 순암이라는 소옥小屋을 짓고 그곳에서 학문생활에 전념했다.

원래 안정복은 10세에 서울의 사학四學에 입학한 일이 있고[8] 어려서부터 박학의 학문을 좋아해서 경사 이외에도 음양陰陽·성력星曆·의약醫藥·복서卜筮 등 기술학技術學과, 손자孫子·오자吳子 등의 병법, 불교·노자 등의 이단사상, 그리고 패승稗乘·소설에 이르기까지 읽지 않은 것이 없었으며, 15~16세에는 이미 통달의 경지에까지 이르렀다 한다.[9] 그는 이 때문에 세간에서는 '방술가方術家'로 알려지기도 했다.[10]

그러던 그가 덕곡리로 돌아온 25세부터는 『성리대전』과 『심경』을 읽기 시작하여 비로소 성리학에 눈을 뜨게 되었다.[11] 이는 그의 학문적 관심이 공리功

5 『英祖實錄』 卷10, 英祖 二年 十二月 辛未條.
6 『順菴叢書』 上, 「順菴先生年譜」, 598면.
7 위 연보, 598면.
8 위 연보, 598면.
9 위 연보, 599면.
10 위 연보, 600면.
11 위 연보, 599면.

利로부터 도덕으로, 방외인적 도피로부터 유리일치儒吏一致와 수기치인의 사회 참여로 전환된 것을 의미한다. 그가 왜 무주에서 환향한 것을 계기로 이러한 학문적 전향을 하게 되었는지 그 동기는 확실치 않다.

어쨌든 환향 후 안정복의 학문생활은 매우 의욕적인 것이었다. 그는 26세에 「치통治統」·「도통道統」 이도二圖를 짓고,[12] 27세에는 뒷날 『임관정요』의 모체가 된 『치현보』를 짓고,[13] 동약洞約의 모체라 할 수 있는 「향사법鄕社法」을 만들었다.[14] 그 후 29세에는 학문지침서인 『하학지남』을 쓰고, 중국 고대의 이상적 토지제도를 해설한 「정전설」을 발표하기도 했다. 30세에는 주자의 글을 모방해 『내범』을 썼다.[15]

그 후 30대 초반에 들어간 안정복은 광주지방과 지연이 깊은 선배 실학자와 학문교류를 시작했다. 33세에 그는 유형원의 증손으로부터 『반계수록』을 입수해서 읽었는데[16] 이것이 계기가 되어 뒷날 64세 때 「반계연보」를 찬하게 되었던 것이다. 35세 되던 해에는 광주 안산성촌에 거주하던 이익(당시 66세)을 찾아가 그의 문하에서 경사에 관한 여러 문제들을 토의하기 시작했다.[17] 이익과의 학문교류는 이익이 타계할 때까지 20년 가까이 지속되었는데, 특히 『동사강목』은 6년 간의 서간문답을 통한 의견교환을 거친 끝에 이루어진 것이다.

안정복과 이익 및 그의 문인들과의 학문교류는[18] 안정복의 사상 형성에 어느 정도 영향을 주었을 것이 틀림없다. 그러나 안정복은 이익을 만나기 전에 이미 자기류自己流의 학문체계와 사상체계가 잡혀 있었던 것도 고려되어야 할

---

12 위 연보, 599면.

13 위 연보, 606면.

14 『順菴叢書』 上, 889면.

15 『順菴叢書』 上, 「順菴先生年譜」, 599면.

16 『順菴叢書』 上, 「磻溪年譜跋」, 408면.

17 『順菴叢書』 上, 「順菴先生年譜」, 599면.

18 안정복이 교유한 인사들은 尹東奎(邵南)·李秉休(이익의 조카)·權哲身·李基讓·李象靖·黃德一·蔡濟恭 등 남인계 학자들이다.

것이다. 이는 그의 나이가 이미 장년에 이르렀을 뿐 아니라 상당한 저술을 낸 후에 이익을 만났기 때문이다. 안정복이 이익의 문인이면서도 사상적으로 뚜렷한 개성을 가진 것은 이런 데서 그 이유가 찾아진다.

안정복은 38세 되던 영조 25년(1749)에 조부의 문음으로 첫 벼슬길에 올랐다. 만녕전참봉(종9품)에서 출발하여 의영고봉사(종8품, 40세), 정릉직장(41세), 귀후서별제(종6품, 42세)를 거쳐 43세에 사헌부감찰(정6품)에 이르렀다. 그러나 그의 벼슬살이는 5년 만에 일단 끝나고 다시금 고향 광주에 내려가 61세까지 18년간의 긴 휴양기를 가졌다. 아버지의 죽음과 안정복 자신의 건강악화(구혈증嘔血症)가 낙향의 이유였다. 이 시기에 그는 『임관정요』(1757, 46세), 『동사강목』(1759, 48세), 『열조통기』(1767, 56세) 등 그의 생애를 대표하는 저술을 낳았고, 『이자수어李子粹語』(1753, 42세), 『성호사설유편』(1762, 51세) 등의 편집도 이 시기에 이루어졌다. 그 밖에 그가 향촌사회의 안정을 위해 야심적으로 구상한 「이리동약二里洞約」은 『임관정요』보다 1년 앞서 이루어졌다. 말하자면 43세에서 61세에 이르는 기간은 안정복의 사상과 학문이 가장 성숙한 시기라 할 수 있다.

안정복은 이와 같이 40~50대의 장년기를 학문과 저술활동으로 보내고, 61세에서 73세에 이르는 노년기를 다시금 관직생활로 보냈다. 이때 그가 맡은 직책은 세손(뒤의 정조) 교육과 두 지방의 현감이었다. 즉 61세에서 64세까지는 세자익위사익찬(정6품)·위솔 등을 역임하면서 왕세손인 정조의 교육을 맡았는데 이는 그의 성리학자로서의 경학 지식이 인정을 받은 까닭이었다. 이러한 그의 정조와의 인연이 계기가 되어 정조가 즉위한 직후에는 65세의 고령으로 충청도 목천현감에 나가서 처음으로 자신의 지방행정에 관한 오랜 학문적 온축을 실천에 옮길 수 있는 기회를 갖게 되었다. 3년 간에 걸친 현감 시절에 그가 수행한 주요 치적은 동약의 실시, 방역소의 설치, 향약·향사례의 권행, 사마소司馬所의 복설 등이었다.

그는 72세에 다시 중앙으로 돌아와 돈녕부주부(정6품)·의빈부도사(종5품)·세자익위사익찬(정6품) 등을 역임했으나 모두가 단기로 끝나고 또 그가 자신의 경륜을 펼 만한 요직도 아니었다.

안정복은 73세에서 80세에 타계할 때까지 저술과 후진양성으로 말년을 보냈다. 이 시기에 그는 천주교에 대한 자신의 비판적 입장을 체계적으로 정리하여 『천학고』(1785, 74세)와 『천학문답』(1785, 74세)을 펴냈다. 그는 이미 46세에 천주교를 비판하는 편지를 이익에게 보낸 바 있고 그 후에도 권철신과의 빈번한 서간문 교환을 통해서 천주교를 비판하고 성리학을 옹호해 온바 그의 천주교 비판은 갑작스러운 일은 아니었다. 그러나 『천학고』가 발표될 무렵에는 이승훈李承薰이 중국에서 영세를 받고 돌아오는 등(1784) 그 도전이 만만찮은 형세였고, 그에 대응하는 정부의 시책도 강경하여 천주교에 대한 금령이 내려지고(1785) 일부 천주교도가 처형되는 사태(1783)까지 벌어지고 있었다. 안정복의 천주교 비판은 이와 같이 천주교세가 확장되는 데 비례해서 강도가 높아졌다.

안정복의 반천주사상은 천주교의 내세관이 지닌 현실부정에 대한 비판이며, 이는 바꿔 말해 현실세계의 명분론적 위계질서를 강력하게 옹호하는 안정복의 수기치인의 성리학 즉 실학의 논리적 귀결인 것이다. 그리고 그와 같은 논리는 불교·도교·양명학 등 일체의 반질서적 이단을 용납하지 않는 그의 보수적 사회사상에서 도출된 것임을 유념해야 한다.

안정복은 죽기 직전인 79세에 가선대부(종2품)에 가자되고 동지중추부사로서 광성군廣成君에 피봉되었으며, 사후인 순조 원년에는 천주교를 맹렬히 반대하던 노론벽파가 득세하자 안정복의 천주교 비판의 공이 높이 평가되어 자헌대부(정2품) 의정부 좌참찬 겸 지의금부사·오위도총부총관·광성군의 벼슬에 추증되었다. 그러나 불행하게도 안정복이 추증의 명예를 입던 그해에 같은 이익의 문하에 종유하던 이가환·권철신·정약용 등 남인학자들이 천주교 신앙 때문에 사형당하는 비운을 맞이했다. 그 중 권철신은 바로 안정복의 사위인 권일신의 형이요, 권일신조차도 천주교도였다는 것은 참으로 아이러니하다.

안정복은 이러한 연유로 해서 이익 문하의 남인학인 중에서는 가장 보수성이 강한 우파로 지목되고 있다.

안정복은 관료로서는 현달한 처지가 아니었기 때문에 관직생활이 그의 생계에 별로 도움을 준 것 같지는 않다. 문인 황덕길이 쓴 「안정복행장」에는 수경數頃의 석전石田이 세입歲入은 자못 적었지만 제사를 받들고 손님을 접대하는 데 궁핍한 지경에 이르지는 않았다. 그것은 수입을 헤아려 지출을 한 까닭이다.[19]

라고 안정복의 가계를 소개하고 있다. 비록 석전이라 하더라도 수경의 토지를 가지고 있다면 당시로서는 부유한 편에 속한다고 할 수 있다. 그는 분거하고 있던 제弟와 매妹의 경리經理도 도와주었으며, 친척과 이웃 중에 궁핍한 이가 있으면 힘닿는 대로 그들을 주휼했다고 한다.[20] 이와 같은 일도 그의 가계가 어느 정도 여유가 있었음을 말해 주는 것이다.

안정복이 고향 덕곡리에 지은 순암이라는 당호의 소옥은 규모가 8간이 되는 '암菴'자형의 가옥이었다.[21] 또 그는 10세의 선영先塋이 있는 덕곡동 영장산 아래에 제전을 두고 무덤 아래에는 이택재麗澤齋라 불리는 청사廳事를 지어 여기서 춘추로 제사를 지냈으며[22] 평시에는 향리 자제를 가르치는 강학의 장소로 이용하였다. 개인이 청사를 가질 정도라면 그것은 상당한 재력을 요하는 일이다.

이상과 같은 여러 사정들을 고려하면, 안정복은 광주지방에서 상당한 재력을 가진 토착세력이 아니었던가 추측된다. 아마 안정복의 학문과 사상이 보수성을 강하게 지닌 것은 이와 같은 경제적 안정성과도 어떤 관련이 있는 것은 아닐는지 모르겠다.

---

19 『順菴叢書』 上, 634면.

20 위와 같음.

21 『順菴叢書』 上, 「順菴先生年譜」, 606면.

22 『順菴叢書』 上, 「順菴先生行狀」, 634면.

3. 안정복의 경세관

1) 향촌교화론

안정복은 그가 지은 『동사강목』으로 인해 역사가로 가장 널리 알려져 있지만, 실상은 경학에도 조예가 깊고 경세가로서도 일가를 이룬 인물이었다.

안정복의 경세론은 특히 군현 이하의 향촌사회 문제에 집중되어 있으며 이에 관한 서론著論이 매우 많다. 안정복에 있어서 향촌문제는 가장 절박한 현실문제였으며, 바로 이 문제를 해결하기 위해서 경학과 사학에 대한 관심으로 학문영역이 확대되었다고 보는 것이 옳다.

안정복의 경세관을 대표하는 저술은 그가 46세 때 지은 『임관정요』(1757)다. 이 책은 지방행정의 총책임을 맡은 수령의 책임을 통감하고 그 위정爲政의 지침을 마련하기 위해 지은 것이다. 그러나 그는 이미 20대 후반에 『임관정요』의 모체가 되는 『치현보』(1738)를 쓰고, 뒷날 「이리동약」의 기초가 되는 「향사법」(1738)을 지음으로써 경세가로서의 면모를 일찍부터 드러내고 있었다.

안정복의 고향인 광주부 경안면 이리동二里洞을 위해서 만든 「이리동약」은 『임관정요』보다 1년 앞서 이루어진 것인데, 그의 향촌교화에 대한 구체적 방안을 극명하게 제시했다는 점에서 특별히 주목할 필요가 있다. 이 동약은 54세(1765)에 중수되고, 뒷날 목천현감 재직 시에 구체적으로 응용되었다.

안정복의 목천현감 재임은 그가 평생토록 온축해 온 경론을 실천하는 절호의 기회였기 때문에, 그는 그곳에서 동약만을 권행한 것이 아니라, 방역소 설치, 사마소 복설, 향약의 권행 등 여러 교화정책을 다각적으로 펴 나갔다. 따라서 안정복의 교화론은 이러한 일련의 저술과 시정들을 분석함으로써 그 이해를 얻을 수 있을 것이다.

안정복은 자기 시대의 사회변동을 절박한 위기의식으로 받아들이고 있었는데, 특히 향촌사회에 있어서 하극상의 풍조를 무엇보다도 가장 심각한 위기로 받아들이고 있었다. 안정복은 이러한 현상을 '풍교風敎의 불명不明'과 '명분名分의 부정不正'으로 표현하고, 수령 혹은 사대부의 지도하에 풍교를 돈독하게 하고 명분을 바로잡는 일을 위정의 기본목표로 인식하였다. 그가 목천현감으로 있을 때 동약 실시를 권장하는 뜻으로 쓴 논문의 일부를 옮겨본다.

> 생각건대 풍교가 불명하고 명분이 부정한 것은 모두 사대부가 자신의 권리를 잃은 데 연유하는 것이다. 대저, 근래 억강부약抑强扶弱하자는 논의가 승勝하여 하下가 상上을 능참하고 무지한 상한常漢들이 사대부와 항형抗衡하기도 하며, 심지어는 사대부를 능욕하고 후매詬罵하는 지경에까지 이르고 있다. 이는 모두 동헌洞憲이 불명하고 풍교가 이루어지지 않은 데 원인이 있는 것이다.[23]

이 글에서는 강자와 약자, 사대부와 상한의 관계를 향촌사회의 기본적 갈등관계로 이해하고, 이 양자의 관계에서 상한이 사대부를 능욕하고 후매하는 현상을 풍교불명과 명분부정으로 인식하고 있는 것이다. 그리고 안정복은 한 걸음 더 나아가서 당시 약자와 상한의 입장에서 '억강부약'의 논리를 펴는 일부 세론에 대해서도 강한 불만을 보이고 있다.

안정복이 반상班常관계에서 기본적으로 양반사대부의 편에 설 것을 선언하고 상한의 하극상 현상을 풍교불명과 명분부정으로 보는 입장은 『임관정요』에서도 뚜렷이 보이고 있다.

> 근세에 명분이 산란하고 상하가 서로 피로하다 (…) 일종의 사람들이 억강부약의 이론을 창출하고 있는데, 잘못을 바로잡는 것이 도를 지나치고 있다. 귀한 사람이 천한 사람을 학대하고 윗사람이 아랫사람을 침학侵虐하는 것은 항상 염려하면서 천한 사람이 귀한 사람을 능욕하고 아랫사람이

23 『順菴叢書』 上, 「到任初論各面文」, 363면.

윗사람을 해치는 것은 걱정하지 않는다. 이러한 폐단은 반드시 나라를 토붕와해土崩瓦解시켜 수습할 수 없는 지경에까지 이르게 할 것이다.[24]

이 글에서도 귀천·상하·강약의 관계에서, 약자·천자賤者·하자下者가 강자·귀자貴者·상자上者에 대해 능욕하는 현상을, 그 반대현상보다도 더 심각하게 우려하고 있는 입장이 선명하게 드러난다.

한편, 『임관정요』보다 1년 앞서 만든 「이리동약二里洞約」에서도 양반에 대한 능욕현상을 염려하는 대목이 똑같이 나타나고 있다.

상하의 명분은 절연함에도 근래에는 풍속이 퇴패頹敗하여 양반을 능욕하는 자가 비비존지比比存之하고 심지어는 양반을 구타하는 자도 있다. 모두 그 경중을 따져서 벌해야 하며 심한 자는 관에 고하여 죄를 주고 쫓아내야 한다.[25]

결국 안정복이 지향하고자 하는 명분과 교화의 확립이란 한 마디로 당시 사회에 만연하던 하극상의 풍조를 없애고 반상질서를 안정시키자는 것이다. 그리고 이러한 반상질서를 축으로 하여 주노主奴관계와 적서嫡庶관계를 확립하자는 것도 그의 교화론에서 주요한 자리를 차지하고 있다.

그러나 안정복이 이와 같이 하극상을 향촌사회의 주된 위기상황으로 간주한 것이 사실이라 하더라도, 그가 사대부와 강자의 입장을 일방적으로 옹호하고 나선 것은 아니었다. 상자의 하자에 대한, 강자의 약자에 대한 침학과 능멸도 명분질서의 확립에 어긋나는 현상으로 보았다. 그래서 안정복은 하극상의 풍조를 가장 강력하게 다스려야 할 문제점으로 보는 한편에, '이상능하以上淩下'와

24 위의 책, 『臨官政要』 續編, 爲政章, 854면.

25 위의 책, 「廣州府慶安面二里洞約」, 338면.

'시강능약恃强凌弱'도 향촌공동체규약에서 반드시 다스려야 할 악행으로 간주했다. 안정복이 위정의 지표로서 풍교와 명분의 확립을 강조하면서, 다른 한편으로는 애민愛民과 안민安民의 중요성을 간과하지 않는 것은 양반사대부와 토호들의 무단武斷으로부터 하민下民들을 보호하려는 진보적 생각도 잃지 않고 있음을 말해 주는 것이다.[26] 다만 그 애민과 안민의 정도는 양반사대부의 계급적 우위성을 침해하지 않는 범위 안에서 한정되고 있다는 것을 유념할 필요가 있다.

그러면 안정목이 반상질서의 안정을 위해 구상하고 실천한 동약이나 향약의 구체적 성격은 어떠한 것인가. 이를 시대순에 따라 차례로 검토하기로 한다.

안정복이 최초로 구상한 향촌공동체규약은 그가 27세에 입안한 「향사법」[27] 이다. 이는 수령 통할하의 면리통面里統제도를 군현(수령)→향(면)→사(10리)→갑(2통)→통(5가)의 체제로 재조직하여 그 각각의 책임자를 향사鄕師·사정社正·갑장甲長·통수統首로 부르되, 향사는 사족 중에서 뽑고, 사정은 중서中庶에서, 갑장과 통수는 양천良賤 중에서 뽑도록 하여 신분에 따른 책임과 권리의 한계를 분명히 했다. 다시 말하자면 이 「향사법」은 당시의 모든 사회계급을 공동체조직의 간부로 참여시키되, 그 안에 계급적 위계질서를 엄격하게 하여 결과적으로 양반사대부에 의한 향촌사회의 통제를 관철하자는 의도이다.

동시에 이 '향사법'에서는 정政·교敎·예禮·양養·비備·금禁의 여섯 가지 사업이 추진된다. 이를 정리하면 다음과 같다.

① 향사의 정－화촉火燭·도적盜賊·우환憂患·희경喜慶·법령法令·조부租賦

② 향사의 교－명태조의 6유諭인 효순부모孝順父母·존교장상尊敎長上·화목향리和睦鄕里·교훈자손敎訓子孫·각안생리各安生理·무작비위毋作非爲의 신칙申飭과 향학鄕學의 설치

---

26 한상권, 앞의 논문 참고.

27 『順菴叢書』 上, 『臨官政要』 附錄, 「鄕社法」, 886면.

③ 향사의 예－주자가례에 의한 관혼상제와 향음주례, 향사례, 주자향약의 시행

④ 향사의 양－사창社倉・의총義塚(빈민의 공동묘지)・양제원養濟院(빈민 의료기관)

⑤ 향사의 비－건정健丁・예사藝士・도략사韜略士 선발을 통한 치안 및 국방

⑥ 향사의 금－정상취처停喪娶妻・동성위혼同姓爲婚・취중도박聚衆賭博・협창회음挾娼會飮・토호무단土豪武斷・호용투랑好勇鬪狼・방채남징倣債濫徵・풍공영사馮公營私・호송기료好訟起鬧・지접황당止接荒唐・용류적장容留賊贓・타농유식惰農遊食・숭상무격崇尙巫覡・요술우인妖術愚人・부녀상사婦女上寺・광설재초廣設齋醮 등의 금지

말하자면 '향사법'은 중국의 보갑제를 응용한 것으로 여기에 주자향약・주자사창・주자가례, 그리고 명 태조의 6유를 통일적으로 혼합시킨 것이라 하겠다. 그리고 그 기능은 사대부의 지도권을 확립한 토대 위에서 국가의 정령政令을 원활하게 수행하고, 나아가 향촌민의 교육・풍속・경리・의료・치안・국방・형벌 등의 문제를 포괄적으로 해결하는 데 목적을 둔 것이라 할 수 있다.

다음에 안정복이 45세의 장년기에 자신의 고향인 광주의 경안면 이리에서 시행하고자 한 동약의 성격을 알아보기로 한다.

이 동약은 우선 신분의 차이에 따라 상계上契・중계中契・하계下契로 나누어 약원約員의 명단을 따로 작성하고, 각 약원의 권리와 의무에 차등을 둔 것이 특이하다. 여기서 상계는 양반＝사대부, 중계는 중인,[28] 하계는 양천을 가리킨다.[29]

---

28 한상권 교수는 중계에 속하는 중인을 鄕正・里長・勸農官・把摠・選武軍官들로 보았다(앞의 논문, 314면).

29 하계에 양천이 소속된다는 명백한 언급은 없다. 그러나 하계에 양인이 들어가는 것은 쉽게 추측할 수 있고, 會集坐次圖에는 良人이 앉는 庭에 公私賤이 함께 참석하는 것으로 되어 있어서 공사천도 하계에 속한다고 볼 수 있다. 안정복이 양천을 하계에 동류로 묶은 것은,

동약의 간부는 집강執綱(존위尊位)・부임副任(부존위副尊位)・기로耆老(삼로三老)・유사有司(공원公員)・장무掌務・고직庫直・색장色掌・사령司令의 8계급으로 구성되는데, 신분에 따라 자격의 제한이 있다. 이를 정리하면 다음과 같다.

① 집강－상계 중에서 치덕자齒德者 선임(불체不替)[30]
② 부임－중계에서 선임(교체)
③ 기로－중계・하계에서 최고령자(교체)
④ 유사－하계에서 선임
⑤ 장무－　　〃
⑥ 고직－　　〃
⑦ 색장－　　〃
⑧ 사령－공사천公私賤 중에서 선임

위에서 보듯이 하계를 구성하고 있는 양천인은 집강이나 부임은 할 수 없게 되어 있고, 또 부임 이하의 간부는 결코 상계인이 할 수 없도록 엄격한 신분제한을 가하고 있다. 이러한 신분차별은 앞서 소개한 향사법의 원칙과 기본적으로 일치한다.

상・중・하 계원의 신분차별은 계원의 회집좌차會集坐次에서도 적용되고 있다. 이를테면 상계원은 당堂에 오르고, 중계원은 계階에, 하계원은 정庭에 앉도록 한 것이 그것이다.[31] 이러한 좌차의 엄격한 당・계・정의 구별은 결국 당에 앉은 상계원이 계정의 중・하계원을 지도하는 모양새의 갖춤이라고 할

당시 계급구조를 양반[士族]에 의한 양천지배관계로 파악하고 있음을 말해 준다.

30 執綱을 상계에서 뽑는다고 명언하지는 않았다. 그러나 副任이 중계에서 선임되도록 신분제한을 한 것으로 미루어 집강이 상계에서 선임되는 것은 너무나 당연하다.

31 다만, 하계원이라도 善籍者는 階에 오를 수 있고 중계원이라도 惡籍者는 庭에 앉도록 하여 어느 정도 예외를 두고 있다.

수 있다.

상·중·하 계원의 차별은 세분하면 삼분이지만 대별하면 상계와 중·하계로 양분되고 있다. 그래서 기명적記名籍도 중·하계는 함께 1책으로 묶여지게 되어 있고, 그 밖에 상계원과 중·하 계원은 다음의 여러 차별을 받는다.

① 선적善籍과 과적過籍을 작성할 때 상계원은 상계원 전원의 동의를 얻어서 기록하지만, 중·하 계원은 유사가 기록한다. 이는 결과적으로 상계원이 과적에 올라 벌을 받을 가능성을 최소화하는 것이다. 그러나 양반은 상인常人의 표준으로서 벌을 받아야 한다는 사실은 부인하지 않는다.

② 회집 의식 때 중·하 계원은 일어나더라도 상계원은 일어나지 않는다.

③ 동약洞約은 상·중·하 모든 계원이 공통적으로 지켜야 할 것으로 여씨향약과 명 태조 6유가 있고 또 따로이 하계원만을 위한 약조가 있다. 이 하계원을 위한 약조는 그 조항이 매우 많을 뿐 아니라 위반자에 대한 처벌도 매우 엄격하다.

안정복은 하계원이 지켜야 할 여러 약조의 내용을 크게 간추려서 ① 부형父兄에 대한 효제, ② 국가정령에 대한 복종, ③ 동약에 대한 준수로 요약하고 있는데[32] 특히 하계원이 상계원이나 양반 혹은 상전에 대해 무례한 일을 한 것에 대한 처벌이 매우 엄하다.[33]

결국 이상과 같은 동약의 성격을 종합해 볼 때, 이것은 기본적으로 하계원을 구성하고 있는 양천인을 교화의 이름으로 통제하기 위해서 만든 것임을 알 수 있다. 안정복 자신도 동약의 말미에, 이 동약에는 사대부의 참여가 적다는 것

32 『順菴叢書』 上, 「題慶安二里下契名帖 丁丑」, 412면.

33 예컨대 下契員이 同里 양반을 辱罵할 경우에는 上罰(告官黜), 양반이 보는 곳에서 踞坐하거나 騎過할 경우에는 次上罰, 上契員에게 不拜할 경우에는 中罰하도록 한 것이 그것이다.

과, 사대부에게는 여씨향약이 더 어울린다는 점을 첨언하여, 사대부와 하민이 지켜야 할 공통적 규범과 아울러 하민이 따로이 지켜야 할 규범이 있음을 명시하고 있다.

그런데 안정복의 하민관에서 마지막으로 유념해야 할 것은 양반 = 사대부에 대한 도전세력으로서 안정복이 비교적 관용적으로 대하고 있는 것은 부민들이다. 조선 후기 부민들은 상업이나 상업적 농업에 의해 부를 축적한 부류들로서, 그들은 그 부를 바탕으로 납속가자納粟加資되거나 선무군관選武軍官·파총把摠과 같은 무임武任, 혹은 약정約正·이정里正·권농勸農과 같은 말단 통치기구에 참여하기도 하는 등 자신의 신분상승을 꾀하고 있었다.[34] 서인으로서 이와 같이 사소한 벼슬길에 오른 이들을 흔히 '서인재관자庶人在官者'라 하는데, 이들은 중인의 한 부류를 형성하고 있었다.[35]

이들은 자신의 부력에 대한 자만심에서 양반사대부와 항례抗禮하거나 능욕하는 사례가 비일비재하여 양반 = 사대부에게는 무시 못할 도전세력으로 성장해 갔는데, 안정복도 이 점을 우려하기는 마찬가지였다. 그가 동약에서 토호무단을 경계하고 시강능약을 염려하는 것은 그들의 소민小民침해를 걱정하는 뜻도 있지만, 다른 한편으로는 무력한 양반에 대한 능멸을 경계하는 의미도 가진 것이었다. 그래서 그는 「이리동약」에서도 '혹 납속가자된 자가 사부士夫를 능욕하고, 혹 한량閑良·초관哨官이 사부와 항례하는 것'[36]을 처벌하도록 규정하고 있다.

그러나 이와 같이 양반에 무례하고 소민을 침학하는 부민富民들이 아니고 근

---

34 한상권, 앞의 논문, 310면.

35 중인에는 크게 두 부류가 있었다. 하나는 醫官·譯官·陰陽官·律官·算員·畵員과 같은 고급 기술관이고, 다른 하나는 일반 평민으로서 그 지위가 상승된 校生·약정·이종·권농·선무군관·파총과 같은 부류들이다. 전자에 대해서는 한영우(1986), 「조선후기 중인에 대하여」, 『한국학보』 45 참고.

36 『順菴叢書』 上, 339면.

실하고 공렴公廉한 부민들은 적극적으로 동약이나 말단 통치기구에 흡수하려는 것이 안정복의 의도였다. 그래서 그는 「향사법」과 「이리동약」에서 다 같이 중인들을 양반 다음으로 우대하여 사정이나 부임의 직책을 맡기도록 배려하고 있으며, 약정과 이장을 부민 중에서 선택할 것과[37] 권농관을 부민근간자富民勤幹者로 할 것을 주장하고 있다.[38] 그러면서도 가장 주된 책임자리에 중인을 포섭하지 않는 것은 그의 양반 중심의 보수적 사고방식이 강인한 것을 보여 준다.

2) 지방행정론과 국방론

안정복의 경세사상에서 향촌교화론과 더불어 양핵兩核을 이루고 있는 것은 지방행정의 개선이다. 전자는 향촌 양반＝사대부의 시각에서 자치적으로 유교적 향촌질서의 안정책을 마련한 것이라면, 후자는 지방수령의 위치에서 모범적인 목민상牧民像을 정립하려는 데 목적을 둔 것이라 할 수 있다. 양자가 모두 학과 정을 합일시키려는 실천적 학문관에서 도출된 것임에는 다름이 없지만 그 시행 주체와 시행 범위에 있어서 차이가 있다.

안정복의 지방행정관이 체계적으로 제시되어 있는 저술은 두말할 나위도 없이 『임관정요』다.

그가 이 책을 쓴 동기는 서문에서 밝히고 있듯이 수기와 치인, 학學과 사仕, 학學과 정政을 합일시키려는 그의 실천적 학문관에서 도출된 것이다. 따라서 그는 자신이 수령이 되기 훨씬 이전의 포의시절에 한 유학인의 입장에서 이 책을 쓴 것이고 또 이 책을 세인世人에게 보이기보다는 자손상전子孫相傳하기 위해 썼다고 자술하고 있다. 그러나 민생의 안위가 직접적으로 수령의 자질에 크게

37 위의 책, 『臨官政要』 續編, 任人章, 860면.
38 위의 책, 『臨官政要』 續編, 農桑章, 865면.

좌우된다는 그 자신의 생활경험과 또 그의 고조와 조부가 수령이었다는 가문의 전통이 안정복으로 하여금 목민관의 윤리에 대한 관심을 특별히 제고시킨 것이 아닌가 추측해 본다.

『임관정요』는 크게 세 부분으로 구성되어 있다. 중국 성현의 위정에 관한 언설을 모은 「정어政語」와, 중국 역대의 위정의 실효를 적은 「정적政績」, 그리고 우리나라 지방행정의 실태와 그 개선책을 제시한 「시조時措」가 그것이다. 따라서 안정복의 현실감각이 가장 극명하게 드러나는 것은 「시조」편이라 하겠다.

「시조」편은 모두 21장으로 구성되어 있는데 ① 위정爲政 ② 지신持身 ③ 처사處事 ④ 풍속風俗 ⑤ 임민臨民 ⑥ 임인任人 ⑦ 접물接物 ⑧ 어리禦吏 ⑨ 용재用財 ⑩ 농상農桑 ⑪ 호구戶口 ⑫ 교화敎化 ⑬ 군정軍政 ⑭ 부역賦役 ⑮ 전정田政 ⑯ 조적糶糴 ⑰ 진휼賑恤 ⑱ 형법刑法 ⑲ 사송詞訟 ⑳ 거간去奸 ㉑ 치도治盜가 그것이다.

원래 국초 이래로 수령이 수행해야 할 임무로서 이른바 '수령칠사守令七事'라는 것이 『경국대전』에 규정되어 있다. 수령칠사는 ① 농상번農桑繁 ② 호구증戶口增 ③ 학교흥學校興 ④ 군정수軍政修 ⑤ 부역균賦役均 ⑥ 사송간詞訟簡 ⑦ 간활식奸猾息을 말하는 것으로서, 말하자면 국가수입 증대와 교육진흥, 국민부담 완화, 치안과 국방의 강화 그리고 재판의 공정화라고 할 수 있다.

『임관정요』의 내용도 기본적으로는 수령칠사의 범위를 벗어난 것이 아니지만 이를 21장으로 확대시켰다는 것은 그만큼 수령의 책무의 범위가 커졌다는 것을 강조한 것이라 하겠다. 특히 종전에 없던 것이 여기서 새로이 강조되고 있는 것은 수령의 위정의 기본자세와 관련되는 위정・지신・처사, 수령의 대민교화와 관련되는 풍속・임민・교화, 수령의 인사행정과 관계되는 임인・어리, 그리고 민생의 질고와 관련되는 전정・조적・진휼이 추가된 사실이다. 이것은 18세기 당시에 있어서 가장 심각하게 제기되고 있던 문제점들을 반영하는 것이다.

먼저 수령의 위정 자세로서는 궤도를 따르며 기이한 것을 숭상하지 않는 '순

循'과 자양이직慈良易直하여 번거로운 것을 일삼지 않는 '양良'을 가장 큰 덕목으로 보고 이에 배치되는 수령을 속리俗吏로 배격한다. 속리는 다시 권세를 의지하는 세리勢吏와 윗사람에게 아첨하는 능리能吏, 그리고 사리만을 추구하는 탐리貪吏로 구분하여 이를 국리민복國利民福에 해를 주는 존재로 간주한다. 그리고 이러한 속리를 벗어나기 위해서는 충忠·공恭·렴廉·근勤·근謹의 5가지 덕목이 필요하다는 것을 강조한다.

다음에 수령의 대민교화와 관련되는 자세로서는, 인심과 풍속을 헤아려 위정하는 것이 중요하다는 점이 강조된다. 인심과 풍속은 산천의 구별이나 풍기의 차이에 따라 달라지게 마련인데[39] 우리나라는 동방에 위치하여 목기木氣가 많고 인仁이 승勝하여 나약과 고식에 빠지기 쉽다는 것이다. 또 우리나라는 8도마다 풍속이 다른 바가 있어, 이에 맞추어 각기 다른 방법의 교화정책이 필요하다는 것이 역설된다.[40] 이는 『임관정요』보다 몇 년 앞서 나온 이중환의 『택리지』(1750)에서도 8도 풍속이 소개된 바 있어 흥미 있는 대조가 된다. 대체로 허

39 위의 책, 『臨官政要』 續編, 風俗章, 857면. "爲政當先察人心習俗之如何而施其教 山川區別 風氣殊異 則留心世務者 不可不知 一國八方風俗 思所以治之."

40 앞 풍속장에 제시된 8도 풍속의 특색과 그 교화방법의 요지는 다음과 같다.
- 기전－嗇薄하고 趍利避害함이 賈人보다 심하므로 敦厚誠實로써 교화할 것.
- 호서－浪矯하고 僞作禮貌하며 繩律에 不入하므로 持重忠謹으로써 교화할 것.
- 호남－巧佻하고 面輸誠歎하며 楚越처럼 배신하므로 嚴恪誠信으로써 교화할 것.
- 영남－撲野하고 예의를 好行하며 풍속을 易變하므로 惇厚禮教로써 교화할 것.
- 해서－剛武하고 恃力肆學하며 凌物傲人하므로 剛毅果斷으로써 교화할 것.
- 관서－恭慧하고 禮篤承順하며 任事明達하므로 正直和易로써 교화할 것.
- 영북－頑暴하고 性이 胡羯과 같으며 射獵을 專業하므로 雄猛果決로써 교화할 것.
- 영동－野質하고 樸直愿謹하며 專務誠慤하므로 寬俗安靜으로써 교화할 것.

이상과 같은 8도 풍속에 관한 평은 상업문화와 노론과 소론 집권층 문화를 비판하고 몰락한 남인 중소지주 사대부의 시각에서 내려진 것으로서, 기호남인에게서는 거의 공통으로 나타난다. 예컨대 이익·이중환·안정복은 다 같이 경상도의 풍속을 가장 좋게 평가하는데, 이는 남인의 본거지일 뿐 아니라 상업문화가 상대적으로 덜 발달했다는 사실과 관련이 깊다. 한편 이들이 공통적으로 평안도 인심을 좋게 보는 것은 이곳이 붕당인이 없고 민란이 적을 뿐 아니라 상업문화의 미숙이 남인의 시각에서 좋게 비쳐진 것으로 풀이된다.

목과 이익을 거쳐 이중환·안정복으로 이어지는 남인들의 풍속관은 농본주의적 유교사상에 바탕을 두고 있기 때문에 상업문화 혹은 민란이 빈발하는 곳은 비판의 대상이 되고 있는 것이 특징이다.

한편 안정복의 대민교화사상 가운데 양촌교화와 관련되는 부분은 앞 절에서 이미 상론했기 때문에 여기서는 생략한다.

안정복의 인사행정에 관한 의견은 향소와 면리의 임원을 임용하는 문제와 향사의 통솔방법에 관한 문제에 모아지고 있다. 먼저 향소(좌수座首·집강)와 면리(풍헌風憲·약정·이장·권농·영장)의 임원은 그 지방의 공론을 따라서 공렴근간한 자를 뽑되, 특히 약정과 이장은 부민 중 근간한 자를 써야 한다는 것이다. 면의 풍헌은 그 면의 대소사와 공사를 자결하도록 하되 매월 수령에 보고하도록 하고 중요한 일은 수령과 수시로 협의하도록 한다. 풍헌 밑의 약정은 전정田政·수세收稅·조적糶糴·가색稼穡 등을, 영장은 군정과 치안을, 권농은 전유傳諭와 독납督納을 맡도록 한다.

어리술禦吏術로서 안정복이 강조하는 것은 '기관병민欺官病民'의 큰 죄를 제외하고는 대체로 관서寬恕로 묵인하자는 것이다. 향리는 녹봉이 없어 뇌물을 받는 등 작폐가 많은데, 이들을 너무 관대하게 대해도 안 되지만 그렇다고 너무 각박하게 다스려도 자존이 어렵다는 것이다. 또한 향리에 대한 규찰은 향소로 하여금 맡게 하여 향소가 수령보다도 더 친민의 소임을 다할 것을 기대한다.

끝으로 『임관정요』에 반영된 민생질고를 완화하는 방안에 대해 알아보기로 한다.

18세기에 있어서 농촌사회의 기본문제는 수취관계의 모순과 아울러 토지소유의 편차를 조정하는 일도 학인들의 큰 관심사였다. 그래서 유형원·이익·정약용 같은 실학자들은 전제개혁을 사회개혁안의 중심에 놓고 밀도 있게 접근한 바 있었다. 그런데 안정복의 경우는 중국의 정전제에 관한 이론적인 이해는 있었지만[41] 우리나라 현실의 문제로서 전제개혁을 제안하지는 않았다. 아마 이 점이 여타 실학자와 안정복의 경세가로서의 기본적인 차이점일 것이다.

안정복의 주된 관심은 현실의 토지제도를 그대로 놓고 그 수취관계의 모순을 완화하는 동시에 국가의 재정수입원을 확대하자는 것이다. 그런 점에서 그가 먼저 강조하는 것은 호구戶口의 정확한 파악이다.[42] 그에 의하면 당시에는 토호·양반, 그리고 집권향소의 호戶 밑에 있는 이른바 양호養戶들이 호적에 누락되는 경우가 많고, 특히 지역적으로는 삼남三南이 가장 심하다고 한다. 이를 시정하기 위해서는 면-리(5통)-통統(5호) 제도를 면-보保(10리)-갑甲(2통)-통(5호) 제도로 바꾸고, 단위마다 호적을 작성하되 인적사항뿐 아니라 재산규모와 세금액수까지 모두 기록한다는 것이다. 그리고 이러한 사정査定작업은 풍헌의 주도하에 이루어져야 하고 위법자에 대한 징벌이 따라야 함은 물론이다.

다음에 농촌의 생산력을 높이기 위한 방법으로서는 권농이 크게 강화되어야 한다. 권농은 권농관의 주도하에 이루어져야 하되, 우경牛耕·수차水車·제언堤堰 등을 효과적으로 이용하여 식량생산력을 제고시킴과 아울러, 칠목漆木·과목果木·상목桑木·연蓮·괴목槐木 등의 재배를 권장하고, 나아가 축목畜牧과 종채種菜를 강화하여 재화를 축적하고 기근을 구제하자는 것이다.[43] 말하자면 농산물의 자급자족과 아울러 상품화까지도 유도하자는 주장이다.

18세기 농민경리에 중대한 관계를 가진 것은 전정·군정·환곡 등 이른바 삼정의 문란이었다. 안정복은 이를 시정하는 방안을 나름대로 제시했다.

첫째, 전정에 있어서는 무엇보다도 조세의 공정성을 기하기 위해 전안의 정확한 작성과 풍흉豊凶의 조사를 엄격히 할 것을 강조하고 그에 대한 여러 방안을 제시했다.[44]

둘째, 군역의 균등을 위해서는 수천 명에 달하는 군역도피자를 사출査出하는

41 안정복은 29세(1740) 때 「井田說」(『순암총서』 上, 425면)을 지은 바 있고, 『雜同散異』에도 「井田溝洫諸法」이라는 글이 실려 있다. 그러나 후자는 안정복의 저술인가 여부가 의심되고 있다.

42 『順菴叢書』 上, 『臨官政要』 續編, 戶口章, 867면.

43 위의 책, 農桑章, 865면.

44 위의 책, 田政章, 875면.

일이 중요하다. 당시 군역도피자는 ① 토호・유향배留鄕輩들이 은닉한 양호, ② 교생과 서원생으로서 액외자額外者, ③ 승이나 거사들, ④ 각사各司 노비로의 투입자, ⑤ 부인富人으로서 뇌물을 주고 모칭冒稱하여 면역免役한 자들인데, 이들을 한꺼번에 갑자기 수괄하지 말고 하나씩 하나씩 조사하는 것이 상책이라는 것이다. 왜냐하면 '군정은 나라의 대사大事로서 인정人丁을 수괄搜括하는 것은 천하의 대폐大弊'인 까닭이다. 더군다나 흉년을 만났을 때나 큰 전쟁을 치른 뒤에는 인정人丁이 조상凋喪하는 까닭에 갑자기 떠들썩하게 군액軍額을 보충하는 것은 옳은 일이 아니라고 본다.[45]

다음에 환자[還上]제도는 고구려 때부터 있어 온 것으로 본래는 백성을 위한 것이었지만 조선조에 들어와서는 진대賑貸의 의미가 사라지고 도리어 백성을 괴롭히는 악법으로 바뀌게 되었다. 그 이유는 모곡耗穀의 징수가 고리대적 성격을 띠고 관리의 중간착취가 심할 뿐 아니라 빈민보다도 양반이나 부민이 혜택을 받는 경우가 많기 때문이다. 이런 폐단을 시정하는 방안으로서 안정복은 환곡출납 과정상의 감독 기능을 강화하고 부정행위자에 대한 벌칙의 강화를 강조하고 있다.[46] 그리고 나아가 이에 대한 적극적 대안으로서 환자의 폐지와 상평창常平倉제도 및 주자사창제朱子社倉制의 시행을 역설하고 있는데[47] 특히 후자에 관한 것은 동약에서 구체화되고 있다.

그러나 안정복은 환자제도가 현실적으로 폐단이 많다 하더라도 그것이 국법인 이상 쉽게 혁파될 것으로는 보지 않았다. 그래서 그 시행상의 문제점을 보완하는 것과 사창제의 시행으로 대안을 찾고자 하였다.

안정복이 구상한 사창제는 처음에 50%의 이자를 받고, 원곡이 100석에 이르면 30%의 이자를 받도록 하는 것으로서 고리의 성격을 갖는다. 이는 이론상으

45 위의 책, 軍政章, 871면.

46 위의 책, 糶糴章, 877면.

47 『順菴叢書』 上, 『臨官政要』 附錄, 「鄕社法」 및 「朱子社倉事目」, 886~892면.

로 본다면 10%의 식리息利를 받는 환자보다도 고리다. 그렇지만 사창은 행의가 뛰어난 사족이 주관한다는 전제가 이루어진다면 그 공정성이 높을 것으로 기대하였다.

안정복이 「이리동약」에서 구상한 사창은 이이가 성안했던 사창계약속과 유사한 점이 많다. 특히 상원과 하원이 공동으로 출자하되 신분이 높은 상원(양반)이 하원(양천인)보다 출곡량을 2배로 많게 한 것이 그러하다. 상원이 하원보다 출자가 많다는 것은 결과적으로는 상원이 빈핍貧乏한 하원을 돕는다는 의미가 있다. 다만 안정복의 사창이 이이의 사창[48]과 다른 점은, 대곡貸穀의 상한선을 15두로 한정한 것과 이식률을 20%에서 30%로 높인 점, 그리고 상원의 규칙위반도 징벌한다는 조항을 첨가한 점이다. 이는 수혜의 범위를 가능한 한 넓히겠다는 의미로 볼 수 있다. 그러나 약원의 길경흉화吉慶凶禍에 대한 부조扶助의 혜택이 하원보다 상원에 더 많이 돌아가게 되어 있는 것은[49] 사창의 시행이 근본적으로 상원을 위해서 존재한다는 것을 뜻한다.

빈민에 대한 구호의 문제는 사창보다는 국가에서 시행하는 진휼의 차원에서 다루어진다. 진휼은 물론 일상적인 것이라기보다는 흉년이 들었을 경우의 빈민대책인데, 이에 대한 안정복의 구상 중에서 특이한 것은 기민飢民으로 하여금 나무해 오기, 짚신 삼기, 채소 채취 등과 같은 노동을 시켜 노임勞賃을 받게 하고 부민으로 하여금 기민구제를 맡게 한 다음 그 공로의 많고 적음에 따라 상을 주는 제도를 제안한 것이다.[50] 이는 18세기의 새로운 사회현상으로 나타난 임노동의 유행과 부민의 성장을 진휼제도에 반영한 것이라 하겠다.

---

48 한영우(1983), 『조선전기 사회사상연구』, 104~105면.

49 「이리동약」의 扶助記에 의하면, 부조를 받을 수 있는 경우는 ① 文科, ② 生進, ③ 壽席, ④ 八十陞資, ⑤ 朝官陞資, ⑥ 冠子婦女迎婦, ⑦ 鰥寡孤獨, ⑧ 年壯過時 不成婚嫁者, ⑨ 親年高深하여 設宴하고 싶어도 못하는 자 등이다. 이 중에서 ⑨를 제외하고는 모두가 상원에 해당하는 것이다.

50 『順菴叢書』 上, 『臨官政要』 續編, 賑恤章, 879면.

끝으로 우리는 안정복의 국방에 관한 견해를 알아보기로 한다.

안정복은 『임관정요』에서 주로 군정확대를 위한 한정수괄閑丁搜括의 필요성을 역설한 바 있지만, 이러한 군역제도의 정비는 실은 국방에 관한 비상한 관심에서 도출된 것이다.

그가 첫째로 국방에 관한 대책으로 제안한 것은 '해방海防'의 강화였다. 왜와 중국(청)을 가상적국으로 설정할 때 삼면이 바다로 둘러싸인 우리의 지리조건에서 '해방'의 문제는 매우 절실한 것으로 인식되었다. 그의 국방에 대한 우려는 당장 청이나 왜와의 긴장관계에서 나온 것이 아니라 왜란이나 호란 혹은 몽고침략과 같은 충격적 사건의 재발 위험성을 의식한 것이었다.

그는 '해방'의 긴급성을 여러 글에서 피력하고 있는데, 그 요지는 첫째로 강화도를 해방의 중심처로 삼아 이곳에 대한 방어체제를 강화하자는 것이다. 그 이유는 종전의 방어 중심지가 남한산성으로 되어 왔으나 이곳은 군사들이 자급자족할 땅이 없어 아사의 위험이 크다는 것이다. 강화도는 땅이 넓고 인민도 많아서 장기적으로 방어할 수 있을 뿐 아니라 남북으로 수많은 도서島嶼들이 별처럼 나열되어 있어서 이들을 연결한 방어망 구축이 가능하다는 것이다.[51]

그리고 이러한 방어망 구축을 위해 유능한 도사공都沙工을 뽑아 인국隣國의 동정과 해로의 왕래자들을 정탐·규찰할 것이며[52] 유능한 무신들을 도서에 밀파密派하여 국적國籍에 등록되지 않은 도서들을 탐험하여 문적에 올리도록 하자고 주장했다.[53] 말하자면 이것은 지금까지의 수세적인 도서정책에서 적극적인 도서진출 정책으로의 전환을 촉구한 것이다. 안정복은 「동사문답」에서도 "해방의 소활疎闊과 도서의 무관無管은 매우 가석可惜하다"[54]고 개탄하고 있다.

51 『順菴叢書』 上, 卷9, 「與鄭子尙別紙 癸丑」, 205면.

52 『順菴叢書』 上, 『臨官政要』 續編, 軍政章, 871면.

53 『順菴叢書』 上, 卷9, 「答李仲命別紙 甲午」, 問海浪島, 213~214면.

54 위의 책, 231면.

한편, 안정복은 바다경비의 강화뿐 아니라 육지로 연결된 북방의 경비에 대해서도 그 강화책을 제시했다. 그 방법의 하나로서 그는 42세(1753)때 「변방종수설邊方種樹說」을 썼다. 이에 의하면, 북방의 방비를 강화하기 위해 의주에서 경원에 이르는 1천여 리의 요새지마다 상실橡實을 두껍게 심어 자연성을 이루게 하고 그 안에 토성을 쌓아 이중성을 이루게 하자는 것이다.[55]

그런데 안정복의 국방관념은 일차적으로는 방어에서 출발한 것이지만 장기적으로는 만주에 대한 실지수복의 염원도 깃들어 있었다. 그는 47세에 쓴 「동국지계설東國地界說」이라는 글에서 요동지방을 둘러싼 중국과 우리나라 사이의 쟁패전이 무상하였음을 회고하면서

> 요지遼地의 반벽半壁과 오라烏喇 이남은 모두가 아지我地였다 (…) 애석하게도 신라 문무왕 이후로는 멀리 사려함이 없이 백제와 고구려를 병합한 것에만 만족하고 고구려 옛 땅을 수복하지 않았다. (…) 두만과 압록이 하나의 큰 철한鐵限이 된 것은 유지지사有志之士가 길게 한숨짓고 탄식하는 이유이다.[56]

라고 쓰고 있다. 만주를 잃은 데 대한 탄식이 절실하게 피력되고 있다. 그는 나아가 조선 숙종 때 목극등穆克登과 더불어 정계비를 세울 때 분계강分界江을 경계로 한다고 하였는데, 그 강이 두만강 북쪽에 있는 것을 자세히 살피지 않았기 때문에 수백 리의 땅을 잃게 된 것을 안타깝게 생각하였다.[57]

만주지방에 대한 수복의 염원은 영토확장이라는 공격적 의미만 갖는 것이 아니라 그곳을 차지하는 것이 방어상으로도 안전하다는 역사적 경험에 바탕

55 위의 책, 432면.
56 위의 책, 433면.
57 위의 책, 434면.

을 두고 있었다.

3) 안정복의 경학관

안정복은 경학자로서도 여러 저술을 남긴 바 있다. 29세(1740)에 쓴『하학지남』은 그의 경학사상을 가장 포괄적으로 정리한 것으로서 그는 이미 20대에 자기류自己流의 학문관을 정립했다고 할 수 있다.

그 후 안정복은 이익의 문하에 종유하면서 이익과 여러 차례 경사에 관한 문답을 교환했고, 그 밖에 윤동규尹東奎・이병휴李秉休・권철신權哲身・이기양李基讓・이경문李景文・이상준李尙駿・채제공蔡濟恭・황덕일德壹 등 남인학자들과는 서간을 주고받으면서 학문을 토론했다. 또한 그는 세자익위사에서 서연書筵을 맡을 적에는 자신의 해박한 경학 지식을 십분 활용하여 뒷날 정조를 우문右文의 군주로 성장시키는 데 일익을 담당했다. 그의 경학에 관한 저술로는 위에 든『하학지남』이외에도『가례집해家禮集解』(1781),『홍범연의洪範衍義』가 있고, 이익의 부탁을 받아 이황의 언설 가운데 정수를 뽑아 편찬한『이자수어李子粹語』(1753)도 그의 중요한 업적으로 평가된다. 여기서는 안정복의 대표작이랄 수 있는『하학지남』을 중심으로 하여 그의 경학사상의 특징을 살피려고 한다.

그는 우선 공자・맹자 등 성현의 학문은 '일용이륜日用彛倫'을 따지는 형이하의 학문으로서 이를 '하학下學'이라고 호칭했다. 그런데 후세 사람들은 '이학理學'이니 '심학心學'이니 하는 것을 학문으로 생각했는데, 이 '이학과 심학은 형영形影도 없고 모착摸捉도 없는 것으로서, 한갓 현공懸空한 설화에 지나지 않는 것'[58] 으로 안정복은 비판했다. 따라서 후세 학자들이 하학을 비천한 것으로 생각하고, 천인성명天人性命이니 이기사칠理氣四七의 설에만 구구하게 얽매여 있는 것은

58『順菴叢書』上,「題下學指南書面」, 663면.

아무 쓸모없는 일로 생각했다.

이와 같이 안정복은 일용이륜日用彝倫(수기치인)의 일을 배우는 '하학'만을 진정한 성현의 학문이라고 보는 입장에서 자신의 학문관을 정리한 저술을 『하학지남』이라고 이름 붙였던 것이다. 그런 의미에서 안정복이 지향했던 성리학은 이기심성의 문제를 위주로 하는 형이상의 성리학이 아니라 수기치인과 관련된 형이하의 성리학 즉 실학으로서의 성리학을 의미하는 것이었다.

『하학지남』은 이렇듯 형이하의 현실세계를 위한 성리학의 학문방법을 제시한 것인데, 이 책에서는 ① 독서讀書 ② 위학爲學 ③ 심술心術 ④ 위의威儀 ⑤ 정가正家 ⑥ 처기處己 ⑦ 접인接人 ⑧ 출처出處의 8개장으로 나누어 중국 및 우리나라 성현들의 명언을 모았다.

여기서 가장 많이 인용되고 있는 인물은 주자로서, 안정복의 학문의 기초가 주자에 있음을 살필 수 있다. 그러나 주자 이외의 중국 역대 성현이나 우리나라 조선시대 유학자들의 언행도 광범하게 인용되고 있다. 이를테면 이황·이이·조광조·김굉필·서경덕·정여창 등 16세기 사림학자들이 많이 인용되고 있는데, 특히 이황·조광조·김굉필·정여창 등에 대해서는 반드시 '선생'이라는 존칭을 붙이고 있다. 이는 그 자신의 학통을 남인에 연계시키려는 확고한 의지의 표명이라 할 수 있다. 그가 뒷날 이황의 언설 중 정수를 모아 『이자수어』라고 이름 붙이고, 또 서연석상에서 사단칠정에 관한 논의가 나왔을 때 이이보다도 이황의 설을 지지하고 나선 것도 그의 남인적 당색과 무관하지 않은 것으로 보인다.

그러나 당시 서인당의 학문적 종장宗匠이랄 수 있는 이이의 학문을 전적으로 배제한 것은 아니었으니, 『하학지남』에서 이이의 언설이 이황 다음으로 많이 인용되고, 서연에서도 이이의 『성학집요聖學輯要』를 강講했으며, 또 「이리동약」 등에서 설정한 사창제는 이이의 영향이 컸다. 바로 그러한 절충적 제도는 영남 남인과 다른 기호남인의 한 속성을 보여 주는 것이라 하겠다.

안정복은 성리학을 정학으로 옹호하는 입장에서 불교·도가·양명학·천주교·민간신앙 등을 모두 이단 혹은 음사淫祀로 배격하는 태도를 견지했고, 동약의 규정 중에도 이단과 음사의 금지에 대한 조항이 들어 있다.

이러한 입장에서 그가 제시한 독서의 표본은 다음과 같이 제시된다.[59]

先讀	小學 大學(兼或問) 論語(〃) 孟子(〃) 以上其本 中庸(〃) 近思錄 家禮 心經 詩傳 書傳 周易(兼啓蒙) 春秋(兼三傳)
次讀	禮記(兼儀禮及通解周禮) 以盡其用 二程全書 朱子大典(兼語類) 伊洛淵源錄(兼理學通錄) 性理大全 先看: 綱目・續綱目・明史綱目(以正其義)
兼看	兼看: 資治通鑑 等 諸編年史(以會其要) 以通其變 次看: 歷代正史 亦看: 東國諸史

위 표에 나타난 독서의 표준은 이이가 『성학집요』와 『격몽요결』에서 제시한 것과도 아주 유사함을 발견할 수 있다. 다만, 이이는 『근사록』・『가례』・『심경』을 사서・오경 다음에 읽어야 할 대상으로 제시한 데 반해서, 안정복은 이를 오경보다 앞서 읽어야 할 대상으로 제시한 것이다. 이는 주자에 대한 편향이 오히려 이이보다도 커진 것을 의미하는 동시에 수기의 비중을 상대적으로

59 위의 책, 『下學指南』, 「讀書 第一」, 讀書之義章, 682면.

높인 것을 뜻한다.

안정복의 경학은 이와 같이 그 본원을 주자에 두고, 가까이는 우리나라의 이황의 학문을 전승했지만, 세부적인 경서 해석의 측면에 있어서는 독창적인 견해를 수다하게 제시하였다. 특히 그는 사서·삼경에 대한 후세 학자들의 소주小註에는 많은 문제점이 있음을 간파하였고 따라서 경전의 소주를 통해서 경서의 본원을 이해하는 것은 위험한 일로 간주하였다. 그리고 그러한 비판의 대상 중에는 주자도 예외가 아니었으며, 명나라 유학자들의 전집은 '유문儒門의 대자大疵'라고까지 혹평하였다. 특히 명유明儒에 대한 비판은 청대의 고증학자인 고염무의 『일지록』에 의거하고 있는데, 이는 안정복이 청대 고증학의 영향도 받았음을 말해 주는 것이다.

안정복의 경학사상은 성호의 문하에 들어간 뒤로는 육경六經 중심으로 방향이 전환된 듯 보인다. 그것은 『동사강목』에서 육경을 강조하는 사론이 자주 보이고, 악樂에 대한 관심이 비상한 것에서 추찰된다.

대체로 기호남인들의 경학사상은 사서四書보다도 육경(시·서·예·악·역·춘추)에 중심을 두고 있으며, 정주학을 존중하면서도 이를 한 단계 뛰어넘어 육경의 본의를 직접 자득함으로써 고학의 참모습을 찾으려는 경향이 강했다. 이러한 경향은 17세기의 남인학자인 허목이나 윤휴, 그리고 18세기의 이익 등에게서 현저하게 나타나는 바이다. 그리고 고학에 기울수록 현실적인 경세관에 있어서도 이상주의적인 성향이 강한 것은 필연의 이치다. 이러한 맥락에서 볼 때 안정복의 학문은 선배 남인학자의 영향을 받았으면서도 육경에 대한 경도는 상대적으로 약한 것으로 보인다.

4. 안정복의 역사인식

1) 『동사강목』의 편찬

안정복의 사서 편찬은 주지하다시피 고대에서 고려 말까지의 통사체계를 서술한 『동사강목』(20권)과 조선왕조사를 정리한 『열조통기』(25권)로 대표된다. 전자는 5년 간의 작업 끝에 48세에 완성되었고, 후자는 56세에 시초되었다.

그런데 안정복의 역사에 대한 관심은 젊어서부터 형성된 것으로 보인다. 그는 이미 26세 때(1737) 「치통治統」·「도통道統」 이도二圖를 지어 중국에 있어서 치통과 도통의 계보를 도표로 만든 일이 있다. 여기서 치통은 상고에서 청에 이르기까지의 역사를 정통正統·변통變統·무통無統으로 구별하여 작도作圖한 것이다.[60]

그는 29세에 쓴 『하학지남』에서도 독서의 순서를 설명하면서 경서 다음의 독서대상으로 사서를 들고 있다. 즉 그는 독서의 순서를 ① 선독先讀 ② 차독次讀 ③ 겸간兼看의 세 단계로 나누고 있는데, 선독은 근본을 세우는 것이고, 차독은 응용을 다하는 것이며, 겸간은 변화에 통달하기 위함이라고 한다.[61] 여기서 마지막으로 거론된 겸간의 대상이 바로 사서인데, 사서를 읽는 순서는 다음과 같다.

① 『강목』·『속강목』·『명사강목』을 읽어서 대의를 바르게 할 것.
② 『자치통감』 등 여러 편년사를 읽어서 대요大要를 이해할 것.
③ 역대의 정사를 읽을 것.
④ 동국의 제사諸史를 볼 것.

---

60 위의 책, 「順菴先生年譜」, 599면.
61 각주 59)와 같음.

여기서 안정복이 인식하는 사서는 그 비중이 경서보다 낮다는 것과 사서 중에서도 중국사는 동국사보다 먼저 읽어야 한다는 것, 그리고 중국 사서 중에서는 강목을 가장 먼저 읽어야 한다는 것으로 요약할 수 있다.

안정복은 『하학지남』에서 '독사讀史'의 방법에 관한 선현들의 언설도 모으고 있다.[62] 여기에는 주자·정자程子·여동래呂東萊의 독사설이 소개되고 있는데 그중에서 정자의 설은 일찍이 이이와 이익도 소개한 바 있다.[63] 이익은 정자가 말한, 역사에 있어서 성패가 행·불행과 관련된다는 말을 더욱 부연하여 역사의 성패를 결정하는 데 있어서 세勢의 중요성을 강조한 것이 특징이다.[64] 이에 비하여 안정복은, 경서를 읽기 전에 사서를 읽는 것이 해롭다는 취지의 주자의 말을 더욱 중요하게 받아들이고 있다. 다시 말하자면 안정복은 경사관계에 있어서 경학의 우위성을 강조하는 입장이 한층 선명하다고 할 수 있다.

이상과 같은 『하학지남』에 피력된 안정복의 사학에 관한 견해를 놓고 볼 때 그는 이미 20대의 청년기에 사학에 관한 자신의 입장을 세워 놓았다고 볼 수 있다. 그러므로 그가 42세부터 48세에 이르기까지 6년 간이나 이익과 더불어 강목 및 동사에 관한 문답을 했고 그러한 과정에서 『동사강목』을 편찬했다 하더라도 사학에 대한 기본태도가 이로 인해 크게 바뀌었다고는 보이지 않는다. 그러나 안정복이 『동사강목』을 편찬하는 과정에서 우리나라 상고사로부터 고려 말에 이르기까지 주요 역사적 사실에 대한 평가와 관련하여 이익의 의견을 일일이 물은 것은 그만큼 이익의 사안史眼에 대한 신뢰가 깊었던 것을 의미하며, 또한 실제로 이익의 의견이 반영된 것도 적지 않았다.[65]

---

62 『順菴叢書』 上, 『下學指南』, 「讀書 第一」, 讀史章, 691면.

63 한영우(1981), 『조선전기 사학사 연구』, 257~260면.

64 한영우(1987), 「이익의 사론과 한국사이해」, 『한국학보』 45.

65 『동사강목』 사론 중에는 『성호사설』을 인용한 대목이 많고, 특히 부록의 「잡설」은 주로 이익의 설을 소개하면서 자신의 의견을 개진한 것이다. 「잡설」 중에 '師曰'이라고 한 것은 이익을 가리킨다.

어쨌든 『동사강목』 편찬은 안정복이 43세 되던 1754년(영조 30)부터 착수되어 48세 되던 1759년(영조 35)에 일단 완성되었는데, 「지리고」만은 그보다 앞서 45세 되던 1756년(영조 32)에 일찍이 탈고되었다.

『동사강목』은 이렇듯 48세 때 초고가 완성되었지만 그것이 세상 사람들에게 알려지기까지에는 상당한 세월이 소요되었다. 원래 이 책의 서문도 이익이 직접 쓰기로 되어 있어서 이익은 1762년(영조 38)에 서문의 초고를 쓰다가 마치지 못하고 다음해에 타계했다. 그래서 이익의 서문은 1774년(영조 50)에 이르러서야 그의 조카인 이병휴의 손을 빌어서 완성되었다.[66]

그 후 『동사강목』은 1776년(정조 즉위)에 이르러 당시 목천현감을 지내던 안정복 자신에 의해 비로소 1본本이 선사繕寫되어 가숙家塾의 자제들에게 전수되었다. 그러나 이때까지도 안정복 자신의 서문은 붙여지지 않았다가 2년 뒤인 1778년(정조 2) 봄에 이르러 서문이 작성되었다.[67] 그러니까 초고가 완성되고 나서 서문이 나오기까지 19년의 세월이 흐른 것이다.

『동사강목』은 1781년(정조 5)에 승선承宣 정지검鄭志儉에 의해 정조에게 상납되었고, 다시 2년 뒤인 1783년(정조 7)에는 완영에서의 전등傳謄과정에 생긴 오자를 교정하여 내입하였다.[68] 이로써 『동사강목』은 가숙용이라는 좁은 테두리를 벗어나 우문의 군주 정조를 비롯하여 세인의 관심을 끌게 되었고 마침내는 조선 후기를 대표하는 통사로서의 자리를 굳히게 되었다.

안정복의 또 하나의 역서인 『열조통기』는 태조에서 영조 52년에 이르기까지의 조선왕조사를 연대순으로 편찬한 것이다. 이 책은 『국조보감』을 기본자료로 이용하고 「조보朝報」·『비국등록備局謄錄』·『동각잡기東閣雜記』를 비롯한 문집류를 참고하여 편찬된 것으로서, 안정복 자신의 가치평가는 거의 내보이지

66 『東史綱目』, 「題東史篇面」(李秉休).
67 『東史綱目』, 「序」.
68 『順菴叢書』 上, 「順菴先生年譜」, 624면.

않고 있다. 따라서 이 책은 서술시대로 본다면 『동사강목』의 속편과 같은 의미를 갖는 것이지만, 체제나 내용상으로 볼 때에는 자료집의 성격이 강하다. 그러므로 이 글에서는 『열조통기』에 대한 분석은 논외로 해둔다.

안정복은 『동사강목』을 편찬한 지 4년 뒤인 52세 되던 1763년(영조 39)에 중국의 상고에서 주자의 강목에 이르기까지의 역사를 절산節刪하여 『사감史鑑』(8권)을 편찬하였다. 이로써 그는 중국사와 동국사를 자신의 손으로 일단 재구성하는 업적을 내었다.

2) 『동사강목』의 편찬목적

안정복은 왜 『동사강목』을 편찬했을까. 그는 독서의 순서로는 사서보다는 경서를 앞세웠고, 사서 중에서도 중국사를 동국사보다 먼저 읽어야 할 것으로 내세웠다. 이런 문맥에서 본다면 『동사강목』은 경학에 대한 공부와 중국사에 대한 이해를 전제로 해서 마지막에 읽어야 할 책인 셈이다.

안정복의 경학은 주자학이 기본이다. 또한 중국 사서 중에서도 주자가 쓴 『자치통감강목』을 최량最良의 사서로 인정한다. 그러므로 그가 쓴 『동사강목』은 자연히 주자학적 가치관을 바탕으로 하여 주자의 강목綱目을 표준으로 쓰여질 수밖에 없었다.

실제로 안정복은 『동사강목』의 「범례凡例」에서, 주자의 『강목』은 '爲史者 爲之準則'이 되는 책이라고 격찬하고, 『동사강목』의 범례에도 주자의 정법定法을 준수했다고 밝히고 있다. 주자의 『강목』이 이렇듯 위사자爲史者의 준칙準則이 되어야 하는 이유는, 권계勸戒의 뜻이 가장 명백하게 드러나는 의례義例를 가진 때문이다. 그러니까 『동사강목』이 『강목』의 의례를 따른 것은 바로 권계의 뜻을 명시하기 위해 『동사강목』을 지었다는 뜻이 된다.

그렇다면 구체적으로 무엇을 권계하고자 함인가. 『동사강목』 서문에는 사가史家의 대법大法으로 ① 통계統系를 밝힐 것, ② 찬역簒逆을 엄하게 할 것, ③ 시비是非를 바르게 할 것, ④ 충절忠節을 포장褒奬할 것, ⑤ 전장典章을 자세하게 할 것 등 다섯 가지 사항을 들고 있다. 이 중에서 ⑤를 제외한 ①~④가 바로 권계에 해당한다고 할 수 있다. ⑤항은 역사서술의 실증성을 강조한 것으로서 주자의 『강목』 정신과는 일단 무관한 것이며, 이는 11세기의 중국 학술과 18세기 조선 학술의 시대적 차이를 반영하는 것이다.

안정복은 1758년에 학우인 이정산李貞山에게 보낸 서신에서도 『동사강목』의 대의는 '정통正統을 높이고, 절의를 숭상하고, 필례筆例를 삼가는 것'[69]이라고 밝히고 있다. 이는 앞서 설명한 서문의 취지와 기본적으로 같다.

그렇다면 『동사강목』이 편찬되기 이전에는 그러한 취지에 알맞은 국사서가 없었다는 것인가. 『동사강목』의 편찬동기는 바로 '그렇다'는 대답으로부터 출발한다. 안정복은 서문과 범례, 그리고 부록 등 도처에서 기성 사서에 대한 불만을 토로한다. 이제 기성 사서에 대한 평가의 요지를 정리해 보기로 한다.

① 『삼국사기』(김부식)

- 소략하면서 사실과 틀린다(서문).
- 문적文籍을 박취博取하지 않았고, 헌서獻書의 길을 열지 않았다(범례).
- 고구려·백제의 기사가 더욱 소략하다(범례·지리고).
- 고적古籍을 박고博考할 수 있었으나, 다만 신라의 단란한 문자만을 가지고 지리를 쓴 것은 잘못이다(지리고).

② 『삼국유사』(일연)

- 불교의 원류를 밝히기 위해 지은 것으로 이단허탄異端虛誕한 이야기들이 많다. 그러나 간혹 연대의 가고可考할 만한 것이 있다. 『동국통감東國通鑑』에서 많이 참고했으며, 『동국여지승람東國輿地勝覽』의 지명도 이를 많이 좇았다(범례).

---

69 위의 책, 235면.

③ 『고려사』(정인지 등)

- 번용繁冗하면서 과요寡要하다(서문).
- 세가世家는 번용하고, 지志는 탈락이 많고, 열전列傳은 소루하다(범례).
- 은일전隱逸傳 · 야은전冶隱傳을 두지 않은 것은 잘못이다(동사문답 · 범례).

④ 『동국통감』(서거정 등)

- 의례가 어그러졌다(서문).
- 『자치통감』을 참고하여 자못 상세하다. 그러나 의례가 많이 어그러지고, 와무訛繆와 천박舛駁이 심하다(범례).
- 단檀 · 기箕 각 천 년의 신성지치神聖之治를 외기外記로 넣은 것은 잘못이다(범례).
- 위만을 단기와 동등하게 삼조선으로 병칭한 것은 잘못이다(권1).

⑤ 『동사찬요東史簒要』(오운吳澐)

- 절략節略하기는 해도 자못 간요簡要하다(범례).
- 유초類抄에 불과하고 매우 소략하다(동사문답).

⑥ 『여사제강麗史提綱』(유계兪棨)

- 필법이 간혹 어그러지고, 와전이 많다(서문).
- 절산의 번하고 간함이 중을 얻고 있으나, 입강立綱의 법이 『강목』과 맞지 않는다(범례).
- 『동국통감』보다 다소 나으나, 여사麗史만을 다루었고, 입강도 근엄을 많이 잃고 있다(예컨대 나옹懶翁의 밀성유배를 입강한 것이 그것이다)(동사문답).

⑦ 「동사회강東史會綱」(임상덕林象德)

- 가장 정밀하지만 공민왕에서 끝난 것은 아쉽다. 우禑를 신씨辛氏라고 보지 않는다(동사문답).
- 필법이 간혹 어그러지고 와전이 많다(서문).
- 제사諸史 중 가장 간당簡當하지만, 한두 군데 착류錯謬가 있다(범례).
- 『주자강목』을 품稟하여 공민에서 끝났다. 『강목』에서 주기周紀를 끝내지 않은 것을 따랐다고 하는데, 이는 우왕이 신씨인지 왕씨인지 확실히

말하기 어려워서 그렇게 한 것이다(범례).

- 기준箕準이 남천南遷하여 세운 마한을 쇠미무징衰微無徵하다 하여 정통으로 간주하지 않은 것은 큰 잘못이다.
- 고려의 실위失位한 군주를 전왕前王이라 하지 않고 폐왕廢王이라고 호칭한 것은 잘한 것이다(범례).
- 본국이 중국을 선침先侵한 것을 '범犯'이라고 적은 것은 잘한 것이다(범례)
- 폐행嬖幸·난신亂臣의 죽음을 '졸卒'이라고 쓴 것은 잘못이다. '사死'로 적는 것이 옳다(범례).

이상 기성 사서에 대한 안정복의 평가는 한 마디로 시대가 내려갈수록 사서의 질이 좋아지는 것으로 보고 있으며 특히 18세기 초에 편찬된 임상덕의 『동사회강』을 상대적으로 가장 좋게 평가한다. 그것은 이 책이 주자의 『강목』법을 비교적 충실히 따랐다는 데 이유가 있다. 그러나 이 책도 부분적으로는 『강목』의 의례에 맞지 않는 것이 있고 또한 사실史實고증이 잘못된 것이 있어서 만족할 만한 것이 못 되고, 그래서 보다 완벽한 사서를 스스로 짓겠다는 사명감을 갖게 된 것이다.

결국 안정복이 『동사강목』을 지은 동기는 첫째, 의례를 더욱 바르게 하겠다는 것과, 둘째는 와오訛誤를 교정하겠다는 것이다. 전자는 가치평가의 문제요, 후자는 사실고증의 문제이다. 주자 『강목』을 준수하겠다는 것은 전자의 의례와 관련되는 것이요, 후자의 사실고증은 주자 『강목』과는 일단 무관한, 안정복 자신의 독자적 창의와 연구의 소산인 것이다. 따라서 『동사강목』에 대한 사학사적 평가는 의례와 고증의 양면에서 이루어져야 할 것이다.

실제 『동사강목』이 뒷날 사학계에 큰 영향을 미친 것은 의례에 있다기보다는 사실고증의 업적에서 찾아진다. 안정복은 『동사강목』을 편찬함에 있어서 일차적으로는 『동국통감』을 저본으로 삼았는데, 시대에 따라 고대에 관한 서술은 『삼국사기』를, 고려시대에 관한 것은 『고려사』와 『여사제강』을 주로 참고했다.[70] 그러나 그 밖에 우리나라 역사에 관한 사서류와 문집류들을 널리 참고하였고[71] 나아가 중국인이 쓴 사서와 문적들, 그리고 왜사倭史(『일본서기日本書紀』)에서도 새로운 자료를 많이 발굴하여 수록하였다.[72] 따라서 18세기 중엽 당시로서는 자료수집면에서도 가장 충실한 사서가 될 수 있었음을 기억해 둘 필요가 있다.

3) 『동사강목』의 목차

『동사강목』은 수권首卷과 본문 17권, 그리고 부록 2권, 모두 합하여 20권으로 되어 있다. 각 권의 주요 내용을 소개하면 다음과 같다.

수권 : 제동사편면題東史篇面 · 서 · 목록 · 범례 · 전수도 · 지도 · 관직도

권1 : [조선朝鮮] 기자箕子 · 기부箕否 · 기준箕準, [마한馬韓] 무강왕 기준(附 : 위씨조

---

70 『동사강목』 범례 중 雜例. 안정복은 고려시대 서술에서 『高麗史節要』는 참고하지 못했다. 그는 이 책이 '不傳한다'고 밝히고 있다.

71 『동사강목』에 인용된 사서와 문집의 명단은 다음과 같다.

- 사서 – 『三國史記』 · 『三國史略』 · 『三國遺事』 · 『高麗史』 · 『高麗史』(高麗國史 – 필자) · 『麗史提綱』 · 『東國通鑑』 · 『東史纂要』 · 『東史會綱』
- 문집, 기타 – 『破閑集』 · 『李相國集』 · 『補閑集』 · 『牧隱集』 · 『櫟翁稗說』 · 『龍飛御天歌註』 · 『陽村集』 · 『海東諸國記』 · 『輿地勝覽』 · 『應製詩註』 · 『筆苑雜記』 · 『東文選』 · 『退溪集』 · 『慵齋叢話』 · 『箕子實記』 · 『攷事撮要』 · 『東閣雜記』 · 『平壤志』 · 『稽古編』 · 『芝峰類說』 · 『大東韻玉』 · 『海東樂府』 · 『眉叟記言』 · 『拙翁集』 · 『輿地考』(東國地理志 – 필자) · 『松都雜記』 · 『經世書補編』 · 『磻溪隨錄』 · 『東國摠目』(東國歷代摠目 – 필자) · 『海東名臣錄』 · 『麗史彙纂』 · 『範學全書』 (이상 32종)

72 『동사강목』에 인용된 중국 서적은 다음과 같다. 『史記』 · 『漢書』 · 『後漢書』 · 『三國志』 · 『南史』 · 『北史』 · 『隋書』 · 『唐書』 · 『通鑑前編』 · 『資治通鑑』 · 『資治通鑑綱目』 · 『宋元綱目』 · 『通典』 · 『文獻通考』 · 『皇明通紀』 · 『吾學編』 · 『盛京通志』 · 『竹書紀年』 (이상 18종). 이 밖에 『宋史』 · 『金史』 · 『元史』도 많이 참고되었으나 참고서목에는 누락되었다.

선衛氏朝鮮 · 사군이군四郡二郡 · 진한 · 변한 · 부여 · 예 · 맥 · 옥, 삼국(부 : 이군 · 부여 · 가락駕洛)

권2~권4 : 삼국(부 : 이군 · 대방 · 부여 · 가락 · 발해) · 신라(부 : 발해)

권5 : 신라(부 : 후백제 · 태봉 · 고려 · 발해)

권6~권17 : 고려(태조 19년~공양왕)

부록 권1 : 고이考異 · 괴설변怪說辨 · 잡설雜說

부록 권2 : 지리고 · 강역고정疆域考正 · 분야고分野考

먼저 수권의 「제동사편면」은 이익이 『동사강목』을 위해 쓴 미완성의 서문으로서, 종자從子인 이병휴가 소발小跋을 붙여 소개한 것이다. 그 내용은 기자의 치적이 홍범 8정에 토대를 둔 것으로서, 이른바 8조교條教나 평양의 정전제 혹은 백의 숭상과 혼례시의 백마 사용 등의 풍속이 모두 기자의 홍범정치로부터 유래되었다는 것이다. 그리하여 중국 요 · 순 · 삼대의 홍범전통이 중국에서는 한 초에 이르러 부활되지만, 그것은 우리나라의 8조교로부터 거꾸로 배워 간 것이다. 그리하여 중국이 우리나라로부터 예를 배워 가지 않으면 안 되는 상황이 되었다는 것이다.

이익이 『동사강목』의 서문으로 기자의 홍범정치를 서술한 것은, 중국의 삼대에 못지않은 이상理想문화가 동방에 꽃피었음을 강조하려는 것으로 생각되는데[73] 그는 이 글을 완성하지 못한 채 세상을 떠나고 말았다. 그러나 『동사강목』의 역사체계가 단기檀箕→마한馬韓을 정통으로 부각시킨 것은 결과적으로 이익의 입장과 대체로 일치되는 것이라 하겠다.

다음에 수권에 제시된 범례는 모두 18절로서[74] 이는 주자 『강목』의 의례[75]

---

73 한영우(1987), 「이익의 사론과 한국사이해」, 『한국학보』 46, 79~89면.

74 『동사강목』의 18절의 범례는 다음과 같다.

1. 凡統系(10조) 2. 凡歲年(3조) 3. 凡名號(6조) 4. 凡卽位(2조) 5. 凡改元(1조) 6. 凡尊位(4조) 7. 凡崩葬(2조) 8. 凡簒弑(1조) 9. 凡廢徙幽囚 10. 凡祭祀(4조) 11. 凡行幸(2조) 12. 凡恩

와 거의 일치된다. 그러나 그 의례를 한국사에 구체적으로 적용함에 있어서는 『강목』과의 일정한 차이가 불가피함이 선언된다.

> 이 범례는 주자의 정법을 따랐다. 그러나 『강목』은 화하華夏를 주인으로 하여 만국을 통섭한 것이므로 그 이상 높은 것이 없다. 그런데 이 책은 동국의 일을 적은 것이다. 땅이 한 모퉁이에 치우쳐 있고 예禮와 사事가 서로 다르므로 부득이 이러한 특수성을 고려하여 의례를 세울 수밖에 없다. 이는 대소의 세勢가 다른 까닭이다.[76]

다시 말해 주자 『강목』은 만국사의 성격을 띤 중국사를 서술한 것이고 우리나라 역사는 예와 사가 다른 일국의 역사인 까닭에 『강목』의 의례를 그대로 따를 수는 없다는 것이다.

『동사강목』은 우리나라 역사의 이와 같은 특수성을 고려하여 작성했기 때문에 내용상 주자 『강목』의 범례와는 많은 차이점이 보이고 있다. 즉 주자 『강목』의 절은 모두 19이나 『동사강목』은 18절로 압축되었고, 각 절에 포함된 133조의 조례가 61조로 축소되었다. 그리고 18절에 포함시킬 수 없는 11조의 조례를 따로 독립시켜 이를 '잡례雜例'라 불렀다.

『동사강목』의 범례에 붙인 이 11조의 잡례는 주로 자료 취급방법과 사실고증에 관한 문제, 그리고 사론에 관한 것이다. 다시 말해 주자 『강목』은 사실고증이나 사론에 역점을 둔 사서가 아닌 데 반해서, 『동사강목』은 그 방면의 비

澤(1조) 13. 凡朝會(7조) 14. 凡封拜(7조) 15. 凡征伐(1조) 16. 凡廢黜(1조) 17. 凡人事(8조) 18. 凡災祥(1조) ○雜例(11조)

75 주자 『강목』의 범례는 다음과 같다.
1. 統系(6조) 2. 歲年(4조) 3. 名號(2조) 4. 卽位(12조) 5. 改元(2조) 6. 尊立(2조) 7. 崩葬(9조) 8. 簒賊(5조) 9. 廢徙(1조) 10. 祭祀(9조) 11. 行幸(5조) 12. 恩澤(8조) 13. 朝會(8조) 14. 封拜(12조) 15. 征伐(16조) 16. 廢黜(4조) 17. 罷免(9조) 18. 人事(17조) 19. 災祥(2조)

76 『동사강목』 범례의 서문.

중이 매우 높다. 그리고 사실고증과 사론의 발달은 조선 후기에 이룩된 사학연구의 독자적 성과와 특색을 반영하는 것이다. 바로 이 점은 12세기의 중국사학과 18세기의 한국사학의 수집 차이에서 자연스럽게 나타난 결과이기도 하다.

다음에 수권의 전수도는 ① 고조선에서 조선에 이르기까지의 역사를 정통왕조를 중심으로 계보화하고, ② 각 왕조의 왕계표를 소개한 다음, ③ 각 왕조에 대한 최부崔溥의 사평을 실었다. 말하자면 이것은 『동사강목』의 목차를 시각적으로 도형화한 것이다.

전수도 다음의 지도는 ① 지도(조선시대전도) ② 조선사군삼한도 ③ 삼국초기도 ④ 고구려전성도 ⑤ 백제전성도 ⑥ 신라전성도 ⑦ 신라통일도 ⑧ 고려통일도로 구성되어 있다. 이 지도들은 안정복의 강역에 관한 비상한 관심의 반영인 동시에 『동사강목』의 지리고를 지도화한 것으로서, 고조선과 고구려의 서계西界를 요서遼西 대릉하 · 소릉하 지역으로 표시한 것이 인상적이다.

수권의 마지막에 넣은 관직도는 고조선 · 삼국 · 고려시대의 주요 문무관직의 변천과정을 도표화한 것으로, 작자 안정복의 제도사에 관한 관심을 반영하는 것이다. 『동사강목』의 본문에 해당하는 권1~권17에 이르는 부분은 고조선에서 신라 말까지가 5권, 고려사가 12권으로 구성되어 있다. 이를 『동국통감』과 비교해 보면 고려 이전의 고대사 부분이 크게 늘어난 것을 알 수 있다.[77] 이는 특히 고조선 · 삼한의 역사가 크게 보완된 결과로서, 조선 후기 상고사연구의 성과가 반영된 것을 의미한다. 『동사강목』의 사학사적 가치의 하나가 여기에 있음도 주의를 요한다.

끝으로, 『동사강목』의 부록으로 넣은 고이 · 괴설변 · 잡설 · 지리고 · 강역고 · 분야고는 역사적 사실을 고증한 것으로서, 안정복의 사학 전문가로서의 또 다른 모습을 보여 주는 부분이다. 이 부분은 주자의 『강목』과는 아무 관계가

77 『동사강목』은 고려사의 분량이 고대사의 2.4배가 되고 있으나, 『동국통감』은 고대사와 고려사가 각각 12권과 44권으로 되어 있어서 고려사가 고대사보다 4배 가까이 많다.

없는, 조선 후기 역사가들 사이에 논란이 되어 온 사실고증의 문제들을 총정리하면서 안정복 자신의 독자적 견해를 제시한 것이다.

먼저, 「고이」편은 사마광의 『자치통감』에 들어 있는 고이편을 모방하여 133개 항에 달하는 역사적 사건과 사실에 대한 고증을 시도한 것이다.

「괴설변증怪說辨證」은 고기古記에 전해져 내려오는 고대 신화와 중세 전설들을 '이의전의以疑傳疑'의 뜻으로 후세에 남기기 위해서, 혹은 그 허무맹랑한 내용들을 합리적 견해로 비판하기 위해서 쓴 글들이다. 여기에는 단군신화를 비롯해 혁거세·알영·금와·석탈해·해모수·왕건의 출자出自와 관계되는 내용들이 다루어지고 있다. 안정복의 사관에 깔려 있는 합리적 사고와 동시에 의심스러운 것은 의심스러운 그대로 후세에 전한다는 두 가지 목적이 잘 드러나고 있다.

「잡설」에서는 11개 항에 대한 사실고증을 다루고 있다. 이 부분은 「고이」편과 성격이 비슷한데 「잡설」의 내용은 이익의 『성호사설』에 실린 글들과 일치되는 논지가 매우 많다. 안정복이 『성호사설』을 읽고 공감되는 논설들을 뽑아 자신의 의견을 첨가해 재정리한 것으로 보인다. 어쨌든 「잡설」의 내용은 안정복의 창견이라기보다는 이익의 견해에 대한 안정복의 소개와 비판을 담은 것이다.

다음에, 『동사강목』의 가치를 높여 주는 부분의 하나인 「지리고」에 대해 알아본다. 「지리고」는 분량상으로도 가장 많고, 안정복이 『동사강목』을 지을 때 본문 집필에 앞서 가장 먼저 완성해 놓은 부분이다. 안정복은 『동사강목』 초고를 완성하기 3년 전인 1756년(영조 32년, 45세)에 「지리고」를 완성했다고 「지리고」의 서문에서 밝히고 있다. 그는 1755년에 이익에게 보낸 서신에서 고대 강역에 관해 질문하면서 「동국지리의변東國地理疑辨」을 쓰겠다고 밝힌 바 있다. 바로 그 약속이 「지리고」로 완성된 것임을 알 수 있다.

그는 「지리고」를 가장 먼저 쓴 것에 대해 다음과 같이 그 이유를 밝히고 있다.

사史를 읽는 사람은 반드시 먼저 강역을 정해야 한다. 그런 뒤에라야 점거한 형편을 알 수 있고, 전대의 득실을 살필 수 있으며, 분합分合의 연혁을 고찰할 수가 있다. 이것이 없으면 잠자는 것과 같다.[78]

말하자면 역사란 강역이 먼저 확정되어야만 그 강역 위에서 이루어진 사건들을 이해할 수 있다는 것이다. 그런데 우리나라 역사는 『삼국사기』나 『고려사』가 강역 문제를 확실히 해놓지 못하고, 원근을 뒤바꿔 놓고 남북을 이환시켜 놓아 갈피를 잡을 수 없게 되었다는 것이다.[79]

이러한 문제의식에서 안정복은 조선 · 삼한 · 사군 · 부여 · 고구려 · 백제 · 신라 · 가야 · 발해, 그리고 조선 8도의 연혁에 이르기까지 50개 항의 지명을 고증하고 있다 이는 조선 후기 사서 중에서는 가장 광범하게 지리문제를 다룬 것이며, 한백겸韓百謙 이래 역사지리고증의 축적된 성과들을 총정리한 의미도 갖는다. 『동사강목』이 근대 역사가들에게도 필독의 서로서 가치를 지니게 되는 이유는 「지리고」의 영향이 가장 크다.

마지막으로 『동사강목』의 말미를 장식하는 「분야고」는 우리나라의 위치를 서양의 『만국전도萬國全圖』에 의거하여 그 경도와 위도를 따지고 나아가 중국의 문적에서 논한 성야星野로 볼 때, 종전에는 우리나라가 기미분箕尾分에만 속하는 것으로 알아 왔는데 이는 잘못된 것임을 따지고 있다. 즉 기미분은 한강 이북 지역에만 해당하는 것이고, 경기 · 황해 · 강원 · 충청(북) · 경상(북)도는 중국의 산동성과 맞먹는 처위분處危分이고, 전라 · 경상(남) · 충청(남)은 강남성과 맞먹는 두분斗分이며, 제주도는 중국의 복건성과 같은 위도의 우여분牛女分에 속한다는 것을 주장한다.

이는 지금까지 한강 이북의 기미분만 가지고 국토의 위치를 따져 온 왜곡된

---

78 『東史綱目』 附錄下, 「地理考」, 서문.

79 위와 같음.

지리인식을 깨우쳐 준 것으로서 「지리고」와 더불어 안정복의 해박한 지리의식을 보여 주는 것이다.

지금까지 『동사강목』의 목차를 중심으로 하여 이 책에 담긴 내용을 간단히 소개해 보았다. 요컨대 『동사강목』은 강목법을 충실히 따라 한국사를 재구성했다는 점에서 극히 이데올로기적인 사서의 성격을 가지면서, 다른 한편으로는 이데올로기와는 거의 무관한 사실고증 그 자체의 뛰어난 성과를 담은 이중적 성격의 사서라는 사실이 이로써 다시 확인된다.

4) 『동사강목』의 의례

『동사강목』은 엄격한 의례를 바탕으로 하여 집필되었다. 안정복에 의하면 역사서술에 있어서 의례는 법률에 있어서의 단례斷例나 예악에 있어서의 의절과 같은 것이다. 의례가 없는 역사서술은 술작의 뜻과 권계의 뜻을 밝힐 수 없다. 이런 의미에서 『동사강목』은 18절 61조의 상세한 의례를 세워 놓고 있는데, 이는 기본적으로 주자 『강목』의 의례를 표준으로 한 것이지만, 중국과 우리나라의 '대소의 세가 다르기' 때문에 불가피하게 차이점을 드러내게 되었다고 변명하고 있다.

그렇다면 주자 『강목』의 의례와 『동사강목』 의례의 기본적인 차이점은 무엇인가?

첫째, 세년 표시가 다르다. 『강목』은 갑자甲子를 맨 위에 적고 그 밑에 왕년王年을 적는 방식을 취했는데, 『동사강목』은 갑자 밑에 우리나라의 왕년을 적되, 갑자 위에는 중국 연호를 세주로 별기別紀하여 참고하도록 했다. 이러한 원칙은 임상덕의 『동사회강』과도 일치되며, 그것은 우리나라가 중국의 정삭正朔(력曆)을 써온 전통 때문에 불가피하다.

둘째, 임금의 명호 표시가 다르다. 『강목』은 정통군주를 왕王 혹은 제帝라고 호칭했으나, 『동사강목』은 왕 혹은 국왕國王 · 국군國君 등으로 호칭했으며, 특히 중국의 명 태조에 대해서는 '대명태조고황제大明太祖高皇帝'라고 썼다. 그것은 조선이 '명의 내복內服과 다름없는' 관계라는 이유에서다.

셋째, 군주의 죽음 표시가 다르다. 『강목』은 정통군주의 죽음을 '붕崩'이라고 했으나, 『동사강목』은 신하의 칭호인 '훙薨'이라고 썼다.

넷째, 조회의 서술이 다르다. 『강목』은 중국이 외국에 사신을 파견한 것을 '견사遣使'라고 썼으나, 『동사강목』은 이적국가(요·금·원)에 파견한 경우에만 '견사'라 하고 중국 정통국가에 파견한 것은 '입조入朝', '입공入貢' 혹은 '입하入賀'라고 썼다.

다섯째, 외국과의 전쟁에 대한 서술이 다르다. 『강목』은 중국이 외국에 파병했을 때 '범犯'이라는 표현을 쓰지 않았으나, 『동사강목』에서는 우리나라가 중국을 선침했을 때는 '범'이라고 썼다. 이는 중국과 우리나라가 '대소의 분分'과 '화이의 별別'이 있기 때문이라고 한다.

여섯째, 인사에 있어서 『강목』이 재상의 졸기卒記를 실서悉書했으나, 『동사강목』은 사적이 뚜렷한 재상만을 선별하여 졸기를 썼다.

이상 주자 『강목』과 『동사강목』 의례상의 중요한 차이점을 검토해 보았다. 결론적으로 말한다면, 『강목』이 중국을 정통천자국으로 간주하는 입장에서 쓴 것이라면, 『동사강목』은 우리나라를 중국의 제후국으로 전제하고 쓴 것이다. 그러나 중국사에만 유일하게 적용한 강목의 의례를 제후국인 우리나라의 역사에도 응용해 보았다는 그 자체는 제후의 몸에 중국 정통천자의 옷을 입혀 본 것으로 비유된다. 그리고 그러한 시도는 중국에 이미 정통천자가 없다는 반청의식의 투영이라는 점에서 의미가 있다. 다시 말해 우리나라가 비록 중국의 제후국이지만 정통천자의 옷을 입을 수 있는 제후라는 것을 청에 보여 줌으로써 상대적으로 청에 대한 우월성을 과시하려는 것이 『강목』의 의례를 도용한 안정복의 한 목적인 것이다.

다음에는 『동사강목』의 의례와 임상덕의 『동사회강』 의례의 공통점과 차이점을 비교해 보기로 한다.

먼저, 주자 『강목』의 의례를 변통하는 문제에 대하여 양서는 기본적으로 변

통의 불가피성을 인정한다. 예컨대 『동사회강』에서는

> 이 책은 입강부목立綱附目을 주자 『강목』에 일품一稟했다. (…) 그러나 그 사이에 체體가 다르고(대소의 체의 다름이 있다) 사事가 달라서(고금의 일에 다름이 있다) 부득불 통변通變과 증손增損이 있었다.[80]

고 한 데 대하여 『동사강목』에서도

> 이 책의 범례는 주자의 정법을 일준一遵했으나 (…) 이 책은 동국의 일을 적은 것이다. 지地가 일우一隅에 치우쳐 있고 예와 사가 다르므로 부득불 그 다름을 따라 의례를 세웠다. 이는 대소의 세가 다른 까닭이다.[81]

라고 했다. 우리나라 역사의 특수성 때문에 강목법의 변통이 불가피하다는 입장이 서로 같은 것을 볼 수 있다.

그 밖에 양서兩書의 범례는 차이점보다 공통점이 더 많다. 따라서 차이점만을 언급하기로 한다.

양서의 근본적인 의례상 차이점은 계통에 관한 것이다. 다시 말하여 정통과 무통을 설정하는 문제다. 『동사회강』은 신라통일시대와 고려통일 이후만을 정통으로 간주했다.[82] 삼국 이전은 아예 정통을 따지지 않았으며, 역사서술의 시작도 신라 건국부터 시작했다. 그것은 단·기·삼한시대를 『동국통감』에서 외기外紀로 처리한 것을 그대로 존중한다는 생각과 아울러 기자의 후신인 마한이 쇠미하고 무징無徵한 나라인 까닭에 정통을 부여하기 어렵다는 판단에서였다.

---

80 『동사회강』「범례」.

81 『동사회강』,「범례」, 서문.

82 한영우(1987),「18세기초 소론학자의 역사서술 – 임상덕의 『동사회강』」,『삼불김원용교수정년퇴임기념논총』.

그래서 『동사회강』에서는 삼국 이전은 정통론에서 아예 제외시켰으며 삼국 이후부터 정통을 따지기 시작했는데, 삼국은 무통의 시대로, 통일신라와 고려통일 이후만을 정통국가로 간주했던 것이다.

이에 대하여 『동사강목』은 크게 반발하고 있다. 삼국시대를 무통, 신라와 고려 통일 이후를 정통시대로 보는 것은 이의가 없지만, 단 · 기 · 마한을 무정통의 시대로 간주하는 것은 부당한 것으로 보았다. 바로 이 점이 『동사회강』과 『동사강목』의 기본적인 차이점이다.

그 이유는 이러하다. 단 · 기 시대는 각각 천여 년 간 '신성지치'를 이룬 시대이므로 이를 외기에 넣는 것도 부당할 뿐 아니라 정통국가로서 당당한 자격이 있다는 것이다. 또한 마한은 비록 나라는 쇠미하였지만, 정통국통인 기자의 후신이므로 나라의 강약을 초월해서 정통성을 부여해야 한다는 것이다.[83] 정통이란 국력을 가지고 따지는 것이 아니라 도덕성과 혈통성을 가지고 따져야 하는 까닭이다.

『동사회강』과 『동사강목』은 물론 이 밖에도 세부적인 역사서술에 있어서 많은 차이가 있지만, 그것은 모두 지엽적인 것들이다.

요컨대 『동사강목』은 기본적으로는 주자 『강목』의 의례를 변통하여 편찬되었지만, 그 선례는 이미 『동사회강』이 보여 주었기 때문에 직접적으로는 『동사회강』의 범례를 존중하지 않을 수 없었다. 그리하여 두 사서의 범례는 거의 일치되고 있지만, 다만 통계를 따지는 데 있어서 단 · 기 · 마한을 정통으로 넣을 것이냐 아니냐의 문제에서만 기본적인 차이점을 드러내고 있었다.

83 『동사회강』 「범례」 범통계.

5) 『동사강목』의 국사체계

『동사강목』은 그 범례에서 단군 · 기자 · 마한 · 신라통일(문무왕 9년 이후) · 고려통일(태조 19년 이후)을 정통으로 취급하고, 삼국시대를 무통의 시대로 간주한다고 밝히고 있다. 그 밖의 나라들은 참국僭國이거나 도적盜賊, 아니면 소국小國으로 취급되고, 이들 나라들은 정통국가 밑에 부기하는 형식을 취했다. 참국 · 도적 · 소국 · 기타에 각각 해당하는 나라들은 다음과 같다.

- 참국 – 위만조선(찬적簒賊)
  고려 태조 19년까지(반적叛賊)
- 도적 – 궁예 · 견훤
- 소국 – 진한 · 변한 · 예맥 · 옥저 · 가락가야
- 기타 – 부여(열국과 동등하지는 못하지만 여麗 · 제濟의 종국宗國)
  사군 · 이부二府(중국의 소위)
  발해(아사我史는 아니지만 그 땅이 고구려 고지故地)
  동이東夷(아지我地인 요동에 살았고 단씨檀氏는 동이의 일부)

그러면 이른바 정통으로 간주된 나라들은 어떤 이유에서 그러한 평가가 내려지는 것인가?

먼저, 단군조선의 경우를 생각해 보자. 단군조선은 천여 년 간 '신성지치'를 한 시대이기 때문에 정통으로 간주된다. 단군은 백성들에게 편발編髮과 개수盖首를 가르치고 군신 · 남녀 · 음식 · 거처의 제도를 만들었으며, 하의 우禹임금이 즉위하자 아들 부루夫婁를 도산塗山에 보내 입조케 하였다.[84] 이러한 신성한 정치가 가능했던 것은 단씨가 속했던 동이 족속들이 요심遼瀋 내외의 땅에 살면

84 『동사회강』 卷1, 己卯 朝鮮箕子元年條.

서 요·순의 교화를 일찍부터 받아 이미 '중하지풍中夏之風'을 갖게 된 데 그 이유가 있다.[85] 다시 말해 단군조선은 족속상으로는 동이에 속하지만 이미 그 문화는 중화문화권 속에 들어가 있었으므로 '신성지치'가 가능했던 것으로 본다.

다음에 기자조선이 정통이 되는 이유도 마찬가지로 '신성지치'에 있다. 기자는 홍범의 8정을 가지고 8조교를 시행하고 정전제를 실시함으로써 공자가 '군자국'으로 호칭하고 조선으로 이민 오고 싶어할 정도의 문화국가가 되었기 때문이다.[86]

기자조선에는 기자가 죽은 뒤에도 존주尊周의 뜻을 지닌 조선후朝鮮侯라든가 대부례大夫禮와 같은 충신들이 나와 높은 도덕정치를 계속 이끌어 갔기 때문에 이 나라가 정통이 되는 것은 당연하다.

그 다음, 마한이 정통이 되는 이유는 기자의 후예인 기준이 마한을 공파攻破하고 새로운 마한을 세워 기자에 대한 제사를 계속했기 때문이다.[87] 이것은 주자 『강목』에서 전한의 후예인 독한을 정통으로 간주한 것과 같은 이유이다.

삼국을 무통으로 취급한 것은 그 이유가 설명되고 있지 않으나, 주자 『강목』에서 '彼此均敵 無所抑揚'한 나라들이 병립했을 때 '무통으로' 처리한 예를 따른 것으로 볼 수 있다. 다시 말해 삼국은 서로 대등한 나라로서 어느 한 나라를 억양하기 어려운 형편으로 이해하는 것이다.

통일 후의 신라가 정통이 되는 것은 발해를 '아사我史'로 간주하지 않는 입장[88]과 표리관계에 있다. 한편, 통일 후의 고려가 정통이 되는 것은 대립되는 왕조가 없기 때문이다.

다음에 위만조선을 참국으로 취급하는 것은 신하로서 왕위를 찬탈한 찬적인

85 위와 같음.

86 『동사회강』 卷1, 戊申 王準 28년조.

87 위의 책, 「범례」, 범통계.

88 위의 책, 「범례」, 범통계. "一. 渤海 不當錄于我史而本爲高句麗故地."

까닭이다. 그러므로 단군 · 기자와 '덕의德義가 동균同均'한 것으로 취급해서는 안 되고, 『동국통감』에서 삼조선으로 병칭한 것도 잘못이다.[89] 고려 태조가 재위 19년까지 참국이 되는 것은 당시 정통국가인 신라가 아직 망하지 않았기 때문이다.[90]

궁예와 견훤은 신라의 반적이므로 『동국통감』처럼 참국으로 취급해서는 안 되고, 그보다 못한 도적으로 보아야 한다.[91]

진한 · 변한 · 예맥 · 옥저 · 가락가야 등은 정통국가에 예속되었던 나라들이므로 소국으로 취급된다.

끝으로 우리나라 상고사에서는 정통이나 소국 또는 참국 등 어느 경우에도 넣기 어려운 나라들이 있다. 그 중의 하나가 부여다. 부여는 너무 먼 북방에 있었고 자료도 없어서 예국과 동등하게 취급할 수는 없으나 고구려와 백제의 종국이므로 이를 고구려 · 백제사에서 건국한 예로 써준다는 것이다.[92]

그 다음, 사군 · 이부(이군)는 우리나라 역사는 아니지만 그 땅이 조선 구지舊地와 관계되는 까닭에 정통국가인 마한의 기년 밑에 써준다.[93]

발해는 원칙적으로 '아사'가 아니다. 그것은 발해를 구성하고 있던 말갈족이나 혹은 그 창업주인 대조영을 고구려인으로 보지 않는 까닭이다. 그렇지만 발해가 차지했던 땅이 고구려 고지로서, 우리나라(신라)와 국경을 접하고 있었고 순치脣齒관계를 맺고 있었던 까닭에 이를 실어 주기로 한다.[94]

끝으로 동이에 관한 서술이다. 요동에는 본래 동이가 살았고, 그 요동땅은 단기 이후로 늘 우리 땅이었으므로 동이에 관한 역사를 적어 둔다는 것이다.[95]

---

89 위의 책, 「범례」, 범통계 및 戊申 王準 28年條의 사론.
90 위의 책, 「범례」, 범통계.
91 위와 같음.
92 위와 같음.
93 위와 같음.
94 위와 같음.

더욱이 단군은 동이의 일파인 까닭에 단군문화를 이해하기 위해서도 동이문화에 대한 이해가 필요하다는 생각이다.[96]

이상 『동사강목』에서의 국사체계를 살펴보았거니와, 사학사의 문맥에서 볼 때에는 모두가 새로운 의미를 갖는 것은 아니다.

첫째, 단군에 대한 정통론은 물론 『동국통감』과 비교할 때는 획기적인 의미를 갖는 것이지만, 실은 18세기 초에 쓰여진 홍만종洪萬宗의 『동국역대총목東國歷代總目』(1705)에서 이미 제기된 바 있다. 그뿐 아니라 단군의 치적으로 서술된 교민편발개수敎民編髮盖首, 군신 · 남녀 · 음식 · 거처지제, 혹은 견자부루어도산遣子夫婁於塗山 등의 기사도 위 책에서 다 언급된 것이다.

홍만종의 '단군 = 정통'설과 단군의 치적에 대한 서술은 그 후 이익에 의해서 먼저 수용되었고,[97] 다시 안정복에 전수된 것이다. 그런데 18세기 중엽에 이종휘도 그의 『동사』에서 '단군 = 首出聖人'설과 교민편발개수 등의 치적을 언급하고 있어서,[98] 홍만종의 영향은 18세기 사서들에 널리 미치고 있다는 것을 알 수 있다. 다만, 『동국역대총목』의 기사 중에서 단군이 패오彭吳에 명하여 국내 산천을 전奠했다는 서술은 안정복이 받아들이지 않는다. 그것은 팽오를 한 무제 때의 중국인으로 보는 까닭이다.

'기자 = 정통'론은 '단군 = 정통'론보다도 유래가 오래다. 그 최초의 사서는 17세기 중엽에 쓴 홍여하洪如河의 『동국통감제강東國通鑑提綱』이다.[99] 그 후 『동국역대총목』과 이익에게서도 그 같은 주장이 나타났으며, 마침내 『동사강목』에까지 전수된 것이다.

---

95 위와 같음.

96 『동사회강』 卷1, 己卯 朝鮮箕子元年條.

97 한영우(1987), 앞의 논문, 84~85면.

98 한영우(1987), 「18세기 중엽 소론학인 李種徽의 역사인식」, 『동양학』 17.

99 한영우(1985), 「17세기 중엽 영남학인의 역사서술 – 洪如河의 『彙纂麗史』와 『東國通鑑提綱』 –」, 『변태섭박사회갑기념사학논총』.

'마한 = 정통'론도 홍여하로부터 비롯되어[100] 홍만종과 이익을 거쳐 안정복으로 이어진 것이다.

'삼한 = 무통'론은 『동국통감』에서 정립한 삼국균적론에 뿌리를 둔 것인데, 최초로 '삼국 = 무통'론을 주장한 것은 홍만종이며 그 후 임상덕의 『동사회강』에서 호응을 얻고[101] 이익의 지지를 받아서[102] 다시 안정복에게 이어진 것이다. 그러나 홍여하는 권근權近과 오운으로 이어지는 '신라 = 위주爲主'론[103]을 이어받아 처음으로 '신라 = 정통'론을 주장하여 삼한균적론과 맞섰다. 그렇지만 '신라 = 정통'론은 홍여하 이후로 추종을 받지 못했으며, 조선 후기 사서들의 내부분은 '삼한 = 무통'론을 따랐다. 이는 삼국을 대등하게 포용하려는 역사의식이 지배적이었음을 말해 주는 것이며, 안정복도 그 예외가 아닌 것이다.

끝으로 『동사강목』에서 신라통일 이후와 고려통일 이후를 정통으로 처리한 것은 조선 후기 강목체 사서에서 나타나는 공통적인 현상이며 다른 이론이 없다.

『동사강목』에 정립된 국사관계를 다시 한 번 사학사적으로 정리한다면, 삼한 이후의 정통체계는 『동사회강』을 그대로 따르고, 삼국 이전의 상고사는 이익의 단 · 기 · 마한정통론을 도입한 것인데, 실상 이익의 정통론은 홍만종의 이론을 그대로 따른 것이다.

그런데 홍만종의 단 · 기 · 마한정통론도 그 연원을 다시 캐어 보면, 기자정통론은 홍여하에게서 이미 정립된 것이고 단군정통론은 홍만종 자신이 처음으로 제창한 것이지만, 그것은 이미 허목의 『동사』에서 비록 정통론을 주장하지는 않았다 하더라도 단군 중심의 고대사체계가 제시된 것[104]과 무관하지 않다.

---

100 위와 같음.

101 각주 82)와 같음.

102 각주 97)과 같음.

103 한영우(1985), 「17세기 초의 역사서술－吳澐의 『東史纂要』와 趙挺의 『東史補遺』－」, 『한국사학』 6.

그리고 허목의 단군 인식의 근원을 다시 한 번 추적해 본다면, 17세기 初·중엽에 유행했던 도가적 역사의식[105]의 영향을 고려할 수 있다. 이렇게 본다면 안정복의 국사체계는 조선 후기 150년 간의 역사의식의 성장을 흡수하여 이를 정통론으로 정리한 것이라 할 수 있다.

6) 『동사강목』에서의 사실고증

『동사강목』은 상고부터 고려 말에 이르기까지 여러 가지 사실들을 새 자료에 의해 보완하고 나아가 이설들을 새롭게 고증했다. 『동사강목』의 본문에는 새로 보완된 기사들 밑에 일일이 인용전거를 밝힘으로써 가능한 한 고증적 술사태도를 견지하려 애쓰고 있다.

사회보완에 인용된 자료들은 국내 문집류도 적은 것이 아니지만[106] 그보다는 중국 측 자료가 훨씬 많고 일본 측 자료(왜사)도 있다.[107] 대체로 새로 보완된 기사들은 대외관계와 관련된 것들이 주류를 이루며, 따라서 한중관계사와 한일관계사가 기왕의 어느 사서보다도 자세하다.

또한 역사적 지명이 나올 때는 일일이 현재 위치를 세주細註로 적어 주고 있으며, 역사적 사실에 대한 보충 설명이 필요한 부분은 '안설按說'로 주기註記하여 그 이해를 돕고 있다.

『동사강목』에서의 새로운 사실고증은 본문에서도 반영되고 있지만, 특히 이를 따로 묶어 2권의 부록으로 구성하였다. 부록에서 다루어진 주제는 '고이' 133항, '잡설' 11항으로서 모두 합쳐 144항이나 된다. 물론 지리에 대한 고증과

---

104 한영우(1985), 「許穆의 古學과 역사인식」, 『한국학보』 40.

105 한영우(1975), 「17세기 초 反尊華的 道家史學의 성장」, 『한국학보』 1.

106 각주 71) 참고.

107 각주 72) 참고.

괴설변증은 별도다. 여기서 「고이」와 「잡설」의 내용을 시대순으로 간추려 소개하면 다음과 같다.

(1) 단군조선에 관한 것[108]

① 단군원년(무진)은 신익성申翊聖의 『경세서보편經世書補編』에 따라 요堯 25년으로 보는 것이 옳다.

② 단군은 단군의 이칭이 있으나 단목하檀木下에 강降했으므로 단군으로 쓰는 것이 좋다.

③ 단군의 이름은 왕검王儉과 왕험王險이 있으나 왕검을 따른다.

④ 단군이 '교민편발개수'했다는 기사는 홍만종의 『동국역대총목』에서 나오는데 어느 책에 근거한 것인지는 모르겠으나 이를 따른다.

⑤ 홍만종의 『총목』에는 단군이 팽오에 명하여 국내산천을 치治했다고 되어 있는데, 팽오는 한무제 때 중국인이므로 홍만종설을 따르지 않는다.

⑥ 부루는 단군과 하백녀 사이에 낳은 부루와 해모수의 아들인 부루의 2인이 있다.

⑦ 동이에는 9종이 있어 이를 9이夷라 하는데, 9이의 명칭은 『후한서』·『논어정의論語正義』·『삼국유사(안홍기安弘記)』가 각각 다르다. 『후한서』를 토대로 『죽서기년竹書紀年』·『통전通典』·『통감전편通鑑前編』 등을 참고하는 것이 좋다.

⑧ 단군의 수壽로 알려진 1048년은 전세역년傳世歷年으로 본 권근설이 옳다.

⑨ 단군이 산신이 되었다는 설은 괴탄하기는 하지만 사람이 죽으면 그를 신으로 높이는 일은 흔하다.

⑩ 강동에 단군총이 있다는 언설은 믿을 수 없다.

---

108 『東史綱目』 附錄上, 「考異」, 483~486면.

⑪ 『동국통감』은 서거정 손으로 한 것으로 알려지고 있으나, 사론은 모두 최부의 작이다.

⑫ 단군이 기자를 피해 장당경藏唐京으로 갔다는 것은 믿을 수 없다. 단군(후손)이 죽은 뒤 196년에 기자가 동봉東封되었다.

⑬ 환인제석桓因帝釋은 『법화경法華經』에 나오는 것으로 실존인물이 아니다.[109]

⑭ 어떤 이(이익－필자)는 최초의 국호가 '단檀'이었다고 주장하나, 단군 때의 국호는 '조선'이다(『위서魏書』에 의거).[110]

⑮ '조선'이라는 칭호는 i) 조선潮仙의 강에서 유래했다는 설(『사기색은』), ii) 東表日出之地說(『여지승람輿地勝覽』), iii) 日鮮明說(김성일金誠一), iv) 선비산설鮮卑山說(이익) 등이 있으나 모두가 합당하지 않다.[111]

(2) 기자조선에 관한 것[112]

① 『동국통감』에서 삼조선을 칭한 것은 잘못이다. 위만은 참국이므로 빼고, 단군과 기자를 각각 전조선 · 후조선으로 칭하는 것이 옳다.

② 기자의 이름은 서여胥餘(『사기』) · 수유須臾(유종원柳宗元의 「기자비주箕子碑註」)의 양설이 있으나 전자가 맞다.

③ 기자는 주紂의 음일淫佚을 간諫하다가 피수被囚되었으며, 조선에 봉해진 것은 『경세서經世書』의 성왕 무자년이 잘못이고, 『통감』 전편의 무왕 기묘설이 맞는다.

109 위의 책, 附錄上, 「怪說辨證」, 528면.

110 위의 책, 附錄上, 「雜說」, 542면.

111 위와 같음.

112 위의 책, 附錄上, 「考異」, 487~493면.

④ 『사기』에서 무왕이 기자를 조선에 봉했다는 설은 잘못이다. 『서경』 홍범 대전에는 '走之朝鮮', 『한서』에는 '去之朝鮮', 『후한서』에는 '避之朝鮮'으로 되어 있고, 임상덕 · 장유張維도 이를 따르고 있다. 무왕이 뒤에 봉했으나 불신不臣했다.

⑤ 이익은 '我罔爲臣僕'을 반어법으로 해석하여 기자가 무왕에게 신복臣僕했음을 인정했으나, 안정복은 이 설을 따르지 않는다.

⑥ 『고려사』 지리지에는 기자가 평양에 축성했다는 기록이 있는데 이를 따른다.

⑦ 『천운소통天運紹統』의 작자 함허자涵虛子는 중국 도사가 아니라 우리나라 승려로서 이름은 수이守伊 · 득도得道이며, 『금강경오가해金剛經五家解』를 지었다.

⑧ 기자8조교는 홍범8정과 같으며, 그중의 3조는 한의 약법삼장約法三章과 같다. 이수광李睟光이 8조교를 5륜倫과 연결시킨 것은 잘못이다.

⑨ 기자가 평양에 실시한 정전제는 정자형井字形이 아니라 은제殷制에 따른 전자형田字形이라고 보는 한백겸설이 옳다.[113]

⑩ 기자가 조주朝周하지 않았다는 설이 있으나 『죽서기년』 · 『사기』 · 『강감綱鑑』 등의 기록을 따라 조주를 인정한다. 다만 주는 기자를 객례客禮로 대접했다.

⑪ 홍만종의 『총목』에는 『진단통기震檀通紀』를 인용하여 기자의 수를 93년이라 했는데 이를 따르기로 한다.

⑫ 양국梁國 몽현蒙縣에 기자총이 있다는 기록(『사기』 색은)이 있으나 『일통지一統志』 · 『고려사』에 의거하여 평양 북쪽 토산兎山으로 보는 것이 옳다.

⑬ 연백燕伯이 칭왕한 해는 『경세서보편』에 주周 현왕顯王 36년이라 했으나, 『자치통감』에 의거하여 현왕 46년으로 보는 것이 옳다.

---

113 위의 책, 附錄上, 「雜說」, 545~546면.

⑭ 조선후가 칭왕한 것은 연백을 벌伐한 뒤의 일일 것이라고 보는 『위략魏略』의 기사를 따른다.

⑮ 왕부王否가 죽고 준準이 왕이 된 해는 『위략』의 설이 잘못이고, 최부의 사론과 『경세서보편』을 따라 진시황 36년으로 보는 것이 옳다.

⑯ 『위략』에는 진개秦開가 조선 서방 2,000여 리를 공취攻取했다고 되어 있으나, 『자치통감』·『기자실기』를 따라 1,000여 리로 바꾼다.

⑰ 위만이 내강來降한 해는 혜제惠帝 원년설元年說(보편)이 있으나 『자치통감』의 한漢 고제高帝 12년설을 따른다.

⑱ 위만이 반叛한 해는 정미년설(보편)이 있으나 『동국통감』의 한 혜제 2년설을 따른다.

⑲ 『여지승람』에서는 백이·숙제가 해주 수양산에서 평양의 기자를 방문했다는 설을 부인하고 있으나, 오운 『동사찬요』의 설에 따라 백이·숙제의 기자 방문을 인정하는 것이 옳다.[114]

⑳ 공자가 효자로 칭찬한 대련大連·소련小連은 비록 중토中土에 살았지만 기씨지민箕氏之民으로 보는 것이 옳다.[115]

(3) 삼한·예·이부·부여에 관한 것[116]

① 금마군金馬郡에 있는 무강왕릉武康王陵은 기준의 무덤인데, 『여지승람』에서 무왕武王으로 해석한 것은 잘못이다.

② 『덕양기씨보德陽奇氏譜』에 기자조선 41세 왕명과 마한 8세 왕명이 보이고, 마한 원왕元王의 세 아들이 각각 선우씨鮮于氏(우평友平·고구려), 기씨奇氏(우

114 위의 책, 附錄上, 「雜說」, 549~550면.

115 위의 책, 附錄上, 「雜說」, 550면.

116 위의 책, 附錄上, 「考異」, 492~495면.

성友誠, 백제), 한씨韓氏(우량友諒, 신라)로 되었다고 하나 이는 믿을 수 없다. 이정귀의 「기자숭인전비箕子崇仁殿碑」에는 기자 후예 3인이 뒤에 한씨(친親)·기씨(평平)·선우씨(양諒)가 되었다고 하고, 『통고通考』에는 기준의 자子 우친友親이 한씨를 모성冒姓했다고 한다.

③ 『후한서』에는 변한弁韓이라 되어 있으나 『동사』에는 변한卞韓으로 되어 있다. 동사를 따른다.

④ 최치원崔致遠에 의하면 진한은 연인燕人 피지자避之者인데, 연燕은 뒤에 진秦에 의해서 통일되었기 때문에 진한이라고도 한다.

⑤ 『동국통감』에서 마한이 140여 년 만에 망했다고 쓴 것은 202년의 잘못이다.

⑥ 예濊는 예穢·예獩·예薉 등 여러 칭호가 있으나 예濊를 따른다. 창해滄海는 창해倉海·창해蒼海 등이 있으나 창해滄海를 따른다.

⑦ 이계상참尼谿相參은 안사고顔師古의 설을 따라 1인으로 해석하는 것이 옳다.

⑧ 『삼국유사』와 『동국통감』에서 한이 2부를 두었다고 했으나, 이를 입증할 만한 중국 측 자료가 없다.

⑨ 고구려라는 이름은 한 무제 이전에도 이미 있었다.

⑩ 『후한서』에서 동명東明을 부여왕夫餘王이라고 한 것은 고구려 시조 주몽朱蒙을 잘못 쓴 것이다. 『북사北史』에서 주몽을 고구려 시조, 동명을 백제 시조로 쓴 것도 잘못이다.

(4) 삼국시대에 관한 것[117](신라)

① 신라의 국명은 본래 사로斯盧인데, 『삼국사기』에서 국호를 서나벌徐那伐로

---

117 위의 책, 附錄上, 「考異」, 492~518면.

적은 것은 왕도王都의 뜻이 전와된 것이다.

② 『삼국사기』에서 시조 5년에 알영이 태어나 이해에 비妃가 된 것으로 쓴 것은 잘못이다. 『유사』에서 왕과 비가 동세同歲에 태어나 5년에 비가 되었다고 한 것이 옳다.

③ 갈문왕葛文王은 비후妃后의 부父를 칭하는 것으로 본종정통本宗正統을 마립간麻立干으로 칭한 것과 대비된다. 갈葛과 마麻는 이성과 동성을 구별하는 질대絰帶이다.

④ 이사금尼師今은 이빨을 의미하여 연장자를 가리킨다.

⑤ 아달라왕阿達羅王 4년에 영오迎烏 · 세오사細烏事 연일현延日縣을 설치했다는 『유사』의 기록은 잘못이다. 고려 초에 연일현을 처음으로 설치했다.

⑥ 왜 여왕 비미호卑彌呼(신공神功)가 신라에 내빙來聘한 것은 『삼국사기』에 아달라왕 20년으로 되어 있으나, 『해동제국기海東諸國記』에는 한漢 헌제獻帝 건안建安 6년(나해奈解 6년)에 여왕이 된 것으로 되어 있다. 『통전』의 기사를 참고할 때 『삼국사기』 기록이 맞다.

⑦ 신라의 장빙藏氷은 『유사』에 유리왕儒理王으로 되어 있으나 『삼국사기』의 지증왕 6년이 맞다.

⑧ 『유사』에 박제상이 복호卜好와 더불어 고구려에 들어가다가 돌아오지 못했다는 기록은 『삼국사기』와 맞지 않는다. 후자를 좇는다.

⑨ 『삼국사기』에 눌지왕 때 양梁이 견사遣使했다고 쓴 것은 잘못이다. 이때는 진晋 · 송宋 시대에 해당한다.

⑩ 법흥왕 15년에 불교가 처음 시행된 것은 사실이나, 소지왕炤智王 때도 분수승焚修僧이 있었고 자비慈悲 · 소지炤智 등의 이름도 불어佛語이다.

⑪ 화랑의 시작에 대한 기사는 『삼국사기』에 진흥왕 37년으로, 『유사』에 진흥왕 즉위년으로 차이가 있는데, 『통감』은 『유사』에 의거해서 개괄적으로 서술했다.

⑫ 진흥왕순수비眞興王巡狩碑가 황초령黃草嶺과 단천端川에 있는 것으로 보아서 신라의 영토가 이곳에까지 미친 것을 알 수 있다.

⑬ 『유사』에는 선덕여왕 때 당이 목단화도牧丹花圖를 보냈다고 되어 있으나, 『삼국사기』에는 진평왕 때 일로 되어 있다. 『삼국사기』 쪽을 좇는다.

⑭ 김유신金分信의 천관기사天官妓事는 『삼국사기』에 없으나 『승람勝覽』과 『파한집』에 의거해서 첨입한다.

⑮ 『통고』에는 당 태종의 소릉昭陵에 진덕여왕이 배장陪葬되었다고 되어 있으나, 정관貞觀 23년은 진덕眞德 3년에 해당하고 또 왕녀가 중국에 간 사실이 없으므로 착오로 보아야 한다.

⑯ 『동국통감』에 탐라耽羅가 신라 경덕왕 때 탐진耽津으로 개명되었다고 했으나, 『북사』에 의하면 탐라라는 이름은 백제에 있었고 또 백제에 예속되어 있었다.

⑰ 『삼국사기』에는 진지왕眞智王이 4년에 훙薨했다고 되어 있으나, 『유사』에는 4년에 국인이 폐廢했다고 썼다. 『삼국사기』를 좇는다.

⑱ 『삼국사기』에는 문무왕 3년에 손인사孫仁師가 40만 명의 해병을 이끌고 덕물도德勿島에 온 것으로 되어 있으나, 『자치통감』에는 7천 명으로 되어 있다. 후자를 좇는다.

⑲ 신라통일의 시말은 문무왕이 설인귀薛仁貴에게 보낸 편지가 가장 상세하여 이 기사를 취했다.

⑳ 『북사』에 신라 왕이 백제인이고, 백제에 부용附庸하고 가라국迦羅國에 부용했다고 한 것을 잘못이다.

㉑ 『최치원집』에 의하면 대조영은 처음에 신라에 귀부歸附하여 5품 대아찬大阿飡을 받았다고 한다.

㉒ 『삼국사기』에는 성덕왕과 그 아들 효성왕이 이찬伊飡 순원順元의 녀女를 비로 맞이했다고 하는데, 『삼국유사』에는 효성왕의 비가 각간角干 진종眞宗의 녀女라고 한다. 『유사』 쪽이 옳다.

㉓ 원성왕元聖王의 즉위과정에 대해 『삼국사기』에서는 중의추대衆議推戴로, 『승람』에서는 겁중자립劫衆自立으로 달리 서술하고 있는데, 후자가 사실에 맞는 것 같다.

㉔ 『고기古記』에 주원周元과 경신敬信이 동모同母형제로서 그 모친이 연화부인蓮花夫人이라고 했는데 이는 잘못이다. 경신은 연화부인의 아들이 아니다.

㉕ 『삼국사기』에는 김헌창金憲昌이 완산에서 반란을 일으켰을 때, 장사長史 최웅崔雄과 조아찬助阿湌의 아들 영충令忠 등이 고변하여 왕은 최웅에게 속함군태수速含郡太守를 주었다고 되어 있다. 그런데 『통감』에서 영충의 벼슬이 속함군태수인 것처럼 쓴 것은 잘못이다.

㉖ 『삼국사기』의 「신라본기新羅本紀」에는 헌덕왕憲德王 14년에 김충공金忠恭의 녀(장화章和)를 태자비로 납納했다고 했고, 장화졸기章和卒記에는 장화가 소성왕昭聖王의 녀라 되어 있어 앞뒤가 안 맞는다. 『통감』에는 장화를 소성왕의 녀라 하고 다시 장화를 충공의 녀라 하여 또한 앞뒤가 안 맞는다.

㉗ 『삼국사기』에는 문성왕文聖王 3년 7월에 당이 왕비 박씨를 책봉했다 하고, 다시 4년 3월에 이찬 위흔魏昕의 녀를 비로 납했다고 썼다. 먼저 비가 죽은 뒤에 갱납更納한 것인지 불명하다.

㉘ 『삼국사기』 악지樂志에 윤홍允興을 귀금선생貴金先生에게 보내 금琴을 배우게 했다고 했는데, 어느 왕 때인지를 밝히지 않았다. 『승람』에서는 경덕왕 때라 했고, 『동사찬요』에서는 진흥왕 때 우륵于勒 밑에 적었다. 그러나 윤홍은 경문왕 때 사람이다.

㉙ 『최치원집』에는 헌강왕憲康王 8년에 김직량金直諒의 입당入唐 사실과 헌덕왕 9년 왕자 장렴張廉의 조당朝唐 사실이 적혀 있는데 『삼국사기』에는 빠졌다.

㉚ 『최치원집』에는 진성여왕 11년에 추증을 요청한 표문이 있는데 『삼국사기』에는 누락되었다.

㉛ 『삼국사기』에는 신라 말에 왕봉규王逢規가 후당後唐에 견사헌물遣使獻物했다고 되어 있는데, 왕봉규라는 인물의 시종을 알 수 없어 이를 생략한다.

㉜ 『삼국유사』에는 이비가기李碑家記와 고기古記 그리고 『삼국사기』 본전本傳을 인용하여 견훤전을 쓰고 있는데, 『삼국사기』 내용과 다른 것으로 보아 별본이 있는 것 같다. 또 이비가기에는 『삼국사기』에 없는 기사

가 있다.

㉝ 『승람』에 실린 도선사道詵事와 최유청崔惟淸이 쓴 도선비道詵碑의 내용이 다르다. 양자를 모두 참고하는 것이 좋다.

㉞ 제사諸史에 모두 경명왕 7년에 고려에 견사했다고 한 것은 후당을 잘못 쓴 것이다.

㉟ 『고려사』에 상주인尙州人 아자개阿慈盖가 견사내부遣史來附했다고 한 내용에서 아자개는 견훤의 아버지 아자개와 다른 사람인 것 같다.

㊱ 발해가 망한 해는 『고려사』에 태조 8년으로 되어 있고 『자치통감강목資治通鑑綱目』에는 당 명종 천성天成 원년으로 되어 있다. 『강목』의 기록을 좇는다.

(5) 삼국시대에 관한 것[118](고구려)

① 고구려가 부여에서 출出한 것은 사실이지만 해모수와 금와에 관한 설화는 황당무계하다.

② 『북사』에 나오는 주몽의 아들 시여해始閭諧는 『삼국사기』에 나오는 유리類利와 동일인물이다.

③ 동명왕 때는 평양이 낙랑군치이므로 그의 무덤이 평양에 있다는 설은 잘못이다. 『광여기廣輿記』에는 요동 복주復州 명왕산明王山에 동명왕 무덤이 있다고 하는데 그곳이 초장지初葬地이고, 뒤에 중화中和의 용산에 이장했다.

④ 『북사』에 동명이 부여 국왕이 되었다고 한 것은 잘못이다. 『삼국사기』에 비연丕延이라고 쓴 것이 맞다.

⑤ 『한서』에서 왕망王莽이 엄우嚴尤를 시켜 고구려 후추侯騶를 죽였다(유리왕

118 위와 같음.

31년)고 했다.

⑥ 『삼국사기』에서 무휼無恤이 11세에 태자가 되었다고 한 것은 믿을 수 없다. 부여군을 격파할 때 10세라는 것은 사실일 수 없기 때문이다.

⑦ 『삼국사기』에 실린 호동好童과 낙랑樂浪 최리崔理의 딸에 얽힌 자명고自鳴鼓 이야기는 믿을 수 없다. 그러나 주설은 타당하다.

⑧ 『삼국사기』와 『삼국유사』에서 한이 낙랑을 취하여 살수薩水 이남을 한에 귀속시켰다고 쓴 것은 옳다. 『통감』에서 남을 북으로 바꾼 것은 졸본卒本을 성천으로 해석한 데서 생긴 착오다.

⑨ 『삼국사기』와 『통감』에서 대가大加라는 관명을 대가大家로 쓴 것은 잘못이다. 『후한서』의 대가大加가 옳다.

⑩ 『자치통감』에서 고구려 태조 59년에 한 현도玄菟를 침侵했다고 썼는데, 『후한서』와 『삼국사기』에서는 궁宮이 견사구속현도遣使求屬玄菟라고 썼다. 전자를 따르기로 한다.

⑪ 『후한서』에는 태조왕 69년에 고구려 왕 궁宮이 죽고 아들 수성遂成이 즉위했다고 했는데, 『삼국사기』에서는 태조왕 94년으로 되어 있다. 후자를 좇는다.

⑫ 『삼국사기』에는 고구려가 한 건녕建寧 원년(신대왕新大王 4년)에 현도에 속하기를 걸乞하였다고 했으나, 『후한서』와 『자치통감』은 건녕 2년으로 되어 있다. 후자가 맞는다.

⑬ 『삼국사기』에는 신대왕 8년에 한이 대병大兵으로 우리나라에 들어왔다고 했다. 『동국통감』에서는 현도태수 경림耿臨이 들어왔다고 했는데, 이는 무엇에 근거한 자료인지 알 수 없다.

⑭ 『통전』의 발기拔奇에 관한 기사는 산상왕山上王의 형인 발기發岐를 혼동하여 잘못 쓴 것인데, 『삼국사기』와 『동국통감』이 이를 인용한 것은 잘못이다.

⑮ 『북사』에 의하면 산상왕 연우延優가 일명 위궁位宮이라고 하는데, 『삼국사기』가 이를 취했으나 사실이 의심스럽다.

⑯ 『위지魏志』에는 낙랑태수 유무劉茂와 대방태수 궁준弓遵이 동천왕東川王 19년에 불내예不耐濊를 벌伐했다고 했는데, 『삼국사기』와 『동국통감』에서는 삭방朔方태수 왕준王遵이 벌했다고 되어 있다. 전자가 옳은 것 같다.

⑰ 『삼국사기』에는 동천왕 20년에 득래得來가 왕에게 간했다고 되어 있으나 『자치통감』은 그 일이 위궁位宮 때라고 되어 있다. 전자가 옳다.

⑱ 『동국통감』에는 중천왕中川王이 관나貫那를 죽였다고 하여 마치 관나가 이름인 것처럼 쓰고 있으나, 관나는 부명部名이지 인명이 아니다.

⑲ 『당서唐書』에서 연개소문淵蓋蘇文을 전개소문泉蓋蘇文이라 한 것은 당 고조의 이름을 피한 것이다. 『당서』에서는 또한 성이 개蓋, 이름이 금金, 직職이 소문蘇文이라고도 했다.

⑳ 『삼국사기』에는 유공권柳公權 소설을 인용하여 당 태종이 고장왕高藏王 4년에 고구려를 침벌했을 때 고구려와 말갈의 연합군이 40리에 뻗친 것을 보고 구색懼色을 보였다고 썼는데, 『당서』와 『자치통감』에 그런 언급이 없는 것은 기휘한 것으로 보인다.

㉑ 당 태종이 안시성을 공격하다가 유시流矢에 눈을 맞은 사실은 세전하고 있으나, 중국사와 동사에 다 같이 기록이 없다. 그러나 『자치통감』에 '태종이 병옹病癰으로 돌아왔다'고 한 것은 바로 유시로 다친 것을 말하는 것이다.

㉒ 안시성주의 이름은 「태종동정기太宗東征記」와 김하담金荷潭의 『파적록破寂錄』, 그리고 『경세서보편』에 양만춘梁萬春으로 보인다.

㉓ 『삼국사기』에는 명진名振 등이 내공불극來攻不克했다고 썼으나, 『자치통감』에는 명진이 고구려를 파했다고 썼다. 후자를 좇는다.

㉔ 고구려 안승安勝은 '왕서자王庶子'설이 있고 '외손外孫'설이 있는데, 『동국통감』은 외손설을 따르고, 『여지승람』과 『동사찬요』는 종실설宗室說을 따랐다. 왕서자설을 따르기로 한다.

(6) 삼국시대에 관한 것[119](백제)

① 『삼국사기』 「백제본기」에는 온조溫祚와 비류沸流 형제의 부가 주몽으로 되어 있고 또 비류의 부가 우태優台로도 되어 있다. 이는 모두 『고기』에 의거해서 쓴 것인데, 우태설이 맞는다. 또 『통전』·『책부원귀冊府元龜』·『북사』·『수서隋書』 등에도 우태를 시조로 모셨다는 기록이 있다. 백제의 동명묘東明廟는 별묘別廟로 보아야 한다.

② 『북사』와 『통전』에서 백제가 시조 구태묘仇台廟를 세웠다고 한 것은 우태를 잘못 쓴 것이다. 우태는 부여 왕이다.

③ 『남사南史』에 백제가 요서遼西의 진평晋平 2군을 점거했다고 한 것과, 『자치통감』에 부여가 백제의 침략을 받았다고 쓴 것은 모두 잘못이다.

④ 『삼국사기』의 십제十濟·백제 명칭의 유래에 대한 설명과 『북사』의 백제 명칭 유래에 대한 설명은 모두 믿을 수 없다. 『후한서』에 삼한 78국 중 백제가 있었고, 『삼국지』에 마한 54국 중 백제가 있었다고 한 것에서 백제가 유래했다고 보는 것이 옳다.

⑤ 『동국통감』에는 사반沙伴이 어질지 못해 고이古爾를 왕으로 삼았다고 했는데, 『삼국사기』에는 장자 사반이 어렸기 때문에 초고왕肖古王의 동생 고이로 세웠다고 되었다. 후자를 따르기로 한다.

⑥ 『삼국사기』와 『동국통감』에는 책계왕責稽王 13년에 한과 맥인貊人이 백제를 침했다고 했는데, 이때는 한이 이미 망했던 시기로서 한을 진晋으로 바꾸는 것이 옳다.

⑦ 『삼국유사』에는 성왕 32년에 백제가 신라의 진성을 침하여 인마를 약탈했다고 했는데, 『삼국사기』와는 내용이 달라 취하지 않는다.

⑧ 『삼국유사』에는 무왕의 비 선화부인善花夫人이 신라 진평왕의 딸이라 하

---

119 위와 같음.

고 왕명이 서동薯童이라 했는데, 『삼국사기』에 없을 뿐 아니라 말이 불경하여 취하지 않는다.

⑨ 『동국통감』에는 탐라가 처음 신라에 예속되었던 것처럼 썼으나, 『북사』에는 탐라가 백제에 부용했던 것으로 되어 있다. 후자가 옳다.

⑩ 『삼국사기』에는 동성왕 23년에 백제대성인으로 '백가苩加'가 나오는데 『동국통감』에서는 '작가芍加'로 되어 있다. 『북사』에도 백씨苩氏로 되어 있는 것으로 보아 전자가 옳다.

⑪ 『남사』에 경慶 → 모도牟都 → 모대牟大의 계승관계를 적었는데, 『삼국사기』에는 경(개로왕) → 문주文周 → 삼근三斤 → 모대(동성왕東城王)로 되어 있다. 『남사』가 틀렸다. 한편, 『남제서南齊書』에는 모대가 모도의 손자로 되어 있는데 이것도 잘못이다.

⑫ 『통전』·『당서』·『삼국사기』·『동국통감』에서는 다 같이 백제가 망하고 그 땅이 신라·발해·말갈에 의해 분할되었다고 했는데, 발해와 말갈이 백제땅을 분할했다고 한 것은 지리상으로 보아 잘못이다.

⑬ 『해동기海東記』에 의하면, 온조의 후예가 일본에 들어가 다다양씨多多良氏가 되었고 대대로 대내전大內殿이라 불렀다. 『간양록看羊錄』에는 백제가 망한 후 임정태자臨政太子가 일본에 들어가 대내좌경대부大內左京大夫가 되고 그 후예가 다다양씨가 되었다고 한다.

(7) 고려시대에 관한 것[120]

① 『고려사』 윤소종전과 김자수전金子粹傳에 의하면 태사太師 최응崔凝이 통일한 뒤에 태조에게 불법佛法 제거를 요청했다고 하였는데, 최응전을 보면 그는 태사가 된 일이 없고 또 통삼統三 이전에 죽었다.

120 위의 책, 附錄上, 「考異」, 518~526면.

② 유계의 『여사제강』에는, 태조 17년에 참지정사參知政事 왕유王儒가 졸했다고 했는데 『고려사』 왕유전에는 졸년이 없고, 또 참지정사라는 관명도 당시에는 없었다

③ 『여사제강』에는 덕종 3년에 왕제王娣 김씨를 비로 납했다고 되어 있는데, 『고려』 본전에는 덕종의 왕후 김씨가 현종 원혜태후元惠太后의 녀로 되어 있다. 『제강』이 잘못된 것이다.

④ 『제강』에는 『송사』를 인용하여 예종 12년에 포마蒲馬를 금에 보내 보주保州를 요청했다고 했는데, 보주는 지금의 의주로서 본래 고려 땅이므로 『송사』의 기사가 잘못되었다.

⑤ 『고려사』와 『동국통감』에서는 다 같이 우가하亏哥下를 김원수金元帥로 적었는데, 『여사제강』과 『동국통감』에서 우가하를 동진원수東眞元帥로 적은 것은 잘못이다.

⑥ 『원사元史』에는 고종 19년 8월에 몽고가 내침한 사실이 기록되어 있으나 『고려사』에는 없다. 『여사제강』은 『원사』의 기록을 취했는데, 이를 따르기로 한다.

⑦ 충숙왕 3년 의비懿妃의 죽음에 대한 서술이 『고려사』 김이전金怡傳과 세가世家가 각각 다르다. 세가를 토대로 김이전을 약취하기로 한다.

⑧ 『고려사』에는 명순비明順妃가 충렬왕 수비首妃 정화궁주貞和宮主의 딸로 되어 있는데 『여사제강』에서 정화궁주로 쓴 것은 잘못이다.

⑨ 최성지崔誠之의 토번호행土蕃扈行에 대해 『고려사』와 성지묘지誠之墓誌(이제현찬)의 내용이 다른데 전자를 따르기로 한다.

⑩ 충숙왕 3년에 졸한 순비順妃 허씨許氏는 허공許珙의 녀임에도 『여사제강』에서 홍규洪奎의 녀라고 쓴 것은 잘못이다.

⑪ 공민왕 8년 이암李嵒이 황주로 퇴차退次한 사실에 관해 『고려사』와 『목은집牧隱集』의 내용이 다른데, 『고려사』가 진실에 가깝다.

⑫ 환조桓祖의 홍년에 관해 『고려사』 세가와 『선원록璿源錄』의 기록이 서로 다른데, 『고려사』 기록이 틀렸다.

⑬ 공민왕 17년 11월에 원이 망하고 원의 여러 오왕吳王들이 할거했는데, 이에 정월에 오왕의 하나인 명 태조가 즉위했다. 그런데 『여사제강』은 이를 모르고 명 태조가 아직도 오왕의 위에 있었다고 쓴 것은 잘못이다.

⑭ 『황명통기皇明通紀』와 『오학편吾學編』에는 명의 여진이 고려를 정벌하다가 신우辛禑 3년에 피집被執되어 불굴사不屈死한 것으로 되어 있으나, 『고려사』에는 그런 기사가 없다. 우왕 때에는 명나라가 세세하게 고려의 잘못을 따지던 때인데도 그러한 조문詔文이 없는 것을 보면 『황명통기』가 잘못된 것이다.

⑮ 『고려사』 「이색전」에는, 이색이 창왕 때 명에 가기 전에 이성계의 일자一子가 종행하기를 요청했다고 썼는데, 「건원릉비健元陵碑」와 「제릉비齊陵碑」에는 이색이 이성계와 동행하기를 요청했으나 이성계가 그 의도를 의심하여 이를 거절했다고 썼다. 후자가 당시의 사정을 정확하게 알리는 것이다.

⑯ 창왕 때 왜구가 철주鐵州에 쳐들어온 기사가 『고려사』에는 없으나 『양촌집陽村集』에는 보인다. 따라서 이를 보입補入한다.

⑰ 창왕 때 윤승순이 명에서 돌아온 사실에 대하여 『고려사』에는 기록이 없으나 『양촌집』에는 자세하다. 따라서 이를 채입採入한다.

⑱ 윤근수尹根壽의 『월정집月汀集』과 오운의 『동사찬요』에는 공양왕 4년에 김주金澍가 예의판서禮儀判書로서 명에 갔다가 돌아오는 길에 조선이 개국했다는 소식을 듣고 도강到江한 날을 기일로 삼으라고 부인에게 편지를 보냈다고 되어 있다. 그런데 공양왕 4년 6월에 보낸 하절사賀節使 명단에는 김주의 이름이 없을 뿐 아니라 예의판서라는 관명도 공양왕 때 없었다. 이는 김주 후손이 꾸며낸 이야기로서 믿을 것이 못 된다.

⑲ 공민왕의 자제위子弟衛 설치나 궁예에 관한 기사는 태반이 사실과 다르다. 이는 홍윤洪倫배들이 공소로 한 말들로서 믿을 것이 아니다.

⑳ 『고려사』 「금의전琴儀傳」에서 금의를 최충헌에 대한 아첨꾼으로 서술한 것은 그가 너무 강직해서 원망을 많이 샀기 때문이다.

7) 『동사강목』에서의 지리고증

『동사강목』 부록의 「지리고」에서는 59항에 걸치는 역사적 지명의 위치를 고증하고 있다. 원래 「지리고」는 『동사강목』 편찬과정상 가장 먼저 완성한 것인데, 이는 ① 독사자讀史者의 선결과제가 강역의 확정이라는 것과, ② 『삼국사기』와 『고려사』에서의 지리고증이 잘못된 것이 많은 데 대한 불만이 작용한 것이었다. 이제 시대별로 그 요지를 소개하면 다음과 같다.

(1) 고조선의 강역[121]

① 단군의 강역은 북으로는 요지遼地가 반이고, 단군의 후예인 부여는 요동 이북 천여 리에 있었으며 단군의 남쪽 강역은 한강이 경계다.

② 태백산은 『삼국유사』·『고려사』·『여지승람』에서 묘향산으로 보았다. 그러나 『삼국사기』 최치원전에 의하면 발해가 나라를 세웠던 태백산은 백두산(장백산)이고 이곳이 단군이 하강한 곳이다.

③ 『유사』에서는 아사달阿斯達 = 백악白岳이 백주白州(백천白川)에 있다 했고, 『고려사』 김위탄전金謂磾傳에는 백아강白牙岡이 평양이라 했고, 지리지에서는 아사달이 문화구월산文化九月山이라 했다. '아사阿斯'는 방언으로 '아홉'이며, '달達'은 '달'에 가까우므로 아사달 = 구월산설이 옳다.

④ 『한서』·『당서』 배구裵矩, 『요사遼史』 지리지, 『요동지』·『성경지』·『일통지』 등의 자료에 모두 요동이 기자봉지 혹은 조선 땅으로 되어 있다. 특히 『성경지』에 의하면 심양봉천부와 요서의 의주·광녕 사이가 모두 조선땅이라 했고, 윤근수의 『월정집』에는 광녕성 북쪽 3리에 기자정과 기자묘가 있다 한다. 그러나 연말에 기자조선은 서쪽 천여 리를 잃고 만

121 위의 책, 附錄下, 「地理考」, 558~560면.

심한滿潘汗을 경계로 삼았다.

⑤ 위만조선은 서북으로는 만심한, 동쪽으로는 진번眞番·임둔臨屯을 항복시키고, 서쪽으로는 대해를 건너 청제와 통했으며, 남쪽으로는 한강과 접했다.

(2) 삼한·사군의 강역[122]

① 마한은 한강 이남의 경기·충청·전라도 땅이다.

② 진한은 경상도 낙동강 이동의 땅이며 마한에 복속했다.

③ 변한은 경상도 낙동강 이서의 땅으로, 서남으로는 지리산을 넘어 전라도 동남 땅에 이르렀으며, 마한에 복속했다가 뒤에 신라에 망했다. 또 5가야로 나뉘고, 지리산 서쪽 땅은 백제로 들어갔다.

④ 삼한의 위치에 관한 자료로서는『후한서』·『북사』·『신당서』·『구당서』가 있고, 우리나라에서는 최치원설, 김경숙金敬叔설, 권근설, 한백겸설이 있는데, 한백겸설이 정론이다.

⑤ 낙랑군의 치소는 평양이며 속현은 25, 호는 62,822, 구는 406,748이다. 후한後漢 소제昭帝 때 영동 7현에 동부도위를 두었다가 광무제 때 이를 포기했으며, 순제順帝 때의 속현은 18, 호는 61,492, 구는 257,050이다. 위진魏晋 시時에는 낙랑의 속현이 6, 대방(경기·황해) 속현이 7이었으나 빼앗았다 잃었다 하여 이는 판도에 그쳤으며, 평양은 이미 고구려의 수도가 되었다.『성경지』에 낙랑군치가 봉천부 동남에 있다고 한 것은 모용외慕容廆가 요동에 낙랑군을 모칭한 것에 불과하다. 고구려 대무신왕大武神王 때(광무제에 해당) 낙랑왕 최리를 항복시켰다고 한 것은, 낙랑이 이미 한군현이 아니라 독립국처럼 되었기 때문에 왕이라 부른 것이다. 광무제는

122 위의 책, 附錄下,「地理考」, 560~581면.

다시 낙랑을 속하여 살수 이남을 군현으로 삼았다.

⑥ 임둔은 『고려사』와 『여지승람』에서 강릉(동이東暆)이며 이곳이 예濊이고 창해군滄海郡이었다가 사군의 하나가 되었다. 임둔의 영역은 함경도와 강원도 영동지방이며, 인구는 28만이다. 후한 소제 때 낙랑에 포함되어 동부도부가 되었다가 광무제 때 포기했다.

⑦ 현도는 구이九夷 중 현이玄夷이며, 옛날의 동옥저 땅이었다가 뒤에 고구려로 옮겼다.

⑧ 진번의 치소인 삽현霅縣은 지금의 영고탑 부근이며 속현은 15이다.

⑨ 『삼국유사』·『동국통감』에서는 평주도독이 있다 하였고, 『여지승람』에서는 평산부를 평주로 해석했다. 그러나 평주는 지금의 영평부요 요동에 있었다.

⑩ 『삼국유사』와 『동국승람』에는 이부가 있는 듯이 썼으나 중국사에는 보이지 않는다.

⑪ 대방군은 낙랑의 속현으로서 요동에 있는 것으로 오해하는 경우가 있으나 실은 평양 이남, 한강 이북의 경기·황해 연해 땅이다. 당이 백제를 멸하고 나서 유인궤劉仁軌를 대방주자사로 임명한 것은 구호舊號를 빌린 것으로 한이 설치한 대방은 아니다.

⑫ 『삼국유사』·『고려사』·『여지승람』에서 당이 남원에 남대방을 설치했다고 쓴 것은 잘못이며, 지금의 나주 회진현이 맞다.

⑬ 요동은 본래 동이의 땅이었는데, 순 임금 때 요하 서쪽을 유주幽州로, 요하 동쪽을 영주營州로 만들었다. 하夏·상商 때는 구이가 점점 번성하여 유영幽營의 땅이 다시 동이땅이 되었고, 주周 초에는 기자가 요서의 의주와 광녕, 그리고 요동을 영토로 차지했다.

기자조선 말기에 연이 서쪽 천 리를 차지해 요동군을 두었고, 한 무제 때 사군을 두었다. 위진시대에는 고구려가 차지하고, 뒤에는 발해와 요로 넘어갔다. 고려 때는 태조와 현종이 요동을 수복하려 했으나 실패했고, 조선 태조 또한 요심遼瀋 구강舊疆을 수복하려 했으나 뜻을 이루지 못했다. 요동을 수복하지 못하고 압록강을 일대철한一大鐵限으로 삼아 마침내 천하의 약국이 된 것은 서글픈 일이다.

⑭ 불내현과 화려현은 낙랑 동부에 있는 소위 영동 7현이다. 어떤 이는 화려현이 요계에 있다고 보고 있으나 이것은 잘못이다.

(3) 고조선 · 삼국 · 발해의 강역[123]

① 고구려현은 현도군치로서 그 위치는 요동에 있고, 그 이름은 한 무제 이전부터 있었다. 이는 주몽이 세운 고구려와는 일단 구별된다.

② 안시성은 『여지승람』에 용강현으로, 김시습金時習의 『관서록關西錄』에 안주로 각각 비정했으나 모두 잘못이다. 『삼국사기』에서 안시安市를 환도丸都로 본 것이다. 봉황성을 안시로 보는 것도 잘못이다. 『한서』와 『일통지』에는 각각 요동의 해역으로 되어 있다.

③ 패수浿水에 대해서는 ㉠ 평산의 저탄猪灘, ㉡ 평양의 대동강, ㉢ 의주의 압록강 등 소위 3패수설이 있어 왔고, 『요사』·『성경지』에서는 심양의 어니하淤泥河를 패수로 보았다. 그중에서 대동강=패수설이 가장 명백하다.

④ 열수列水는 한강이며, 열구列口는 강화도이다. 대동강을 열수로 보는 것은 잘못이다.

⑤ 대수帶水는 임진강이며, 한강을 대수로 보는 것은 잘못이다.

⑥ 마자수馬訾水는 압록강이며, 압록강을 패수로 본 오운의 설은 잘못이다.

⑦ 개마산은 백두산이다. 백두산은 태백산·백산 혹은 장백산이라고도 한다.

⑧ 예는 동이 고국으로 지금의 강릉이다. 그러나 원래는 요지에 있었다.

123 위의 책, 附錄下, 「地理考」, 581~615면.

⑨ 맥은 동이 고국으로 지금의 춘천이다. 그러나 옛날에는 맥이 요지에 살다가 뒤에 강원도로 옮겨 왔다.

⑩ 옥저는 셋이 있는바, 동옥저는 지금의 함경남도이고, 북옥저는 함경북도와 야인의 땅이며, 남옥저는 삼수三水·갑산甲山·위원渭原·강계江界 사이의 땅이다.

⑪ 부여는 지금의 개원현開原縣에 있으며 두막루국豆莫婁國으로도 불렀다.

⑫ 신라 초기의 강역에 들어갔던 여러 소국의 위치는 다음과 같다. 이서국伊西國(청도)·압량국押梁國(경산)·골화국骨火國(영천)·소문국召文國(상주)·창녕국昌寧國(안동)·장산국萇山國(동래)·음즙벌국音汁伐國(경주)·감문국甘文國(개령)·사벌국沙伐國(상주)·가락국駕洛國(김해)·대가야국大伽倻國(고령)·벽진碧珍가야국(성주)·아라阿那가야국(함안)·고령古寧가야국(함창).

통일신라의 강역은 북으로 덕원의 정천군을 경계로 하여 발해와 접했다.

⑬ 고구려는 지금의 요양 봉천부 흥경興京에 해당하는 졸본에서 일어나, 뒤에 국내성(이산理山 강북)과 환도성(국내성과 상접相接)으로 옮겼다가 평양에 정도定都했다.

양한·동진 시대에 고구려는 백두산 내외의 비류沸流·행인荇人·개마蓋馬·구다句茶 등 4국과 북옥저(6진 지역)·동옥저(함경남도)·부여·낙랑·대방·현도·요동 등지를 차례로 복속시켜 마침내는 요서에까지 이르렀다.

고구려 전성기의 남쪽 강역은 충청도의 동북 일대(직산·진천·청안·괴산·연풍·음성·충주·청풍·단양·제천·영춘)와 신라의 북방(청하·영덕·청송·진보영해·예안·봉화·영천·순흥·안동)까지 이르렀다.

고구려 제현諸縣의 위치는 다음과 같다. 정주(흥경계내)·정동현(흥경계내)·당산현(승덕현 서남)·상암현(승덕현 동남, 험독險瀆)·백애성(요양주 동쪽)·필사성(해성현)·대소둔(해성)·안시성(개평현 동북)·개모성(개평계)·개갈모성(개평지)·건안현(개평현 서남)·신성(영해현)·남소성(영해현)·목저성(영해현)·창암성(영해현)·막힐부(개원현 서북)·동산현(철령현)·영령현(철령현 남쪽)・경주(봉황성)・박작성(안평현)・오골성(봉황성 연해계)・대행성(미상)・부여성(개원현 서남)・노양산(평양성 동북)・대요수(요하)・소요수(혼하)・대량수(태자하)・마자수(압록강).

⑭ 백제의 온조가 첫 도읍한 위례성은 직산稷山이며, 뒤에 한산韓山(광주) 아래로 옮겼다. 전성기의 백제는 북으로 패하浿河(저탄)를 경계로 하여 고구려와 접했고, 남으로는 지리산을 경계로 신라와 접했다. 그러나 진주는 한때 백제의 거열성이었다.

⑮ 졸본은 발해의 졸빈부卒賓府로서 봉황성계 내에 있다. 졸본을 평안도 성천으로 본 통설은 잘못이다.

⑯ 국내성은 이산군 북쪽의 압록강 이북에 있는 올라성兀喇城이다. 『삼국사기』에서 국내성을 불내성이라고 본 것은 잘못이다.

⑰ 환도는 국내성과 상접된 지역으로서 강계・이산 등의 강북 땅이다. 『삼국사기』에서 안시를 환도로 본 것이나, 『지봉유설』에서 영변의 검산劍山을 환도로 본 것은 모두 잘못이다.

⑱ 비류수는 지금의 파저강婆猪江(동가강佟家江・염난수鹽難水)이며, 『고려사』와 『여지승람』에서 평안도 성천으로 본 것은 잘못이다.

⑲ 개마산은 태백산 혹은 백두산으로서 묘향산을 태백산으로 보는 것은 잘못이다. 행인국과 구다국은 모두 개마산 부근에 있는 나라다.

⑳ 황룡국은 졸본에 가까운 요동 동북에 있으며, 『고려사』와 『여지승람』에서 평안도 용강을 황룡국으로 비정한 것은 잘못이다.

㉑ 살수는 지금 안주의 청천강이다. 그러나 『삼국유사』에서 대동강을 살수로 본 것은 혹 그럴지도 모른다.

㉒ 임나국任那國은 충주이며, 휴인국休忍國과 주호국州胡國은 그 위치가 미상이다.

㉓ 말갈은 숙신肅愼・읍루挹婁(위魏)・물길勿吉(남북조南北朝)・말갈(수隋・당唐)・여진(오대五代 이후)으로 불려 왔으며, 7종의 부部가 있었다. 말갈은 부여 동북지방에 있었으나, 그 일부는 옥저와 예맥 사이에 있어 신라와 백제

를 자주 침략했다.

㉔ 발해의 강역은 『당서』를 위주로 하고 『성경지』를 참고해서 고증한다. 5경·15부·62주의 위치는 다음과 같이 비정된다.[124]

- 5경京
  - 상경 용천부－숙신 고지(혼동강 서쪽)－용·호·발 3주州
  - 중경 현덕부－(광녕·의주계)－노·현·철·탕·영·흥 6주
  - 동경 용원부－예맥 고지(봉황성)－경·염·목·하 4주
  - 남경 남해부－옥저 고지(해성현)－옥·청·초 3주
  - 서경 압록부－고구려 고지(압록강 상류)－신·환·풍·정 4주

- 15부府
  - 장령부－영길주계－하·하 2주
  - 부여부－개원현계－부·선 2주
  - 막힐부－개원현성 서북－막·고 2주
  - 정리부－읍루 고지(홍경계 내)－정·심 2주
  - 안변부－안·경 2주
  - 솔빈부－솔빈 고지(졸본)－화·익·건 3주
  - 동평부－불열 고지(개원동계)－이·몽·타·흑·비 5주
  - 철리부－철리 고지(승덕현계)－광·분·포·해·의·귀 6주
  - 회원부－월희 고지(철령현지)－달·월·회·기·부·미·복·사·지 9주
  - 안원부－영·진·모·상 4주

- 기타－발해성(요양주성 동북)·동모산(승덕현 동쪽 20리의 천주산)·홀한성(영길주)

124 위의 책, 附錄下, 「地理考」, 608~611면.

㉕ 백제 멸망 당시의 백제의 1부 · 7주 · 51현의 위치는 다음과 같다.

- 웅진도독부 – 공주
- 동명주 – 웅진현(공주) · 남행현(나주속) · 구지현(전의) · 부림현(신풍 · 공주속)
- 지심주 – 사문현(덕산) · 지심현(미상) · 마진현(삼산) · 자래현(당진) · 해례현(미상) · 고노현(미상) · 평이현(서산지곡) · 산호현(미상) · 융화현(진안속)
- 노산주 – 노산현(함열) · 당산현(금강) · 순지현(금산) · 지모현(미상) · 조잠현(미상) · 아착현(미상)
- 고사주 – 평왜현(고부) · 대산현(태인) · 벽성현(김제) · 좌찬현(홍덕) · 순모현(만경)
- 사반주 – 모지현(장성) · 무할현(고창) · 좌노현(무장) · 다지현(동덕)
- 대방주 – 지류현(미상) · 군나현(함평) · 도산현(진도속) · 반나현(반남) · 죽군현(회진) · 포현현(미상)
- 분차주 – 귀차현(진원) · 수원현(미상) · 고서현(담양) · 군지현(낙안)

㉖ 윤관尹瓘이 쌓은 9성은 길주 서남지방에 있었다. 『고려사』 지리지와 『여지승람』에서 구정이 두만강 내외에 있다고 한 것은 모두 잘못이다. 두만강 이북에 있는 공험진公嶮鎭과 선춘령비先春嶺碑는 후대에 이설한 것이다.

㉗ 몽고가 고려시대에 설치한 합란부哈蘭府는 지금의 함흥계 내에 있다.

㉘ 우리나라의 위도는 중국 측 문헌에 의하면 기미분으로 인식되어 왔다. 그러나 「만국전도」의 경위선을 보면 우리나라 전체가 기미분에 속하는 것은 아니고, 다음과 같이 지명에 따라 분야가 다르다.[125]

125 위의 책, 附錄下, 「地理考」, 分野考, 620~623면.

• 함경 · 평안 · 황해 · 강원북계 – 중국 순천부와 동위 – 기미분
• 경기 · 황해남 · 강원남 · 충청북 · 경상북 – 중국 산동성과 동위 – 허위분
• 전라 · 경상남 · 충청남 – 중국 강남성과 동위 – 두분
• 제주 – 중국 복건성과 동위 – 우여분

이상과 같은 『동사강목』에서의 지리고증은 한백겸의 『동국지리지』 이래로 약 150년 간에 걸친 역사지리연구의 여러 축적된 성과들을 종합한 토대 위에서 이를 한 단계 발전시킨 것이다. 그러므로 안정복이 논단한 여러 결론들은 이미 선배 학자들이 내린 결론들을 재확인한 것도 적지 않다.

그러나 『동사강목』의 지리고증이 사학사적으로 중요한 의미를 갖는 것은 특히 발해강역에 관한 고증이다. 발해강역에 관한 관심은 17 · 18세기 사서에 공통적으로 나타나고 있지만, 그 5경 · 15부 · 62주의 현재 지명을 추적한 연구는 안정복으로부터 시작되었다. 그 후 유득공의 『발해고』(1784), 정약용의 『강역고』(1811 초본, 1833 최종본), 홍석주의 『발해세가渤海世家』 등이 나오면서 발해연구는 더욱 촉진되는데, 안정복이 발해의 중심지를 요동지방으로 비정한 것은 정약용의 백두산 동쪽설이 나옴으로써 비판적으로 극복되었다.[126]

8) 『동사강목』의 사론

『동사강목』에는 모두 870여 칙의 사론이 실려 있다. 이는 『동국통감』의 382칙의 사론에 비하여 양적으로 2배 이상 늘어난 것이요, 조선 후기 사서로서 사론이 많이 실린 것으로 알려진 『동사회강』의 150여 칙의 사론과 비교하더라도 거의 6배나 많아진 것이다.

126 한영우(1983), 「다산 정약용의 사론과 대외관」, 『김철준 박사 화갑기념 사학논총』.

『동사강목』에 실린 870여 칙의 사론 중 344칙의 사론은 김부식 이후 역대 사가나 현인들의 사론을 전재한 것이고, 나머지 526칙은 안정복 자신이 쓴 것이다.

344칙의 기성 사론은, 기성의 모든 사론을 다 전재한 것은 아니다. 『동국통감』에만도 382칙의 사론이 실려 있고, 그 후 조선 후기 학인들이 쓴 사론도 적지 않은 수에 달하는데, 『동사강목』에서는 『동국통감』의 382칙의 사론 중 247칙만을 뽑아 실었을 뿐이다. 나머지 97칙의 사론은 조식·이황·주세붕·이수광·한백겸·오운·허목·유계·송시열·심광세·홍성민洪聖民·홍여하·임상덕·유형원·신흠 등 16~18세기 학인들의 사론을 전재하였다. 특히 그중에서도 유계가 『여사제강』에 쓴 사론이 55칙이나 전재되었고, 오운이 『동사찬요』에 쓴 사론이 10칙, 이황이 쓴 사론이 6칙, 허목이 쓴 것이 4칙을 헤아린다.

적어도 사론에 관한 한, 안정복은 당색을 가리지 않고 노·소·남인의 사론을 모두 수용하고 있음을 본다. 다만, 이황에 대해서만은 '이자李子'라고 특별히 존칭어를 쓰고 있는 것이 특이하다. 이는 안정복이 자신의 학통을 이황→이익→안정복으로 계보화하는 입장과도 관련된다. 안정복은 이익의 설을 소개할 때는 '사師'라고 호칭함으로써 여타인을 '씨氏'로 호칭하는 것과 명백하게 구별하고 있다.

안정복이 344칙의 기성 사론을 전재한 것은 그 사론의 논지를 대체로 긍정한다는 뜻이 전제되어 있다. 그러나 안정복은 기성 사론을 모두 채용하지는 않았다. 그것은 기성 사론에 대해 부분적으로 불만을 가지고 있기 때문이었다. 그 자신이 526칙이나 되는 방대한 사론을 따로 써넣은 것은 기성 사론의 미흡함을 보완하려는 의도인 것이다.

526칙의 사론은 물론 모두가 사평적史評的 성격을 띤 것은 아니다. 사실 이들 사론들의 절대다수는 단순히 역사적 사실들을 고증한 것이거나 사실설명을 보충한 것들이다. 예를 들면 지명에 대한 고증, 사건의 연대에 대한 고증, 인명의 착오에 대한 고증 등이 그러한 예다. 사실설명을 보충한 것들로는 외국과의 외교, 교화상의 교류와 외국 측 기록에 보이는 우리나라의 제도와 풍습을 소개한 것들이 주류를 이룬다.

이러한 사실고증 혹은 사실보충과 관련되는 사론이 큰 비중을 차지하는 것은 『동사강목』의 서문에서 '전장典章을 자세하게 밝히는 것'을 편찬목적의 하나로 밝히고 있는 것과 관련되는 것으로서, 『동사강목』이 기왕의 어느 사서보다도 사료적 가치를 크게 갖는 이유가 여기에 있다.

한편, 안정복이 쓴 사론 가운데는 비평적 성격을 갖는 사론이 약 절반을 차지한다. 이는 역사편찬의 기본목적이 '권계勸戒'를 찾는 데 있다고 보는 그의 술사述史 태도에서 비롯된 것이다. 따라서 『동사강목』에 반영된 안정복의 역사의식은 그 진수를 비평적 사론에서 찾을 수 있다.

안정복의 비평적 사론을 크게 분류하면 ① 강상도덕에 관한 것, ② 사대교린에 관한 것, ③ 국방에 관한 것, ④ 이단배척에 관한 것, ⑤ 지방제도에 관한 것, ⑥ 진휼에 관한 것, ⑦ 과학제도와 문벌을 비판하는 것, ⑧ 상례와 음악에 관한 것 등으로 나눌 수 있다.

이상의 내용들은 안정복의 사상체계에서 중심을 이루는 것들로서 『동사강목』 이외의 저술들에서도 핵심적으로 다루어진 주제들이다. 이제 안정복 사론의 전체적 윤곽을 이와 같이 정리하면서 각 주제에 따른 사론의 구체적 성격을 따로따로 검토하기로 한다.

(1) 강상도덕에 관한 사론

강상도덕을 옹호하는 태도는 유학자라면 누구나 갖는 것이고, 그 점에서 안정복도 결코 예외는 아니다. 사실 강목체 사서 자체가 강상도덕을 가장 극렬하게 강조하기 위한 목적을 갖는 것이므로, 강상도덕을 강조하는 사론을 쓰지 않더라도 이미 체재 자체가 도덕적 기준을 제시하고 있다. 그런데 안정복이 특히 강조하는 강상의 덕목은 충절이다.

안정복이 충절의 모범으로서 포찬하고 있는 인물은 많다. 우선 기자조선 때의 대부례와 우거右渠의 대신 성기成己가 그러한 예다. 대부례는 무모한 벌연伐

燕계획을 중지시켰고,[127] 성기는 한의 침략에 끝까지 저항한 인물이다.[128]

삼국시대에는 협보陜父·주근周勤·광개토왕·김후직金后稷·계백·인모잠釼牟岑·마의태자麻衣太子 등이 충신 혹은 의군義君으로서 칭송된다. 협보는 고구려 대보大輔로서 사냥을 즐기는 유리왕에게 간한 충신으로서,[129] 주근은 성패이둔成敗利鈍을 따지지 않고 마한부흥운동을 일으킨 절의인으로서,[130] 광개토왕은 할아버지의 복수를 위해 백제를 침공한 의군으로서,[131] 김후직은 진평왕의 사냥 중지를 간한 충직한 신하로서,[132] 계백은 처자를 먼저 죽인 후 나당연합군과 싸운 충신으로서,[133] 인모잠은 고구려부흥운동을 일으킨 인물로서,[134] 그리고 마의태자는 신라와 더불어 운명을 같이한 인물로서,[135] 모두가 이利를 저버리고 의義를 좇은 행적을 남겼다.

고려시대에 있어서도 충역忠逆에 관한 사론이 큰 비중을 차지한다. 부당하게 폐위된 군주를 위해 병을 일으킨 충신으로서는 먼저 의종을 위해 거병한 조위총趙位寵이 극찬된다. 그에 대해서는 최부·오운·임상덕 등이 '의거義擧의 시기가 적절하지 않았다'든가, '군부君父를 위해 토적討賊한다는 말이 없었다'든가, '의리에 맞지 않는다'는 등의 이유를 들어 비난하는 사론을 쓴 바 있으나 안정복은 이를 모두 반박한다. 조위총은 적신賊臣에 의해 폐시廢弑된 의종의 복수를 위해 거병한 것이 확실하므로 그 밖의 다른 것들은 문제될 것이 없다는 것이다.[136]

---

127 『東史綱目』 卷1, 戊戌 朝鮮紀年條, 7면.
128 위의 책, 卷1, 癸酉 馬韓, 115면.
129 위의 책, 卷1, 癸亥 馬韓 十一月, 133면.
130 위의 책, 卷1, 丙子 冬十月, 142면.
131 위의 책, 卷2, 壬辰 高句麗 廣開土王 元年 秋七月, 239면.
132 위의 책, 卷3, 庚子 新羅 眞平王 二年, 308면.
133 위의 책, 卷4, 己未 百濟 義慈王 十九年 秋七月, 377면.
134 위의 책, 卷4, 庚午 新羅 文武王, 410면.
135 위의 책, 卷5, 乙未 新羅 景哀王 九年 冬十月, 550면.

안정복은 신하의 도리로서 불사이군의 충절을 적극적으로 강조한다. 그런 의미에서 신라 말 왕건 혹은 견훤에 귀부한 신라의 최치원・최승우崔承祐・최언위崔彦撝 등이 충의와 명절을 위배한 인물로 비난되고,[137] 고려 말 역성혁명에 참여한 개국공신이나 우禑・창昌을 신씨辛氏로 몰아 폐위시키는 데 참여한 신하들도 불충스럽거나 사리에 얽매인 소인들로 비난한다. 정도전鄭道傳・조준趙浚・윤소종尹紹宗・조반趙胖 등에 대한 폄하가 그것이다.[138]

이성계李成桂에 당부黨附한 인사들이 비난받는 것과는 대조적으로 그들에 의해 해를 입은 이색李穡・이숭인李崇仁 등이나, 절의를 지킨 원천석元天錫・서견徐甄・김진양金震陽 등은 칭송된다. 이러한 가치평가는 조선왕조의 건국 자체를 부정하는 것은 아니다. 도리어 이성계의 신왕조 개창은 민심과 천명의 귀의라는 점에서 긍정하고 있으며, 이성계의 개혁정책을 반대한 인사들도 개혁 자체에 대한 반대가 아니라 이성계에 대한 인기를 두려워하는 마음에서 개혁을 반대했다고 변호한다.[139]

안정복은 합법적으로 왕위에 오른 군주에 대한 충성을 절대적으로 강조하고, 그러한 왕이 불법적으로 폐위되는 것을 방조하거나 방관한 신하들은 난역亂逆으로서 매도한다. 예컨대 선종 때 이자의李資義난을 진압하고 숙종의 찬탈을 도와준 소태보邵台輔 같은 인물이 난역으로 규정되고,[140] 고종 때 거란군을 격파하고 개선한 조충趙沖이 창의군倡義軍을 모집하여 최충헌崔忠獻을 치토致討하지

136 위의 책, 卷9, 丙申 明宗 六年 三月, II-358면.

137 위의 책, 卷5, 戊午 孝恭王 二年 冬十一月, 508면.

138 鄭道傳에 대해서는 '賣國貪利', '고려의 賊臣', '小人' 등의 표현을 써가며 비난하고, 趙浚은 '왕의 耳目을 가린 인물'로, 尹紹宗은 '昌王을 보필하지 않은 불충인'으로, 趙胖은 '尹彝・李初의 獄을 일으킨 인물'로 각각 비난되고 있다.

139 예컨대 麗末 舊臣들이 전제개혁을 반대한 것은, 전제개혁 자체에 대한 반대가 아니라 민심이 태조로 돌아가는 것을 두려워했기 때문이라고 한다(『東史綱目』 卷17, 禑王 十四年 八月, III-434면).

140 『東史綱目』 卷8, 肅宗 九年 五月, II-202면.

않은 것을 애석하다[141]고 하는 따위가 그것이다.

이상과 같은 안정복의 충절에 대한 관념은 조선 후기 성리학자들의 일반적인 분위기를 반영하는 것이지만, 그 강도는 기성의 어느 사론보다도 크다. 특히 군부를 위해서는 성패와 이둔利鈍을 초월하여 복수를 정당화하는 것이 그의 충절관념의 핵이다. 이는 안정복의 군신의 명분에 대한 집착이 그만큼 강렬하다는 것을 말해 주는 것이며, 현실적으로 왕권의 절대성을 강조하는 의미를 갖는 것이기도 하다.

(2) 사대교린과 국방에 대한 사론

『동사강목』에 실린 안정복의 사론은 사대교린과 국방에 대해서도 비상한 관심이 표명되고 있다.

안정복은 사대교린을 가장 이상적인 국제질서로 옹호한다. 먼저, 사대관계는 대국과 소국, 강자와 약자, 중국과 이적夷狄 간에 맺어지는 '불역不易의 정리正理'[142]다. 우리나라는 소국이요 약국이므로, 대국이요 강국이요 중화인 중국에 대해 사대관계를 맺는 것은 '자존自存'의 방책인 것이다. 우리나라는 이미 단군 때부터 중국(당우삼대唐虞三代)에 사대했고,[143] 고려가 475년이나 존속한 것도 사대의 결과라는 것이다.[144]

그런데 사대관계는 조공을 통한 평화공존의 관계인 것이지, 군사적 침략을 한다든지 영토편입을 획책하는 일은 결코 용납되지 않는다. 그런 의미에서 한무제가 조선을 멸한 뒤에 군현을 설치한 것은 중국의 수치다.[145]

---

141 『東史綱目』 卷10, 高宗 六年 三月, II-441면.
142 위의 책, 卷1, 丙午 王準 二十六年, 111면.
143 위의 책, 卷1, 癸丑 馬韓, 114면.
144 위의 책, 卷11, 元宗 元年 二月, II-524면.
145 각주 143)과 같음.

또한 당 태종이 고구려를 친정親征한 것은 제왕답지 못한 행위로 비난받을 만하다.[146] 우리나라는 중국과 산천·풍기·기욕嗜欲·언어가 다른 나라이므로 중국의 영토가 되는 것은 부당하다는 입장이다.[147] 바꿔 말하면 우리나라는 지리적으로 중국과 구별되어 있고, 언어·풍속(기욕)이 다르기 때문에 국가의 독립성이 유지되어야 한다는 논리다. 안정복은 혈연의 독자성은 의식하지 않았기 때문에 민족의식이 투철한 것은 아니었으나, 지리·언어·풍속의 독자성에 대한 자각이 뚜렷하고, 이를 바탕으로 국가의 자주성을 강조하는 것이다.

사대관계는 이렇듯 우리의 국가적 자주성을 전제로 하는 평화공존의 논리이기 때문에, 이를 무력으로 깨는 중국의 행위도 비난의 대상이 되거니와 우리쪽의 중국에 대한 도발적 행위나 무력행사도 마찬가지로 비난을 면치 못한다. 가령, 고조선이 중국의 반민叛民인 위만을 받아들인 것은 중국의 원망을 살 만한 일로서 한 무제가 이를 문죄한 것은 당연한 일이다.[148] 또한 우거왕右渠王이 요동도위 섭하涉何를 살해한 것도 비난받을 일이고,[149] 고구려가 오사吳使를 참수해서 위魏에 보낸 처사도 모두가 평화를 깨는 일로 비판되고 있다.[150]

국제관계에 있어서 무력도발에 의해 평화를 깨는 행위는 비단 우리나라와 중국의 관계에서만 비난될 일이 아니다. 우호선린의 교린관계는 모든 나라에 공통으로 적용되는 이상이다. 그런 의미에서 요遼·금金·원元의 고려침략이 부당함은 물론이요, 명의 철령위鐵嶺衛 설치도 요동의 우리 땅에 대한 침략으로 간주된다.[151] 왜구의 침략은 더 말할 나위도 없이 나쁜 것이다.

신라는 유례왕儒禮王과 진평왕 때 일본의 서비西鄙를 정벌한 일이 있는데, 이

146 위의 책, 卷3, 癸卯 高句麗王 藏 二年 二月, 346면.
147 각주 143)과 같음.
148 각주 142)와 같음.
149 위의 책, 卷1, 壬申 馬韓, 115면.
150 위의 책, 卷2, 丙辰 高句麗 東川王 十年 春二月, 199면.
151 위의 책, 卷16, 禑王 十四年 二月, III-422면.

것은 일본을 무어撫禦하는 방법이 아니다.[152] 뒷날 우리가 일본으로부터 곤란을 받게 된 것도 그 유래를 따지면 신라의 일본정벌에 있다고 보는 것이다.

안정복은 이와 같이 정벌의 어느 쪽이든 침략을 자행하는 것은 절대 배격한다. 군사적 제압이 용납되는 것은 부당한 침해에 대한 복수일 경우에만 한한다. 복수는 충의의 관점에서 정당화될 뿐 아니라 오히려 꼭 필요한 복수의 전쟁을 회피하는 행위가 불충으로 매도된다.

안정복은 침략행위를 반대하는 입장에서 그 침략행위를 저지하는 수단으로서의 국방에 대해서는 비상한 관심을 쏟는다. 국방에 관한 한, 사대의 대상이 되는 중국이나 교린의 대상이 되는 일본이 다 같이 가상적국으로 상정된다. 그것은 중국과 일본이 다 같이 우리를 침략한 과거가 있는 까닭이다. 더욱이 왜란과 호란에 대한 충격이 아직도 씻기지 않는 앙금으로 남아 있을 뿐만 아니라, 특히 일본에 대해서는 왜란 이후의 유학 발달에 대해 긍정적인 평가를 하면서도, 일본이 옛날부터 '해중대국海中大國'[153]으로서 근세에 와서도 계속해서 무예를 장려하고 새로운 무기와 기술을 도입하기 위해 화란和蘭과 활발히 교섭하는 사실에 대해 부러움과 동시에 불안한 감정을 떨치지 못하였다.[154] 따라서 그는 일본의 재침략 가능성이 상존한다는 전제하에서 국방에 대한 관심을 늦추지 않았던 것이다.

안정복의 국방관의 특이한 점은 이미 앞장에서도 언급한 바와 같이 '해방海防'의 중요성을 십분 강조한 데서 찾아진다. 다시 말해 국방의 중심지를 육지로부터 바다, 즉 도서島嶼로 바꾸어야 한다는 주장이다. 해방의 중요성은 『동사강목』 이외의 저술에서도 보이지만 『동사강목』의 사론에서도 누누이 강조

---

152 위의 책, 卷3, 癸卯 新羅 眞平王 五年 二月, 308면.

153 위의 책, 卷2, 戊午 新羅 慈悲王 二十一年 冬十月, 269면.

154 안정복의 對日觀에 대한 총체적 연구로서는 하우봉(1988), 「순암 안정복의 일본인식」, 『전라문화논총』 2가 참고된다.

되고 있다.

해방은 우리나라가 3면이 바다로 둘러싸인 지리적 조건으로 보아 당연히 중요성을 띠는 것으로, 중국과 일본의 어느 경우에도 해당한다. 그래서 안정복은 고조선 때 한 무제의 수군파견을 예로 들면서 서해안에 있어서 해방의 중요성을 강조하고,[155] 고구려가 백제의 여송如宋통로를 차단한 예를 들면서 고구려의 해방경찰지도海防警察之道가 심절深切했음을 지적하기도 한다.[156] 신라의 경우에도 중국의 침략侵掠을 받기는 마찬가지여서, 해로를 통해 신라인을 노비로 약탈하는 사태를 막기 위해 장보고張保皐로 하여금 청해진에서 해상을 순경巡警하도록 했다는 것이다.[157]

다음, 일본의 침략과 관련한 해방의 중요성도 『동사강목』의 여러 사론을 통해 피력되고 있다. 안정복은 대일해방과 관련하여 대마도에 대한 제압의 필요성과 주사舟師 이용의 중요성[158]을 특히 강조한다. 대마도는 언제나 왜의 침략을 향도하는 역할을 했기 때문에 "왜를 제어하고자 할 때에는 반드시 대마도의 왜를 제압하는 방책을 강구해야 한다"[159]는 것이다. 그런 의미에서 고려 말 우왕 때 정지鄭地가 대마도 섭복懾伏을 왕에게 건의한 사실을 칭송한다.[160] 조선 세종조에 대마도 정벌을 시도하여 효과를 본 것은 잘한 일이고, 중종 때에도 그러한 논의가 있었으나 실행에 옮기지 못한 것은 애석한 일이다.

안정복은 이와 같이 대마도의 전략적 중요성을 인식하였을 뿐만 아니라, 대마도가 본래 우리 땅이라는 생각에서 스승 이익과 더불어 그 귀속문제를 토론하기도 하였다.[161] 그러나 안정복은 당장 대마도의 응징이나 그 영토화를 당면

155 『東史綱目』 卷1, 壬申 馬韓 夏六月, 115면.
156 위의 책, 卷2, 丙辰 高句麗 長壽王 六十四年 三月, 265면.
157 위의 책, 卷17, 昌王 元年 八月, III-432면.
158 위의 책, 卷7, 宣宗 八年 春正月, II-183면.
159 위의 책, 卷11, 元宗 四年 夏四月, II-532면.
160 위의 책, 卷16, 禑王 十二年 二月, III-413면.

정책으로 주장하지는 않았다.

일본에 대해 대마도의 전략적 가치와 그 영토권을 의식한 것과 관련하여 안정복의 영토의식의 또 한 측면을 보여 주는 것은 요동에 대한 비상한 관심이다. 그에 의하면 '요하遼河 이동以東과 오라烏喇(오이랏) 이남은 본래 모두 아지我地'[162]로서 명이 고려 말에 이곳에 철령위를 설치한 사실을 부당하게 본다. 뿐만 아니라 공민왕 때 고려가 원의 동녕부東寧府를 공격한 사실에 대한 사론에서는 "요심遼瀋을 득得하고 실失하는 것은 동국의 강약을 좌우한다"[163]고 하여 요심지방의 수복에 대한 염원을 간접적으로 보여 주고 있다.

안정복이 이와 같이 요동의 전략적 중요성을 인식하는 이유는 그곳이 "형승形勝의 땅에 자리하고 있을 뿐 아니라, 어염魚鹽의 리利를 얻을 수가 있어서, 천하의 변고가 생길 때에는 능히 자위自爲할 만한 형세를 이루고 있기 때문"[164]이다. 그리하여 안정복은 "국가의 계책을 세우는 사람은 반드시 요동의 중요성을 알아야 한다"[165]는 것을 힘주어 말하고 있다.

요컨대 안정복의 국방관은 기본적으로 중국과 일본을 가상적국으로 가정하고 해방 중심의 방어체제 구축을 역설한 데서 특색을 찾을 수 있다. 그러나 중국에 대해서는 요동, 일본에 대해서는 대마도의 전략적 중요성을 인식하고 그에 대한 관심을 환기시킨 것은 안정복의 국방의식이 단순히 현상 유지의 방어개념을 벗어나 구토舊土회복의 적극적 자세임을 보여 주는 것이다.

---

161 안정복은 1757년(丁丑)에 이익에게 보낸 서신에서 '對馬島 則屬于附庸傳 盖自羅麗 至于我國初 待之以屬國 而興地勝覽曰 舊隷鷄林 太宗己亥 討對馬島敎書曰 對馬爲島 本我國之地 云則亦有可據者矣'라 하여 우리가 대마도를 조선 초기까지도 속국으로 취급해 왔음을 이유로 들어 附庸傳에 넣을 것을 주장하였다.

162 위의 책, 卷16, 禑王 十四年 二月, III-422면.

163 위의 책, 卷15, 恭愍王 十九年 冬十一月, III-335면.

164 위의 책, 卷2, 庚午 高句麗 故國川王 十二年, 185면.

165 위와 같음.

(3) 제도개혁에 관한 사론

안정복이 자기 시대의 역사적 과제로서 정치·경제·사회 등 여러 분야에 걸쳐 제도를 개선해야 한다는 입장을 지니고 있었음은 앞장에서 살핀 바와 같다. 그런데 그의 그러한 입장은 『동사강목』의 사론에서도 그대로 반영되고 있다.

먼저 정치제도의 개선과 관련하여 그가 가장 관심을 크게 보이고 있는 문제점은 과학제도와 형벌제도이다.

과학제도에 대한 비난은 시험제도 그 자체보다도 시험 내용이 시부詩賦에 치우쳐 '실학實學'을 소홀히 했다는 데 대한 비판이다.[166] 안정복이 실학으로서 내세우는 학문은 기본적으로 '6경' 중심의 유학을 말하는 것이다.[167] 고려시대 유학자 중 최충은 6경을 사상전수私相傳授한 인물로 보고 그의 행적을 칭송하고 있으나,[168] 과학시험에서의 시부, 세자교육에서의 사장詞章,[169] 의종毅宗의 사화詞華숭상[170] 등은 비난을 받는다. 특히 과거에서 사장을 시험한 것을 안정복은 가장 큰 문제점으로 보고, 고려가 약해진 원인은 "과학에서 오로지 문화를 숭상한 데 있다"[171]고까지 말한다.

다음에 형법에 관한 안정복의 생각은 비교적 엄격하다. 그에 의하면 고려의 형법은 '관종寬縱'에 치우쳐 있다. 예컨대 고려의 귀향제歸鄕制도 관형에 속하는 것이고[172] 찬시자簒弑者나 찬방자讚謗者·살인자에 대해서도 지나치게 관대하게

166 위의 책, 卷6, 成宗 二年 冬十月, II-43면; 卷7, 顯宗 二十二年 冬十月, II-117면; 卷9, 毅宗 元年 八月, II-305면.

167 위의 책, 卷6, 太祖 十九年, 秋九月, II-4면.

168 위의 책, 卷6, 成宗 六年 八月, II-49면.

169 위의 책, 卷7, 文宗 八年 冬十二月, II-145면.

170 위의 책, 卷9, 毅宗 二十四年 春正月, II-335면.

171 위의 책, 卷11, 元宗 三年 秋九月, II-531면.

172 위의 책, 卷7, 顯宗 七年 五月, II-98면.

대한다.[173] 형법은 너무 가혹해도 안 되지만, 반대로 지나친 관종에 빠지는 것도 국가기강 확립에 좋지 않은 것이다.

안정복은 가혹한 형법의 예로서 연좌율緣坐律을 들고 있다. 치죄治罪는 죄인 당사자만으로 그쳐야 하는 것이지 그의 족속이나 또는 주동자가 아닌 추종인까지 다스리는 것은 부당하다. 김유신이 백제의 옹산성甕山城을 점령한 후 백제의 장병을 참살한 것이나,[174] 신라 문무왕이 칭병한방稱病閑放하면서 국사를 돌보지 않았다 하여 총관摠管 진주眞珠와 진흠眞欽을 죽이고 그들의 족속까지 죽인 것,[175] 그리고 고려 말 우왕 때 임견미林堅味·염흥방廉興邦을 죽이면서 그에 연루하여 4천여 인을 함께 죽인 것 등[176]은 모두가 형벌을 과도하게 남용한 예에 속하는 것이다.

안정복은 지방자치적 성격이 강한 주周의 비比·려閭·족族·당黨·향鄕의 제制를 이상으로 여기면서 고려시대에 지방제도가 정비되어 가는 과정에 깊은 관심을 보이고 있다. 고려 성종 때 촌장정村長正을 두고,[177] 신라 경덕왕 때 미처 고치지 못한 주부군현의 칭호를 바꾼 것을 칭송한다.[178] 그러나 고려시대에 도신제道臣制를 확립하지 못하고 지방에 순찰을 파견한 것은 옳지 못한 일로 보고,[179] 또한 군현에 교수를 두어 경내의 정치·풍속·이문異聞을 수집케 하여 사국에서 채용할 수 있도록 하지 못한 것을 아쉬워한다.[180]

다음에 안정복이 경제문제와 관련하여 쓴 사론의 성격을 검토하기로 한다.

경제문제와 관련한 안정복의 관심은 주로 곡식대여제의 모순에 쏠리고 있

---

173 위의 책, 卷9, 明宗 二十年 秋八月, II-389면.
174 위의 책, 卷4, 辛酉 新羅 太宗 八年 九月, 387면.
175 위의 책, 卷4, 壬戌 新羅 文武王 二年 八月, 392면.
176 위의 책, 卷16, 禑王 十四年 春正月, III-420면.
177 위의 책, 卷6, 成宗 六年 九月, II-49면.
178 위의 책, 卷6, 成宗 十一年 冬十一月, II-57면.
179 위의 책, 卷12, 忠烈王 八年 十二月, III-45면.
180 위의 책, 卷10, 高宗 三十三年 秋七月, II-481면.

다. 그는 우리나라 원상제도의 기원이 고구려 때 시행한 진대법에서 비롯한다고 보고 있다.[181] 빈민구제를 위한 진휼은 절대 필요한 정책이지만 이를 시행하는 과정에서 백성에게 피해를 줌으로써 입법의 취지를 살리지 못했다는 것이다. 고려시대에 시행한 의창義倉의 경우도 그 입법 취지는 좋았으나, 주군에만 의창을 두고 백호의 사에 두지 않은 것은 잘못이다.[182] 상평창의 경우도 양경兩京, 12목牧에만 두고 이를 주군에까지 확대 안 한 것은 잘못이다.[183] 문종 때에는 세곡稅穀의 모미耗米로서 1두斗당 7승升을 받아들여 이를 관용으로 썼는데, 모미는 문자 그대로 모손耗損을 보충하는 데 써야지 이를 관용으로 쓰는 것은 부당하다.[184]

안정복은 경제문제 이외에도 신분제와 상제 그리고 악제에 관해서 많은 관심을 기울이고 있다.

먼저 신분제와 관련하여 용인用人에 있어서 문지를 따지는 것이 비난의 대상이 된다. 사람의 재주를 따지지 않고 문지에 의해 관리를 등용한 신라의 골품제가 무엇보다도 먼저 비판된다.[185] 고려시대에 들어오면 노비세습제가 비난된다.[186] 그렇다고 노비 자체의 폐지나, 노비에 대한 수직을 찬성하는 입장은 결코 아니다. 고려 헌종 때 공상工商·조예皂隷에게 현직顯職을 제수한 것에 대해 비판적인 사론을 쓴 것이 그것을 말해 준다.[187] 요컨대 안정복의 신분관은 문벌제도를 반대하고 입현무방立賢無方의 능력주의 관리등용을 강조하면서도 노비에 대한 수직만은 철저히 반대하는 입장에 있다고 할 수 있다.

---

181 위의 책, 卷2, 甲戌 高句麗 故國川王 十六年 冬十月, 187면.
182 위의 책, 卷6, 成宗 五年 秋七月, II-47면.
183 위와 같음.
184 위의 책, 卷7, 文宗 七年 冬十月, II-144면.
185 위의 책, 卷7, 壬寅 新羅 宣德王 十一年 秋九月, 345면.
186 위의 책, 卷6, 光宗 七年, II-21면.
187 위의 책, 卷7, 獻宗 元年 冬十月, II-189면.

안정복은 상례에 대해 깊은 관심을 가지고 고려시대 상례의 문란을 도처에서 비난하고 있다. 그 기본입장은 『주자가례』에 서 있기 때문에 이를 따르지 않았던 고려시대 상례가 비난의 대상이 되는 것은 당연하다. 예를 들면 왕이 상중에 비妃를 맞았다든가[188] 상중에 관에 배拜했다든가[189] 역월복상제易月服喪制를 시행하였다든가[190] 3년상을 불행했다든가[191] 하는 따위가 모두 상례를 문란시킨 사례들로 지적되고 있다.

악은 '화和의 근본'이라는 시각에서 악에 대한 관심도 비상하게 표명되고 있다. 가야의 우륵에 대한 사론에서는 중국 측 문헌에 보이는 동이의 악을 상세히 소개하여 고대음악사를 정리하고,[192] 고려시대의 음악에 대해서는 예종 때 시행한 송의 아악雅樂(대성악大晟樂)이 도사 위한진魏漢津에 의해 잘못 제작되었다고 비판한다.[193] 한편 의종 때 정서鄭敍가 지은 정과정곡鄭瓜亭曲의 영향을 받아 이제현李齊賢·이숭인의 시가 나오고, 조선시대 계면조界面調도 그 유향遺響임을 밝히고 있다.[194] 고려 말에 이르러서는 창왕 때 조준이 창기의 여악女樂을 중지할 것을 건의한 사실을 칭찬하면서 『성호사설』을 인용하여 고려 여악을 소개하고 있다.[195] 음악은 화和와 담淡이 중요한 것인데 여악은 욕欲을 유도하고 보는 것을 즐기는 것이므로 좋은 음악이 될 수 없다는 것이다.

---

188 위의 책, 卷7, 顯宗 二十二年 冬十月, II-117면.
189 위의 책, 卷8, 睿宗 七年 九月, II-225면.
190 위의 책, 卷10, 康宗 二年 秋八月, II-419면.
191 위의 책, 卷11, 忠烈王 元年 九月, II-582면; 卷14, 恭愍王 九年 八月, III-265면.
192 위의 책, 卷3, 辛未 新羅 眞興王 十二年 春正月, 294면.
193 위의 책, 卷8, 睿宗 九年 六月, II-227면; 卷8, 睿宗 十年 六月, II-232면.
194 위의 책, 卷9, 毅宗 五年 五月, II-313면.
195 위의 책, 卷17, 昌王 元年 三月, III-442면.

5. 맺음말

안정복은 『동사강목』의 저자로서 널리 알려져 있으나, 그는 역사가이기 이전에 성리학자요 사회사상가였다. 『동사강목』은 성리학자 및 사회사상가로서의 안정복의 역사인식이 투영된 사서인 동시에, 또 한편으로는 사학 전문가로서의 안정복의 고증적 술사術史 태도가 유감없이 발휘된 수준 높은 통사이기도 하다. 따라서 『동사강목』은 역사인식과 역사고증의 양면에서 그 사학사적 의의를 해명하는 것이 필요하다.

안정복의 성리학은 이기理氣 중심의 형이상학이 아니라 일용이륜 중심의 형이하학이요, 그것은 곧 수기치인의 실학으로도 자부된다. 사화詞華[詩文] 중심의 유학이나 사후세계를 논하는 불교나 천주학이 이러한 시각에서 거부됨은 물론이다.

그는 자신의 학통을 멀리는 정주程朱에 대고, 가까이는 이황·이익으로 이어지는 남인학통에 자정自定했다. 그러나 일반적으로 근기남인학자들이 6경 고학으로 회귀하면서 정주학으로부터 탈피하려던 경향과는 달리, 그는 사서·오경 중심의 경학체계를 고수했다. 그 점에서 안정복은 이익 문하의 남인 중에서는 다소 이색적이요 보수적이었다.

안정복의 보수적 사회사상은 향촌사회 및 정치운영에서의 사대부=지주의 위기의식에서부터 출발한다. 18세기의 조선사회는 상공업의 발달과 화폐경제의 발전에 수반하여 전통적인 사대부 중심의 정치운영과 신분질서에 심각한 변화가 일어났다. 중앙의 정치는 권력·금력金力[상인]·병력[군영]이 삼위일체로 유착되면서 부국강병을 유도하기도 했으나, 그 열매는 소수의 훈척문벌과 왕실로 돌아가는 역기능도 적지 않았다.

더욱이 공도公道에 입각해 운영되어야 할 붕당정치는 탕평의 미명하에서도 여전히 유능한 사대부 집단을 일거에 몰락시키는 파행성을 드러냄으로써 사대부의 희망을 꺾어 버렸으며, 재지在地생활에 있어서조차도 부력富力을 배경으로 한 하층민의 거센 도전에 직면하여 향권鄕權마저 위협받는 형세에 이르렀다.

위로는 정치적 좌절이, 아래로부터는 하극상의 풍조가 미만한 현실 속에서 사대부의 자기 위상을 재정립하여 정치적·사회적 지도력을 회복하는 일은 결국 명분의 확립일 수밖에 없고, 그것은 거꾸로 권력층에 대해서는 개혁이요, 하층민에 대해서는 보수로 귀결되는 것이었다.

『동사강목』은 이와 같은 안정복의 명분의식을 투영시킨 사서인 까닭에 그 명분을 최대로 형식화시킨 주자 『강목』의 범례를 빌려 오게 된 것이고 또 수백의 사론을 통해서 사실의 가치를 해석했던 것이다.

그리하여 그가 국사에서 찾고자 한 이상적인 국가상은 내수內修·외양外攘이 조화된 국가, 다시 말해 안으로 군사적 자강, 주권강화를 전제로 한 관료정치의 확립, 문벌의 타파, 교화와 진휼정책을 통한 향촌사회의 안정이 달성되고, 밖으로는 국가적 자주성을 전제로 하여 사대교린의 국제친선이 도모되는 국가상인 것이다. 그리고 이러한 이상적인 국가상에 가장 근접된 왕조들이 다름 아닌 단군→기자→마한→통일신라→고려로 이어지는 정통체계이다.

그러나 『동사강목』은 이러한 가치평가와는 전혀 무관하게 사실 그 자체를 과학적으로 탐구한다는 실증주의가 또 하나의 술사 목적으로 투영되고 있다. 이는 조선 후기에 이룩된 과학과 합리정신의 발달 그 자체의 반영인 것이며 이로 인해 『동사강목』은 조선 후기의 통사 중에서 가장 높은 수준의 위치를 차지하게 된 것이다.

『동사강목』은 사학사의 문맥에서 볼 때 17세기 이후 고조된 국사연구의 성과를 계승·발전시켜 형식과 내용의 양면에서 하나의 정점을 이루었다고 할 수 있다. 다시 말해 형식면에 있어서는 유계의 『여사제강』(1667)과 임상덕의 『동사회강』(1711)에서 시도된 강목법을 한층 세련시킨 것이며, 내용면에 있어서는 한백겸의 『동국지리지』(1614) 이래로 활기를 띠기 시작한 역사지리연구 및 사실고증의 성과들을 집대성하고 재해석한 것이다.

『동사강목』은 이러한 형식 및 내용면에서의 세련성이 지식인 사회에 넓은 호응을 얻어, 개화기의 교과서류에는 물론이고 한말·일제시대의 민족주의 역사가들 그리고 1930년대 이후의 실증사가들에게까지도 크나큰 영향을 주었다.

한국의 역사가 안정복

황원구

1. 그 시대

18세기 조선조의 구조적 역사상歷史相은 유교적 봉건질서의 붕괴기에 접어들고 있었다. 조선조의 구조적 모순은 그 중기부터 이미 노정되어 있었지만 16~17세기 교交에 침구한 왜화倭禍와 호화胡禍에 의해서 보다 더 적나라하게 드러나고야 말았다.

특히 벌열閥閱정치가 추의되면서 정치계가 경색되고 양반층을 비롯한 신분의 변화가 사회서열을 동요시켰으며 수취체제의 변동과 상공업의 진취적인 활동에 의해서 경제계에 변국을 초래했다. 아울러 서학西學이라는 이질문화마저 침투하여 종래의 봉건질서를 더욱 경사화시키고 있었다.

따라서 당시 시대의식을 갖고 있던 학인學人이나 관료층에서는 당색의 이동異同, 학적學的 계열系列을 막론하고 이러한 봉건질서의 혼돈을 시대적 위기로 인식하여 이를 합리적으로 바로잡고자 했다.

그런데 이와 같은 노력은 현실에 안주한 집권층보다는 비집권층에서 더 적극적이었고 시대감각이 예민했던 사상계열에서 한층 두드러지기도 했지만 조선조와 일련탁생一蓮托生의 공동 운명에 있던 양반층에서는 이러한 시대적 위기를 극복하는 일이 의무였기 때문에 뜻있는 지식층에서 사명감을 갖고 대응하게 되었다.

안정복은 바로 이러한 시대에 살면서 현실을 보되 무관심하지 않았고 사리事理를 추구하되 정통적인 사고체계 안에서 모색했으며 타율보다도 자율적인 의지가 누구 못지않게 두드러졌던 학인이었다. 물론 당시의 학자들 중에는 안정복과 같은 사고유형을 가진 인물이 많았다. 크게는 실학자로 불리는 선구적이고 진취적인 학인들이 이들이었고, 분류해서 말하면 경세치용·이용후생·실사구시의 특색을 발휘한 사상계열에 속하는 학인들이 바로 이들이었다. 이들은 모두가 유교의 전통적인 경학에 입각하면서도 경학의 연구에만 목적을 두는 것이 아니라 경학의 정신을 현실의 광정匡正에 적응시키고자 했던 달유達儒들이었다.

여기에서 거론될 안정복도 이 시대에 발달했던 신사조와 호흡을 같이한 학인 중의 한 사람이었다. 그리고 그 나름의 보람 있는 삶을 영위하면서 당시에는 물론 후세에까지 많은 영향을 끼치게 되었다.

2. 생애

안정복은 자가 백순百順, 호를 순암順菴이라고 했다. 한산병은漢山病隱·우이자虞夷子·상헌橡軒이라고 자호했으나 순암을 많이 칭했다. 광주인廣州人이다. 조선조의 지체 높은 세벌世閥이었고 당색은 남인계였다.

숙종 38년(1712)에 출생한 후 조부의 벼슬길을 따라 제천堤川·영광靈光·무주茂朱·한성漢城(서울) 등지에서 살다가 장년壯年이 되어 선영이 있는 광주 덕곡德谷마을에 복거卜居하여 과거를 외면한 채 학문에만 전념했다. 그리고 선비라면 한 기예만을 가져서는 안 된다고 주장하면서 경학을 비롯하여 사학·시악詩樂·예설 외에 음양·성력星曆·의약·복서卜筮에서 손오병법孫吳兵法과 불노서佛老書·패관소설에 이르기까지 백가百家를 섭렵했으나 학의 본령은 어디까지나 경학이었고 사학이 다음가는 장기였다.

그런데 광주에 정착한 안정복은 학문의 연원을 위하여 스승을 찾던 중 같은 고을의 안산安山 성촌星村에 살고 있던 성호 이익이 퇴계 이황을 사숙하고 그 명성이 이미 기호지방에서 떨치고 있었을 뿐만 아니라 이 역시 남인계의 거유巨儒임을 흠모하여 사사하게 되었다. 이익과의 사자師資관계는 안정복의 학적 대성을 기약받는 계기가 되었지만 집지執贄한 지 18년 동안 직접 찾아뵙고 가르침을 받은 일이 네 차례에 불과했고 편지를 올린 것이 12회, 편지를 받은 것이 4회에 지나지 않을 정도로 간접적인 가르침을 받았다. 그러나 안정복은 이익의 제자 가운데 성호학이라고까지 칭하는 이익의 학문과 사상을 계승한 중요한 승계자가 되었다.

그 후 안정복은 학문과 덕행이 널리 알려져서 영조 25년(1749) 후릉참봉에 제수된 후 낮은 벼슬이나마 여러 직책을 역임하고 얼마 후 사헌부감찰, 익위사 익찬, 목천현감 등을 지냈으며 만년에는 비록 수자壽資라고는 할지라도 동지중추부사의 영예직을 배수하기도 했다.

이 동안 그는 벼슬길에 있으면 언제나 청덕淸德을 수범하여 많은 칭앙을 받았다. 특히 왕세손(뒷날의 정조)을 보도하는 익찬에 있으면서는 뛰어난 학식과 모범적인 덕행으로 저위儲位의 보익에 신명을 다했다. 또 외직인 목천현감에 부임해서는 젊어서 저술해 둔 『임관정요』라는 교화행정서敎化行政書를 몸소 시행하고 향촌의 자치덕목인 향약을 실시하여 목천고을을 풍화시켰는가 하면 향리에 머무를 때에는 풍약風約과 동약洞約을 구상해서 덕곡德谷을 교화시키는 등 일종의 경세치용을 실천했다.

이 경세치용은 근기학파라고도 칭하는 이익 계열의 학파인데 안정복도 이 근기학파의 주요 인물로서 학문은 현실을 위해서 있고 지식은 실용을 위해서만 의의 있다는 지론이었다. 여기에서 이 학파는 우선 예설이나 성리학에 관한 비생산적인 연구보다도 국가·사회의 현실 문제를 해결하는 데 역점을 두어 토지제도의 개혁을 포함한 수취체제의 개혁을 구상하기도 했다. 안정복이 창안한 정전제井田制와 공전제貢田制·군제軍制 등의 구상은 이러한 학계의 영향에서 나온 것이다. 안정복의 정전제와 공전제가 분전방법分田方法에서 전제개혁론을 일찍이 주장한 유형원 이래의 구상과 동떨어져서 별다른 관심 대상이 되지 못하고 있고, 촌락조직과 군부軍賦를 합리적으로 연관시킨 향수군제鄕遂軍制도 비록 이상에 머문 착안이었다고 할지라도 성호학의 계승자다운 구상이었다.

그러면서도 안정복은 만년을 고독 속에서 살아야만 했다. 정조 15년(1791) 80의 나이로 타계했고 보면 못 당할 일을 많이 당해야 할 나이였다. 64세 때 상배喪配했고 66세 때에는 외자들을 앞세워야 했으며 있어 주어야 할 며느리마저 잃어야 했다. "천번 만번 통곡하여 힘이 다했지만 그래도 이 애통함을 참지 못하겠고, 천 갈래 만 갈래 피눈물이 나도록 울었지만 그래도 이 애절함을 참지 못하겠구나. 너는 어이하여 사랑하는 처자를 버리고 또 나를 버리고 간단 말인고…"라고 외아들 경증景曾(성균생원)의 죽음을 슬퍼하면서 제문을 지어야만 했다.

뿐만 아니라 천주교를 신봉하던 많은 친구와 제자들이 그의 충고를 듣지 않고 곁을 떠나야 했고 경모의 스승마저 이미 없고 보니 안정복의 주위에는 두 손자와 네 손녀, 권일신에게 출가했다가 홀로된 딸 하나만이 남았을 뿐이었다.

3. 학學의 세계

안정복은 전형적인 조선조의 정통학인이었다. 언제나 선현제철先賢諸哲의 정통학설에 따르고 그 가르침에 의해서 이치를 판단함을 원칙으로 삼으면서도 주견만은 언제나 뚜렷이 세웠다. 비록 스승 이익의 가르침이라고 하더라도 자기 주견과 맞지 않으면 고집스럽게 자기 소신을 굽히지 않았다. 한번은 이익과의 문답에서 매양 지식을 강조하고 새로운 지견을 가지고 학문의 향상을 꾀해야 한다는 스승의 교시에 선현의 학설을 따르는 일이 무엇보다도 선결되어야 할 것임을 주장한 일은 스승의 진보성에 대한 안정복의 보수성을 말해 주는 좋은 본보기가 되기도 한다.

여기에서 그는 백학百學을 섭렵하면서도 먼저 정통학문인 경학과 성리학에 진력했다. 경학은 사서삼경의 연원을 추구했고 이를 석의釋疑하여 자기 나름의 판석判釋을 주저하지 않았다. 주자설과 이황의 석의釋義를 비롯하여 중국과 한국 학자의 석의를 망라하면서 경학은 어디까지나 무본지학務本之學이 되어야 한다는 경학관을 가지고 고금의 여러 학설을 비판해 나갔다. 당시 금과옥조같이 믿어 왔던 주자설도 논박한 곳이 있고 남인계의 학적 종사宗師인 이황의 석의도 바로잡는 데 주저하지 않았다.

그리고 성리학을 다루되 맹자의 성선설에서 출발하여 송대의 주돈이周敦頤・정이程頤・주자朱子의 이기설理氣說과 이황・이이의 이기설을 공부한 후 이이의 이기일원론理氣一元論을 부정하고 이황의 이기이원론理氣二元論을 지지하면서 이를 한층 발전시켰다. 이황이 주자설을 부연해서 구체적으로 전개시켰다면 안정복은 이황설을 한결 체계화시켜서 발전시켰다고 볼 수 있다.

이 밖의 연구관심은 모든 분야에 걸쳤다. 서계書契로 전해 오는 것은 유불도와 서학・역사・역산・병서・잡학에 이르러서 『하학지남』 권말의 저술목록과 소전저술所傳著述에서 그의 저작 상황을 알 수 있거니와 이 밖에도 독서여상讀書餘滴인 『잡동산이』와 문집이 있어 학적 성향을 짐작하게 한다.

이렇게 평생 동안 학문을 하면서 내세운 안정복의 학문적 규범은 내적인 성찰과 외적인 수양을 위해서 독서하고 사색하다가 깨친 바가 있으면 수시로 이를 적어 두었다가 정리하는 자세를 갖고 있었다. 그러나 저술에서는 필삭筆削과 추고推敲를 게을리하지 말 것과 한결같은 필법으로 모든 문장을 다루어야 한다는 것이다. 어떤 때는 글을 적어 퇴고하다 보니 본문이 깡그리 없어져 버렸다는 일화가 있을 정도로 글을 조심했다.

또 이 무렵의 학인에게는 흔히 있는 일이기는 했으나 안정복도 학문을 공리적으로 여기지 않았다는 일이다. 과거를 위하는 공부가 아니고 당장 쓰여지기 위한 공부가 아니라 학문으로 성립될 수 있는가의 여부가 학문의 기준이 되었고 아울러 학문 자체가 목적이라기보다도 경세치용을 위한 수단으로서의 학문이라는 굳은 의지를 가지고 있었다.

안정복이 과거를 외면한 이유가 아무리 응시한다고 하여도 비집권층인 남인계인 탓으로 출세하지 못할 것을 알고 아예 포기하기도 했을 것이지만 그것보다도 학문의 본령이 과업科業이나 유용有用을 위해서만 고구되어서는 안 된다는 학적인 지론에서 그러했다. 이와 같은 학문에 대한 열정과 사명이 있었기에 17・18세기의 조선조의 학문적 성장과 발달이 있었고 보면 안정복과 같은 학문의 성과도 우연한 일이 결코 아니었다.

4. 역사인식의 투영

그러면서도 안정복은 역사에 대한 관심이 왕성했다. 『동사강목』을 비롯하여 『열조통기列朝通紀』・『동사보궐東史補闕』・『동국일사외기東國逸事外紀』와 전기류傳紀類의 『동국열녀전東國烈女傳』・『동국고사전東國高士傳』이 있고 이익과의 역사문답을 적어 놓은 「동사문답東史問答」이 있다.

이 중에서도 편년체 한국통사인 『동사강목』은 안정복의 역사인식을 잘 보여주는 큼직한 저술이다. 본편 17권에 부록 4편(「고이考異」・「괴설변怪說辨」・「잡설雜說」・「지리고地理考」)을 담은 3권을 합하여 모두 20권으로 되어 있다. 권수卷首에는 「동국역사전수지도東國歷史傳授之圖」・「동국총도東國總圖」・「관직연혁도官職沿革圖」 등을 싣고 있다. 영조 32년(1756)에 기초하여 영조 35년(1758), 안정복의 나이 48세 때 일단 탈고했다. 달필達筆이 아닌 안정복 나름의 독특한 고졸체古拙體 필획으로 또박또박 쓰여졌다. 그리고 20년이 훨씬 지나서 목천현감으로 있으면서 초고를 다시 손질하고 서문을 붙여서 마무리했다.

『동사강목』은 주자의 『자치통감강목』의 체제에 의해서 이룩되었다. 주자가 사마광의 『자치통감』을 토대로 하되, 고대부터 당대唐代까지의 중국역사의 큰 줄거리를 강綱으로 삼고 각 사실의 설명을 두 줄의 협주夾注로 꾸며서 목目이라고 했던 것을 모범으로 하여 동국사東國史인 한국의 역사를 꾸민 것이다.

안정복은 『동사강목』의 서문에서 말하기를 종래의 한국사인 『삼국사기』·『고려사』·『동국통감』 등에는 사실이 소홀하고 잘못된 곳이 많으며 『동국사략』(권근)이나 『여사제강』(유계)·『동사회강』(임상덕) 등이 있지만 여기에도 와전과 오류가 많아서 이를 바로잡으면서 자기 나름의 역사관을 가지고 편찬하는데 체제와 서술은 주자의 강목사관綱目史觀에 두었다고 했다.

사실, 강목체의 사서史書는 송대의 『자치통감강목』으로 대표되지만 여기에서의 강綱과 목目은 본시 유교경전의 본문에 해석인 주소注疏를 붙이던 형식을 사체史體에서 이용한 것으로서 체제에서는 독창성이 없으나 오직 정통사관을 재정립했다는 데 큰 뜻이 있다.

중국에서의 정통사관은 육조시대와 같은 분열시기나 송대와 같은 위기감이 고조되던 시대의 부산물이었다. 왕조의 정당한 계속을 올바르게 한다는 이 정통사관은 『춘추』의 대의명분론에서 강조된 사론이었는데 국가주의·민족주의가 왕성했던 남송 때 주자에 의해서 강목체라는 형식으로 정립되었던 것이다.

따라서 조선조에서는 이런 명분론이 고려－조선의 역성혁명 후 『고려사』와 『조선왕조실록』의 편찬에서 시작되었고 정통론은 벌써 『동국통감』에서 시도되었는가 하면 뒷날 여러 사찬私撰 동국사의 고대사 분야에서 시도된 바가 있었다.

그런데 17~18세기에 실학이라는 새로운 학풍이 고조되어 종래의 종속적이던 대외의식이 자주적으로 전환되고 묵수적이었던 화이적 사고가 비판적으로 변화됨과 동시에 시대적 위기를 극복하고자 하는 모처럼의 자각이 일어나게 되자 탈중국·탈주자적인 기운이 용솟음치게 되었다. 여기에서 한국사의 새로운 체계가 모색·강구되었다. 그렇지만 아무리 자주적이고 비판적인 안목이라고 하더라도 언제나 객관성과 실증성이 같이했다. 『동사강목』도 그러했다.

『동사강목』은 비록 주자의 강목체를 모범으로 했다고 할지라도 사관과 사론에서는 이익의 주장을 그대로 수용했다. 『동사강목』의 저술이 이익의 권고에 따랐고 그의 자문을 많이 받았으며 동문수학한 친구들의 참여에 의해서 이룩했고 보면 당연한 결과였다. 이에 『동사강목』은 성호학파의 역사관을 투영한 것이었고 17~18세기 실학파의 자주적이고 실증적이었던 학풍과 역사인식을 반영한 것이라고 단언할 수 있을 것이다.

5. 역사해석의 정신

역사는 해석이라는 말이 있다. 십인십의十人十義란 말도 있다. 사람에 따라서 역사해석이 다를 수가 있고 사람마다 각기의 생각이 있을 수 있다는 뜻이다. 안정복은 『동사강목』에서 조선조의 봉건질서가 붕괴되어 가는 현실 상황을, 민족의 역정과 국제정세의 추의를 상고해 봄으로써 그 원인과 대응을 찾되 동아시아의 역사발전 과정에서 우리의 전통과 정통성을 부각시키고자 했다.

이에 먼저 정통론으로부터 서술이 시작되었다. 즉 『동국통감』에서 단군조선·기자조선 뒤에 위만조선을 붙여서 삼조선三朝鮮으로 삼고 있는 것은 옳지 못하다는 것이었다. 위만衛滿은 참적僭賊이기에 위만조선 대신 마한馬韓을 정통으로 삼아야 한다는 것이다. 그리고 『동국통감』에 단군과 기자를 외기外紀에 넣고 있는데, 단군은 이 나라를 처음 개국했고 기자가 이 나라의 문물을 처음 일으켰으니 비록 사적이 인몰되었다고 할지라도 중국의 외기와 동질시할 수 있겠는가라는 반론이었다. 따라서 한국사에서는 정통을 단군－기자－마한－신라(문무왕文武王 9년 이후)－고려(태조太祖 19년 이후)로 규정하였다. 이와 같은 한국사에서의 정통론은 앞서 이익이 내세운 삼한정통론三韓正統論을 그대로 계승한 것이었다.

다음으로 『동사강목』에서는 외적의 침구에 나라를 지킨 을지문덕·강감찬·서희 등의 장상將相들을 높이 평가했고 신라와 고려 때 국방을 소홀히 했던 사례를 들어 비판했는가 하면 고구려 때의 진대법賑貸法 시행과 고려 때의 노비안검법奴婢按檢法 등의 잘못된 시책을 끄집어 힐난하였다. 이런 경우에는 으레 논찬이나 안설을 붙여서 역사평가를 했다. 이와 같은 역사해석 내지 평가는 역사적 사실을 통해서 옳지 못한 일이 다시는 되풀이되지 않게 하기 위함과 동시에 장한 일은 현창하고자 한 교훈적인 것이기도 했다. 『춘추』의 포폄褒貶이 여기에서도 작용되고 있다.

그리고 『동사강목』의 학술적 가치를 한층 높여 준 것이 있다면 부록의 「고이考異」·「괴설변怪說辨」·「잡설雜說」·「지리고地理考」의 논고들이다. 이들 부록에는 단군설화檀君說話·갈문왕葛文王·진흥왕정계비眞興王定界碑를 위시하여 졸본卒本·한사부漢四部·대마도對馬島와 같은 역대강역고歷代疆域考 분야까지의 문제들을 다루고 있는데, 모두 133항에 걸친 것이다. 여기에서 안정복은 모두 실례를 들어 고증하면서 각기 이견을 내놓았기 때문에 역사지리 연구에 귀중한 탁견으로 인정되고 있다.

한편 안정복은 중국의 사서들을 볼 때 문제점이 적지 않다고 하면서 이적의 왕위점탈, 화이의 정통 여부, 동일 민족 사이의 찬탈과 계위繼位, 시대의 교체, 위작 여부의 식별 등에 걸쳐 실례를 들어 논증하고 『동사강목』의 찬술에 원용하였다.

종래에는 한국에서 중국 사서에 관한 비판이 거의 없었고 역사사실에 관해서도 비판한 일이 거의 없었던 것이 일반적인 경향이었던 일을 감안한다면 한국사를 동아시아사 속에서 찾아보려고 했던 대담성과 중국사를 비판적으로 보고자 했다는 주체적이고 비판적인 역사관의 한 단면을 보여 주는 일이기도 했다.

안정복은 이렇게 한국사의 새로운 체계를 세우면서 중국 관계 도서 18종과 한국 관계 서적 40종을 참고했고 한국 측의 사론史論 25가家와 중국 측 사론 6가의 설도 인용하였다. 그리고 이들 사론은 범례 74조에 집약해서 서술의 기준으로 삼았다. 이것은 주자의 『자치통감강목』의 범례 방식에 따른 것이기도 했다.

아울러 『동사강목』은 한국사의 역사연대를 종래의 중국적 사관에 비해서 그

상한을 올려잡게 되었을 뿐만 아니라 종전 모호했던 사실들을 실증적으로 상고해서 사실성을 규명했고 역사 속에서 약동하고 있는 민족의 활기를 되찾고자 노력했다.

『동사강목』이 이렇게 고대에서 고려 때까지의 한국사의 통사적 서술이었다면 『열조통기』 28권은 조선 건국에서 영조 41년까지의 조선조 단대사斷代史이자 국사였다. 『열조통기』는 영조 43년에 시작된 미수정본이다. 『동사강목』이 실증적 · 비판적 · 고증적인 사서였다면 『열조통기』는 자치적인 성격이 많았다. 그러나 『열조통기』에는 현실 속에서의 역사인식이라는 의식이 작용하고 있음과 동시에 『동사강목』에 이은 한국사의 체계성을 강조하고 있기도 하다.

6. 외래문화관과 대응

안정복은 이황 · 이익의 사상체계를 자랑삼아 자처했다. 비록 궁리상窮理上 부득이 이황과 이익의 설을 수용하지 못한 경우가 없지도 않았으나 이는 학적인 경우였고, 사상체계에서는 그 계통을 철저히 고수했다. 양명학과 천주교의 대응에서는 더욱 그러했다.

양명학은 명대의 왕수인王守仁이 주장한 철학으로 주자학과 같은 성리학의 한 계파이기는 했으나 유교경전의 해석과 인간완성[聖人]의 방법론에서 주자학과 결과론에 대하여 동기론을 내세워 중국에서는 많은 호응을 받았던 이설이었는데 주자학만을 정통학문으로 삼아 오던 조선조에서는 표면상 드러내 놓고 신봉할 수 없는 형편이었다. 주자설을 조금이라도 수정하거나 비판하면 사문난적으로 몰리던 시대상황에서 이러한 양명학이 공개적으로 용인될 수 없었다.

또 천주교도 그러했다. 천주교는 유럽에서 중국을 통해서 전래된 서양 과학인 서학과 같이 전교된 종교로서 중국에서는 양명학이 풍미하던 명송明宋부터 적지 않은 교인들이 신앙하여 왔던 바이었으나, 조선조에서는 천주교의 중국적 전교서傳教書인 『천주실의』가 제자서나 불로서佛老書와 같이 완상물에 불과하다가 18세기에 들면서는 천주교설을 신봉하는 경향이 많아졌다.

그런데 이 무렵, 주자학에 염증을 느낀 젊고 의기충천하던 학인들 사이에는 양명학과 천주교를 흥미롭게 생각하고 차츰 수용하는 경향이 있게 되었다. 젊은 남인계 학인과 일부 소론계 학자들이 그러했다. 특히 남인계 학인들은 양명학에만 이끌리고 천주교에는 별로 관심이 없던 소론계와는 달리 양명학과 천주교를 다 같이 신봉하는 경향이 많아졌다. 안정복의 사위인 권일신權日身과 그 형 권철신權哲身을 중심으로 한 신진 남인학자들이 더욱 여기에 몰두하게 되었다.

이에 급진보다는 온건을 주장하여 늘 노성지중老成持重하던 안정복은 이를 보고 몇 차례 긴 편지를 보내어 현실에서 양명학의 부당성과 천주교의 모순을 지적하면서 개전할 것을 간절히 충고하였고 당화의 두려움을 암시하여 꾸짖었다. 더욱이 일부 천주교 신도 중에는 이익의 「천주실의발天主實義跋」을 보고 여기에서 이익이 천주는 유가의 상제에 해당하고 외신畏信하는 것이 불씨佛氏의 석가와도 같으며 서양의 구제를 호칭한 뜻이라고 한 것을 오해하여 이익도 같은 천주교도였다고 주장해서 자기들 신앙의 정당성을 선전하기에 이르기까지 되자 안정복은 『천학고天學考』와 『천학문답天學問答』을 저술해서 이익의 입장을 변론함과 동시에 천주교에 빠져 들어간 주위에 경각을 주고자 했다. 안정복은 여기에서 천주교의 교리를 주로 유교의 윤리관에서 비판했다.

양명학의 경우에는 이황의 반양명학적 입장에서 이단으로 규정했고, 천주교의 경우는 전통적인 윤리관 이외에도 성현의 가르침인 현세론과 너무나도 차이나는 내세관의 천학天學이야말로 용인될 수 없는 이교라는 지론이었다.

그런가 하면 일본에 관해서는 이익의 견해를 추종하여 일본이 비록 섬나라에 살면서 애초에는 문물이 보잘것없는 미개의 나라였으나 그 나름의 독특한 문화와 이기利器가 있어 볼 만한 것이 아주 없지도 않다는 것이었다. 반면 임진왜화壬辰倭禍와 같은 침구에 대해서는 강한 반발을 보이기도 했다.

7. 실학사에서의 위치

안정복은 조선조의 모범적인 학자였고 관료였다. 실학이 고조되고 있던 18세기에 근기학파의 중요한 학인의 한 사람으로 그 계열의 학적·사상적인 유맥을 이어받고 이어 주기도 한 사람이었다. 따라서 안정복은 성호 이익을 종주로 하는 근기학파에서 내세운 경세치용의 경세론을 학문과 현실에서 연관시켜 고구해 보고 이 정신으로 시대적 위기를 극복하고자 노력했다. 경학의 연구, 역사의 탐구, 외래사상의 대응, 나아가서 행정을 통해서 시도해 보고자 했다.

그러나 대부분의 선구적이었던 실학자들의 경우와도 같이 그의 정신이나 노력이 현실적으로 수용되지 못하고 뜻있는 후학들에게 학적으로나마 승계될 수밖에 없었다. 안정복을 비롯한 근기학파의 학인들이 정책을 입안하여 시행시킬 수 있는 위치에 있을 수 없었고, 간혹 그 주장의 일부나마 조의朝議에서 긍정적으로 받아들여진다고 하더라도 현실에 안주한 일당전권一黨專權의 추의에 의해서 무산되었기 때문이다.

여하간 안정복의 학적 세계는 당시에 이미 성예聲譽가 있었다. 특히 『동사강목』은 유명하여 정조 7년(1783) 왕명으로 등사되어 을람乙覽되는 일이 있었다. 하기야 그 친구이자 『동사강목』의 편찬에 윤동규尹東奎와 같이 적극 참여했던 이병휴李秉休조차도 안정복에게 "경학보다 사학에 치중하는 것은 학자의 본분에 어긋나는 일이 아니냐"고 충고할 정도로 안정복은 사학에 몰두하기도 했다. 고조선과 삼국시대를 악부樂府 5수로 시화할 정도까지 전념했다.

이 무렵 안정복의 『동사강목』 외에도 이긍익李肯翊의 기사본말체 『연려실기술』 59권이 있고 한치윤의 기전체 사서인 『해동역사』 70권과 한진서韓鎭書의 『지리고 속편』 등이 있지만 역사정신의 탁월함과 고증의 우월함은 『동사강목』을 따르지 못했다.

따라서 『동사강목』은 경세치용을 강하게 주창한 근기학파의 저술로서만 의의 있는 것이 아니라 실사구시를 특색으로 하는 학적 계열의 선구적인 저술이 되었고 근대기에 접어들면서도 박은식朴殷植·장지연張志淵·신채호申采浩 등과 같은 민족사학자들의 학적·사상적인 계도서啓導書가 되었다. 뿐만 아니라 뒷날의 문헌사학자들에게 한국사연구의 입문서 혹은 자료집의 구실을 하여 주었고 심지어는 이들에게 적지 않은 문제의식까지도 시사해 주었고 보면 안정복의 한국사학사에서의 위치가 지대함을 말하지 않을 수 없다.

안정복이 이 세상을 떠나자 조정에서 천주교를 배척한 공이 있다고 하여 좌참찬의 벼슬을 추증했고 문숙文肅이란 시호를 내린 일은 노성지중老成持重하고 온건적이었던 안정복의 면모에 알맞은 결과라고 말할 수 있을 것이다.

여하간 안정복은 18세기의 두드러진 학인에만 그치는 것이 아니라 17~19세기의 한국실학사에서도 굴지의 거유巨儒였다.

『동사강목』 연구

강광원

1. 머리말

우리나라 봉건사회에서 이룩된 학문유산 가운데서 실학역사학은 중요한 자리를 차지한다. 봉건사회가 한창 내리막길을 걷고 있던 17~18세기 역사학 분야에서는 다른 학문 분야에서와 마찬가지로 임진조국전쟁 이후 대두한 실학적 학풍이 계속 성행하면서 일련의 단대사와 통사들이 편찬되어 민족사가 새롭게 체계화되고 그 내용이 전 시기에 비하여 많이 심화되어 나갔다.

당시 조선역사통사로 편찬된 『동사강목』은 이 분야에서 중요한 성과들을 달성함으로써 18세기의 역사학을 특징짓는 대표적인 유산의 하나가 되었다. 사실상 『동사강목』은 그 학술적 가치에 있어서 당시 편찬된 관찬・사찬의 역사책들 가운데에서 가장 우수한 부류에 속하는 통사로서 편사학상 그에 견줄 만한 다른 저술을 찾아보기 어렵다.

따라서 주체의 사회역사관에 기초하여 당성・노동계급성의 원칙과 역사주의적 견지에서 『동사강목』의 편찬 형식과 내용을 전면적으로 분석하고 그의 학술적 가치를 옳게 찾아내는 것은 선조들이 남긴 민족문화유산에 대한 허무주의적 태도를 극복하고 그를 정확히 평가하기 위한 중요한 사업의 일환이 된다.

2. 『동사강목』의 편목

1) 『동사강목』의 편찬경위

『동사강목』은 18세기 우리나라의 가장 대표적인 실학자의 한 사람이며 역사가였던 안정복(1712~1791년, 호는 순암)이 필생의 노력을 경주하여 저술한 조선역사 연구저서이다. 여기에는 그의 수십 년 간에 걸치는 민족사의 연구 성과가 집대성되어 있다.

따라서 『동사강목』의 편찬경위는 사가로서 안정복의 민족사 연구 및 서술과 통일적 연관 속에서 고찰하여야 한다. 이것은 그가 『동사강목』을 다른 역사책들과 병행하여 집필 완성한 조건에서 그의 편찬과정을 정확히 밝히기 위한 전제조건이 된다.

그는 일생을 통하여 『치통』·『광주지』를 비롯한 여러 권의 역사저술을 남겼는데 그 가운데서도 널리 알려진 것은 자매편을 이룬 『동사강목』과 『열조통기』이다. 특히 『동사강목』은 사가로서의 안정복의 지위를 규정하는 중요 저술로서 내용의 풍부성과 심오성, 형식의 독창성으로 하여 이채를 띤다.

안정복의 조국 역사에 대한 연구와 저술은 청년시절부터 시작되었다. 남인 계열의 몰락한 양반가문에서 태어나 양반으로서는 그리 넉넉지 못한 생활을 하면서 성장한 그는 당시의 고루한 양반 통치배들과는 달리 일찍이 벼슬길을 단념하고 오로지 학문연구에 전심하였다. 유학의 경전에 파묻혀 있던 그가 조국 역사를 본격적으로 연구하기 시작한 것은 1746년(영조 22년) 10월 그의 나이 35세 되던 해에 당대의 이름난 실학자인 성호 이익을 찾은 때부터였다.

이익과의 만남은 그의 사상과 학문연구에서 하나의 전환점이 되었다. 봉건왕정의 테두리 안에서 부분적인 사회정치적 개량을 지향하면서 그것을 구체화한 이익의 이른바 '개혁'사상에 심취된 그는 성호학파의 적극적인 지지자로, 주장자로 두각을 나타내게 되었다. 그는 이때부터 민족사연구를 나라의 파국적 위기를 해소하고 국가의 부강을 도모할 수 있는 실속 있는 학문으로 여기고 당시의 사회현실과 밀접히 결부하여 진행하게 되었다. 또 이 과정에서 조국 역사에 대한 깊은 조예를 쌓게 되었으며 당시 통용되고 있던 역사책들의 부족한 점과 결함을 깊이 꿰뚫어 보게 되었다.

사실상 그의 생존 당시까지 유포되고 있던 역사책들은 그 종수가 얼마 되지 않는데다가 내용상으로 보나 형식상으로 보나 결함이 많아 널리 읽히지 않고 서가의 장식품 역할밖에 하지 못하였다. 이렇게 된 데는 양반 통치배들이 혹심한 사대주의와 민족허무주의의 진창 속에 빠져 자기 나라의 역사연구와 그 저술을 홀시한 데 그 주된 원인이 있었다. 양반사대부들이라고 하는 자들은 유교경전이나 이른바 제자백가의 저서들, 중국의 역사책들을 널리 읽고 그에 정통하는 것을 자랑으로 여겼다.

봉건통치배들은 유교에서 경서는 유교도덕의 원리를 주고 역사는 유교도덕의 원리가 실제 인간사회에서 어떻게 적용되는가를 검토하고 거기서 역사의 경험과 교훈을 찾는 수단이 된다는 전통적인 관념으로부터 역사가 경서에 쓰인 유교도덕의 원리에 대한 이해를 돕는다고 인정하였다. 그런데 실제 그들이 당시 역사를 서술하면서 추구하는 목적, 즉 역사의 경험과 교훈을 찾기 위하여 주로 이용한 것은 우리나라의 역사와 관련된 사실들이 아니었다.

그것은 오히려 자기가 나서 자란 우리나라가 아니라 잘 알지도 못하고 가본 일도 없는 중국의 역사적 사실들이었다. 따라서 양반통치배들은 예외 없이 우리나라 역사와 역사책보다 중국의 역사와 역사책들에 더 주의를 돌리고 거기에서 조선역사와 관련되는 기사들을 찾아가면서 읽는 것이 습관화되었다. 그들은 우리나라 역사상의 어떤 개별적 사실이나 전고(옛날 제도)를 알아야 할 필요성이 제기될 때에만 자기 나라의 역사를 돌이켜보거나 역사책들을 들춰 보았을 뿐이다. 말하자면 봉건사회의 전 기간 양반통치배들의 자기 나라 역사에 대한 관점과 입장은 실무적 이용의 범위에 머무르고 있었다.

그러므로 양반관료들에 의하여 작성된 이른바 '명찬서'(왕명에 의하여 편찬된 역사책)들의 내용에는 자기 나라의 역사적 사실들에 대한 깊은 고증이나 평가, 이론화가 있을 수 없었다. 장구한 봉건사회의 전 기간을 통하여 자기 나라의 역사에 대한 일정한 연구와 편찬이 계속 진행되기는 하였으나 종래의 고루한 사고방식에서 다루다 보니 그 심도가 깊지 못하고 내용과 형식에서 큰 변화가 없는 것은 자명한 일이었다.

그러나 17세기에 들어와 실학이 대두하고 18세기에 그것이 더욱 발전하면서 사태는 달라지게 되었다. 시대추세에 민감한 양반통치층의 선진분자들은 지난 시기 우리나라의 역사적 사실들을 깊이 연구 고증한 데 기초하여 그 내용을 시대의 요구에 부합되게 만들었으며 형식에서도 새것을 탐구하는 등으로 자기 나라의 역사책들을 많이 읽도록 하기 위한 애국적인 노력을 경주하였다.

그리하여 오운의 『동사찬요』, 유계의 『여사제강』, 홍여하의 『동국통감제강』과 『휘찬려사』, 임상덕의 『동사회강』을 비롯한 단대사와 통사들이 편찬되어 통용되게 되었다. 이 역사책들은 『삼국사기』로부터 『동국통감』에 이르는 명찬서들의 내용과 형식상 결함과 부족한 점들을 적지 않게 퇴치하였다. 그러나 봉건역사서술의 기본적인 원칙에서 볼 때 그 기본사상에 미흡하였으며 서술 형식과 방법, 역사적 사실의 정확성을 보장하는 측면에서 원만치 못했다.

안정복은 민족사 연구과정에서 이것을 누구보다도 심각히 느끼게 되었다. 그는 후대교육과 봉건통치자들의 귀감이 될 수 있는 새로운 통사를 편찬하는 것이 필요하다고 생각하였다. 그리하여 안정복은 45세 되던 1756년에 우리 강토의 수천 년 사적을 기나긴 밤중에 묻어 둘 수 없다고 생각하여 지체없이 『동사강목』의 집필에 착수하였다.

이에 대하여 안정복은 자기 스승인 성호 이익에게 보낸 편지에 다음과 같이 썼다.

> 우리나라의 역사에 이르러서는 하나로 통일된 저술이 없으며 또 의문나는 것을 판별할 사람도 없습니다. 그리하여 우리 수천 년 강토의 수천 년 사적을 기나긴 밤중에 묻어 두고 돌볼 줄을 모르게 되었습니다. 그러하오니 책을 써서 나무람을 듣는다 하여도 그만둘 수 없게 되었습니다. 소생은 재주가 없고 배운 것이 없어서 어찌 책을 써서 무엇을 논할 자격이 있사오리까만은 오직 이 한 가지 생각으로 하여 매양 뉘우치는 마음을 금할 수 없습니다(『순암집』 권2, 「상성호선생서 무인」).

그는 편사의 시대적 범위를 고대로부터 고려 말까지로 확정하고 그 내용을 전 20권의 방대한 저술에 담기로 하였다.

집필에 착수하여 3년 만인 1758년에 일단 초본을 끝냈다. 『동사강목』의 마지막 편인 부록편의 「지리고」에 병자년(1756년)에 저자 자신이 쓴 「지리고서」가 붙어 있는데 이것은 그가 「지리고」가 들어 있는 부록편을 집필 초기에 다루었다는 것을 의미한다. 저자는 초본을 끝냈으나 정서를 서두르지 않았다. 이것은 그가 저술의 신중성을 기하는 것과 함께 보다 간략화되고 보기에도 쉬운 역사책의 필요성을 긴절히 느끼고 『사감』 집필에 착수한 데도 기인하였다.

『순암집』 연보에 의하면 그가 51세인 1763년에 전 8권의 『사감』을 완성하였다는 기록이 있는데 이것은 그가 『동사강목』의 초본을 끝낸 후 바로 『사감』 집필에 착수하였다는 것을 의미한다. 안정복은 『사감』 편찬을 끝낸 후 『동사강목』의 초본에 대한 수정가필을 계속하는 한편 1766년부터 이조시대 단대사인 『열조통기』의 집필에 착수하였다. 그가 『동사강목』의 완성을 뒤로 미루면서까지 이조시기의 단대사 집필을 시작한 것은 당시 관찬·사찬으로 된 역사책들이 모두 시기적으로 고려를 넘어서지 못한 관계로 하여 이조시기의 역사를 체계적으로 서술한 역사책들을 찾아볼 수 없게 된 것을 안타까이 여긴 데 있었다.

사실상 그가 생존하던 18세기 초·중엽까지 이씨 왕조가 시작되어 근 400년의 역사가 흘렀으나 일반이 볼 수 있는 역사책은 거의 없었다. 국가의 비장에 속한 역대 왕들의 실록을 제외하고는 유일하게 『국조보감』이 있었으나 그것을 역사책으로 인정하기에는 그 내용에 있어서나 형식에 있어서 너무나 허술하고 불충분하였다.

오래전부터 고대로부터 이조까지를 통괄하는 전사 집필에 뜻을 두고 있던 안정복은 『동사강목』의 초본에 대한 검토와 보충작업을 계속하는 한편 대담하게 『열조통기』 집필에 들어갔다. 『열조통기』는 비록 그 내용 편성에서 『동사강목』과 방식이 다르지만 편사의 시대적 범위로 볼 때에는 사실상 그의 속편으로 되는 동시에 체계화된 전사의 후편에 속한다. 『열조통기』의 편찬을 끝낸 그는 비로소 『동사강목』의 초본 완성작업을 다그칠 수 있게 되었다. 그러나 본의 아닌 벼슬살이가 강요되어 그의 나이 60세 되던 해인 1772년에 익위사 익찬, 64세 때인 1776년에는 목천현감 등의 관직을 역임하게 됨으로써 초본 정리에 전적으로 손을 댈 수 없었다. 그는 3년 간의 목천현감 재임기간에 짬짬이 시간을 내어 초본을 한장 한장 완성해 나갔다. 그리하여 마침내 최종적인 서문(머리글)을 붙여 세상에 내놓았다.

『동사강목』의 완성에 대하여 저자는 서문에서 "이 책을 저술한 후에 청서하지 않고 20여 년 간 그냥 초본을 가지고 있었는데 병신년 겨울에 목천현감으로 부임되어 내려오면서 공무의 틈에 비로소 한 벌을 청서하여 가숙(서당)의 자제들을 위한 교본으로 삼았다"(『동사강목』 수권, 서문)라고 하였다.

머리글은 1778년(정조 2년) 봄에 저자가 목천에서 쓴 것이다. 이것은 『동사강목』의 초본 완성기간에 대한 머리글의 기록이 정확하였다는 것을 의미한다. 저자는 머리글에서 초본을 20여 년 간 그냥 가지고 있었다고 하였으나 그 기간이 실제상으로는 『동사강목』의 완성을 위한 고심어린 사색과 탐구로 이루어진 첨삭·수정 과정으로서 그것이 끝나면서 곧 청서하여 교본으로 쓴 것이다. 실로 『동사강목』은 저자가 심혈을 기울여 생애의 말년에 완성한 역작이었다. 저서는 바로 출판되지 못하였다. 우선 책의 분량이 많았고, 다음으로는 그가 당초에 책을 쓸 때 출판에 별로 뜻을 두지 않고 집에다 두고 참고로 보면서 자제들을 가르치는 데 주된 목적을 둔 사정과도 관련되었던 것이라고 인정된다.

이런 사정이 있었으나 저서는 완성되자마자 그 우수성으로 하여 사본으로 널리 유포되었다. 규장각장서에서도 『열조통기』와 함께 사본으로 들어가 있었는데 오랫동안 출판 실현을 보지 못하고 있다가 1915년에 비로소 활판본으로 출판되었다.

2) 『동사강목』의 편목구성

해당 역사책의 편찬형식과 내용을 밝히는 데서 그의 편찬경위와 함께 편목에 대하여 아는 것이 필요하다. 봉건편사학의 기본원칙에 입각하여 편찬목적에 부합되게 편목을 어떻게 구성하는가 하는 것은 저자의 역사에 대한 지식에도 많이 좌우된다.

『동사강목』은 그 편목이 본권과 각각 앞뒤에 붙인 수권・부권으로 구성되어 있다. 수권은 첫머리에 저자의 자서를 앉히고 그 아래로 내려가면서 목록, 범례, 채거서목, 사론제유성씨, 전수도, 지도, 관직연혁도 등의 항목을 설정하고 차례로 실었다. 종전까지의 역사책들은 물론 그때 편찬된 역사책들에도 일반적으로 수권을 서문(머리글), 목록(차례), 범례(일러두기)로 편성하는 것이 상례였다. 이것은 당시까지 거의 격식화된 봉건편사학의 전통적이고 보편적인 수권 편목형식이었다.

그러나 『동사강목』은 수권의 이러한 편목형식에 대한 고질화된 관례에서 벗어나 서문・목록・범례만이 아니라 채거서목과 사론제유성씨, 그리고 전수도와 지도, 관직연혁도까지 첨가하는 새로운 형식을 취하였다. 그리하여 『동사강목』은 역사책에서 처음으로 수권의 편목 구성범위를 늘림으로써 그 형식을 새롭게 하였다. 뿐만 아니라 『동사강목』은 수권의 내용을 구체화함으로써 종전까지의 역사책들에서 농후하던 수권의 형식주의적인 성격을 극복하였다. 당시 통용되고 있던 역사책들은 대개 수권에 서문과 목록을 앉히고 범례를 짤막하게 주었다. 그리하여 수권은 사실상 없어도 무방한 형식주의적 측면이 다분하였다. 그러나 『동사강목』은 종래의 틀에서 벗어나 수권의 내용을 구체화하였다.

머리글에서 『동사강목』은 먼저 우리나라의 역사책들을 소개하면서 기전체의 『삼국사기』·『고려사』, 편년체의 『동국통감』·『여사제강』·『동사회강』 등이 있고 『삼국사략』·『동사찬요』 등의 약사가 있어서 역사책이 훌륭히 갖추어져 있다고 찬양하였다. 다음에는 위에서 든 역사책들의 결함을 지적하고 『동사강목』의 집필동기와 그 경위를 밝혔다. 그러면서 왕조의 계통을 밝히고 왕위찬탈을 엄격히 다루며 시비를 따져 바로잡으며 전장(제도)을 상세히 서술하는 것이 역사가의 임무라는 것을 특별히 강조하였다.

『동사강목』에서는 봉건편사학의 이러한 주요 원칙에 입각하여 범례를 무려 18장 70개 조목으로 작성하고 매 조목을 상세히 서술하였다. 일러두기의 서론에서는 매개 역사적 사실을 저울질하는 데는 강목법이 가장 적합하다고 하면서 우리나라의 실정에 부합되는 범례를 세웠다고 하였다. 그리고 매개 항과 목들에서 유가적 정통론에 귀착하는 서술 원칙을 제시하였다. 「채거서목」에서는 『동사강목』을 저술하기 위하여 참고한 내외의 역사책들과 개인들의 문집류에 이르기까지 모조리 열거하였다. 「사론제유성씨」에서는 『동사강목』에 실린 사론의 필자들인 내외 역사가들의 이름을 일일이 지적하였다. 「전수도」에서는 고조선으로부터 고려에 이르는 역대 왕조의 계통도를 제시하고 여기에 『동국통감』에서 인용한 왕조별 흥망성쇠에 관한 사론을 첨부하였다. 「지도」에서는 매 왕조에 따르는 중요한 역사적 시기의 지역적 범위를 직관적으로 묘사한 역대 폭원도와 강역지도를 주었다. 또한 각 왕조의 중앙관제를 도표로 제시하고 그 관직들의 연혁에 대한 비교적 상세한 주석 형식의 설명문을 단 「관직연혁도」를 첨부하였다.

이처럼 수권은 서론과 범례를 구체화하고 보조직관 자료라고 할 수 있는 각종 지도와 도해까지 첨부하고 설명함으로써 본문의 내용과 밀착되어 그 이해를 매우 쉽게 하였다. 『동사강목』은 확실히 수권의 편목형식이 구성에서 새로운 것이 많고 내용에서 구체화·직관화·통속화됨으로써 당시 통용된 다른 역사책들과 편목 양상이 다른 것으로 특징지어진다.

본권은 고조선으로부터 고려(1392년)까지의 역사를 17개의 편으로 구성하고 그에 해당하는 항목을 구체화하였다. 제1상에는 고조선과 마한, 제1하~제4상에는 3국(고구려・백제・신라), 제1상의 부록에는 위씨조선・진한・변한・부여・예・맥・옥저, 제1하의 부록에는 2군, 부여・가락, 제2상의 부록에는 2군, 대방・부여・가락, 제2하의 부록에는 부여・가락, 제3상의 부록에는 부여, 가락, 제4상의 부록에는 발해, 제4하~제5하에는 신라(7세기 후반기 이후), 제4하, 제5상의 부록에는 발해, 제5의 부록에는 후백제와 태봉국, 제6상~제7하에는 고려가 올라 있다.

이렇게 『동사강목』은 본문구성에서 매 편을 상・하로 나누고 거기에 항목별로 한 개 또는 몇 개 왕대를 묶어 놓았다. 따라서 왕조나 왕위존속기간에는 관계없이 그 왕대에서 일어난 사변들과 사실들로 서술할 만한 것이 많은 경우에는 한 개의 왕대 서술이 상・하, 상・중・하, 1・2・3・4 등으로 몇 개 편을 걸치었으나 그와 반대되는 경우에는 몇 개의 왕대서술이 한편에 국한되었다. 이에 따라 매 편은 물론 그를 구성하고 있는 상・하 편의 포괄기간이 짧은 경우에는 수개월, 긴 경우에는 천수백여 년에 이르는 등 각이하였다. 또한 편구성에서 필요한 개소에 부록을 첨가하고 해당하는 항목을 설정하였다. 이 모든 것은 저자가 본권 편성에서 본문을 서술 분량에는 관계없이 무조건 시기와 왕대별로 일률적으로 가르던 종래의 관례에서 벗어나 철저하게 서술 항목의 내용상 분량을 타산하면서 설정하였다는 것을 의미한다.

부권은 「고이」・「괴설변」・「잡설」・「지리고」 4편의 역사고증설을 상・하로 구성하고 그 아래 구체화된 230여 개의 항목을 설정하였다. 「고이」편은 자서와 역사적 사실의 동이(같고 다른 것)와 사건・사실에 대한 사료의 취사선택의 근거를 밝힌 134개의 항목으로 이루어져 있다. 「괴설변」편은 자서와 정사를 비롯한 선행 역사책들에 올라 전승・전사되어 온 신화・전설을 비롯한 여러 설화들을 고증판정한 14개의 항목을 싣고 있다. 「잡설」편은 선행 역사책들에서 논의되었으나 명백치 못하고 잘못 서술된 일련의 역사적 문제들을 고증판정한 11개의 항목으로 이루어져 있다. 「지리고」편은 자서와 「역대강역고」·「분야고」로 이루어져 있다. 「역대강역고」는 고조선 이래의 역사지리를 비판·고증한 57개의 항목을 싣고 있다. 「분야고」는 동방 고대 천문학의 28수에 배정된 조선의 이른바 '분야'에 대한 저자의 견해를 쓰고 여기에 우리나라의 지리적 위치를 밝힌 '경위선분야도'를 첨부하였다.

이렇듯 『동사강목』은 편목상 역사책으로서 갖추어야 할 일련의 형식을 새롭게 개척하고 그 범위와 내용을 확대 심화시켰다. 책의 첫머리에 머리글을 주고 다음에 차례 그리고 역사서술의 방법론적 기초인 범례 및 인용서목을 실었으며 그 다음에는 독자의 이해를 돕기 위한 각종 보조직관 자료들, 예를 들면 역대 왕조의 세계표, 강역도, 관직연혁도 등을 첨부하여 놓았다.

본권의 편목도 역사적 순차성에 따라 기본체계를 구성하고 교재로 쓰기 편리하게 항목을 가르고 그 내용에 있어서도 전례 없이 많은 것을 실었다. 그리고 본권 다음에 부록 형식의 고증적 항목을 많이 첨부하여 본편의 내용을 보충함으로써 수권과 함께 본문의 기본 대강을 인식하는 데 참고가 되게 하였다. 그리하여 『동사강목』의 편목은 형식에 있어서 그 서술 목적에 부합되게 다만 중요 연표와 색인(찾아보기) 및 삽화가 없을 뿐 역사책으로서 갖추어야 할 편찬사항을 당시로서는 가장 높은 수준에서 다 갖추었으며 내용상으로도 그 범위를 비상히 확대하고 풍부화시켰다.

그러나 『동사강목』의 편목은 그 구성과 포괄범위에서 봉건왕조사의 서술체제에 맞게 역사를 품절하는 유학적 방법에 의거하여 작성된 관계로 항목설정에서 왕조의 정윤을 따지고 사대주의를 극복하지 못한 본질적 결함도 가지고 있다 이것은 당시의 시대적 제한성과 함께 저자 자신의 계급적 처지로부터 흘러나온 필연적인 것이었다.

3. 『동사강목』의 서술체계와 방법

1) 『동사강목』의 서술체계

『동사강목』은 역사를 역대 왕조들의 순서에 따라 편년하고 그 내용 서술에서 강목법을 채용하였다. 강목체는 그의 말에 따르면 사실을 바로 쓰고 시비를 정확히 분별하는 데 비길 수 없이 우수한 방법이라고 하였다(『동사강목』 수권, 「범례」). 물론 강목체가 역사서술에서 가장 발전된 체제는 아니며 그에 의하여 치음으로 채용된 필법도 아니었다. 강목체 그 자체가 역사를 서술하는 유학적 범주로서 봉건왕조사의 주요한 서술 방식의 하나였다. 그러나 이 강목체에는 역사발전의 객관적 합법칙성, 즉 사물 상호간의 연관을 탐구하고자 하는 입장이 관철되어 있는 점에서 긍정적인 역사서술 체제가 된다. 강목체에서는 중요하다고 보는 역사적 사건들의 큰 줄거리를 요약하여 연대순으로 써내려 가면서 필요한 대목에 대해서는 상세한 앞뒤 설명을 주었다. 따라서 이 서술체제는 기전체는 물론 사건을 연대순으로 나열해 놓기만 하는 편년체보다 사건을 중점적으로 이해하는 데 훨씬 편리하였다. 이런 측면에서 볼 때 강목체는 서술체제에서 좋은 방법으로 인정되었다. 그러므로 저자가 『동사강목』 서술에서 강목체를 채용한 것은 종래의 기전체나 연대기적인 편년체의 방법에서 벗어나고자 한 의도에서였다.

기전체로 말하면 일찍부터 봉건왕조사의 기본 서술체제의 하나로 알려져 있으며 내외의 많은 역사책들은 이 필법에 따라 서술되었다. 그러나 기전체는 서술체제상 본질적 결함을 가지고 있었다. 우리나라에서 현존하는 최초의 역사서인 『삼국사기』를 놓고 보더라도 기전체의 서술체제로 되어 있으므로 역사적 사실과 제반 제도, 인물 전기들이 형식적으로 분류되어 있고 그 내용 서술에서 중복이 허다하였다. 이것은 『삼국사기』가 기사들을 본기·열전·지로 인위적으로 갈라 서술한 결과 나타난 불가피한 현상이었다. 뿐만 아니라 내용 서술에서 착오가 많고 동일한 사건을 평가함에 있어서도 그 기준이 명백하지 않았다.

그리하여 『삼국사기』는 역사적 인물 · 정치 · 경제 · 군사제도 등을 총괄적으로 이해하는 데는 편리한 점도 있으나 단편적이고 추상적인 자료들을 상호간에 아무런 연계와 분석이 없이 그저 나열함으로써 사건이 중복되고 같은 사건의 시간적 연계도 명백하지 않아 매개 역사적 사실을 통일적으로 파악하기 힘들다.

『동사강목』에서 저자는 역사서술 체제와 그 형식에 대하여 논하면서 김부식의 기전체 『삼국사기』는 소략하고 오류투성이가 되어 역사책의 체모를 이루고 있지 못하다는 것을 지나치다고 할만큼 신랄히 비판하였다. 『삼국사기』에 비하여 편년체로 쓰인 『삼국사절요』나 『고려사절요』는 이런 측면에서 좀 나았다. 물론 이 역사책들은 역사적 사실을 연월일별로 한 편년 아래 묶어 서술하였기 때문에 사건들을 순차적으로 보는 데는 편리하였으나 하나의 역사적 사실을 총괄적으로 깊이 파악하는 데는 불편하였다. 당시까지 전존한 모든 역사책들은 또한 그 서술체제가 다른데도 내용 서술에서 공통적인 결함과 부족한 점을 가지고 있었다. 기전체나 편년체나 할 것 없이 크고 작은 역사적 사실을 경중의 차이가 없이 일률적으로 나열하였을 뿐 아니라 과거의 것, 예를 들면 전승 · 전사되어 온 신화 · 전설 같은 것을 아무런 깊은 연구도 없이 그대로 역사에 기록하였다. 때에 따라 간혹 상식에 기초한 해명을 하거나 개작을 하는 경우가 있었으나 이것은 극히 희귀한 일이었다. 따라서 역사책으로서 반드시 갖추어야 할 신빙성이 부족하였다.

15세기 말에 들어와 편찬된 『동국통감』은 고려 이전 시기의 우리나라 역사를 간결하게 한 책에 묶어 놓은 특색 있는 역사책으로서 서술체제와 내용상 그 이전 시기에 비하여 일보 전진하였다. '통감'은 '고금의 흥망을 통관하며 제왕의 득실을 거울같이 들여다본다'는 의미에서 온 말로서 정치의 귀감으로, 교양재료로 될 만한 역대의 사실을 기록하는 한 개의 역사서술 체제였다. 『동국통감』은 각 시기 왕조의 역사를 중심으로 그 흥망 · 강역 · 명교 · 절의 · 난적 · 간유 등 사적들에 중점을 두고 봉건적 유교교리의 입장에서 중요 사변들에 대한 편자들의 사론을 중요하게 첨부하였다. 비교적 간략화된 통사인 『동국통감』도

형식에서 비록 강목편년체를 채용하고 내용 서술에서 신화 · 전설 같은 것을 적지 않게 정리하였으나 여전히 그 중심이 명백치 못하고 내용 서술이 산만하였으며 신화 · 전설 같은 것도 많이 그대로 베껴 놓았다. 때문에 당시 적지 않은 사람들은 '『동국통감』과 같은 변변치 못한 책을 누가 읽겠는가'라고까지 하였다.

물론 명찬서를 비롯한 당시의 역사책들에 대한 이러한 혹평과 태도가 그들의 사대주의와 주요하게 관련된 것이기는 하지만 이 책들이 봉건시대의 역사책으로서 내용과 형식상의 결함과도 적지 않게 관련되어 있었다. 그러므로 『동사강목』의 저자가 역사서술에서 새로운 체제를 모색한 것은 우연한 것이 아니었다.

저자는 『동사강목』에서 여러 역사적 사실과 사건 등을 경중에 따라 강과 목으로 나누어 묶으면서 그 의의를 선명히 하기 위한 설명을 필요한 개소에 주었다. 예를 들면 국가의 중대사로 인정하고 역사의 대강으로 내세운 전쟁을 비롯한 대외관계 사실들을 서술하는 경우에 "조선 왕 우거가 한 요동도위 섭하를 잡아 죽이다"(제1상, 임신 마한), "봄 정월 거란이 곽주를 침범하다"(제7상, 병진 현종 7년) 등으로 짤막하게 주고 세목에서는 사료의 안내와 보충, 비판분석 등으로 전후관계를 사건의 추이에 따라 구체적으로 설명하였다.

또한 강과 목의 서술을 보충하며 밑받침하기 위하여 종래의 서술과 별개의 체계인 '별론'에서 상세한 고증을 전개하였다. 사실상 『동사강목』은 본문에서 언급은 하였으나 해명하지 않고 지나간 200여 문제에 달하는 수많은 역사적 사실과 사건들을 실사구시적으로 분석 해명하고 해당한 평가를 줌으로써 본문의 서술을 내용적으로 힘 있게 보완하였다. 그리하여 부권의 고증설은 역사의 대강을 정확히 이해하는 데서 필수적인 세목으로서 본문의 내용과 논리적으로 밀착되어 있다.

당시 편찬된 역사책들 가운데서 강목편년체의 서술체계를 적용한 것은 『동사강목』이 처음이 아니었다. 『동사강목』보다 앞서 편찬된 『여사제강』 · 『동국통감제강』 · 『동사회강』도 다 서술체제상 강목편년체로 쓰인 통사였다. 특히 『동사회강』은 본문과 함께 '별론' 형식의 '논별제조'에서 삼국 이전에 속하는 고조선과 삼한, 발해왕조 등 시대의 제반 역사적 사실과 지명들을 많이 검토하였다. 그러나 전반적으로 볼 때 『동사강목』에 비하여 서술체제상 강목 설정이 세련되지 못하고 자료이용의 범위와 내용, 심도에서 뒤떨어진다.

이처럼 『동사강목』은 왕조사의 전통적인 서술체제의 형식에 구속되지 않고 강목체의 서술체제를 택하면서 여러 가지 서술 형식을 빌어 그의 내용을 보다 심화시켰다. 그렇다고 하여 『동사강목』의 서술체제에서 부족한 점과 결함이 없는 것은 아니다. 많은 경우에 강을 지나치게 간단히 주를 다니 부분적으로 역사적 사건이나 사실의 본질이 선명하게 나타나지 않으므로 그와 연관된 다른 부분의 서술을 그 전제로 끌어와야 이해할 수 있게 되어 있다. 또한 강에 비하여 목이 세분화된 나머지 강의 의의가 약화되거나 역사적 사건과 사실의 중심이 바로 안겨 오지 않는 경우도 있다. 이러한 부족한 점과 결함이 있기는 하나 저자가 채용한 강목체의 필법은 『동사강목』의 서술체제상 특성과 우월성을 잘 보여 준다.

2) 『동사강목』의 서술 방법

(1) 사료의 광범한 인용과 비판적 이용

『동사강목』은 역사기술에서 무엇보다도 역사적 사실을 매우 중시하면서 실사구시적 입장에서 그와 관련된 사료들을 널리 인용하고 비판 분석하였다.

사료는 역사연구의 기초가 된다. 그것은 사료가 역사적 사실의 기록으로서 역사연구와 서술에서 1차적 의의를 가지기 때문이다. 그러므로 역사를 서술하기 위해서는 사료를 잘 알아야 하며 여기에서는 사료를 널리 수집하고 정리하는 것이 매우 중요하다. 그러나 사료에 대한 입장과 태도는 같은 봉건사회의 조건하에서도 계급적 이해관계와 시기에 따르는 학문연구의 방향과 심도에 따라 역사학자마다 구별될 수 있다.

안정복으로 말하면 역사사료의 축적과 수집의 중요성을 누구보다도 깊이 파악하고 역사서술에서 사료를 광범히 이용한 대표적인 역사학자의 한 사람이었다. 그는 "천하에는 하루도 역사기록이 없을 수 없다"(제13하, 정사 충숙왕 4년 4월)고 하면서 "각 고을에 사관을 두어 그 경내의 정치·풍속·이문(특이한 사실)에 관한 기록을 맡아 보게 함으로써 사국(춘추관)에서 역사를 편찬할 때 자료로 쓰이게 하는 것이 좋을 것"(제10하, 병오 고종 33년 7월)이라고 주장하였다. 하기에 저자는 역사가라고 하면 우리나라와 관계되는 이웃 나라의 풍속도 잘 연구하여야 하며 상세히 알고 있어야 한다고 하였다. 그는 고려가 1019년 철리국에 사신을 파견한 데 대하여 서술하고 그 '안설'에서 "이웃 나라의 풍속과 그 지방의 관리, 부락의 성쇠 등은 나라에서 반드시 자세히 살펴야 하는 것이다. 철리국과 이미 사신을 교환하고 내왕하였으니 그 나라의 인물·풍속·산천의 원근과 흥망성쇠의 자취를 알아야 하는데 역사기록에 아무것도 없어서 지금 어느 지방인지 알 길이 없으니 (…) 한탄할 일이로다"라고 썼다(제7상, 현종 10년 5월). 이것은 역사서술과 연구에서 기본사료를 널리 수집하며 그를 상세히 고증하여야 한다는 저자의 실사구시적 태도를 잘 보여 주는 것이다.

사실상 저자는 『동사강목』 서술에서 국내외의 역사관계 서적들을 최대한으로 섭렵하고 필요한 사료를 선택하였으며 수많은 역사가들의 사론도 깊이 연구하고 저술에 인용하거나 비판 고증을 전개하였다. 저자는 『동사강목』의 수권 범례에서 그가 참고한 주요 서목의 대강을 밝히고 다시 「채거서목」에서 인용서목에 대한 자세한 평까지 썼다. 그는 『동사강목』을 집필함에 있어서 『삼국사기』·『삼국유사』·『고려사』·『파한집』 등을 비롯한 40여 종의 우리나라 사료를 참고하였으며 『사기』·『한서』 등 17종의 중국 역사책들을 사료로 이용하였다. 또 그는 김부식·이제현으로부터 유형원에 이르는 국내의 역사가 17명과 반고·마단림 등 중국 학자 6명을 「사론제유성씨」에 열거하였다(수권, 「범례」). 이것은 『동사강목』의 역사기술에서 무엇보다도 우리나라의 자료들을 원사료로 이용하면서 여기에 중국의 자료들을 광범히 배합하였음을 말해 준다.

『동사강목』에서는 위에서 열거한 국내외의 각종 역사책들과 여러 학자들의 사론을 지면을 채우기 위하여 기계적으로 전사한 단순한 참고로서가 아니라 비판의 대상으로 이용하였다. 저자는 『동사강목』을 『동국통감』에 준거하였다고 하였으나 사료의 취사선택과 이용에서는 실사구시적 방법을 전개함으로써 독자적인 경지를 개척하였다.

1484년에 편찬된 서거정 등의 『동국통감』은 고조선으로부터 고려 말까지의 역사를 여러 역사책들을 정리하고 종합하여 하나의 통일적 체계로 묶은 통사로서 사료를 일정하게 정선하였다. 그러나 이 책은 『삼국사기』·『삼국유사』·『고려사』 등의 기본사료와 그 밖에 중국 역사책들을 세밀한 고증을 통하여 인용한 것이 아니라 주로 편년체로 된 『삼국사절요』와 『고려사절요』·『동국사략』 등에서 나오는 사료들을 연대에 따라 배열한 데 불과하였다. 또 『삼국유사』와 같은 원전에는 그 연월일을 기록하지 않은 것도 자의적으로 적당한 해에 기록하는 등 적지 않은 물의를 일으켰다.

그러므로 역사서술에서 『동국통감』을 비롯한 기존 역사책들에 수록된 자료들을 연구 고증함이 없이 그대로 전사하게 되면 불가피하게 사건과 사실의 서술 및 연대 취급에서 착오를 범하게 되는 등 그 오류를 답습할 수밖에 없었다. 당시까지 서술된 적지 않은 단대사와 통사들이 이러한 오류를 되풀이하였다. 그러나 『동사강목』에서는 그 서술에서 사료를 거칠게 다루거나 그대로 소개 전사한 것이 아니라 엄밀히 검토하고 이용하였다.

『동사강목』은 그 본편에서 사본으로 되는 상세한 '안설'을 곳곳에 첨가하였을 뿐 아니라 부권에서도 고증설을 전개함으로써 종래의 역사서술 방법에서 벗어나 내용의 빈약성을 극복하였다. 물론 당시까지 편찬된 다른 역사책들에도 기록된 사실들에 대한 편찬자들의 일정한 평가가 안·론·찬 등과 같은 사론의 형식으로 주어지고 여기에서 각이한 심도의 평가와 고증이 가해졌다. 그러나 『동사강목』의 경우에 그것은 하나의 형식으로서가 아니라 어디까지나 본편의 강(대강)과 목(세목) 서술의 내용을 보충하며 고증을 하고 비판을 전개하는 역사서술의 중요한 공간으로 이용되었다.

안설에서는 해당 강·목의 기본서술과 관련한 사료적 보충과 안내, 사건·사실, 인물에 대한 저자 자신의 설명과 분석평가, 선행 사가들의 사론에 대한 소개와 비판, 주석 형식으로 된 지명과 인명, 고어와 연대, 유적·유물의 소재지와 관직의 별칭, 인용서목 등을 밝히었다. 비교적 간단한 주석은 강 또는 목의 본문 중에 서술하고 복잡하고 긴 것은 해당 기사가 끝난 다음 마지막에 가서 첨부하였다. 실로 본편에 있는 1,000여 개에 이르는 안설의 내용은 그 다양성과 치밀성에 있어서 종래의 그 어느 역사책도 여기에 따르지 못한다.

『동사강목』은 본권뿐 아니라 부권에서도 종래의 사료들을 광범히 싣고 엄밀히 검토 분석하면서 해당한 결론을 내리는 실사구시적 방법을 전개하였다. 저자는 「고이」편에서 역사서술에서 어길 수 없는 법칙은 같은 기록과 다른 설을 취하기도 하고 버리기도 하는 것이라고 주장하면서 본편에서 해명하지 않았으나 그 내용을 정확히 이해하는 데 필요하다고 인정되는 많은 역사적 사실이나 사건·인물 등을 사료의 대비고찰과 역사적 사실의 유무와 밀접히 연관시켜 광범히 고증하였다.

예를 들면 단군설화, 고구려·백제·신라의 왕위계통, 갈문왕, 이사금, 신라의 불교전래, 화랑, 진흥왕정계비, 3국(고구려·백제·신라)에 대한 중국 측 사료의 오류 등에 대하여 분석하였는데 『사기』·『한서』·『후한서』·『삼국지』·『당서』를 비롯한 중국 역사책들의 오류와 그 원인을 구체적 사실을 들어 시정 보충한 부분은 그 논거가 비교적 정확하고 과학적인 것으로 특징지어진다.

「괴설변」편에서 저자는 옛날의 괴이한 설화들을 역사에 기재하여 후세에 전하는 것은 역사가들의 죄가 되므로 선대의 역사에 기록되어 전하는 모든 잘못된 것들을 버려야 한다고 하면서 그것들을 허황한 것으로 논박하였다. 예를 들면 저자는 단군설화와 박혁거세를 비롯한 시조전설들을 비판하면서 동물의 의인화와 난생설을 사람들을 미혹케 하는 거짓말로 낙인하고 역사서술에서 제거하였다.

그러나 한편 저자는 모든 설화들을 일률적으로 일고의 가치도 없는 무의미한 것으로 버리지는 않았다. 『동사강목』의 본편에는 '천사옥대', '만파식적' 등의 전설이 수록되어 있는데 저자는 이에 대하여 비록 망녕된 사람들이 꾸며낸 거짓말이긴 하지만 그 내용이 "당시 임금이 하늘에 아첨하고 세상을 우롱하는 잘못을 밝히려는 것"(부권 상, 「괴설변」)이라고 설명하고 있다. 물론 저자는 신화・전설이 반영하고 있는 사회역사적 배경과 거기에 굴절되어 있는 역사적 사실의 참모습을 들추어내는 과학적 탐구에까지는 이르지 못하였다. 그는 다만 미신과 몽매를 반대하는 입장에서 신비스럽고 황당한 형태로 변형 서술되어 있는 신화・전설들을 역사적 사실로 인정하지 않았을 뿐이다. 따라서 신화・전설에 대한 비판은 상식의 범위를 크게 벗어나지 못하였다. 하지만 이것은 역사서술상 신화・전설들을 역사적 사실로 그대로 믿던 단순한 전승의 기록에서 벗어난 일보 전진으로 되는 것이다.

저자는 「잡설」편에서 일련의 역사적 문제들을 깊이 고찰하면서 여기에 자신의 견해를 대치시켰다. 특히 그는 '삼한후설'에서 3한의 흥망의 역사가 『삼국사기』에 쓰여 있는 것처럼 그렇게 단순하지 않다는 것을 주장하였으며 고구려를 비롯한 3국의 성립연대가 『삼국사기』의 기록보다 훨씬 더 올라간다고 하였다. 이 견해는 매우 중요한 문제제기로서 그 내용이 아주 논리적이고 실증적이다.

저자는 「지리고」편에서 역대 강역에 대한 기존 자료들의 혼란을 각 방면에서 검토하였다. 여기에서 저자는 원사료들을 구체적으로 분석하고 외국 사료의 상호 출입과 그릇된 전문들을 시정하여 나갔으며 종족의 분포, 도읍의 시설들을 사실적 기초 위에서 고증하였다. 특히 그는 이정・산천・하천을 정확한 실측자료에 의하여 비정하였을 뿐 아니라 지리학자가 아닌 역사학자로서 무엇보다 역사적 사실에 충실히 의거하였고 시대까지 발전한 금석학의 성과에도 의거할 줄 알았다.

이처럼 역사서술에서 사료이용의 포괄범위와 내용을 최대한으로 넓히면서 그것에 대한 비판과 분석, 고증을 광범히 전개한 것은 『동사강목』의 역사기술 방법을 특징짓는 첫째가는 표징이 된다.

(2) 직서주의 필법의 준수

직서는『동사강목』의 역사기술에서 준수된 기본필법의 하나에 속한다. 직서 또는 직필이란 어떤 권력자들에게도 아부하지 않고 이른바 '사실 그대로' 쓴다는 것인데 직서한 과거의 역사책들에서 봉건 유교적이긴 하지만 국왕이나 당시의 집권자들의 비행을 노출시키고 비판한 기사들을 가끔 볼 수 있다. 직서는 봉건사회에서 역대 사관들이 신조로 삼고 역사기술에서 지켜야 할 옳은 필법으로 간주되고 있었다.

고려시기에 봉건정부의 사관들은 '국왕의 언행과 제반 정사 및 백관의 시비득실 등 일체 시정을 직서함으로써 후세에 권계로 되게 한다'는 것을 그들의 주요 임무로 간주하였다(『고려사』 권76, 백관 춘추관). 이조시기에 들어와서도 직서의 원칙에 따라 국왕의 행동과 발언은 물론 봉건조정에서 벌어지는 모든 현상들에 대하여 나타난 그대로 기록하는 것을 사초작성과 역사서술에서 지켜야 할 전통으로 여겼다(『태조실록』 권14, 7년 윤5월 병자).

물론 직서의 필법이 사실을 그대로 기록한다고 하였으나 그것은 철저하게 봉건통치계급의 입장에 서서 봉건국왕을 미화하고 봉건통치제도를 찬미하는 방향에서 기록한 데 불과하였다. 그것은 직서도 역시 봉건왕조사의 서술필법의 하나로서 본질적으로는 봉건제도를 유지하려는 목적을 추구하였기 때문이다. 직서・직필의 원칙은 당시 사관들의 취재활동의 자유와 사초에 대한 비밀보장과 아울러 그들에게 부여된 일종의 특권이었다. 그러나 사관들의 특권과 그들의 직필이 아무때나 무조건 보장되는 절대적인 것은 아니었다. 그것은 오직 해당 왕권의 이익에 저촉되지 않는 범위 안에서 허용될 수밖에 없는 제한적인 것이었다. 어떠한 법적 구속도 받지 않는 봉건국가의 전제왕권은 정치적 필요성 여하에 따라 아무런 거리낌 없이 직필을 유린할 수 있었으며 실제로 역사상에는 그러한 사실들이 종종 연출되곤 하였다.

역사편찬사업이 국가적인 관심 속에 활발히 진행되고 역사편찬의 기초가 되는 사초작성에서 서명하지 않음으로써 사실을 비교적 그대로 쓸 수 있었던 이조 초기에도 임금이 그 누구도 볼 수 없다는 규정을 무시하고 사초를 열람한 일이 있었다. 그러던 것이 15세기 후반기 중엽에 들어와 당시의 국왕이었던 세조가 이때까지 하지 않던 사관들의 사초서명을 강요하고 그를 제도화함으로써 직필은 더욱더 어렵게 되었다. 16세기에 들어와 사화당쟁이 꼬리를 물면서 직필은 사실상 명색만 남게 되었다. 당시 『선조실록』의 편찬을 담당하였던 대북인파 양반관료들은 자기 당파에 이롭게 실록을 편찬하면서 사초를 남겨 두면 후에 복잡한 문제들이 발생할까 봐 아예 그것을 없애 버리는 횡포까지 감행하였다.

그러나 역사상의 그 어떤 전제왕권도 폭군도 직필의 전통을 말살할 수는 없었다. 비록 직필이 고초를 여러 번 겪기는 하였으나 17~18세기에 들어와 안정복을 비롯한 역사학자들에 의하여 계승되게 되었다.

저자는 역사서술에서 직서・직필의 원칙을 지킬 것을 주장하면서 그것을 『동사강목』에서 시종일관하게 견지하였다. 저자는 자기의 스승으로 존경한 이익의 『새설』을 인용하여 직필의 모범이 된다고 찬양하였다.

이익은 역사서술의 목적이 “착한 것을 권하고 악한 것을 징벌하는 데 있다”고 하면서 역사를 쓰는 사람들이 선한 사실을 기록하여 전하나 악한 일을 기록하지 않고 있는 것은 객관성을 상실한 것이라고 비난하였다(『성호새설류선』 권7하, 경사편사론사문 고사선악). 하기에 그는 고려 혜종왕대 이후 세상이 아주 어지러웠던 데 대하여 낱낱이 폭로 비판하였다. 안정복은 이에 대하여 긍정하면서 『동사강목』에서 “역사를 짓는 사람들이 직필을 빛내어야 한다는 것은 이와 같은 것을 두고 말하는 것이다”(제13하, 을축 충숙왕 12년 10월)라고 하였다. 그리하여 그는 안설에서 사실을 그대로 써야 한다고 하면서 전대의 역사에서 나오는 모든 악행과 불합리한 제도 및 비법적이라고 생각되는 온갖 사실들, 그리고 그런 것에 대한 부당한 사론들을 날카롭게 비판하였다.

그는 특히 지난 시기에 사관들이 “임금을 존중하고 신하는 억제하는 의리명분이 명확히 구분되어 임금의 허물과 악정을 역사에 기록하지 않고 반드시 이리저리 애매하게 만들어 놓아 후세에 와서 밝힐 수 없게” 한 데 대하여 지적하고 고려 명종 시기(1171~1197년)의 역사서술에서 명종의 거칠고 음란한 행동을 신랄히 폭로 단죄하였다. 그는 명종의 행동이 하도 추잡하고 더러운 것이라 하여 그 사실을 쓰지 않는 것은 부당한 일이며 이것은 음탕한 국왕의 악행을 덮어 버리는 것이 된다고 강조하였다. 그러면서 이 사실을 감추고 서술하지 않은 『여사제강』의 저자 유계를 부당하다고 하고 이 사실을 직서한 『동사회강』의 저자 임상덕을 가리켜 '역사가의 정례'(역사가의 옳은 본)라고 높이 평가하였다(제9하, 병자 명종 10년 하6월).

그의 이러한 직서・직필은 문제 고찰에 대한 사가로서의 객관적인 판단에 기초하고 있었다. 그는 『고려사』를 편찬한 정인지 등이 직서를 버리고 우왕과 창왕을 부당하게 반역 항목에 넣어 취급한 데 대하여 비난하였다. 『고려사』에서는 우왕과 창왕이 신돈의 후예이기 때문에 왕이 된 것은 참월이므로 세가편이 아니라 열전의 반역자 조목에 실었다. 그러면서 이것을 참람한 왕위 도적의 사실을 엄격히 논죄하려는 데 있다고 지적하였다(『진고려사전』). 그러면서 저자는 우왕과 창왕을 신돈의 사생자 계열로 즉 신씨로 규정하지 않고 국왕의 지위에서 취급하였다.

『동사강목』의 이러한 직서는 그들이 신돈의 자손인가 아닌가 하는 문제는 그만두고라도 우왕과 창왕이 왕위에 엄연히 올라 문무백관을 거느리고 국정을 맡아 본 사실에 비추어 보더라도 옳은 것이었다. 이것은 저자의 직필・직서가 얼마나 객관적인 판단에 기초하고 있는가를 잘 보여 주는 것이다.

그는 998년 고려에 대한 거란의 1차 침략 때 담판을 통하여 적을 물리쳤다고 하는 서희 장군의 '구설지공'에 대하여서도 옳게 분석하였다. 그는 구설지공이 "먼저 싸우고 후에 강화를 하였기 때문에 이루어진 것"이며, "만약 벌벌 떨면서 강화를 청하면 업신여기고 오만하게 군다. 이때에 만일 대도수의 승리(안융진전투의 승리)와 서희의 불굴의 의지가 없었더라면 화의는 성립하지 못하고 놈들의 다함없는 욕심으로 하여 환난을 면할 수 없었을 것이다"(제6하, 계사 성종 12년 10월)라고 그 승리의 요인을 밝혔다.

『고려사』를 비롯한 많은 역사책들은 당시 거란 침략을 물리칠 수 있었던 것은 전적으로 성군인 성종과 명장인 서희의 구설지공의 결과라고 평가하였다. 담판의 역할만을 과대평가한 종래의 견해와는 달리 이 전쟁의 승리를 이룩하는 데서 거대한 기여를 한 인민들의 투쟁업적을 인정하면서 안융진전투의 의의를 서희의 구설지공과 아울러 평가할 수 있었던 것은 저자가 역사서술에서 직서에 힘을 기울인 것과도 많이 연관되었다.

물론 『동사강목』에는 직서·직필에 모순되는 기사들도 있다. 그것은 『고려사』의 편찬자들이 왕조교체를 정당화하고 합리화하는 방향에서 왜곡 날조한 고려 말기의 역사적 사실들을 그대로 옮겨 놓는 데서 나타났다. 저자는 세상이 어지러운 틈을 타서 일어난 후기신라 말기의 궁예와 왕건을 정권야심을 품은 역적으로 규정하면서도 이성계에 대하여서는 고려 말의 혼란된 정국을 수습한 위엄 있고 사람 좋은 인간으로 추켜올렸으며 그의 무훈을 과장하고 그가 저지른 죄를 고려 말기의 왕들과 그 추종자들에게 넘겨씌웠다.

『동사강목』에서는 14세기 말 대륙정세의 변화와 관련하여 한동안 복잡한 문제로 제기되었던 '철령위' 문제를 서술하면서 이성계의 '위화도회군'을 부득이한 옳은 처사로 그릇되게 서술하였다. 저자는 특히 '철령'이란 우리나라의 철령이 아니라 심양 북쪽의 철령현으로서 요동공벌을 단행한 것은 이성계의 세력을 꺼려한 정적들이 그를 명나라와의 전쟁의 곤경 속에 몰아넣으려고 한 계책이었다고 왜곡하였다(제16하, 무진 우왕 14년 2월).

『동사강목』에서 직서·직필의 필법은 또한 많은 경우 군신의 선악을 평가하는 데 적용되었다. 저자는 긍정·부정을 막론하고 역사에 이름을 남긴 수많은 사람들에 대한 인물 평가를 주었는데 이른바 '대의명분'과 봉건 유교도덕에 어긋나는 행위에 대하여 가차없는 비판을 가하였다. 예를 들면 신라에서 김유신이 죽은 다음 그에게 흥부대왕이라는 칭호를 주었다는 기사에 대하여 군신의 명분을 문란시켰다고 평가하였으며 고구려 평원왕의 딸이 온달에게 시집간 것은 나라를 욕되게 하고 윤리를 문란시켰으며 의리를 크게 손상시킨 것이라고 비난하였다. 『동사강목』의 직서·직필의 원칙과 어긋나는 일련의 결함들은 당시로서는 극복할 수 없는 불가피한 것이었다.

4. 『동사강목』의 특징적인 내용과 그 제한성

1) 봉건왕조에 대한 서술 내용

『동사강목』은 철저하게 봉건왕조 중심사관에 기초하여 서술된 왕조사이다. 이 책의 전편을 통하여 농후하게 표현되고 있는 왕조사적 성격은 특히 사료의 취사선택과 일러두기, 본문의 군데군데 있는 사론과 안설에서 집중적으로 나타나고 있다.

『동사강목』은 그 내용 서술에서 무엇보다도 봉건왕조 중심의 유가적 '정윤이론'에 기초하여 왕조의 계통과 그 정통성을 밝히는 데 선차적인 주목을 돌리었다. 저자는 이 책의 「자서」에서 쓰기를 "대개 사가가 크게 지켜야 할 법도는 계통을 밝히는 것"이라 하였으며 「범례」에서는 다시 한 번 강조하여 "무릇 계통은 역사가가 책을 펼칠 때 제일차적 의의를 부여해야 한다"고 하였다.

『동사강목』의 「서문」과 「범례」에서 강조하고 있는 명통계(계통을 밝히는 것)는 유가적 대의명분 즉 정통왕조사상의 표현인 동시에 이 저서에 관통되어 있는 기본체계가 되고 있다. 왕조 또는 제왕에 대한 이른바 '정통론'은 봉건 통치계급의 이익을 철저히 고수하려는 목적에서 당대의 왕조·제왕을 정통이라고 하면서 이를 미화 분식하기 위하여 조작한 허황한 봉건역사가들의 주장이다. 『동사강목』에서 저자는 여기에 상당히 집요하게 매달리면서 계통을 밝히는 데 선차적 주목을 돌리었다.

저자는 통계서술에서 고조선을 처음으로 하고 마한을 그 계승자로 처리하였으며 그 안에 부여·진한·변한·예·맥·옥저는 물론 삼국도 정통이 없다고 하면서 고구려·백제·신라까지 포괄시키고 신라 문무왕 이후에 다시 정통이 서서 고려에 미친다고 하였다. 그는 이것을 『동사강목』의 수권에 실린 「전수도」에서 표로 제시하였을 뿐 아니라 본문체계도 여기에 맞게 구성하고 그 내용을 전개하였다. 정통사관에 물젖은 저자는 한 시기에 오직 하나의 왕조와 왕이 있어야 한다는 견지에서 삼국시기는 정통이 서지 않았다 하여 각각 서술하지 않고 같은 해의 기사를 한 편년 안에 일원적으로 처리하는 이례적인 방법까지 취하였다. 정통국왕의 존재와 왕의 계승질서를 절대시하면서 이 책에서는 유교적 '존왕'사상으로부터 출발하여 국왕의 출신과 그 일가계통을 밝히는 것을 첫째가는 역사의 대강으로 삼고 첫머리에 자세히 실었다. 특히 여기에서 저자는 자기의 정통론적 입장으로부터 출발하여 신라의 3대 여왕을 왕이라고 하지 않고 '여주'라고 하였다.

『동사강목』은 내용 서술에서 또한 왕조를 단위로 시대를 구분하고 임금의 정치와 궁중생활을 구체적으로 서술하였으며 이른바 '성군'들의 통치를 이상화하였다. 그리하여 이 책에서는 그 서술의 전반적 내용에서 임금의 말과 행동을 중심으로 하여 봉건정부의 의례행사와 제반 제도의 시행, 관리 임면과 내외의 사변들, 외교관계 등을 지배계급의 통치이념에 부합되게 구체적으로 서술하였다. 봉건왕정을 숭상하고 그의 객관적 존재에 당위성을 부여한 저자는 다음으로 '포충절'(충절을 찬양하는 것), '포장절의'(절의를 찬양하고 장려하는 것)를 역사가의 중요 사명으로 인정하고 유교적 '충의'사상의 견지에서 많은 역사적 사실과 사건들을 서술 평가하였다. 봉건국가의 국왕에 대한 순종을 강요한 '충절'과 부모에 대한 맹종맹동을 설교한 '효성'은 봉건적 · 유교적 충의사상의 기본내용이 된다.

『동사강목』에서는 이런 유교도덕의 관점에서 역사서술의 갈피마다 국왕의 선악과 현신(어진신하), 역신(반역적인 신하)들을 평가하였다. 특히 저자는 '존왕'사상과 '충절'의 유교적 관점으로부터 출발하여 정통국왕으로서 '패륜난도'(봉건도덕에 어긋나는 일) 행위를 하지 않는 한 신하들은 그에게 무조건 충절해야 한다고 역설하면서 찬탈로 인한 국왕교체를 단죄하였다.

『동사강목』에서는 또한 '상전장'(제도를 상세히 밝히는 것)을 역사서술의 주요 목적으로 내세우고 제반 제도를 상세히 고증하였다. 전장이란 선대에서 이룩해 놓은 것이므로 후대의 거울이 되는 제도이다. 그러므로 선대의 제도를 허물지 않고 따라야 한다는 이른바 '신유구장'의 유교적 전통사상으로부터 출발하여 저자는 국왕의 전제권을 행사하는 주된 공간으로서의 정체제도와 함께 법을 비롯한 제반 제도의 변천에 대하여 구체적으로 서술하였다.

봉건국가의 흥망성쇠를 법과 제반 제도에 직결시킨 저자는 그의 시비득실을 가려 왕과 관리들을 계몽하면 이상적인 국가를 수립하여 '중흥의 업'을 이룩할 수 있다고 생각하였다. 특히 여기에서 저자는 덕치를 표방하면서도 법치를 부정하지 않는 유교적 정치이념으로부터 출발하여 봉건적 질서를 전제로 한 법과 제반 제도의 준수를 강하게 요구하면서 "천하의 가장 약한 나라는 그 원인이 딴 데 있는 것이 아니라 법제도가 바로 그렇게 만든 것"이라고 인정하였다. 때문에 그는 이 책에서 3국의 역사를 서술하면서 "국운이 성할 때는 법에 날이 서고 법이 무딜 때는 끝장이 난다. 고구려가 권신이 활개치고 백제는 왕 가문의 친척들이 권세를 부리고 신라에서는 망할 날이 가까워오자 국가의 제반 영들이 해이되고 역적들이 서로 뭉치고 헌강왕 이후 술 놀이에 빠지고 진성왕 이후에는 처가 족속들이 정사를 제멋대로 하여 국가법령이 유명무실해지고 나라는 망하게 되었다"고 하였다(제2, 계유 고구려 소수림왕 3년 7월).

그는 또한 "이렇게 나라를 다스리지 않고 망하지 않은 나라는 아직 있어 본 일이 없다. 그러면 어떻게 다스릴 것인가? 반드시 그 법을 엄하게 하며 중죄를 지은 자는 죽여야 하며 그의 재산을 몰수할 것이다. 비록 재상이 천거한 자라 할지라도 그 죄는 반드시 동일하게 보아야 할 것이다"라고 주장하였다(제10하, 경진 고종 7년 1월). 그는 법의 변천과정을 역사적으로 고찰하면서 파괴된 법질서를 바로잡고 국가와 사회의 기강을 확립하자면 시대의 변화에 상응하도록 법을 일정하게 수정하거나 변경하는 것이 필요하다는 견해를 표명하였다.

『동사강목』에서 저자는 정치의 일정한 변경, 제반 제도에 대한 개혁의 희망을 가지고 지난 시기의 국가기구와 군대제도·토지제도·조세제도·신분제도·교육제도 등을 구체적으로 서술함으로써 현안 문제 해결의 방도를 제시하려고 하였다. 이렇게 함으로써 저자는 이 책에서 이른바 계통을 밝히고 찬탈을 엄격히 다루며 옳고 그름을 바로잡고 충절을 찬양하며 제도를 밝히려는 기본 목적을 달성하려고 하였다.

따라서 책의 서술 내용에서 가장 중요한 비중을 차지한 것은 왕조의 계통과 궁호변동, 군왕의 교체와 국왕 및 왕족들의 치적과 선악, 개별적 신하들의 행적과 제도 및 정치의 변천과정에 대한 것이며 그것이 이른바 '정통'왕조를 단위로 수록되었다. 이것은 『동사강목』이 당시에 편찬된 다른 역사책들과 마찬가지로 제왕들의 흥망사 서술을 근본원칙으로 하여 통치계급들의 역사 즉 '명군현신'(현명한 임금과 어진 신하)의 역사를 서술하여 후세에 보여 주는 거울이 되게 함으로써 봉건통치의 유지강화에 직접적인 도움을 줄 수 있게 서술된 왕조사라는 것을 의미한다.

『동사강목』에 이처럼 나라의 역사가 군왕교체의 과정으로 기술된 것은 저자가 역사의 본질과 그 내용을 유교관념론의 입장에서 보았기 때문이다. 그는 역사를 자연과 사회를 개조하기 위한 사람들의 창조적 투쟁과정으로 이해하지 못하였고 그 과정의 질적 변화에 대해서도 알 수 없었다.

그는 역사를 고찰하면서 군왕이 없던 시대를 예상하였으며 왕권이 사회발전의 일정한 단계에서 발생한 것으로 서술하였다. 이것은 그가 역사를 정체로서가 아니라 변화의 견지에서 고찰하였다는 것을 의미한다. 그는 역사의 변화를 순환론적인 것으로 흥망성쇠의 주기적인 교체로 보았으며 그 변화의 기본요인을 성군·현상과 같은 걸출한 인물들의 의사와 재능, 착한 정치에서 찾았다.

『동사강목』은 걸출한 인물들의 역할을 강조한 나머지 역사를 합법칙적인 발전과정으로 서술하지 못하였다. 저자는 이른바 걸출한 인물들의 활동 여하에 따라 역사의 발전방향이 임의로 변경되는 무질서한 것으로 서술하였다. 다시 말하여 그는 역사발전을 성군·현상을 만났는가 만나지 못하였는가에 의하여 결정되는 흥망성쇠의 주기적인 과정으로 서술하였다. 결국 『동사강목』에는 이른바 성군·현상들의 자율적 의사와 능력, 활동에 의하여 변화하는 개인의 역사가 서술되었다.

물론 저자는 『동사강목』의 여러 곳에서 신화·전설들에 있는 괴이한 내용을 비판 폭로함으로써 왕권에 대한 미신적인 윤색가미를 반대하였으나 개인으로서의 국왕에 대한 환상과 왜곡에서 근본적으로 벗어나지 못하였다. 이것은 이 책에서 저자가 범한 근본적인 오류인 동시에 역사서술에서 나타난 모든 편견과 착오의 근원이 되었다.

2) 애국애민적인 내용

(1) 애국적인 내용

『동사강목』에는 자기 나라를 사랑하고 향토를 사랑하는 선조들의 사상감정이 많이 반영되어 있다. 저자는 조선역사의 첫머리를 고조선으로부터 시작하면서 단군신화를 조선의 건국전설로 취급하였다. 이것은 민족사의 시원을 서술하면서 그의 유구성을 과시하고자 한 애국적 입장의 표현이었다.

저자는 "처음 동방(우리나라)에는 왕이 없었는데 어느 때 하늘에서 신인이 태백산 박달나무 아래로 내려왔으므로 사람들이 왕으로 세우고 단군이라고 하였으며 때는 당요 25년 무진년이다"라고 쓰고 '안설'에서 단군이 처음 나와서부터 성스러운 덕망이 두터우므로 사람들이 그를 왕으로 추대한 것이다. 예로부터 덕망이 높은 위인이 세상에 나온 것을 뭇사람과 다르게 신비화하였다고 해석하였다(제1상, 을묘 조선).

여기에는 유교적 정통사상의 영향이 강하게 작용한 것은 사실이지만 조선역사의 시원을 조선 자체의 설화에서 찾자는 의도가 포함되어 있었다. 『동사강목』의 애국적 성격은 또한 저자가 우리나라에 대한 한인들의 계속된 침입을 일정하게 규탄하고 역사적 사실을 왜곡하거나 감추어 놓으려고 한 중국 역사책들의 화이사상을 비판한 데서 표현되고 있다.

고조선 말기 한나라가 쳐들어와서 예를 항복시키고 창해군을 설치하였다는 기사의 안설에서 저자는 다음과 같이 서술하였다.

> 이것은 중국이 군을 설치한 시초가 된다. (중국과 우리나라는) 산천이 구별되며 풍토와 기후가 다르며 좋아하는 것이 서로 같지 아니하며 말도 통

하지 않는다. (…) 우리나라는 중국과 산천이 막혀 있어 천연적으로 구획이 나뉘었으니 중국의 군현에 들어갈 수 없다는 것은 명백한 일이다. (…) 창해군을 세웠으나 얼마 안 가서 파기하였으며 4군을 세웠으나 얼마 안 가서 (고구려에) 합치었다. 현도의 군치는 옮기었고 낙랑은 그 동부를 잃었다. 힘으로써 능히 지킬 수 없는 것이어서 몽땅 넘어져 버렸으니 다만 이 나라(동예) 사람들의 웃음거리가 되었다. (…) 훗날에 당나라 고종이 고구려와 백제에 군현을 두려 하였으며 원나라 세조가 또 행성을 두려고 하였다. 명나라 태조가 장차 철령위를 설치함으로써 모두 한나라 무제의 오만한 마음을 답습하려 하였으나 이루지 못하였다(제1상, 계축 마한).

저자는 계속하여 고조선 멸망 당시 마지막까지 인민들의 항전에 참가하여 용감히 싸운 대신 성기에 대한 『한서』의 기사를 비판하였다. "『한서』에 이르기를 '성기가 다시 반란을 일으켜 관리(한나라의 정권을 말함)들을 공격하였다'고 하였으며 또한 '성기의 목을 베었다'라고 하였으니 이것은 적국의 말이다. 그런데 『동국통감』이 이러한 표현을 본따서 썼으니 참으로 성기에게 죄가 있는 것 같이 되어 버리면 어찌하랴"(제1상, 계축 마한 3월)고 울분을 터뜨렸다.

저자는 이 책에서 또한 고구려·당 전쟁 때 당 태종이 안시성전투에서 고구려군이 쏜 화살에 맞은 데 대하여 "당 태종이 안시를 공격할 때 화살이 눈에 맞은 데 대하여 중국 역사는 그것을 꺼려서 쓰고 있지 않음이 그럴 만하다. 우리나라 역사에도 기록된 것이 없다. (…) 『자치통감』에 근거하면 황제가 요동에 돌아와서 등창을 만났다 하였으니 이것이 화살에 맞은 것을 꺼려 숨긴 것이다"라고 썼다(부권 상, 「고이」, 안시지전).

이것은 저자가 『동국통감』을 비롯한 역사책들과는 달리 외국의 것을 그냥 옮겨 베끼거나 정치적 고려로부터 사실을 바로 쓰기를 꺼려한 것이 아니라 민족적 견지에서 자기 나라 역사를 바로잡을 것을 염원하였다는 것을 말하여 준다.

『동사강목』의 애국적 성격은 또한 외래 침략자들을 반대하여 싸운 인민들의 투쟁업적을 서술하고 애국적 명장들의 활동을 높이 평가한 데서 표현되고 있다. 저자는 이 책에서 선비족을 비롯한 북쪽으로부터 침입한 외적들을 반대하여 과감히 싸웠고 수나라 대군을 격파하고 조국의 영예를 고수한 고구려 인민들의 투쟁, 당나라 군대를 반대하여 싸운 백제 인민들의 투쟁, 그리고 왜적들의 무리들을 그때마다 쳐 물리친 신라 인민들의 투쟁, 거란과 몽골 침략자들을 격퇴하고 승리를 이룩한 고려 인민들의 빛나는 투쟁업적을 긍지감에 찬 필치로 서술하였다.

> 우리나라는 비록 작은 나라이지만 옛적 삼국시기에 있어서는 상무에 전념하였기 때문에 고구려는 선비를 함락시키고 말갈을 굴복시켰으며 부여를 병탄하여 항상 중국의 우환거리가 되었다. 그리고 수・당은 방대한 병력을 동원하였으나 종시 그 뜻을 이루지 못하였다. (…) 신라 역시 오늘의 영남 일각을 차지하고 있으면서 능히 멀리 일본을 쳤다(제11상, 임술 원종 3년 9월).

그러면서 우리나라 사람은 다른 나라 사람들에 비하여 굳세고 용감하며 혼자서 능히 외적 열, 백을 당한다고 하였으며 우리나라는 절대로 약한 나라가 아니었다는 것을 높은 자부심과 긍지를 가지고 당당하게 자랑하였다.

한편 저자는 "삼국 이전의 역사에는 빠진 것이 많다. 지금 이를 들추어내고자 한다. 마한의 주근, 위씨의 성기, 백제의 옹산성주 지수신 등이 이와 같은 것에 속한다"(수권, 「범례」)고 하면서 우리나라 역사에 나오는 애국적 명장들의 사적에 대하여 애써 사료를 수집하여 많은 사실들을 소개하였다. 저자는 특히 외래 침략자들을 반대하는 투쟁과정에서 배출된 고조선의 성기, 고구려의 검모잠과 수나라 침략군을 쳐 물리친 을지문덕과 무명용사, 당나라 침략군을 물리친 안시성주와 계백, 지수신, 고려의 서희 장군 등이 발휘한 애국심과 그들의 업적을 긍지에 넘쳐 서술하였다.

저자가 『동사강목』에서 긍정하고 높이 평가한 명장들의 애국적 활동은 본질상 봉건 충군사상에 기초한 절의였다. 따라서 그것은 국왕을 비롯한 지배계급의 이익을 위하여 외적을 반대하여 용감하게 싸운 것이지 인민대중의 계급적 입장에 기초하여 민족의 이익을 옹호한 것이 아니었다. 그러나 명장들이 발휘한 애국적 활동은 나라의 독립을 지켜내고 인민들을 수난의 위기에서 구원할 수 있었으며 우리 인민의 애국전통을 더욱 풍부화함으로써 인민들로 하여금 반침략전쟁에서 애국적 헌신성을 더욱 높이 발휘할 수 있게 하였다. 따라서 이 책에서 지면을 아끼지 않고 그들의 투쟁업적과 사실을 널리 소개 선전한 것은 나라와 민족을 사랑하는 우리 인민의 의로운 마음의 반영인 것이다.

자기 나라를 사랑하는 애국주의 사상은 또한 『동사강목』에서 나라의 방비가 약해진 것을 통탄하면서 국방력을 강화할 것을 열렬히 주장한 데서 표현되고 있다. 저자는 하루도 소홀히 할 수 없는 것이 나라의 '방어지책'이라고 하면서 "신라가 말기에 국방에 관심을 돌리지 않아 무력이 점차 쇠퇴하여지고 고려 광종 이후부터는 과거법을 세워 온 나라 사람들이 모두 이에 몰두하여 재주와 지혜는 글을 따지고 시를 짓는 데 소모되어 여력이 없게 되었다"(제11상, 임술 원종 3년 9월)라고 개탄하였다. 또한 987년(성종 6년) 6월조에 "수군의 병기를 거두어들여 농기를 주조하였다"고 쓴 다음 이에 대한 안설에서 "나라가 비록 편안하다고 하여 어찌 외적의 침략을 막기 위한 병기에 대하여 소홀히 할 수 있겠는가. 만약 수군의 병기를 거두어들인다면 외적들이 쳐들어 왔을 때는 무엇으로써 이를 막아내겠는가? 이에 대하여 생각하지 않는 것이 극심하도다"라고 통치배들이 국방을 홀시하는 처사를 예리하게 규탄하였다. 계속하여 저자는 "우리나라는 삼면이 바다로 둘러싸이고 한쪽이 육지에 인접하여 사면으로 적을 막아야 한다. 동남은 바다를 끼고 왜국과 맞서고 있기 때문에 해적의 약탈이 그칠 사이가 없으며 중국과 평화를 유지하지 못하면 육지는 요동으로부터, 바다는 발해로부터 국방이 위태하니 한・위・수・당과의 역사가 잘 말해준다. (…) 해역과 변방의 방어에 주의를 돌려야 한다"(제1상, 임신 마한 6월)고 하면서 나라의 당국자들은 외적의 습성을 잘 알고 방위대책을 강구하여야 한다고 절절히 주장하였다. 이런 견지에서 그는 1091년(선종 8년) 고려의 서북면병마사 류홍이

병차를 만들어 구주(구성)에 배치한 사실을 평가하여 "우리나라의 경우에 외적의 방어란 남왜(남쪽의 왜구), 북로(북쪽의 오랑캐)인데 왜를 막는 데는 배 이상이 없으며 오랑캐를 막는 데는 병차를 사용하는 것 이상 좋은 것은 없다"(제7하, 신미 선종 8년 1월)라고 한 다음 계속하여 우리나라의 지세를 논하면서 북방의 지세가 험난하므로 병차를 만들어 일단 유사시에 대처한다면 얼마나 좋은 일이겠는가고 적극적인 방안까지 제기하였다.

다른 한편 그는 인민들의 자강지책을 적의 침략을 막기 위한 가장 효과적인 대책이 된다고 인정하였다. 저자는 외래 침략을 막기 위하여 항상 인민들 자신이 방어태세를 갖추어야 한다고 강조하고 13세기 몽골침략자들의 흉악하고 사나운 침략적 성격과 살육을 즐기는 습성에 대하여 지적하면서 그들과의 전투에서 부분적으로 피해를 입게 된 것은 전적으로 일부 백성들의 자강지책이 부족한 탓이었다고 서술하였다.

저자는 국민은 누구나 다 항상 자강지책을 다해야 한다는 관점에서, 왜구의 침략으로 남해안 일대가 몹시 소란스럽던 고려 말에 관찰사로 있던 조운흘이 제기한 '방왜책'을 긍정적으로 평가하였다. 1388년(우왕 14년) 8월 서해도 관찰사로 임명된 조운흘은 임지로 떠나면서 왕에게 글을 올려 왜구의 침입을 막기 위한 방책을 제기하였다. 이에 대하여 저자는 안설에서 쓰기를 "왜구를 방어하기 위한 대책은 사람마다 다 이를 말하였으나 조준·조운흘의 말이 가장 적절한 것이었다. 물론 옛날과 지금이 다르다고 할 것이나 마땅히 이를 실행할 만한 것이다"(제17상, 무진 우왕 14년 7월)라고 높이 평가하였다.

저자가 제기하고 높이 평가한 '어왜지책'이란 '5군 장수와 8도 군관들에게 각각 천호·백호의 직을 두고 크고 작은 섬을 그의 식읍으로 주어 자자손손이 세습하게 함으로써 우선 그들의 의식을 유족하게 하는 것'이었다. 그러면 "사람마다 각자가 스스로 싸우지 않을 것인가? 사람마다 각각 싸우게 되면 전함은 스스로 갖추어질 것이며 군량도 스스로 마련될 것이다. 이들은 다 유병이 될 것이다. 이들이 나아가서 불의에 적을 치게 된다면 적들은 감히 침략의 틈을 엿볼 수 없게 될 것이다"(제17상, 무진 우왕 14년 7월)라고 하였다.

이것은 병농일치에 관한 봉건시대의 일반적인 국방대책안에 불과한 것으로 그 목적이 봉건제도의 유지강화에 있었으나 여기에는 왜구와의 전투를 직접 벌이고 있던 당시의 경험을 참작하여 제기한 절실한 문제였다.

결국 저자의 국방을 강화하는 데 대한 일련의 주장과 방안은 근대적 군사사상에 이르지 못하고 봉건적 군사사상의 범위에 머무르고 말았다. 그러나 이것은 당시 봉건 통치계급이 '태평성대'를 노래하면서 국방을 덜 중요시하던 역사적 조건에서 애국적이며 진보적인 견해였다.

『동사강목』의 애국적 성격은 또한 연대기년과 왕호처리 및 글자고증에서도 잘 반영되어 있다. 저자는 연대표기에서 당시의 시대적인 항례와는 달리 우리나라의 고유한 기년을 사용하였다. 저자는 '세년'(해수 세기)의 서술 원칙을 밝히면서 중국의 연호를 써온 데 대하여 비판하였다.

그는 중국의 『춘추』도 본래는 노나라의 기년임을 밝히고 지금 이것(『동사강목』)은 우리나라의 역사이기 때문에 『춘추』의 예와 같이 우리나라의 연대로서 기록한다고 하였다. 그러면서 그는 "중국연대는 따로 갑자를 쓴 위에 적어 두기도 하는데 이것은 참고하기 위한 것일 뿐"(수권, 「범례」)이라고 지적하였다. 본국기년의 근거를 『춘추』의 예를 들어 설명한 것은 부당하지만 중국의 이른바 '정삭'을 사용하는 것이 굳어져 버린 당시의 환경에서 우리나라의 왕력을 기년으로 한 것은 민족적 자각성의 표현인 것이다.

『동사강목』에서는 신라의 왕호도 이와 같은 입장에서 처리되었다. 저자는 쓰기를 "신라 초에는 왕이라는 칭호가 아직 정해지지 않아 거서간·차차웅·이사금·마립간 등으로 불렀다. 최치원의 연대력에서는 그 말들이 이어(오랑캐의 말)라고 하여 글자를 모두 바꾸어 왕이라고 썼으며 『동국통감』에서도 그대로 본땄다. 역사란 사실을 기록한 책으로 되어야 하기에 마땅히 사실대로 적어야 할 것이다. 그리하여 지금 본사(『삼국사기』)를 따른다"(수권, 「범례」)고 하였다.

저자는 글자 하나를 고증하는 데서도 애국적 입장을 고수하여 남의 것보다 우리의 문헌에 더 신빙성을 부여하였다. 단군왕검의 '검'자를 고증하면서 "검이 『한서』에는 험으로 되어 있는데 지금 우리나라의 기록을 따라 검이라고 한다"

(부권 상, 「고이」, 왕검)라고 서술하였다.

(2) 애민적인 내용

『동사강목』에는 저자의 애국주의 사상과 연결된 애민사상도 많이 반영되어 있다. 그것은 우선 봉건국가의 인민들에 대한 제시책, 특히 착취체계에 대한 서술과 이에 대한 분석평가에서 찾아볼 수 있다. 194년(고구려 고국천왕 16년) 10월에 실시한 '진대법'에 관하여 저자는 안설에서 다음과 같이 서술하였다.

> 이것은 후세 환자의 시초가 되었다. 봄날에 식량이 없어 국가의 곡식을 백성들에게 대여하였다가 가을 추수기에 받아들여 국가에 환납하기 때문에 환자라고 하였다. (…) 고구려 왕이 가난한 백성들의 굶주림을 물어 진대법을 세웠는데 진이라 함은 굶주린 백성을 먹여 살리는 것이요, 대라 함은 관곡을 꾸어 주었다가 도로 갚도록 하는 것을 의미한다. 진은 좋은 것이나 대는 좋지 않은 것이다. 왜냐하면 백성이란 나라의 적자이기에 굶주려 쓰러질 때 곡식을 내어 이를 구제하는 것은 부모의 책임과도 같은 것이다. 어찌하여 꾸어 주고 그것을 물도록 할 수 있겠는가? (…) 먼저 백성에게 꾸어 주고 후에 그 보상을 책한다면 반드시 형벌과 소송의 우환을 면치 못할 것이다. 이래서 그 법이 좋지 못하다고 하는 것이다"(제2상, 갑술 고구려 고국천왕 16년 11월).

백성을 나라의 적자로 보고 그를 부모와 같이 돌보아야 한다는 견지에서 저자는 1036년(고려 정종 2년) 11월 기사에서 "무의무탁하여 굶주림에 떠는 질병자를 위하여 동서대비원을 수축하고 옷과 먹을 것을 나누어 주었다"고 쓰고 그 안설에서 이것이 '보민지도'가 된다고 긍정적으로 평가하였다.

한편 봉건정부의 국가적 시책이 하등의 실효를 나타내지 못하고 있을 뿐 아니라 규정 외의 수탈이 생겨나 인민들의 원망을 자아내는 헛된 것이 되어 버린

데 대하여 날카롭게 비판하였다. 저자는 1053년 6월 삼사(국가경리를 취급하는 기관)의 제의에 따라 '모미'[1]라는 부과세를 설정한 데 대하여 "모미의 증수가 불어나기만 하고 떨어지지는 않으니 백성들에 대한 폐해가 이루 헤아릴 수 없었다"고 하면서 일방적으로 세금액수를 늘려 나간 데 대하여 "그 이름이 모미라면 오직 감모가 생긴 것만을 거두어야 하겠는데 지금은 도리어 모로써 관청 수요를 충당하고 있다. 새·쥐의 피해에 대해서는 작은 말(소두)을 내주어 백성들이 축난 양을 바치게 하고 있는데 또 그 위에 모의 모를 거두니 이것은 백성들이 이중으로 모미를 부담하는 것이고 쥐·새의 피해에 빙자하여 관청 비용을 수탈하니 세상에 이럴 수 있는가? 백성들을 괴롭히는 것이 혹심하도다"(제7상, 계사 문종 7년 10월)라고 비난하였다.

이렇게 『동사강목』에서는 선행하는 역사적 시기의 사실을 비판하는 형식으로 민생에 무관심한 당시의 봉건통치배들을 날카롭게 비판하면서 인민들의 비참한 처지에 대한 동정의 마음을 표시하였다.

이것은 본질에 있어서 '인정'(어진 정치)의 양생론에 기초한 봉건통치론에서 출발한 것이었으나 거기에는 당시 농민들의 처지를 일정하게 개선하고 나라의 생산력을 높이는 데 관심을 가진 통치계급 내부의 진보적 계층의 이해관계가 반영되어 있었다. 애민적 입장에서 국가의 고리대적 착취를 비난하고 백성들에 대한 구제를 '보민지도'로 평가한 것은 봉건국가의 큰 이해관계와 인민들의 이해관계가 일치된다고 보는 저자와 같은 진보적 양반계층의 정치적 견해였다.

그러나 사실상 봉건국가의 이익과 농민의 이익의 일치란 도대체 있을 수 없는 것이었다. 여기에 바로 저자의 애민적 견해가 조화될 수 없는 모순을 조화시키려고 하며 해결될 수 없는 모순을 해결하려고 한 비현실적인 공상이며, 아울러 봉건국가를 초계급적 국가로 내세우고 농민대중의 이익을 국가의 이익과

---

1 모미를 부과세로 제정한 문종 통치 연간에는 그 양이 한 휘(10말)에 7되였는데 그 후 점점 불어나 명종 때에 와서는 9되에 이르렀다.

절충시켜 보려고 한 저자 자신의 계급적 제한성이 있는 것이다.

『동사강목』의 애민적 내용은 다음으로 저자가 노비들의 처지를 동정하고 노비법의 개혁을 주장한 데서 표현되고 있다. 저자는 노비를 하나의 재산으로 여긴 데 대하여 "옛날에는 나라의 부에 대해 물으면 가지고 있는 말의 숫자로 대답하였는데 지금은 사람들이 재부를 물으면 반드시 노비나 논밭으로 대답한다. 대개 사람이란 다 같은 인간으로서 어찌 재부로 치부한단 말인가? 이것은 그 법과 풍속이 잘못된 것이다"(제6상, 광종 병진 7년)라고 하면서 그들의 인격을 존중할 것을 주장하였다.

가혹한 인격적 모욕과 멸시의 대상인 노비들은 빈번히 억울한 죽음을 당하기도 하였다. 저자는 1161년 봉건통치계급의 부당한 처사로 하여 무고하게 생명을 빼앗긴 한 어린 노비의 희생[2]을 두고 "원통 억울함을 품고 죽은 사람이 어찌 나언의 무리들뿐이겠는가?"라고 하면서 옥사를 신중히 처리하지 못한 통치계급들을 비판하였다.

한편 저자는 고려에서 956년(광종 7년) '노비안검법'을 실시한 데 대하여 서술하면서 노비법의 부당성을 밝히고 노비제도의 개혁이 불가피하다고 주장하였다(제6상, 병진 광종 7년). 저자는 당시의 "노비법이 죄가 있는가 없는가를 불문하고 다만 그의 족보를 따져서 백 대를 내려오면서 면치 못하게 한다"고 하면서 "가령 현명한 사람이 그 속에서 나온다 하여도 노비로 못 박히니 이것이 어찌 이치에 맞는가"고 '천적법'(노비등록법)을 비판하였다. 그러면서 천적법에 고정된

2 고려 의종왕은 정해 21년(1161년) 6월 봉은사에 가서 연등놀이를 밤늦게까지 하고 돌아오던 중 좌승선 김돈중의 말이 기사의 화살주머니에 부딪치는 바람에 튕겨나온 살이 왕 수레 곁에 떨어지자 놀란 나머지 복닥소동을 피우면서 수레를 급히 몰아 왕궁에 돌아와서 경계를 엄하게 폈다. 그리고 조서를 내려 있지도 않은 범인을 잡아들이도록 하였다. 이렇게 되어 수많은 사람들을 혐의자로 체포하였는데 그 가운데는 '나언'이라고 불리던 어린 종도 있었다. 나언은 심한 고문을 이겨내지 못하고 허위자백을 하였다. 그리하여 관원들이 궁궐에 와 범인을 체포한 것을 축하하고 나언을 비롯한 4명의 노비들을 처형하였다.

노비세습제가 필연적이고 숙명적인 것이 아니며 그것은 전적으로 통치자들이 정치를 잘못한 데 기인한다고 주장하였다. 저자는 계속하여 임금 된 자들이 제도가 오래고 풍속이 어떻고 하면서 결단을 내리지 못하고 노비안검에만 매달리는 데 대하여 비판하면서 법과 풍속이란 변하게 마련이므로 그 개혁이 마땅하다고 주장하였다.

이처럼 저자가 그 서술에서 봉건사회의 최하층으로서 양반통치배들과 계급적으로 대립되고 비인간적 고역과 멸시에 시달리고 있던 노비들의 처지를 동정하고 노비법의 개정을 주장한 것은 그가 정권에서 밀려난 중소 양반계층 출신의 진보적인 학자로서 당시의 집권양반들과는 정치적으로나 경제적으로 이해관계를 달리하면서 현실 비판적인 입장에서 역사를 고찰하였기 때문이다. 물론 이것은 사회발전의 추세에 부합되는 견해였다.

그러나 저자 자신이 양반이었기 때문에 노비법에 대한 비판이 그 일부 측면에 국한된 것으로서 더구나 노비법 자체의 폐지는 생각조차 할 수 없었다. 도리어 저자는 "옛적의 좋은 법을 오늘에 쓰지 못한다는 이치가 어디에 있는가"고 하면서 고대의 이른바 '성군'(거룩한 임금)들이 제정했다는 그 법을 복구할 것을 주장하였다. 이렇게 그는 주로 노비세습제를 반대하는 입장에서 '노비안검'과 '노비환천'을 비평하고 여기에 옛날의 좋은 법을 대치시켰을 뿐이다.

한편 그는 노비들이 그 상전을 반대하여 일어나는 것은 기강의 해이를 가져오므로 관청에서 엄히 다스려야 한다고 주장하였다. 결국 저자는 계급투쟁의 현실 앞에서는 무능한 존재로 되었으며 그 개정안도 복고주의를 추구하는 데로 굴러 떨어지고 말았다.

이상에서 본 바와 같이 저자가 인민들을 돌보지 않은 위정자들의 비행을 폭로하면서 농민을 동정하고 노비들을 인간으로 대우하며 노비법의 개량을 주장한 것 등은 반동적 통치배들을 반대하는 한에서는 긍정적이지만 그것이 봉건적 범위 밖에 선 비판폭로가 되지 못하였으며 따라서 봉건제도 자체를 부정하는 피착취 대중의 이익을 대변하는 것은 될 수 없었다. 유교적 애민사상에 바탕을 둔 저자의 견해는 결국 봉건제도 그대로의 존속은 불가능하며 반드시 개혁을 하여야겠다고 인식한 진보적 양반 지식층의 계급적 제한성에서 나온 것이었다. 그대로 존속할 수는 없으나 새로운 출로를 찾을 수도 없었고 찾지도 못한 저자는 종당에는 다른 실학사상가들과 마찬가지로 요·순의 인정을 설교한 고대 유교경전의 사상을 이상화하는 데 머무르고 말았다.

3) 진보적인 자연관과 미신에 대한 서술 내용

과거의 역사책들에는 미신적으로 윤색된 역사적 사실과 사건들이 많이 실려 있다. 『동사강목』도 여기에서 예외가 되지 않는다. 그러나 이 책은 당시까지 편찬된 관찬·사찬의 다른 역사책들에 비하여 그 내용의 무신론적 경향이 강한 것으로 특징지어진다. 그것은 안정복의 자연현상에 대한 진보적인 견해와 이해에 기초한 것이었다.

그는 413년 8월 계림의 낭산에 투각 모양의 구름이 떠오른 것을 가지고 신선이 내려와 노는 복지라 하여 그곳의 수목채벌을 금지하고 있는 어리석은 처사에 대하여 다음과 같이 평가하였다.

> "산천의 기가 솟아올라 구름이 되었는데 그 형체는 천만 가지이다. (…) 이 모든 것은 다 기로 말미암은 것이라 할 수 있다. 신라 왕이 이것을 가지고 상서롭다 하여 틀림없이 신선이 노닐던 곳이라 하였으니 이치에 맞지 않음이 심하다 할 것이다."

계속하여 그는 이러한 것을 왕이 세상을 미혹하고 백성들을 우롱하는 탄망한 설이라고 통렬히 비난하였다(『동사강목』 제2하, 계축 신라 실성왕 12년 8월).

저자는 또한 일식의 원리와 별자리의 운행에 대해서도 당시로서는 비교적 정확한 지식을 가지고 그 기록에서 기존 역사책들의 결함을 찾아내고 시정하였다.

“정묘 마한(신라시조 4년) 여름 4월 신축 초하루에 일식이 있었다”는 기사의 안설에서 저자는 다음과 같이 서술하였다.

『삼국사기』에는 일식을 어느 지방에서는 관측하였고 어느 다른 지방에서는 관측하지 못한 것으로 기록되어 있는데, 지형에 따라 시간에 다소 차이는 있으나 우리나라는 크지 않은데 어떻게 이곳에는 있고 저곳에서는 관측하지 못한다는 이치가 있겠는가? 이것은 역사기록에 결함이 있는 것이니 어느 나라라고 찍지 않고 다만 일식이 있었다고 서술한다.

저자는 또한 노인성(남극성)의 출현을 낭성(시리우스)의 출현으로 잘못 이해한 고려 의종 24년 2월의 기사를 시정하여 안설에서 이렇게 썼다.

낭성은 동남방에 위치하여 있고 자리 10도 북극성에서 143도로서 반년 동안 볼 수 없는 별이다. 노인성은 항상 숨어서 보이지 않는데 추분날 아침 남쪽에 나타나서 춘분날 저녁 남쪽으로 사라지니 나타나 있는 동안 남쪽에 머물러 있다. 여기서 이르는 낭성이 2월 춘분에 나타났다고 하니 그것이 노인성이 틀림없다. 정확성을 잃고 낭성을 보았다고 하니 역사를 맡은 관리의 불찰이라 여기에 그 잘못된 것을 밝힌다.”

저자는 이러한 진보적 자연관으로부터 미신에 대한 자기의 견해를 내놓았다. 그는 『동사강목』에서 불교의 ‘무물’과 ‘인과응보설’, 도교의 ‘무위’사상에 대한 것과 종교행사들에 대한 입장을 밝히었다. 그리고 미신적인 내용이 있는 역사적 사실들에 대하여 평가하였다. 저자는 황당무계한 것은 일체 채록하지 않는다는 것을 역사편찬의 원칙으로 내세우고 여러 편의 신화와 전설들을 해석하였다. 저자는 단군의 출생설화에서 나오는 이른바 ‘환인제석’설은 불경인 『법화경』에서 엮어 낸 것이며 다른 이야기들도 중들의 이야기에 지나지 않는다고 지적하였다.

뿐만 아니라 해모수가 천궁을 노래하고 해부루가 천제의 말을 따라 도읍을 옮기며 주몽이 알에서 나오고 김알지가 금궤에서 나오며 진평왕이 천제한테서 구슬 띠를 받고 경덕왕이 상제에게 생남을 청하여 혜공왕을 낳으며 피리를 불면 군사가 물러서고 가뭄에 비가 내리며 장마가 개는 등의 이야기들은 다 이교가 성행한 후 사람들이 허무한 일을 꾸며 내어 다른 사람들을 미혹케 하였다고 지적하였다(제3하, 기해 신라 진지왕 4년; 제4하, 기미 신라 신문왕 2년 5월). 저자의 이러한 무신론적 견해는 『동사강목』으로 하여금 내용 서술과 평가에서 나타났던 자연과 사회에 대한 종래의 신비주의적 견해를 적지 않게 극복하고 서술의 과학성을 한결 보장할 수 있게 하였다.

그러나 『동사강목』에서 저자는 무신론적 경향과 견해를 끝까지 관통시키지 못하였으며 범신론에서 벗어나지 못하였다. 저자는 천당지옥설・인과응보설과 하늘에 비는 미신적 행위들을 반대하였지만 상제에 의한 세계창조설・천인감응설을 부인하지 않았다. 하늘숭배사상에서 벗어나지 못한 그는 "도의 근원은 하늘에서 나왔으며 (…) 그것은 백 대의 원리가 된다"(제3하, 계묘 고구려 왕 장 2년 3월)고 주장하였다.

저자의 하늘숭배사상의 본질은 하늘이 목적과 의지를 가지고 인간사회에 작용하여 상서로운 것과 복된 것, 재화와 징벌을 주관한다는 천인감응설을 주장하는 데서도 잘 나타나고 있다. 저자는 천명사상에 의거하여 일련의 역사적 사건들을 해석하면서 그것을 하늘의 계시적 작용과 인위적으로 결부시켰다. 저자는 하늘이 내리는 재해에 대해서뿐 아니라 지상에서 일어나는 제반 자연현상도 사회현상과의 감응으로 설명하였다. 하늘과 사람이 서로 감응하여 봉건국가와 봉건국왕의 운명이 천명에 의하여 통제되고 그의 운명이 또한 천명에 의하여 결정된다고 한 것은 철두철미 봉건 지배계급의 이익을 옹호한 것이었다.

『동사강목』의 무신론적 경향의 불철저성은 또한 저자가 『주역』에서 내세운 이른바 성인들을 "도리가 하늘에 적합하고 마음이 하늘에 통한다"(제3상, 기해 신라 진지왕 4년 10월)고 절대화한 데서도 그대로 드러나고 있다. 저자가 성인들을 도에 능통한 절대적인 신적 존재로 우상화한 것은 결국 성인을 역사의 창조자로 본 것으로서 하늘에 의해 모든 것이 결정된다는 사상과 마찬가지로 허황한 것이다. 성인에 의하여 인류사회의 역사가 창조되었다고 하는 것은 봉건국왕을 비롯한 통치배들의 지위와 역할을 높임으로써 그들의 계급적 지배를 철저히 실현하기 위하여 인위적으로 꾸며 낸 것이다.

『동사강목』에는 이 밖에도 일련의 허황하고 기괴한 현상들을 아무런 분석평가도 주지 않은 채 그대로 서술한 개소들도 있다. 결국 이 책의 무신론적 경향성은 미신에 대한 태도에서 많이 표현되었으나 저자 자신의 자연관에서 한계를 드러내 끝까지 관철시키지 못하고 궁극에 가서는 자연과 사회현상의 설명에서 범신론적 견해에 떨어지고 말았다.

5. 『동사강목』의 학술적 가치

1) 『동사강목』의 사료적 가치

『동사강목』은 그에 반영된 애국적이며 진보적인 사상견해와 함께 내용의 풍부성, 서술의 객관성으로 하여 사료적 가치가 높다. 『동사강목』의 본문과 앞뒤에 첨부된 부록편, 그리고 지도와 도표 등에 있는 사료들은 그 출처가 명백하고 체계화되어 있을 뿐 아니라 저자의 실사구시적 고증이 뒷받침되어 과학성도 보장하고 있다.

『동사강목』의 사료적 가치는 첫째로, 외적방위전쟁과 국방시책 등을 계통적으로 서술함으로써 고대와 중세 초기 우리 인민의 반침략투쟁에 대한 풍부한 자료를 주고 있는 데 있다.

『동사강목』에서 저자는 전쟁을 국가흥망과 관련되는 대사로 여기고 강과 목에서 그에 대하여 비교적 구체적으로 서술하였다. 이 책의 전 편에서는 역사적으로 감행된 한・위・수・당과 요・금・원을 비롯한 북으로부터의 침략과 남쪽으로부터 감행된 일본 해적들의 내습과 약탈행위, 그를 쳐 물리친 우리 인민의 투쟁자료가 체계적으로 수록되어 있다. 그 서술에서도 저자는 당시까지 전승・전사되어 내려오는 사료들을 사건의 흐름에 따라 엮어 놓는 데 그치지 않고, 많은 경우 후세의 참고가 될 수 있게 그 원인과 경과・결과 등을 선명히 하였고 아울러 그에 해당한 평가도 주었다.

저자는 외래 침략을 반대하는 투쟁과정에 대하여 역사적 사실에 충실히 의거하여 그 진모를 밝혀내기 위해 노력함으로써 『동사강목』을 반침략사 연구의 생동한 자료로 이용할 수 있게 하였다. 저자는 외적방위 및 국토완정을 위한 투쟁에 중요한 의의를 부여하고 1,000여 건의 대외 전쟁에 관한 기사를 실었다. 그 가운데서 자료적으로 의의가 있는 중요 기사들을 원문에 기초하여 그 시기와 건수를 나라별로 보면 다음과 같다.

나라 이름	번호	외적방위 및 국토완정을 위한 투쟁	기간		수록 기사 건수
			서력	기년	
고조선	1	연나라 침략을 반대하는 투쟁	B.C. 3세기		1
	2	한나라 침략을 반대하는 투쟁	B.C.129~ B.C. 108년	계축마한(위씨조선)~ 계유마한	6
3국 고구려 백제 신라	1	한나라 강점군을 몰아내기 위한 고구려 인민들의 투쟁	B.C 82~ B.C. 184년	기해마한~갑자(고국천왕 6년)	21
	2	공손씨 세력과 위나라 군대를 몰아내기 위한 고구려 인민들의 투쟁	197~ 280년	정축(산상왕 1년)~ 경자(서천왕 11년)	8
	3	대릉하 이동지역에 서진, 연 세력을 몰아내기 위한 투쟁	293~ 438년	계축(봉상왕 2년)~ 무인(장수왕 26년)	28
	4	북위군의 침공을 물리치기 위한 백제인민들의 투쟁	488년	무진(동성왕 10년)	1
	5	수나라 침략을 물리친 고구려 인민들의 투쟁	598~ 614년	무오(영양왕 9년)~ 갑술(영양왕 25년)	12
	6	당나라 침략을 물리친 고구려 인민들의 투쟁	622~ 659년	임오(영류왕 5년)~ 기미(장 18년)	38

	7	당나라연합군의 침입을 반대하는 백제·고구려 인민들의 투쟁	660~ 670년	경신(백제 의자왕 20년, 고구려 왕 장 19년)~ 경오(신라 문무왕 9년)	66
	8	당나라연합군의 침입을 반대하는 백제·고구려 인민들의 투쟁	671~ 700년	신미(신라 문무왕 11년)~ 경자(신라 효소왕 9년)	31
발해	1	당나라와 거란 침략을 반대하는 투쟁	713~ 926년	계축(신라 성덕왕 12년)~병술(신라 경애왕 31년)	5
고려	1	거란 침략을 반대하는 투쟁	985년~ 1019년	을유(정종 4년)~ 기미(현종 10년)	59
	2	여진족의 침략과 약탈을 반대하는 투쟁	1005년~ 1097년	을사(목종 8년)~ 정축(헌종 2년)	26
	3	여진 침략세력을 반대하고 나라의 동북부지역을 수복하기 위한 투쟁	1104년~ 1109년	갑신(숙종 9년)~ 기축(예종 4년)	23
	4	거란족의 침략을 반대하는 투쟁	1216년~ 1219년	병자(고종 3년)~ 기묘(고종 6년)	34
	5	원나라 침략자들을 반대하는 투쟁	1231년~ 1273년	신묘(고종18년)~ 계유(원종14년)	138
	6	합단적의 침입을 반대하는 투쟁	1290년~ 1291년	경인(충렬 16년)~ 신묘(충렬 17년)	16
	7	원나라 침략세력을 반대하고 나라의 동북부지방을 수복하기 위한 투쟁	1356년	병신(공민왕 5년)	6
	8	홍두적의 침략을 반대하는 투쟁	1359년~ 1362년	기해(공민왕 8년)~ 임인(공민왕 11년)	21
	9	납합출의 원 침략군을 물리치기 위한 투쟁	1362년	임인(공민왕 11년)	2
	10	원 침략세력을 반대하는 투쟁	1363년~ 1364년	계묘(공민왕 12년)~ 갑진(공민왕 13년)	5
	11	원 침략세력을 물리치기 위한 요동 및 제주도 원정	1369년~ 1374년	기유(공민왕 18년)~ 갑인(공민왕 23년)	6
	12	왜구를 반대하는 투쟁	1350년~ 1390년	경인(충정왕 2년)~ 경오(공양왕 2년)	145

『동사강목』의 전쟁관계 서술에서는 일련의 결함도 있다.

우선 적아간의 구별이 명백하지 않은 것이 있다. 한과 수·당의 고조선·고구려 침략을 정벌전쟁으로 묘사한 반면에 나라의 자주권과 영토완정을 위한 선조들의 투쟁과 관련하여 적측 사료의 표현을 그대로 옮김으로써 우리 인민들이 벌인 간고한 반침략투쟁의 애국적 성격을 적지 않게 흐려 놓았다.

이와 같은 실례는 세 나라 상호간의 관계서술에서도 찾아볼 수 있다. 그것은 신라 중심에 서서 동족의 나라인 고구려와 백제를 명백히 적으로 기록하면서도 수·당과 그 황제에 대해서는 세 나라의 적으로 보기를 근본적으로 주저한 것이다.

다음으로 『동사강목』에서는 고구려를 비롯한 우리 측 사료가 전존하지 않은 관계로 수·당을 비롯한 적측 사료를 많이 인용한 나머지 그 서술에서 중심을 우리가 아니라 침략자들에게 둠으로써 역사적 사실의 이해에서 주객을 전도한 현상에 대해서도 간과할 수 없다.

인민들의 애국적 투쟁 모습을 보여 주는 직접적 자료들이 부족한 것도 『동사강목』의 전쟁관계 서술에서 나타난 기본 결함의 하나가 된다. 저자는 전쟁을 국가의 대사로 봄으로써 인민대중의 참여를 필수적인 것으로 보았으나 나라의 정치가 왕후장상들의 총명과 지혜, 암매와 무지에 의해 지배되는 것처럼 전쟁에서도 국왕과 명장들의 활동이 결정적인 것으로 인정하였다. 따라서 『동사강목』의 전쟁관계 서술에서는 전쟁에서 결정적 역할을 수행한 인민들의 투쟁 모습이 많이 가리워지고 왜소화된 반면에 이른바 명장들의 활동이 전면에 두드러졌다. 물론 이러한 결함들은 당시의 역사적 조건에서는 불가피한 것이었다.

『동사강목』에는 외적방위전쟁과 함께 고대로부터 고려까지의 제반 국방시책에 관한 자료들도 많이 실려 있다. 저자는 특히 『삼국사기』가 세 나라의 병제를 비롯한 국방관계 사항에 대하여 얼마간의 서술을 한 데 그치었고 그것마저 신라에만 치우치고 반드시 있었을 고구려와 백제의 국방시책에 대해서는 "연대가 오래고 기록이 애매하기 때문에 자세히 알 수 없다"고 하면서 그것을 소홀히 한 데 대하여 비난하였다. 삼국시기의 국방시책에 관한 사료가 인멸되어 볼 수 없게 된 데 대하여 깊이 생각한 저자는 역사서술에서 그 공백을 메우려고 내외의 사료들을 널리 섭렵하여 가능한 범위에서 그 내용을 보충하고 고증하기 위하여 노력하였다. 그리하여 『동사강목』에서는 무관직의 제정과 관리의 임면, 무훈의 평가, 성의 축조 및 수리, 군대의 배치와 훈련, 사열식의 거행, 군량의 확보 등에 관한 사료가 적지 않게 모여 체계화되어 있다.

그러나 안정복 자신도 사료의 절대적인 결핍으로 삼국의 병제에 대한 구체적인 자료를 주지 못하였으며 신라 위주의 결함에서도 벗어나지 못하였다. 『동사강목』에서 삼국시기의 국방관계 사항에 관한 자료를 전하는 기사들은 149건(고구려가 29건, 백제가 49건, 신라가 71건)에 달한다.

『동사강목』의 사료적 가치는 둘째로, 우리나라 고대와 중세 초기 정치제도와 인민들의 생활형편에 대한 자료를 담고 있는 데 있다. 『동사강목』에는 세나라와 고려의 중앙 및 지방 관직제도 등 관계기사들이 비교적 정확하게 서술되어 있다. 특히 수권에 실려 있는 「관직연혁도」는 국가의 각종 관제(3사3공·재상정부·제부상서·헌대·간관·사관·학관·학사·제소각사·궁료·내직·종직·무직·한사·간사·목수·중관·훈작·문무산계·고려제사도감각색·경직·승관·고초관호·고금직관지이)의 창설과 그 변천과정을 왕조와 왕대별로 대비 고찰함으로써 이 시기의 정치제도사 연구에 필요한 가치 있는 참고자료를 제공해 주고 있다. 이것은 저자가 고대로부터 고려에 이르는 기간에 존재한 여러 왕조들의 정치제도에 관심을 돌리면서 관제를 비롯한 제반 국가기구의 변천에 대하여 깊이 연구하고 그를 체계화하기 위해 노력한 결과 이룩된 것이었다.

『동사강목』에는 또한 국가의 각종 부역제도와 수한재, 종교행사 등을 계통적으로 서술함으로써 고대와 중세 초기 우리 인민들의 생활형편을 엿볼 수 있는 자료들이 담겨져 있다. 이 책에서는 국가의 각종 부역제도와 질병의 만연, 수한재 등에 관한 자료들이 '보민'(백성을 보호한다는 것) 적립장에서 서술되고 평가되었으며 연등·팔관회를 비롯한 종교행사들도 봉건제도를 이상화하거나 왕이 하늘의 의사를 대변하여 정치를 하는 듯이 묘사하고 불교교리의 정당성과 부처의 위력을 보여 주는 자료로서가 아니라 국가의 운명과 보민에 해독을 주는 것으로 비판되었다. 물론 여기에는 봉건제도와 왕권의 유지강화를 위한 봉건통치계급의 이해관계로부터 출발한 유교적 '양생론'이 반영되고 또 그를 입증하는 방향에서 자료를 주고 있지만 그것을 일정하게 체계화하여 계통적으로 서술함으로써 피착취 인민대중의 고통스러운 생활의 일단을 역사적으로 일별해 볼 수 있게 하였다는 점에서 의의가 있다. 그 주요 기사를 내용별로 보면 다음과 같다.

번호	내용	수록한 기사 건수			계
		삼국시기 (기원전15~기원후 632년)	후기신라시기 (705~896년)	고려시기 (918~1382년)	
1	수탈조치	11		14	25
2	부역	3		6	9
3	질병	11	7	10	28
4	자연재해	41	8	19	68
5	종교행사	2	2	30	34
6	진휼조치	32	7	16	55
7	기타	4	4	15	23
계		104	28	110	242

『동사강목』의 사료적 가치는 셋째로, 고대와 중세 초기의 문화관계 자료를 많이 담고 있으므로 이 시기 문화발전 정형을 찾아볼 수 있게 한다는 데 있다.

안정복은 역사를 서술하면서 우리나라의 문화와 풍습에 대하여 커다란 주의를 돌리면서 가능한 모든 자료를 수집해 체계화하기 위하여 노력하였다. 그리하여 이 책에서는 고대로부터 삼국시기까지의 기상・천문학・건축술・야금술・음악・서예 등 문화발전 면모와 고려시기에 발전된 도자기 기술, 금속활자의 발명에 대한 사실을 자세히 기록하였으며 이와 관련된 저자의 평가도 아울러 주었다. 저자는 여기에서 우리나라의 음악은 오랜 옛날부터 발전하였다고 하면서 세 나라와 예맥・부여의 음악과 무용 및 악기를 상세하게 소개하고 있다.

뿐만 아니라 『동사강목』에서는 고어와 유적・유물, 풍속에 대한 자료들도 많이 싣고 있다. 이 책에서는 옛 방언에 대한 해석을 여러 군데서 주고 있다. 방언에 대한 해석은 관명 및 인명과 함께 조선고어 연구의 귀중한 자료가 된다.

『동사강목』에는 또한 시대에 따르는 풍속의 변화에 대해서도 많이 서술되어 있다. 저자는 풍습의 변화에 많은 관심을 가지고 자신의 견해까지 서술함으로써 『삼국사기』를 비롯한 여러 역사책들에서 빠진 예・맥・옥저・부여 그리고 고구려・신라의 고유한 풍속(생산 풍습, 의・식・주 생활 풍습, 가정생활 풍습, 사회생활 풍습)들을 다양하고 흥미롭게 서술하고 있다.

물론 그 서술에서 문물제도와 풍속의 기원을 이른바 '성인의 교화'에서 찾고 전문에 기초한 역대의 중국 역사책들에 기록된 자료들을 많이 취한 관계로 부정확하고 화이사상으로 인한 편견이 있는 것은 사실이지만 『동사강목』의 해당 개소들에서 이용한 사료들과 보충설명은 당대의 풍속을 체계적으로 묶어 보여줌으로써 민속학 연구에 필요한 가치 있는 참고자료가 된다.

『동사강목』에서는 역사 유적과 유물에 대해서도 주목을 돌리었다. 유적・유물을 통하여 조국의 역사를 돌이켜보며 복원해야 한다는 견지에서 저자는 풍부한 역사지식과 예민한 관찰력으로 당시 그 누구도 돌보지 않았던 유적들과 그 소재지를 역사기록에 반영하였다. 안정복이 왕릉추정사업과 묘제에 대한 연구에서 피력한 견해는 아주 가치가 있다. 그는 옛날의 이른바 '조산'이나 자연의 구릉으로만 전승해 오거나 한갓 과거의 추억을 불러일으키는 흥미로운 화제의 대상으로밖에 되지 않던 왕릉을 비롯한 여러 무덤들의 소재와 그 주인공을 밝히는 것을 역사가의 임무로 여겼으며 묘제를 통하여 역사적 사실의 일단을 밝혀 보려는 학구적인 시도를 하였다.

저자는 이 책에서 "삼국의 능묘 가운데서 신라왕조의 것은 얼마간 있으나 고구려・백제의 것은 거의 없으니 한탄할 일이다. 일찍이 들은즉 평양・중화・영유 등 지방에 고분의 형태가 많다고 하는데 평양・중화는 거의 다 벽돌로 무덤을 쌓았으니 즉 석장이다. 『한서』에 이르기를 '고구려의 풍속은 장사를 후하게 치른다 하였는데 돌을 쌓아 형태가 크고 높아서 언덕과 같다'고 하였으니 반드시 왕의 묘일 것이며 어찌하면 거기에서 유물을 얻을 수도 있다"(제2상, 무진 고구려 동천왕 22년 9월)고 하였다.

또한 "『지봉유설』을 참고하면 임진왜란 때 왜적이 수로왕릉을 파헤치니 무덤구멍이 대단히 컸다. 두개골이 물동이만큼 컸으며 다리뼈도 대단히 컸다. 그리고 곁에 두 여인이 묻혀 있었는데 나이는 20세쯤 되어 보였다. 그것을 파내 놓으니 바로 소멸되었다고 하는데 그것은 아마도 순장자였을 것이다"(제2상, 을묘 가락 거등왕 3월)라고 지적하였다.

저자는 유적·유물을 중시하면서도 문헌자료와 엄격히 대비 고찰하는 실증적 태도를 가지고 유적·유물들을 고증하였다. 그는 금석문에 대하여 탁본이나 하고 글자체와 서풍을 운운하는 것보다도 그에 반영된 역사적 사실에 더 주목을 돌리고 문헌상 기록으로 뒷받침하였다. 이러한 입장으로부터 저자는 당시까지 전존하는 여러 역사유적들의 위치를 가능한 범위에서 구체적으로 일일이 밝혀 놓았다.

『동사강목』의 사료적 가치는 넷째로, 수많은 지명과 강역들을 새롭게 고증하여 역사지리학 연구에 귀중한 자료를 제공하여 준 데 있다. 안정복은 내외 역사책들을 새로운 각도에서 검토 분석하고 실사구시적 방법을 적용하여 역사지리상의 많은 문제들을 새롭게 해명하거나 그 해결의 실마리를 열어 놓았다. 저자는 여기에서 사실과 맞지 않는 지리적 비정과 정치적 고려로부터 출발한 사실의 왜곡, 사료고증에서의 논리적 비약 및 독단을 반대하고 그 진상을 해명하기에 애를 썼다. 그는 선행한 실학자들의 우수한 역사지리상의 연구 성과들에 기초하여 다시 그것을 심화 발전시킴으로써 지난 시기의 잘못된 견해들을 바로잡아 나갔으며 그 과정에서 새로운 것들을 적지 않게 제기하거나 첨가하였다.

그 가운데에서 중요한 것들을 요약하여 보면 다음과 같다.

저자는 우선 예·맥의 위치를 밝히었다. 예·맥의 명칭과 내용에 대하여 전하는 내외 역사책들의 기록은 문헌마다 서로 다르게 서술되어 오랜 기간 정설이 없었다. 즉 예맥을 예와 맥으로 각각 구별하여 그 지역이 다른 것으로 보는가 하면 예는 지명이고 맥은 종족명으로 보는 등 각이한 견해들이 유포되었다. 책들마다 서로 다르게 서술되어 있는 예맥에 대한 이러한 견해들은 역사지리에 혼란을 가져오지 않을 수 없었다.

안정복은 예와 맥을 각각 별개의 나라로 보고 예를 동쪽에, 맥을 서쪽에 비정하였다. 그가 예를 동쪽에 비정한 것은 『후한서』「예전」의 기사 가운데에서 소제 시원 5년 단단대령 이동의 옥저・예맥이 모두 낙랑에 소속되었다는 기사와 남쪽으로 진한에 접하고 서쪽으로 낙랑에 접해 있다는 기사에 의거한 것이었다(부권 하, 「지리고」, 예고). 맥이 서쪽에 있었다는 데 대해서는 『맹자집주』에서 맥은 '북방 이적의 나라'라는 기사와 『한서』「고구려전」에 맥국은 고구려 옛 땅이라고 한 것 그리고 왕망 시기에 전담이 말한 맥인이 자주 법을 범한다는 기사에 의하여 맥이 요서지방에까지 자리잡고 있었던 것이라고 주장하였다.

저자의 이러한 견해는 예를 지명으로, 맥을 종족명으로 본 정약용의 견해와는 다르나 그것은 예맥들의 거주지역을 일단 해명하고 정리함으로써 조선 고대 종족들의 정체를 밝히는 사업에서 하나의 중요한 참고가 되었다. 『동사강목』에서는 또한 고조선의 영역에 대한 저자의 견해를 서술하였다. 고조선의 영역에 대하여 우리나라의 가장 오랜 역사책으로 전존하는 『삼국유사』가 필요한 자료를 일정하게 제공해 주고 있으나 그것은 매우 불충분한 것이다. 중국 역사책들인 『사기』나 『삼국지』「위서」도 고조선에 관한 서술에서 불명확한 점이 있어 후세에 많은 논의와 억측을 불러일으켰다.

『동사강목』에서 저자는 단군과 위만시대로 나누어 고조선의 영역을 밝히고 있다. 단군시대의 강역은 요동과 요동 이북 1,000여 리에 있다는 북부여를 포함한 지역이고 이른바 '기자시대'의 조선은 진개에 의하여 서방 1,000여 리를 잃었다는 것을 고려하여 요수이동의 요동지방이라고 하였다(부권 하, 「지리고」, 단군강역고).

'위만시대'의 조선은 만번한 동쪽에 국한하여 동북새외와 함경도 및 영동지방으로 보았는데 이 세 조선의 남쪽 경계선은 모두 한수로 국한시켰다. 이리하여 저자는 옥저·부여·예맥·읍루까지 고조선에 포함시키는 데 이르게 되었다. 고조선의 영역을 고증하면서 밝힌 이러한 내용들은 막연한 감이 없지 않으나 요동과 그 주변을 고조선의 발상지로, 기본 영역으로 본 견해는 긍정적인 것이었다. 때문에 저자는 이 책에서 요동의 소속관계를 역사적으로 개괄하고 마침내 명나라의 것으로 되고 만 데 대하여 아쉽게 생각하면서 "요동이 회복되지 못하고 압록강이 철의 한계가 되었으니 우리나라는 마침내 작은 나라가 되고 말았다"(부권 하, 「지리고」, 요동군고)라고 서술하였다.

다음 저자는 삼한에 대한 고증도 하였다. 삼한과 진국에 관하여 직접적으로 전하는 우리나라의 사료들이 없고 중국의 역사책들에도 명백하지 않은 점이 많아 그것은 후세에 많은 논의를 일으켰다. 삼한에 대하여 최초로 정리된 의견을 내놓은 학자는 한백겸이었다. 그는 마한을 고구려로 인정한 최치원의 견해를 부정하고 조선을 한수 이남에 한정하였다. 『동사강목』에서 저자는 역시 한수를 중심으로 조선과 삼한을 지역적으로 구분하고 이른바 '남자남 북자북'으로 상호 출입이 없다고 한 한백겸의 설을 정론이라고 하면서 그것을 구체화하여 마한은 훗날의 한수 이남인 경기·충청·전라도 땅이고 진한은 낙동강 동쪽의 경상도 땅으로서 북은 예맥, 서북은 마한과 각각 인접하고, 서는 변한과 접거하였으며 변한은 낙동강 서쪽의 경상도 땅으로서 서남은 지리산까지 가고 일부는 다시 서쪽으로 뻗어서 전라도 동남부에까지 들어갔으며 서북은 마한과 인접한 땅이라고 하였다.

저자는 삼한의 위치에 대해서는 중국의 사료를 가지고 논하더라도 명백하다고 하였다. 즉 『후한서』에서 마한이 북으로는 낙랑에 접하고 남으로는 왜에 접하였으니 3한이 한강 이남으로부터 남해에 이르는 지역임이 확실하다는 것이었다. 또 3한이 동서로 바다에 임하였고 진한은 동북에 예맥과 접했는데 예맥은 현재의 강원도이므로 진한이 영남지대임은 확실하다고 하였다. 변한도 진한 남쪽에 있으며 왜와 접하여 있는 것으로서 지금 낙동강 서쪽 지리산 서남의 여러 고을임이 확실하다고 하였다. 이와 같이 저자는 한강 이북에 낙랑과 현 강원도 등지를 예맥으로 비정하였기 때문에 3한을 한수 이남에 국한시키는

데 아무런 모순을 느끼지 않았던 것이다.

저자는 또한 최치원의 마한-고구려설에 대하여 "고운(최치원의 호)이 '마한은 곧 고구려이고 변한은 곧 백제이다'라고 한 것은 고구려는 마한이고 백제는 변한이라고 한 말이 아니라 고구려가 점차 영토를 확장하여 후에 일부 마한 땅까지 가지게 되고 백제가 점점 영토를 확장하여 후에 일부 변한 땅까지 가지게 되었다는 것을 말한 것이다"라고 해석하였다. "고운은 당시의 사람이다. 어찌 마한이 고구려가 아니라는 것을 몰랐겠는가"라는 저자의 논조는 한백겸에 의하여 부정된 마한-고구려설의 의미를 새롭게 해석한 것으로서 심사숙고하여야 할 것이다.

저자는 이 책에서 한나라가 설치했던 현도군 고구려현이 고구려족의 원거주이며 그 소국이 존재하던 곳으로서 오늘의 봉천부 흥경지방이라고 추정하였다. 그 근거로서 "『한서』 지리지의 고구려현에 '요산이 있고 요수가 나오는 곳이며 서남으로 대요수와 소요수에 들어간다'고 하였는데 지금의 봉천부 승덕현 남혼하가 이것이다. 혼하는 백두산에서 발원하여 백두산 서북으로부터 영액변문에 흘러 들어가니 홍경 경내를 거쳐 성경을 동남으로 돌아 태자하와 합쳐 서쪽으로 요하에 들어가서 삼차하가 되어 바다에 들어간다"고 하였으며 이와 함께 "『후한서』「고구려전」에 한무제가 조선을 공멸하고 고구려를 현으로 만들어 현도에 속하게 하였다"는 기사를 들고 있다. 그러면서 고구려는 처음 일어날 때에는 그 세력이 미약하여 현도에 속하였다가 수백 년을 경과하여 점차 소국들을 병합하면서 강대하여져 유리왕 33년(서기 14년)에는 한나라 현도군 고구려현을 공격하여 그 지역을 탈환하고 계속 자기 영역을 넓혀 나갔다고 서술하였다(부권하, 「지리고」, 고구려현고).

저자는 이 책에서 고구려가 고구려현에서 처음으로 옮겨 앉은 졸본은 그 이동의 경위로 보아 대체로 홍경의 동남지방이 된다고 주장하였다. 그리고 이 지역에서 서남쪽 즉 훗날의 봉황성 일대가 고구려 시조 주몽왕이 부여에서 피해와 이곳 왕의 사위가 되어 그 나라를 이어받았다는 졸본부여국이 있던 곳이라고 하였다. 이 견해는 『고려사』와 『동국여지승람』 이후로 평양을 동명왕의 도읍터, 성천을 비류국, 그 앞의 비류강을 비류국의 비류수로 잘못 알고 있던 것을 타파하였을 뿐 아니라 한백겸의 『동국지리지』에서까지도 동명왕이 일어난 곳을 의주 압록강 서쪽 요동지방이라고밖에 주장하지 못하던 점을 많이 극복한 것이었다. 저자는 또한 『동사강목』에서 고구려가 졸본부여로부터 옮겨 앉은 국내 위나암성은 훗날의 올라산성이라고 지적하고 그 근거에 대하여 다음과 같이 서술하였다.

『여지승람』에 이르기를 이산군(훗날의 초산) 북쪽 압록강과 파저강(혼강)의 두 강을 건너 270리 지점에 올라산성이 있으니 압록강과 파저강 두 강 사이 큰 평야 가운데라 사면이 높은 절벽으로 둘러 있다. 『고려사』에 의하면 공민왕 19년 동녕부동지 이을첨목아가 올라산성에 웅거하였다. 유계는 이것이 고위나암성이라고 하였는데 생각건대 한음으로 올라는 위나와 근사하기 때문이다. 『삼국사』에는 이적이 아뢰되 압록강 이북의 항복한 성 가운데서 국내성이 그 하나인데 평양으로부터 여기까지 17역이라 하였으며 『통전』이 또한 이르되 압록강이 국내성 남쪽을 거쳐 서쪽으로 염난수(혼강)와 합하여 서남으로 서안평에 이르러 바다로 들어간다 하였으니 이 두 설에 근거하여 보면 올라성이 압록강 북에 있는 것이 명백하다”(부권 하, 「지리고」, 국내위나암성고).

저자는 고구려의 다음번 수도인 환도성은 오늘날의 강계・이산(초산)의 대안 지방이라고 주장하였다. 이에 대하여 저자는 그 근거를 다음과 같이 서술하였다.

「고구려기」(『삼국사기』 「고구려본기」)가 「괄지지」를 인용하면서 이르기를 환도는 국내성과 서로 접하여 있다 하였고, 「당지」(『당서』 「지리지」)도 또한 이르기를 압록강구로부터 배로 100여 리를 가고 작은 배로 물을 거슬러 30리를 올라가면 박장구(훗날의 포석하구)에 이르러 발해지경에 나아간다.

또다시 거슬러 500리 올라가면 환도에 이른다 하였으니 그 땅을 알 수 있다. 위나라 정시 7년(246년) 관구검이 현도에서 출발하여 비류수를 건너 환도산에 올라 그 도읍을 무찔렀다고 하였으니 이 비류는 지금의 파저강(혼강) 같다. 그런즉 그것이 국내와 서로 접하고 있는 것이 틀림없으며 지금의 강계・이산 등 강북지역이라 『요사』 지지(「지리지」)에는 녹주는 본래 고구려 고국이고 발해의 서경압록부라 이름하고 신・환・풍・정 4개 주를 관활하게 하였으니 환주는 곧 환도이므로 고국이라 이르는 것이다.

그러면서 저자는 이수광의 영변검산－환도설을 '검'을 '환도'라 하는 방언에서 나온 억설이라고 하였다(부권 하, 「지리고」, 환도고).

안정복은 이 책에서 고구려국이 그 발전과정에서 통합한 소국들인 행인국・개마국・구다국 등은 백두산 근방에 있다고 정확히 지적하였다. 이에 대하여 그는 다음과 같이 서술하였다.

고구려 동명왕 6년 태백산 남쪽 행인국을 징벌하였고 대무신왕 9년 개마국을 점령하여 구다왕이 두려워서 항복하여 왔다. 생각건대 태백산은 곧 개마대산이고 지금의 백두산이다. 개마대산의 이름은 대개 나라이름으로서 명명한 것이다. 『한지』(『한서지리지』)에는 현도군에 서개마현이 있었다 하였으니 또한 이 산이 서쪽에 있었기 때문에 이름한 것이고 구다는 역시 개마의 곁이라(부권 하, 「지리고」, 행인개마구다국고).

저자는 황룡국에 대하여 유리왕의 태자 혜명이 자기 아버지를 따라 새 수도 국내성으로 가지 않고 구도 졸본에 머물러 있다가 그와 인접한 소국 황룡국과 사건을 일으킨 나라이므로 홍경의 동남쪽인 졸본에 인접한 지방에 있었던 것이 명백하다고 하였다. 그러면서 『여사지지』(고구려지리지)와 『여지승람』(『동국여지승람』)에서 용강을 옛 황룡국이라 하는 것은 지명이 서로 유사하다고 하여 함부로 보는 것이 되니 어찌 그 실상을 전한다고 말할 수 있는가라고 옳게 지적하였다.

『동사강목』에서는 고구려 영역의 역사적 변천과정에 대하여 개괄하면서

고구려가 영토를 크게 넓힌 것은 광개토왕·장수왕 시기니 동진의 말기이다. 광개토왕이라는 왕호도 역시 땅을 개척한다는 뜻으로 이름 지어진 것이다. 처음에는 백제와 패수(오늘의 평산부 저탄)를 경계로 삼았다. 『북사』에 의하면 북위 태무제 때에 사신 이오를 고구려에 보냈는데 그 지방이 남은 소해에 이르고 북은 부여에 이르니 인구가 이전 위(조위 220~250년)나라 때의 3배이다. 소해는 지금의 해주 이남에서 바다를 건너 충청도 내포 등지에 이른다. 『남사』에서 "백제의 동남방에 있다"고 한 그 바다이다. 패수의 하류는 지금의 벽란도이고 그것은 흘러서 소해로 들어가는데 패수는 고구려와 백제의 경계인 것이 명백하다. 그 후 또 백제를 쳐서 한수 이남의 충청도 동북의 일면(직산, 진천, 청안, 괴산, 연풍, 음성, 충주, 청풍, 단양, 제천, 영춘 등 읍과 청하, 영덕, 청송, 진보, 영해, 예안, 봉화, 영천, 순흥, 안동의 임하현)을 빼앗고 신라를 쳐서는 그 북쪽 땅을 가졌다.

『북사』에 이르기를 "왕이 평양에 거처하였는데 국내성과 한성은 별도라 나라 안에서는 3경이라 한다. 한성이라는 것은 지금의 서울이다. 이때에 그 땅이 동서는 바다이고 동남은 영을 넘어 신라와 접하고 남으로는 한수를 넘어 수백 리 나가 백제와 잇닿았고 북으로는 옛날의 부여에 이르며 동북은 말갈, 서부는 요수를 건너니 그 지역의 크기가 최대에 이르렀다. 나라가 쇠약함에 이르러 수나라가 동방을 침략하여 신라가 그 틈을 타서 500리를 탈취하였는데 칠중성(지금의 적성현), 북한산주(지금의 서울) 등지가 신라에 들어갔다. 또 얼마 있다가 요동이 당나라에 들어가 나라가 망하게 되니 그 땅이 중국에 속하였다. 현종 때에 지금의 대동강 이북지역이 발해에 들어가고 신라가 남부를 얻어 한주·명주·삭주의 세 주를 두었으니 지금의 덕원·중화 이남이다"(부권 하, 「지리고」, 고구려강역고).

라고 지적하였다. 고구려 영역의 변천과정에 대한 저자의 견해는 해당한 역사

적 시기의 경계지역과 지점을 밝히는 데서 미흡하고 잘못된 점이 있기는 하지만 기본상 고구려 판도의 확대와 축소를 국내외 문헌들의 상호 대비연구에 기초하여 역사적 사실에 부합되게 해명한 옳은 것이었다.

안정복은 다음으로 이 책에서 발해의 역사지리에 대하여 검토하였다. 그는 여기에서 『신당서』 「발해전」에 기록된 5경 15부 62주에 『성경통지』에 해당한 기록을 주석으로 달고 알 수 없거나 자세하지 않은 것은 그냥 남겨 두는 방법으로 처리하였다. 저자는 특히 불열부 · 철리부 · 월희부를 고찰하면서 그 안설에서 "3부가 다 여진의 먼 동쪽에 있고 발해의 개척지가 5,000리나 되니 3부를 다 통합하여 군현을 설치하였을 것이다. 지금 성경지가 모두 요동지방에 있는 것으로 하였는데 모를 소리다"라고 의문을 표시하였다. 뿐만 아니라 "용원동남 해변은 일본으로 가는 길이고 남해는 신라로 가는 길이며 압록은 조공의 길(중국으로 가는 길)이며 장령은 영주길이고 부여는 거란길이니 당나라 장안까지도 8,000리 상거해 있다"고 한 『신당서』의 기록을 인용하고 동경 용원부를 봉황성, 서경 압록수를 삼수 · 갑산의 대안으로, 남경 남해부를 해성현으로 본 『성경통지』의 기록과 그에 의거한 지역판정의 정확성에 대해서도 의혹을 표시하였다(부권 하, 「지리고」, 발해국군현고).

『동사강목』은 우리나라 역사책으로서는 처음으로 발해국가의 강역과 행정구역을 서술함으로써 민족사연구에 필요한 중요한 문제를 제기하고 그 연구를 심화시키는 하나의 계기가 되었다.

이 책에서는 말갈에 대한 고증도 하였다. 말갈은 이족으로서 우리나라의 고대 및 중세국가들과 밀접한 연계를 가지고 그 발전에 커다란 영향을 미치었다. 따라서 말갈과 고구려 · 백제 · 신라 · 발해 및 고려와의 관계를 명확히 하는 것은 민족사의 올바른 이해를 위하여 필수적인 것이었다. 과거의 역사에서 많이 논의되어 온 말갈의 정체에 대하여 깊은 주목을 돌리고 그것을 역사책에서 처음으로 전문적으로 다룬 역사학자는 안정복이었다. 그는 말갈족의 위치와 명칭, 그 유래에 대하여 역사적으로 고찰하면서 백제 · 신라에 이웃하여 자주 침범하면서 노략질을 일삼던 말갈과 고구려 북쪽에 있던 말갈이 같은 족속인가 아니면 다른 족속인가 하는 문제에 대하여 다음과 같은 내용으로 서술하였다.

> 말갈의 모든 부는 모두 다 북방에 있고 고구려가 졸본에서 일어났으니 경계가 서로 정하였고 신라 · 백제 두 나라가 한강 남쪽 3한 땅에 있으면서 남북이 현저히 다르고 또 구려 · 악랑 · 옥저 · 예맥이 그 가운데 있었으니 말갈이 어찌 모든 나라를 뛰어넘어 침공하여 왔겠는가? 『사기』에 기록이 없으니 혹자가 그 나라들을 헛갈린 것이 아닌가? 그 부락이 심히 많아 무시로 헤어지고 모이며 그 종족이 하나가 아니니 맥국이 지금의 강원도에 있으면서 또한 양맥 · 소수맥의 한 종족이 요동지방에 있는 것과 같은 것이 아니겠는가?
>
> 삼국사를 보면 백제가 그 피해를 가장 많이 입었으니 온조가 말하기를 말갈이 우리 북쪽 경계에 잇닿아 있다 하였고 신라가 또한 그 피해를 자주 입었는데 일성왕이 말갈을 가서 정벌하려 하였다 하였으니 또 이르기를 하슬라주(지금의 강릉)지방이 말갈에 잇닿아 있다 하였으니, 만약 그 땅이 멀리 떨어져 있었으면 어찌 잇닿아 있다 말하겠는가? 백제의 초고왕이 일찍이 말갈을 쳐서 석문성을 점령하였은즉 그 땅이 나누어진 것이 명백하다.
>
> 중국의 기록을 보면 "춘추시기 회서의 되놈이 있고 이락 육혼의 되놈이 있었다 하였으니 바로 그러한 것을 말하는 것이다. 지금 홍청현 북쪽 50리 춘천지경에 말갈산이 있으니 우리나라 동네이름에 혹 말갈이라는 것이 있는데 이것이 다 옛날에 말갈이 살았다는 것으로 부른 것이 아니겠는가. (…) 혹시 말갈의 한 종족이 옥저 · 예맥 사이에 살았다는 것이 일리가 있지 않은가" 하였다.

이렇게 저자는 말갈의 이름이 일찍부터 나타나는 것은 후세의 수 · 당 때 칭호를 그 이전에까지 소급하여 부른 데서 온 것이며 원거주지가 북쪽인 말갈이 백제 · 신라 지경에서 움직인 것은 그 종족의 갈래가 원래 많다느니 그 일부가 여기에 들어와 살았기 때문이라고 주장하였다.

저자는 또한 말갈인들의 약탈적 습성에 대하여 서술한 다음 "당나라가 일찍이 말갈을 시켜 바다로부터 신라 남쪽을 쳤다 하였고 또 『고려사』에는 현종 9년 동여진이 청하·연일·장엽현을 침공하였다 하였고 18년 평해·공성 등지에 침입하였다 하였는데 그 후 배를 타고 침공한 것이 이루다 기록할 수 없으며 이것들을 미루어 보면 그들이 바다를 건너와 침공하는 것이 그 장점이고 철기(재빠른 기병)로 불의에 기습하고 사라지니 바다를 방어하는 것이 왜적에 대한 것만이 아니므로 나라를 다스리는 자는 마땅히 이것에 유의하여야 할 것이다" 라고 지적하였다.

이렇게 저자가 말갈·여진과 관련하여 우리나라의 해상방위정책을 논한 것은 그들이 역대로 내려오면서 나라의 변방을 소란스럽게 한 존재였기 때문이다.

고대로부터 고려까지의 강역들을 고증 판정한 저자의 견해에는 물론 부정확하고 잘못된 것도 있으나 그것은 총체적으로 이 시기 우리나라 역사지리를 체계화하고 심화시키는 데 커다란 기여가 되었다.

2) 『동사강목』의 편사학적 가치

『동사강목』은 조국 역사 편사체계가 새롭고 합리적이며 편사내용이 풍부할 뿐 아니라 편사기술에서도 우수한 점이 많아 우리나라 봉건 편사학의 중요 발전단계를 열어 놓았다. 『동사강목』은 편사학상 처음으로 지난날 우리 영역 안에 존재한 모든 종족과 국가들을 시대적 순차성에 따라 정연하게 서술함으로써 고대로부터 고려 말까지에 이르는 조선역사의 기본 줄거리를 훌륭히 세워 놓았다.

16세기에 들어와 시작된 실학역사학의 발생·발전과 아울러 봉건 편사학 분야에서는 고대로부터 고려 말까지의 역사를 서술한 일련의 통사들이 편찬되어 유포되었다. 이 역사책들은 봉건국가의 이른바 '명찬서'들과는 달리 지난 시기의 역사를 매우 신중히 다루면서 그 전모를 밝히는 데 힘을 넣었으나 여전히 삼국 이전에 존재한 종족이나 국가보다 그 이후의 사실에 더 주목하였다. 그것은 당시까지만 해도 삼국 이후의 사실을 전하는 자료들이 비교적 많아 그때의 형편을 구체적으로 서술할 수 있었기 때문이다. 반면에 삼국 이전의 사실을 전하는 사료가 부족하고 조국 역사에 대한 사상적 입장도 선명하지 못하여 고대사 부분 서술에서는 소략하고 미흡한 점이 많았다.

예를 들면 임진조국전쟁 후 새로운 역사적 학풍의 선구를 이룬 역사책으로서 편찬된 『동사찬요』[3]는 고조선으로부터 3한에 이르는 시기의 역사를 간단한 서술로 대치하였다. 그 이후에 편찬된 『동사보유』[4](1646년)와 『동국통감제강』(1650년경)도 사실상 『동국통감』의 서술을 요약한 데 불과하였다.

조국 역사의 첫머리 부분을 체계화하기 위해서는 올바른 입장을 가지고 그 연구를 심화시키는 것이 필요하였다. 그러한 노력의 결과로 처음 나온 것이 1673년 허목에 의해 편찬된 『동사』였다. 『동사』는 고대역사에 관한 기존 사서들을 참고하면서 사료들을 취사선택하고 해석 개편하여 조선역사의 일정한 통사체계를 만들었다. 『동사』는 단군조선으로부터 신라 말까지의 역사를 전 5권에 담아 서술한 기전체 형식의 역사책인데 단군으로부터 신라까지의 기간에 우리나라에 여섯 개의 대국과 10여 개의 부용 소국이 존재하였다고 하면서 6개 대국인 단군조선・기자조선・위만조선・고구려・신라・백제와 부용 소국들인 숙신・부여・탐라 등을 하나의 혈맥으로 연결시켜 놓았다.

---

3 『동사찬요』는 고조선에서 고려 말까지의 역사를 간략하게 서술한 기전체 형식의 통사로서 「군왕기」에서 단군조선으로부터 3한에 이르는 역사를 취급하였으나 그것은 모두 합해서 5, 6장에 불과하고 나머지는 다 세 나라, 후기신라, 고려왕조들의 '기'가 되었다. 따라서 이 저서는 고조선 시기의 사실들도 약간 포괄하였지만 주로 삼국시기 이후 고려시기까지를 서술한 통사라고 할 수 있다.

4 『동사보유』는 단군조선으로부터 시작하여 고려 말까지의 역사적 사실을 기록한 통사(전 4권)로서 『동국사략』과 『동국통감』 등 역사책들의 기사누락을 보충한다고 하였으나 실제에 있어서는 단군조선과 3한, 북부여, 동부여를 1권의 앞부분에서 간단하게 소개하는 것으로 그쳤다.

단군은 고조선의 시조로서 아들 해부루를 낳았고 해부루는 북부여국의 시조가 되었으며 해부루는 아들 금와를 낳았는데 금와는 동부여국의 시조가 되었다. 동부여 왕 금와는 우발수의 하백의 딸과 혼인하여 주몽(동명왕)을 낳았는데 주몽은 고구려국의 시조가 되었으며 주몽이 낳은 온조는 백제국의 시조가 되었다. 그리고 동부여는 후에 고구려에 통합되었다. 다른 편으로 고조선의 말기에 기자・위만 등이 계속하여 들어와 조선왕조를 교대 계승하였는데 기자조선의 말기에 그 후예가 위만에게 쫓기어 남으로 내려와 마한 왕이 되었는데 마한은 단군의 후예인 온조에 의하여 통합되었다.

저자는 이렇게 대국들을 단군중심계통으로 묶어 놓고 여기에다 부용 소국들까지 관련시켜 놓았다. 『동사』에서 체계화된 단군중심계통은 역사적 사실과 부합되지 않은 인위적인 것이었다. 안정복은 『동사강목』에서 조국 역사에 대한 깊은 연구와 『동사』는 물론 그 이후에 편찬된 『동사회강』에 이르는 선행 역사책들의 편사체계를 검토한 기초 위에서 체통사상의 견지에서나마 조선역사의 기본체계를 새롭고 정연하게 세워 놓았다.

『동사강목』은 우선 그 서술을 고조선왕조로부터 시작함으로써 우리나라의 역사를 그 처음 시기부터 포괄하는 체계적인 것으로 만들었다. 이것은 종래에 『삼국유사』나 『동국사략』이 고조선을 단순히 하나의 단편적인 기사로 서술하였고 『동국통감』이 그것을 다루면서도 삼국시기 이전의 역사를 편년체계에 포함시키지 않고 기본체계와는 별도로 '외기'라 하여 간단하게 개괄함으로써 고조선과 3한을 소홀히 한 점을 극복한 것이었다. 또한 진국을 고조선과 병립하고 있던 독자적인 왕조로 인정하고 역사의 기본체계에 포함시켰다. 물론 진국을 '기자조선의 후예인 마한'(제1상, 술신 28년)으로 잘못 인식하고 서술하였지만 실존한 하나의 고대국가로 인정하고 기본체계에 앉혀 서술한 것은 새로운 것이었다.

뿐만 아니라 『동사강목』에서 저자는 우리나라 고대 및 중세 초기에 존재한 부여・진한・변한・예・맥・옥저, 그리고 고구려・백제・신라・가락 등의 종족과 국가들을 빠짐없이 기본체계에 편입시켜 놓았다. 이것은 비록 저자의 봉건적인 정통사상으로 하여 기본체계로 설정하지 않고 이른바 정통왕조인 마한의 항목 아래 구차하게 끼워 서술한 한계점이 있으나 선행 역사책들에서 흔히 무시되곤 했던 여러 종족과 국가들의 역사를 시대적 순서대로 파악할 수 있게 하였다.

여기에서 저자가 마한 정통왕조가 멸망한 후에도 일정한 기간 존속한 고구려・백제・신라・가락 등의 몇 개 나라에 대한 역사적 사실들을 계속 서술한 것은 물론이거니와 7세기 말 이후의 발해 국가를 고구려 옛 땅에서 일어난 한 개의 왕조로 보고 기본체계에 포함시켜 서술한 것은 우리나라 봉건시대의 역사에서 새로운 것이었다. 『동사강목』의 이러한 편사체계는 당시로서는 가장 높은 수준에서 조국 역사의 기본 줄거리를 역사적 사실에 부합되게 엮어 놓은 것이었다.

『동사강목』은 또한 편사학상 우리나라 역사의 풍부한 내용을 가장 폭넓게 다방면으로 반영하였다. 이 책에서는 봉건왕정 중심의 정치적 사실을 주로 하는 종래의 역사서술을 답습하면서도 결코 여기에만 머무르지 않고 경제와 군사, 문화와 풍습 등에 대해서도 깊은 주목을 돌리고 많이 서술하였으며 역사학・지리학・언어학・고고학 및 민속학 분야에 속하는 수많은 자료들을 고증하고 역사서술에 널리 이용하였다.

또한 특이한 사건・사실들과 천변지이 등에 대해서는 반드시 그 정확성 여부를 확인하고 본편 서술에 올리고 믿을 수 없는 것은 따로 부권과 「괴설변」에서 분석 비판함으로써 당시까지 편찬된 역사책들 가운데에서 그 내용을 가장 높은 수준에서 정선하였다. 뿐만 아니라 그에 일관한 애국애민사상과 외래 침략자들에 대한 적개심, 부패한 봉건질서에 대한 개탄과 비판정신으로 하여 편사내용에서 새로운 경지를 개척하였다. 이것은 저자가 종전의 봉건왕조 중심사가들과는 달리 역사서술의 목적을 다만 왕통의 정윤을 따지는 데만 두지 않고 사람들을 교육하는 중요 수단의 하나로 본 데 기인하였다.

『동사강목』은 편사기술에서도 우리나라의 편사학을 한 계단 높이 올려 세우는 데서 중요한 작용을 하였다. 저자는 강에서 역사의 기본 흐름을 이어 주고 목에서 구체화하였을 뿐 아니라 해당한 개소에 안설을 첨부하는 등 다양한 형식과 방법으로 그 내용을 심화시킴으로써 기전체와 편년체를 비롯한 기존 서술체제의 부족한 점을 적지 않게 극복하였다. 그리하여 유계의 『여사제강』에서 시작된 강목편년체의 필법을 보다 세련시켰다. 또한 사료 이용의 범위를 넓히고 그에 대한 비판 분석을 본격화함으로써 역사연구와 그 서술에서 새로운 발전을 나타내었다.

사실상 봉건 편사학 분야에서는 『동사강목』의 편찬을 계기로 사료 전사와 기록을 주로 하던 종래의 고질적인 상태에서 벗어나 실사구시적 태도와 진지한 고증적 방법을 확립하고 역사연구와 서술 방법을 과학적 기초 위에 올려 세울 수 있게 되었다. 이것은 당시로서는 편사기술에서 한 단계의 비약을 의미하였다.

또한 이 책에서는 직서·실서에 기초함으로써 서술의 객관성을 보장하였다. 당시까지 편찬된 이른바 관찬 역사책들은 봉건유교의 입장에서 역사의 경험과 교훈을 찾기 위하여 사실 그대로 역사를 연구하고 서술한다고 표방하였지만 실제로는 봉건국가와 궁정생활에서 나타나는 이러저러한 사실들을 될수록 가리려고 하였다. 봉건통치의 이념에 부합되지 않는다고 인정되는 것은 예외 없이 가려지거나 그 진상이 왜곡되었다.

그러나 안정복은 역사서술에서 그 객관성을 보장하는 직서에 힘을 기울임으로써 오랫동안 은닉되었거나 왜곡된 역사적 사실을 들춰내고 바로잡아 놓았으며 온갖 사회악과 불합리를 조장·비호하고 있는 통치배들의 죄상을 고발하였다. 이것은 우리나라에서 실학자들에 의하여 계승된 직필의 전통을 고수하고 후세의 편사기술 발전에 긍정적 영향을 미치었다.

이처럼 『동사강목』은 편사체계와 편사내용 그리고 편사기술에서 선행 봉건 편사학에서 달성된 성과들에 토대하고 그를 한 계단 발전시킴으로써 당시로서는 고조선부터 고려까지의 조국 역사를 누구보다도 훌륭히 편찬하였다. 그리하여 17세기 이후에 선진적인 실학역사학자들에 의하여 시작된 통사 개편사업을 가장 높은 수준에서 보장하였다. 이런 점에서 볼 때 『동사강목』은 그 이후에 편찬된 이종휘(1731~1798년 이전)의 『청구고사』, 한치윤(1765~1814년)의 『해동역사』를 비롯한 일련의 역사책들과 함께 계몽기 이전 봉건 편사학의 마지막을 장식하였으며 근대사학으로 넘어가는 교량자적 역할을 하였다고 말할 수 있다.

6. 맺는 말

『동사강목』은 우리나라 봉건시기의 역사책들 가운데서 단연 손꼽히는 우수한 통사이며 높은 학술적 가치를 가지고 있는 조선역사 연구저서이다.

그러나 왕조 중심에 선 저자의 유교사관으로 말미암아 『동사강목』에서는 역사의 주체인 인민대중의 역사를 서술하지 못하였다. 봉건국왕 중심, 왕정 중심의 서술로 된 『동사강목』에서는 자연을 개조하고 사회를 변혁시키기 위한 인민대중의 투쟁이 거의 무시되고 말았다. 따라서 농민폭동과 같은 중요한 역사적 사건들이 정치사에서 부차적인 것으로 아주 적게 단편적인 몇 개의 기사들로 취급되었다. 또한 『동사강목』은 그 서술 내용에서 사대주의를 극복하지 못하였다. 안정복은 조선 사람의 입장에서 민족의 역사를 바로잡으려고 노력하였으나 여전히 사대주의적 입장에서 다룬 선행 봉건사가들의 적지 않은 기사를 아무런 비판도 없이 그대로 인용하였을 뿐 아니라 또 그러한 입장에서 일련의 역사적 사실들과 인물들을 다루었다.

저자는 "작은 것이 큰 것을 섬기는 것은 도리인데 우리나라는 땅이 좁고 나라가 작으니 중국과 친근하게 가까이한 연후라야 가히 나라를 보존할 수 있다"고 하면서 "고려가 475년 간 능히 사직(왕권)을 잃지 않은 것은 무엇 때문인가. 그것은 사대의 힘이 아닐 수 없다"고 그릇되게 쓰고 있다.

뿐만 아니라 유학의 정윤론에 빠져 이른바 계통론과 대의명분에 기초한 충절을 시종일관 강조하였다. 『동사강목』은 편사형식에 있어서도 봉건왕조사의 유학적 편찬체계를 그대로 따르고 있어 전반적으로 볼 때 중세기적 성격을 면치 못하였다. 이로부터 일부 역사적 사실들을 부정확하게 해석하거나 왜곡되게 전하는 한계점들을 남겼다. 『동사강목』은 당시로서는 피치 못할 이러한 결함과 한계를 가지고 있으나 우리가 비판적으로 계승 발전시켜야 할 귀중한 민족문화유산의 하나가 된다.

안정복의 역사관과 『동사강목』

차장섭

1. 머리말

역사서는 현재적 입장에서 서술된다. 따라서 역사서에 대한 연구는 다른 사서史書와의 비교를 통해서 상호 현재적 입장의 차이가 무엇인가를 이해함으로써 사학사의 흐름을 파악할 수 있다. 또한 사학사는 사상사의 일환으로 정치·경제·사회·문화 등 각 분야와도 유기적인 관계를 가지고 있다. 사학사 연구는 사서를 단지 개개인의 사상의 표현물로 인식하거나 표면적인 고찰에 그쳐서는 되지 않는다. 하나의 구조적 전체상 속에서 파악해야만 한다. 그런데 지금까지의 사학사 연구는 특정 역사서에 대한 정확한 인식은 물론 전체 속에서의 그 위치를 인식하는 데는 미흡하였음이 사실이다.

『동사강목』은 조선 후기를 대표하는 역사서이다. 조선 후기의 정치·경제·사회·문화적 변화를 가장 잘 반영하고 있을 뿐만 아니라 조선 후기 역사서 가운데 체계를 가장 잘 갖춘 통사서通史書이기 때문이다. 조선 후기 특히 안정복이 살았던 영·정조 시대는 정치적으로 붕당정치가 탕평기를 맞이하고 있고, 경제적으로 상공업 및 농업기술의 발달과 사회적으로 그에 따른 신분제의 변동이 격심했으며, 대외적으로 명·청의 교체가 이루어지고, 사상적으로 실학이라는 새로운 학문의 조류가 형성되던 시기였다. 이 같은 시대적 변화에 수반하여 『동사강목』이 쓰여진 것이다. 또한 『동국통감』은 조선 전기를 대표하는 통사서이다. 따라서 조선 후기의 『동사강목』을 조선 전기의 『동국통감』과 비교해 봄으로써 조선시대 사상사 가운데 역사의식의 흐름을 파악할 수 있으리라 믿어진다.

『동사강목』에 대한 기존의 연구는 여러 편이 있으나,[1] 그 일부를 다루었거나 안정복만을 떼어서 연구함으로써 조선시대 전체 속에서 『동사강목』의 사상사적 위치를 파악하는 데는 미흡하다.

본고에서는 『동국통감』과의 비교를 통한 『동사강목』의 분석에서 다음의 네 가지 면을 고찰하고자 한다. 첫째, 안정복의 생애와 사관을 통해서 『동사강목』이 성립될 수 있었던 배경을 살핀다. 특히 그의 생애에 대해서는 그의 문집뿐 아니라 고문서, 안정복과 밀접한 관계를 가졌던 이익李瀷과 유형원柳馨遠의 문집 등을 이용하였다. 둘째, 『동사강목』의 체제이다. 서술 형식, 서술 범위, 서술 방법 등을 범례 등의 분석을 통해 고찰함으로써 역사서술상에 있어서 전기에 비해 발전된 면을 구명한다. 셋째, 각 시대 인식이다. 특히 『동국통감』의 사론史論과 비교하여 살핌으로써 조선시대 사상의 흐름을 파악한다. 이러한 고찰은 한편으로 『동사강목』에 대한 인식을 분명히 하고, 또 다른 한편으로 조선시대

1 이우성(1970), 「동사강목 해제」, 경인문화사; 황원구(1970), 「실학파의 사학이론」, 『연세논총』 7; 황원구(1981), 「실학파의 역사인식」, 『한국사론』 6; 변원림(1973), 「안정복의 역사인식」, 『사총』 17·18호; 윤남한(1977), 「동사강목 해제」, 『고전국역총서』 127; 심우준(1985), 『순암 안정복 연구』, 일지사; 김사억(1965), 「안정복의 역사관과 조국역사 편사에 대하여」, 『역사과학』 5·6; 정구복(1987), 「안정복의 사학사상」, 『한일근세사회의 정치와 문화』; 한영우(1988), 「안정복의 사상과 동사강목」, 『한국학보』 53.

사학사의 흐름을 이해하는 데 다소나마 도움이 되리라 생각한다.

2. 안정복의 생애와 사관史觀

안정복은 남인 안극安極의 아들로 1712년(숙종 28)에 태어나 1791년(정조 15)에 80세를 일기로 광주에서 세상을 떠났다. 관향은 광주廣州이고 호號는 순암順菴, 자字는 백순百順이다.

그는 어린 시절에 조부 안서우安瑞羽가 청의淸議의 존중을 받으면서 울산부사로 있던 때에 영조가 즉위하여 노론이 집권하자 당류黨流의 배척을 받아 탐오죄貪汚罪로 나국拿鞫·파직되는 비운을 만났다.[2] 그리하여 파직 후 전라도 무주茂朱에 내려가는 조부와 함께 복거생활을 하게 되었다.[3] 당쟁으로 인한 조부의 몰락은 38세까지 과업은 물론 출사도 일체 포기하게 하였으며 훗날 그가 당쟁에 대해 비판적인 시각을 갖는 계기가 되었다.

무주에서 복거하던 안정복은 24세(영조 11) 때 조부가 사망하자 그 다음해에 고향인 광주 경안면 덕곡리로 돌아왔다.[4] 이사하게 된 중요한 이유는 다음과 같다. 10여 년 전에 종손 명륜命崙에게 도덕적으로 불미한 일이 일어나자 이 집안의 불천지위不遷之位인 안황安滉의 제사를 받드는 봉사손奉祀孫으로 조부 안서우가 종문 종친회에서 결정되었고, 국가의 공식적인 허가를 받게 되었다. 안서우는 봉사손이 되고 나서도 이사하지 않았지만 그가 죽자 집안의 독촉으로 부 안극은 선영先塋이 있고 종토宗土가 있는 고향으로 이사한 것이다. 따라서 안정복은 지손支孫으로서 가통을 계승하여야 하는 종손이 되었다. 이러한 가계상의

2 『영조실록』 권10, 영조 2년 12월 신미조.

3 『順菴叢書』 上, 「順菴先生年譜」, 598면.

4 위의 책, 598면.

변화는 역사에서 정통론과 궤를 같이하는 것이라 하겠다.[5]

그런데 이사하기 전해인 24세 때 병 때문에 처가에 머물러 있을 때 퇴계가 엮은 『주자서절요』와 주자의 『자치통감강목』을 본 것이[6] 그로 하여금 성리학에 눈을 뜨게 하였다.[7] 특히 같은 해 꿈에 주자를 만나 『자치통감강목』 가운데 의심스러운 곳과 잘 모르는 것을 물었다고 하는 기록은 안정복이 주자를 사모하게 되고 주자의 『자치통감강목』에 깊은 관심을 기울이게 됨으로써 역사에 대해 처음으로 관심을 가지게 되었음을 의미한다.

25세의 나이로 고향에 돌아온 안정복은 순암이라는 소옥小屋을 짓고 성리학에 몰두하였다. 이로써 그는 육술가六術家로 알려진 만큼 기술학·병법·이단·사상 등에 대한 박학의 학문으로부터 성리학으로 학문상의 전환을 하였다. 26세 때 『성리대전』과 『심경』을 읽어서 성리학에 심취하게 되고[8] 특히 퇴계의 영향을 받아[9] 그의 학문의 기초를 성리학에 두게 되었다. 성리학에 대한 학문적 전환 이후 안정복은 26세에 「치통도治統圖」와 「도통도道統圖」를 지어 상고에서 청에 이르기까지의 역사를 정통正統·변통變通·무통無統으로 구별함으로써 역사에서의 정통의 의미를 분명하게 인식하게 되었다.[10] 29세(영조 16)에는 학문지침서인 『하학지남下學指南』을 편찬하였는데 여기서 그는 사학史學에 대한 견해를 제시하고 있다. 『하학지남』의 독서순을 이이의 『격몽요결擊蒙要訣』

5 정구복(1987), 「안정복의 사학사상」, 『한일근세사회의 정치와 문화』, 한일문화교류기금, 5~6면.

6 『順菴叢書』 上, 『順菴集』, 17면.

7 한영우 씨는 광주로 이사한 25세 이후에 안정복이 성리학을 처음 접했다고 했으나 이는 연보만을 참고하고 문집을 참고하지 않은 데서 온 잘못이다(한영우, 앞의 논문, 121면 참조).

8 『順菴叢書』 上, 「順菴先生年譜」, 599면.

9 안정복은 書筵에서 세자 정조가 퇴계의 理氣二元論과 율곡의 理氣一元論 중에서 어느 것이 좋은가를 묻자 퇴계설을 좇는다고 답했다(위의 책, 619면 참조). 또한 42세 때 『李子粹語』를 編次하기도 하였다(위의 책, 602면 참조).

10 위의 책, 599면.

에 나타난 독서순과 비교하면 다음과 같다.[11]

〈표 1〉 『하학지남』과 『격몽요결』의 독서순 비교

『하학지남』의 독서순			『격몽요결』의 독서순	
선독	소학, 대학겸혹문, 논어겸혹문 맹자겸혹문, 중용겸혹문, 근사록 가례, 심경	以立 其本	선독	소학
차독	시전, 서전, 주역겸계몽, 춘추겸삼전 예기겸의례급통해주례儀禮及通解周禮 이정전서二程全書, 주자대전겸어류 이락연원겸이학통해伊洛淵源兼理學通解 성리대전性理大全	以盡 其用	차독	대학급혹문, 논어, 맹자, 중용, 시경, 예경, 서경, 역경 춘추, 근사록, 가례 심경, 이정전서二程全書 주자대전어류朱子大全語類
겸간 兼看	선간강목속강목명사강목이정기의 先看綱目續綱目明史綱目以正其義 겸간자치통감등제편년사이회기요 兼看資治通鑑等諸編年史以會其要 차간역대정사次看歷代正史 역간동국제사亦看東國諸史	以通 其變	역독 亦讀	사서史書

안정복이 제시한 독서순은 ① 선독先讀 ② 차독次讀 ③ 겸간兼看의 세 단계로 나뉘어 있는데, 선독은 그 근본을 세우는 것이고 차독은 응용을 다하는 것이며 겸간은 변화에 통달하기 위함이라 하였다. 이처럼 안정복은 성리학을 공부하면서 경서를 읽은 다음에 사서를 읽어야만 학문의 달성을 가져올 수 있다고 하는 경사일체經史一體의 인식을 가지고 있었다. 그런데 안정복이 『하학지남』에서 제시한 독서순이 이이의 『격몽요결』에서 제시한 것과 유사하다. 다만 이이는 『근사록』·『가례』·『심경』을 사서·오경 다음에 읽어야 할 대상으로 제시한

11 위 표는 『하학지남』에서 제시한 독서순과 『하학지남』에서 인용하고 있는 『격몽요결』의 독서순을 요약하여 작성한 것이다(『順菴叢書』 上, 『下學指南』 上卷, 「讀書 第一」, 讀書之序章, 682~683면 참조).

데 반해서 안정복은 이를 오경보다 앞서 읽어야 할 대상으로 제시하고 있다. 이는 안정복이 이이의 설을 계승하고 있음을 말해 준다.

그러나 이이가 마지막 단계에 읽어야 할 순서를 단지 사서라고만 제시한 데 비해 안정복은 사서를 다시 구분하여 읽는 순서를 제시하고 있음이 차이가 나며, 특히 사서의 마지막 순서로 동국사東國史를 들고 있음이 주목된다. 안정복이 제시한 겸간兼看의 대상인 사서의 읽는 순서를 보면 다음과 같다.

① 『강목』·『속강목』·『명사강목明史綱目』을 읽어서 대의를 바르게 할 것.
② 『자치통감』 등 여러 편년사를 읽어서 대요를 이해할 것.
③ 역대의 정사를 읽을 것.
④ 동국의 제사諸史를 볼 것.

위에서 안정복은 이때까지 중국사를 동국사보다 중요시하고 동국사 가운데서도 강목을 더 중요시하였음을 알 수 있다.

안정복은 『하학지남』에서 독사讀史의 방법에 대해 주자·정자·여동래呂東萊·장무구張無咎·사동재史東齋 등의 독사설讀史說을 소개하고 있다.[12] ① 독사讀史의 순서는 주자설을 인용해 반드시 경서를 읽어 위기爲己와 통리通理를 한 다음에 사서를 읽어야 하며, 사서는 『사기』·『좌전』·『통감』·전사全史의 순으로 읽어야 한다. ② 독사讀史의 기능은 정자설程子說을 인용해 격물 즉 사물을 바로잡는 데 있으며, 주자설을 인용해서 역사를 통해 대윤리大倫理·대기회大機會·대치란大治亂의 득실을 보아야 하고, 시是·불시不是를 보아서 시是 가운데서 불시不是를 구하고 불시不是 가운데 시是를 구한다. ③ 독사讀史에 있어서 시비판정은 역사를 읽는 과정에서 먼저 성패를 생각하고 다음에는 그 성패가 유행有幸·불행不幸과 어떻게 관련되어 있는가를 검토하는 것이며, 그러고 나서 다시

12 『順菴叢書』 上, 『下學指南』 上卷, 「讀書 第一」, 讀史章, 691~692면.

그 성패의 시비를 결정해야 한다. ④ 독사讀史의 태도는 여동래설呂東萊說과 장무구설張無咎說에 따라 현재적 입장에서 과거를 이해해야 한다. 즉 지나간 일에 대해 내가 그와 같은 일을 만나면 어떻게 처리할 것인가를 생각해야 한다. ⑤ 독사讀史의 방식에 대해서는 주자와 사동재설史東齋說을 인용하여 철저하게 숙독하는 자세를 가져야 한다. 이상과 같이 『하학지남』에 나타난 안정복의 사학에 대한 견해를 보면 철저하게 주자의 영향으로 경사일체의 역사관을 지니고 있었음을 알 수 있다.

안정복의 두 번째 학문적 변화는 광수지방과 인연이 깊은 선배 실학자들과 학문교류였다. 33세(영조 20)에 유형원의 학문이 높다는 명성을 듣고 있던 중 유형원의 증손인 유발柳發로부터 『반계수록』·『동사강목조례』를 입수하여 읽었다.[13] 이것이 실학과의 첫 만남이었다. 이를 계기로 안정복은 훗날 유형원이 이룩하지 못한 동사東史를 편찬하게 되었고,[14] 64세 때에는 「반계연보」까지 쓰게 되었다.

실학에 눈을 뜬 안정복은 35세(영조 22)에 광주 안산성촌安山星村에 거주하던 이익을 찾아가 그의 문하에서 경사經史에 관한 여러 문제들을 토의하였다.[15] 네 차례의 방문과 잦은 서신왕래를 통해 안정복은 특히 민족사에 대한 성호의 주체적 역사인식의 영향을 많이 받았다. 첫째 중국 중심의 화이사상을 극복하고 주체적인 측면에서 민족사를 이해하게 되었다. 성호는 "중국이란 대지 중에 있는 한 조각의 땅에 불과하다"고[16] 주장하였는데 안정복은 이에 동의하면서 전통학자들이 가지고 있던 화이론을 비판하였다. "옛부터 유학자들은 언제나 중화와 이적夷狄의 구분을 엄격히 하며 중국 땅에서 태어나지 않으면 다 이夷라

13 『順菴叢書』 上, 「磻溪年譜跋」, 408면.
14 정구복, 앞의 논문, 5면.
15 『順菴叢書』 上, 「順菴先生年譜」, 599면.
16 『星湖僿說類選』 卷1上, 分野; 『星湖塞說』 上, 31면.

하는데 이것은 통할 수 없는 이론이다. 하늘이 어찌 지역을 가지고 인간을 구별하였겠는가"[17]라고 주장하였다. 둘째, 우리나라 역사의 독자성을 강조하였다. "우리나라는 스스로 우리나라의 것이며 그 규제와 체세體勢가 중국의 역사와 다르다"[18]는 성호의 가르침에 따라 "우리나라는 (…) 독립된 왕이 다스리는 나라이므로 중국의 제후들과는 근본적으로 다르다"[19]고 하여 한국사가 중국사의 일부가 아닌 독자적인 것으로 이해하였다. 셋째, 우리나라의 기존 사서들을 비판하고, 우리나라 사서들이 우리나라 기록을 불신하고 중국의 기록을 중시하는 것에 대해 비판하였다. 성호는 안정복에게 보낸 편지에서 "우리나라 사서는 본래 문장을 읽을 수가 없는데다가 언제나 중국사를 근거로 삼아 혼란시켰기 때문에 읽을 수가 없다. 이를테면 야인들이 스스로 믿지 아니하고 서울의 것이라면 사실이라고 믿어서 왕왕 웃음거리가 되듯이 모름지기 변별하여 보아야 한다"라고[20] 지적하였다.

안정복은 그뒤 "동사東史를 편찬한다면 상고로부터 고려 말에 이르기까지 일편으로 엮고 강목의 예를 따라서 이름을 『동사강목』이라고" 하는[21] 우리나라 역사를 쓸 것을 결심하고 성호뿐 아니라 윤소남尹邵南·이정산李貞山 등과의 서신교환을 통하여 구체적인 서술 기준을 마련하는데 그것이 「동사문답東史問答」이다. 정통을 비롯한 붕장崩葬·찬시簒弑·폐사유인廢徙幽囚·제사祭祀·대외관계·재상災祥 등에 대해서는 성호에게 질의하였고, 사군론四郡論을 비롯한 강역疆域의 문제는 윤소남에게, 명호名號·즉위卽位 등 동사東史의 의례에 대해서는 이정산에게 각각 문답하였다.

45세(영조 32) 되던 해부터 마침내 『동사강목』을 쓰기 시작하여 4년 만에 초

17 『順菴叢書』 上, 『順菴集』 卷2, 「答上星湖先生書」, 53면.
18 『星湖先生文集』 卷25, 「與安順菴 乙亥」.
19 『順菴叢書』 上, 『順菴集』 卷9, 別紙, 198면.
20 『星湖先生全集』 卷25, 「答安百順問目」.
21 『順菴叢書』 上, 『順菴集』 卷10, 「東史問答」, 222면.

고 20권을 완성하였다. 초고에서는 본편 18권, 부록 2권으로 되어 있었던 듯하다. 그러나 20여 년 간 그의 선배인 윤동규尹東奎, 스승인 이익과의 의견을 교환하고 이를 수정 보완하여 67세(정조 2) 되던 해에 서문을 씀으로써 완성되었다고 볼 수 있다. 이때 본편 17권, 부록 3권으로 정리된 듯하다.[22]

52세(영조 39)에는 상고부터 주자의 『자치통감강목』이 시작하는 주周의 위열왕 23년 이전까지의 중국사를 검토함으로써 본 국사를 정리하는 기초로 삼고자 했다.[24] 일단 『동사강목』을 완성시킨 뒤 안정복은 주자의 영향을 받은 자신의 입장에서 『자치통감강목』을 보충함으로써 중국사를 정리하고자 했던 것이다. 이처럼 안정복은 본국사뿐 아니라 중국사 정리에까지 관심의 폭을 확대시키고 있다.

56세(영조 43)의 안정복은 고대로부터 고려 말까지의 『동사강목』을 계승하여 조선시대의 역사를 편년체로 서술한 『열조통기列朝通記』를 찬술하였다.[25] 사서 편찬에 있어서 대개의 경우 찬자撰者의 소속 왕조 이전까지만 취급하는데, 안정복은 조선 태조로부터 영조까지의 당대사인 『열조통기』를 찬술함으로써 우리나라 전사全史를 처음으로 완성하게 되었다.

65세(영조 52)에 목천현감으로 임명된 안정복은 68세에 목천현 읍지인 『대록지大麓誌』를 편찬하였다.[26] 안정복은 읍지를 역사에 속하는 한 유형으로 파악한 다음 군읍의 지지地誌를 국사에서 유래하는 것으로 보았다. 그래서 안정복은 옛날 열국에서 각기 국사를 편찬했던 것과 마찬가지로 군읍에서도 그 뜻을 이어받아 지지地誌를 편찬한 것이라고 생각하였다. 즉 안정복은 읍지를 한 지방의 역사서로 파악하고 있었던 것이다.[27] 42세 때 『광주지廣州誌』를 편찬했던 안

22 정구복, 앞의 논문, 7~8면.

24 정구복, 앞의 논문, 7면.

25 『順菴叢書』 上, 「順菴先生年譜」, 611면.

26 위의 책, 622면.

27 김수태, 「안정복의 大麓誌」, 123면.

정복은 지방지의 편찬을 통해 지방에 대한 구체적인 지식을 얻고, 이를 바탕으로 하여 경국經國·치도治道를 하고자 했다.

이상에서 안정복의 역사에 대한 관심은 동국사뿐 아니라 중국사와 지방사 및 역사지리로까지 확대되어 있었음을 알 수 있다. 그의 저술목록을 보면 동국사에 대한 것은 『동사강목』·『열조통기』 이외에 『동사보궐東史補闕』·『동국일사외기東國逸史外紀』·『동국고사전東國高士傳』·『동사례東史例』·『동사외전東史外傳』·『동국열녀전東國烈女傳』 등이 있고, 중국사에 대한 것은 『사감史鑑』 이외에 『독사상절讀史詳節』·『삼성전三聖傳』·『삼현전三賢傳』·『기자통기箕子通紀』가 있다. 지방지류地方志類로서는 목천지木川誌인 『대록지大麓誌』 이외에 『광주지廣州志』·『영남선현전嶺南先賢傳』이 있고 역사지리歷史地理에 대한 것은 『지리고이地理考異』가 있다.

73세(정조 8)에 타계할 때까지 안정복은 주로 저술과 후진양성으로 말년을 보냈다. 이 시기에 그는 천주교에 대한 자신의 입장을 체계적으로 정리하여 『천학고』와 『천학문답』을 썼다.[28] 안정복은 사위가 권일신權日身이고, 그의 형인 권철신權哲身과는 잦은 서신왕래를 통해 사제관계로서 학문을 논한 바 있는데 이 권씨 형제가 독실한 천주교 신봉자였으므로 서학에 관심을 가지지 않을 수 없었다.[29] 그러나 안정복은 서학을 통하여 많은 지식을 얻기도 했지만 사상의 기초가 성리학에 뿌리 내리고 있었기 때문에 서학을 배격하는 보수성을 견지하였다.

결국 안정복은 퇴계를 통해 성리학에 눈을 뜨고 주자의 『자치통감강목』에 관심을 가지게 되어 경사일체의 역사인식을 가지게 되었다. 그리고 유형원의 영향으로 실학과 인연을 맺게 되어 동국사의 저술을 결심하였으며, 이익의 문하에 들어가 민족사에 대한 주체적 역사인식을 가지게 되었다. 안정복의 사관

---

28 『順菴叢書』 上, 「順菴先生年譜」, 625면.
29 정구복, 앞의 논문, 11면.

은 전기의 『동국통감』에 비해 그 범위를 확대시켰으며 우리나라의 역사를 세계사 속에서 파악하고자 하였다. 즉 역사인식의 범위를 시간적으로 과거사에서 당대사로 폭을 넓혔으며, 공간적으로 중국사에서 우리나라의 역사 그리고 지방사로까지 확대하였다. 또한 『동국통감』이 단순히 우리나라 역사에 대한 지식 보급을 위한 정치지배층들의 역사인식을 반영하여 저술된 것과는 달리 『동국강목』은 우리나라 역사에 대한 주체적 인식을 통해서 세계사 속에서 우리의 위치를 파악하고자 저술된 것이다.

3. 『동사강목』의 체계

1) 서술 형식

『동사강목』은 강목체綱目體로 쓰여졌다. 강목체는 역사서술의 내용을 사실의 경중에 따라 강綱과 목目으로 나누고, 강은 개괄적으로 거론하여 감계鑑戒를 분명하게 하고 목은 세밀하게 거론하여 잘 드러나지 않는 것까지 드러내고자 하는 것이다. 단지 기술 형식상으로 보면 편년체의 일종으로 거기에 기사본말체적인 형식과 내용을 가미한 것이라 할 수 있다. 강목체는 대의명분이나 정통론을 강조하는 역사서술에 적합하며 무엇보다 역사적 사실에 대한 풍부한 지식이 전제되어야만 그 서술이 가능하다.[30] 그러나 강목체는 강과 목으로 나누는 것 자체가 사가의 주관에 의해 결정되기 때문에 역사기술의 객관성 문제가 제기될 수 있다.

중국에서는 주지하는 바와 같이 주자가 정사체인 기전체나 편년체인 통사류나 기사본말체 같은 것은 통계의 투철함이 미흡하다고 비판하고 강목체를 문

30 이만열(1974), 「17・8세기의 史書와 고대사인식」, 『한국사연구』 10집, 344면.

체의 제일로 삼았다. 우리나라에서는 고려 충렬왕 때 민지閔漬가 편찬한 『본국편년강목本國編年綱目』이 시초이다. 그 후 조선시대 주요 사서史書의 사체史體를 살펴보면 〈표 2〉와 같다.

〈표 2〉 조선시대 주요 사서

서명	저술연대	서술시대	편찬자	사체史體
동국사략東國史略	태종 3(1403)	단군~삼국	권근 · 하륜 등	편년체
고려사高麗史	문종 원년(1451)	고려	정인지 등	기전체
고려사절요高麗史節要	태종 2(1452)	고려	김종서 등	편년체
삼국사절요三國史節要	성종 7(1476)	단군~삼국 말	노사신 · 서거정 등	편년체
동국통감東國通鑑	성종 16(1485)	단군~고려 말	서거정 등	편년체
동사찬요東史纂要	선조 39~광해 6 (1606~1614)	단군~고려 말	오운吳澐	기전체
여사제강麗史提綱	현종 8(1667)	고려	유계	강목체
동국사강목조례東國史綱目條例	?	?	유형원	강목체
휘찬려사彙纂麗史	1672년 이전	고려	홍여하洪汝河	기전체
동국통감제강東國通鑑提綱	현종 13(1672)	단군~고려 말	〃	강목체
동사東史	1670년대(?)	단군~삼국	허목許穆	기전체
동국역대총목東國歷代總目	숙종 31(1705)	단군~고려 말	홍만종洪萬宗	강목체
동사회강東史會綱	1710년대(?)	〃	임상덕林象德	강목체
동사강목東史綱目	정조 2(1778)	〃	안정복安鼎福	강목체
기년아람紀年兒覽	정조 2(1778)	단군~고려 말	이만운李萬運	편년체
동사東史(수산집修山集)	1780년대(?)	?	이종휘李種徽	기전체
연려실기술燃藜室記述	정조대	조선	이긍익李肯翊	기사본말체
해동역사海東繹史	순조 20(1820)	단군~고려 말	한치윤韓致奫	기전체

15세기 초 권근은 편년체인 『동국사략』을 저술하였으며, 15세기 중엽 서거정 · 노사신盧思愼 등은 같은 편년체 사서인 『삼국사절요』를 지었다. 15세기 말엽에는 대표적인 관찬사서인 『동국통감』이 서거정 등에 의해 저술되었는데, 서술 방식에 있어서 강목체를 본받아 범례 등을 제시하고 있으나 실제에 있어서는 강과 목이 엄격하게 구분되지 못함으로써 편년체 사서로 봄이 마땅

한다.[31]

17세기 유계兪棨가 『여사제강』을 주자의 『자치통감강목』을 본받아 강목체로 서술하였다. 강綱·목目·분주分注의 서술 형식뿐 아니라 무통無統이니 참위僭位니 하는 용어들이 강목례綱目例에 준하고 있음을 보여 준다. 그러나 『여사제강』은 "입강지법立綱之法이 강목에 불합不合하다"는[32] 평을 듣고 있어 불완전한 형태의 강목체였다. 그 뒤 홍여하가 『동국통감제강』을 주자의 『강목』을 충실히 본받은 모범적인 강목체로 편찬하였다.[33] 18세기에 들어와서도 강목체는 주류를 이루어서 홍만종이 『동국역대총목』을 강목체로 서술하였고, 임상덕이 『동사회강』을 강목체로 서술하였다.

안정복도 역시 『동사강목』을 강목체로 서술하였다. 그는 역사가의 대법大法이 통계統系를 밝히고 찬역簒逆을 엄히 하고 시비를 바로잡고 충절을 포양하고 전장典章을 자세히 하는 것이라고 인식하였다.[34] 따라서 『춘추』의 서법書法은 포미褒美하고 미워하는 말이 같아서 후인으로 하여금 그 뜻을 측량할 수 없게 하였거니와 『자치통감강목』은 모두 일에 따라 바로 써서 권면하고 징계하는 뜻을 분명히 보여 주기 때문에 주자의 『자치통감강목』을 본받고자 하였다.[35]

안정복은 강목체 서술의 기준에 대해 주자의 설에 따라 강은 근엄하게 하되 탈락이 없게 하고, 목은 자세하게 갖추되 번잡하지 않게 하고자 했으며, 이과재李果齋의 「강목서」에 맞추어 강은 여러 사서의 좋은 것을 따오고, 목은 제유諸儒의 수미粹美한 것을 상고하여 모으고자 하였다.[36] 그러나 안정복은 이 같은 기준에 따라 강을 세우고 목을 붙이되 "부득이 한 곳에서는 특례를 내겠다"[37]

31 정구복(1978), 「『동국통감』의 사학사적 고찰」, 『한국사연구』 21·22합집, 140면.
32 『동사강목』, 「범례」.
33 홍여하, 『동국통감제강』, 「서문」.
34 『동사강목』, 「서」.
35 위의 책, 「범례」.
36 위와 같음.

고 함으로써 동사의 특수성을 무시한 채 주자의 『강목』을 무조건 수용하지는 않을 것임을 분명히 하였다.

『동사강목』 이후 이만운은 『기년아람紀年兒覽』을 편년체로, 이종휘는 『동사東史』를 기전체로, 이긍익은 『연려실기술』을 기사본말체로, 한치윤은 『해동역사』를 기전체로 서술하였다. 결국 강목체의 역사서술은 안정복의 『동사강목』에서 일단 집대성되었다고 할 수 있다.

『동사강목』은 또한 정통론에 입각하여 서술되었다. 정통론은 역사에서 포폄을 바르게 하고 계통을 밝혀 대의명분에 충실하고자 하는 것이기 때문에 강목체와는 불가분의 관계를 가지고 있다. 중국에 있어서의 정통론은 춘추공양학春秋公羊學의 대일통관념大一統觀念과 오덕종시설五德終始說에 연원한다. 즉 공자의 정명사상正明思想으로 왕실의 존중을 강조하고 제학齊學의 오덕지설五德之說로 통치자의 지위를 공고히 하고자 시작되었다. 그 후 정통론과 관련된 정치적 신화는 점차 실제적 문제로 접근하여 당대 황보식皇甫湜의 「동진원위정윤론東晋元魏正閏論」은 문화적 측면을 중심으로 정통을 해석하였다. 북송의 구양수는 미신적인 오덕지설을 완전히 타파하여 역사적 사실에 의거하여 이를 해석하려 하였다. 이때부터 정통론은 성숙하기 시작하여 남송의 주자는 정통을 명분을 중시하는 엄격한 정명사상에 기초하고, 민족주의적 사고방식에서 논리 구성의 기초를 삼기에 이르렀다.[38]

우리나라에서 정통론은 이승휴의 『제왕운기』에서 처음으로 도입되었다. 중국사의 상권上卷을 정통론에 입각하여 서술한 이승휴는 『삼국유사』에서 다원적이고 무체계적으로 나열된 고대 여러 나라들을 정통론에 입각하여 서술하였다. 그런데 『제왕운기』는 건국설화를 통해 그 나라의 정통성을 강조하고 있어 조선 후기에 나타나는 정통론과는 성격이 다르다.

---

37 위와 같음.

38 진방명(1985), 「송대 정통론의 형성과 그 내용」, 『중국의 역사인식』(하), 421~449면.

조선시대에 들어와 관찬사서인 『동국통감』이 삼국 이전을 외기外紀로 처리하고 삼국을 무통無統으로 다룸으로써 정통론에 관심을 보이기 시작했다.[39] 그러나 조선 초기에는 정통론을 적극적으로 도입하지는 못하였다. 그것은 조선 건국 자체가 정통을 이은 것이 아닌 역성혁명易姓革命이므로 명분·의리의 주장에는 한계가 있었기 때문이다. 그 뒤 명이 멸망하고 청이 들어서는 국제적 변화는 전통적인 존명중화사상尊明中華思想에 빠져 있던 조선인에게 큰 충격을 주었다. 나아가서 이에 따른 반청감정反淸感情은 오히려 조선인에게 자주의식의 심화 및 중국 중심의 세계관으로부터 탈피를 촉진함으로써 적극적으로 정통론이 사서에 도입되게 되었다.[40] 홍여하의 『동국통감제강』에서 처음으로 정통론이 대두된 이래 홍만종의 『동국역대총목』, 임상덕의 『동사회강』 등이 정통론에 입각하여 고대사를 체계화시켰다.

안정복은 『동사강목』의 범례에서 통계가 사가史家의 제일의第一義인데 『동국통감』이 단군과 기자 등을 별도의 외기로 삼은 것은 잘못이라고 비판하고, 단군·기자·마한·통일신라(문무왕 9년 이후)·고려(태조 19년 이후)를 정통으로 삼국을 무통無統으로 서술하였다. 그리고 위만衛滿은 찬적簒賊으로, 고려 태조 19년까지는 궁예가 신라의 반적叛賊이 되었을 적에 고려 태조가 그의 신하 노릇을 하였으므로 참국僭國으로 간주하였다. 궁예·견훤을 『동국통감』에서 참국으로 처리했던 것과는 달리 도적으로 처리했으며, 예맥濊貊·옥저沃沮·가락駕洛·가야加耶는 소국의 예에 따랐으며, 부여는 건국으로 서술하였다. 사군四郡·이부二府는 조선의 옛 땅이므로 마한 기년 아래 서술하고 발해는 아사我史는 아니지만 고구려의 고지故地에 있었던 나라이므로 『동국통감』의 예에 따라 기록하였다.[41]

---

39 『東國通鑑』 卷首, 「凡例」.

40 이만열, 앞의 논문, 351~352면.

41 『동국통감』 권수, 『동사강목』 圖上 동국역대전수지도를 정리하면 다음과 같다.

이상과 같은 『동사강목』의 정통론은 삼국 이후는 『동사회강』을 본받았으며 삼국 이전의 상고사는 홍만종의 영향을 받은 이익의 정통론을 계승한 것이다.[42] 그런데 『동사강목』 이후의 역사서에서는 고대사를 이원적으로 파악하고 있어서 고대사를 일원적으로 파악한 정통론은 일단 『동사강목』에서 체계화되고 정리되었다고 할 수 있다.

『동사강목』은 범례를 수권首卷에 제시하였다. 범례는 정통론에 입각하여 강목체로 서술된 사서의 특징으로 역사기술의 방법과 사론史論에 대한 기준을 제시하는 것이다. 조선시대 이전의 사서에서는 범례 대신 표와 전이 중심이었다. 『삼국사기』에는 범례가 보이지 않고 표만 있어 저술 동기를 밝히고 있다. 조선시대에 들어와서 『고려사』에는 전箋과 범례가 함께 있으며 『삼국사절요』에는 전만 보이고 범례는 보이지 않는다. 그런데 『동국통감』에서 전과 범례가 동시에 나타나는데 범례에서 역사기술 방법상의 문제와 사론에 대해 처음으로 적극적인 논의를 하고 있다. 그 후 17~18세기에 이르면 범례에서 역사기술의 방법과 사론史論을 취급하는 것은 상당히 보편화되고 심화되었다.[43]

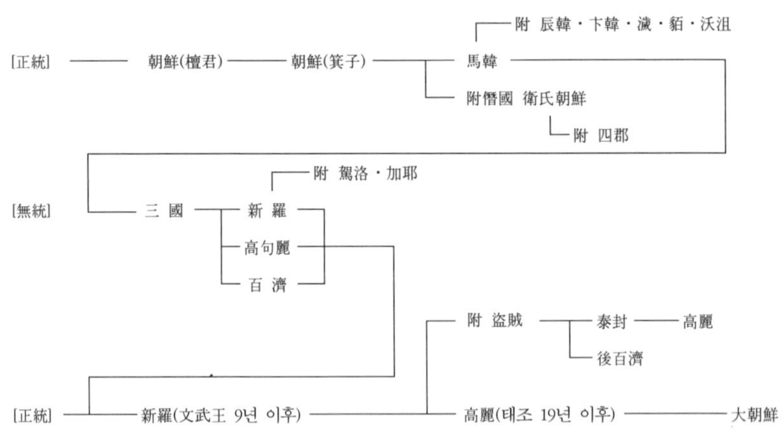

42 한영우, 앞의 논문, 162면.

43 이만열, 앞의 논문, 343~344면.

안정복은 범례를 마치 법률에 있어서 결단의 예例나 예악禮樂의 의절儀節과 같다고 전제하고 주자가 『강목』을 만들고 범례 1권을 지었듯이 일체 주자의 정법에 따라 범례를 제시하고자 하였다.[44] 그러나 실제 『강목』의 연구를 통해 『강목』에 나타난 많은 문제점과 착오를 발견한 안정복은 주자의 범례를 그대로 따르지는 않았다.[45] 또한 『동사강목』은 동국에 관한 일이므로 중국과는 예절과 일이 다르고 대소의 세勢가 다르기 때문에 형편에 따라 『강목』과는 다른 예를 세우고자 하였다.

『동사강목』의 범례는 주자 『강목』의 범례와 형식면에서는 거의 같으나 내용면에서는 차이가 난다. 주자의 『강목』은 통계統系・세년歲年・명호名號・즉위卽位・개원改元・존립尊立・붕장崩葬・찬적簒賊・폐사廢徙・제례祭禮・행신行幸・은택恩澤・조회朝會・봉배封拜・정벌征伐・폐출廢黜・파면罷免・인사人事・재상災祥의 19강의 범례를 세웠는데 『동사강목』에서도 폐출과 파면을 한데 묶어 18강의 범례를 세움으로써 형식적인 면에서는 거의 같다.[46] 그러나 내용에서는 다음과 같은 차이가 보인다.

첫째, 통계統系에서 『강목』은 정통正統・열국列國・찬적簒賊・건국建國・참국僭國・무통無統・무성군無成君・원방소국遠方小國의 8가지로 구분하였으나, 『동사강목』은 열국과 불성군이 제외된 6가지로 구분하였다.

둘째, 세년歲年에 있어서 『동사강목』은 중국의 기년이 아닌 『춘추』의 예에 따라 우리나라의 기년을 사용했다. 서술 방식에 있어서도 『강목』은 갑자를 맨 위에 적고 그 밑에 왕년을 적는 방식을 취했는데 『동사강목』은 갑자 밑에 우리나라의 왕년을 적되 갑자 위에는 중국 연호를 세주細註로 별기別記하여 비교하고자 하였다.

44 『동사강목』 권수, 「범례」.

45 『順菴叢書』 上, 『順菴集』 卷2, 「上星湖先生書 癸酉」; 卷3, 「答邵南尹丈別紙 辛卯」.

46 『강목』의 簒賊, 廢徙를 『동사강목』에서는 簒弑, 廢徙幽囚라 개칭하였다.

셋째, 명호名號에 있어서 『강목』은 정통일 경우는 주周는 왕, 한漢 이하는 제帝라 하고 무통無統일 경우 주진지간周秦之間은 모왕某王, 진한지간秦漢之間은 모제某帝, 한漢 이후는 모주某主라 하였다. 반면 『동사강목』은 정통일 경우는 왕, 무통일 경우는 모국왕某國王이라 하고, 중국에 대해서는 정통인 경우는 황제, 무통인 경우는 모주某主라 하되 명은 중화의 정통이고 조선이 명의 내복內服과 다름없는 관계였기 때문에 특례로 대명태조고황제大明太祖高皇帝라고 하였다.

넷째, 개원改元에 있어서 『강목』은 유년칭원법踰年稱元法을 사용했으나 『동사강목』은 즉위년칭원법卽位年稱元法을 사용하였다.

다섯째, 붕장崩葬에 있어서 『강목』은 정통은 붕崩, 무통의 칭제자稱帝者는 조殂, 칭왕공자稱王公者는 홍薨이라 하였다. 반면 『동사강목』은 정통은 홍薨, 무통은 장이서명薨而書名하였으며, 여주女主는 여주모졸女主某卒이라 하였다.

여섯째, 조회朝會에 있어서 『강목』에서는 정통일 경우 내조來朝라 하고 비정통일 경우 입조入朝라 하였으며, 빙문聘問에는 유사遣使라 하였다. 『동사강목』은 중국 정통국가에 파견한 것은 입조入朝・입공入貢・입하入賀라 하고 이적국가夷狄國家(요・금・원)에 파견한 경우는 유사라 하였다. 그리고 우리나라와 중국은 화복휴척禍福休戚이 매양 관계되어 역대로 섬겼으니 중국의 폐흥에 대한 큰일을 모두 쓰며, 이웃 나라(공손연・연・발해・요・금・동진 등)의 흥망을 쓰고, 산융山戎(말갈・거란・여진 등), 도이島夷(일본・유구 등)와 서로 화호하고 침구侵寇한 일을 썼다.

일곱째, 정벌에 있어서 『강목』은 중국이 외국에 파병했을 때는 '범犯'이라는 표현을 쓰지 않았으나 『동사강목』은 우리나라가 중국을 선침先侵했을 때는 중국과 우리는 '대소지분大小之分'과 '화이지별華夷之別'이 있기 때문에 '범'이라 하고, 일반 외국을 침략하는 것은 '입入'이라 했다.

여덟째, 인사에 있어서 『강목』은 재상의 졸기卒記를 실서悉書했으나, 『동사강목』은 사적이 뚜렷한 재상만을 선별하여 졸기를 썼다.

아홉째, 『동사강목』은 동국의 사서이기 때문에 그 예가 『강목』과 달라서 범례에 붙이지 못한 것을 잡례雜例로 모아 열거하였다.

이상에서 보면 안정복은 중국사에만 유일하게 적용하던 강목의 범례를 우리나라에 그대로 적용함으로써, 우리나라가 중국과 대등한 관계임을 과시하고자 하였으나 화이관을 완전히 탈피하지는 못하였다. 여러 범례를 두고 따로 잡례를 두는 등 우리나라 역사는 중국의 일부가 아닌 우리나라의 것이라는 독자성을 강조하였다. 마지막으로 즉위년칭원법을 쓰고, 구체적으로 직서를 우선으로 할 것임을 제시하고 있음에서 알 수 있듯이 『강목』에 비해 명분보다는 역사적 사실을 중시하여 직서를 우선으로 하였다.

다음으로 『동국통감』의 12조의 범례와 『동사강목』의 18강 61조 범례, 11조 잡례의 비교를 통해 조선 전기와 후기의 사상사적 흐름을 살펴보자.

두 사서의 공통점은 통계에서 삼국을 무통으로 하는 것, 개원에서 즉위년칭원법을 채택한 것, 신라 여왕을 여주로 표기한 것, 그리고 재이災異와 제사祭祀에서의 기록 등이다.

차이점은 첫째, 『동국통감』은 삼국 이전을 외기로 처리한 데 대해 『동사강목』은 삼국 이전을 본기로 처리하면서 단군·기자·마한을 정통으로 처리하였다. 둘째, 명호에 있어서 『동국통감』은 신라의 거서간居西干·차차웅次次雄·이사금尼師今·마립간麻立干을 최치원의 「연대력年代曆」을 따라 모두 왕으로 고쳤으나 『동사강목』은 강에서는 본호本號대로 직서直書하고 목에서는 왕이라 하였다. 셋째, 세년歲年에 있어서 『동국통감』은 중국 연호를 선서先書하여 중국 기년을 채택했으나,[47] 『동사강목』은 본국 기년을 쓴 가로줄 위에 별기하여 비교할 뿐이었다. 넷째, 충렬·충선·충숙·충헌왕에 대해서 『동국통감』은 부왕父王은 상왕上王, 자왕子王은 전왕前王이라 하였으나 『동사강목』은 모두 폐왕廢王이라 하였다. 다섯째, 우왕·창왕에 대해서 『동국통감』은 우왕을 기년에 주로 기록하고 창왕은 공양왕에 부附하였다. 반면 『동사강목』은 우왕·창왕을 모두 정

47 『동국통감』에서 실제 중국 연호를 先書한 것을 三國紀뿐이며 나머지는 本國 紀年을 大書하고 중국 연호를 附記하였다.

통으로 인정하였다.

이상에서 『동사강목』이 내용면에서 『동국통감』에 비해 역사적 사실을 있었던 그대로 직서하고자 했으며, 중국에 대해 독자성을 강조하고 고대사를 정통으로 인정하고자 했음을 알 수 있다. 또한 고려 말에 대해서도 『동국통감』이 조선 건국을 합리화하기 위해 부정적으로 인식한 것과는 달리 『동사강목』은 정통으로 인정하고 있음을 볼 수 있다. 형식면에서도 『동국통감』은 범례가 12조에 불과할 뿐만 아니라 범례가 본문을 서술한 뒤 서거정에 의해 서술되었기 때문에 서로 맞지 않는 것이 많은[48] 반면 『동사강목』은 18강 61조의 범례와 11조의 잡례로 그 내용이 충실할 뿐만 아니라 본문과도 그 기준이 일치한다.

2) 서술 범위

『동사강목』은 강목체로 서술되었기 때문에 기전체의 표・지・열전이 결缺할 수밖에 없다. 안정복은 이 같은 강목체의 한계를 극복하기 위하여 수권首卷에 「전수도」・「지도」・「관직도」로 표를 대신하고 부록 1권에 「고이」・「괴설변증」・「잡설」을, 부록 2권에 지를 대신하여 「지리고」・「강역고정疆域考正」・「분야고分野考」를 서술하였다.

「전수도傳授圖」는 동국역사전수지도東國歷史傳授之圖, 단군기자전세지도檀君箕子傳世之圖(부위씨附衛氏), 신라삼성전세지도新羅三姓傳世之圖(부가락도附駕洛圖, 부대가야국附大伽倻國), 고구려전세지도高句麗傳世之圖(부부여국附夫餘國, 부발해국附渤海國), 발해전세지도渤海傳世之圖, 고려전세지도高麗傳世之圖로 되어 있다. 먼저 동국역대전수지도에서 단군조선으로부터 당대當代인 조선에 이르기까지의 역사를 정통론에 입각하여 계보화함으로써 조선의 정통성을 강조하였다. 각 왕조의 왕계표에서는

---

48 정구복(1978), 앞의 논문, 132면, 140면.

여주와 찬역자, 피시자被弑者의 이름을 검게 쓰고 음각함으로써 각 왕의 정통성과 명분을 강조하였다.[49] 그러고 나서 각 왕조의 각 왕에 대해 최부가 『동국통감』에서 기록한 사론史論을 인용하여 실었다.

「지도地圖」는 지도(조선시대전도), 조선사군삼한도朝鮮四郡三韓圖, 삼국초기도三國初起圖, 고구려전성도高句麗全盛圖, 백제전성도, 신라전성도, 신라통일도, 고려통일도로 되어 있다. 각 지도마다에는 국경선과 수도천도 사실을 기록하고 있는데 특히 고조선과 고구려의 서계西界를 요서遼西, 대능하大凌河・소능하 지역으로 표시하여 북방 강역에 대한 그의 관심도를 반영하였다. 이 같은 사실은 본문에서와는 달리 지도의 순서를 고구려・백제・신라로 한 데서 더욱 분명해진다. 그리고 조선시대 지도를 맨 먼저 제시하고, 각 왕조의 지도를 조선 8도의 경계선을 표시한 위에다 그림으로써 그의 관심이 과거 그 자체가 아니라 현재의 인식을 위한 과거에 있음을 분명히 하였다. 또한 지도에 표시된 지명을 당시의 지명을 그대로 기록하여 지명의 변천과정도 아울러 보여 주고 있다.[50]

「관직도官職圖」는 고조선, 삼국(신라・고구려・백제), 통일신라, 후삼국(태봉), 고려(고려초・성종・문종・충렬왕・충선왕・충숙왕・공민왕・공양왕)의 주요 문무관직의 연혁을[51] 도표화한 것이다. 이는 조선 후기 당시의 문란한 제도에 대해 개혁의 필요성을 절감하고 있던 안정복의 제도사에 대한 관심을 반영한 것이라 하겠다. 부록으로 기록한 고초관호古初官號, 고금직관지이古今職官之異가 이 같은 사실을 더욱 분명하게 해준다.

---

49 女主는 신라의 선덕・진덕・진성이며 찬역자는 신라의 눌지・선덕・헌덕, 고구려의 차대, 백제의 고이, 고려의 숙종이며, 피시자는 고려의 공민왕이다.

50 실례로 백두산에 대해 朝鮮時代全圖에서는 백두산, 朝鮮四郡三韓圖에서는 태백산, 三國初起圖에서는 불함산, 高句麗全盛圖와 新羅統一圖에서는 백산, 高麗統一圖에서는 백두산으로 표시하였다.

51 三師三公, 宰相政府, 諸部尙書, 諫官, 史官, 學官, 學士, 諸司, 諸小各司, 官僚, 內職, 宗職, 武職, 閑師, 監司, 牧守, 中官, 文武散階, 高麗諸司都監各色, 鄕職, 僧官 등 20개항.

「고이考異」는 제사諸史의 득실이동得失異同을 다룬 것으로 정사에 기록된 것에 대한 고증이다. 이는 사마광이 『자치통감』을 지을 때 여러 책을 참고하여 그 같고 다른 점을 평하고 취사에 뜻을 두어 「고이」 30권을 지었듯이, 그것을 모방하여 「동사고이東史考異」를 지었다.[52] 133개 항에 달하는 역사적 사건과 사실을 고증하고 있는데 이를 시대별·내용별로 분류하면 〈표 3〉과 같다.

〈표 3〉 「고이」의 내용 분류

	단군 조선	기자 조선	위만 조선	부여 이부	삼한	신라	고구려	백제	통일 신라	발해	후 삼국	고려	
시조 (건국 및 멸망)	7	7	1	2		1	2	2		1	1		24
인물	1				1	2	3	1	4			9	21
대외관계		5				6	10	3	3	1		6	34
왕실		3				5	3	4	5			5	25
제도	1	2				4	1						8
국호		1		1	3	1	3	1					10
지리		1				2		1					4
기타	3	1			1		1	1	1				8
	12	20	1	3	5	21	23	13	13	2	1	20	134

위 표에서 보는 바와 같이 시대별로는 단군조선과 기자조선 그리고 고구려에 많은 관심을 가지고 있음을 알 수 있다. 내용면에서 대외관계가 가장 많은 분량을 차지하고 있어 안정복의 관심이 대외관계에 많았음을 말해 준다.

「괴설변증怪說辨證」은 정사에 기록되지는 않았지만 괴설에 대해 합리적인 해석을 하고자 한 것이다. 안정복은 유형원의 설을 인용하면서 역사를 쓰는 사람이 전대의 기록이 미비하여 일컬을 만한 일이 없음을 민망히 여기고 상도에 어

52 『동사강목』 부록상, 「考異」.

굿난 속설을 취하여 정사에 엮어서 마치 실제로 그 일이 있었던 것처럼 하는 것을 잘못이라고 지적하였다. 그러나 고대의 괴설을 역사에서 일체 삭제하는 데 그치지 않고 이를 간정刊正하여 합리적으로 해석하려 한 데서 안정복의 특징이 있다고 하겠다. 그 내용은 단군, 혁거세, 알영閼英, 금와金蛙, 석탈해昔脫解, 김수로金首露, 허왕후許王后, 김알지金閼智, 주몽朱蒙, 영일현迎日縣, 서출지書出池, 왕건王建의 출자出自 등이다. 유형원의 설을 여러 곳에서 이용하고 있음에서 「괴설변증」은 유형원의 영향으로 이루어진 듯하다.

「잡설雜說」은 동사東史에 관한 별설別說로서 정사에 실을 수 없는 것 11개항을 다루고 있다. 잡설과 고이의 차이점은 고이는 정사에 기록된 것인 반면 잡설은 정사에 기록되지 않는 일설一說이라는 것이다. 내용은 안정복이 『성호사설』을 읽고 공감되는 논설들을 뽑아 자신의 견해를 첨가해 재정리한 것으로 보인다.[53]

「지리고地理考」는 『동사강목』의 서술을 시작하는 해인 1756년(영조 32)에 만들어졌다. 안정복은 1755년(영조 31)에 이익에게 보낸 서신에서 작사자作史者는 반드시 강역을 먼저 정해야 한다고 하였다.[54] 그리고 「지리고」 서문에서는 독사자讀史者도 반드시 먼저 강역을 정해 놓고 읽어야만 점거한 상황을 알 수 있고 전벌戰伐에서의 득실을 살필 수 있고 분합分合의 연혁을 상고할 수 있다고 하였다.[55] 그런데 김부식의 『삼국사기』나 정인지 등의 『고려사』에는 강역문제를 확실히 해놓지 않고, 심한 경우 원근을 전도하고 남북을 바꾸어 놓았기 때문에 안정복은 지금까지 남아 있는 전기에 의거, 서로 증험하여 「지리고」를 『동사강목』에 앞서 만들었다.[56]

53 한영우, 앞의 논문, 153면.

54 『順菴叢書』 上, 『順菴集』 卷10, 「東史問答」, 乙亥.

55 『동사강목』 부록하, 「지리고」 서문.

56 위와 같음.

「지리고」의 내용은 조선(단군·기자·위만), 삼한, 사군, 부여, 예, 맥, 옥저, 고구려, 백제, 신라, 가락, 발해의 강역과 강·산의 위치를 43개항에 걸쳐 고증하였다. 그 내용의 특징은 첫째, 북방 즉 한수 이북지역에 많은 관심을 가지고 있다. 특히 요동지역을 단군조선·기자조선·부여의 강역으로 비정함으로써 그의 북방에 대한 실지회복의식失地回復意識을 반영하였다. 둘째, 단군에 대해 보다 많은 관심을 집중하고 있다. 이는 문헌학적으로 미비한 단군조선에 대한 기록을 보완하기 위해서였다. 셋째, 강의 명호에 대해 관심을 가졌다. 지도에서 국경선에 많은 관심을 표명했던 안정복은 강이 곧 국경선을 표시하는 것이기 때문에 국경문제에 대한 관심이 강에 대한 관심으로 강조되었다.[57]

「강역연혁고정疆域沿革考正」은 『여지승람』과 『고려사』 지리지에 대해 의심나는 것을 전기를 상고하여 다시 정한 것이다. 앞의 「지리고」가 과거의 강역에 대한 것이었다면 「강역연혁고정」은 당대의 강역에 대한 관심의 표현이라 할 수 있다. 그 내용은 경기도·충청도·전라도·경상도·강원도·황해도·평안도·함경도의 8도와 요동과 영고탑寧古塔의 연혁을 고증하고 있다.

「분야고分野考」는 중국의 『한서』 지리지와 『진서晋書』 천문지, 『천관서天官書』 등을 인용하여 조선의 지역을 천문지리와 관련하여 설명하였다. 그리고 『만국전도』의 경위선經緯線으로 우리나라 전도를 표시한 뒤 왼쪽과 위쪽에는 동일한 경위선에 있는 중국의 지명을 기록하였고, 오른쪽에는 위선을 아래쪽에는 경선의 수치를 기록하였다. 안정복은 만국 가운데에서 우리나라의 위치를 밝히고 주변 정세를 정확하게 인식함으로써 주변 적의 침입으로부터 우리나라를 지킬 수 있다고 믿었다. 이처럼 안정복은 『동사강목』에서 역사와 지리의 상호연관성을 밝힘으로써 역사의 영역을 지리로까지 확대하였던 것이다.

『동사강목』과 『동국통감』의 비교에서 또 다른 차이점은 본문의 기사내용에

---

57 강세구(1986), 「순암 안정복의 『동사강목』 「지리고」에 관한 일고찰」, 『역사학보』 112집, 61~71면.

서도 나타난다. 삼국 이전의 기사 즉 단군조선·기자조선·위씨조선·사군·이부·삼한 등에 대한 내용을 중국의 기록들을 인용하여 대폭 보완함으로써 한국사의 상한을 올렸다. 그리고 삼국과 통일신라의 기사에 있어서도 『삼국사절요』 등 종전의 사서 기사에서 대폭 삭제한 『동국통감』과는 달리 『동사강목』에서는 국내 사서뿐 아니라 중국 사서까지 인용하여 대폭적으로 보완하고 있음이 주목된다. 삼국 및 통일신라의 기사 가운데 『동국통감』과 비교해서 보완된 내용을 살펴보면 다음과 같다.[58]

(1) 일식·지진·기상氣象·기근·질역疾疫·충황虫蝗 등과 같은 천재지변에 관한 기사이다. 특히 일식에 대해서 삼국사의 기록이 미비함을 지적하고 우리나라는 크지 않기 때문에 삼국이 다를 리 없으므로 빠진 부분에 대해 중국의 기록까지도 참고하여 모두 기록하려고 노력하였다.[59] 이처럼 천재지변에 대해 모두를 기록하고자 했던 것은, 재이는 군신이 사치하고 방탕하여 국사를 돌보지 않음으로 해서 백성이 원망하고 귀신이 노하여 발행한다고 믿었기 때문이다.[60]

(2) 별의 움직임, 용의 출현 등 상서祥瑞에 대한 기사이다. 안정복은 국가가 흥기할 때는 좋은 징조가 나타나고 국가가 장차 망하려 할 때는 반드시 재앙의 징조가 있다고 믿었다.[61] 따라서 수재水災가 일어나면 음기가 성하여 신하가 강하게 되는 것이고, 혜성은 옛것을 제거하고 새것을 펴는 현상이며 상서는 하늘의 경고이므로[62] 이에 대한 기록을 통해 군신의 횡

58 삼국과 통일신라에 대해서는 『동국통감』을 기본 사서로 참고하였으나 고려시대는 주로 『여사제강』을 기본 사서로 참고하였기 때문에 『동사강목』과 『동국통감』의 비교가 용이하지 않아 고려시대 부분은 제외시켰다(卷首, 「凡例」).

59 『동사강목』 권1상, 丁卯 신라시조 4년.

60 『동사강목』 권4상, 乙卯 신라 태종 2년.

61 『동사강목』 권2상, 癸酉 신라 점해 7년.

포에 제약을 가하고자 하는 재이사상을 가지고 있었다.

(3) 삼국간의 침공, 외국간의 교빙 및 침공, 외국인의 내투來投 등 대외관계에 대한 기사이다. 삼국간의 관계에 대한 기록은 서로간의 침공과 교빙에 대해 사소한 것까지 모두 기록하고자 하였다. 외국과의 관계에 대해서는 중국뿐 아니라 산융山戎(말갈·거란·여진)과 도이(일본·유구), 발해와의 관계에 대해서도 가능한 모두 사서를 참고하여 상세하게 기록하고자 하였다. 특히 중국 등 주변 국가의 흥망에 대해서도 자세하게 기록하였는데 이는 주변 국가의 사정이 바로 우리나라에 영향을 끼친다는 인식에서 비롯된 것이다. 중국 가운데에서도 요동지방에 대해 더 큰 관심을 보이고 있음이 단적인 예라 하겠다.

(4) 축성築城, 궁실의 건설, 제방의 건설에 대한 기사이다. 축성에 대해 상세하게 기록하고 있음은 그의 대외관계에 대한 관심을 반영한 것이었으나, 궁실의 건설에 대해서는 그것이 사치하고 화려함이 극에 달해 백성이 주리고 괴로움을 견디지 못한다고 하는 부정적인 시각에서 경계의 의미로 기록을 하였다.

(5) 군주의 행신과 무덤 위치, 인사人事에 대한 기사이다. 군주의 행신 가운데에는 전렵田獵을 보다 상세하게 기록하였는데 그것이 하늘과 백성의 노여움을 살 수 있다는 경계의 표시였다. 인사기록에 있어서 현신賢臣에 대한 기록 뿐 아니라 소인이나 찬적에 대해서도 그 행사를 드러나게 해서 감계鑑戒가 되게 하고자 하였다.

(6) 제천祭天을 비롯한 각종 제사기록과 불교와 관련된 종교행사 및 사원 창건에 대한 기사이다. 천지와 종묘에 대한 제례를 기록한 것은 예의 득실을 표시하기 위함이었는데 특히 시조에 대한 제사를 강조하였다. 반면 불교행사에 대해서는 사원 창건 기사가 주를 이루고 있어 불교에 대한

---

62 『동사강목』 권2상, 庚辰 신라 점해 14년.

부정적 시각을 반영하고 있다.

(7) 관직명호, 지방제도, 복색제도, 진혈수세賑血收稅, 토지제도土地制度 등 각 종 제도와 관련된 기사를 기록하였다.

이처럼 안정복은 『동사강목』에서 가능한 모든 기록들을 수집하여 기록하고자 하였다. 통일신라의 기사에서 기사내용은 없이 연도만 표시한 것이 여러 곳에서 발견되는데[63] 이것이 바로 그러한 노력을 묵시적으로 나타내 주는 것이라 하겠다.

3) 서술 방법

『동사강목』의 서술에 있어서 가장 큰 특징은 종래의 사실을 비판적인 안목에서 시비를 가리고 모호했던 사실을 실증적으로 상고하고 그 사실성을 구명하는 실증주의에 있다. 안정복은 우선 기존 사서의 문제점을 지적하고[64] 그 문제점을 그의 독창적인 방법으로 보완함으로써 보다 완벽한 역사서를 만들고자 하였다.

첫째, 기존의 사서가 문적을 널리 참고하지 않음으로 해서 탈락한 것이 많아 소략하다고 지적하였다. 안정복은 이를 보완하기 위해 그가 구해 볼 수 있는 모든 서적을 참고하였다. 참고서적은 크게 동국 서적과 중국 서적으로 구분할 수 있다. 동국 서적은 채거서목採據書目에 제시한 41종과 본문에서 인용한 서목 30종을 합해 모두 71종으로 〈표 4〉와 같다.

63 『동사강목』 권4하, 경덕왕 10년; 『동사강목』 권5상, 혜공왕 7년, 8년, 14년, 원성왕 9년, 헌덕왕 16년, 문성왕 16년, 18년, 헌강왕 3년, 10년.

64 『동사강목』 권수, 「범례」, 채거서목.

〈표 4〉『동사강목』에 인용된 동국서목

	채거서목採據書目	본문 인용서목	
사서	삼국사기・삼국사략三國史略・삼국유사 고려사・여사제강・동국통감・동사찬요 동사회강・응제시주應製詩註・해동제국기 기자실기箕子實記・여사찬요 해동명신록・동국총목東國總目	동현사략東賢事略・독사수필讀史隋筆 편년통록編年通錄・동국병감東國兵鑑 편년강목編年綱目・조선고이朝鮮考異 단군고기檀君古記・천운소통天運紹統	22
문집	파한집・보한집・이상국집・목은집 양촌집・퇴계집・지봉유설・졸옹집拙翁集 반계수록・미수기언・성호사설	고운집・익재집・윤근수문집 약천집藥泉集	15
지리지	평양지平壤志・여지고輿地考 여지승람輿地勝覽・송도잡기松都雜記	습유기拾遺記・광여기廣輿記 송경지松京地・구성기九城記	8
족보		평산신씨보・씨족대전氏族大全 문화유씨보・덕양기씨보德陽奇氏譜	4
기타	역옹패설・고사촬요・동문선東文選 용비어천가주龍飛御天歌註・동각잡기 필원잡기・해동악부・대동운부군옥 계고편稽古篇・용재총화 경세서보편經世書補編・범학전서範學全書	해사록・표해록・간양록・파적록破寂錄 주관육익周官六翼・관서록關西錄 통신일기通信日記・청파극담 해동집고록海東集古錄・하표일록荷漂日錄	22
	41	30	71

안정복은 표에서 볼 수 있듯이 사서뿐 아니라 지리지・문집・족보 등 다양한 종류의 서적을 광범위하게 이용하였다. 이를 시대별로 살펴보면 우선 『동국통감』을 저본으로 삼고, 삼국시대는 『삼국사기』와 『삼국유사』를 기본사서로 하여 기타 여러 서적을 참고하였으며, 통일신라시대는 『삼국사기』와 『삼국유사』를 참고하되 하대에 있어서는 최치원의 문집을 많이 인용하였다. 고려시대는 『고려사』와 『여사제강』을 기준으로 하고 특히 고려 말기 부분은 『양촌집』 등 문집류와 비문을 많이 인용하였다.[65]

중국 서적은 채거서목에 제시한 17종과 본문 인용서목에 나타난 45종을 합해 모두 62종으로 〈표 5〉와 같다.

65 『동사강목』 부록상, 「고이」.

〈표 5〉『동사강목』에 인용된 중국서목

	채거서목	본문 인용서목	
사서	사기·한서·후한서·삼국지 남북사南北史·수서隋書·위서魏書 통감전편通鑑前編·자치통감·자치통감강목·송원강목·황명통기皇明通紀	위략魏略·진서晋書·양서梁書·왜사倭史 위서魏書·위지魏志·요사遼史·송사 송감宋鑑·속강목續綱目·금사·원사 명사고·고금기古今記	26
지리서	성경통지盛京通志	일통지·요동지遼東志·괄지지括地志 고금군국지古今郡國志	5
경서		서전·맹자·상서대전·좌전·주례 오경통의五經通義·시경·논어 주자어록·산해경·경세서經世書	11
	통전·문헌통고·죽서기년 오학편吾學編	속통전續通典·설부說郛·설원說苑 석림연어石林燕語·문창잡록文昌雜錄 요산당기堯山堂記·속문헌통고續文獻通考 성보姓譜·동방삭신이기東方朔神異記 책부원귀冊府元龜·통감음주通鑑音註 급가주서汲家周書·잠부론潛夫論 수경水經·방언方言·천관서天官書	20
	17	45	62

* 왜사는 편의상 중국 서적에 분류하였다.

안정복이 참고한 중국 서적은 사서와 지리지, 경서 등인데 특히 경서는 사론史論에서 기본적인 사상을 소개할 때 주로 인용하였다. 그리고 중국 서적을 참고하여 새롭게 보완한 기사의 내용은 무엇보다도 대외관계와 관련된 것들이 주류를 이루는데, 이로써 『동사강목』이 한국관계사와 한일관계사에 있어서 기존의 어느 사서史書보다도 자세하다. 시대별로 살펴보면 삼국 이전 즉 단군조선·기자조선·위만조선·한사군·삼한·부여 등에 대해서 "동방의 고기古記에 적힌 이야기들이 다 허망하여 이치에 맞지 않는다"[66]고 하면서 국내 서적보다는 『사기』·『한서』·『후한서』·『진서』·『양서』·『삼국지』·『문헌통고』 등의 중국 서적을 참고하였다. 삼국시대는 각 나라의 관직제도나 의복제도 등 동사

66 『동사강목』 권1상, 己卯 기자 원년.

에 나타나지 않는 부분에 대해 중국 사서의 신라전·고구려전·백제전을 참고하여 보완하였다. 특히 발해와 신라의 관계를 밝히고자 중국 서적을 많이 인용하고 있음이 주목된다.[67] 그런데 안정복은 여러 서적을 참고하면서 반드시 인용전헌引用典獻을 세주의 방법으로 표시하고 있어서 『동사강목』의 사학사적 평가를 더욱 높이고 있다.

둘째, 기존의 사서는 구사舊史를 그대로 따르고 사실고증을 하지 않음으로 해서 과오가 많다는 것이다. 안정복은 이를 시정하기 위해 여러 사서의 득실과 이동을 참고하여 사실고증에 힘썼다. 본고에서 그는 인물의 글자 한 자 차이에도 세심한 배려를 하는 등 철저하게 고증코자 하였으며,[68] 사서의 기록이 서로 불분명하여 확실하지 않은 것은 아예 본문에서는 배제함으로써 사실성을 추구하였다. 이 같은 그의 생각은 전술한 바와 같이 정사에 기록된 것에 대한 고증을 모아 「동사고이東史考異」를 따로 서술하고, 정사에 기록되지 않은 괴설을 모아 유교적 합리주의에 의거하여 비판한 「괴설변증」을 별도로 서술하게 만들었다. 또한 역사적 지명의 현재 위치를 밝히기 위해 동국 및 중국의 지리지를 참고하여 고증한 「지리고」를 서술하였다.[69]

그런데 안정복은 사실을 고증하면서 중국 측 자료보다는 우리나라의 자료를 더 신뢰하였다. 그것은 중국 사람들이 외이外夷의 사실을 기록함에 있어 본국의 속담에 전해지는 것을 따르기도 하고, 혹은 멀리서 잘못 들은 억설을 인용하기도 하여 어긋나는 것이 많다고 믿었기 때문이다.[70] 하지만 우리나라 사람

67 『동사강목』 권5하, 丁巳 효공왕 원년.

68 『동사강목』 권7상, 丙辰 현종 7년 정월.

69 「지리고」에서 참고한 지리지는 동국의 지리지로 『고려사』 지리지, 『삼국유사』·『삼국사기』 지리지, 『여지승람』·『동국지리지』 등이며, 중국의 지리지로는 『한서』·『후한서』·『진서』·『당서』·『요사』의 지리지, 『요동지』·『一統志』·『成京志』·『括地志』·『輿地志』 등인데 특히 한백겸의 『동국지리지』와 중국의 『성경지』를 가장 많이 참고하였다.

70 『동사강목』 부록상, 「고이」, 中國史論 三國事實之誤條.

들이 안타깝게도 문헌을 숭상하지 않아 많은 문헌이 전해지지 않음으로 해서[71] 어쩔 수 없이 동사에 보이지 않는 부분에 대해서만 중국자료를 참고하였다.

셋째, 기존 사서는 의례가 어긋남으로써 내용이 혼잡하다는 것이다. 이에 대해 안정복은 전술한 바와 같이 정통론에 입각한 강목체를 채택하고 수권首卷에 범례를 세워 이를 극복하고자 하였다. 특히 『여사제강』은 강을 세우는 법이 『강목』의 체제에 맞지 않으며 『동국통감』은 의례가 어긋나고 그릇되다고 비판하고[72] 본문의 사론史論에서 이를 구체적으로 지적하여 시정하였다.

4. 『동사강목』의 각 시대 인식

1) 단군조선

『동국통감』은 단군조선에 대해서 단군신화를 간략하게 소개하고 사론史論에서 단군조선의 건국 연대와 단군의 통치기간이 1048년이라는 것에 대한 부당성을 지적하였다. 반면 『동사강목』은 단군조선을 기자조선에 부기附記하여 기록하고, 「고이편」과 「지리고」에서도 여러 사서에 나타난 기록들을 참고하여 문헌고증학적으로 서술하였다. 단군조선에 대한 인식의 차이가 두 사서에 있음을 알 수 있다.

첫째, 『동국통감』에서는 단군조선을 기자箕子·위만衛滿과 함께 삼조선으로 일컫고, 전하는 사서가 없다는 이유를 들어 외기로 처리하였다. 안정복은 이를 비판하고[73] 『동사강목』에서 단군조선을 이원적二元的으로 파악하였다. 본문에

---

71 『동사강목』 권7상, 己未 현종 10년 5월.

72 『동사강목』 권수, 「범례」, 採據書目條.

73 한영우 씨는 안정복이 『동사강목』의 외기를 不義하다고 비판한 것은 尊華思想을 가지고 기

서는 단군을 기자가 동래東來한 사실을 기록한 이후에 부기附記하여 기록함으로써 기자를 정통의 시작으로 보았다. 홍여하도 “기자는 정통지수正統之首로 삼는다”[74] 또는 “구사舊史는 모두 단군부터 서술하고 있으나 나는 기자부터 시작하겠다”[75]라 하고 실제 본문에서도 은태사설殷太師說에서 단군을 한 자 낮추어 서술함으로써 단군을 정통에서 제외시켜 무통無統으로 처리하고 있다.[76] 그러나 안정복은 「범례」의 통계조에서 “정통은 단군 · 기자 · 마한 · 신라(문무왕 9년 이후) · 고려(태조 19년 이후)를 말한다”고 하여 단군을 정통의 시작으로 인식하였다. 「동국역대전수지도東國歷代傳授之圖」나 「단군기자전세지도檀君箕子傳世之圖」에서도 정통이 단군에서 시작하여 기자로 이어짐을 나타내고 있다.

이상과 같은 안정복의 단군조선에 대한 이원적인 인식은 이익의 영향이다. 원래 안정복은 단군기사를 강綱으로 설정하려는 뜻을 가지고 있었으나 스승인 이익에게 물었던바 서신에서 단군조선을 강綱으로 별립別立하지 말고 다만 전의일편傳疑一篇을 짓는 것이 좋다는 충고에서 수정한 듯하다.[77] 하지만 안정복은 단군은 맨 먼저 나라를 다스렸고 기자는 문물을 처음 일으킨 것으로 인식하여 단군조선을 전조선前朝鮮, 기자조선을 후조선後朝鮮으로 서술하고 있음에서 볼 때 단군을 정통의 시작으로 인식한 후자에 더 큰 비중을 두고 있었던 듯하다.

둘째, 『동국통감』에서는 단군에 대한 기록을 고기古記에 전하고 있는 단순한 신화로 인식하고 있으나, 『동사강목』에서는 역사적인 사실로 인정하고 있다. 『동사강목』에서는 본문에서 단군의 치적을 서술하였다. 즉 백성에게 편발編髮과 개수蓋首를 가르쳤으며, 군신 · 남녀 · 음식 · 거처의 제도를 마련하였다. 하夏의

자정통론을 확립하기 위한 것이라고 했으나 이는 잘못된 인식이다[한영우(1981), 「『동국통감』의 편찬경위와 역사서술」, 『조선전기 사학사연구』, 서울대학교 출판부, 183면 참조].

74 홍여하, 『동국통감제강』, 서.

75 위의 책, 「범례」.

76 전형택(1980), 「조선후기 史書의 단군조선 서술」, 『한국학보』 21, 126면.

77 『성호선생문집』 1책, 권16, 「答安百順 辛巳」; 정구복(1987), 앞의 논문, 21면 참조.

우禹가 즉위하여 제후를 도산塗山에서 조회시킬 적에 단군이 아들 부루夫婁를 보내어 조회하였다고 기록하였다.[78] 또한 『동국통감』에서는 단군과 구이九夷의 연관을 의도적으로 회피하여 우리나라를 독립된 민족인 동이東夷가 아니라 중화로 내세우려 하고 있는 것과는 대조적으로, 안정복은 단군을 구이 가운데 하나일 것으로 추정함으로써 단군조선이 중국과는 구분되는 독립된 국가였음을 강조하기도 하였다.[79] 「지리고」에서는 단군조선의 강역은 북으로 요지遼地가 반이고 남으로 한강이 경계라고 하였고, 태백산은 백두산이며 아사달은 구월산이라고 하여 단군 기록에 나오는 지명의 현지 위치를 고증하기도 하였다.[80]

셋째, 단군을 『동사강목』에서는 인간적인 존재로 파악하였다. 즉 단군에 대한 고기古記의 기록이 이치에 맞지 않음을 비판하고 이를 합리적으로 해석하였던 것이다. 즉 단군이 맨 먼저 태어나니 그 사람에게는 신성한 덕이 있으므로 사람들이 군으로 삼았을 것이라고 보았다. 단군이 죽어 아사달의 산에 들어가 신이 되었다는 기록도 후세에 사람이 죽으면 신으로 삼아 제사하는 경우가 있는데 이것도 그러한 부류일 것으로 파악하여[81] 황해도 문화현 구월산 삼성사三聖祠에 단군을 제사하는 것은 마땅하다고 주장하였다.[82] 단군이 신적인 존재가 아니라 인간적인 존재라는 것에서 한 걸음 더 나아가 단군이라는 호칭은 단檀을 성으로 삼은 그 후손을 지칭한다고 하고 단군의 치세治世연간도 한 사람이 아닌 단씨檀氏 왕들의 통치기간으로 파악하여 단군이라는 개인에서 단군족檀君族이라는 씨족의 개념으로 확대 해석하기도 하였다.[83]

78 『동사강목』 권1상, 己卯 조선 기자 원년.
79 위와 같음.
80 『동사강목』 부록하, 「지리고」.
81 『동사강목』 부록상, 「고이」.
82 『동사강목』 권1상, 己卯 조선 기자 원년.
83 『동사강목』 부록상, 「고이」.

2) 기자조선箕子朝鮮

『동국통감』은 단군조선을 신화적인 것으로 인식한 것과는 대조적으로 기자조선은 역사적인 사실로 인식하여 기록하였다. 즉 사서史書로서는 처음으로 기자를 국적을 밝힌 '은태사殷太師'로 호칭함으로써 삼대지치三大之治의 요체를 알고 있는 홍범洪範의 전수자라는 입장을 강조하였다. 또 '은殷의 삼인사三仁事'를 기록함으로써 도학적道學的 명분과 의리의 구현자로서 기자 개인숭봉個人崇奉의 경향성을 강하게 나타내기 시작하였다.[84] 사론史論에서는 『후한서』를 인용하여 기자의 '피조선인봉설避朝鮮因封說'을 첨가하고, 『천운소통天運紹統』의 기사를 인용하여 '독유술篤儒術 양성중국지풍교釀成中國之風教'를 강조하였다.

『동사강목』도 『동국통감』과 마찬가지로 기자를 문물의 시조로 파악하고 있으나, 중국과 기자조선의 관계, 단군조선과 기자조선의 관계, 기자조선과 삼한의 관계, 기자조선에 대한 접근방식 등에 있어서는 차이점을 보이고 있다.

첫째, 『동국통감』에서는 기자가 조선에 봉해진 사실을 "武王封于朝鮮都平壤 教其民以禮義"라[85] 하여 기자조선이 중국에 예속된 듯이 서술하고 있으나 『동사강목』에서는 "走之朝鮮 武王聞之 因以朝鮮封之 而不臣也"라고[86] 하여 중국과는 완전히 독립된 국가임을 강조하였다. 또한 「고이편」에서 『사기』의 "무왕이 기자를 조선에 봉했다"는[87] 기록을 비판하고, 『한서』 지리지의 "은나라 국운이 쇠하자 기자는 조선으로 갔다"는 기록과 『후한서』의 "기자가 쇠한 은나라의 운수를 버리고 조선으로 피신하였다"는 기록을 채택하였다.[88] 기자가 주에 조빙한 기사에서도 "기자가 주에 조빙한 것은 주에 손님으로 갔다는 뜻이

---

84 박광용(1980), 「국내 史書를 통해 본 기자조선에 대한 인식의 변천」, 『한국사론』 6, 261면.

85 『동국통감』 권1, 外記 기자조선조.

86 『동사강목』 권1상, 己卯 조선 기자 원년.

87 『동사강목』 부록상, 「고이」.

88 위와 같음.

다"라는 송증공宋曾鞏의 기록에 찬동하면서 사론史論에서 다시 홍범을 인용하여 "왕이 기자를 방문하였다 하였으니 왕이 가서 본 것이요, 감히 굽히게 한 것이 아니며, 기자가 무왕에게 너[而] 또는 너[汝]라고 하고 스스로는 나[我]라 하였으니 끝내 신복臣服하지 않은 것이다"라고 하였다.[89] 더욱이 「잡설」에서는 "我罔爲臣僕"에 대해 따로 항을 만들어 변증하기도 하였다.[90] 결국 기자와 중국의 관계에 대해 안정복은 기자가 중국을 버리고 조선으로 돌아오자 조선 백성들은 다 함께 떠받들어 임금으로 삼았기 때문에 기자조선이 중국 특히 주에 예속된 나라가 아니라고 강조하였다.

둘째, 기자문화가 우리나라의 독창적이고 우수한 문화임을 지적하여 민족적 긍지를 강조하였다. 공자가 구이는 미개한 곳이 아니라 군자가 사는 곳으로 그 곳에 살고 싶다고[91] 할 만큼 기자문화가 우수했다고 강조하고, 최부의 기록을 인용하여 중국 기록에서의 기자문화에 대한 평을 싣기도 하였다. 즉 우리 동방의 예속이 아름답다는 것이 천하에 알려졌으므로 『한서』에는 '인현仁賢의 교화'라 하고 『당서』에는 '아름다운 군자의 나라'라 하였으며, 송조에서는 '예악문물의 나라'라 하였고 함허자涵虛子도 '시서와 인의의 나라'라 하였으니 우리 기자가 지나는 곳마다 신묘한 덕화로 우리 동방에 혜택을 준 것은 천만년이 지나도 한결같다고 하였다.[92]

셋째, 『동국통감』은 기자조선을 단군조선보다 우위에 두고 서술하였으나 『동사강목』은 단군조선과 기자조선을 대등한 것으로 파악하고 서로 연결되어 있음을 지적하였다. 단군조선의 문화가 '교군신남녀지제敎君臣男女之制'라면 기자조선의 문화는 '교부자군신지도敎父子君臣之道'라 하여 두 문화가 상호 보완관계임을

---

89 『동사강목』 권1상, 壬午 기자 千年.
90 『동사강목』 부록상, 「잡설」.
91 『동사강목』 권1상, 壬戌.
92 위와 같음.

서술하였다. 그리고 단군조선과 기자조선의 관계에 대해 단군조선을 전조선, 기자조선을 후조선이라 하였으며,[93] 또한 기자가 단군이 죽은 뒤 196년 뒤에 동방에 봉해졌으므로 단군을 물리치고 기자가 봉해졌다는 『삼국유사』의 기록은 잘못이라고 지적함으로써 단군조선에서 기자조선으로 정통이 이어지고 있음을 강조하였다.

넷째, 기자조선의 서술에 있어서 『동국통감』은 외기外記로 처리하여 그 내용이 피상적인 반면, 『동사강목』은 치적治績을 보다 구체적으로 밝히고자 노력하였다. 즉 법금法禁 8조목은 홍범洪範의 팔정八政으로 추정하고 『한서』에 전하는 3조 이외의 전하지 않는 5조에 대해서 이수광의 글을 인용하여 오륜五倫이 아닌가 추측하기도 하였다.[94] 전제田制에 대해서는 본문에서 한백겸의 기전도箕田圖를 소개하면서 맹자의 정전제井田制와 비교하였다. 또한 「지리고」에서 기자조선의 강역이 요하이동遼河以東, 한수이북漢水以北이라는 오운의 설에 동의하고, 기자조선의 통치기간도 기자로부터 준準까지 41세, 930년 간이라고 구체적으로 제시하였다.[95]

3) 위씨조선衛氏朝鮮 · 사군四郡 · 이부二府

위씨조선에 대해 『동국통감』은 단군조선 · 기자조선과 함께 삼조선三朝鮮의 하나로 인정하면서 『한서』의 내용을 그대로 옮겨 기록하였다. 『동사강목』에서 안정복은 위만은 찬적인데 『동국통감』에서 단군 · 기자와 함께 삼조선이라 일컬어서 마치 그와 덕도 의리도 같은 것처럼 한 것은 잘못이라고 지적하고 폄출

---

93 『동사강목』 부록상, 「고이」.

94 『동사강목』 권1상, 己卯 조선 기자 원년.

95 위의 책, 戊申 王準 28년.

貶黜하여 참국僭國한 예로 서술하였다.[96] 아울러 중국 사서에 “위만은 바로 중국 사람이요, 조선의 신자臣子가 아니므로 찬적의 유예類例에 두지 않아야 한다”고 한 기록도 “위만이 항복해 왔다”, “위만에게 박사를 제배除拜하였다”, “들어와 숙위宿衛하기를 청하였다”라고 하는 『사기』의 기록을 근거로 비판하였다.[97] 즉 『동국통감』이 중국의 입장에서 서술된 『한서』의 내용을 그대로 옮겨 적은 것은 필법에 어긋나는 것이며, 우리나라의 역사는 우리의 입장에서 서술해야 한다는 입장을 견지하였던 것이다.[98]

위씨조선의 멸망 원인은 중국과의 관계 잘못이라고 하였다. 작은 것이 큰 것을 섬기고 약한 것이 강한 것에 복속되고 이적夷狄이 중국에 의지하는 것은 바뀌지 않는 이치이다. 그런데 우리 동방은 땅이 치우쳐 있고 나라가 작으며 중국에 가까우니 큰 나라의 도움을 잃지 않아야 보존할 수 있다고 전제하고,[99] 동방은 단군이 나라를 세우고부터 전심으로 대국을 섬겼고 기자에 이르러서는 백마로 주周에 조빙하였는데 위씨 때는 단군・기자 때와 규모가 달라서 곧 복멸覆滅을 가져왔다고 하였다.[100]

한사군漢四郡에 대해 『동국통감』은 사군의 위치와 사군 설치로 인해 인현仁賢의 교화가 변하여 법금이 60여 조목으로 늘어났음을 지적하였다. 『동사강목』도 마찬가지로 본문에서 사군의 설치 경위와 위치를 소개하고 「지리고」에서 여러 사서를 고증하여 보다 자세하게 현재의 위치와 연결시켰다. 즉 낙랑은 조선현朝鮮縣, 임둔은 동이현東暆縣, 현도는 옥저성沃沮城, 진번은 재삽현霅縣이라 하였는데 이는 『동국통감』과 같다.[101] 그러나 『동사강목』은 중국이 우리나라

96 위와 같음.
97 위와 같음.
98 『동사강목』 권1상, 癸酉 마한.
99 위의 책, 丙午 왕준 26년.
100 각주 97)과 같음.
101 『동사강목』, 부록하, 「지리고」, 四郡考.

를 공격하여 한반도 내에 사군을 설치한 그 자체를 비판하였다. 동방은 중국과 산천으로 막혔으니 천연으로 구별된 고장이므로 중국의 군현을 설치할 수 없다. 창해군 설치나 한사군 설치뿐 아니라 뒷날 당 고종이 고구려·백제를 현으로 삼으려 한 것, 원의 행성行省 설치, 명 태조의 철령위鐵嶺衛 설치 등 모두 옛 성왕의 도를 통찰하지 못한 사람들의 행동이라고 중국의 우리나라에 대한 지배를 논박하였다.[102]

이부二府에 대해 『동국통감』은 한漢 소제昭帝 때 평나平那·현도玄菟는 평주도독부平州都督府가 되고 낙랑樂浪·임둔臨屯 등은 동부도독부東府都督府가 되었다고 『삼국유사』의 기록을 인용하여 서술하였다. 『동사강목』은 낙랑·임둔이 합해서 동도위東都衛가 된 사실은 인정하면서,[103] 평주平州에 대해서는 「지리고」에서 『삼국유사』에만 보일 뿐 『전한서』·『후한서』 등을 상고해 보아도 전혀 보이지 않으므로 그 설을 믿기 어렵다는 입장을 취하고 있다.[104]

4) 삼한三韓

삼한에 대한 『동국통감』과 『동사강목』은 2가지 사실에서 의견을 달리한다. 첫째, 기자조선과 삼한 특히 마한의 관계이다. 『동국통감』은 『삼국지』 동이전을 인용함으로써 준왕과 마한의 관계가 정통으로 이어지지 않는 것으로 보았다. 반면 『동사강목』은 「범례」에서 마한을 기자조선을 이은 정통국가로 전제하고, 본문에서도 『후한서』의 기록을 인용함으로써 마한을 정통국가로 서술하였다. 『삼국지』 동이전 한전韓傳에는 준왕準王이 남쪽으로 내려왔다는 사실에

---

102 『동사강목』, 권1상, 癸丑 마한.

103 위의 책, 己亥 마한.

104 『동사강목』, 부록하, 「지리고」, 平州考.

대해 "기준箕準은 위만에게 격파되어 좌우 궁인을 거느리고 바다를 경유하여 한지韓地에 와서 살았으며 자호自號 한왕韓王이라 하였다"고 되어 있다. 이는 준왕이 좌우 궁인을 거느리고 황급히 남래南來한 사실만 지적하고 있을 뿐 준왕과 마한의 관계에 대해서는 구체적인 언급이 없다.[105] 그런데 『후한서』 동이전 한전에는 "조선왕 준은 위만에게 격파되자 나머지 무리 수천 인을 거느리고 바다를 거쳐 마한을 공격하여 깨뜨리고 자립하여 한왕이라고 하였다"고 되어 있다. 즉 준왕이 마한을 물리치고 왕이 되었다고 기록함으로써 준왕과 마한의 관계를 밝혀 기자조선이 마한으로 이어짐을 지적하였다.[106] 결국 안정복은 『삼국지』 동이전에서는 삼한정통론을 전개시킬 사료로서 개별적 사실이 결여되어 있었기 때문에 준왕이 마한의 왕이 되었다는 『후한서』의 기록을 인용함으로써 삼한정통론을 가능케 하고자 한 것이다. 이는 『동국통감』에서 삼한을 중국계와 연결시키고자 한 것과는 전혀 다른 것이다.

둘째, 삼한의 위치와 삼국의 관계에 대해서 『동국통감』은 권근의 사론史論을 그대로 인용하여 "마한은 백제가 되었으며 진한은 신라가 되고, 변한은 낙랑 땅으로 고구려가 되었다"고 하였다. 반면 『동사강목』에서는 「지리고」에서 여러 설을[107] 인용한 고증을 통해서 『동국통감』과는 다른 자신의 주장을 내세우고 있다. 우선 삼한의 위치에 대해서 마한은 한수 이남의 경기·충청·전라도 땅이며, 진한은 경상도의 낙동강 이동지역이고, 변한은 경상도의 낙동강 이서지역과 전라도 동남지역으로 파악하였다. 삼국과의 관계에 대해서는 마한은 백제가 그 땅을 차지했으며, 진한은 마한에 복속되었다가 뒤에 신라가 되었으며, 변한은 나누어져서 5가야 땅이 되고 지리산 서쪽은 백제에 흡수되었다고 하였다.

---

105 김정배, 「準王 및 辰國과 三韓正統論의 제문제」, 『한국사연구』 13집, 175면.

106 위와 같음.

107 인용한 사서는 『후한서』의 삼한전, 『북사』의 백제전, 『삼국사기』, 『삼국유사』, 주관육익, 권근의 설, 『여지승람』, 『여지고』 등이다.

5) 삼국

『동국통감』은 삼국기의 서술 기준을 「범례」에서 밝히기를, 삼국은 세력이 균등하므로 강목에 의거하여 무정통無正統으로 처리하고 입국 순서에 따라 기록한다고 하였다. 그러나 이는 서술상의 방법을 명기한 것에 불과할 뿐 내용적으로는 신라 중심적인 것이다.[108] 반면 『동사강목』은 삼국시대를 무정통의 시기로 인식하고 있었을 뿐만 아니라 실제 서술에 있어서도 연기年記나 사실의 기록에 있어서 동등하게 병렬시켰다.[109]

안정복은 삼국의 건국에 대해 새로운 견해를 제시하였다. 즉 고구려는 현도군하의 고구려현에서 발전하였으며, 백제는 마한의 백제국에서,[110] 신라는 진한의 사로국에서 발전하였으며, 삼국의 건국 초기에는 조그만 지역국가였다가 시간이 지남에 따라 강역을 넓혔다고 보았다. 이는 유형원의 설에 영향을 받은 것이다.[111] 그리고 삼국의 건국시기와 역년歷年에 대해서도 『동국통감』과는 의견을 달리하였다. 『동국통감』은 『삼국사기』의 것을 그대로 인용, 신라・고구려・백제의 순으로 건국되었다고 보았으나 『동사강목』에서는 여러 사서의 기록을 참고하여 논증하면서 고구려의 건국이 삼국 가운데 가장 먼저였음을 지적하였다. 『한서』 지리지의 현도군조玄菟郡條의 주에 "武王 元元封四年(B.C. 107) 開高句麗 莽曰下考慮"라는 기록을 기준으로 고구려는 최소한 B.C. 108년 이전에 건국되었다고 파악하였다.[112] 또한 고구려의 강대함은 백제・신라에 비할 바가 아니며, 백제는 신라보다 강했으며 신라는 건국 후에도 영남 일대에

---

108 이만열(1984), 「조선후기의 고구려사 연구」, 『동방학지』 43집, 185면.

109 같은 시기에 일어난 사건에 대해 『동국통감』은 신라를 우선적으로 기록하고 있으나 『동사강목』은 그 사건의 비중에 따라 서술 순서를 정하고 있다.

110 『동사강목』, 부록상, 「고이」 十濟 百濟之稱.

111 정구복(1987), 앞의 논문, 26면.

112 『동사강목』, 부록하, 「잡설」, 三國始起.

조그만 나라가 허다하게 존립해 있다가 수백 년이 지난 뒤에 평정하고, 국호도 20대가 지난 뒤에 신라라 정할 만큼 황루했다고 인식하였다.[113] 그러나 본문에서는 우리나라 본사에 삼국의 건국연대가 분명하므로 그에 따른다고 하여 반영하지 않고 있다.

삼국의 시조에 관한 기록에 있어서 『동국통감』은 그들의 신화나 설화를 그대로 기록하고 있으나 『동사강목』은 이를 유교적 합리주의 사관에 의해 비판하고 올바른 사실과 믿을 만한 사실만을 기록하였다. 신라 시조인 박혁거세에 대한 기록을 예로 살펴보면 "양산부에 지덕이 뛰어나고 조숙하여 신성한 자질이 있는 박혁거세라는 사람이 있었는데 고허촌장인 소벌공蘇伐公이 육부 사람들과 함께 그를 추대하였다"고 기록하였다. 이 같은 예는 고구려 시조, 백제 시조, 신라의 알영부인, 석탈해, 김알지에 대한 기록, 김수로왕의 기록 등에서도 나타난다.

6) 통일신라·발해

『동국통감』은 삼국통일에 대해 민족통일이라는 관점보다는 "祇承先志大唐, 同與兵問罪百濟高句麗 元兇服罪"라 하여 존화적인 역사서술의 모습을 보이고 있다. 『동사강목』도 삼국통일에 대해서는 『동국통감』과 거의 같은 시각을 가지고 있었다. 다만 민족통일을 보다 명분론적인 시각에서 인식하고 있었음이 다를 뿐이다. 그러나 백제 멸망의 시기에 대해서는 약간의 차이가 있다. 『동국통감』에서는 백제 멸망을 의자왕 20년(660) 사비성의 함락으로 보고 있으나, 『동사강목』은 의자왕이 웅진으로 도망간 후 차자次子 태泰가 스스로 왕이 된 것을 인정하였고, 복신福臣이 옛 왕자인 풍豊을 주류성에서 왕으로 세운 것

113 위와 같음.

도 인정하여 32왕 681년 만에 멸망한 것으로 파악하였다.

발해에 대해서도 『동국통감』과 『동사강목』은 큰 차이를 보이지는 않는다. 『동국통감』은 한국사의 전체적인 맥락에서 발해사를 수용하려 하면서도 발해에 대해 민족사적인 인식을 나타내지 않았다.[114] 오히려 신라와 발해를 지칭할 때 신라는 아국이라 칭함으로써 상대적으로 발해를 타국시하였다.[115] 『동사강목』은 「범례」에서 발해에 대한 인식 방향을 밝혔다. 즉 발해는 우리 역사에 기록할 수 없는 것이나 본디 고구려의 옛 땅으로 우리의 국경과 상립하여 의리가 순치지세脣齒之勢이므로 『동국통감』에서 갖춰 썼기 때문에 그대로 좇는다고 하였다. 이는 결국 『동국통감』의 인식태도를 그대로 계승하겠다는 의도로 보인다.

그러나 안정복은 당시 유행하던 고토故土회복의식과 관련하여 발해를 고구려의 땅에 세워진 나라이기 때문에 『동국통감』에 비해서는 보다 적극적으로 수용하고자 하였다. 먼저 『삼국사기』에 기록된 북국이라는 나라가 발해임을 최초로 파악한 안정복은 발해와 신라의 교빙과 충돌 등의 양국 관계 기사를 가능한 많이 수록하고자 하였다. 그리고 발해 멸망 후 유민이 고려에 귀부한 사실도 철저하게 기록하고자 노력하였다. 「지리고」에서는 발해국 군현고를 『당서』와 『성경지』를 참고하여 상세하게 기록하기도 하였다.

결국 안정복은 발해를 뒤의 실학자들과 같이 민족적으로 연결되는 남・북국의 개념으로까지는 인식하지 못하였으며, 고구려의 별종으로서 고구려의 옛 땅에 존재했던 나라로서 고토회복의식과 관련하여 보다 적극적으로 기록하고자 노력한 데 그치고 말았다.

---

114 이만열(1981), 「조선후기의 발해사 인식」, 『한우근박사정년기념사학논총』, 지식산업사, 451~452면.

115 『동국통감』 권9, 신문왕 6년.

7) 고려

『동국통감』은 고려시대의 역사를 서술하는 데 있어서 새로운 사료를 널리 수집하려고 노력하지 않고 기존 사서에 의존하는 안이한 태도를 가지고 있었다.[116] 그러나 사론史論에서 공민왕을 비판하고 우왕禑王과 창왕昌王을 신씨辛氏로 서술하면서 고려는 이미 공민왕대에 망했다는 시각을 가지고 있었다.[117] 동시에 고려의 충신 최영崔瑩·이인임李仁任·이색李穡·조민수曺敏修 등을 비판함으로써 조선의 건국을 정당화·합리화시키고자 하였다. 후술하는 바와 같이 『동국통감』에서 사론史論의 반이 넘는 113편을 인종으로부터 고려 말까지의 문제에 집중적으로 쓰고 있음이 이를 또한 증명하고 있다.

『동사강목』은 『동국통감』의 이 같은 시각을 비판하고 역사의 직필을 통해 고려를 역사의 한 시대로서 보다 공정하고 정확하게 서술하고자 노력하였다. 우왕·창왕의 신씨설에 대해 안정복은 "우왕과 창왕의 일은 당시 재상 이색과 초야의 원천석의 정론을 막기 어렵고 본조本朝의 상론尙論하는 선비인 유희춘柳希春·윤근수尹根壽·신흠申欽·이덕동李德洞 등이 모두 사필史筆을 거짓으로 여겼으며 더구나 성조가 왕씨니 신씨니 하는 분변은 애당초 논할 바가 아니다"라고 하였다.[118] 따라서 『동국통감』에서 신우辛禑라 하고 창왕은 아예 제외시킨 것과는 달리 전폐왕前廢王 우禑, 후폐왕後廢王 창昌이라고 기록하였다. 그리고 임상덕이 『동사회강』에서 우왕·창왕이 왕씨냐 신씨냐의 구별에 의심을 두어 공민왕의 훙薨한 해에서 끝을 내고 있음을 비판하였다.[119]

최영에 대해서 『동국통감』은 "최영은 주살을 자랑하여 불인不仁하기 그지없으며 배우지 못하고 지모가 없어 대체大体에 어둡고 거칠고 포악함이 이를 데

116 정구복(1987), 앞의 논문, 126면.
117 『동국통감』 권56, 고려멸망 기사.
118 『동사강목』 권수, 「범례」, 통계.
119 위의 책, 「범례」, 채거서목.

가 없다”고 평가하였다.[120] 이색에 대해서도 창왕을 세운 것과 불교에 아첨하였다고 비난하였다.[121] 안정복은 이 같은 『동국통감』의 사론을 그대로 서술한 후에 『성호사설』을 인용하여 이들을 변호하고 재평가를 내리고 있다.[122] 즉 국조에 최항崔恒·신숙주申叔舟·이석형李石亨 등이 교지를 받들어 찬주撰註하기를 정몽주·최영은 창해에 몸을 맡기고 사생을 돌보지 않는 자이고, 권근·이색은 중립하여 사태를 보아 공을 구차하게 꾀한 자이고, 임견미林堅味·염흥방廉興邦은 고려의 순신順臣이나 국조의 반역인이고, 조준趙浚·조반趙胖은 국조의 순신이나 고려의 역신이라고 하였다. 또한 『용재총화』와 변계량의 시를 인용하여 최영은 평생에 탐욕을 가지지 않은 결백한 인물이라고 평하였다.[123] 이색도 공신에 참여하여 겉으로 보기에는 조준·정도전과 같이 보이지만 실제로는 고려에 마음을 둔 사람으로 하찮은 비평을 피하지 않고 조정에 나아가서 자기 한 몸으로 국가의 흥망을 맡았다고 하였다.[124]

안정복은 고려 말 사서는 많기는 하나 기휘忌諱하고 감추어서 자세하지 않다고 전제하고[125] 그렇지만 원천석元天錫의 문집에 보면 신우辛禑를 옮긴 일, 최영이 처형된 일, 우·창을 폐위하고 사사한 일, 목은이 장단으로 귀양간 일 등을 다 시로써 직필하고 있으니 이는 정인지 등의 『고려사』에 비하면 해·달 이상의 큰 차이가 있는 것이라고 찬양하고 있다.[126]

결국 『동사강목』에서 안정복은 『동국통감』이 조선건국을 합리화하기 위해 고려의 역사를 곡필曲筆한 것을 비판하고, 가능한 모든 사료를 참고하여 직필直

---

120 『동국통감』 권53, 신우 14년 정월.
121 『동국통감』 권46, 공민왕 원년.
122 『동사강목』 권16하, 前廢王 우 14년 戊申 정월.
123 『동사강목』 권17상, 후폐왕 즉위년 12월.
124 위의 책, 후폐왕 즉위년 10월.
125 『동사강목』 권16하, 전폐왕 우 14년 4월.
126 『동사강목』 권17상, 후폐왕 창 원년 11월.

筆를 하고자 함으로써 보다 공정하고 정확한 고려의 역사를 서술하고자 노력하였던 것이다.

5. 『동사강목』의 사론史論

1) 사론史論의 형식

『동사강목』에는 모두 960칙의[127] 사론이 실려 있다. 이는 『동국통감』의 사론 382칙과 비교하면 양적으로 거의 3배에 가까운 것이며, 조선 후기 사서 가운데 사론이 가장 많이 실린 것으로 알려진 『동사회강』의 150칙과 비교하더라도 6배 이상 늘어난 것이다.

『동사강목』에 실린 사론은 '안按'을 첫머리에 붙인 안정복 자신이 쓴 것과 『동사강목』 이전의 사서들에 기록되어 있던 사가史家나 현인들의 사론을 다시 재인용하여 수록한 것으로 구분된다. 안정복 자신이 쓴 것은 579칙이고, 나머지 381칙은 동국제유東國諸儒로 김부식・이제현・권근・이첨李詹・서거정・최부崔溥・이황・홍성민洪聖民・한백겸・신흠・오운・이수광・유계・허목・송시열・유형원・임상덕・변계량・이정귀・이규보・이익・조준・정인지・최승로・조식・이곡・주세붕・이색・홍여하・유호인・심광세・장유・사신왈史臣曰 등[128] 33인과 중국제유中國諸儒로 반고・범엽・유종원・증공曾鞏・주자朱子・마단림・범조우 등 7인을 합해 모두 40인이 쓴 기존의 사론을 인용하여 수록하였다. 『동국

127 한영우 씨는 870칙이라고 했는데 이는 본문 이외의 것을 제외했기 때문이다(한영우, 앞의 논문, 183면).

128 『동사강목』 범례의 史論諸儒姓氏에는 변계량 이하 16인은 제외되어 있으나 본문에서 인용하고 있어 여기에 기록했으며 '史臣曰'은 人名은 아니나 편의상 여기에 포함시켰다.

통감』이 김부식·권근·이첨·이제현·사신왈 등 5인의 기존 사론을 인용한 것과 비교할 때 『동사강목』은 훨씬 더 다양한 견해를 수렴하고 있음을 알 수 있다.

『동사강목』에 인용된 사론의 논찬자들의 성분을 살펴보면 동국제유와 중국제유로 구분되며, 동국제유는 고려인 7명, 조선 전기인 10명, 조선 후기인 16명으로 구분되어 공간적으로 국내·국외를 망라하고, 시간적으로 고려에서 조선 후기 당시인까지 모두를 망라하고 있음을 알 수 있다. 그리고 16~18세기 조선 후기인의 당색을 살펴보면 안정복과 같은 남인은 이수광·허목·이익 등이며, 서인으로 홍성민·신흠·유계·심광세·장유 등이고, 노론에는 송시열, 소론에는 홍여하 등이 있다. 결국 안정복은 사론에 관한 한 당색을 구분하지 않고 모두 수용하고 있음을 알 수 있다. 다만 이황에 대해서만은 '이자李子'라고 특별히 존칭어를 사용하고 이익의 설을 소개할 때에는'우문지사愚聞之士'라고 호칭함으로써 여타인餘他人을 씨로 호칭한 것과는 명백하게 구분하고 있다. 이는 이황을 통해서 성리학을 처음 배우고 이익에게서 실학과 우리나라 역사에 대한 인식을 배웠기 때문이다.

『동사강목』에 실린 사론史論을 시대별로 살펴보면 〈표 6〉과 같다.[129]

〈표 6〉『동사강목』 사론史論의 시대별 분포

	범례	도	삼국 이전	삼국	통일신라	고려 전기	고려 후기	고이	괴설변증	지리
안정복	7	3	18	119	36	180	161	15	10	30
김부식				16	8	1				
이제현					1	15	5			

129 주자의 사론은 안정복 자신의 사론에 일부로 인용될 뿐 독립된 사론은 없어 제외시켰다. (『동사강목』 권7하, 戊午 문종 32년 7월; 己卯 숙종 4년 2월; 권8상, 辛丑 예종 16년 3월 참조).

권근				25	7	1	2			1
이첨				2			1			
서거정						1				
최부		4	2	24	16	22	44			
이황					2	2	2			
홍성민							2			
한백겸			2		1					
신흠							3			
오운				1	1	3	5			
이수광			1		1		1			
유계					2	21	25			
허목				1			1			
송시열							1			
유형원				1		2			3	1
임상덕	2		1			2	1	1	1	1
변계량			1							
이정귀			1							
이규보					1					
이익					1				1	
조준					1					
정인지					1	3	2			
사신						15	41			
최승로						5				
조식							1			
이곡							1			
주세붕							1			
이색							2			
홍여하							1			
유호인							1			
심광세							1			
장유							1			

반고			1							
범엽			1							
유종원			1							
증공			1							
마단림						1				
범조우				1						
	9	7	30	190	79	274	305	17	15	34

위 표에 나타난 각 시대의 사론 분포를 살펴보면, 삼국 이전 30(3%), 삼국 190(19%), 통일신라 79(8%), 고려 전기 274(28%), 고려 후기 304(31%), 기타 73(7%)로 『동사강목』 본문의 각 시대 분량을 고려할 때 비교적 고르게 분포되어 있음을 알 수 있다. 그리고 각 시대별 사론史論 논찬자들의 분포를 살펴보면 삼국 이전은 안정복 자신의 사론과 중국인 사론, 삼국시대는 안정복 자신과 김부식·권근, 통일신라는 권근·김부식 및 최부, 고려 전기는 이제현·유계 및 최부, 고려 후기는 최부·유계·사신 등의 사론을 가장 많이 인용하고 있다. 여기에서 기존 사서가 소홀히 했던 삼국 이전을 중국 사서를 이용해 보충하고자 하는 안정복의 노력이 엿보인다. 특히 고려 후기에 있어서 다른 시대에 비해 가장 많은 사람의 사론史論을 인용하고 있을 뿐만 아니라[130] 고려사를 비교적 공정하게 서술한 『여사제강』의 찬자 유계의 사론을 많이 인용하고 있어 고려 후기를 보다 공정하고 정확하게 서술하고자 한 안정복의 의도가 반영되어 있음을 알 수 있다.

한편 『동사강목』 내의 안정복 자신의 사론 분포와 『동국통감』에 실린 찬사자撰史者 자신들의 사론 분포를 비교해 보면 〈표 7〉과 같다.[131]

130 각 시대별 인용 사론의 논찬자 수는 삼국 이전 11명, 삼국 9명, 통일신라 14명, 고려 전기 15명, 고려 후기 24명으로 나타난다.

〈표 7〉『동사강목』과 『동국통감』의 사론 분포 비교

	삼국 이전	삼국	통일신라	고려 전기	고려 후기
동국통감	3(1%)	35(17%)	24(11%)	42(20%)	100(49%)
동사강목	18(3%)	119(23%)	36(7%)	180(35%)	161(31%)

『동국통감』의 찬사자들은 고려 후기를 집중적으로 비판하여 고려 후기를 어둡게 보도록 함으로써 조선건국을 합리화하는 데 초점을 맞추었으나[132] 『동사강목』은 삼국 이전이나 삼국을 보충하고 고려에 있어서도 선·후기를 거의 같은 비중으로 비판함으로써 좀 더 공정한 역사를 서술하고자 하였다.

다음으로 『동사강목』에 실린 사론史論의 내용을 살펴보면 〈표 8〉과 같다.

〈표 8〉『동사강목』 사론의 내용 분류

	사학	고증	지리	국왕	신하	인물	찬적	제도	대외관계	불교	상례	음악	재이	윤리	제사	풍속	
안정복	23	76	64	55	25	56	6	69	126	24	10	7	13	12	7	5	579
김부식	1			8	3	3	1	3	1					4	1		25
이제현				14	2	2		2	1								21
권근	2		1	11	5	2	2	1	2	4			1	3	2		36
이첨				2									2				3
서거정	1																1
최부	3	2		35	20	14	2	7	7	8	3		2	6	2		112
이황				1	1	4											6
홍성민						2											2
한백겸			3					1									4
신흠				1	1		1										3
오운				3	2	4	1										10
이수광					1			2									3

131 『동국통감』의 사론 분포는 한영우(1981), 앞의 논문, 197면을 참고하였다.

132 위와 같음.

유계				20	4	7			1	4	3		4	3	2		48
허목				2		1											3
송시열				1													1
유형원	1	3	1														7
임상덕	4	2	2	1													9
변계량				1													1
이정귀				1													1
이규보						1											1
이익		1						1									1
조준								1									1
정인지	2					1		2						1			6
사신	1			34	3	4	1	2	1		2	1	4	1	1		55
최승로				5													5
조식					1												1
이곡									1								1
주세붕						1											1
이색				1		1											2
홍여하						1											1
유호인				1													1
심광세						1											1
장유		1															1
반고			1														1
범엽								1									1
유종원								1									1
증공									1								1
마단림									1								1
범조우					1												1
	38	85	72	199	69	106	13	95	142	40	18	8	25	30	15	5	

위 표에 나타난 내용별 사론의 분포를 살펴보면 국왕(20.7%), 대외관계(14.8%), 인물(11.0%), 제도(9.9%), 고증(8.8%), 지리(7.5%), 신하(7.2%), 불교(4.2%), 사학(4.0%), 윤리(3.1%), 재이(2.6%), 상례(1.9%), 제사(1.6%), 찬적(1.4%), 음악(0.8%), 풍속(0.5%)의 순으로 나타난다. 그리고 전체 사론에 대한 안정복 자신의 사론史論 비중을 살펴보면 대외관계(89%), 지리(89%), 고증(89%), 음악(88%), 제도

(73%), 사학(60%), 불교(60%), 상례(56%), 인물(53%), 재이(52%) 등이 비교적 높은 반면 국왕(28%), 신하(36%), 윤리(40%), 제사(47%), 찬적(46%), 윤리(40%) 등은 그 비중이 낮게 나타난다. 이 두 가지 사실에서 안정복은 대외관계·지리·제도·불교 등에 비교적 높은 관심을 가지고 있었음을 알 수 있다.

한편 각 내용별 사론 논찬자들의 분포를 살펴보면 국왕에 최부·사신·유계·이제현 등 19명, 인물에 최부·권근·유계 등 17명, 제도에 최부 등 14명, 신하에 최부·권근 등 13명, 대외관계에 최부·권근 등 10명, 사학에 임상덕 등 9명, 윤리 7명, 재이 6명, 제사 6명, 고증에 유형원 등 6명, 지리에 한백겸 등 6명 불교에 최부·권근 등 4명, 음악 2명, 풍속 1명으로 나타난다. 특히 국왕에 대해서는 최부의 각 왕 졸기를 거의 모두 인용하였고, 고려 초기 국왕에 대해서는 최승로, 고려 중기 이후는 이제현의 사론史論을 인용하였다. 인물에 대해서는 권근·이황·홍성민·신흠·허목·주세붕·이색 등 성리학자들 것을 많이 인용했으며, 고증에는 유형원·이익 등 실학자들 것을 많이 인용하였고, 지리에는 한백겸과 유형원의 사론史論을 인용하고 있음이 주목된다.

2) 사론史論의 내용

『동사강목』에 실린 960칙의 사론은 크게 사평적史評的 성격을 띤 것과 사실고증 혹은 사실보충을 위한 사론史論으로 구분된다. 사실고증을 통해 시비是非를 분명히 하고자 하는 사론은 85칙으로 지명에 대한 고증 등이다. 전장典章을 자세히 하기 위한 사실보충의 사론은 지리에 관한 것 72칙, 대외관계에 관한 것 88칙, 제도에 관한 것 23칙, 인물에 관한 것 29칙 등 모두 212측인데 주로 『통전通典』·『전고典考』 등 중국 측 문헌을 많이 인용하여 설명하였다. 그리고 사평적 성격을 띤 사론은 통계를 밝히고 찬역을 엄히 하며 충절을 포양하기 위한 것으로 모두 663칙인데, ① 군신관계 ② 대외관계 ③ 제도개혁 ④ 불교 및 유교 ⑤ 음악 및 재이災異로 나눌 수 있다. 이제 각 주제에 따른 사론史論의 구체적인 내용을 『동국통감』의 그것과 비교하면서 검토해 보기로 하자.

(1) 군신관계

군주의 도리에 대해 안정복은 『좌전』의 "흥하는 나라는 백성 보기를 상처난 사람 보듯 하고 망하는 나라는 흙먼지 보듯 한다"는 구절을 인용하여 백성을 가장 소중히 해야 함을 강조하고 아울러 왕도는 인친仁親을 근본으로 삼고 신의를 존중해야 한다는 원칙론을 피력하였다.[133] 이는 민본과 인의仁義의 정치를 이상으로 제시하였던 『동국통감』의 사론과 일치한다. 그러나 이를 실천하는 구체적인 통치행위에 있어서는 차이를 보이고 있다.

『동사강목』은 군주의 구체적인 통치행위로서 인재등용, 신하의 간언, 형정刑政, 문文·무반武班의 대우 등을 제시하였다. 인재등용에 대해 나라를 다스리는 도리는 인재를 얻은 것보다 나은 것이 없거니와 인재를 얻되 능히 그를 신임하고, 신임하되 오랜 뒤에야 가히 그 성공을 알 수 있다고[134] 하여 인재의 중요성을 강조하였다. 그리고 인재를 선발할 때는 문벌과 지위만을 따져 등용해서는 되지 않으며, 신라처럼 골품만을 따져 세족世族·종성宗姓만 등용해서도 되지 않으며 초야에 있는 어진 이까지도 널리 기용할 수 있어야 한다고 하였다.[135] 신하의 간언에 대해서 간언을 따르는 자는 흥하고 막는 자는 망한다고[136] 전제하고 구언求言을 해서라도 직언을 받아들여야 함을 강조하였다.[137] 형정에 대해서는 법은 천天의 공기公器이며 형刑을 만든 것은 간특姦慝을 징계하여 정강政綱을 밝히려는 것이므로 함부로 사유하면 착한 사람은 편안하지 못하고 간악한

133 『동사강목』 권2상, 丙午 유체왕 3년 10월.
134 『동사강목』 권1하, 癸未 남해왕 20년 정월.
135 『동사강목』 권3하, 乙巳 선덕여왕 14년 5월.
136 『동사강목』 권4상, 丙辰 태종 3년 3월.
137 『동사강목』 권9하, 乙未 명종 5년 4월.

백성은 징계할 수 없으므로 형정刑政을 강명强明하게 하는 것이 임금의 도라고 하였다.[138] 아울러 연좌율緣坐律과 같은 가혹한 형법은 형벌을 과도하게 남용하는 것이므로 이 또한 배재해야 한다고 주장하였다. 문·무반의 대우에 대해 『동국통감』이 무신을 천시한 것과는 대조적으로 동등하게 대우할 것을 주장하였다. 시절이 화평하면 문文을 숭상하고 세상이 어지러우면 무武를 높여 서로 경중이 있어서 이로 말미암아 서로 알력하는 습속이 생겼다고 전제하고 임금은 문·무반을 경중 없이 동등하게 대우하여 둘을 화합시킬 수 있어야 한다고 했다.[139]

한편 군주의 생활태도에 대해서는 궁실宮室·원포園圃·금수禽獸·화훼花卉 등 외물外物을 즐기거나, 사냥이나 연회로 인해 국정의 본뜻을 잃고 백성에 해를 끼쳐서는 되지 않는다고 하여 검소한 군주를 요구하였다.

신하의 도리에 대해 안정복은 절의·직언·경근敬勤·청렴 등을 강조하였다. 이 또한 『동국통감』이 명분론에 입각하여 공리功利를 배격하고 절의를 숭상하며 신하의 명분을 저버린 난적자亂賊子에 대해 엄격히 포폄하고 있음과 같다. 그러나 조선건국과 세조의 왕위찬탈과 같은 시대적 제약 때문에 이를 강력하게 적용할 수 없었던 『동국통감』과 달리 『동사강목』은 성리학의 발전과 함께 이 같은 명분론을 보다 철저하게 적용하고 있음에서 차이가 난다.

안정복은 신하가 임금을 충성으로 섬기되 충성은 절의보다 더 훌륭한 것이 없는데 구사舊史에서 광복에 뜻을 두고 옛 나라의 회복을 도모하는 것을 두고 반란하였다[叛], 토벌하였다[討], 주살하였다[誅]라고 적은 것은 잘못이며, 특히 『동국통감』이 이를 인습하고 있다고 비판하였다.[140] 신자臣子가 되어 두 임금을 섬기지 않고 나라가 망했을 때 회복되기를 도모하는 것은 신자의 직분이라고 강조

138 『동사강목』 권4하, 庚戌 성덕왕 8년 정월.
139 『동사강목』 권9상, 庚寅 의종 24년 8월.
140 『동사강목』 권1하, 丙子 남해왕 13년 10월.

하였다.[141] 또한 신하는 임금에게 허물이 있으면 간하고, 간하여도 듣지 않으면 떠나는 것이다.[142] 간관諫官의 직책은 군주를 바르게 하는 것이 최우선으로[143] 고려 말 신돈을 탄핵한 우정언右正言·이재오李在吾처럼 마음을 다해 변하지 않는 지절志節로써 직언해야 한다고 하였다.[144] 그리고 인신人臣의 의리는 경근敬勤이 가장 중요한 것으로 밤낮으로 조금도 게을리함이 없이 임금을 섬겨야 하고[145] 재물을 탐하지 않는 청렴하고 겸손한 신하로서 처신할 것을 내세웠다.[146]

인물에 대한 안정복의 사론은 충절과 의리의 구체적인 신하상을 제시하기 위한 것이었다. 가장 모범적인 신하상으로 제시된 인물은 임금에게 직간한 간인諫人, 나라를 위해 목숨을 바쳤거나 부흥운동을 일으킨 충신, 끝까지 절개를 지킨 절의인, 유학 등 학문과 후진양성에 힘쓴 학자들이다. 임금에게 직간한 간인으로는 기자조선 때 무모한 벌연伐燕계획을 중지시킨 대부례大夫禮,[147] 고구려 때 사냥을 즐기는 유리왕에게 간한 협부陜父,[148] 신라 때 진평왕의 사냥 중지를 간한 김후직,[149] 고려 때 상서하여 시정의 득실을 논한 최승로[150]를 들고 있다. 나라를 지키기 위해 목숨을 바쳤거나 부흥운동을 일으킨 충신으로는 성패成敗 이둔利鈍을 따지지 않고 마한 부흥운동을 일으킨 주근周勤,[151] 처자를 먼

---

141 『동사강목』 권4상, 辛酉 태종 8년 9월.
142 『동사강목』 권5하, 辛未 효공왕 15년 정월.
143 『동사강목』 권15하, 庚戌 공민왕 19년 11월.
144 『동사강목』 권15상, 丙午 공민왕 15년 4월.
145 『동사강목』 권4상, 壬戌 문무왕 2년 8월.
146 『동사강목』 권10하, 庚辰 고종 7년 정월.
147 『동사강목』 권1상, 戊戌 조선 기년미상.
148 위의 책, 癸亥 유리왕 22년 11월.
149 『동사강목』 권3상, 庚子 진평왕 2년 春.
150 『동사강목』 권6상, 壬午 성종 원년 6월.
151 『동사강목』 권1하, 丙子 남해왕 13년 10월.

저 죽이고 나당연합군과 싸운 계백,[152] 고구려 부흥운동을 일으킨 검모잠 등을 들고 있다. 불사이군不事二君의 정신으로 절의를 지킨 절의인으로는 나라가 망하자 개골산에 들어가 일생을 마친 마의태자麻衣太子,[153] 폐위된 왕의 복위운동을 일으킨 김보당金甫當,[154] 고려 말 혁명의 시기에도 마음을 바꾸지 않고 지절을 지킨 문익점,[155] 고려가 망할 때 스스로 충절을 지킨 정몽주・이색・김진양金震陽・이종학李種學・길재・서견徐甄 등을[156] 들고 있다. 학문과 후진양성에 힘쓴 학자로는 고려 때 사문斯文을 홍기시키고 많은 인재를 배출한 최충崔沖,[157] 성리학을 도입한 안향安珦,[158] 경학에 밝고 충의와 절개가 뛰어난 우탁禹倬[159] 등을 들고 있다.

한편 안정복은 역모를 꾀한 찬적과 불사이군不事二君의 충절을 지키지 못한 사람들을 비난하였다. 찬적으로 고구려 말의 연개소문淵蓋蘇文,[160] 통일신라 때 혜공왕惠恭王을 시해弑害하고 왕위를 찬탈한 선덕왕 이래 신하, 하대의 여러 왕들,[161] 고려의 묘청妙清 및 백수한・김안金安・정지상鄭知常 등 그의 일당[162]과 의종을 폐하고 명종明宗을 세운 정중부 등 무신일당을[163] 비난하였다. 절의를 지키지 못한 인물로는 고려에 항복한 김선평金宣平・김신金幸・장길張吉을 이황의 사론을 인용하여 비판하고,[164] 나말여초에 왕건이나 견훤에게 귀부한 최치

152 『동사강목』 권4상, 庚申 태종 7년 7월.
153 『동사강목』 권5하, 乙未 왕금부 9년 10월.
154 『동사강목』 권9상, 癸巳 명종 3년 8월.
155 『동사강목』 권17상, 己巳 후폐왕 창 원년 8월.
156 『동사강목』 권17하, 壬申 공민왕 4년 4월.
157 『동사강목』 권7하, 戊申 문종 22년 9월.
158 『동사강목』 권13상, 丙午 충렬왕 32년 9월.
159 『동사강목』 권14상, 壬午 충혜왕 3년 8월.
160 『동사강목』 권3하, 壬寅 선덕여왕 11년 정월.
161 『동사강목』 권5상, 乙丑 원성왕 원년 정월.
162 『동사강목』 권8하, 乙卯 인종 13년 정월.
163 『동사강목』 권9상, 辛卯 명종원년 7월.

원[165]・최승우・최언위[166] 등을 문사는 절조를 지키는 자가 적다며 비난하였고, 고려 말 역성혁명易姓革命에 참여하여 우禑・창昌을 신씨辛氏로 몰아 폐위시키고 공신功臣에 참여한 정도전・조준・이소종李紹宗・조반趙胖 등을[167] 논박하였다.

그런데 안정복은 인물에 대한 평가에 있어서 이제까지의 사서史書에서 반역자로 평가된 인물에 대해 충신으로 새로운 해석을 내리기도 하고, 지금까지 비교적 긍정적으로 평가되었던 인물에 대해 부정적으로 평가하기도 하였다. 기자조선의 성기成己에 대해서 기존의 사서는 반역자로 인식하고 있는데 이는 한나라 측 사료를 그대로 인용함으로써 비롯된 것으로 우리나라 입장에서 보면 그는 위만조선이 멸망할 때 끝까지 항쟁하였으니 충신으로 보아야 한다는 것이다. 그래서 종래 '주성기誅成己'라는 표현을 '살성기殺成己'로 바꿔 썼다.[168] 그리고 의종毅宗의 복위를 위해 거병擧兵한 조위총趙位寵에 대해 최부崔溥・오운・유계・임상덕 등이 '의학義學의 시기가 적절치 않았다'든가 '군부君父를 위해 토적討賊한다는 말이 없었다'든가 '의리에 맞지 않는다'는 등의 이유를 들어 비난하는 사론을 썼으나 안정복은 이를 모두 반박하였다. 조위총은 적신賊臣에 의해 폐시廢弑된 의종의 복수를 위해 거병한 것이 확실하므로 이를 높이 평가하였다.[169] 고려 말 최영에 대해서 기존의 사서들은 조선건국을 합리화하기 위해서 맹렬히 비난하고 있으나 안정복은 기존 사서가 중도에서 벗어났다고 지적하고 『성호사설』을 인용하여 '최영과 정몽주는 창해滄海에 몸을 맡기고 사생을 돌보지 않은 자로 고려로 보아 충신임'을 강조하였다.[170]

164 『동사강목』 권5하, 庚寅 왕금부 4년 정월.
165 『동사강목』 권5하, 戊午 효공왕 2년 11월.
166 『동사강목』 권6상, 甲辰 혜왕 원년 12월.
167 『동사강목』 권17상, 후폐왕 창 즉위년, 8월.
168 『동사강목』 권1상, 癸酉 마한 3월.
169 『동사강목』 권9하, 丙申 명종 6년 6월.

(2) 대외관계

『동사강목』의 사론에 나타난 안정복의 대외관계에 대한 기본인식은 사대정책·교린정책·국방정책으로 나누어진다. 사대정책에 대해 안정복은 소국이 대국을 섬기고 약국이 강국에 복속되고 이적이 중국에 의지하는 것은 국제질서에 있어서 불변의 진리라고 전제하고, 우리나라는 땅이 치우쳐 있고 나라가 작으며 중국에 근접해 있으므로 사대에 의해서만 보존할 수 있다고 인식하였다.[171] 그러나 사대관계는 단지 조공을 통한 평화공존의 관계일 뿐 군사적 침략에 의한 영토의 통합을 의미하는 것은 아니었다. 즉 중국이 우리나라를 직접 지배코자 침략해 온 사실에 대해 실현성이 없는 무모한 행동이라고 비난하였다. 우리나라는 중국과 산천·풍기風氣·기욕耆欲·언어가 다른 나라일 뿐 아니라 중국과 산천으로 막혀 천연적으로 구별되는 고장이므로 중국 영토가 될 수 없다는 것이다. 따라서 한 무제가 사군四郡을 설치하였다가 철수한 것, 당 고종이 고구려·백제를 현縣으로 삼으려 한 것, 원 세조가 행성行省을 둔 것, 명 태조가 철령위鐵嶺衛를 두려 한 것 등은 이예夷濊의 웃음거리일 뿐 아니라 중국의 수치라고 하였다.[172] 한편 우리나라의 중국에 대한 침략행위도 마찬가지로 비난하였다. 고구려가 중국을 자주 침략한 것은 보국保國의 상도常道를 잃은 것으로 결국은 나라를 잃은 화근이 되었다고 인식하였다.[173]

교린정책에 대해 안정복은 중국을 제외한 주변 국가에 대해서 교린하고 화친하는 것이 나라의 상도라고 하였다.[174] 약소한 나라는 어루만지고 강대한 나라는 두려워하여 오직 신의로써 서로의 관계를 유지해야 한다고 강조하고, 고

---

170 『동사강목』 권16하, 戊辰 전폐왕 우 14년 정월.

171 『동사강목』 권1상, 丙午 왕준 26년.

172 『동사강목』 권1상, 癸丑 마한 秋.

173 『동사강목』 권2상, 丙寅 고구려 동천왕 20년 10월.

174 위의 책, 丙辰 고구려 동천왕 10년 7월.

구려가 부여를 공격한 것,[175] 우거왕右渠王이 요동도위遼東都尉 섭하涉河를 살해한 것,[176] 고려가 거란의 사신을 해도海島에 유배시킨 것[177] 등을 비난하였다. 그리고 신라는 유례왕儒禮王과 진평왕眞平王 때 일본을 정벌한 일이 있는데 이것이 뒷날 우리가 일본으로부터 곤욕을 받게 된 유래라고 인식하였다.[178] 하지만 먼 나라를 지나치게 두려워하여 일본에 볼모로 보내는 것과 같이 나라의 근본을 가볍게 하면서까지 화친 맺기에 급급한 것은 잘못이며, 교린정책은 어디까지나 국가의 체면과 자존심을 지키는 범위 내에서 행해야 한다고 주장하였다.[179]

안정복은 또한 외국의 침입에 대응하는 국방정책을 강조하였는데, 이는 왜란과 호란으로부터 자극받은 것이라 볼 수 있다. 그의 국방정책은 크게 외국사정에 대한 충분한 인지와 지리적 요인에 의한 대비책으로 구분된다. 우선 주변국가는 언제나 적국이 될 수 있다는 가정하에 이웃 나라의 풍속과 변방 여러 나라의 성쇠에 대해 국가는 반드시 살펴서 그 대비책을 마련해야 한다고 주장하였다.[180] 몽고의 사정을 정확하게 파악하지 못함으로써 원의 간섭하에 들어가게 된 고려를 예로 들면서[181] 주변 국가의 사정과 침략행위, 사신왕래 등을 그 나라의 사서를 인용하여 보다 상세하게 설명하고 있다. 특히 왜에 대해서 『왜사倭史』·『해동기海東記』·『해사록』·『해동제국기』·『간양록』, 중국 사서의 왜전倭典을 인용하고 있으며, 중국 및 북방의 여러 민족에 대해서도 중국의 사서를 인용하여 상세하게 기록하였다.

지리적 요인에 대해 안정복은 우리나라는 삼면이 바다로 둘러싸여 있고 한

---

175 『동사강목』 권1하, 壬午 남해왕 19년 2월.
176 『동사강목』 권1상, 壬申 조선 우거.
177 『동사강목』 권6상, 壬寅 태조 25년 10월.
178 『동사강목』 권3상, 癸丑 진평왕 5년 2월.
179 『동사강목』 권2상, 丁酉 내물왕 42년 5월.
180 『동사강목』 권7상, 己未 현종 10년 5월.
181 『동사강목』 권10하, 壬辰 고종 19년 6월.

쪽이 육지에 연결되어 있어 사면에서 적의 공격을 받기 쉬운 나라임을 인식하고[182] 수군에 의한 해방海防과 전차戰車에 의한 육방陸防을 강조하였다.[183] 해방은 서쪽바다를 통해 중국과 통하고, 동남 바다를 통해 일본과 연결되기 때문에 양쪽 모두에 대한 계책이 필요하다고 하면서 중국에 대한 해방은 고조 때 한 무제의 수군水軍 파견,[184] 고구려 때 수·당의 수군 파견[185] 예를 경계 삼아 신라의 장보고張保皐가 청해진淸海鎭을 설치하여 바다를 통한 침략을 막았듯이 해야 한다고 하였다.[186] 또 일본에 대한 해방책은 우리나라를 침략해 오는 왜의 길목이며 왜의 우리나라 침공의 창귀倀鬼 역할을 하는 대마도를 제압해야 한다고 하였다.[187] 따라서 고려 말 정지正地의 대마도 정벌책과 박위朴威의 대마도 정벌, 조선 세종 때 대마도 정벌, 중종 때 황형黃衡의 대마도 정벌 논의 등을 칭송하였다.[188]

육방책陸防策에 대해서는 북한산성·요동·철령위 등 요충지 확보의 중요성을 피력하고 병차의 사용을 장려하였다. 북한산성은 남쪽으로 한강이 흐르고 북으로는 임진강에 미치며 동으로는 태산과 이어지고 서쪽으로는 큰 바다를 굽어보아 해동 제일의 요새라고 하였다.[189] 요동은 본래 우리의 땅으로 우리나라가 삼면이 바다로 막혀 그 형상이 섬과 같으므로 대륙과 연결되는 길목 역할을 하는 곳이다.[190] 뿐만 아니라 지형적으로 산으로 둘러싸이고 하천을 끼었으며 남으로 큰 바다에 연하여 있어 자력으로 천하의 일에 대처할 수 있는 곳이

182 『동사강목』 권1상, 壬申 조선 우거 6월.
183 『동사강목』 권7하, 辛未 선종 8년 정월.
184 『동사강목』 권1상, 壬申 조선 우거 6월.
185 위와 같음.
186 『동사강목』 권17상, 戊辰 후폐왕 창 즉위년 8월.
187 『동사강목』 권11상, 癸亥 원종 4년 4월.
188 『동사강목』 권16하, 丙寅 전폐왕 우 12년 2월.
189 『동사강목』 권3상, 癸亥 진평왕 25년.
190 『동사강목』 권1상, 己卯 조선 기자 원년.

므로 요동을 득하고 실하는 것은 우리나라의 강약을 좌우한다고 하였다.[191] 따라서 국가의 토책討策을 세우는 사람은 반드시 요동의 중요성을 알아야 한다고 강조하여 간접적으로 요동수복에 대한 염원을 나타냈다. 그리고 철령鐵嶺은 또한 한 사람이 버티고 서 있으면 천만 명이 공격하여도 단시간에 들어올 수 없는 우리나라의 동쪽 요새로서[192] 명이 고려 말 이곳에 철령위를 설치한 사실을 부당한 것으로 비판하였다.[193] 한편 육방의 전술에 있어서 북쪽의 오랑캐를 막는 데는 병차가 제일이라고 하였다.[194]

그런데 『동국통감』의 대외관계에 대한 기본인식도 사대교린이었다. 이를 『동사강목』에서 그대로 반영하고 있음을 알 수 있다. 그러나 평화시대를 유지하고 있던 전기의 외교정책은 중국의 입장에서 본 사대교린이었으며 하나의 이상론에 불과하였다. 왜란과 호란의 양란을 겪고 난 후기에는 국제정세에 대한 정확한 인식과 철저한 국방정책의 필요성을 절감하게 되었다. 따라서 우리나라의 입장에서 사대교린의 외교정책을 수립해야 될 뿐만 아니라 이를 수행하기 위한 국방정책의 수립이 필수적인 것이 되었다.

(3) 제도개혁

안정복은 우리나라가 지기地氣와 인품이 약하지 않은데도 천하의 최약국이 된 것은 법률과 제도의 잘못 때문이라고 인식하고 정치·경제·사회 등 모든 분야에 걸친 제도를 개혁해야 한다는 입장을 피력하였다.[195] 이는 『동국통감』이 고려 왕조의 멸망을 설명하기 위해 고려의 관제官制·과거제科擧制·전제田制

191 『동사강목』 권15하, 庚戌 공민왕 19년 11월.
192 『동사강목』 권12하, 辛卯 충렬왕 17년 정월.
193 각주 191)과 같음.
194 『동사강목』 권7하, 辛未 선종 8년 정월.
195 『동사강목』 권11상, 壬戌 원종 3년 9월.

등이 문란한 과정을 서술한 것과는[196] 근본적으로 다른 것이다. 뿐만 아니라 『동국통감』에서 국가제도 등에 대해 거의 무관심을 표명하고 있는데 이는 통치체제가 완성되어 이를 지켜나가는 수성守成의 시대라는 시대적 문제의식이 작용한 결과로 생각된다.[197]

정치제도에 있어서 안정복은 과거제와 지방제도의 개혁을 논하였다. 안정복은 과거제를 폐지하고 학교와 과거의 일원화를 이상으로 삼고 있었으나, 현실적으로 그것의 어려움을 인식하고 현행 과거제의 개혁을 추구하였다. 먼저 시험 내용이 시부詩賦에 치우침으로써 선비들이 실학을 소홀히 한다고 비판하였다.[198] 그가 실학으로 내세우는 학문은 기본적으로 육경六經 중심의 유학을 말하는 것이다.[199] 둘째, 과거가 문벌에 의거해서 실행되어 어질고 어리석음을 가리지 못하므로 천거제의 병행을 주장했다.[200] 셋째, 고시관리상考試管理上의 공정성 보장과[201] 과거장에 있어서 대서代書의 폐단을 없애기 위해 거자擧子에게 율시律詩를 외우게 할 것을 제시했다.[202]

지방제도에 대해 천하는 넓고 사민士民은 매우 많아서 한 사람의 총명으로 다스릴 수 없다고 하여 그 중요성을 강조하고 이상적인 지방제도로서 지방자치적인 성격이 강한 주周의 가家·비比·려閭·족族·당黨·주향州鄕의 제도를 제시하였다.[203] 따라서 신라의 촌주제村主制와 고려의 장長·정제正制를 칭송하고, 신라 경덕왕과 고려 성종이 군현과 지명을 고쳐 지방제도를 체계화함을 칭송하였다.[204]

196 정구복(1978), 앞의 논문, 152면.
197 위의 논문, 189면.
198 『동사강목』 권6상, 丁巳 광종 8년 5월.
199 위의 책, 丙申 태조 19년 9월.
200 각주 198)과 같음.
201 『동사강목』 권12상, 庚辰 충렬왕 6년 5월.
202 『동사강목』 권13하, 庚午 충렬왕 17년 12월.
203 『동사강목』 권6하, 丁亥 성종 6년 9월.

경제제도에 대해서는 주로 환곡제도와 조세제도에 관심을 보였다. 환곡제도에 대해서 고구려의 진대법賑貸法을 그 시초로 파악하면서, 백성을 먹여 준다는 뜻인 '진賑'은 옳으나 환곡을 꾸어 주어 반드시 갚게 하는 '대貸'는 백성의 부모인 국왕으로서 도리가 아니라고 하였다.[205] 고려의 빈민구제기구인 의창義倉과 상평창常平倉의 설치에 대해서 좋은 제도라고 칭송하고 있으나, 의창을 1백 호의 사社에 설치하지 않고 주군에만 설치한 것, 상평창을 각 주군에 설치하지 않고 양경兩京·12방放에만 설치한 것 등은 잘못이라고 하였다.[206] 또한 광종이 제위보濟危寶를 설치하여 백성을 구제하고, 정종이 동서의 대비원大悲院을 설치하여 병든 자를 요양시키고, 예종이 혜민국惠民局을 설치하여 의약을 맡도록 한 것은 왕이 백성을 보전하는 도를 얻는 것으로서 그 중요성을 지적하였다.[207]

조세제도에 대해 이는 나라의 근본으로 많이 거두면 백성을 괴롭히고 조금 거두면 관리가 곤란하므로 국가가 물정을 충분히 살펴서 제도를 마련해야 한다고 하였다.[208] 또한 법이 아무리 좋다 하더라도 정상적인 세납 이외에 마구 거두어들이는 것은 잘못이며[209] 고려 태조가 즉위한 지 34일 만에 전공戰功을 뒤로 미루고 조세제도를 정비하여 백성을 구제한 것은 후일에도 본받을 만한 것이라고 하였다.[210]

사회제도로서 신분문제에 대해서는 특히 노비제에 많은 관심을 기울였다. 유형원의 사론史論을 인용하여 노비도 같은 사람인데 재물로 취급함은 잘못이며, 죄가 있고 없고를 따지지 않고 종모법 등과 같이 세계世系만을 따져서 백

204 위의 책, 壬辰 성종 11년 11월.
205 『동사강목』 권2상, 甲戌 고구려 고국천왕 16년 10월.
206 『동사강목』 권6상, 丙戌 성종 5년 7월.
207 『동사강목』 권7상, 丙子 정종 2년 11월.
208 『동사강목』 권7상, 癸巳 문종 7년 10월.
209 『동사강목』 권12하, 戊戌 충렬왕 24년 정월.
210 『동사강목』 권5하, 戊寅 경명왕 2년 7월.

대代라도 종으로 삼는 것은 잘못이라고 하였다.[211] 또한『성호사설』을 인용하여 천한 사람은 애써 일을 잘하고 죽음을 두려워하지 않는 반면, 선비는 속이기를 좋아하고 목숨을 아끼는 마음이 강하여 나라가 곤란할 때 힘을 얻는 것은 천한 사람들에게 있지 선비들에게 있지 않다고 하였다.[212] 안정복은 당시 실학자들과 같이 노비들에 대해 인간적인 대우를 해줄 것과 노비세습의 폐단을 개혁할 것을 주장하였다.

(4) 불교 및 유교

안정복은 불교를 비판하고 유교를 강조하였다. 그러나『동국통감』에서 불교를 배척하고 유교를 지향한 것과는 차이가 있다. 즉『동국통감』은 불교행사나 국왕의 불교숭배 등 불교 그 자체의 비판에 그쳤을 뿐 아니라 유학도 학문 그 자체로서의 수용에 그치고 있다. 반면『동사강목』은 불교 그 자체뿐 아니라 역사 속에서 불교로 인한 폐해를 지적하고 생활 속의 실천윤리로서 유교를 강조하였다.

안정복은 불교로 인해 우리나라 사람들이 괴탄怪誕한 신화를 좋아하고,[213] 고려에는 주약신강主弱臣强의 폐단이 생겼다고 비판하였다.[214] 특히 연등회와 팔관회 등 불교행사와 불사의 지나친 건립으로 백성이 고달파 원망하는 지경에 이르렀다고 지적하고,[215] 당시 명경明卿으로 평가된 이장용李藏用이나 명신名臣으로 평가된 권단權㫜의 졸기卒記를 기록함에 있어서 불교를 신봉했다는 이유만으로 관직을 쓰지 않을 만큼 철저하게 불교를 배척하였다. 그리고 불교가 윤리를 끊

211『동사강목』권6상, 丙申 태조 19년 2월.
212『동사강목』권10하, 壬辰 고종 19년 정월.
213『동사강목』권3상, 己亥 진지왕 4년 10월.
214『동사강목』권13, 乙丑 충숙왕 12년 10월.
215『동사강목』권6상, 辛巳 경종 6년 11월; 권7하, 戊辰 선종 5년 8월.

어 없애고 도교가 무리를 떠나 세속과의 관계를 끊는 것은 인간의 도가 아니기 때문에[217] 유교의 수용을 통해 인륜을 회복하고 고려 성종처럼 올바른 정치를 행할 것을 주장하였다.[218]

안정복은 유교를 통해 회복해야 할 윤리 가운데 가장 절실한 것으로 혼례·상례·제례를 들고 있다.[219] 혼례에 대해서는 특히 동성혼과 근친혼을 비판하였다. 결혼을 함에 있어서 같은 성姓에 장가들지 않는 것은 분별을 철저히 하려는 것이다.[220] 그런데 근친혼과 동성혼은 신라가 삼성三姓이 교대하여 왕위를 잇고 아울러 왕후도 삼성에서 나옴으로 해서 시작되었다. 고려에도 이를 고치지 않고 동성혼은 물론 자매를 왕비로 삼으면서 외가의 성을 따르게 하는 근친혼을 행하였다. 이로 인해 교화가 밝지 못하고 풍속이 음탕하고 괴벽하게 된 것이다. 다행히 조선에서는 비록 이성異姓이라도 재종再從·삼종三從에 이르기까지도 혼인을 못하게 하니 이는 정말 아름다운 일이라고 하였다.[221]

상례에 대해 기자시대에는 당대의 제도가 있었는데, 오랑캐가 서로 어지럽혀 윤리가 허물어지고 예악문물이 보존되지 못하여 고려에는 상제喪制가 극히 문란하였다.[222] 특히 삼년상제도와 상복, 상중喪中의 행동에서 문란하다고 지적하였다. 군부君父의 상喪은 삼년상이 원칙으로 조선에서는 미천한 노예들까지 이를 지키는데 고려에서는 날로써 달을 바꾼 제도[以日易月制]를 실시하거나[223] 삼년상을 아예 불행不行하고 있다고 하였다.[224] 뿐만 아니라 상복을 제대로 입지 않고, 상중에 비妃를 맞이하거나[225] 악장樂章을 읽고 활쏘기를 겨루며[226] 사

217 『동사강목』 권3하, 癸卯 선덕여왕 12년 6월.
218 『동사강목』 권6하, 丁亥 성종 6년 7년.
219 『동사강목』 권3상, 甲申 지증왕 5년 4월.
220 『동사강목』 권2하, 丙辰 내물왕 원년 4월.
221 『동사강목』 권6상, 乙巳 혜종 2년.
222 각주 219)와 같음.
223 『동사강목』 권7상, 辛未 현종 22년 10월.
224 『동사강목』 권11, 乙亥 충렬왕 원년 9월.

신들로부터 조하朝賀를 받고 연락宴樂을 즐긴다고 하였다.[227] 이처럼 고려는 상례가 문란하고 장사지내는 기일조차 정해져 있지 않아 예교가 볼 것이 없다고 비판하였다.

제례에 대해 사우祀宇를 건립하여 옛날 제왕과 명신 가운데 공덕을 후세에 남긴 자에게 경의를 표하는 것은 충성스럽고 순후함이 지극하기 때문이다. 그런데 고려는 이단異端인 불교에만 힘쓰고 선대의 군왕에게 경의를 표하지 않고 있으며, 종묘를 세워 제사를 지내더라도 배향配享이나 시기 등에서 잘못이 있다고 지적하였다. 그리고 조선에서 예전禮典을 거행하여 단군·기자로부터 삼국을 거쳐 고려의 임금들까지 각각 묘례廟禮를 세운 것은 성대한 것이나, 오히려 미비한 것은 삼한三韓의 시조도 마땅히 제사지내야 하는데 그렇지 못하다는 것이다.[228]

(5) 음악音樂 및 재이災異

안정복은 악樂은 천지의 화和한 기운이며 사람은 천지의 기운을 받아서 태어났다고 인식하고, 화는 음악의 근본이기 때문에 정치가 잘 이루어지고 백성들이 화평하면 그것이 곧 음악이라고 하였다.[229] 이 같은 악에 대한 관심은 『동국통감』을 비롯한 다른 사서에서는 찾아보기 어려운 것이다.

우선 그는 가야의 우륵于勒에 대한 사론에서 중국 측 문헌에 나타난 동이東夷, 삼국 및 통일신라의 악을 상세히 소개하여 고대의 음악사를 정리하였다. 그리고 고려의 음악에 대해서는 속악俗樂은 창기倡妓의 유희로 음란한 마음을 불

225 각주 223)과 같음.
226 『동사강목』 권8상, 丙戌 예종 원년 5월.
227 『동사강목』 권11하, 乙亥 충렬왕 원년 9월.
228 『동사강목』 권7하, 壬午 숙종 7년 10월.
229 『동사강목』 권3상, 辛未 진흥왕 12년 정월.

러일으키므로 화和와 담淡을 중히 하는 음악이 될 수 없다고 배척하고,[230] 고려 말 창왕 때 조준趙浚이 창기의 여악을 중지시킬 것을 건의한 사실을 칭찬하였다.[231] 또한 송宋에서 전해온 아악雅樂에 대해서 그것은 곧 대성악大晟樂으로 도사道士 위한진魏漢津에 의해 잘못 제작된 것이기 때문에 정악正樂이 아니라고 비판하였다.[232] 반면 향악은 우리나라의 사풍士風이라고 하여 이를 귀히 여겨야 한다고 강조하였다.[233]

재이에 대해 안정복은 하늘과 사람이 서로 감응하는 관계로 인해 국가가 홍할 때에는 좋은 징조가 있고 국가가 장차 망하려 할 때에는 반드시 재앙의 징조가 있다고 인식하고[234] 『동국통감』 등 다른 사서에 빠진 재이의 기록을 모두 상고하여 서술하고자 하였다. 이 같은 재이사상은 군주의 실정을 바로잡고 군주의 전제를 규제하는 데 이용하기 위해 『동국통감』에서도 두드러지게 강조되었던 것이다.[235] 다만 차이가 있다면 안정복은 재이의 현상을 보다 체계적으로 설명하려 하였다는 점이다.

태양은 모든 양陽의 상징이요 임금의 상징으로 빛을 잃으면 시역弑逆의 징조이고 또한 일식과 월식은 천문가들이 추리하여 미리 아는 것인데 마땅히 있어야 할 것이 없으면 오히려 과실이다.[236] 수재水災가 일어나면 음기가 성하니 신하가 강하게 되는 징조이고, 혜성은 옛것을 제거하고 새것을 펴는 현상이다.[237] 황재蝗災는 조정에 사인邪人이 있는 것으로 사인을 물리치고 현인賢人을 진용進用해야 하며[238] 화산은 음陰이 왕성한 소치로 태후太后가 음탕하고 방자함을 경고

230 『동사강목』 권7하, 丁巳 문종 31년 2월.
231 『동사강목』 권17상, 己巳 후폐왕 창 원년 3월.
232 『동사강목』 권8상, 丙申 예종 11년 6월, 丙午 예종 9년 6월.
233 『동사강목』 권9하, 戊申 명종 18년 정월.
234 『동사강목』 권2상, 癸酉 점해왕 7년 4월.
235 정구복(1978), 앞의 논문, 182~183면.
236 『동사강목』 권7상, 乙丑 현종 16년 11월.
237 『동사강목』 권2상, 庚辰 점해왕 14년 7월.

하는 것이다.[239] 이 같은 재이에 대해서 몸소 수양하고 반성하여 화의 싹을 없애야지 부처나 신에게 기도만 해서는 되지 않는다.[240] 그리고 재이가 나타났을 때는 재상宰相과 대간臺諫을 중심으로 임금에게 이를 간해야 한다고 하였다.

6. 맺음말

『동사강목』을 저술한 안정복은 퇴계의 영향으로 성리학을 익혀 학문의 기초로 삼고 정통론을 인식하게 되었으며, 주자의 『자치통감강목』에 심취하여 경사일체經史一體의 역사관과 역사서술의 방법으로서 강목체에 대한 깊은 이해를 가지게 되었다. 그리고 유형원을 통해 실학과 인연을 맺게 되어 동국사를 서술할 것을 결심하였으며, 이익의 문하에 들어가 민족사에 대한 주체적인 역사인식을 확고히 하였다.

안정복의 역사관은 조선 전기에 비해 인식의 폭이 확대된 것이었다. 시간적으로 과거사에서 당대사까지 그 폭을 넓혀 과거사인 『동사강목』뿐 아니라 당대사인 『열조통기』를 저술함으로써 우리나라의 전사全史를 처음으로 완성하였다. 공간적으로 동국사에서 중국사에까지 시야를 확대시켜 세계사 속에서 우리나라의 위치를 파악하고자 하였다. 그리고 우리나라 역사에 대한 인식의 태도도 중국 중심의 화이사상에 입각한 전기와는 다른 것이었다. 우리나라 역사의 독자성을 강조하여 주체적인 측면에서 민족사를 이해하고자 하였으며, 문화적 사대사상으로 인해 중국의 기록을 중시하고 우리나라의 기록을 불신하는 태도를 비판함으로써 우리나라 역사서의 중요성을 강조하기도 하였다.

---

238 『동사강목』 권8하, 癸丑 인종 11년 5월.
239 『동사강목』 권6하, 丁未 목종 10년 10월.
240 『동사강목』 권9하, 乙巳 명종 15년 11월.

『동사강목』의 체계는 서술 형식, 서술 범위, 서술 방법에 있어서 전기에 비해 발전된 것이었다. 서술 형식에 있어서 안정복이 강목체와 정통론을 채택한 것은 역사가의 대법인 통계를 밝히고 찬역을 엄히 하며 시비를 바로잡고 충절을 포양하고 전장全章을 자세히 하는 데 그것이 가장 적합하다고 믿었기 때문이다. 강목체는 주자의 『자치통감강목』의 영향이었으나 주자의 강목체를 무조건 수용한 것은 아니었다. 즉 우리나라 역사의 특수성을 고려하여 우리나라 역사에 맞게 변형하여 수용하였다. 이 같은 강목체는 18세기 사서에 유행하였는데 『동사강목』에서 일단 집대성되었다고 하겠다. 한편 안정복은 정통론에 입각하여 『동사강목』을 서술하면서 『동국통감』이 삼국 이전을 외기로 처리한 것을 비판하고, 단군조선 · 기자조선 · 마한 · 통일신라(문무왕 9년 이전) · 고려(태조 19년 이후)를 정통으로, 삼국을 무통으로 서술하였으며, 위만조선은 찬적, 고려 태조 이전은 참국, 궁예 · 견훤은 도적, 예맥 · 옥저 · 가락 · 가야는 소국, 부여는 건국으로 서술하였다. 이 같은 정통론은 삼국 이전은 홍만종의 영향을 받은 이익의 정통론을 계승한 것이며, 삼국 이후는 임상덕의 그것을 계승한 것이다. 그런데 『동사강목』 이후 사서는 고대사를 이원적으로 파악하고 있어 정통론 역시 『동사강목』에서 체계화되고 정리되었다고 하겠다.

서술 범위에 있어서 『동사강목』은 전기의 정치사 중심, 중앙 중심의 역사에서 탈피하여 정치 · 경제 · 사회 · 문화 · 지리 등 모든 분야의 역사를 포괄함으로써 상호연관성 속에서 우리나라의 역사를 파악하고자 하였다. 즉 강목체로 서술함으로써 결할 수밖에 없는 기전체의 표 · 지 · 열전을 대신하여 「전수도」 · 「지도」 · 「관직도」 · 「고이」 · 「괴설변정」 · 「잡설」 · 「지리고」 · 「역사편찬」 · 「분야고」를 별도로 서술하였다. 그리고 본문에서도 『동국통감』과 비교하여 단군조선 · 기자조선 · 위만조선 · 사군 · 이부 · 삼한 등에 관한 내용을 중국의 기록을 인용하여 대폭 보완함으로써 한국사의 상한선을 올리고자 하였다. 역사지리에 많은 관심을 보여 북방에 대한 고토회복의식을 반영하였으며, 특히 「분야고」에서는 천문지리와 관련하여 우리나라의 위치를 밝히고, 주변정세를 정확히 인식함으로써 국방에 대비하고자 하였다.

서술 방법에 있어서 안정복은 이전 사서와는 달리 실증주의에 입각하여 서술하였다. 사실史實을 비판적인 안목으로 시비를 가리고 모호했던 사실을 실증적으로 상고하여 그 사실을 구명하였다. 첫째, 기존 사서가 문적을 널리 참고하지 않음을 지적하고, 동국 서적 71종, 중국 서적 62종 등 모두 133종의 사서와 지리지·문집·족보·비문·경서 등을 참고하여 서술하였다. 둘째, 구사舊史를 그대로 따르는 기존의 사서를 비판하고 사실고증을 통해 과오를 시정하였다. 셋째, 기존의 사서가 의례가 어긋남으로써 혼잡한 것을 바로잡기 위해 수권首卷에 범례를 세워 이를 극복하고자 하였다. 넷째, 문헌학석으로 미비한 부분은 역사지리적인 방법으로 이를 보완하였다.

『동사강목』에 나타난 각 시대 인식은 전기에 비해 고대사를 대폭 보완하여 역사성을 부여하고, 우리나라 역사의 상한선을 올렸으며, 고려 말의 역사를 보다 정확하게 서술하고자 노력하였다. 단군조선에 대해 『동국통감』은 부정적인 시각을 가지고 있었던 데 반해 안정복은 단군에 대한 기록을 역사적인 사실로 인정하고 단군을 민족의 시조로 인식함으로써 단군조선을 우리나라 정통의 시작으로 보았다. 기자조선에 대해 우선 기자를 문물의 시조로 파악하고, 또한 전기와는 달리 기자조선이 중국에 예속된 나라가 아님을 강조하였다. 특히 기자문화가 우리나라의 독창적이고 우수한 문화임을 지적하였다. 반면 위만조선에 대해 『동국통감』이 단군·기자와 함께 삼조선이라고 일컫는 데 대해 비판하고 위만은 중국 사람이며 찬적으로 서술하였다.

삼한에 대해 『동국통감』은 삼한과 기자조선의 관계를 무관한 것으로 보았으나 안정복은 삼한 가운데 마한이 기자조선을 이은 정통국가라고 서술하였다. 그리고 삼한의 위치와 삼국의 관계에 대해서 고증을 통해 전기와는 다른 견해를 피력하였다. 삼국에 대해 『동국통감』은 무통으로 인식하면서도 신라 중심으로 서술하였으나, 『동사강목』은 실제 서술에 있어서도 삼국을 동등하게 병렬시켰다. 그리고 삼국의 건국시기에 대해서 건국 순서를 고구려·백제·신라의 순으로 인식하였다. 삼국통일에 대해서는 『동국통감』과 마찬가지로 민족통일이라는 관점보다는 존화적인 역사서술을 그대로 답습하였다. 발해에 대해서도 단지 고토회복의식과 관련하여 고구려의 고토에 있었던 나라로 서술하였을 뿐 민족적으로 연결되는 남북국의 개념으로 인식하지는 못하였다. 고려에 대해 안정복은 『동국통감』이 조선건국을 합리화하기 위해 곡필한 것을 비판하고 가능한 모든 자료를 참고하여 직필을 함으로써 보다 공정하고 정확한 고려의 역사를 서술하고자 노력하였다.

『동사강목』의 사론은 960칙으로 『동국통감』의 3배에 가까우며 자신의 사론 579칙과 동국제유東國諸儒 33인, 중국제유中國諸儒 7인 등 모두 40인의 381칙의 사론으로 구성되어 있다. 사론의 분포를 살펴보면 시대적으로 삼국 이전에 집중되어 있어 삼국 이전을 보완하고자 했던 안정복의 노력을 엿볼 수 있으며, 내용면에서는 대외관계・역사지리・제도개혁에 많은 관심을 반영하고 있다.

『동사강목』의 사론은 크게 사평적史評的 성격을 띤 것과 사실고증 혹은 사실보충을 위한 사론으로 구분되며, 사평적 성격의 사론은 다시 군신관계, 대외관계, 제도개혁, 불교 및 유교, 음악, 재이 등으로 구분된다. 군신관계에 대해 군주는 민본과 인의 정치를 행해야 되며, 신하는 절의・직언・경근・청렴해야 한다고 하는 원칙론에 있어서는 전기와 다를 바가 없다. 그러나 각론에 있어서 문무반의 동등한 대우, 명분론에 입각한 충절과 의리가 보다 투철한 신하상을 제시하고 있다. 이전의 사서에서 반역자로 평가되던 인물, 즉 기자조선의 성기成己, 고려 예종의 복위운동을 일으킨 조위총, 고려 말의 최영 등을 충신으로 평가하는 적극성을 보이고 있다. 대외관계에 대한 인식은 사대정책・교린정책・국방정책으로 구분된다. 사대정책은 단지 조공을 통한 평화공존일 뿐 영토적 통합은 아니었다. 교린정책은 국가의 체면과 자존심을 지키는 범위 내에서 교린하고 화목해야 한다는 입장을 견지하였다. 대외관계 가운데 특히 국방정책을 강조하였는데 이는 왜란과 호란으로부터 자극받은 것이다. 국방정책은 첫째, 외국의 사정을 충분히 인지해야 하며, 둘째, 지리적 요인을 파악하고 수군에 의한 해방海防과 전차戰車에 의한 육방陸防을 동시에 고려해야 한다고 하였다. 제도개혁에 대해서 당시 조선이 천하의 최약국이 된 것은 법률과 제도의 잘못이라고 인식하고 이의 개혁을 주장하였다. 그러나 안정복의 개혁의지는 이후 실학자들의 근본적인 개혁 주장과는 달리 기존 제도의 보완에 그치는 소극적인 것이었다. 불교와 유교에 대해 안정복은 불교로 인한 일상생활 속에서의 폐해를 지적하고 유교를 생활윤리로 강조하였다. 특히 유교적 실천윤리로 혼례·제례·상례를 지적하였다. 음악에 대한 안정복의 관심은 다른 사서에서 찾아보기 어려운 것으로 악樂은 천하의 화和한 기운이며, 화和는 음악의 근본이기 때문에 정치가 잘 이루어져 백성들이 화평하면 그것이 곧 음악이라고 하여 음악과 정치를 연계시켜 이해하고 있다. 재이災異는 하늘과 사람이 서로 감응하는 관계로 인해 일어나는 것으로 인식하고, 재이를 통해 군주 및 신하의 횡포를 견제하고자 하였다.

결국 안정복의 역사인식은 전기에 비해서는 발전된 것이었지만 다른 실학자들에 비해서는 보수적인 것이었다.

『동사강목』 고려편 검토

안정복의 수택본을 중심으로

박종기

1. 머리말

조선 후기 최고의 역사서로서 안정복(1712~1791)의 『동사강목』을 들 수 있다. 『동사강목』은 안정복이 43세 되던 1754년(영조 30)에 편찬이 시작되어 그가 48세 되던 1759년(영조 35)에 일단 초고가 완성되었다. 이후 1778년(정조 2)에 안정복 자신의 서문이 작성되어 비로소 세상에 알려지게 되었다.[1]

그 동안 이 책은 사학사의 차원에서 조선 후기 실학자들의 한국사 인식체계나 역사고증의 방법을 고찰한다는 측면에서 연구자들의 많은 주목을 받아 왔

1 한영우(1989), 「18세기 후반 남인 안정복의 사상과 『동사강목』」, 『조선후기사학사연구』, 일지사.

다.[2] 이러한 연구를 통하여 동사강목 자체에 대한 새로운 이해를 갖게 되었을 뿐만 아니라 조선 후기 사가들의 역사인식 내용이나 역사연구 방법 등에 대해서도 적지 않은 사실들을 얻게 되었다.

이 글은 기왕의 연구와는 달리 이 책을 편찬하는 과정의 한 단면을 추적하면서, 한편으로 같은 시기를 서술한 다른 역사서와 비교하는 가운데 이 책의 사료적 가치를 점검하는 데 목적이 있다. 또한 고찰의 주 대상시기는 이 책 가운데 고려시대 부분이 될 것이다. 필자는 1987년 9월 초순경 활자본 『고려사』 권108~110(열전 권21~23) 부분이 한 권으로 묶인 한적본을 당시 국민대 국사학과 4학년 홍석화 군으로부터 입수하였다(〈사진 1〉은 표지 부분임). 홍군에 의하면 자신은 당시 이 책을 서울 미아리 부근의 헌책방에서 구입하였다고 하였다.

〈사진 1〉

〈사진 2〉

2 대표적인 연구만 간추리면 다음과 같다. 황원구(1981), 「실학파의 역사인식」, 『한국사론』 6; 변원림(1973), 「안정복의 역사인식」, 『사총』 17·8; 심우준(1981), 「순암 안정복의 사관」, 『중대 논문집』 25; (1985), 『순암 안정복 연구』, 일지사; 강세구(1986), 「순암 안정복의 『동사강목』 지리고에 관한 일고찰」, 『역사학보』 112; 한상권(1987), 「순암 안정복의 사회사상」, 『한국사론』 17; 한영우(1988), 「안정복의 사상과 동사강목」, 『한국학보』 53; 한영우(1989), 「19세기 후반 남인 안정복의 사상과 『동사강목』」, 『조선후기사학사연구』, 일지사; 강세구(1990), 「안정복의 역사고증방법 - 『동사강목』 「考異」를 중심으로」, 『실학사상연구』 1, 무악실학회; 강세구(1991), 「안정복의 국방론 - 『東史綱目』의 사론을 중심으로」, 『실학사상연구』 2.

확인하여 본 결과 이 책의 첫 장에 '安鼎福印'이라는 사각형의 주인朱印을 확인할 수 있었다(〈사진 2〉의 우측 하단부분). 또한 이 책의 곳곳에 묵서墨書로 주기註記된 부분이 있는데(〈사진 2〉 참고), 이를 안정복전집에 수록된 그의 필사체와 대조한 결과 안정복이 작성한 것임을 확인하게 되었다. 따라서 이 책은 바로 안정복의 『고려사』 수택본임이 분명하였다(이하 수택본이라 함). 뒤에서 자세하게 소개하겠지만, 수택본에서 주기한 부분은 안정복이 『고려사』를 읽으면서 관련된 사실들에 대하여 문집이나 묘지명, 족보 등을 참고하여 내용을 보충하거나 새로운 사실을 추가한 내용들이었다. 따라서 수택본은 뒷날 그가 『동사강목』을 편찬하기 위한 기초작업의 하나로 작성된 것임이 분명하였다. 현재 필자가 입수한 수택본은 『고려사』 전체 139권 가운데 3권에 불과한 것이지만, 당시 『동사강목』의 편찬과정과 그것의 사료적인 가치를 평가하는 데 대단히 주요한 자료가 될 수 있다. 이 글 역시 매우 제한적이기는 하나 여기에 초점을 맞추어 그러한 사실들을 정리하고자 한다.

이를 위하여 먼저 안정복이 묵서로 주기한 내용을 모두 이 글에서 정리 소개하고자 한다. 즉 주기한 내용을 통하여 고려사에 대한 그의 관심의 방향과 주기를 위해 그가 참고하였던 자료들을 직접 확인하는 기회를 갖게 될 것이다. 다음에는 주기된 내용이 실제로 『동사강목』의 서술 과정에 어떻게 반영되었는가를 검토하고자 한다. 수택본의 저본이 열전列傳인 관계로 이 작업은 개별 인물들을 중심으로 하여 그들에 관한 서술과 주기된 내용이 『동사강목』에 어떻게 반영되었는가를 검토하는 작업에 초점을 맞추게 될 것이다. 또한 『동사강목』의 내용을 『고려사』나 이 시기를 서술한 다른 역사서와 비교하고자 한다.

이러한 작업은 역사서로서 『동사강목』이 지니는 사료 가치를 재인식하는 작업이 되며, 이를 통하여 부족한 고려시대사 자료를 복원하는 데도 어느 정도 도움을 얻을 수 있을 것이라 기대하여 본다. 다만 수택본에 수록된 내용과 범위가 대단히 제한되어 있어 이 글이 의도하고자 하는 바를 충분히 반영할 수 없었다는 한계가 있다.

2. 수택본의 내용 소개

주지하듯이 『동사강목』은 전체 20권(수권, 본문 17권, 부록 2권)으로 되어 있다. 본문 17권 가운데 제6권에서 제17권에 이르는 12권이 고려시대사에 관한 것이다. 이 가운데 수택본에 실린 인물들이 활동한 시기를 『동사강목』과 비교하여 보면 대체로 이 책의 권13 상과 하, 권14 상과 하에 해당된다. 따라서 이 글은 고려시대에 관련된 전체 12권 가운데 2권의 내용을 대상으로 하여 고찰하게 될 것이다.

안정복은 『고려사』를 포함하여 고려시기를 서술한 역대의 여러 사서를 참고하면서 『동사강목』의 고려편을 편찬하였다. 그러나 그가 가장 주목한 사서는 역시 『고려사』였다. 그는 『동사강목』의 서문에서 "『고려사』는 번잡하고 쓸데없는 것이 많으면서도 요점될 만한 것이 적다"고 하였다.[3] 안정복의 이러한 평가는 『고려사』가 기전체紀傳體 사서史書이기 때문에 같은 시기의 자료가 세가世家·열전列傳·지志 등에 분산되어 실렸던 데서 나온 것으로 판단된다. 그는 「범례」의 채거서목조採據書目條에서 『고려사』에 대하여 보다 구체적으로 평가하고 있다. 그는 "세가는 번잡하고 쓸데없고, 지志는 빠지고 줄여진 것이 많으며, 열전은 소루한 데서 각각 그 마땅함을 잃었다"고 하였다.[4] 한편, 그는 『고려사』 외에 후대에 편찬된 고려사 관계 역사서에 대해서도 평가를 내리고 있다. 그는 『여사제강麗史提綱』의 경우 '강綱을 세우는 법이 강목의 취지에 맞지 않았으며',[5] 『동국통감』은 '의례가 어긋나고 잘못이 많으며',[6] 『동사회강東史會綱』은 '구사舊史

3 『東史綱目』, 「序文」. "麗史 繁冗而寡要."

4 『東史綱目』, 首卷, 「凡例」, 採據書目條. "按是書 世家失於繁冗 志失於脫略 列傳失於疏漏 (…) 比諸金氏 頗典實而不能無 後人之恨."

5 『東史綱目』, 首卷, 「凡例」, 採據書目條. "林氏謂 其立綱之法 頗不合於綱目 其說信矣."

6 (1) 『東史綱目』, 「序文」. "通鑑 義例多舛."

(2) 『東史綱目』, 首卷, 「凡例」, 採據書目條. "此書倣資治通鑑而爲之 比諸史頗詳 故爲大帙

의 폐단을 따라 착오와 잘못이 있었다'고 하였다.[7]

『고려사』에 대한 평가가 주로 역사적 사실에 대한 고증이나 서술 내용에 치중한 것에 비하여, 다른 사서에 대한 안정복의 평가는 주로 의리명분론에 입각하여 사서의 체제나 필법의 오류를 지적한 형식적인 측면에 치중하였다. 이로 미루어 보아 『동사강목』의 고려시대사에 대한 서술은 주로 『고려사』에 의존하였음을 알 수 있다. 따라서 안정복이 『동사강목』을 편찬하는 데 가장 고심한 것은 세가·열전·지 등에 분산되어 있는 『고려사』의 사료를 어떻게 계통을 세워 하나의 체계 속에 짜맞추느냐 하는 데 있었다. 그것이야말로 '繁冗而寡要'한 『고려사』의 단점을 보완하는 일이기 때문이다.

『고려사』 열전을 저본으로 하여 주기한 그의 수택본도 그러한 편찬취지에 따라 작성된 것이다. 『고려사』 열전의 경우 소루한 부분이 많았다는 그의 지적대로 수택본은 바로 그러한 점을 보충하기 위하여 여러 자료를 섭렵하는 과정에서 작성된 것이다. 그 내용을 소개하면 다음과 같다.

먼저, 수택본의 저본인 『고려사』 권108~110(열전 권21~23)에 입전된 인물을 정리하면 다음과 같다(* 표는 수택본 가운데 안정복이 주기한 내용이 있는 경우를 필자가 표시한 것이다).

권108(열전 21): *閔宗儒(附 *頔 *思平 *抃 *霽), *金之淑(附 仁沇), *鄭僐, *李混, *崔誠之(文度), *蔡洪哲, 金怡, 李仁琪, *洪彬, 曺益淸, 裵廷芝, 孫守卿(이상 18명)

권109(열전 22): *朴全之, *吳詗, *李瑱, *尹莘傑(附 朴孝修), 許有全, *朴忠佐, *尹宣佐, *李兆年(附 承慶), 李穀, *禹倬, *安軸(附 *宗源

繆舛 駁亦甚焉."

7 『東史綱目』, 首卷, 「凡例」, 採據書目條. "諸史中 最爲簡而不無一二錯謬處 此因舊史而然也."

*輔), *崔瀣, 張沆, *李晟, *趙廉(附 王伯), 李伯謙, *申君平 (이상 22명)

권110(열전 23) : 崔有渰, *金台鉉(附 *光載), *金倫(附 敬直 希祖 承矩), *王煦(附 重貴), *韓宗愈, *李齊賢(附 達尊 *寶林), 李凌幹(이상 14명)

수택본(열전 권21~23)에 입전된 인물은 모두 54명이며, 이들이 활동한 시기는 대체로 충열왕대에서 공민왕 초기까지이다. 앞에서 언급하였듯이 이 시기는 대체로 『동사강목』의 권13에서 권14의 내용에 포함되어 있다. 위의 인물 가운데 안정복이 묘지명이나 금석문, 각종 족보 등에서 관련된 자료를 묵서로 주기한 인물은 모두 29명(위의 자료에서 *표한 인물)이다. 물론 주기하지 않은 인물에 관한 사실도 『동사강목』에 많이 반영되어 있으며, 또한 주기된 내용이 모두 『동사강목』에 반영된 것도 아니다. 그러나 이 글의 주된 관심은 열전에 입전된 인물 가운데 안정복이 여러 자료를 참고하여 수택본에 주기한 내용이 『동사강목』의 서술에 어떻게 반영되어 있는가 하는 점과 나아가 주기뿐 아니라 수택본 전체의 내용이 『동사강목』에 어떤 형식으로 반영되었는가 하는 점이다. 이를 통하여 제한적인 작업이기는 하나 『동사강목』 서술의 특성과 그것의 사료적인 가치를 재음미하고자 한다.

光載字子輿生而身長二尺餘父母異而絶
愛之忠宣朝登第補成均學官從忠惠王如
元以勞授司僕寺丞遷都官正郎曹頔作亂
伏誅王被執如元光載曰吾君危矣吾忍獨
免乎往從之王復辟東還除軍簿摠郎叅銓
選累遷判典校寺事王素憚光載嚴直左右
群小又多忌之無所籍口乃曰金公愛靜仕
進非其志王信之[illegible]其職[illegible]立拜右副代

〈사진 3〉

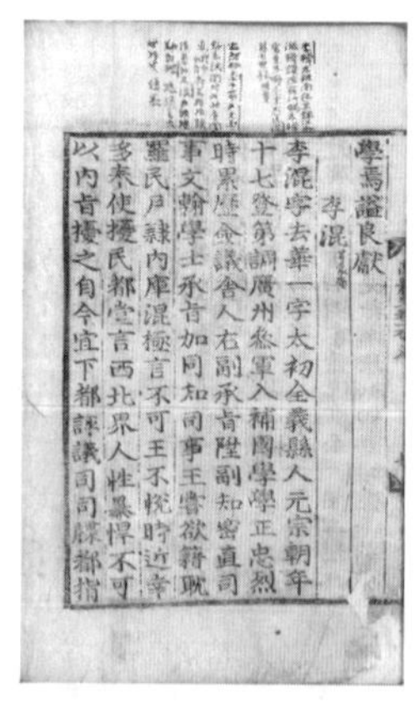
李混
李混字去華一字太初全義縣人元宗朝年
十七登第調廣州叅軍入補國學學正忠烈
時累歷僉議舍人右副承旨陞副知密直司
事文翰學士承旨加同知司事王嘗欲籍耽
羅民戶隷內庫混極言不可王不聽時近幸
多奉使擾民都堂言西北界人性暴悍不可
以內官擾之自今宜下都評議司司牒都指

〈사진 4〉

먼저, 안정복이 수택본에 주기한 내용을 정리하면 아래와 같다. 참고로 안정복이 주기한 곳이 본문의 문장 가운데일 경우 문주文註라 하였고(〈사진 3〉), 본문의 상단이나 측면에 주기한 경우에 두주頭註라 하였다(〈사진 4〉).

〈자료 1〉 수택본 주기내용 일람

* 文註의 경우 괄호 안의 내용이 안정복이 주기한 것이며, 頭註는 인용문 자체가 주기한 것임.
* 서술 순서는 먼저 문주와 두주의 내용을 순서대로 간략히 소개하고, 다음에는 각각의 내용을 원문 그대로 정리하였다((1), (2)의 방식으로).

〈권108(열전 21)〉

1. 閔宗儒

1) 家系(頭註)

2) 父名과 出生年(文註)

(1) 頭註 : 公珪一令謨子

(令謨)子 庚鉤(文科侍郎), 連鉤(文 侍郎), 仁鈞(文 左輔正) 仁鈞子 滉(高宗 甲辰 文乙科第三等 吏部侍郎 崔璘女壻)

(2) 文註 : 閔宗儒(父 湟) 平章事令謨玄孫也 年甫十一(高宗 乙巳生) 選爲王子始陽府學友

2. 閔頔

1) 出生年(文註)

2) 新增東國輿地勝覽의 증손 유에 관한 자료(頭註)

3) 혼인관계(文註)

(1) 文註 : 頔 字 樂全(元宗 庚午生)

(2) 頭註 : 勝覽 通津寓居曰 閔愉 頔之曾孫 官至提學 封驪城君 恭愍王朝 與學士朱士雍 避 辛旽之亂 卜築于通津童城縣 兩家相去十餘里 杖履相從 日以詩酒自娛 嘗有詩云 秋來秋去興無窮 香稻肥魚

處處同　皤腹瓦甁盛白酒　南村翁對北村翁 〈勝覽 권10 通津縣寓居條〉

(3) 文註 : 子 思平愉卞渙 渙自有傳(岏 金忻 女壻)

3. 閔思平

1) 묘지명 찬자와 閔愉의 登科에 관한 자료(頭註)

2) 出生年(文註)

3) 登科 시기(文註)

4) 閔愉의 行蹟(頭註)

5) 혼인관계(文註)

(1) 頭註 : 李達衷撰 墓誌

愉 忠惠文科 見勝覽通津寓居

(2) 文註 : 思平 字 坦夫(忠烈 乙未生)

(3) 文註 : 忠肅朝(乙卯) 登第…

(4) 頭註 : 墓志曰 雖有拂戾 不以爲言 終必△服 善交遊 嘗與崔拙齋友善篤喜其文 出力刊行 其敦信樂善如此

(5) 文註 : (金倫女壻)

4. 閔抃

1) 등과 시기와 號(文註)

(1) 文註 : 抃 登第(忠惠 辛未) 忠惠時(號 栖閑堂) 累遷左司議大夫

5. 閔霽

1) 묘지명 찬자(頭註)

2) 號(文註)

3) 『勝覽』에 수록된 관계자료 소개(頭註)

(1) 頭註 : 卞季良撰 墓志

(2) 文註 : 霽字仲晦(號 漁隱)

(3) 文註 : 勝覽 載溫仁淸簡好讀書 登第備歷淸要以知禮聞 累官至左政丞驪興府院君 篤生我 元敬王后 諡文度

6. 金之淑

1) 출신지의 당시 지명(文註)

2) 시호와 子의 관직(文註)

(1) 文註 : 金之淑 化平府人(今 光州)

(2) 文註 : 恭愍卽位 追念侍從功 贈諡(敬烈公)錄子孫 子元名(左司)續名自有傳

7. 鄭僐

1) 子의 관직과 혼인관계(頭註)

2) 號(文註)

(1) 頭註 : 光祖 保勝別將爲蔡州晳壻 光繼 改緖 門下評理

(2) 文註 : 鄭僐(號 常軒)

8. 李混

1) 七代祖 棹에 관한 사실(頭註)

2) 混의 행적과 改名에 관한 사실(頭註)

3) 號(文註)

4) 混 兄子의 官歷(頭註)

(1) 頭註 : 李棹 太祖南征 至錦江水漲 棹護涉有功 賜名棹 官至太師三重大匡 混 其七世孫 勝 覽

(2) 頭註 : 忠烈初 李子芬尹文玉鄭玄繼 同時爲政房闍赤(猶今承旨) 齊名相推致 後李改名混 尹改珤 鄭改瑎 珤瓘之六世孫也 譜略

(3) 文註 : 李混(號 蒙庵)

(4) 頭註 : 李彦沖 混之兄子 登第 官至政堂文學 勝覽

9. 崔誠之

1) 관계자료 소개(頭註)

2) 묘지명 찬자와 號(文註)

3) 元에서의 행적 소개 — 묘지명 인용(頭註)

(1) 頭註 : 又見勝覽

(2) 文註 : 崔誠之(李齊賢 撰墓志 號 松坡)

(3) 頭註 : 從忠宣于元 頗與權漢功輩用事

10. 崔文度

1) 묘지명 찬자와 號(文註)

2) 子의 관직(文註)

(1) 文註 : 子 文度(李齊賢 撰墓志, 號春軒)

(2) 文註 : 子 思儉(典校署丞)

11. 蔡洪哲

1) 등과 시기 — 묘지명 인용(頭註)

2) 묘지명 찬자(文註)

3) 열전의 사실에 대한 연기 표시(文註)

(1) 頭註 : 墓志曰 十八 以能文詞 中成均試 二十二登進士第

(2) 文註 : 蔡洪哲(李穀撰 墓志)

(3) 文註 : 賜 純誠輔翊贊化功臣號 命洪哲及安珪掌試(忠肅後 五年)…

12. 洪彬

1) 묘지명 찬자(文註)

2) 曺頔의 난과 관련된 행적 — 묘지명 인용(頭註)

3) 행적 보충 — 묘지명 인용(頭註)

4) 행적 보충 — 묘지명 인용(頭註)

5) 卒年月의 年紀 표기(文註)

(1) 文註 : 洪彬(牧隱撰 墓誌)

(2) 頭註 : 墓志曰 秋八月 政丞曹頔陰右瀋王 將廢忠惠王 以誅君側小人爲名 率百官擁永安宮 忠肅王公主之所居也 頔旣脅 百官告其謀 公曰 若是則失之 又甚矣 從其兄不道 有弟在 瀋王何與焉 拒之堅 頔疏王罪 公竟止 使者不得行 忠惠王驍勇善騎射率精銳十數人 突出潰圍 馳呼於道曰 逆賊頔也 餘爲所脅耳 予旣知之 無恐 旣誅頔 則又呼曰 老賊伏宰矣 餘人安心焉 王雖在圍中 知公守義 又知公沮撓頔謀 甚德之

(3) 頭註 : 墓志曰 且曰凡所以事天子 行省實主之 左右司非其人 事或慢且失禮 責之何及

(4) 頭註 : 墓志又曰 錄功臣 若曰 洪彬自始至今 甚忠於我 且見在先王大臣 無如彬者 宜宅右揆 以輔予理 於是

(5) 文註 : 卒年六十六(癸巳 十二月)

〈권109(열전 22)〉

1. 朴全之

1) 號(文註)

2) 古名, 出生年과 등과 시기, 父의 혼인관계(文註)

3) 子의 관력, 시호 및 졸년(文註)

(1) 文註 : 朴全之(號 杏山)

(2) 文註 : 朴全之(古名 宜之) 竹州人也(高宗 庚戌生) 父 暉(李藏用女壻 古名 儒(?)卿) 年未弱冠登第(元宗戊辰文科)

(3) 文註 : 子遠 初名瑗 登第(忠肅朝) 仕至政堂文學(勝覽云 累官右副代言) 有寵忠肅 久典政柄 性仁柔 頗有簠簋之誚(本譜云 官政堂文學大提學 慶原君 忠惠 辛巳卒謚文康)

2. 吳詗

1) 號와 出生年(文註)

(1) 文註 : 吳詗 初名漢卿 字月 海州人(號 順庵) 元宗初(高宗 壬寅生) 中監試第一…

3. 李瑱

1) 號(文註)

2) 子 之正과 琯, 孫 壽得, 曾孫 成林의 官歷과 號(文註)

(1) 文註 : 李瑱(號 東庵)

(2) 文註 : 子 齊賢 之正(大護軍) 齊賢自有傳(琯 忠烈二十一年 以成均擢魁科 封駕洛君號怡庵 琯子 壽得密直 壽得子 成林門下右侍中 月城府院君)

4. 尹莘傑

1) 묘지명 찬자(文註)

2) 행적 보충 — 묘지명 인용(頭註)

3) 卒年 표기(文註)

(1) 文註 : 尹莘傑(崔瀣撰 墓誌)

(2) 頭註 : 墓志曰 自謝事後 閉門杜絶賓客 常塊然獨處 不問外事 如是十如年而終

(3) 文註 : 封杞城君卒年七十二(至元 丁丑二月)

5. 朴孝修

1) 본관 표기 — 『승람』 인용(文註)

(1) 文註 : 孝修(勝覽 竹州人) 素有淸操…

6. 朴忠佐

1) 號(文註)

2) 행적 보충 — 『승람』 인용(頭註)

(1) 文註 : 朴忠佐(號 恥庵)

(2) 頭註 : 忠佐曾遊昇平郡 與妓碧玉有情好 及爲按廉 聞碧玉已死 到康津縣九十浦 然賦詩云 九十浦頭潮欲生 碧松紅樹去年程 如今謾擁旌旗過 樓上無人當此行 勝覽 〈『輿地勝覽』 권17, 康津縣 山川條 九十浦〉

7. 尹宣佐

1) 등과 시기(文註)

2) 묘지명 찬자(頭註)

3) 卒年 표기(文註)

4) 子·粲의 官歷 표기(文註)

(1) 文註 : 忠烈朝 擢魁科(戊子 文壯元)

(2) 頭註 : 李穀撰 墓志

(3) 文註 : 忠惠後四年(癸丑) 得微疾呼子女…

(4) 文註 : 子 棲 粲(寺丞)

8. 李兆年

1) 兆年 형제의 관력(頭註)

2) 가계의 유래(頭註)

3) 묘지명 찬자(文註)

4) 출생년, 父의 관력과 등과 시기(文註)

5) 행적 보충 — 묘지명 인용(頭註)

6) 행적 보충 — 묘지명 인용(頭註)

7) 행적 보충 — 묘지명 인용(頭註)

8) 卒年(文註)

9) 孫과 曾孫의 관력(頭註)

10) 子와 孫의 출생년, 혼인관계, 子와 謚號(文註)

(1) 頭註 : 長庚 子 百年(文科 密直副使), 千年(文科 典客副令), 萬年(牽龍出身 郎將兼中軍祗候), 兆年, 億年(文科後 出家)

(2) 頭註 : 李譜云 始祖純由 與弟敦由 仕新倶至卿相 乙卯於麗初 廢新羅宰相之不順命者 分處州縣爲吏 公之後 徙京山府爲吏役至文烈公 始顯云

(3) 文註 : 李兆年(李齊賢撰 墓誌)

(4) 文註 : 李兆年 字元老(己巳生) 京山府人 父長庚 本府吏(安逸戶長)…忠烈王二十年(乙丑) 以鄕貢進士登第

(5) 頭註 : 旣出 從者爲惡少所歐 以其言巳事也 墓誌

(6) 頭註 : 李齊賢曰 諸僕有爭臣五人 雖無道 不失其國 公之去也 若有骨鞭之士 繼而言之者四五輩 岳陽之辱 其亦庶乎免矣 崔氏云云通說

(7) 頭註 : 疾惡如讎 赴人急如水趨下

(8) 文註 : 明年卒(癸未五月) 年七十五 諡文烈 爲人短小(兆年 少懷志節△見上) 情悍…

(9) 頭註 : 仁敏庚子生 國子進士 恭愍庚子文科 門下評理 不仕本朝 子稷 入我朝開國功臣

(10) 文註 : 子 褒(字 尙加) 官至檢校侍中(恭愍癸丑生 年八十一 諡敬元)…子… 仁復(女壻辛裔)… 仁任自有傳 仁美(文)仁立(文)… 兆年姪 承慶(父 千年)

9. 禹倬

1) 號와 生年, 등과 시기(文註)

2) 열전의 내용에 대한 순암의 평(頭註)

(1) 文註 : 禹倬(號 州岩 至元丁卯生)… 父天珪鄕貢進士 倬登科(忠烈 庚寅文科) 初調寧海司錄

(2) 頭註 : 惜乎此疏之不傳 史氏之過也

10. 安軸

1) 號와 묘지명 찬자(文註)

2) 졸년 표기(文註)

(1) 文註 : 安軸(李穀撰 墓誌, 號 謹齋)

(2) 文註 : 四年疾作 乞致仕 復封興寧君 卒年 六十二(丁亥 六月) 謚文貞…

11. 安宗源

1) 묘지명 찬자(頭註)

2) 出生年과 入仕 시기(文註)

3) 관직 제수 시기(文註)

4) 관직 제수 시기(文註)

5) 관직 제수 시기(文註)

6) 행적보충 — 묘지명 인용(頭註)

7) 관직 제수 시기, 졸년 표기(文註)

8) 묘 소재지 표기 — 『승람』 인용(文註)

(1) 頭註 : 陽村撰 碑銘

(2) 文註 : 宗源 字嗣清(泰定乙丑生)… 忠穆時(丙戌) 選補史翰…

(3) 文註 : 恭愍初(癸巳)授典法正郎…累遷侍御史(丙申) 出按楊廣道(辛丑)…

(4) 文註 : 以宗源不能供張 下巡軍 貶知清風郡事 後爲典法摠郎(甲辰)… 及旽誅(辛亥) 起爲司憲侍史(壬子二月) 遷右司議大夫(癸丑) 辛禑卽位(甲寅) 與左司議柳珣…

(5) 文註 : 歷成均大司成右常侍(己卯) 進大司憲(丙辰春)… 改判崇敬府事(己未) 未幾封興寧君 尋以門下評理(庚申)

(6) 頭註 : 甲戌 公年已七十 二月 復奉使如上國 至連山站 遼東都司 稱朝旨 沮當而還 三月二十四日 以疾卒于第 陽村集碑銘

(7) 文註 : 又拜政堂文學(丙寅) 崔瑩誅權臣貪汚者(戊辰正月)… 恭讓朝(庚

午)判三司事… 仕本朝(癸酉)判門下府事(興寧府院君) 卒年七十(甲戌卒) 謚文簡

(8) 文註 : 良景恭景儉(宗源墓在 臨津縣 瑞谷里 勝覽)

12. 安輔

1) 열전의 오자 수정(文註)

2) 門生과 행적 보충 — 묘지명 인용(頭註)

3) 행적 보충 — 묘지명 인용(文註)

(1) 文註 : 輔 字員之 年十九登第 調慶(廣)州司錄

(2) 頭註 : 李穡撰墓誌曰 先生疾作△曰 慈顔無恙 而季氏亡 伯氏又亡 吾又如此柰何 卒年五十六 嘗曰 旣吾無子 門生卽吾子也 其門生 李寶林廉國寶李穀禹玄輔鄭習仁李元齡 得人之盛 當世稱之

(3) 文註 : 且不事生産 及歿家無擔石之 儲無子(嘗曰 吾無子 門生吾子也 其門生李寶林云)…

13. 崔瀣

1) 묘지명 찬자와 호(文註)

2) 행적 보충 — 『東人詩話』 인용(頭註)

(1) 文註 : 崔瀣(李穀撰 墓誌, 號 拙翁 又 猊山)

(2) 頭註 : 東人詩話云 崔才奇志高 放蕩不群 嘗登海雲臺云

14. 李晟

1) 열전 오자 수정(文註)

(1) 文註 : 年五十九 拜左司(思)補

15. 趙廉

1) 묘지명 찬자와 호(文註)

2) 등과 시기(文註)

3) 관직 제수 시기와 졸년(文註)

(1) 文註 : 趙廉(又見 陽村集, 號 中齋)

(2) 文註 : 忠肅朝登第(乙卯) 又中元朝制科(天曆戊辰)

(3) 文註 : 後拜左司議大夫(戊寅)… 忠惠後四年(癸未)卒 年五十六…

16. 王伯

1) 號(文註)

2) 등과와 관직 제수 시기, 졸년 표기(文註)

(1) 文註 : 王伯(號 愼齋)

(2) 文註 : 王伯 忠烈朝登第(辛丑)忠肅時 以糾正 參銓注 尋爲左司補(戊寅)… 忠惠後二年(辛巳) 乞骸骨 歸老全州(文太山) 忠定二年(庚寅)卒 年七十四…

17. 申君平

1) 始祖名과 父의 官歷(頭註)

2) 子와 孫의 관력과 행적(文註)

(1) 頭註 : 申崇謙之十一世孫 父 仲舊 文科 官至左代言

(2) 文註 : 君平方直宿 辭以疾 後拜御史大夫 (君平 子 珪參判 琿翰林 璲參議 瑀留守 琿子 浩典理判書 不仕我朝 隱平山)

〈권110(列傳 23)〉

1. 金台鉉

1) 시조의 유래(頭註)

2) 號(文註)

3) 遠祖와 父의 행적 보충(文註)

4) 행적과 열전 내용 보완—묘지명 인용(頭註)

5) 號와 諡號(文註)

6) 子의 官歷(文註)

(1) 頭註 : 金譜云 始祖興光 新羅敬順王第三子 國衰避至光山 隱於民伍 卜居于西一洞 光金始此

(2) 文註 : 金台鉉(號 快軒)

(3) 文註 : 遠祖司空吉 佐太祖有功(以奇策佐太祖) 父須(周鼎之弟也 古名用之) 膽略過人… 出知靈光郡 從將軍高汝林 討三別抄 先登沒陳(贈 平章) 不還

(4) 頭註 : 牧隱集 墓銘曰 嘗集國初以來文章 目曰海東文鑑 行于世 掌試成均知貢擧 所取士多聞人 竹溪安謹齋崔拙翁 尤其傑然者也

(5) 文註 : 嘗手集東人詩文 號東國文鑑(及卒 諡文正 號 快軒) 子 光軾光轍光載

(6) 文註 : 以三子登科 食國廩歲二十碩(光轍 贊成化平君文敏公 光軾 文摠郎 光輅 文科)

2. 金光載

1) 묘지명 찬자(頭註)

2) 출생년 — 묘지명 인용(頭註)

3) 행적 보충(頭註)

4) 號(文註)

5) 등과 시기, 座主名, 관직 제수 시기(文註)

6) 年紀 표기(文註)

7) 행적 보충 — 묘지명 인용(頭註)

8) 행적 보충 — 묘지명 인용(頭註)

(1) 頭註 : 牧隱撰 墓誌

(2) 頭註 : 墓志曰 至元 甲午正月甲子生

(3) 頭註 : 辛巳秋 掌試 取成士達等九十九人 時稱得士

(4) 文註 : 光載(號 松堂)

(5) 文註 : … 忠宣朝登第(癸丑 一齋柳政丞 爲座主) 補成均學官 從忠惠王 如元(庚午)… 曹頔作亂(己卯)… 王復爵 東還 除軍簿摠郞(庚辰七月) 參銓選… 忠穆立拜右副代言(甲申)

(6) 文註 : 忠定卽位(己丑) 開書筵 以光載爲師 固辭… 恭愍立(辛卯 十月) 杜門不出

(7) 頭註 : 墓志曰 及其琴祥 洪陽坡先生 與一時名卿 往勞苦之 公曰 吾年六十三 始居于玆常俱一旦 身先朝露 以爲宗族羞 獲至今日 考妣之德也 言畢泣下 諸公皆泣下嘆服 旣還 設飯位於堂北隅 每行事泣不止

(8) 頭註 : 辛丑冬十一月避紅賊 至高昌縣 因留居之 癸卯春三月 感微恙 起居言語 無少變十四日旣晩 謂夫人曰 吾今年七十 死復何恨 藏于德水先塋

3. 金倫

1) 출생년 보충 — 묘지명 인용(頭註)

2) 묘지명 찬자와 호(文註)

(1) 頭註 : 墓志曰 至元丁丑六月二十九日 丁亥生

(2) 文註 : 金倫(李齊賢撰 墓志, 號 竹軒 又 贛村)

4. 王煦

1) 묘지명 찬자(文註)

2) 자의 관력과 행적(文註)

(1) 文註 : 王煦(李仁復撰 墓志)

(2) 文註 : 子 肅嚴道(嚴 初姓名王元富 本朝復姓改名 字愼夫 丙午 子不仕我朝 辛卯還於湍百木谷墓下 百歲卒 藏此也 肅太祖甲戌使復本姓 官恭安府尹 道 官司正)

5. 韓宗愈

1) 묘지명 찬자(頭註)

2) 행적 보충 — 世譜 인용(頭註)

3) 號(文註)

4) 父의 생년과 등과 시기(文註)

5) 졸년 표기(文註)

6) 楊花辭, 행적과 시호 보충 —『성호사설』 인용(頭註)

7) 葬地와 혼인관계 — 譜略 인용(文註)

(1) 頭註 : 李仁復撰 墓志

(2) 頭註 : 公少時 放蕩不羈 結徒與十人 每於巫覡歌舞處 却擅醉飽 拍手歌楊花詞 時人謂之楊花徒 公嘗漆兩手 乘夜偸入人家殯室 婦人來哭曰 君乎君乎 何處去 公以黑手出帳 細聲答曰 我在此 婦人皆驚走 公盡取床果而還 其狂類此 及爲相 功業彪炳 晩年退老鄕曲 居楮子島別墅也 嘗作詩云 十里平湖細雨過 一聲長笛隔蘆花 却將殷鼎調羮手 遂把漁竿下晩沙 又云烏紗短褐下池塘 柳崖微風洒面凉 緩步歸來山月上 杖頭猶襲藕花香 出百氏譜略

(3) 文註 : 韓宗愈(號 復齋)

(4) 文註 : 韓宗愈 字師古 漢陽人 父(丁亥生)英 密直致仕 忠烈三十年(甲辰) 年十八 擢第入史翰…

(5) 文註 : … (恭愍王)三年(甲午六月 在京)得疾 謂子壻曰…

(6) 頭註 : 僿說曰 如晦東風雨也 楊花本待風雨 吹散不意淸風 吹到望外之地云 爾是時麗運將訖 始意不在仕宦 故暗用△鳴云 詩其人不以貴仕爲貪戀 故事君之不以直道 不以罪黜爲懼 謚曰文節 不亦宜乎

(7) 文註 : 卒年六十八 謚文節(八月 葬大德山禪寂寺南原)… 宗愈醉 輒起舞詞楊花詞曰… 識者皆異之 (配李文寶瑱子 駕洛君琯之女) 子伯淳仲明季祥(譜略補)

6. 李齊賢

1) 묘지명 찬자(頭註)

2) 본관과 號(文註)

3) 출생년 — 묘지명 인용(頭註)

4) 행적 보충 — 묘지명 인용(頭註)

5) 열전의 내용 보완(文註)

6) 말년 행적, 졸년, 시호와 저술(頭註)

7) 自號와 子의 관력(文註)

(1) 頭註 : 牧隱撰 墓志

(2) 文註 : 李齊賢(慶州人 號 益齋)

(3) 頭註 : 墓志曰 丁亥 十二月 庚辰生

(4) 頭註 : 自少嶷然 已有作者氣 久從忠宣于元 與中朝文士講磨 所造益深

(5) 文註 : 天資厚重輔以學問 其發於議論 措諸事業者 俱有(燁然)可觀

(6) 頭註 : 辛旽必欲中傷 以其老 不得加害 及卒 年八十一 謚文忠 著述亂藁

(7) 文註 : 及爲宰相 人無貴賤 皆稱益齋(自號 益齋)… 三子 瑞種(宗簿副令) 達尊彰路(開城尹)

7. 李達尊

1) 號, 出生年, 등과 시기와 子의 관력(文註)

(1) 文註 : 達尊(號 雲寓) 字天覺(癸丑生)… 忠肅朝(年十八)登第… 卒年二十八 子 德林(知驪興郡事)壽林(學林 少府尹)

8. 李寶林

1) 행적 보충 — 『동문선』 인용(頭註)

2) 濟用財 설치 내용 — 『승람』 인용(頭註)

(1) 頭註 : 恭愍八年 己亥春 寶林以諫官出 爲南原府使 見東文選七十

二卷 牧隱記

(2) 頭註 : 寶林 忠惠朝 知南原府使 時賦急 不及辦稱貸而益之 由是民或破産 寶林曰 虐民有尙此哉 會徵逋稅得布若干 啓按廉使使嘉之又出布佐之 奴婢訟官受直者入布囗一匹 寶林善決斷所入尤多總得布六百五十匹 擇鄕校三班各一人 使典之支縣之急 戒府使無敢他用 又以賓客絡繹 斂以委積 民甚苦 又啓按廉 得布糶米若干舊有屯田 恣吏爲奸 以寶林躬親其勞 吏不敢罔 總得米爲石二百 豆菽百五十 立法散斂 存本用息 度新墾田 可收七十二石者 以供委積 至於什用 理興 名曰 濟用財 於是 民無橫斂 支縣守常賦 利無害祛 勝覽 李穡記

이상 수택본에서 주기註記한 부분을 차례대로 정리하여 보았다. 〈자료 1〉에 의하면 권108(열전 21)에 입전된 18명의 인물 가운데 12명에 대한 35건의 주기, 권109(열전 22)의 경우(22명 입전) 17명 51건의 주기, 권110(열전 23)은 입전 인물 14명 가운데 8명 35권의 주기가 실려 있다. 이와 같이 안정복은 전체 입전 인물 54명 가운데 47명에 대하여 121건의 주기를 남기고 있다. 이 외에도 안정복이 열전의 본문에 묵墨으로 방점을 표시한 부분도 상당수 있다.

안정복이 수택본에 주기한 취지는 앞에서 지적한 대로 『동사강목』 편찬과정에서 『고려사』 열전이 너무 소루하다는 흠을 보완하는 데 있었다. 따라서 그가 열전의 그러한 흠을 보완하기 위해 어떤 자료를 참고하였으며, 그러한 작업이 『동사강목』의 편찬에 어느 정도 보완되었는지 매우 궁금하다. 여기서는 먼저 안정복이 주기를 작성하기 위하여 어떤 자료를 참고하였는지 〈자료 1〉을 중심으로 다시 정리하기로 하겠다.

먼저, 안정복이 주기를 하는 데 가장 많이 참고한 자료는 묘지명이었다. 주기에 인용된 인물의 묘지명을 정리하면 다음과 같다(아래 '묘지명墓誌銘 전거典據'는 필자가 조사하여 추가한 것임).

	인물	묘지명 찬자	묘지명 전거
1	閔思平	李達衷	『霽亭集』 권3
2	閔霽	卞季良	『春亭集』 권12
3	崔誠之	李齊賢	『益齋亂藁』 권7
4	崔文度	李齊賢	『益齋亂藁』 권7, 金石文追補, 229~230면
5	蔡洪哲	李穀	『稼亭集』 권11
6	洪彬	李穡	『牧隱集』 권19
7	尹莘傑	崔瀣	『拙藁千百』 권2
8	尹宣佐	李穀	『稼亭集』 권12
9	李兆年	李齊賢	『益齋亂藁』 권7
10	安軸	李穀	『稼亭集』 권11
11	安宗源	權近	『陽村集』
12	安輔	李穡	『牧隱集』 권19
13	崔瀣	李穀	『稼亭集』 권11
14	趙廉	權近	『陽村集』
15	金台鉉	李穡	『牧隱集』 권17
16	金光載	李穡	『牧隱集』 권17
17	金倫	李齊賢	『益齋亂藁』 권7
18	王煦	李仁復	『東文選』 권125
19	韓宗愈	李仁復	『東文選』
20	李齊賢	李穡	『牧隱集』 권126

안정복은 수택본 주기에서 이상과 같이 20종의 묘지명을 이용하여 열전의 해당 인물에 관한 사실을 보충하고 있다. 이 외에도 열전의 인물 가운데 현재 확인할 수 있는 묘지명은 민종유閔宗儒(최해 찬, 『졸고천백』 권1), 민적閔頔(이제현 찬, 『조선금석총람』 상, 483~485면), 배정지裵廷芝(이제현 찬, 『금석총람』 상, 476~478면), 이달존李達尊(이곡 찬, 『가정집』 권11), 박전지朴全之(박효수朴孝修 찬, 『죽산박씨파보竹山朴氏派譜』) 등의 것이 있다. 비록 이들 묘지명은 수택본에 주기되어 있지 않으나 당시 안정복이 참고하였을 가능성이 높다. 앞의 〈자료 1〉에서 알 수 있듯이 이들 묘

지명은 안정복이 해당 인물의 행적에 관하여 열전의 내용을 보충하거나 생몰연대, 관직 제수 시기, 자호나 시호 등을 주기하는 데 많이 이용되었다. 그 외에도 해당 인물의 가계를 추정하는 데도 역시 많이 이용되었다.

한편, 안정복은 수택본이 열전인 관계로 해당 인물의 가계전승과 혼인관계를 추적하기 위하여 가능한 해당 인물의 가승이나 세보를 많이 이용하였다. 이 가운데 자료명칭을 구체적으로 적시한 경우는 이혼(譜略), 박전지(本譜), 김태현(金譜), 한종유(百氏譜略) 혹은 보략譜略 등의 주기이다. 또한 〈자료 1〉에서와 같이 전거를 밝히지 않은 채 가계나 자손의 관력 혹은 혼인관계를 주기한 것을 찾아볼 수 있는데, 이러한 경우도 주로 세보를 이용한 경우가 많았을 것으로 추정된다.

수택본 주기에서 많이 이용된 자료로서 '승람', 즉 『신증동국여지승람』(이하 『여지승람』이라 함)을 들 수 있다. 〈자료 1〉에서 이미 제시하였거니와, 권108(열전 21)의 민적閔頔열전에 실린 그의 증손 유愉에 관한 행적(『여지승람』 권10, 통진현 우거조), 민제閔霽열전에 실린 그의 관력, 딸이 조선시대 왕후가 된 사실과 시호(『여지승람』 권7, 여주목 인물조), 이혼李混열전에 실린 칠대조 이도李棹의 행적과 가계(『여지승람』 권18, 전의현全義縣 인물조), 권109(열전 22)의 박충좌朴忠佐의 행적(『여지승람』 권37, 강진현 산천조), 권110(열전 23)의 이보림李寶林의 행적(『여지승람』 권39, 명환조) 등이다. 이와 같이 『여지승람』 자료는 안정복이 직접 구득할 수 없었던 가보나 세보에 대신하여 해당 인물의 가계나 혼인관계를 보충하는 긴요한 자료로 이용되었다. 뒤에서 언급하겠지만, 특히 이보림이 남원에서 제용재濟用財를 설치하여 민폐를 줄이고 지방 관아의 재정을 보충한 사실을 정리한 『여지승람』의 자료는 『동사강목』의 본문에도 그대로 인용되었다. 따라서 『여지승람』 역시 앞서 지적한 묘지명이나 세보에 못지않게 『동사강목』 편찬에서 『고려사』의 내용을 보완하여 주는 긴요한 자료로 이용되었음을 알 수 있다. 이 외에도 안정복은 『동국통감』 등 여러 사서에 실린 사가의 사론과 『동인시화』·『성호사설』 등을 인용하여 열전의 부족한 부분을 보완하고 있다.

참고로 안정복은 『동사강목』 「범례」 채거서목採據書目조에서 『동사강목』의 편찬을 위하여 참고한 서적을 정리하고 있다. 수택본에서 이용하였던 서적과 관련하여 그가 당시 참고하였던 국내자료만 정리하면 다음과 같다. 물론 그는 외국자료도 참고하였으며 그 자료의 명단도 역시 정리하고 있으나, 수택본의 범위 내에서는 그러한 서적을 인용한 경우는 없었다. 따라서 여기서는 생략하기로 하겠다(아래의 자료 앞에 표시된 * 표는 수택본 주기에서 이미 인용된 자료이다).

歷代史書 : 三國史記, 三國史略, 三國遺事, 高麗史, 麗史提綱, 東國通鑑, 東史簒要, 東史會綱

文集類 : 破閑集, *李相國集, 補閑集, *牧隱集, *櫟翁稗說, 龍飛御天歌, *陽村集, 海東諸國記, *輿地勝覽, 應制詩註, 筆苑雜記, *東文選, 退溪集, 庸齋叢話, 箕子實記, 攷事最要, 東閣雜記, 平壤志, 稽古編, 芝峰類說, 大東韻玉, 海東樂府, 眉叟記言, 拙翁集, 輿地考, 松都雜記, 經世遺補編, 潘溪隨錄, 東國總目, 海東名臣錄, 麗史彙纂, 範學全書, *塞說

東國諸儒史論 : 金氏(金富軾), 李氏(李齊賢), 權氏(權近), 李氏(李詹), 徐氏(徐居正), *崔氏(崔溥), 李子(李滉), 洪氏(洪聖民), 韓氏(韓百謙), 申氏(申欽), 吳氏(吳雲), 李氏(李睟光), 兪氏(兪棨), 許氏(許穆), 宋氏(宋時烈), 柳氏(柳馨遠), 林氏(林象德)

이상 채거서목조에 의하면 안정복은 국내 자료의 경우 8종의 역대 사서, 32종의 문집류 등 전체 40종의 자료와 제유 17명의 사론을 참고하였다. 수택본의 주기에서 가장 많이 인용된 묘지명은 위의 문집류에 모두 포함되어 있다. 구체적으로 『이상국집』·『목은집』·『역옹패설』·『양촌집』이 바로 그러하다. 위의 문집에 수록되지 않은 나머지 묘지명도 모두 『동문선』에 실려 있어 안정복이 이것을 이용하였던 것으로 생각된다. 수택본의 주기에서 구체적인 전거를 밝힌 자료(위 자료에서 *표시를 한 것)는 그 외에 『여지승람』과 최씨(최부)의 사론에 불과하다. 한편, 안정복이 수택본의 주기에서 묘지명 다음으로 비교적 많이 이용한 자료는 족보였다. 아마도 수택본의 저본이 열전인 관계로 족보가 내용을 보충하는 데 많이 이용되었던 것으로 판단된다. 예컨대 〈자료 1〉에서 관직 제수 시기, 생몰연대, 등과 시기 등이 많이 주기되어 있는데, 전거가 명시되어 있지 않은 경우의 대부분은 족보 등에 의존하였을 가능성이 크다. 그런데도 그는 족보나 세보 등을 채거서목에 넣지 않았다. 그러나 족보 역시 『동사강목』 편찬에 이용된 주요한 서목이었음이 분명하다. 이와 같이 수택본의 주기에 인용된 자료는 「채거서목」과 비교할 때 매우 제한된 것처럼 보인다. 그러나 그것은 현재의 수택본이 전체 139권의 『고려사』 가운데 불과 3권의 분량에 지나지 않기 때문이다. 한편, 수택본의 내용이 주로 실려 있는 『동사강목』 권13과 권14에서 그가 인용한 제유의 사론은 유씨(충렬 28년 8월조-이하 충렬 28.8 식으로 줄임), 오씨(충렬 32.7), 송씨(충혜 7), 허응린(충혜 8), 이자(충혜 후3) 등이다. 이 외의 자료로는 『지봉유설』(충렬 31.10)과 『송사』(충선 4.6)가 『동사강목』 본문 중에 인용되었다.

안정복은 『동사강목』 범례에서 당시 『고려사절요』가 부전不傳하여 편찬과정에서 이 책을 참고하지 못하였다고 하였다. 따라서 『동사강목』 편찬에 가장 주요한 자료로 이용된 것은 『고려사』였다. 『동사강목』의 고려편만 두고 볼 때 『동사강목』의 편찬은 세가世家·열전列傳·지志 등으로 분산되어 있는 『고려사』를 안정복 자신의 사관에 의해 연대기에 맞추어 재편집한 의미를 갖고 있다. 한편, 『고려사절요』가 독사자讀史者의 편의를 위하여 기전체 사서인 『고려사』를 일목요연한 편년체 사서로 편찬한 의미가 있었던 만큼, 그런 점에서는 『동사강목』 역시 『고려사절요』와 같은 취지에서 편찬되었다. 따라서 안정복이 당시 편찬에 이용할 수 없었던 편년체 사서인 『고려사절요』, 그리고 고려시대사를 서술한 다른 여러 사서와 『동사강목』의 내용과 서술 방식을 서로 비교하는 일은 『동사강목』의 편찬 특성을 이해하는 또 하나의 방법이 될 수 있다. 이에 대해서는 수택본의 주기 내용이 『동사강목』에 어떻게 반영되었는가 하는 문제와 함께 장을 달리하여 검토하고자 한다.

3. 『동사강목』의 내용 검토—수택본을 중심으로

여기서는 『동사강목』의 편찬과정이나 내용을 검토하면서 그것이 지닌 사료적인 가치를 음미하고자 한다. 이를 위하여 먼저 안정복이 수택본에서 주기한 부분, 즉 그가 『동사강목』의 편찬을 위하여 자료를 수집하는 과정에서 열전의 내용을 보충하거나 새로운 자료를 첨가한 부분이 실제로 『동사강목』의 서술에 어떻게 반영되었는가를 검토하고자 한다. 다음 검토의 범위를 넓혀 주기뿐 아니라 수택본의 내용(열전 권21~23)이 역시 『동사강목』에 어떻게 반영되었는가를 검토하고자 한다. 수택본이 대상으로 하는 시기는 예외가 있기는 하나 대체로 충렬왕 후반에서 공민왕 초반에 이르는 시기였다. 이 시기에 관한 서술은 『동사강목』의 권13상에서 14하에 해당된다. 특히 수택본은 열전의 일부분이기 때문에 내용 검토의 주된 관심은 수택본에 수록된 인물에 관한 서술이 『동사강목』에 어떻게 반영되었는가를 살피는 데 있다. 마지막으로 『동사강목』의 고려시대 부분과 역시 이 시기를 다룬 『고려사절요』·『동국통감』 등 여러 사서의 내용과 비교하면서 『동사강목』의 서술 방식과 그 특성을 검토하고자 한다.

종래 연구의 대부분이 해당 역사서의 범례나 서론, 혹은 해당 역사서의 서술체계나 찬자의 사론을 검토하는 수준에서 해당 역사서에 대한 사학사적 평가를 하여 왔던 것이 사실이다. 그런 점에서 볼 때 이상과 같은 접근방식은 종래 연구와는 달리 해당 역사서에 대한 본격적인 평가에 보다 가까이 접근하는 계기가 될 것으로 판단된다.

1) 수택본의 주기 내용이 『동사강목』에 반영된 예

안정복이 『동사강목』을 편찬하기 위하여 문집이나 묘지명 등에서 새로운 사실을 뽑아 주기한 것이 『동사강목』에 구체적으로 어느 정도 반영되었을까 하는 점이 궁금하다. 수택본에는 앞에서 살핀 바와 같이 121건의 주를 남기고 있다. 그 가운데 주기 부분이 『동사강목』 본문에 반영된 대표적인 사례만을 정리하면 다음 〈사례 1〉과 같다.

〈사례 1〉

1. 六月 贊成事鄭瑎卒

瑎顗之孫 初爲必闍赤 與李混尹珤 齊名 後掌銓注 執法不阿 雖近倖稱旨干請 亦不聽 是年知貢擧… (『東史綱目』 권13상, 충렬왕 31년 6월조)

2. 李兆年 致仕還鄕

(…) 李氏齊賢曰 諸侯有爭臣五人 雖無道不失其國 公之去也 有若骨鯁之士 繼而言之者 四五輩 岳陽之辱 其亦庶乎免矣… (『東史綱目』 권14상, 충혜후 2년 9월조)

3. 九月 政堂文學安輔卒

輔性剛直廉潔 喜讀史翰 爲文章去華取實達而已矣 臨事務尊大體 略不依違顧望 且不事生產及歿 家無擔石之儲 輔嘗曰 吾無子 門生卽吾子也 其門生 李寶林禹玄寶鄭習仁李元齡等 得人之盛 萬世稱之 諡文敬(『東史綱目』 권14하, 공민왕 6년조)

4. 光陽君崔誠之卒

誠之 甫淳之後 久從忠宣王在元 頗用事取謗 忠肅王之見留也 畵黨疏國家得失 將言於朝廷… (『東史綱目』 권13하, 충숙왕 17년 7월조)

5. 二月 杞城君尹莘傑卒

莘傑 杞溪縣人 性嚴重訥言 事兩朝久典銓選 不以私輕重之 時稱長者 自謝事後 杜門獨處 不問外事十餘年 卒諡莊明(『東史綱目』 권13하, 충숙왕 후 6년조)

6. 九月 檢校政丞李瑱卒

瑱 依勢多奪人臧獲 哀訴者日踵門 校勘崔洒 縊於瑱門 諡文定 號東庵(『東史綱目』 권13하, 충숙왕 8년 9월조)

먼저 위의 사료 1 가운데 밑줄 친 부분은 수택본에 입전(열전 권21)된 이혼李

混의 행적에 관한 주기 내용(구체적인 전거는 앞의 2장 〈자료 1〉의 권108, 8. 이혼의 2 자료를 참고할 것 : 이하 이 같은 방식으로 전거를 인용할 경우는 '108-8-2'로 줄이겠음)이 반영된 것이다. 이에 의하면 이혼과 정해鄭瑎 윤보尹珤가 정방正房에서 함께 활동한 내용이 보략(이혼의 세보로 보임)에서 인용되어 있다. 안정복은 『동사강목』에서 정해의 졸기를 서술하는 과정에서 이 주기의 내용을 본문에 반영하였다.

사료 2의 밑줄 친 부분은 역시 안정복이 이제현이 찬한 이조년의 묘지명에서 그에 대한 인물평을 뽑아 수택본에 주기하였다(〈자료 1〉의 109-8-6을 참고할 것). 안정복은 그것을 다시 『동사강목』에서 이조년의 행적을 서술하는 과정에서 덧붙였던 것이다. 그런 점에서 『동사강목』은 『고려사』보다도 실제 새로운 자료가 추가되어 어느 정도 사료적인 가치를 지니고 있다.

사료 3 밑줄 친 부분 역시 안정복이 이색이 찬한 안보의 묘지명에서 인용하여 수택본에 주기한 내용이다(〈자료 1〉의 109-12-2를 참고할 것). 사료 4의 최성지와 사료 5의 윤신걸에 관한 행적(모두 밑줄 친 부분) 역시 안정복이 이제현과 최해가 찬한 각각의 인물에 대한 묘지명 내용의 일부를 수택본에 주기한 것이 『동사강목』에 반영된 예들이다(구체적인 것은 (〈자료 1〉의 108-9-3과 109-4-2를 참고할 것). 수택본 주기 부분이 『동사강목』에 반영된 사례 가운데 가장 많은 부분이 이와 같은 방식이었다.

다음 사료 6의 밑줄 친 부분은 각 인물의 졸기사卒記事에서 『고려사』 열전 등에서 밝히지 못한 해당 인물의 자호나 시호를 안정복이 묘지명이나 족보 등에서 확인하여 주기한 것이 『동사강목』의 서술에 반영된 예이다. 사료 6의 이진 외의 수택본에 입전된 인물 가운데 김윤金倫,[8] 안축安軸,[9] 김광재金光載의 졸기[10] 역시 안정복이 앞서와 같은 방식으로 주기한 내용이 『동사강목』의 서술

8 『東史綱目』 권14상, 충혜왕 후 4년 2월조.
9 위의 책, 충혜왕 후 4년 6월조.
10 위의 책, 공민왕 12년 3월조.

에 반영되어 있다.

2) 『동사강목』 편찬에 활용된 수택본

이상의 사실은 수택본에 주기한 내용이 『동사강목』에 직접 반영된 대표적인 예를 정리한 것이다. 여기서는 수택본 전체의 내용이 『동사강목』의 편찬에 어떻게 활용되었는가를 살펴보고자 한다. 다음의 〈사례 2〉에 주목하기로 하겠다.

〈사례 2〉

1. 注簿崔瀣 如元中制科(『東史綱目』 권13하, 충숙왕 8년조)
2. 以朴瑗爲右副代言 安軸爲成均樂正
   (…) 王嘉軸上書 初授樂正 蓋州守遣人禮請… (『東史綱目』 권13하, 충숙왕 11년 2월조)
3. 右政丞 洪彬卒 謚康敬(『東史綱目』 권14상, 공민왕 3년 12월조)
4. 冬十月 檢校政丞金台鉉卒
   台鉉 少孤勤學 風儀端雅 受業先進之門 其家有女新寡 窺見而慕之 投詩窓隙間 以挑之 (…) 嘗手集東人詩文 號東國文鑑 卒謚文正 號快軒(『東史綱目』 권13하, 충숙왕 17년조)

먼저, 사료 1과 같이 안정복은 수택본에 입전된 인물 가운데 당시 원에서 시행한 과거인 제과制科에 합격한 인물은 연기가 확인되는 경우 『동사강목』의 해당 연기에 일일이 하나의 역사적 사실로서 보충하고 있다. 『고려사』나 다른 사서에도 제과에 합격한 사실을 『동사강목』과 같이 일일이 기록한 예는 찾아볼 수 없다. 사료 1의 최해 외에도 안축安軸,[11] 이곡李穀,[12] 안보安輔[13]의 경우도 위와 같은 방식으로 『동사강목』에서 이들이 제과에 합격한 사실을 밝히고 있다. 『고려사』의 경우 해당 인물이 제과에 합격한 사실이 대체로 열전에 기록되었기 때문에 세가에 그 사실을 서술하지 않은 것은 이해할 수 있는 일이다. 그러나 『동사강목』과 비슷한 서술체제인 『고려사절요』나 『동국통감』 등에는 그러한 사실이 생략되어 있다. 이 점은 『동사강목』만이 지니는 서술상의 특성이라 할 수 있다.

다음 『고려사』 세가에 의하면 박원朴瑗이 우부대언右副大言에 임명된 사실만 기록하고 있다. 그러나 안정복은 수택본에 입전된 안축이 역시 같은 해에 성균악정成均樂正에 임명된 사실에 근거하여 사료 2의 밑줄 친 부분과 같이 박원과 함께 안축이 성균악정에 임명된 사실을 뽑아 『동사강목』에 추가하였다. 한편, 채홍철蔡洪哲은 그의 열전에 지공거知貢擧가 된 사실만이 기록되어 있는데, 안정복은 그가 지공거가 된 사실을 충혜왕 후 5년이라 주기하였다(〈자료 1〉의 108-11-3의 자료를 참고할 것). 이에 근거하여 안정복은 『동사강목』 충혜왕 후 5년조에 그가 지공거가 된 사실을 추가하였다. 수택본에서 안정복이 해당 인물의 관직 제수 시기, 등과 시기 등에 대하여 가능한 자세한 주기를 남기었는데, 그것은 바로 위와 같이 서술하기 위한 것이었다.

이러한 작업은 여기에 그치지 않고 사료 3과 같은 형태로 서술되기도 하였다. 홍빈洪彬의 졸년이 열전에는 기록되지 않았다. 그러나 안정복은 그의 졸년을 다른 자료에서 확인하여 수택본에 그 사실을 주기하였다(〈자료 1〉의 108-12--를 참고할 것). 안정복은 그것에 근거하여 역시 사료 3과 같이 『동사강목』 해당 연기에 홍빈이 졸한 사실을 새로운 내용으로서 『동사강목』에 추가하였던 것이다. 특히 인물 졸기사의 경우 이러한 서술 방식이 많이 활용되었다. 홍빈 외에도 민종유閔宗儒,[14] 우탁禹倬[15] 역시 그러한 방식으로 『동사강목』의 서술에 반영

11 『東史綱目』, 권13하, 충숙왕 12년 2월조.

12 위의 책, 충혜왕 2년조.

13 『東史綱目』, 권14상, 충목왕 2년조.

되어 있다. 『동사강목』의 이러한 서술 방식은 『고려사』에 비해 훨씬 상세하다고 할 수 있다.

사료 4의 밑줄 친 부분은 김태현金台鉉이 우리나라 사람들의 시문을 모아 『동국문감東國文鑑』을 편찬하였다는 열전의 내용을 그대로 옮겨 적은 것이다. 그러나 수택본 김태현 열전의 두주에 의하면(〈자료 1〉의 110-1-4를 참고할 것) 안정복은 이색의 묘지명을 인용하여 '해동문감海東文鑑'이란 사실을 주기하였다. 결국 안정복은 열전의 기록을 신빙하면서도 이색의 묘지명에서 해동문감으로 달리 표기한 사실에 주목하여 수택본에 주기하였던 것이다. 물론 이 경우는 그가 주기한 내용이 『동사강목』에 직접 반영된 것은 아니지만, 그것은 안정복의 철저한 고증정신과 함께 그가 『동사강목』의 편찬을 위하여 수택본의 주기 부분을 철저하게 활용하고 있음을 잘 보여 주는 예가 된다.

안정복은 『동사강목』을 편찬하는 과정에서 『고려사』 세가와 열전, 그리고 기타의 자료에서 내용이 서로 어긋나는 부분을 정리 대조하면서 나름대로의 판단에 근거하여 사실을 수정하기도 하였다. 다음의 〈사례 3〉이 대표적인 예가 된다.

〈사례 3〉

1. (七月)戊辰 懿妃薨于元 八月癸酉 懿妃之喪 至自元 庚寅 葬懿妃(『高麗史』 권34, 충숙왕 3년조)
2. *懿妃卒于元 八月 以喪歸葬衍陵

   初妃薨 喪具未備 評理金怡燒骨納函 身自瘞之 朔望奠羊酒 王欲因乏大都西山 怡以百計止之不得 乃貨術士 以詭辭諭王曰 安席本國 可無後禍 王從之 遂還葬(『東史綱目』 권13상, 충숙왕 3년 7월조)

---

14 『東史綱目』, 권13하, 충숙왕 11년 5월조.

15 『東史綱目』, 권14상, 충혜왕 후 3년조.

* 冬十月 王及公主 至自元

(…) 由此推之 金怡傳所謂喪具未備 三年不返之說 恐非全誤也(金怡傳見考異)(같은 책, 충숙왕 3년조)

사료 1은 충숙왕 3년 7월 충렬왕비였던 의비가 원에서 죽자, 이 해 8월 고려에서 장례를 치렀다는 『고려사』 세가의 기록이다. 한편, 수택본에 입전된 김이 열전(권108)에 의하면 세가의 기록과 달리 김이는 의비가 원에서 죽자 자신이 3년 동안 원에시 의비를 위하여 제사를 지냈다고 하였다.[16] 안정복은 의비가 죽은 후 3년 동안 김이가 제사를 지냈다는 열전의 이른바 '三年不返之說'에 의문을 제기하면서 사료 2와 같이 『동사강목』에서는 세가의 기록을 존중하면서 그것에 근거하여 사실을 정리하였다. 나아가 안정복은 이에 대하여 다시 『동사강목』의 부록 「고이考異」편에서 열전의 기록이 부당함을 밝히고 있다. 이러한 사실은 안정복이 『동사강목』을 편찬하는 데 있어서 나름대로 얼마나 객관적이고 실증적인 입장에 서 있었는가를 보여 주는 좋은 예가 된다. 안정복의 이러한 작사정신作史精神이 역사서로서 『동사강목』의 가치를 한결 높여 준 요인이 되었다고 생각된다. 이 글은 수택본에 한정시켜 『동사강목』의 해당부분과 대조하는 데 그치고 있으나, 이러한 작업을 『동사강목』의 전 편에 확대시켜 정리하는 일이 『동사강목』이 지니는 사료적 가치를 보다 분명하게 확인하는 지름길이 될 것이다.

16 『고려사』 권108, 金怡傳. "懿妃薨于元 喪具未備 怡燒骨納函 身自瘞之 每當朔望 備洋酒 親奠 終三年 後王欲仍窆大都西山 怡以百計止之 (…) 王從之 還葬衎陵."

3) 『동사강목』과 다른 사서의 서술 방식 비교

안정복은 『동사강목』을 편찬하는 과정에서 당시까지 전래되었던 사서의 편찬방식에 크게 의존하였다. 그러한 사실을 잘 보여 주는 예가 다음의 자료이다.

〈사례 4〉

1. 乙丑遣密直副使金台鉉 如元賀聖節(『高麗史』 권32, 충렬왕 27년 7월조)
2. 遣使如元賀節

   密直副使 金台鉉 奉使至上都 適元主幸朔方 中書省奉勅停諸路使臣 台鉉獨曰 下國事大以來 歲時朝賀 未嘗有闕 止於京師 帝命也 達於行在 吾君命也 寧獲罪於帝 不敢廢吾君命 省許之 遂達行在 元主嘉忠懇 賜御饌以寵之(『東史綱目』 권13상, 충렬왕 27년 7월조)

〈사례 5〉

1. 典法判書李瑱上書前王 王嘉納超拜政堂文學(『高麗史』 권32, 충렬왕 33년 8월조)
2. 廢王 以李瑱爲政堂文學

   廢王將革本國積弊 典法判書李瑱上書曰殿下樹勳帝室 眷遇日隆 誠宜有功不伐 居寵若驚 無功之人 不可妄授 況延及其族黨乎 其詐稱父王之賜 竊府軍錢穀者 人皆疾之 不可不察 其賜給土田 除有功外 一切收之 官冗員多 靡費廩祿 除六部尙書外 餘悉倂省 比年旱荒 民皆艱食 宜罷不急之役 嘉納之 超拜政堂文學(『東史綱目』 권13상, 충렬왕 33년 8월조)

〈사례 6〉

1. 己酉幸金文衍家 烝淑昌院妃 未幾進封爲淑妃(『高麗史』 권33, 충렬왕 34년 충선왕 복위년 10월조)

2. 王幸金文衍家 封淑昌院妃金氏 爲淑妃 監察糾正禹倬 上書直諫 不聽
王幸金文衍家 烝淑昌院妃 人莫敢言 倬白衣持斧荷藁席 詣闕上疏敢諫 近臣展疏不敢讀 倬礪聲曰 卿爲近臣 未能格非而奉惡至此 卿知其罪耶 左右震慄 王有慚色 未幾進奉淑妃 崔氏曰 忠宣之不禮於淑妃 非人臣所可說 倬抗疏敢言 自分必死 無一毫顧籍心 千載想之 孤忠峻節 倬不可及已(『東史綱目』 권13상, 충선왕 복위년 10월조)

위의 사례들은 수택본에 입전된 인물을 중심으로 해당 인물에 관한 사실이 『동사강목』에 어떻게 반영되었는가를 검토하기 위한 몇 가지 대표적인 예이다. 위의 각 사례에서 사료 1은 모두 『고려사』 세가의 기록이다. 사료 2는 안정복이 『고려사』 세가와 수택본인 열전의 내용을 종합하여 『동사강목』에 서술한 내용이다. 결국 『동사강목』은 『고려사』 세가나 열전에 분산되어 있는 사실을 종합하여 사료 2와 같은 방식으로 편찬되었던 것이다.

한편 수택본에 입전된 인물에 대한 『동사강목』의 내용과 그것과 비슷한 서술체제를 가진 『고려사절요』와 비교하여 보면 양자 사이에 서술 내용이 일치하는 경우가 많다. 예컨대 〈사례 4〉의 사료 2는 『고려사절요』의 내용과 일치하고 있다. 〈사례 5〉와 〈사례 6〉의 사료 2 역시 마찬가지이다. 안정복은 당시 『고려사절요』가 전해지지 않아 『동사강목』을 편찬하는 과정에서 그것을 참조하지 못하였다고 하였으나,[17] 위의 사실만 놓고 볼 때 그가 『고려사절요』를 참조하지 못하였다는 사실이 착오가 아닐까 하는 의문을 가져볼 수 있다. 그러나 각 사례의 사료 2에 대한 『동국통감』의 서술[18]과 비교하여 보면 그러한 의문은 쉽게 해소된다. 즉 각 사례의 사료 2는 또한 『동국통감』의 내용과도 일치하고 있다. 이로 미루어 보아 위 사례의 사료 2는 『동국통감』의 내용을 전사하였음

---

17 『東史綱目』 首卷, 「凡例」, 採據書目條.
18 『동국통감』 권41, 충렬왕 33년 8월조.

이 분명하다. 거슬러 올라가 『동국통감』의 서술은 편찬 당시 『고려사절요』를 참고하면서 그것을 역시 그대로 전사하였던 것으로밖에 볼 수 없다. 위의 사례는 대표적인 예만 든 것에 불과하다. 이 외에도 수택본에 입전된 인물에 대한 서술 가운데 『동국통감』과 일치하는 경우를 많이 찾아볼 수 있다. 이러한 점은 후대 사서史書가 일반적으로 안고 있는 2차·3차 사료라는 사료로서의 한계와 제약점을 『동사강목』 역시 고스란히 떠안고 있음을 명백히 보여 주는 부분이라 할 수 있다.

『동국통감』이 편찬될 당시 고려시대 서술은 당시로서는 그리 멀지 않은 시기에 편찬되었던 『고려사』나 『고려사절요』에 의존하였을 것이고, 그 가운데 같은 사체인 『고려사절요』를 많이 참고하였을 가능성이 크다. 『동사강목』 역시 편년체 형식이기 때문에 편찬과정에 같은 형식의 사체인 『동국통감』이 많이 활용되었을 것으로 판단된다. 『동사강목』의 인물에 관한 서술 내용이 상당수 『고려사절요』의 내용과 일치한 주요한 이유는 바로 이와 같은 사정 때문이었다. 이로 미루어 보아 『동국통감』 외에도 범례에서 안정복이 편찬에 참고하였다고 한 『여사제강』·『동사찬요』·『동사회강』의 고려사 서술 부분도 『동사강목』의 편찬에 상당히 많이 이용되었다고 보아도 좋을 것이다.

『동사강목』의 편찬이 이상과 같이 당시까지 전해 왔던 역사서의 서술 내용과 편찬방식에 의존한 것은 사실이지만, 한편으로 이러한 서술 방식을 준용하여 안정복이 『동사강목』을 새롭게 정리한 부분도 적지 않았다. 다음의 사례가 구체적인 예가 될 것이다.

〈사례 7〉

1. 申酉以閔頔爲平壤尹 金怡爲右副丞旨(『高麗史』 권33, 충선왕 원년 12월조)

2. 十二月 以閔頔爲平壤尹 金怡右副承旨

(가) 頔 宗儒之子也 風儀秀雅 忠烈目爲國仙 從王在燕邸四年 頗著勤勞 怡亦以從臣入元 王之被讒 資用不繼 欲賣寶帶 怡遂貸錢以供頔

(나) 後忠烈與王俱在元 兩王之臣 角立相傾 怡懼禍將起 密取王受封詔冊 潛帶腰間 以他紙納 空宣匣中 封緘如故 居數日 宣匣果爲人所竊 王大驚 怡密告之 月餘 群小計垂成 怡出所佩冊命以驗之事遂寢 至是有是命(『東史綱目』 권13상, 충선왕 원년 12월조)

〈사례 8〉

1. 壬辰 以金恂爲上洛君 金子興爲鷄林君 權漢功爲僉議評理 崔誠之爲同知密直司事大司憲(『高麗史』 권34, 충선왕 4년 6월조)

2. 以崔誠之同知密直司事

誠之自王在春宮 已爲僚屬 久從于元 及王定內亂立武宗 誠之居左右多所贊襄 王深寵信任之初誠之爲執義 葬慶陵時 舊例中丞署名封玄宮 俗傳封陵者不吉 是日執義李信沖辭 王命誠之 且曰前程不在我乎至是驟遷(『東史綱目』 권13상, 충선왕 4년 6월조)

〈사례 9〉

1. 丁巳 元中書省差遣明和尙來言 皇叔晋王卽帝位 是爲泰定皇帝 大赦天下 召還上王(『高麗史』 권35, 충숙왕 10년 9월조)

2. 秋九月 元召上王還

時英宗被弑 泰定帝卽位 大赦天下 召還上王 上王之被留也 雞林君王煦 欲以身代 元主聞而憐之 煦將謁上王于土蕃 道遇使者與語 使者喜曰 奉詔迎王 然吾當巡諸路恐晩 公宜先報 於是煦兼行至臨兆見王 旣而使者亦至 遂奉上王還(『東史綱目』 권13하, 충숙왕 10년조)

위 사례 중 각각의 사료 1은 역시 『고려사』 세가의 내용이다. 각 사례의 사료 2는 세가, 즉 사료 1에 근거하여 안정복이 이와 관련된 여러 사실들을 뽑아서 내용을 새롭게 구성한 것이다. 구체적으로 〈사례 7〉의 경우 사료 2의 (가) 부분은 민적閔頔, (나) 부분은 김이金怡의 열전 가운데 사료 1과 관련된 사실을 뽑아 안정복이 내용을 새롭게 구성한 것이다. 이러한 서술 방식은 기존의 『고려사』의 서술 방식에 비해 진일보한 것이다. 〈사례 8〉과 〈사례 9〉의 사료 2는 각각 최성지崔誠之와 왕후王煦의 열전에서 관련된 사실을 뽑아 내용을 재구성하였다. 이러한 서술 방식은 앞의 사례 3, 4, 5의 편찬방식과 외형상 큰 차이가 없다. 그러나 앞의 사례는 『동국통감』의 내용을 그대로 옮겨 적은 데 불과하다. 이에 반하여 사례 7~9는 안정복이 자신의 주관에 따라 『고려사』 열전 등에서 관련 사실을 정리하여 새롭게 서술한 것이다. 따라서 위 사례 7~9의 사료 2 부분은 『고려사절요』나 『동국통감』의 내용과 전혀 다르다. 따라서 사례 7, 8, 9는 서술방식에 있어서 사례 4, 5, 6을 모방하면서도 그 내용은 훨씬 진전된 것으로서, 안정복의 독창적인 역사서술의 한 부분이라 할 수 있다. 이와 같이 안정복은 술이부작述而不作의 대의大義 위에서 기왕의 역사자료를 근거로 하면서도 그것을 충실하게 재편집하여 『동사강목』의 편찬에 반영하기도 하였다. 이러한 서술 방식이 한 단계 더 진전된 것이 다음의 자료이다.

> 政丞曹頔作亂 (…) 時曹頔與瀋王暠相謀 送暠入元 因稱疾不出 慶華公主召頔 道王淩暴狀 (가)頔與洪彬及省官 至永安宮 宮卽公主所居也 招集百官 聲言逐去群小 而陰爲瀋王地 (나)頔脅百官告其謀 彬曰若是 失之又甚矣 縱其兄不道 有弟在 瀋王何與焉 (…) 王雖欲殺我 我不懼 遂使人連車 綴官門外以備之 與洪彬申伯等十八人 點軍千餘 (…) 進襲王宮 (다)王驍勇善騎射 率精銳十數人 突出潰圍 馳呼於道曰 逆賊頔也 餘人爲所脅耳 予悉知之 無恐 (…) 時金倫韓宗儒治獄 一府皆慾嚴治 (라)倫獨曰 此輩詿誤於頔指嗾 何足責哉… (『東史綱目』 권14상, 충숙왕 후 8년 충혜왕 즉위년조)

위의 자료는 조적曹頔의 난에 관한 『동사강목』의 서술 내용이다. 『고려사』 세가에는 이에 관한 사실이 생략되어 있으며 『고려사』 권131 조적열전에만 그 내용이 실려 있다. 한편, 『고려사절요』에는 열전의 내용이 축약되어 실려 있다. 그러나 위 자료, 즉 『동사강목』의 서술은 『고려사』와 『고려사절요』의 내용을 더욱 보완하고 있어 주목된다. 예를 들어 위의 자료 가운데 (가)와 (다)

부분은 이색李穡이 찬한 홍빈洪彬의 묘지명의 내용(〈자료 1〉 108-12-1의 주기를 참고할 것)이 그대로 인용된 것이다. 그리고 (나) 부분은 『고려사』 조적열전의 내용에서, 마지막 (라) 부분은 수택본의 김윤金倫열전에서 인용한 것이다. 『동사강목』의 이 부분에 관한 서술은 묘지명과 다른 열전의 내용이 종합되어 있다. 그런 점에서 『동사강목』이 오히려 『고려사』나 『고려사절요』의 내용보다 훨씬 상세하고 여러 사실을 한 곳에 정리한 장점이 있다. 따라서 이 부분의 서술에 관한 한 『동사강목』의 서술이 훨씬 사료적 가치가 크다고 할 수 있다. 안정복의 『동사강목』이 기왕의 역사서보다도 진전된 측면이 있다면 바로 이러한 점이라 할 수 있다.

다음의 자료는 이제현의 손자인 이보림李寶林이 남원부사로 부임하여 제용재濟用財를 설치하여 군현의 재정부족을 보충하고 민생의 안정을 이룩한 치적을 기록한 『동사강목』의 기록이다.

> 寶林齊賢之孫 有政事才 嘗知南原府 時賦急不及辦 民或破産 會徵逋稅得布若干 啓按廉使 使嘉之 又出布佐之 寶林善決訟 奴婢訟官 受直布口一匹 總得布六百五十匹 擇鄕校三班各一人 使典之 支縣之急 戒府吏無他用 又以賓客絡繹 斂以委積 民甚苦 又啓按廉 得布糴米若干 舊有屯田 恣吏爲姦 寶林躬親其勞 吏不敢罔 得米二百石豆菽百五十石 立法散斂 存本用息 度新墾田 可收七十二石 以供委積 名曰濟用財 於是民無橫斂 此節用牧隱集… (『東史綱目』 권16상, 우왕 원년 5월조)

그런데 위의 자료는 안정복이 『여지승람』 권39 남원도호부 명환조에서 이보림이 설치한 제용재에 관한 사실을 수택본 이보림열전에 주기한 것인데(〈자료 1〉 110-8-2의 주기를 참고할 것), 그는 이 주기 부분을 십분 활용하여 그것을 『동사강목』에 거의 그대로 옮겨 놓았다. 한편, 『고려사』 권110 이보림열전에 의하면 '寶林爲人嚴毅方正 有政事才 嘗知南原府 新置濟用財 以支供費 民無橫斂'이라 하여 그가 남원부사 시절에 제용재를 설치하였다는 간단한 사실만 전하고 있을 뿐 구체적인 내용은 서술되어 있지 않다. 한편, 『고려사절요』에는 『동사강목』에서 제용재에 관한 사실을 적은 우왕 원년 5월조에 '判安東府使李寶林 以治最 擢爲大司憲'이라 하여 제용재 설치 사실을 기록조차 하지 않았다. 따라서 이보림에 제용재를 설치한 기록은 『동사강목』의 경우가 『고려사』나 『고려사절요』보다 훨씬 충실한 것이며, 그런 점에서 역시 사료적 가치가 있다.

4. 맺음말

안정복의 고려사 수택본을 중심으로 하여 『동사강목』의 편찬과정이나 서술방식의 특성을 살펴보았다. 그러나 수택본의 범위가 『고려사』 전체 139권 가운데 겨우 3권에 불과하여 충분한 고찰이 되지 못하였다. 그러나 수택본은 비록 제한된 것이지만, 그 속에는 안정복이 『동사강목』의 고려사 부분을 보완하기 위하여 여러 자료를 참고하면서 보충한 새로운 사실들이 상당히 많이 주기되어 있다. 이 글은 이에 대한 분석을 통하여 안정복의 역사서술 방식과 태도, 나아가 『동사강목』이 지니는 사료적 가치를 여러 각도에서 살펴보았다. 이를 다시 한 번 정리하면 다음과 같다.

수택본의 저본이 열전인 관계로 주기 내용의 대부분은 열전에 수록된 인물의 생몰년, 관직 진출 시기와 관력, 자호, 가계와 혼인관계 등에 관한 사실들이었다. 안정복은 열전에 기록되지 않은 사실들을 여러 자료에서 뽑아내어 그것을 수택본에 상세하게 주기하였다. 수택본 주기 가운데 가장 많은 내용이 이 관계 기록이었다. 그는 이를 위하여 묘지명, 족보, 『여지승람』의 인물조人物條, 명환조名宦條, 우거조寓居條 등을 특히 많이 활용하였다. 또한 이런 내용의 주기 부분이 실제로 『동사강목』의 서술에 가장 많이 반영되었다.

주기 내용 가운데 또 하나 주목되는 것은 인물의 행적에 관한 것이다. 예컨대 안정복은 이색이 찬한 안보의 묘지명에서 그의 문생관계를 추려 내어 그것을 수택본에 주기하였는데, 그것이 『동사강목』에서 안보에 관한 사실을 서술하는 데 그대로 반영되었다. 마찬가지로 그는 이색이 찬한 홍빈의 묘지명에서 조적의 난에 관한 사실을 뽑아 수택본에 주기하였는데, 그것이 『동사강목』의 서술에 그대로 반영되었다. 한편, 안정복은 족보나 세보를 인용하여 인물의 행적에 관하여 새로운 사실들을 수택본에 주기의 형식으로 정리하였다. 『동사강목』의 서술에 반영되지 않았으나 이조년의 세보에서 그의 시조가 신라의 재상이었는데 고려 초 불순명不順命하여 이역吏役을 짊어지고 주현에 분처分處되었다는 사실(〈자료 1〉의 190-8-2의 자료를 참고할 것)이나 한종유가 소시절에 방탕불기한 모습을 보략譜略에서 뽑아 주기한 사실(〈자료 1〉의 110-5-2의 자료를 참고할 것)은 고려시대 사회사나 풍속사 자료로서 활용될 수 있는 훌륭한 자료이다. 이로 미루어 보아 족보나 호적 등에 관한 자료도 앞으로 부족한 고려시대사의 내용을 보완하는 데 적극 활용할 필요가 있다.

안정복은 『동사강목』의 고려편을 편찬하기 위하여 그때까지 전해 내려온 고려사 『동국통감』 등 여러 사서의 고려관계 서술을 많이 참고하였다. 수택본의 범위에 국한된 것이지만 특히 『고려사절요』의 내용과 일치하는 경우가 많았다. 안정복이 『동사강목』을 편찬하는 과정에서 그의 말대로 『고려사절요』를 참고하지 않았으나, 그는 같은 사체인 『동국통감』을 적극 활용하였다. 『동국통감』 역시 편찬과정에서 『고려사』보다는 같은 사체의 역사서인 『고려사절요』를 많이 참고하였다. 이 과정에서 『동사강목』과 『고려사절요』의 내용이 일치하는 부분이 많이 나타났던 것이다. 일치된 부분이 모두 『동국통감』의 내용과 일치하고 있다는 데서 뒷받침된다. 이러한 사실은 『동사강목』이 2차·3차 자료로서의 한계를 보여 주는 좋은 예가 된다.

한편으로 안정복은 같은 사실에 대하여 수택본에 분산되어 수록되어 있는 여러 자료를 한곳에 모아 다시 계통을 세워 종합적으로 서술한 것을 여러 곳에서 찾아볼 수 있었다. 또한 수택본에 수록된 인물의 행적 가운데 구체적인 연기年紀를 다른 자료에서 확인하여 주기한 경우에는 『동사강목』의 해당 연기에 열전의 사실을 추가하여 새롭게 서술하였다. 이러한 서술 방식은 나름대로 그의 창조적인 작사정신을 돋보이게 하여 주는 부분이라 할 수 있다. 조적의 난이나 이보림의 제용재 설치에 관한 서술은 『고려사』나 『고려사절요』의 내용보다 훨씬 충실한 것이며, 오히려 이들에 비하여 『동사강목』이 훨씬 사료적 가치가 높은 것이라 할 수 있다.

이 글에서 다룬 내용은 수택본의 자료가 워낙 제한되어 있기 때문에 『동사강목』이 갖는 사학사적 의미를 밝히는 데 분명한 한계를 갖는 것은 사실이다. 그렇다 하더라도 이 연구를 통하여 『동사강목』이 『고려사』 편찬 이후 300여 년이 지난 시점에서 서술되었다는 이유로 그것의 사료적 가치를 일방적으로 폄하할 수 없다는 사실은 확인된 셈이다. 이 연구를 계기로 특히 조선 후기에 많이 편찬된 고려시대에 관한 여러 사서를 이와 같은 방식으로 전면적으로 재검토할 필요가 있다. 특히 부족한 고려시기 자료를 보완한다는 점에서도 그것은 의미 있는 작업이 될 것이다. 많은 시간과 노력을 요하는 것이지만 이러한 접근방식이야말로 단순히 사서를 편찬한 사가의 사론이나 범례나 서문에 대한 분석을 통하여 해당 사서의 사학사적인 의미를 추구하여 왔던 기왕의 사학사 연구수준을 한 단계 높이는 계기가 될 것이라 확신한다.

안정복

삼한정통론으로 역사의 자주성을 밝힌 실학자

이이화

순암 안정복(1712~1791) 하면 대부분 『동사강목』을 떠올릴 것이다. 사실 그렇다. 후기 실학자들은 대부분 현실개혁의 방안으로 토지제도나 신분제도 같은 사회·경제적인 문제에 토대를 두고 서학의 수용과 서양 과학기술의 도입 등을 그 방법으로 내세웠다. 그러나 안정복은 이와 달랐다. 그는 개신 유학의 이론가로 자주역사를 기록하기에 온 정열을 쏟아 민족주체성을 확립하는 데에 기여했다.

그러나 후세에서는 그를 흔히 보수 경향의 개혁사상가라고 부른다. 성호 이익에게는 두 계열의 제자들이 있었다. 하나는 보수 경향이던 우파였고 하나는 급진주의적 경향을 띤 좌파였다. 안정복은 우파에 속했던 것이다.

낮은 벼슬아치로 있던 그의 할아버지 안서우安瑞羽는 서울 남대문 밖 청파동에 집을 마련하고 있었으나 벼슬을 내놓은 뒤에 생계가 막연하여 친척이 사는 제천 유원楡院으로 온 가족을 거느리고 이사하였다. 그의 가족이 이곳에 옮겨

온 지 두 달 뒤에 그가 태어났다. 그는 어머니의 뱃속에서부터 옮겨 다니는 신세가 되었던 것이다. 그가 네 살 적에 다시 서울로 올라와 외가가 있는 건천동乾川洞에서 더부살이를 했고 2년 후에는 외할머니가 농장이 있는 영광으로 가자 어머니와 함께 그곳에 따라가 살았다.

그의 외가는 효령대군의 후손으로 살림이 넉넉했던 것으로 보인다. 그가 아홉 살 적에 서울로 올라와 남대문 밖 남정동藍井洞에 있는 친가로 왔고, 열네 살 적에 할아버지가 울산부사로 승진하여서 그곳 임소에 가서 지내게 되었다.

1년이 못 되어 할아버지의 벼슬이 떨어지자 무주로 옮겨와 안정복이 스물네 살이 되어 할아버지가 세상을 뜰 때까지 그곳에서 살았다. 그는 스물다섯 살에 선조 대대로 살아왔던 경기도 광주군 경안면 덕곡리로 옮겨와 살게 되었다. 이토록 그가 이곳저곳 옮겨 다니며 살고 여러 군데를 이사 다닌 것은 바로 그의 불쌍한 소년·청년 시절을 뜻하는 것이다. 어쨌든 광주에 터를 잡은 뒤부터 그의 집안은 잦은 이사가 없게 되었다.

늦은 나이에 얻은 벼슬

안정복은 비록 조상의 고향으로 돌아왔으나 재산이 있었던 것이 아니고 밭 몇 뙈기로 많은 식구를 먹여 살려야 했다. 그러면서도 학문을 조금도 게을리하지 않았다. 그의 스승이었던 할아버지가 없는 세상에서 자신의 노력으로 깊은 학문의 경지를 개척해 나갔다. 뿐만 아니라 가산家産과 학문 이외에 동약洞約 등을 만들어 마을 풍속을 바로잡고 교화를 펴는 데도 힘을 쏟았다.

안정복은 10여 년 동안 각고의 노력을 기울였으나 학문에 대한 의문이 너무나 많았다. 이에 같은 고을 첨성리에서 제자를 기르며 학문으로 이름이 높던 이익을 찾아갔다. 아마도 오래전부터 이익의 이름을 듣고 있었던 것으로 보이는데 그제야 찾아갔던 것이다. 이익은 그의 학문의 경지를 높이 평가했다. 안정복은 옛 성현의 가르침을 성실히 따라 실천해야 하며 특히 주자의 가르침에 충실한 것이 참다운 학자의 길이라고 주장했다.

그렇지만 이익은 자득을 간곡이 당부했다. 다시 말해서 옛 성인의 가르침을 토대로 학문을 전개하되 그것은 어디까지나 섭취할 뿐이요, 거기서 새로운 의문과 비평의식을 길러 창조적 방향으로 나아가야 하는 것이라고 일러 준 것이다. 그는 이익의 말에서 학문의 새로운 경지를 발견하게 되었다.

그는 의문이 있을 적마다 스승 이익에게 글을 올려 물어보거나 직접 찾아가서 토론을 거듭했다. 또 이익도 안정복의 물음에 대해 상세한 해답은 물론 자기 자신이 마치지 못한 저술의 정리를 부탁하기도 했다. 특히 백과사전격인 『성호사설』의 정리를 안정복에게 부탁한 것은 역사적으로 유명한 일이 되었다. 어쨌든 이 두 사람의 만남은 한국 실학을 위해 퍽 다행한 것이었다. 안정복의 명성은 30대 후반에 들어 널리 퍼졌다. 그리하여 조정에서는 비록 낮은 벼슬이기는 하나 그에게 벼슬을 내려 그의 능력을 인정하기에 이르렀다.

1749년(영조 25) 3월, 서른여덟 살의 안정복은 학문적 명성으로 동몽교관童蒙教官이 되었고, 5월에는 후릉참봉厚陵參奉에 제수되었으나 부임하지 않았다. 이때 안정복은 이익에게 다음과 같은 편지를 올렸다.

> 지난날 동몽교관은 경학으로 되었고, 오늘 후릉참봉은 문음門蔭으로 되었습니다. 경학은 아는 것이 없고 문음은 저의 부친보다 직급이 높게 되어 나아가지 않았습니다. 어떤 사람은 부친보다 직급이 높을 것을 말하여 출사하지 않는 이유를 말하라 하지만 그러면 부자가 함께 높이 되는 것을 바라는 것에 지나지 않기 때문에 그만두었습니다.

그러나 안정복은 같은 해 11월에 만녕전참봉萬寧殿參奉이라는 미관말직에 제수되어 출사하였고, 1751년에는 의영고봉사義盈庫奉事가 되었다. 그는 비록 미관말직에서도 직무를 충실히 하여 다음해 의영고봉사를 그만둘 때에는 군민들이 거사비去思碑를 세울 정도였다 한다. 이 소문을 들은 이익은 다음과 같은 내용의 편지를 보냈다.

의영고 문 밖에 거사비를 세웠다 하니 미관말직으로서는 고금에 없는 일이네. 자기의 일에 충실한 한 작은 관리의 모습을 가히 알 만하네. 나의 벗은 신분이 낮다고 하여 그만두는 일이 없기를 바라네.

어쨌거나 안정복은 낮은 관직에서 차차 진급되어 봉정대부奉正大夫·중훈대부中訓大夫·정릉직장靖陵直長을 거쳐 1754년에는 사헌부감찰이 되었다. 관계에 들어선 지 5년, 마흔세 살로 겨우 중앙의 말직을 제수받은 것이다.

감찰이 된 해 6월 그는 부친상을 당하였다. 그는 관직에서 물러나와 부친의 3년상을 마치고 『희현록希賢錄』·『임관정요臨官政要』 등을 편찬하였는데 이때 순암이라는 서실을 짓고 학문에 몰두했다. 이때부터 '만사는 순리에 따른다'는 뜻으로 순암이라는 호를 쓴 것으로 보인다. 이 무렵 그는 이익에게 서신을 보내 천주교를 이단으로 규정지었다.

근래 서양의 서적을 보니 그 설이 비록 정밀하나 종시 이단의 학이었습니다. 우리 유학의 수기修己·양성養性, 행선行善·거악去惡은 하나의 당위를 행하는 것에 불과한 것이지, 일호라도 후세의 복을 받고자 하는 것이 아닙니다. 서학은 그 수신하는 것이 하느님의 심판을 위한 것이라고 하니 우리 유학과는 크게 다릅니다. 『천주실의』에는, "천주가 노하여 루스벨[輅齊佛兒]을 마귀로 만들어서 지옥으로 내려보냈다. 이로부터 천지간에는 마귀와 지옥이 있게 되었다" 하였습니다. 이런 말을 살펴보건대 이것은 틀림없이 이단입니다. 천주가 만일 루스벨로 하여 지옥을 만들었다면 지옥은 천주의 사옥私獄에 지나지 않습니다. 또 지옥이 생기기 전에 악을 저지른 자는 지옥의 고통을 받지 않을 것이니, 천주의 상벌이 다시 어디에 베풀겠습니까… (「상성호선생별지上星湖先生別紙」)

이것은 바로 서학에 대한 안정복의 견해를 단적으로 표현하는 것이 된다.

안정복은 1758년 마흔여덟 살 때 초라한 광주의 초가에서 불후의 대작 『동사강목』을 3년에 걸쳐 완성한다. 벼슬길에서 물러나온 지 5년 만의 성과였다(『동사강목』은 그 후 20년에 걸쳐 손질하였음). 이익의 주체사관을 충실히 계승하고 종래의 사대사관을 탈피한 조선은 어디까지나 조선민족이 세운 나라(「삼한정통론」에서 상술)임을 밝힌 것이다.

1762년 안정복은 스승의 저술인 『성호사설』을 산정·분류하여 12권으로 만드는 데 온갖 심혈을 기울였다. 그가 쉰두 살 적에 스승 이익의 장사를 치렀다. 이제 그에게 스승의 유업을 받들고 스승의 저술을 정리하는 일이 맡겨진 셈이다.

삼한정통론으로 독자적 역사관 제시

예순이 넘은 그에게 영조의 배려로 동궁(뒤에 정조) 가르치는 일이 맡겨졌다. 그는 온 지식을 동원하여 동궁에게 참 왕도의 길을 가르쳤고, 또 한편 현실의 개혁을 위해 반계 유형원이 지은 『반계수록』의 중요성을 왕에게 역설하여 『반계연보』를 왕명으로 지어 올리기도 했다. 영조가 죽고 정조가 왕위에 올라서는 그에게 목천현감이라는 원 자리가 주어졌다. 1776년, 그의 나이 예순다섯 살이었다. 아마 정조는 그의 학문을 직접 백성들에게 시험해 볼 기회를 준 것이리라.

어쨌든 그는 여러 번 사양했지만 끝내 3년 동안 이 일을 보았다. 그는 원 노릇 하면서 백성의 세금을 덜어 주고 기민을 구제하고 화목을 도모하고 민폐를 없애기에 온 정열을 기울였다. 그가 백성들을 위해 여러 가지 일을 벌인 지 몇 달이 못 되어 백성들의 원성이 끊어졌고 곳곳마다 송목비頌木碑가 백성들의 손으로 세워졌다.

곧 백성들은 나무를 깎아 원의 덕을 기리는 비를 세웠는데 그 비에는 "관이 스스로 얼음을 저장하니 정치가 얼음과 같이 맑고, 관이 스스로 장부를 만드니 정사에 실릴 만하도다"라고 되어 있었다. 이 말은 그가 부임하여 관에서 쓸 얼음을 백성을 동원하여 저장하는 폐단을 보고 관에서 경비를 내어 얼음을 저장하였고, 또 종래 세미운반비를 부당하게 거두어들였던 폐단을 없애기 위해 쌀을 내어 적당한 이식을 불려서 세미운반비에 충당하면서 장부를 만들었던 일을 칭송한 것이다.

어느 날 감영에 갔다 오다가 이 목비를 본 안정복은 목비를 모조리 뽑으라고 지시하였고 이에 뽑힌 목비가 한 수레나 되었다고 한다. 온갖 수탈을 일삼으면서도 손수 돌에 그럴 듯하게 선정비를 세워 후세에 전하려 했던 여느 고을 원들에 비해 이 일을 보아도 그가 어떤 인물이었나를 짐작할 수 있을 것이다. 그 후 그는 실직을 받은 것은 아니었지만 통정대부通政大夫에 올랐고 광성군廣成君에 봉해지는 영광을 입고서 여든의 세수世壽를 누렸다.

그는 많은 저술을 남겼으나 『동사강목』을 으뜸으로 친다. 『동사강목』은 우리나라 역사를 자주적으로 체계를 세워 기술한 것이다. 그는 우리나라 역사책이 제대로 이루어진 것이 없음을 안타깝게 여기고 마흔여덟 살에 이 책을 완성하였다. 그러나 그 후 끊임없이 교정을 거듭한 것을 보면 긴 세월에 걸쳐 이루어졌음을 알 수 있겠다. 그는 이 책을 저술하기 위해 우리나라 역사에 관계되는 서적은 모조리 보았는데, 특히 유형원이 우리나라 역사에 관해 쓴 글에 주목했다. 우리나라 역사책은 물론 중국의 모든 역사책을 섭렵했고 일본의 『서기』까지도 보았다.

그리하여 지난날 우리의 역사책이 자주성을 결여한 것을 시정하였다. 곧 단군·기자·삼한을 정통의 줄기로 잡고 한족이 침입하여 세운 위만조선이나 한사군을 정통에서 제외한 것이다. 이 책이 정조의 관심을 끌어 1783년에는 왕명에 의해 규장각 직재소直齋所에 들어가 직접 교정하여 왕에게 올렸다.

자주의 역사가 없고 그 자주의 역사를 가르치지 않는 민족은 오래 버티지 못하는 것이 바로 역사의 교훈이다. 이런 점에서 그의 역사기술은 바로 민족의 자존심과 민족의 주체를 확립하는 데에 초석이 되었다.

물론 이 책은 지나치게 유가적 기준에서 합리성을 따지거나 독자적인 체계보다 주자의 『통감강목通鑑綱目』의 방식을 따랐다는 한계를 지니고 있기는 하나 우리나라 최초의 자주성을 바탕으로 한 역사책임에는 재론의 여지가 없는 것이다.

그의 사관을 좀 더 구체적으로 알아보면 이러하다. 삼한정통론은 이익이 주창한 바 있었고, 안정복은 이 주장을 충실히 계승하였다. 안정복의 정통론은 『동사강목』에서 제기되었다. 정통론이란 중국 사가들이 중국의 천자를 세계의 통치자로 보고 뒤를 잇는 왕조를 계보를 대어 정통으로 만드는 것이다. 그러나 중국 이외에는 독자적 왕조가 있을 수 없고 따라서 정통도 있을 수 없는 것이다.

이 중국의 정통론을 맹목적으로 따른 고려・조선의 사가들은 애써 소중화로 자처하면서 중국의 영향을 받기도 전에 우리나라를 중국의 제후로 만들어 버리는 결과를 낳고 있었다. 그것은 김부식의 『삼국사기』와 서거정 등이 편찬한 『동국통감』 등에서 두드러지게 나타나고 있었다. 이런 것을 통탄한 안정복은 『동사강목』의 서문에서 다음과 같이 밝히고 있다.

> 내가 여러 사서史書를 읽어보고 개연히 바로잡을 뜻을 가지고 동사東史를 널리 취하고 중국사에서 동쪽의 일을 기록한 것을 가지고 깎고 다듬어 책을 만들었다. (…) 대저 사가의 대법은 계통을 밝히는 것, 찬역簒逆을 엄히 하는 것, 시비를 바르게 하는 것, 충절을 기리는 것, 전장典章을 상고하는 것이다.

이런 대법의 바탕 위에서 『동사강목』을 기술하면서 「범례」 첫머리에 다음과 같이 기술하였다.

> 무릇 계통은 사가가 책머리의 제일의第一義로 삼는데, 『동국통감』은 단군・기자의 사적을 별도로 외기外紀로 삼았으니 그 의의가 옳지 않다. 그러므로 지금 정통을 기자에서 시작하고 단군을 기자가 동래東來한 아래에 붙였는데….

이와 같이 우리나라의 정통이 단군임을 분명히 밝히고, 이어 그 정통의 이어진 계통을 단군－기자－마한－통일신라－고려라 하였다. 이어 위만은 찬탈한 도적이기 때문에 『동국통감』에서 단군·기자와 합하여 삼조선三朝鮮이라 한 것은 잘못이므로 삭제한다고 기술하였다. 그러면서 부연하기를 단군은 처음 나라를 열었고, 기자는 처음으로 문물을 홍기시켜 각기 1천여 년의 신성의 다스림이 없어지지 않았다고 천명하였다.

이것이 '삼한정통론'의 대강이다. 이 삼한정통론은 실학자들 특히 이익에게서 제기되었고, 안정복에게서 발전·체계화되었던 것이다. 이 삼한정통론을 제창함으로써 우리나라 역사는 1천여 년이 끌어올려졌고, 중국이 천하의 중심이요 세계의 지배자란 사관에 대립하여 독자적 역사관을 제시한 것이기도 하다.

그러나 안정복은 『동사강목』에서 기자의 동래설에 관해서는 일말의 의구심도 갖지 않았고 단군을 국조로 밝히면서도 기자의 아래에 둔 역사의식을 보여주고 있다. 또 "발해를 우리나라 역사에 기록하는 것은 부당하다. 본래 고구려의 고토를 차지했으나 우리나라 경계와 상접해 있었을 뿐이다"라고 발해를 한국사에서 제외시키고 있다. 어쨌거나 이것은 당시 학자들의 통념을 깨는 것이었고, 또 종래의 사관에 대하여 일대 반기를 든 것이었다. 이 외에 『동사강목』 속에 흐르는 사상은 다음과 같다.

> 첫째, 외래 침략자를 격퇴한 역사적 사실을 강조 서술하고, 충신과 명장들의 빛나는 활동을 높이 평가한 것이다. 고구려의 대 수·당전쟁과 고려의 대 거란·몽고전쟁 등에서 조국의 수호를 위한 민중의 분투와 을지문덕·강감찬·서희 등 뛰어난 인물들의 업적을 찬양하고 우리 민족의 용감성을 자랑하는 한편, 신라 통일 이후 문치를 숭상하고 국방에 관심을 돌리지 않아 나라가 약하게 되었다고 통탄하였다. 고려 성종이 주군의 병기를 수납하여 농구로 개조한 사실을 들어 외적의 침입에 무엇으로 방어할 것이냐고 비난하기도 하였다.
>
> 둘째, 봉건국가의 대민정책이 착취에만 치중하고 백성들의 생활을 돌보

지 않은 것을 비평하였다. 고구려 고국원왕의 진대법賑貸法 시행에 관한 안설按說에서 무상으로 주는 것은 좋지만 빌려 주는 것은 좋지 않다고 말하고, 빌려 주는 것은 백성들에 대한 국가의 착취를 의미하는 것이라고 논파하였다. 또 고려 광종 때의 노비안검법奴婢按檢法에 대하여 그 부당을 지적하고 문종 때 억울하게 죽은 노비의 옥사에 분격하여 옥사를 신중하게 다루어야 할 것과 그 개혁을 주장하였다(이우성, 『해제 동사강목』).

이런 것은 모두 역사상의 사실을 통하여 저자 자신의 현실의 모순을 비판한 것으로도 보인다.

안정복은 이상에서 본 대로 중국 중심의 사대사관에서는 탈피하였으나 주자의 역사기술 방법에 충실하고 있다. 또 경학 중심의 토대 위에서 현실개혁을 주창하다 보니 서구 문물에 대해서는 지나치게 보수적 경향을 지니고 있기도 하였다. 그러나 현실개혁에 대한 정열과 비판정신은 여차의 개혁론에서도 두드러지게 나타나고 있다.

실사구시의 선구자

안정복의 실사구시적 태도는 사론을 집약적으로 표현한 『동사강목』에서보다는 여타의 논설 등에서 더욱 잘 나타나고 있다 하겠다. 또 『동사강목』 부권으로 「고이考異」·「괴설변怪說辨」·「지리고地理考」를 붙여 단군설화·진흥왕순수비·역대강역고歷代疆域考 등에 대하여 설명을 가해 국가 현실정책과 연관지어 주고 있다. 여기에서는 성제설城制說·변방종수설邊防種樹說·동국지계설東國地界說·왜국지세설倭國地勢說 등 다른 실학파의 개혁론과는 다른 좀 특이한 것에 대해서만 간략히 소개하고자 한다.

성제설과 변방종수설은 국방정책에 관한 것이다. 성제는 당시에 있어서 방비책의 기본수단으로 되어 있었다. 이 성제의 기본은 옹성甕城(사각형 모양의 성

앞에 원형 또는 방형方形으로 성문 밖에 부설하여 성문을 보호하고 성을 든든히 지키기 위하여 만든 것)과 치성雉城(凸 모양의 작은 성을 성문 앞에 설치하고 좁다랗게 긴 통로를 만들어 본성을 보호함)이 있음을 설명하고 한국에 있어서는 치성이 제반 여건에 맞다고 주장하였다.

또 변방종수설에서는 좁다란 통로 양쪽에 군데군데 포루砲樓를 설치하고 나무를 심어 적의 침입을 막아야 한다고 하였다. 토석과 목책木柵은 헐고 불태울 수가 있지만 나무를 심으면 불태우거나 헐기도 어려워 석성石城보다 열 배나 이익이 된다고 강조하였다. 그러므로 우리나라 성제가 이와 같지 않고 실익과는 거리가 멀게 축성되고 있음을 시정해야 한다고 하였다.

변방종수설은 이런 성제를 개혁하고 변방에 나무를 심자고 주장한 것이다. "서북양계도西北兩界圖를 벽에 걸어 놓고 보니 적에게 먹힐 것이 틀림없다"고 하면서 축성은 노력과 경비가 많이 들고 변방 경비에 중요한 몫도 담당하지 못하므로 변경 일대에 도토리나무와 가죽나무를 심어야 한다는 것이다.

의주에서 경원에 이르기까지는 1천여 리로 각 진보鎭堡가 널려 있다. 장졸들에게 그 진보 주위에 1~2년 안에 나무를 심게 하면 4~5년 내에 성장하여 요해要害의 구실을 한다고 했다. 그러고는 그 안에다 토성을 쌓으면 만주 일대의 야인들이 쉽게 침범하지 못한다고 하였다.

안정복이 관심을 가졌던 이 일련의 국방책은 그의 실사구시 정신의 일면을 보여 주고 있는 것이다. 실학파의 대부분이 내정문제에는 깊이 관심을 두면서 변방 경비 등의 국방책에 대해서는 소홀하였던 것이다.

다음 동국지계설은 우리나라 국경문제를 논파한 것이다. 우리나라는 삼면이 바다요 서북쪽은 험하기 때문에 적을 사방에서 받게 된다. 남쪽 왜와의 거리는 바람이 좋으면 2~3일밖에 걸리지 않는다고 했다. 서쪽의 중국과는 틈만 생기면 수·당의 예처럼 접전이 있게 된다. 그러나 이 삼면은 바다이기 때문에 국경에 대한 분쟁은 없다고 하고, 서쪽 면이 늘 국경분쟁의 대상이 된다 하였다. 그러고는 오랄烏剌(지금의 길림) 이남은 우리의 고토였는데 수·당·송 및 발해·거란·완안부完顔部 등의 잡종이 교대로 일어나면서 지계가 점점 축소되었다 하였다. 이어 통일신라도 백제와 고구려를 평정할 것만을 생각하여 이 옛 강토를 수복하지 못하였다고 지적하였다.

그리고 숙종 때 청의 오랄총관烏剌總管 목극등穆克登이 강계疆界를 정하면서 강 줄기만으로 경계를 삼아서 수백 리의 땅을 거저 버렸다고 통탄했다. 그러므로 홍경興京 이동의 수천 리가 조공하는 것을 막게 되고 결과적으로 청의 흥기까지 불러일으켰으며 소손녕蕭遜寧이 내침하였을 때나 명 태조가 철령위鐵嶺衛를 세우려 할 때 서희・박의중朴宜中 등의 사리정연한 대답이 없었다면 더욱 변경이 줄어들었을 것이라는 역사적 사실을 밝혔다. 이런 연유로 하여 예부터 동북이 용병의 중심이 되었기 때문에 이 동북의 국경과 방비문제에 늘 관심을 집중해야 한다고 결론지었다.

왜국지세설에서는 왜국의 지형과 사정을 설명하고 왜국은 한 번도 외국의 침략을 받지 않았음을 말하였다. 그러고는 우리나라가 바다를 넘어가 정벌하기는 불가능하지만 명분은 밝혀 두어야 한다 하였다. 명분을 밝히는 방법으로 관백關白에게 군신의 대의를 석명釋明하면 그 나라가 흉흉할 것이요 그러면 규슈九州나 그 나라 각 곳에 격서를 보내어 그 죄를 토벌하고 그 명분을 바로 하라고 하였다.

이상의 국경문제와 일본에 대한 명분론도 안정복의 민족주의사관의 발로임을 알 수 있다. 중국과의 관계를 어디까지나 대등하게 다루려 한 점을 볼 수 있으며, 만주 일대의 야인이 우리의 종속민임을 주장한 것이다. 또 일본은 우리의 영향권 안에서 우리의 문물을 받아들였음을 들어 군신의 관계라는 명분을 내세우고 있다.

그가 벼슬을 지낸 것은 하나의 실험정신에서 나온 것이지 목적이 아니었다. 이에 비해 역사학자로서의 안정복은 그의 평생의 사업이었고 인생의 목적이었다 할 것이다. 그의 이런 역사정신은 뒤에 민족사학자들인 단재 신채호와 백암 박은식에게 전해졌다.

안정복

배우성

1. 생애와 저술

조선시대의 대표적인 역사서로서 『동국통감』과 함께 언급되는 것이 『동사강목』이다. 『동사강목』은 조선 후기 역사연구의 귀결점이라는 측면만이 아니라 후대에 끼친 영향까지를 고려할 때 더욱 그 가치가 돋보인다.

안정복과 그의 대표적 저술인 『동사강목』은 일찍부터 학계에서 주목의 대상이 되어 왔지만, 그 인식은 대체로 실학의 근대성이라는 개념틀에 의해 포괄되는 경우가 많았다. 근래에 들어 실학의 개념에 대한 반성이 이루어지면서, 안정복과 그의 역사인식을 당대의 사회상 속에서 학문관·사회사상·당파 등의 요소를 고려하여 이해하려는 연구가 늘고 있는 추세다.

안정복의 자는 백순百順이며 호는 순암順菴이다. 그는 숙종조 말에 태어나 정조 중반기를 살다 간 인물로서, 학문적·사상적으로는 근기 남인의 맥을 잇고 있었고, 사회적으로는 향촌의 사족 가문 출신이었다. 그의 집안은 조선 후기에 이르면서 현달한 인물을 내지 못하였다. 그의 조부 안서우安瑞羽가 울산부사에 오른 것이 비교적 현달한 정도였다. 그러나 영조 즉위 후 안서우가 노론의 배척을 받아 파직되어 일가가 전라도 무주에 은둔하게 되면서, 그는 일찍부터 과거를 통한 입신에 뜻을 두지 않았다. 무주에 칩거하던 그는 조부가 죽자 부친인 안극安極을 따라 25세 때에 고향인 광주 덕곡리로 옮겨 왔다. 안극이 이때 고향으로 돌아오게 된 것은 지손支孫으로서 종통을 이어야 하는 가문 내의 사정에 기인한 것이었다. 이러한 변화는 그가 학문적으로 정통론을 중시하게 된 개인적인 배경을 이루었다.

그는 일찍이 유가적 관점을 넘어 박학다식함을 추구하였으나, 광주로 올라와 『성리대전』을 접하면서부터 성리학에 침잠하였다. 후에 스승으로 사사한 성호 이익에게 보낸 편지에서, 젊은 시절 자신이 다양한 서적을 섭렵하였으나 "본원本源이 두텁지 못하고 입심立心이 지나치게 조급하여 끝내 얻은 바가 없었다"고 후회하고 있는 데에서 볼 수 있듯이, 그는 그동안의 학문적 모색에서 한계를 느끼고 이를 성리학을 통해 극복하고자 하였다. 이 무렵 그는 「치통도治統圖」와 「도통도道通圖」를 만들어 고대 이래의 제왕의 계통과 역대 성현의 계통을 각각 정통正統·변통變通·무통無通을 중심으로 분류하기도 하고, 『주례』와 주자의 설 등을 참고하여 「정전설井田說」을 짓기도 하였으며, 또한 주자적 발상을 수용하여 『하학지남』과 그와 짝이 되는 『내범內範』을 쓰기도 하였다.

그는 학문의 방향을 성리학 중심으로 바꾼 후 35세 때에 비로소 안산에 살고 있던 이익을 방문하여 그를 스승으로 모시고, 당시 이익의 문하에 있던 윤동규·이병휴 등과 교유하게 되었다. 이익은 흔히 근기 남인 실학파의 비조로 일컬어지는 인물이다. 이익의 학풍은 정치적으로 실세한 근기 남인의 정신적인 지주 역할을 하였는데, 그의 제자대에 이르면 경학과 역사학에 치중하는 우파와 서학에 경도되는 좌파로 그 사상적 입장에서 차이가 나타났다.

안정복은 30대에 이익에게 사사했지만, 이미 20대 후반에 자신의 학문적 입장을 정립한 『하학지남』을 쓰는 등 자기 나름의 학문적 방법론을 정립하고 있던 상태였다. 따라서 그는 성호학파의 일원으로 참여하여 경사에 대해 토론하고 서신을 왕복하는 과정에서 성호일문의 영향을 받기도 하였지만, 다른 한편으로는 근기 남인 실학파 가운데 우파로 분류될 정도의 개인적인 성향을 굳혀 가고 있었다.

38세 때 경학이 뛰어나다 하여 교관에 추천된 이래로 미관말직 생활을 5년간 하였던 그는 이후 고향에 돌아와 61세에 이르기까지 『동사강목』 등으로 대표되는 왕성한 저술활동을 하면서 자신의 학문과 사상을 완성시켜 나갔다.

61~73세의 노년기에는 세손의 교육을 담당하고 목천현감을 역임하면서 자신의 경륜을 펴기도 하였다. 그가 세손의 교육에 참여하게 된 것은 뒤에서 얘기하겠지만, 남인 가운데 영·정조연간의 정국에 깊이 간여하였던 채제공에 의해서였다. 서연書筵 참여를 계기로 정조의 신임을 얻어 목천현감을 역임하게 되었다. 현감에 재직할 때 그는 동약洞約을 권장하였을 뿐만 아니라 방역소 설치, 사마소 복설, 향약의 권장 등 여러 가지 교화정책을 다각도로 펴나갔다.

73세에서 80세에 이르기까지는 저술과 후진 양성으로 말년을 보내는 한편, 근기 남인 내의 소장파들이 당시 유행하던 천주학에 경도하는 현실에 대해 『천학고』와 『천학문답』을 저술하여 이를 강력하게 비판하고 주자성리학을 옹호하였다. 그의 천주교 비판은 일차적으로는 천주교의 내세관이 지닌 현실부정에 대한 비판이었지만, 좀 더 근본적으로는 명분론적 위계질서를 강력하게 옹호하는 그의 사상과 현실인식에 기반을 둔 것이었다.

대부분의 남인들의 경우처럼 안정복의 경우도 그 저작이 구체적으로 정리된 바 없다. 각종 서목에 그의 저술로 표시된 것 가운데 실제 그의 저술로 확인되는 것은 저술 23종, 잡문 100여 편 정도이다. 그의 저술 가운데 대표적인 것으로는 문집인 『순암집』을 비롯하여 『하학지남』·『임관정요臨官政要』·『동사강목』·『열조통기列朝通紀』 등을 들 수 있다.

『순암집』은 구한말에 30권 15책이 목판본으로 간행되었다. 안정복의 제자 황덕길이 본가의 부탁을 받고 수정하였고, 안경위가 그중의 오류를 다시 바로잡아 베껴 놓은 후, 광무 4년에 5대손인 안종엽이 활자본으로 간행한 것이었다. 문집 가운데 서書 편의 「동사문답東史問答」, 잡저 중의 『상헌수필象軒隨筆』·

『천학고』·『천학문답』, 설說 편의 「정전설」 등은 우리나라 역사·사상·제도에 관한 중요한 저술로 인정되고 있다.

초학자의 입문지침서라는 의미를 가진 『하학지남』은 29세 때 쓴 그의 최초의 저술로서, 성호에게 사사하기 이전에 그가 이미 형성하고 있던 학문관·독서관을 잘 반영하고 있다.

『임관정요』는 목민관의 임무에 관한 지침서의 성격을 갖는 것으로 그의 나이 46세 때 작성되었다. 그러나 그는 이미 20대 후반에 『임관정요』의 모체가 되는 『치현보治縣譜』를 쓰기도 하고 「이리동약二里洞約」의 기초가 되는 「향사법鄕社法」을 짓는 등 경세가로서의 면모를 일찍부터 드러냈다. 『임관정요』와 「이리동약」은 당시의 사회변동과 하극상의 현실에 대해 사족 주도의 향촌 지배와 민에 대한 교화, 부민富民의 활용 등 보수적 혹은 개량적인 방향으로 대응하고자 했던 그의 사회사상을 잘 보여 주는 저술이다.

그가 우리 역사에 대해 저술한 것으로는 『동사강목』과 『열조통기』를 들 수 있다. 『열조통기』는 태조에서 영조 때까지의 조선시대사를 연대순으로 편찬한 것이다. 이 책은 『국조보감』을 기초로 하고 각종 관찬사료와 문집류를 참고하여 편찬했지만, 안정복 자신의 가치평가가 거의 드러나지 않는 자료집의 성격을 가지고 있다. 반면 『동사강목』은 고대에서 고려 말까지의 통사체계를 서술한 것으로, 형식과 내용에서 그의 사관과 가치평가가 강하게 들어가 있는 저술이다. 그의 많은 저술 가운데 일찍부터 『동사강목』이 주목을 받아 온 것도 이 때문이었다.

2. 학문관과 역사관

그가 다양한 분야의 서적을 섭렵하는 박학적 학문태도에서 전환하여 주자성리학의 체계에 침잠하였음은 앞에서 본 바와 같다. 그가 성리학적 사유방식을 받아들이고 이에 의거해 저술한 최초의 저서는 『하학지남』이다. 그러나 그가 수용한 성리학은 이기심성론을 위주로 한 것이 아니었다. 그는 수기치인修己治人이 진정한 성현의 학문이라는 입장에서 자신의 학문관을 정리하여 이를 『하학지남』이라 이름하고, 이기심성 위주의 형이상학적 성리학이 아니라 수기치인과 관련된 형이하학적 성리학을 중시하였던 것이다.

그의 이러한 학문관은 그가 사용하는 실학이라는 용어에서도 잘 드러난다. 그는 이기심성 논쟁이 퇴계 이황의 설에 대해 기대승과 이이가 이의를 제기함으로써 시작되었다고 보고 있었지만, 이기심성 논쟁 자체는 부정적으로 평가하였다. 그는 또 이익의 문하에서 교유하였던 윤동규가 "성인이 사람들을 가르칠 때 '하학을 하여 상달하는 것'만을 가르치는 데 불과하였으니, 하학에 이르지 못하고 상달할 것을 일삼은즉 자기에게 무슨 도움이 되겠는가"라고 한 말을 적극적으로 평가하였다. 즉 그는 정치적·학문적으로 근기 남인의 입장을 취하고 있었으므로 퇴계의 심성론을 심성론 시비 차원에서는 옳다고 보았지만, 심성논쟁 자체는 성인의 가르침의 본질에 해당하는 것이 아니라고 보았다. 따라서 그에게 학문은 사서四書를 기반으로 한 하학이며 실학이 되어야 하는 것이었다.

『하학지남』에서 설정되었던 경학에 대한 인식은 30대 중반에 성호의 문하에 들어가 육경 중심적인 경학의 영향을 받음으로써 변화를 겪었다. 일반적으로 기호 남인의 경학사상은 사서보다 육경에 중심을 둠으로써 고학에 좀 더 치중하는 경향이었다. 그러나 안정복의 경우는 이러한 근기 남인의 학문적 전통에 영향을 받으면서도 육경에 대한 경도는 상대적으로 약하였다. 이는 그가 학문의 방법에 관해 일찍부터 자기류의 방법론을 견지하고 있었던 것과도 관련된다. 이러한 측면이 근기 남인학파 내에서도 우파의 맹주로 지목되는 원인이 되기도 하였다.

한편 그의 사상체계에서 역사 혹은 사서에 대한 관심도 이러한 학문의 달성이 전제가 된 뒤에 가능한 것이었다. 그는 『하학지남』에서 독서의 순서를 선독先讀·차독次讀·겸간兼看의 세 단계로 나누어 마지막 단계인 겸간에 역사서를 배치하였다. 그는 『하학지남』에서 역사를 읽는 방법에 대해, 역사에서 세勢

의 중요성을 강조한 스승 이익과는 달리, 경서를 읽기 전에 사서를 읽는 것이 해롭다는 주자의 말을 더욱 중요하게 받아들이고 있었다. 즉 경사經史 관계에 대한 그의 견해에 따르면 실학적 경학이 전제된 뒤에야 사학은 가능한 것이었다.

그의 역사관을 보여 주는 대표적인 저술은 『동사강목』이다. 그가 『동사강목』을 저술한 것은 자국 역사에 대한 관심이 토대가 된 데다가, 기존의 역사서가 통계統系를 밝히고 찬역簒逆을 엄히 하며 시비를 바르게 하고 충절을 포장褒奬하는 데 충분하지 않을 뿐만 아니라 고증의 측면에서 부족한 점이 많다고 보았기 때문이다. 그는 우리가 우리의 역사를 제대로 알지 못하는 것을 개탄하고 또 기존 사서의 오류를 비판한 후 사실고증에 충실한 완성도 높은 역사서를 저술하고자 하였다.

통계를 밝히는 것은 정통론의 문제를 올바로 해명하겠다는 의도를 드러낸 것으로, 이는 강목체綱目體라는 서술 방식을 택한 것과도 관련된 것이었다. 강목체 형식에 의한 역사서술은 『동사강목』 이전에 유계의 『여사제강麗史提綱』, 홍여하의 『동국통감제강東國通鑑提綱』, 홍만종의 『동국역대총목東國歷代總目』, 임상덕의 『동사회강東史會綱』 등으로 꾸준히 이어져 왔지만, 그는 이들 선배 학자들의 저술이 대체로 강목 형식의 일관성과 그 형식을 통해 드러내야 하는 내용 즉 정통론의 해명에 충분하지 못한 것으로 보았다.

따라서 『동사강목』의 서술에서 정통의 변별은 중요한 문제였다. 그는 정통 여부를 변별하는 기준으로 국력이 아니라 도덕성과 혈연성을 중시하였다. 그는 이러한 입장을 『동사강목』의 서술에 반영하여, 단군→기자→마한→통일신라(문무왕 9년 이후)→고려(태조 19년 이후)를 정통으로 취급하고 삼국시대를 무통無通의 시대로 간주함으로써 한국사의 체계를 재구성하였다.

그는 우선 『동국통감』에서 단군조선을 기자조선·위만조선과 함께 3조선이라 하여 외기外紀로 처리한 것을 통계의 측면에서 잘못된 것으로 비판하였다. 그는 단군조선을 우리 역사의 정통의 시작으로 인식하고 본문에서 단군의 치적을 서술하였으며, 단군에 대한 고기의 기록을 합리적으로 해석하고자 하였다.

기자조선이 우리 역사의 정통으로 취급되는 것도 기자가 8조법금을 실시하고 정전제를 시행함으로써 우리나라가 문화국가가 되었다고 보았기 때문이다. 그는 또 마한이 기자조선의 정통을 이었다고 보았는데, 이는 기자의 후손인 기준箕準이 마한의 왕이 되어 기자에 대한 제사를 계속했다고 보았기 때문이다. 『동국통감』이 『삼국지』 「동이전」을 이용하여 기준과 마한의 관계가 정통으로 이어지지 않는 것으로 보았던 반면, 그는 『동사강목』의 「범례」에서 마한이 기자조선의 정통을 이은 국가임을 전제하고, 본문에서도 『후한서』의 기록을 인용함으로써 마한을 정통국가로 서술하였다.

삼국을 무통으로 취급한 것은 주자가 병립한 국가들을 무통으로 처리한 전례에 따른 것이었다. 즉 삼국은 서로 대등한 나라로서 어느 한 나라를 정통으로 삼기 어렵다고 본 것이다. 통일신라가 정통이 되는 것은 발해를 우리 역사로 간주하지 않는 것과 표리관계에 있으며, 통일 후의 고려가 정통이 되는 것은 대립되는 왕조가 없기 때문이었다.

한편, 『동사강목』에서 정통으로 다루어지지 않은 상고사의 여러 국가·인물·족속 등으로 위만조선衛滿朝鮮·궁예弓裔·견훤甄萱·진한辰韓·변한弁韓·옥저沃沮·가야加耶·부여扶餘·사군四郡·이부二府·동이東夷가 있다. 이들은 우리 역사의 일부이지만 정통국가가 될 수 없는 경우이거나, 우리 역사에서 제외되었지만 그 영토가 상고사의 우리 국가와 관련성이 있다고 본 경우였다. 이중 위만조선·궁예·견훤 등은 정통국가에 대해 적대적이었다는 점으로 인해 비난의 대상이 되었으며, 진한·변한·옥저·가야 등은 정통국가에 예속된 국가로 보았다. 부여는 고구려·백제의 출자出自와 관련된 점이 중시되었지만 역시 정통국가에는 포함되지 않는 것으로 보았으며, 사군·이부·발해는 우리 역사는 아니지만 그 영토가 우리와 관련된다고 보았다. 특히 발해를 우리 역사에서 제외한 것은 정통국가 중심의 사유에서는 불가피하였던 것으로, 이는 후대의 이원적인 역사인식과 비교되는 것이었다. 동이는 단군과 기자 이래 상고사의 영역과의 관련성, 단군과의 관련성이 중시되었다.

이로써 우리의 상고사는 정통을 중심으로 하여 완결적인 형태로 재구성되었다. 요컨대 정통론을 기축으로 한 『동사강목』의 한국사체계는, 조선 후기의 한국사 연구가 이루어 놓은 상고사 연구의 성과와 역사의식의 성장을 강목체에 의거하여 체계적을 정리한 결과였던 것이다.

그가 우리 역사에 대해 관심을 가지고 이를 강목체라는 형식을 통해 정통을 부각하는 방향으로 저술하였던 것에 대해, 그간에 '중국 중심의 세계관을 탈피하여 우리 역사의 독자성을 부각시키려는 목적에서 나온 것'이라는 견해가 있어 왔다. 그러나 위에서 살펴본 그의 학문관과 관련하여 볼 때, 이는 그가 가진 하학 위주의 학문, 즉 실학을 바탕으로 하여 우리 역사를 도덕주의적 기준에 의해 체계화하려 한 데에서 나온 것으로 보아야 할 것이며, 더 나아가서는 사족지배질서와 반상제가 무너져 가는 현실 속에서 사족 중심의 교화를 우선하였던 그의 사회사상과도 관련하여 이해해야 할 것이다.

3. 『동사강목』의 편찬

1) 편찬과정

『동사강목』은 그가 영조 30년부터 저술에 착수하여 5년 만에 일단 완성되었는데, 「지리고」만은 영조 32년에 먼저 완성되었다. 이후 영조 50년에 이익의 미완성 서문이 그의 조카인 이병휴의 손을 빌려 완성되었고, 그 자신의 서문은 정조 2년에 이르러서야 작성되었다. 이렇듯 완성된 체재와 서문을 갖추는 데에 오랜 시간이 걸린 것은 원래 그가 『동사강목』을 가장용家藏用으로 생각하고 저술하였던 데에 기인한 것이었다. 그러나 그가 채제공의 천거로 서연에 참여하여 후일 정조가 된 세손의 교육을 담당하게 되면서 『동사강목』은 정조의 관심을 끌게 되었다. 이 시기에 그는 "사람들의 학문함은 수기치인 양단에 불과한 것이지만, 제왕의 학문은 더욱 마땅히 고금의 치란과 법제의 당부當否를 밝혀 경계로 삼아 실사를 추구하여야 한다"고 하여 실사의 측면에서 수기치인과 아울러 역사의 필요성을 강조하였다.

서연을 계기로 정조의 주목을 받게 된 『동사강목』은 정조 5년에는 승지 정지검에 의해 정조에게 올려졌고, 다시 정조 7년에 오자를 교정하여 내입內入하였다. 이로써 『동사강목』은 가장용이라는 좁은 테두리를 벗어나 정조를 비롯한 세인의 관심을 끌게 되었고 마침내 조선 후기를 대표하는 통사로서 자리를 굳히게 되었다.

2) 체재

『동사강목』은 수권首卷과 본문 17권, 부록 2권을 합하여 모두 20권으로 되어 있다. 수권은 이익의 서문, 18절의 범례, 전수도傳授圖, 각종 역사지도, 관직도 등으로 구성되었다. 범례는 주자의 『강목』을 기준으로 하면서도 중국과 우리나라가 대소의 세가 다르다는 것을 들어 세년歲年·명호名號·개원開元·붕장崩葬·조회朝會·정벌征伐·인사人事 등의 서술에서 주자의 강목과 달리 표현하였고 또 11조의 잡례를 두어 사실고증과 사론에 관한 문제를 다루었는데, 이와 같이 주자의 『강목』과 의례의 차이가 나는 것은 대체로 앞선 임상덕의 『동사회강』의 범례 형식을 준용한 것이었다.

한편, 그는 『동사강목』에서 택하였던 강목체가 기전체에 있는 표·지·열전 등을 포괄할 수 없는 형식상의 한계에 대해서는 수권의 전수도·지도·관직도, 부록의 「고이」·「지리고」 등을 통해 이를 극복하고자 하였다. 『동사강목』의 목차를 도형화하여 전수도를 작성함으로써 정통을 중심으로 우리 역사를 계보화하였고, 「지리고」를 지도화하여 각종의 역사지도류를 작성하여 강역문제 특히 북방의 강역에 관해 비상한 관심을 표현하였다. 또 조선 후기 상고사에 대한 연구 성과를 반영하여 상고 이래 문무관직의 변천을 관직도를 통해 나타냈다.

『동사강목』의 부록으로 들어 있는 「고이」·「괴설변증」·「잡설」·「지리고」·「분야고」 등은 우리 역사의 사실고증에 관한 문제를 정리하고 자신의 견해를 제시한 것이다. 「고이」는 정사에 기재된 내용에 대해 고증하고 있는데, 그는 여기에서 단군조선·기자조선·고구려 등에 많은 관심을 표하였다. 「괴설변증」은 정사에 기록되지 않은 괴설에 대한 해석을 시도한 것으로서, 괴설이라 하여 삭제하지 않고 이를 합리적으로 해석하고자 노력하였다. 「잡설」은 정사에 실을 수 없는 우리 역사에 관한 설에 대해, 스승인 이익의 『성호사설』을 읽고 공감하는 논설들을 뽑아 자신의 견해를 첨가하여 작성하였다. 「지리고」는 『동사강목』의 내용 중 가장 먼저 완성된 부분으로서, 상고사에 보이는 여러 국가와 강·산의 위치를 43개 항목에 걸쳐 고증한 것이다. 「분야고」는 중국의 여러 지리서 등을 인용하여 우리나라를 천문지리와 관련하여 설명하고자 하였다.

3) 사실고증과 지리고증

『동사강목』은 통계·찬역·시비·충절의 문제를 다루어 지극히 이데올로기적인 성격을 띠고 있었지만, 다른 한편으로는 고증의 문제를 치밀하게 다루어 완성도 높은 저술이 되었다. 기실 『동사강목』이 후대에 영향을 끼치게 된 것도 이러한 고증의 측면 때문이었다. 그는 상고에서부터 고려 말에 이르기까지 여러 가지 사실들을 새 자료에 의해 보완하고 나아가 이설들을 새롭게 고증하고, 보충설명이 필요한 부분에는 주를 달아 기록하여 자신의 견해를 드러내기도 하였다.

서술에 있어 삼국시대는 『삼국사기』와 『삼국유사』를 기본 사서로 하여 기타 여러 서적을 참고하였고, 통일신라는 『삼국사기』와 『삼국유사』를 참고하되 하대의 경우는 최치원의 문집을 많이 이용하였다. 고려시대는 『고려사』와 『여사제강』을 기준으로 하고 특히 고려 말기의 경우는 문집류와 비문 등을 많이 이용하였다. 중국 서적으로는 역사서·지리서·경서 등을 참고하였는데, 특히 경서는 사론에서 기본적인 사상을 소개할 때 주로 인용하였다. 중국 서적을 참고하여 새롭게 보완한 기사의 내용은 주로 대외관계, 삼국 이전의 상고사, 국내 역사서에서 소략하게 다룬 부분 등이었다.

한편, 그는 "역사를 연구하는 자는 반드시 강역을 정한 연후에야 점거의 실태를 알 수 있고, 전벌의 득실을 살필 수 있으며, 분합의 연혁을 알 수 있다"고 하여 지리고증의 중요성을 강조하였다. 지리고증에 대한 이러한 관심은 「지리고」의 작성, 수권의 역사지도의 작성 등으로 표출되었다. 그가 『동사강목』 부록으로 「지리고」를 작성하게 된 데에는 역사에 있어 선결과제가 강역의 확정이라는 평소의 지론과 이전 사서에 나타난 지리고증의 오류에 대한 불만이 계기가 되었다. 「지리고」를 통해 그는 요동지역은 단군조선・기자조선・부여의 강역으로 비정하고 국경문제 등에 대해서도 큰 관심을 보였다. 그는 요동을 천하의 요충지로 인식하고, 우리나라가 단군・기자의 옛 영토인 요동을 차지하지 못한 것이 약소국이 된 중요한 원인으로 보았다. 여기에서 안정복의 북방에 대한 관심은 방어적 관점을 넘어 고토회복의식과 잇닿아 있음을 볼 수 있다.

『동사강목』에 나타난 이러한 지리고증과 이설에 대한 논증은 한백겸 이래 조선 후기 역사지리 연구의 축적된 성과들을 종합하고, 여기에 자신의 견해를 덧붙여 한 단계 발전시킨 것으로서 의미를 갖는다.

4) 사론

사론史論은 본문 혹은 부록의 내용에 서법敍法을 보충설명한 것, 본문의 내용을 보충하거나 다른 내용을 인용한 것, 저자 자신의 견해를 밝힌 비평적 사론 등으로 구분할 수 있다. 그는 사론에 관한 한 당색을 가리지 않고 수용하되, 기성 사론에서 미흡한 부분은 새로 작성해 넣는 방식을 취하였으며, 자료로서는 중국 측 문헌을 많이 인용하였다.

사론 가운데 그의 견해가 잘 나타난 비평적 사론에 해당하는 것은 강상도덕

綱常道德과 군신관계, 사대교린과 국방정책, 과거제도, 지방제도, 경제제도, 상례와 음악 등으로 구분할 수 있다.

강상도덕 가운데 그가 특히 강조한 것은 충절이었다. 위만조선을 위해 항쟁한 성기成己를 충신으로 보고, 신라를 배반하고 고려를 섬긴 최언위崔彦撝를 폄하하였으며, 의종을 위해 군사를 일으킨 조위총趙位寵을 높이는 등 기존의 사서와 다른 평가를 내릴 수 있었던 것도 이러한 충절 관념에 기초를 두고 있었기 때문이다. 특히 군주를 위한 복수를 정당화하는 것은 그의 충절 관념의 핵심으로, 이는 군신의 명분에 대한 집착이 그만큼 강렬함을 말해 주는 것이며, 현실적으로 왕권의 절대성을 강조하는 의미를 갖는 것이었다. 한편, 그는 왕에 대한 신하의 충절과 아울러 군주에 대해서도 인재등용, 언론의 중시, 공평무사한 형정刑政의 시행, 문무반의 동등한 대우, 검소한 생활 등을 강조하기도 하였다.

그는 또 우리나라의 독자성을 전제로 하여 조공을 통한 평화질서의 유지를 사대교린으로 설정하고, 이를 가장 이상적인 국제질서로서 옹호하였다. 따라서 피차를 막론하고 이러한 토대 위에 설정된 사대관계를 무력적으로 변경하는 행위는 비난의 대상이 되었다. 한사군漢四郡의 설치, 정동행성征東行省의 설치, 명 태조의 철령위鐵嶺衛 설치 시도 등을 비난하면서도, 다른 한편 고구려가 중국을 자주 침략한 것이 결국 나라를 잃은 화근이 되었다고 보는 것은 그 좋은 예이다.

침략행위를 반대하는 입장에 있었으므로 국방은 그 침략행위를 저지하는 수단으로서 주요한 관심사가 되었다. 이는 멀리는 왜란과 호란의 역사경험에 의해 촉발된 것이었으며, 역사에서의 지리의 중요성에 대한 인식과 맞물려 있었다. 따라서 국방에 대한 그의 관심은, 국제정세에 대한 인식을 전제로 하여 중국과 일본을 가상의 적국으로 설정하고 해방海防의 중요성을 여러 차례 강조하는 형태로 표출되었다.

그의 당대에 대한 인식은 제도개혁론에 좀 더 직접적으로 투영되었다. 그는 우리나라가 약소국화하였던 요인의 하나로 법제의 잘못을 지적하였을 만큼 법제의 중요성을 강조하였다. 그가 사론에서 주로 거론한 제도개혁론은 과거제도·형벌제도·지방제도·경제제도·신분제도 등에 관한 것이었다.

그는 과거제도의 문제점으로 과거에서 사장詞章을 시험함으로 해서 실학을 소홀히 하게 되었다는 점을 지적하였다. 그의 과거제 비판에는 정치권력으로부터 소외되어 재야의 위치에 있을 수밖에 없었던 남인 일반의 현실이 투영되어 있었다. 그는 이상적인 지방제도의 형태로서 지방자치적 성격이 강한 주周의 비比·여閭·족族·당黨·주州·향鄕의 제도를 상정하고, 우리 역사에서 지방제도가 정비되어 가는 과정에 깊은 관심을 보였다. 경제문제와 관련하여 그는 주로 곡식대여제 및 조세제도의 폐단을 비판하였다. 환곡제還穀制가 진휼의 기능이 사라지고 부세화賦稅化하였던 당대의 현실 속에서 그는 우리 역사상에 나타난 곡식대여제 운영의 잘못으로 고려시대의 의창·상평창의 문제점을 지적하고, 진휼과정에서 대민 피해를 낳아 입법의 취지를 살리지 못함을 경계하였다. 신분제와 관련하여 그는 문벌제도를 반대하고 능력에 따른 관리임용을 강조하였다. 또 노비세습제에 대해서는 비판적이었지만 노비제의 폐지는 전혀 고려하지 않았다.

안정복이 지나간 역사 속의 법제의 문제점을 논한 것은 그의 현실적 입장과 밀접히 관련된다. 향촌 내의 사족지배질서가 심각하게 위협받고 있었던 것이 그가 당면한 현실이었다. 그는 양반사대부의 입장에서 풍교風敎와 명분을 바르게 함으로써 이러한 동요를 극복하고 반상질서를 안정시키고자 하였으며, 이러한 전제 아래 양반의 불법적인 하민 침탈에 대해서도 비판적인 입장을 보였다. 말하자면 양반의 계급적 우월성을 전제로 하여 애민의식을 표출한 것이었다. 요컨대 『동사강목』의 사론에 나타난 안정복의 제도개혁론은 그가 처한 당대 사회의 현실과 이에 대한 그 자신의 대응논리가 투영된 것이었다.

4. 사학사적 의의

18세기 말의 동요하는 사회현실 속에서 사족 위주의 안정화를 생각하였던 안정복은 하학 위주의 학문관에 기반을 두고 역사를 바라보고자 하였다. 『동사강목』은 그러한 노력의 소산이었다.

『동사강목』은 17세기 이후 축적된 국사연구의 성과를 계승 발전시켜 역사인식과 서술 내용 면에서 가장 완성도 높은 저술이 되었다는 점에서 사학사적 의의를 찾을 수 있다. 역사인식의 측면에서는 앞서 시도된 강목법을 한층 세련되게 하고 정통의 부각이라는 측면에서 우리 역사를 재구성하였다는 점을 들 수 있다. 즉 그는 홍만종과 이익에 의해 주장되었던 단군정통론, 홍여하-홍만종-이익으로 이어지는 기자·마한정통론, 임상덕과 이익의 주장이었던 삼국무통론을 각각 수용하고 이를 체계화하였던 것이다. 이와 함께 서술 내용 면에서 한백겸의 『동국지리지』 이래로 활기를 띠기 시작한 역사지리 연구 및 사실고증의 성과들을 집대성하고 재해석한 것은 그의 사회사상 내지 역사인식의 측면과는 별개로 그 자체로서 또 다른 의의를 가지고 있다. 요컨대 『동사강목』은 정통론적 역사인식과 고증적 학문태도에 의한 서술이라는 양면적인 성격을 가진 저술이었으며, 조선 후기 역사학의 발전선상에서 하나의 정점에 다다른 것이라 할 수 있다.

『동사강목』은 이처럼 조선 후기 역사학의 성과를 포괄하였으므로 후일 개화기의 교과서류는 물론이고 한말 일제시대의 역사가들에게 큰 영향을 줄 수 있었던 것이다.

순암 안정복의 합리주의적 사실고증

이기백

1. 머리말

고려 성종 2년(983)에 고려로서는 최초로 상설 지방관부인 십이목을 설치하였다. 『고려사』에서는 이 사실을 기록하여 "처음으로 십이목을 설치하였다"고 하고, 이를 설치하는 조서를 함께 싣고 있다.[1] 그러나 그 위치에 대하여는 세가에 아무런 언급이 없으며, 지리지에는 그 일부가 나올 뿐이다. 필자는 고려의 병제사를 살피는 중에 주현군州顯軍의 성립이 지방제도의 정비와 밀접한 관계가 있음을 알고, 옛 문헌 속에서 십이목의 위치를 찾아보려고 하였으나 실패하였다. 다행히 『고려사』 지리지에 성종 14년(995)에 설치된 십이군(주절도사州節

1 『고려사』 3, 성종 2년 2월 戊子.

度使)의 위치가 모두 기록되어 있는데, 그 위치는 『고려사』에 기록이 남아 있는 십이목의 위치와 일치한다. 이로 미루어서 현재 기록에 남아 있지 않은 다른 십이목의 위치도 십이군의 그것과 같을 것이라는 추정이 가능하게 되었다.[2] 그러나 이것은 어디까지나 추정이었기 때문에 마음에 부담이 없을 수 없었다.

그런데 그 뒤 『동사강목』에는 십이목의 지명이 모두 정확하게 기재되어 있는 것을 알게 되었다. 즉 『동사강목』 권6상, 성종 2년 2월조에

> 최승로가 외관外官을 설치하기를 요청하는 말에 따른 것이다. 국중의 양楊·광廣·충忠·청淸·공公·진晉·상尙·전全·라羅·승昇·해海·황黃의 십이주에 모두 목牧을 설치하였다.

라고 하였다. 순암이 참고한 자료는 「범례」의 채거서목採據書目에 모두 기록되어 있는데, 그 어디에도 십이목이 모두 밝혀져 있지 않다. 다만 『휘찬여사彙纂麗史』에만 십목이 기록되어 있는데, 나머지 이목은 어딘지 모르겠다고 하였다.[3] 그러므로 순암이 십이군과 대비하여 십이목 전부를 찾아냈다고 이해하는 것이 옳을 것이다. 필자는 위의 논문을 쓰면서, "최승로가 외관을 설치하기를 요청하는 말에 따른 것이다"라는 대목은 주기註記를 하면서도, 십이목의 위치에 대해서는 이미 순암에 의해서 밝혀졌다는 점을 주기하지 않고 있음을 보고 새삼스러이 놀라고 자괴하는 마음을 금할 길이 없다. 아마 『동사강목』을 보기 전에 이미 스스로 십이목의 위치를 찾아냈다는 자만심에서 나온 것으로 생각되는데, 이는 학자로서 올바른 태도가 아니다.

이 경험을 통해서 순암이 고증에 남다른 노력을 기울이고 있다는 것을 알게

2 이기백(1965), 「고려 지방제도의 정비와 주현군의 성립」, 『조명기박사 화갑기념 유불사학논총』; (1968), 『고려병제사연구』, 일조각, 189면.

3 홍여하, 『휘찬려사』 9, 「지리지」 서.

되었고, 따라서 항상 『동사강목』을 참조할 필요가 있다고 느끼게 되었다. 그러나 그 뒤에도 여전히 충분히 참고를 하지 못하는 경우가 많았다. 필자뿐 아니라 다른 학자들도 그러한 것같이 보인다. 그렇게 된 이유는 아마 『동사강목』이 후세에 저술된 개설서로서 근본사료가 아니라고 생각한 때문인 것 같다. 그러나 『동사강목』에는 순암의 독자적인 견해가 많이 들어 있다. 특히 부권에는 「고이考異」·「괴설변증怪說辨證」·「잡설雜說」·「지리고地理考」 등 그의 고증의 진면목을 보여 주는 부분이 있다. 이 같은 점은 이미 이우성에 의하여 지적된 바가 있고,[4] 강세구가 또한 강조한 바였다.[5]

순암의 사실史實고증은 한마디로 말하면 합리주의적 정신에 입각하였다고 할 수 있다.[6] 그리고 그 구체적인 표현은, 하나의 이설의 시비를 증거에 입각해서 합리적으로 가려내는 것이요, 하나는 인간의 상식을 초월하는 괴설, 즉 신화와 전설 따위를 배격하는 것이다. 이 같은 그의 고증 태도는 『동사강목』의 부권에서 찾아볼 수 있다. 부권은 상권이 「고이」·「괴설변증」·「잡설」로 구성되어 있고, 하권은 「지리고」로 되어 있다. 그러나 고증의 방법을 기준으로 한다면, 결국 「고이」와 「괴설변증」의 두 유형으로 분류할 수 있다. 즉 「잡설」 이하는 모두 「고이」와 동일한 유형으로 치부할 수 있다고 본다. 이에 본고에서는 이 두 부분으로 나누어서 순암의 사실고증을 살펴보려고 한다. 다만 전반적인 문제는 강세구가 이미 『동사강목연구』 중의 「고이의 저술과 역사고증」에서 다루고 있으므로, 여기서는 필자의 연구와 관련된 몇 가지 구체적 사실들을 주로

4 이우성(1970), 「동사강목해제」, 『동사강목』 복사본, 경인문화사; 『한국고전의 발견』, 한길사, 1995, 35면.

5 강세구(1994), 『동사강목연구』, 민족문화사, 69면.

6 강세구는 위의 책에서 순암의 고증 기준이 무엇이었는가에 대하여, (1) 증거를 중시하는 증거주의, (2) 正史의 중시, (3) 佛僧 기록 배척, (4) 기록의 합리성 중시, (5) 교훈적 내용의 수용 등을 들었다(171~175면). 그러면서 다음과 같이 결론지었다. "이 모두 그의 고증 과정에서 사료의 수용 여부를 결정하는 기준으로 사용되었지만, 그 가운데에서도 고증 과정에서 자주 논의되었던 전거와 기록의 합리성이 특히 중요시되었던 것으로 보인다"(175면).

다루어 보려고 한다.

2. 이설異說의 고증

고구려의 건국연대는 최근 학계의 큰 관심사의 하나가 되고 있다. 그리고 대체로 『삼국사기』에 기록된 B.C. 37년보다 이전일 것으로 보는 견해가 지배적으로 되어 가고 있다. 필자도 고구려의 건국은 B.C. 1세기 초나 B.C. 2세기 말에는 이루어졌을 것이라고 다음과 같이 주장한 바가 있다.

> 또 B.C. 37년이란 건국연대도 그대로 믿을 수가 없다고 생각한다. 이미 이병도에 의하여 고증된 바와 같이, 현도군玄菟郡이 설치될 당시(B.C. 107)부터 그 수현首縣은 고구려현으로 되어 있었다. 이것은 압록강 유역에 현도군이 설치되기 이전에 이미 고구려가 존재하고 있었음을 말해 주는 것이다. 그런데 현도군은 이맥夷貊의 공격을 받고 B.C. 75년에 서북쪽으로 옮겨갔다. 여기서 이맥이라고 한 것은 필시 고구려일 것이지만, 현도군을 축출할 정도로 상당한 정치적·군사적 결집력이 있었다고 봐야 하겠다. 그러므로 적어도 B.C. 75년에는 고구려가 국가 형태를 취하고 주위의 국가들과 연합하고 있었다고 보는 게 옳을 것이다. (…) 그러므로 고구려의 건국은 B.C. 75년 이전, 혹은 B.C. 107년 이전으로까지 거슬러 올라가야 한다고 생각한다.[7]

그런데 이 같은 주장은 놀랍게도 이미 순암에 의해서 제기된 것이다. 순암

---

7 이기백(1985), 「고구려의 국가형성 문제」, 역사학회 편, 『한국 고대의 국가와 사회』, 일조각; (1996), 『한국고대정치사회사연구』, 일조각, 53~54면.

은 부권의 「고이」편에 '高句麗之名 已在漢武帝前'이란 항목을 설정하여 "「지리고」의 고구려조를 보라"고 하였다. 「지리고」에는 '고구려현고高句麗縣考'란 항목이 있는데, 여기서 그는 중국의 여러 사서에서 관련 기록들을 인용하고 자기의 의견을 적어 놓았다. 순암은 『한서』 지리지에서 관련 기록을 인용한 뒤에,

> 이에 의하면 현도군 땅은 곧 옛 고구려국인데, 한 무제가 이를 멸망시킨 것이다. 이 사실이 나타나지 않는 것은 반고班固가 오랑캐의 나라라 해서 이를 생략했기 때문이다.

라고 하였다. 이로써 순암은 무제가 현도군을 설치한 B.C. 107년 이전에 고구려가 건국되어 있었음을 인정하고 있다는 것을 알 수 있다. 그는 이어 『후한서』 등 다른 사료를 인용한 뒤에 결론 삼아 다음과 같이 말하고 있다.

> 이들 제설諸說을 보건대, 고구려국은 멀리 건소建昭 2년(B.C. 37) 이전에 있었던 것이다. 그런데 『삼국사기』에는 주몽으로부터 보장왕에 이르기까지 역년이 자세히 기록되어 있으니, 중국인의 전문억설傳聞臆說은 혹 다 믿지 못할 것이 있을 것이다. 현도속현인 고구려는 혹은 주몽 이전의 이국일 듯한데, 주몽이 계내界內에서 일어났거나, 혹은 그 후예이기 때문에 또한 고구려라 칭했던 것일까.

라고 하였다. 즉 순암은 한 무제가 멸한 고구려를 주몽의 고구려로 보지는 않고 있다. 이 점은 고구려에서 왕실의 교체가 있었을 것이라고 믿고 있는 오늘의 역사가들의 입장에서 본다면, 반드시 사실과 어긋나는 억설로 보기는 힘들다. 다만 『삼국사기』에 제시된 주몽의 연대를 순암은 그대로 믿고 있는 듯한데, 이 점에 대해서는 이의를 제기할 사람도 있음직하다.

순암은 나아가서 고구려국과 고구려현의 위치에 대해서도 다음과 같이 말하고 있다.

여러 사서에 기록된 바로써 보건대, 고구려가 도읍한 곳과 현도군치인 고구려현은 각기 다르다. 『삼국사기』 고구려기 유리왕 33년에 "서쪽으로 양맥梁貊을 쳐서 이를 멸하고, 군사를 전진시켜 한의 고구려현을 습격하였는데, 현은 현도군에 속한다"고 하였다. 그런즉 두 고구려가 같지 않음은 분명하다.

이 지적도 보통은 별로 관심 없이 넘기는 대목을 밝힌 것으로, 순암이 기록 하나하나에 세심한 주의를 기울이고 있음을 나타내는 대목이다. 적어도 B.C. 75년에 현도군이 서쪽으로 쫓겨간 뒤의 사실에 관한 한 이 지적은 정확하다. 고구려현도 현도군과 함께 이동했을 것이기 때문이다. 그러나 그 이전에서는 위치가 다르지 않았을 것이다.

이같이 논의를 해나가는 중에 순암은 반계 유형원의 다음과 같은 주장을 인용하고 있는데, 무척 흥미 있고 중요하다고 생각되기에 다음에 인용해 두기로 한다.

반계 유형원이 말하기를, "동인東人이 동국 역사에 밝지 못하여 이미 그렇게 된 결과로부터 이를 억측한다. 그러므로 삼국이 처음 일어나면서 곧 정립鼎立 대치對峙의 형세를 이룬 것으로 생각하나, 그 실상은 그렇지가 않다. 고구려가 처음 일어날 때에는 매우 미약하였으므로, 현도에 속하기를 마치 옛날 홀온忽溫(우리나라 선조 때의 야인 부락)이 요동도사遼東都司에 속한 것과 같았다. 이같이 하기를 수백 년에 점점 옆에 있는 소국을 병합하여 뒤에 강대국이 될 수 있었다. 신라와 백제도 또한 점점 옆에 있는 소국을 병합하여 뒤에 커져서 바야흐로 정립 대치의 형세를 이루었던 것이다. 동국의 역사를 보는 자는 이 뜻을 알아야 할 것이다"라고 하였다. 이것은 일설이 될 만하다.

여기서 고구려가 처음부터 현도군에 속해 있었던 것 같은 오해를 일으킬 서술 부분은 물론 시정되어야 할 것이다. 고구려는 처음에는 독립된 국가였다가 뒤에 현도군에 속하게 되었을 것이기 때문이다. 그러나 고구려나 백제, 신라가 모두 소국으로부터 출발하여 대국으로 성장하였다는 주장은 당시로서는 놀라운 탁견이 아닐 수 없다. 순암은 여기서 이러한 반계의 주장을 일설이 될 만하다고 하였지만, 부권 「잡설」편 '삼국시기三國始起'에서는 대체로 위의 반계의 견해에 따르고 있으므로 그가 반계의 견해에 공감하고 있었다고 볼 수 있다.[8]

이야기가 좀 줄기에서 벗어난 느낌이지만, 순암이 고구려의 건국을 『삼국사기』에 나오는 B.C. 37년 이전으로 본 것은 분명하며, 이 같은 그의 견해는 우리를 크게 고무시켜 주고 있다. 그럼에도 오늘의 학자들은 이 사실을 거의 알지 못하고 있는 실정이다. 필자도 또한 그렇기 때문에 위의 논문에서 이 같은 순암의 주장을 인용하지 못하였다.

백제의 건국에 관해서는, 온조가 처음 십신十臣의 도움을 받아 건국하였으므로 그 국호를 십제十濟라 했다가, 뒤에 미추홀의 신민이 귀부歸附하여 백성이 즐겨 좇았으므로 백제라고 고쳤다고 전해지고 있다.[9] 이 같은 전승에 대해서는 이병도가 이미 의문을 제기하여

> 초기 국호 '십제'설은 더 말할 것도 없이 후세의 부회이다.[10]

> 백제란 이름이 『삼국지』 「동이전」 한조韓條에 나오는 伯濟國에서 유래되었음은 의심의 여지가 없다.[11]

8 이 '삼국시기'조에서도 고구려가 현도군 설치 이전에 건국되었음을 거듭 강조하고 있다.

9 『삼국사기』 23, 시조온조왕 원년조.

10 이병도(1936), 「삼국문제의 신고찰」 5, 『진단학보』 6, 87면; 이병도(1977), 『국역삼국사기』, 을유문화사, 353면 주2)에도 같은 주장이 나오고 있다.

11 이병도(1977), 위의 책, 353면 각주 5).

고 하였다. 필자도 또한,

> 백제는 원래 진왕辰王이 지배하는 마한을 구성하는 성읍국가의 하나인 백제伯濟가 발전한 것.[12]

이라고 하였다.

그런데 순암이 이미 「고이」편의 '십제백제지칭十濟百濟之稱'에서 이 점을 분명히 하여 다음과 같이 말하고 있다.

> (『삼국사기』)「백제본기」에 "십신十臣으로 보익輔翼을 삼은 고로 국호를 십제十濟라 하였고, 뒤에 백성이 즐겨 따르므로 백제百濟로 개칭하였다" 하고, 『북사』에 또한 말하기를, "백가百家가 건넜기 때문에 백제라고 일컬었다"고 하였는데, 이 말은 아마도 믿을 수가 없다. 『후한서』를 상고하건대 삼한은 79국인데, 백제伯濟가 그 하나다. 진수의 『삼국지』에는 마한이 54국인데, 거기에 백제국伯濟國이 있다. 그런즉 온조의 일어남이 대개 이곳에서 있었기 때문에 그 옛 칭호에 말미암았을 것이다.

이같이 순암은 십제에서 백제로의 국호 변천을 부정하고, 백제百濟가 백제伯濟에 말미암았을 것이라고 하였다. 그런데 이 같은 주장을 하는 현대의 역사가들은 필자를 포함한 어느 누구도 순암의 주장에 유의한 일이 없다.

또 신라는 상대·중대·하대라는 삼대의 시대적 변화가 있었던 것으로 신라인들 자신에 의하여 인식되어 있었다는 것은 널리 인정되고 있는 바다. 아마도 왕통의 변화에 의한 구분인 것으로 믿어지지만, 한편 그 속에는 사회적·정치적 변화도 수반되었다고 믿어진다. 하대의 첫 왕은 선덕왕(김양상金良相)이지만,

12 이기백(1990), 『한국사신론』(신수판), 일조각, 61면.

선덕왕대는 과도적인 시기였고, 원성왕(김경신金敬信)이 즉위한 이후 그의 자손이 줄곧 왕위를 이어가며 하대는 정착되었다고 생각되고 있다.

그런데 『삼국사기』에 의하면 원성왕의 즉위는 김주원金周元과의 경쟁 과정을 거친 것으로 암시되어 있다. 즉 군신이 김주원을 왕으로 추대하려 하였으나, 그날 큰비가 와서 알천閼川 북쪽에 살던 김주원이 물을 건너지 못하여 궁성으로 오지 못했기 때문에 군신은 이것이 하늘의 뜻일 것이라고 하여 김주원 대신 김경신을 추대한 것으로 되어 있다.[13] 『삼국유사』에는 이 사실이 좀 더 설화적으로 상세히 전해지고 있다.[14] 현재 학계에서는 알천의 물이 넘쳤다는 것을 김주원을 배척하는 하나의 상징적인 설화로 이해하고 있다. 그러므로 원성왕의 즉위는 순조로운 것이 아니며, 상대등의 직위를 이용하여 부당하게 왕위를 차지하게 된 것으로 생각하고 있는 것이다. 이와 관련해서 필자는 다음과 같이 말한 바 있다.

> 하여튼 (…) 대세는 주원에게 유리하였음이 분명하다. 경신은 부당하게 왕위에 오른 것이요, 그를 위하여 상대등이라는 직위가 이용되었을 것이다.[15]

그런데 순암은 「고이」편의 '원성왕립元聖王立' 조에서 『동국여지승람』에 있는 다음과 같은 사료를 발견하여 소개하였다.

> 선덕왕이 후사가 없으므로 군신이 정의태후貞懿太后의 교를 받들고 김주원을 세워 왕으로 삼았는데, 상대등 김경신이 중衆을 위협하고 자립하여

13 『삼국사기』 10, 원성왕 원년조.

14 『삼국유사』 2, 원성대왕조.

15 이기백(1962), 「상대등고」, 『역사학보』 19; (1974), 『신라정치사회사연구』, 일조각, 120면.

먼저 입관하여 왕이라 하였다. 김주원이 화를 두려워하여 명주溟州에 퇴거하고 드디어 서울에 가지 않았다. 2년 후에 김주원을 봉하여 명주군왕으로 삼았다.[16]

이어 순암은 안론按論을 붙여서 말하기를,

김경신은 (혜공왕을) 시해하는 데 관여한 것으로 알려져 있으므로 그 사람됨을 알 만하다. 알천이 비록 범람하였다 하더라도 신왕新王을 영립迎立하는 것이 얼마나 중대한 일인데 (왕궁으로) 갈 수가 없었겠는가. 『삼국사기』 본기의 기록이 사실이 아닌 듯싶고, 『여지승람』이 옳은 듯싶기에 이에 따른다.

고 하였다. 그러므로 원성왕의 비정상적인 즉위과정은 이미 순암에 의해서 오래전에 밝혀져 있었던 셈이다.

순암의 이 같은 고증은 놀라운 것이다. 정치적 투쟁에서의 승자는 항상 자신의 행동을 미화하고 정당화하게 마련이다. 순암은 바로 이 같은 사실을 원성왕의 경우에서도 발견하고 있는 것이다. 그가 신종信從한 『동국여지승람』의 기사가 무엇에 근거하였는지는 모르겠으나 결코 근거 없는 이야기는 아니었을 것이다. 선덕왕의 모후인 정의태후의 역할에 대한 언급도 무시할 성질의 것은 아닐 것 같다. 그런데 원성왕의 즉위과정에 대하여 언급한 현대의 역사가들 중에, 필자를 포함한 어느 누구도 『여지승람』의 기사를 이용한 사람은 없는 것이다. 이것은 곧 『동사강목』을 읽지 않았다는 증거도 된다. 물론 논자들은 모두 원성왕이 비정상적인 방법을 써서 왕위에 올랐으리라는 사실을 인정하고 있다. 그런데 그 같은 주장의 선구자는 순암인 것이다.

---

16 이 기록은 『신증동국여지승람』 44, 강릉 인물 김주원조에 있다.

위에서 거론한 세 가지 사례는 모두 필자 자신과 관련된 부분에서 취한 것인데, 비록 순암의 이해가 사소한 부분에까지 모두 완벽했다고 할 수는 없을지 모르겠으나 그의 주장의 대지大旨는 그대로 믿고 따라야 할 것이다. 실제로 현대의 역사가들도 대체로 그와 꼭 같은 결론을 내리고 있는 것이다. 그리고 그 같은 정당성은 그의 합리주의적 사실고증의 결과라고 믿는다.

3. 신화·전설의 비판

순암은 「괴설변증」편의 첫머리에서 이를 지은 취지를 다음과 같이 말하고 있다.

> 살피건대 옛날 우리나라에는 괴설이 심히 많았다. 역사를 쓰는 사람들은 전대의 기록이 결실되어 보충할 길이 없음을 안타까워하여 이속의 상도에 어긋나는 설을 취하여 정사正史에 편입해서 실제로 그 일이 있었던 것처럼 하였기에 지금 모두 간정刊定하여 「괴설변증」을 짓는다.

여기서 순암이 말한 괴설은 요컨대 신화와 전설인데, 이 신화와 전설을 실제 있었던 역사적 사실로 다루어서는 안 된다는 것이 그의 입장이었다. 순암은 위의 인용문 뒤에 '유씨왈'이라고 하여 조작된 무설誣說들을 모두 역사에서 삭제해야 한다는 반계 유형원의 설을 소개하고 있는데, 이로써 미루어 보면 반계의 「동사괴설변」의 영향을 받았을 것으로 추측된다. 불행하게도 『동사괴설변』은 남아 있지 않아 서로 비교해 볼 수 없는 것이 안타깝다.[17]

---

17 순암이 修輯한 『반계선생연보』에 의하면, 반계는 현종 6년(1665)에 『동국괴설변』을 지었다 한다. 이에 대한 주기를 보면, "東史에는 괴설이 심히 많으므로 선생이 이를 근심하여 조목

그 같은 견지에서 순암은 단군신화부터 비판을 가하고 있다. 그에 의하면,

> 대저 단군은 우리나라의 맨 첫 임금이니 필시 그 사람이 신성한 덕이 있기 때문에 사람들이 임금으로 삼았을 것이다. 옛날 신성한 사람의 출생이 진실로 뭇사람과는 달랐겠지만, 그러나 어찌 그처럼 심한 무리가 있을 수 있겠는가.

라는 것이다. 즉 순암은 단군이 우리나라 최초의 군왕임을 인정하고, 거기에 뭇사람과는 다른 점이 있으리라는 것을 인정하면서도 『삼국유사』에 인용된 『고기』에 전하는 바와 같은 신화적 기사를 역사적 사실로 편입하는 것을 거부하였다. 이와 마찬가지 이유에서 박혁거세·석탈해·고주몽의 신화도 모두 역사적 사실로 인정하기를 거부하였다. 오늘날도 이들 신화가 비록 일정한 상징적 의미를 지니고 있지만 옛 전승 그대로가 역사적 사실이라고 인정되지를 않고 있고, 순암도 이미 이 점을 분명히 밝히고 있다.

순암은 신라 소지왕대의 사금갑射琴匣 이야기에 얽힌 정월 15일의 제조祭鳥 풍습에 관한 기록에 대해서도,

> 이 기록은 모두 괴이한 이야기가 모여서 말이 되지 않으니 지금은 모두 취하지 않는다.

고 하였다. 그는 설화나 전설도 역사적 사실로 인정하기를 거부한 것이다.

이 같은 순암의 합리주의적 비판정신을 가장 잘 드러낸 것이 천사옥대天賜玉帶와 만파식적萬波息笛에 관한 견해이다. 우선 천사옥대에 관해서 살펴보면, 그는 권3상의 진평왕 원년조에,

---

조목 논변하여 따로 일편을 만들었다"고 하였다.

신라에서 천사옥대를 만들었다.

고 대서大書하고 이어,

왕이 띠[帶]를 만들었는데 금으로 새기고 옥으로 장식하였다. 길이는 10위圍요 새긴 과銙는 62였다. 신인神人이 내려와서 상제의 명으로 주었다 하여 천사옥대라고 하고, 국인들은 왕이 성골의 주主라 하여 성제대聖帝帶라 일컬었는데, 황룡사의 구층탑・장육불과 함께 신라의 삼보三寶라 하였다.

라고 하였다. 신라가 혹은 진평왕이 이를 '만들었다'고 적고 있는 순암의 글에서 그의 투철한 사실 인식 태도를 볼 수 있다. 그러고는 이에 주기註記하여 신화・전설에 대한 그의 견해를 피력하고 있는데, 그의 입장을 잘 나타내 주고 있기 때문에 이를 여기에 옮겨 보기로 한다.

옛 성군은 도가 하늘과 일치하고 마음이 하늘과 통하였으나 하늘과 말을 하고 왕래를 하였다는 이야기를 듣지 못하였다. 그런데 한 쪽 동이 후손의 땅에는 어찌 신기한 일이 그리 많은가. 환웅이 하늘로부터 내려오고, 해모수가 천궁에 왕래하고, 해부루가 천제의 말에 따라서 서울을 옮기고, 진평왕이 또 천제로부터 옥대를 받았다. 또 『삼국유사』를 보면 경덕왕은 아들이 없어서 승僧 표훈으로 하여금 상제에게 아들을 낳도록 청하였더니 상제가 딸을 허락하였다. 이에 또 보내어 아들을 낳기를 청하여, 상제가 이를 허락하여 혜공왕을 낳았는데, 혜공왕은 여자가 변하여 남자가 되었기 때문에 어렸을 때 항상 부녀자의 놀이를 하였다. 아아, 동인이 괴탄한 것을 좋아하여 거리낌없이 상제를 속임이 이에 이르렀는가. 그 근본을 따지면 모두 이교가 홍행하고 허망하고 거짓된 일에 익숙한 데 있다. 과거의 일에 있어서는 거짓에 입각하여 설을 세워 후인을 현혹시키고, 현재의 일에 있어서는 사실을 신성화하여 세상 사람을 우롱한다. 아, 사람이 이 세상에 나서 이교의 농락 속에 취생몽사하기 거의 천여 년인데도 깨닫지 못하니 불행한 일인저.

순암이 그 책임을 이교 즉 불교에 넘기는 것은 물론 잘못이다. 천사옥대의 설화는 불교의 산물이기보다는 고유신앙의 결과로 봄이 옳을 것이기 때문이다. 그러나 그 같은 신성화가 세인을 우롱하기 위한 조작이라고 명언한 순암의 말은 그의 철저한 합리주의적 비판정신의 산물이라고 하지 않을 수 없다. 오늘의 학자들도 천사옥대의 설화를 물론 그대로 믿지는 않는다. 그러나 왕권강화를 상징하는 설화로서 그 의의를 이해하는 데 그친다. 그렇다면 오히려 현대의 역사가들이 순암보다 철저하지 못한 것은 아닐까 하는 생각을 해보게 된다.

이 같은 그의 합리주의적 비판정신은 만파식적의 경우에도 잘 나타나 있다. 그는 권4하의 신문왕 2년 5월조에,

만파식적을 만들었다.

고 하고, 이어 해관海官 박숙청朴夙淸의 상주上奏로 만파식적을 만든 경위를 적은 뒤에 안론按論에서 다음과 같이 말하고 있다. 거듭되는 긴 인용이긴 하지만 순암의 뜻을 잘 나타내고 있기 때문에 적어 보기로 한다.

신라 때에는 유교가 밝지 못하여 사설邪說이 횡류橫流하여 이목耳目에 젖어 익숙하고 방탄放誕이 습성처럼 되었다. 혹시 한 사람이 부황되고 요망한 말을 만들면, 여러 사람이 떼지어 일어나서 부화하였다. 드디어는 온 나라가 휩쓸리다시피 하여 진실이라 하니, 마치 그런 일이 실제로 있은 것처럼 여긴다. 진평왕의 천사옥대나 신문왕의 만파식적 따위가 그것이다. 박숙청이 변변치 않은 해관으로서 허탄하고 망령된 말을 만들어 임금께 아뢰기에 이르렀는데, 왕은 마땅히 그것이 거짓인가 진실인가를 가려서 요언妖言의 율律로 죄주어 국인의 의혹을 풀었어야 옳았을 것이다. 그런데

죄를 주지 않을 뿐 아니라 그 말을 믿고 따라서 이를 가져다 피리를 만들고 국보라 일컬으면서 말하기를, “이 피리를 불면 적군이 물러나고, 병이 나으며, 가뭄에는 비가 오고, 오던 비는 개며, 바람은 고요해지고, 파도는 잔잔해진다”고 하였다. 위아래 할 것 없이 어리석음이 심하다. 그 꾀하는 바는 일세의 인심을 놀라게 하고 이를 우롱하고 미혹케 하려는 데 지나지 않는다. 만일 그것을 불어서 적군이 물러나지 않고, 병이 낫지 않으며, 가뭄에 비가 오지 않고, 오던 비가 개지 않으며, 바람이 고요해지지 않고, 파도가 잔잔해지지 않으면 장차 누가 이를 믿겠는가. 그 꾀하는 바가 또한 졸렬하다. 그러므로 선왕의 도는 성誠을 귀하게 여기는 것이다.

이같이 순암은 철저하게 순리에 어긋나는 신화나 전설에 대해서 비판적 태도를 견지하였다.

필자는 식민주의사관 파동이 한창일 때에, 이것이 한국사학이 사느냐 죽느냐 하는 사활을 결정하는 중요한 문제라고 생각하고, 그중에서 신화 특히 단군신화의 문제에 대하여도 이를 역사와 엄격히 구별할 것을 거듭 주장했다. 참고삼아 그중 두 대목을 인용해 보면 다음과 같다.

(『고기』에 나오는 단군신화의 기록은) 당연한 일이지만 문자 그대로가 역사적 사실일 수는 절대로 없습니다. 환웅이 하늘로부터 내려왔다, 곰이 여자로 변했다, 이것을 그대로 믿으라고 하지만 학생들한테 어떻게 그렇게 가르칠 수가 있겠습니까. 그럴 수는 없습니다. 우리가 믿지 않는 일을 학생들에게 믿으라고 그렇게 가르칠 수는 없습니다.[18]

18 이기백(1991), 「국사교과서 개편 청원에 대한 국회 문공위에서의 진술」, 『한국사상의 재조명』, 일조각, 41면.

> 한국 민족의 역사 자체가 B.C. 2333년 단군의 건국으로부터 시작한다고 고집하는 사람들이 아직껏 남아 있다. 그리고 신화의 내용도 그대로 믿어야 옳다고 하는 것이다. 그러니까 하늘에 있는 환인의 아들 환웅이 하늘로부터 지상으로 내려왔다든가, 그가 곰에서 사람으로 변한 여자와 결혼하여 단군을 낳았다든가 하는 신화를 그대로 믿으라고 고집하는 것이다. 하지만 이것은 억지이며, 우리 자신을 세계 사람들의 웃음거리로 만드는 것밖에 되지가 않는다.[19]

그런데 이 같은 주장은 이미 순암에 의해서 명확하게 제시되었던 것이다. 다만 필자를 포함한 오늘의 역사가들이 미처 이에 주의를 하지 않고 지낸 것뿐이다.

그러면서도 순암은 한편 신비스러운 기록이라도 그것이 도덕적 견지에서 긍정적으로 봐야 할 것은 살리고 있다. 그가 「괴설변증」의 마지막 부분에서 한 다음과 같은 말이 그의 그러한 뜻을 잘 전해 주고 있다.

> 음병陰兵이 남몰래 도와준 일과 충혼忠魂이 보국한 일은 왕자王者의 상서로운 징조로서 혹은 그럴 수가 있는 일이기 때문에 그대로 두고 이를 버리지 않았다. 중국 정사正史에도 또한 그 같은 예가 많다.

이것은 미추왕릉의 죽엽군 이야기나 무열왕을 도와준 장춘과 파랑을 위하여 장의사를 지었다는 이야기를 삭제하지 않고 본문에 기록한 것을 변명한 것이다. 이러한 점에서 순암의 합리주의의 한계성이 엿보인다고 할 수 있겠다.[20]

---

19 이기백(1995), 「한국민족의 사회・문화적 기원」, 『한국고대사론』(증보판), 일조각, 9면.
20 이 점은 이미 강세구가 지적한 바 있다. 그의 『동사강목연구』, 175면 참조.

4. 맺음말

순암은 말하자면 이념형의 학자라고 봄이 옳지 않을까 한다. 그의 사상적 밑바탕에는 유교적 이념이 확고하게 자리잡고 있다. 이러한 점은 그가 신화나 전설 따위를 비판하는 점에서 특히 두드러지게 나타나고 있다. 가령 천사옥대에 대한 경우를 보면, 앞에서 인용한 안론 첫머리에서 다음과 같이 말하고 있다.

> 살피건대, 『시경』에 이르기를 "상천의 일은 소리도 없고 냄새도 없다"고 하였고, 『논어』에 이르기를 "하늘이 무슨 말을 하는가. 그러나 사시가 바뀌고 만물이 생성한다"고 하였다. 하늘의 도를 논함이 이로써 완벽하다.

또 만파식적의 경우에서도, 앞에서 인용한 안론의 첫머리에서 다음과 같이 말하고 있다.

> 천지의 도는 오직 성誠일 뿐이다. 성이란 실實인지라, 물物에 붙으면 실리가 되고, 용用에 간직하면 실사實事가 된다. 그 실리를 밝혀서 다른 갈래의 의혹을 없애고, 실사를 행하여 거짓된 습성을 없애는 것이 곧 군자의 도이니, 이 때문에 격물格物・치지致知・성의誠意・정심正心의 학을 귀히 여기는 바다.

이같이 순암은 역사적 기록을 보는 데 있어서 철저하게 유교 성현들의 교훈에 입각하고 있는 것이다.

그런데 이 같은 이념형의 학자에게서 흔히 발견되는 것은, 사실을 자기 이념에 맞도록 왜곡하려 드는 경향이다. 가령 『규원사화揆園史話』가 단군 이후 47대에 이르는 역대 왕명과 그 재위 연수 및 치적 등을 기록한 따위가 그 두드러진 예가 될 것이다. 이 『규원사화』의 기록을 그대로 사실로 믿어야 된다고 주장하는 학자들은 아직도 있다. 이 밖에도 예를 들자면 한이 없겠지만 현대에 이르러서도 그 같은 경향은 없어지지 않고 있는 것이다.

그런데 순암은 결코 그렇지가 않았다. 그가 이념형 학자임을 나타내는 자료로서 천사옥대와 만파식적에 대한 안론의 첫 부분을 위에서 인용하였지만, 실은 여기에서 표명된 하늘의 도나 혹은 천지의 도인 성誠은 모두 실리實理·실사實事를 뒷받침하는 것이었다. 그리하여 거짓과 의혹을 없애자는 것이었다. 따라서 이것은 도리어 그의 엄격한 합리주의적 사실고증을 뒷받침하는 것이었다. 유교적 이념에 의한 사실의 해석과 사실의 평가는 사실의 구명 후의 일이었다. 순암이 역사가로서 위대한 점은 여기에 있다고 생각한다.[21]

위에서 필자는 주로 필자 자신의 경험에 비추어 순암의 사실고증이 얼마나 뛰어난 것이었는가를 밝혀 보려고 하였다. 그리고 필자의 주장들 중에는 이미 오래전에 순암에 의해서 고증된 것들이 있음을 드러내서, 미처 이를 깨닫지 못했던 필자의 부끄러운 실수를 사과하는 기분으로 이 글을 초하게 되었다는 것을 고백하는 바이다.

---

21 한영우도 '史實 그 자체를 과학적으로 탐구한다는 실증주의'로 인해서 "『동사강목』은 조선후기 통사 중에서 가장 높은 수준의 위치를 차지하게 된 것이다"라고 하였다(1988, 「18세기 후반 남인 안정복의 사상과 『동사강목』」, 『한국학보』 53; 1989, 『한조후기사학사연구』, 일지사, 354면).

근기학파에 있어서의 순암의 위치

이우성

1. 근기학파의 성립

우리나라 사상사의 체계적 파악을 위한 작업의 하나로 우선 각개 학파에 있어서의 인적 구성과 학문적 전수, 즉 인맥·학맥에 의한 연결과 분화, 그리고 그로 인한 사상적 연변과 그 특징을 아울러 고찰하여 역사상에 일정한 위치와 의의를 부여해야 할 것이다.

일반적으로 퇴계학통을 영남학파, 율곡학통을 기호학파라고 말한다. 영남은 거의 퇴계학통 일색이고 기호는 율곡학통에 속한 인사가 많았기 때문이다. 그러나 이것은 대체론大體論이다. 사실 기호 지역 중 근기 일대에 퇴계를 소술紹述하는 한 학파가 따로 있어서, 심성이기心性理氣 문제에 독창적 견해를 보이는 한편 실용·실증의 학문을 창도하여 우리나라 사상사에서 하나의 신기원을 긋게 되었는데 이것이 오늘날 우리 학계에서 각광을 받고 있는 실학의 한 유파이다. 우리는 이것을 위의 기호학파와 구별해서 '근기학파'라고 부르고 또 실학의 다른 유파와 구별해서 '경세치용파'라고 부르기도 한다.

근기학파의 대종大宗은 성호 이익 선생이다. 그러나 근기학파가 바로 성호에게서 시작된 것은 아니다. 실학으로서의 사상적 기반이 확립된 것은 성호에서 비롯된 것이지만 그러한 사상의 원류는 훨씬 위로 소급시켜야 하며, 따라서 성호의 인맥·학맥을 따져 올라가면 미수 허목과 한강 정구를 거쳐 퇴계에 닿는다. 요즘 이조 후기의 실학을 다루는 사람들이 실학의 사상적 연원을 으레 율곡에서 찾고 있지만 그것은 그 개연성을 말한 것일 뿐이다. 율곡이 당시 조정에서 몇 가지 개혁적 의견으로 구체적 정책 대안을 제시한 것이 사실이고 또 성호가 국조 이래 시무時務를 아는 사람을 손꼽는다면 오직 율곡과 반계 두 분이 있을 뿐이라고 하였다. 그러나 율곡은 곧 실행에 옮길 수 있는 정책 대안을 내놓았고, 반계는 본원을 구명하고 일체를 혁신하여 왕정의 시始가 된다고 한 바와 같이 반계의 주장이 현실에 저애가 많은 것이라고 하면서도 그의 경세치용의 학문성을 높이 평가하였다.[1] 따라서 율곡의 몇 가지 정책 대안이 곧바로 우리나라 사상사상 실학의 연원으로 볼 수는 없는 것이다.[2]

여기 우선 실학을 떠나 학통 그 자체로 볼 때에 성호는 위에서 말한 바와 같이 퇴계와의 인맥·학맥을 인정하지 않을 수 없다. 먼저 구한말 성재 허전의 『언행총록』에 실린 방산 허훈의 후지後識를 들어 본다.

> 옛적 퇴계 이선생께서 우리나라에 학문을 일으켜 실로 연원 정맥을 열

---

1 『星湖僿說』 卷11, 「人事門」, 變法. "國朝以來, 屈指識務, 惟李栗谷柳磻溪二公在. 栗谷太半可行, 磻溪則究到源本, 一齊刬新, 爲王政之始."

2 이러한 정책 의견을 실학의 연원으로 본다면 율곡에서 그치지 않고 위로 양성지·정도전 등등 여러 관료학자들이 모두 이에 해당된다고 할 것이다. 우리나라 실학은 마땅히 17~18세기 이후의 사회경제적 변화라는 역사적 조건 속에서 그 발생 발전의 계기를 찾아야 하며 또 그것이 몇 개의 구체적 정책대안에 그치지 않고 근원적·전반적 체계로서의 학문성이 있어야 진정한 실학이 되는 것이다.

어 놓았다. 한강 정구 선생이 그 적통을 받아 미수 허목 선생에게 전수하였고 다시 성호 이익, 순암 안정복, 하려 황덕길 세 분이 있어 그 뒤를 이었는데 우리 성재 선생에 이르러 사문을斯文을 부익扶翼하고 그 유서遺緖를 소술紹述하셨으니 참으로 공이 거룩하다.[3]

즉 퇴계가 창기倡起한 우리나라의 연원 정맥이 한강에게로 전해졌고 한강은 미수에게로 전해 주었으며 다시 성호·순암·하려가 그 뒤를 이었는데 성재에게 이르러 사문의 발전 계승에 거룩한 공을 남겼다는 것이다. 거꾸로 말하면 성재는 하려·순암을 통하여 성호의 학통에 접하게 되었고 성호는 다시 미수·한강을 통하여 퇴계의 학통에 접하게 되었다는 것으로, 결국 성재는 멀리 퇴계의 연원 정맥을 물려받아 우리나라 학술사에 뚜렷한 위치를 차지했다고 한 것이다.

그런데 성호가 미수·한강을 통하여 퇴계의 학통에 접하게 되었다는 것은 허훈이 처음 주장하는 것이 아니다. 성호의 제자로 자처하는 번암 채제공(1720~1799)이 성호의 묘갈명 서에서 벌써 다음과 같이 밝혔다.

우리의 도는 우리대로 도통의 연원이 있으니, 퇴계는 우리나라의 공부자로서 자신의 도통을 한강에게 전하였고, 한강은 그 도통을 미수에게 전하였으며, 성호 선생은 미수를 사숙한 분으로 미수를 배워 퇴계의 연원에 접하였다. 후세에 학자들은 사문 유학이 적통으로부터 적통으로 서로 계승되었음을 알 것이다.[4]

퇴계로부터 성호까지의 전수관계가 사문의 '적적상승嫡嫡相承'이라 하여 허훈

---

3 『許傳全集』 卷5, 「跋」.

4 『星湖先生文集』 附錄 卷1.

의 설명보다 더욱 강조되어 있다. 아마 이것은 근기 남인들의 공통된 생각이었던 것 같다.

누구나 알다시피 퇴계는 영남 출신으로 그의 학문과 교육의 장은 영남을 본거지로 하고 있었으며 그의 많은 저명한 제자들이 또한 대개가 영남 인사들이다. 그런데 여기 채제공과 허훈 등의 말에 따르면 사문의 적통, 즉 퇴계학의 정통이 근기 지방으로 내려왔다는 것이다.

우리는 종전부터 근기학파라는 말을 사용해 왔다. 이조 후기의 실학을 논할 때에 서울의 도시적 분위기 속에 성장한 연암 박지원의 이용후생파에 대하여, 근기의 농촌 토착적 환경을 바탕으로 한 성호 이익의 경세치용파를 근기학파라고 불렀다. 실학을 주로 서울 및 근기 지방에서 발생한 것으로 보면서 서울과 근기 지방의 특색을 나타내기 위하여 근기학파라고 했던 것이다.

그러나 위에서 말한 바와 같이 근기학파는 성호에서 시작된 것이 아니고 성호의 인맥·학맥을 훨씬 위로 수급시켜 올라가면 근기학파는 단순히 실학에 있어서의 서울파-이용후생파에 대對가 되는 호칭이 아니고 우리나라 사상사의 보다 넓은 시야에서 영남학파와 대칭으로 등장하는 것이다.

그렇다면 근기학파와 영남학파는 그 인적 구성과 학문적 전수에 있어서 어떻게 구별되며 학파간의 관계 및 각기 특징은 어떠했는가. 이에 대하여 근세 영남의 유명한 학자 심재 조긍섭(1873~1933)은 일찍이 다음과 같이 비교 논술하였다.

> 대체로 도산 퇴계 이후 그를 숭배하여 배우는 자는 영남과 근기, 두 학파가 있다. (…) 영남의 학은 금양金陽(갈암 이현일)과 소호蘇湖(대산 이상정)를 거쳐 정재定齋(유치명)에게 이르렀으며, 근기의 학은 성호·순암으로부터 성재 허전에게 이르렀는데 이로부터 유파가 더욱 넓혀지고 학문의 장이 더욱 확대되었다.[5]

그러니까 퇴계를 종사로 하여 배우는 자가 영남과 근기의 두 파가 있어, 영남의 학은 갈암 이현일, 대산 이상정을 거쳐 정재 유치명에 이르렀고 근기의 학은 성호와 순암을 거쳐 성재 허전에게로 내려왔는데, 이에 이르러 두 학파의 계열이 더욱 뚜렷해지고 그 저변이 더욱 확대되었다는 것이다. 여기 조긍섭의 글을 토대로, 다른 자료를 약간 보충하여 도표를 만들어 둔다.[6]

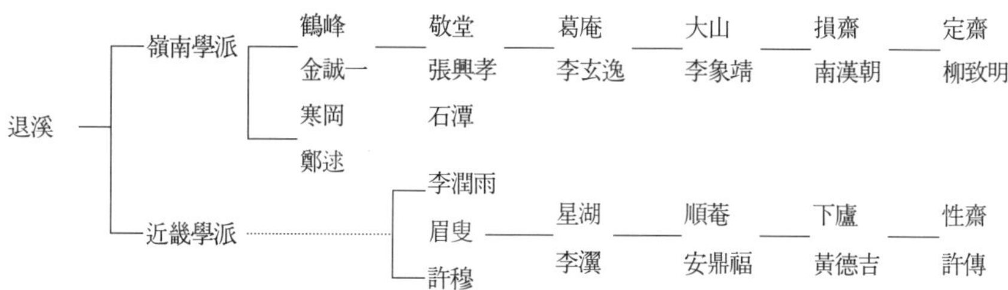

이 도표를 살펴보면 곧 알 수가 있다. 다같이 퇴계에게서 나왔지만 영남·근기 두 파는 서로의 계보가 다르며, 따라서 학문 경향에 있어서도 같을 수 없었다. 계속해서 조긍섭의 말을 인용한다.

> 영남의 학學은 정밀하고 엄격하여 항상 원리로의 회귀와 마음 수양에 치중하였고, 근기의 학은 굉대宏大하고 박흡博洽하여 늘 응용 위주로 시국을 구제하는 것을 급선무로 삼았다.[7]

이렇듯 계보와 경향을 달리하는 영남과 근기를 두 개의 학파로 정립시킴에 있어서 우리는 위의 도표 속의 한강의 위치에 일단 주목해야 할 것이다. 한강은 영남 출신이며 일생을 영남에서 보냈지만 그의 많은 제자 중에 가장 젊었던

---

5 『深齋集』 卷11, 「朴晚醒先生墓碣銘」.

6 영남학파는 서애·학봉·한강의 세 계파가 있는데 여기서는 조긍섭의 글을 토대로 한 것이므로 부득이 학봉·한강계만 들었다.

7 『深齋集』 卷11, 「朴晚醒先生墓碣銘」.

근기 출신의 미수 허목이 늦게 대성하여 그의 의발衣鉢을 받음으로써 드디어 근기학파의 사실상의 개조開祖가 된 것이다. 한강은 자기의 기본 입장을 영남 학풍의 정엄하고 '반경수약反經守約'적인 데 두었지만 한편으로 방대한 저술과 편찬물을 통하여 그의 학풍은 크고 웅대하며 '응용구시應用救時', 즉 '경세치용'적 경향을 보여 줌으로써 이미 근기 실학으로의 새로운 방향을 암시했던 것이다.[8]

이러한 한강의 경향은 미수로 하여금 영남 성리학과 근기 실학의 가교자가 되게 하였고, 성호에 이르러 드디어 실학의 문호를 활짝 열게 하였다. 실학의 발생은 이조 후기의 정치 · 경제 · 사회 등 현실 문제와 밀착되어 있는 것이지만, 또한 사상사 자체의 내재적 전환과정에 유의해야 할 것이다.

2. 순암의 위치

1) 성호와의 만남

위에서 말했듯이 성호가 근기학파의 대종으로 실학의 학문 방법과 사상적 기반을 확립시켜 놓았지만 성호의 문하에는 다시 백화난만百花爛漫한 기상으로 여러 갈래의 새로운 경향이 다채롭게 전개되었다. 그중에서도 소장층의 급진주의를 대표하는 인물이 녹암 권철신이라면 노성층의 온건주의를 견지한 인물이 순암이었다.

순암의 성격과 체질은 그가 성호에게 가르침을 받기 위해 처음 첨성리로 성호를 찾아갔을 때 성호와의 문답을 기록한 그의 「함장록」에서도 잘 나타난다.[9]

「함장록」은 순암이 성호와의 만남을 통하여 자신을 근기학파에 속하게 하고

---

8 『寒岡全集』 解題, 여강출판사 참조.

9 『順菴集』 卷16.

나아가 그 학파에 있어서의 자기 위치 설정의 중요한 계기를 마련한 것에 대한 자세한 기록이다. 뿐만 아니라 우리는 이 기록을 통하여 옛날 분들의 사제간의 인연의 결합과 학문의 전수과정이 얼마나 정중하고도 숭고한 것인가를 엿볼 수도 있는 것이다. 이 「함장록」의 첫머리에 짤막한 경과 설명이 있다.

> 내가 어려서 낙향한 이후로 중간에 병이 드는 바람에 학문의 기회를 놓쳤는데, 성호 선생을 찾아뵙고 경의를 표하고 싶은 마음이 많았다. 나이 스물여섯에 비로소 무주에서 광주 경안면 덕곡의 선산 아래에 와서 살게 되었으나 가난과 질병으로 언제나 편안한 날이 없었다. 그러다가 병인년(영조 22, 1746) 10월 17일에 처음으로 찾아뵙고 하룻밤을 잔 다음에 작별 인사를 드리고 돌아왔으며, 무진년 12월 14일에 또 찾아가서 뵙고 하루를 묵은 뒤 16일에 하직 인사를 드리고 돌아왔으니, 그간 선생에게 직접 뵙고 가르침을 받은 것이 모두 4일이다.

성호를 스승으로 섬겨 수많은 서신으로 학문적인 문목問目의 왕복이 있었지만 직접 댁으로 찾아가 면전에서 대화를 나눈 것은 겨우 두 번뿐이라는 것이다. 그런데 이 기록은 1746년 처음 찾아가서 초면으로 인사를 드린 때의 이야기로부터 시작된다.

> 병인년 10월 16일에 집을 떠나 17일 오후에 점섬占剡에 이르렀다. 작은 산기슭을 하나 넘자 그 산기슭이 끝나는 곳에 모사茅舍가 한 채 있었는데, 마당에 있던 하인 하나가 찾아온 손님을 보고 앞에 와서 절을 하였다. 내가 물어보아 선생의 댁이라는 것을 알고 드디어 말에서 내려서 알리게 했더니 즉시 들라고 했다. (…) 선생이 인하여 어떤 연유로 이곳에 왔는지를 물었으므로 내가 허리를 굽히고 대답하기를, "나이가 거의 사십이 되었으나 아직도 학문의 방법을 모르고 있습니다. 선생께서 도를 강론하시는 곳이 멀지 않다는 것을 들었으면서도 선을 지향하는 정성이 부족하여 10년

동안 우러러 사모하다가 이제야 찾아와 뵙습니다" 하였는데 선생께서는 거기에 대해 말씀이 없으셨다. 그러나 즐겁고 편안하게 말씀하고 웃으시어 전혀 단속하는 태도가 없고, 거지擧止가 법도에 맞는 것을 보고는 첫눈에 선생장자先生長者임을 알 수 있었다.

초면이지만 즉시 가문관계에 의한 친분이 알려지고 다같은 근기 남인의 어려운 처지에서, 그리고 순암의 청수한 용의와 한숙嫺熟한 예절에 접한 성호는 곧 간격을 두지 않고 좋은 후배를 만났다는 기분에서 자유롭게 학문에 관한 문답을 가졌다.

내가 이어 물었다. "선유들이 대부분 『대학』의 격치장格致章은 본래 있던 것으로서 주자가 보망補亡하였다는 주장은 반드시 그렇지는 않은 것이라고 하는데, 그렇습니까?" 하니, 선생은 "나는 그런지를 모르겠다. 다만 본말을 따로 한 장으로 만든 뜻은 알 수 없는 점이 있다. 회재가 논한 것도 십분 온당한지를 모르겠거니와, 근래에 어떤 사인士人 — 진사 신후담을 가리킨다 — 이 말한 설도 과연 타당성을 얻었는지 모르겠다.

또 말씀하기를, "권양촌은 글을 읽는 사람으로서 『대학도大學圖』를 만들었으나 발명發明한 것이 없다", "나도 또한 그림이 있으니 그대가 한번 보라"라고 하면서 『대학질서』를 꺼내어 그 그림을 보여 주고 또 말씀하기를 "『성학십도』 가운데 경재잠도敬齋箴圖 · 숙흥야매잠도夙興夜寐箴圖 · 소학도小學圖들은 모두 온당하지 않고 심학도心學圖만이 자못 좋다"라고 하였다.

성호가 순암을 얼마나 신뢰하였던가를 여기에서 알 수가 있다. 초면인 한 후배에게 스스럼없이 회재의 『대학장구보유』와 퇴계의 『성학십도』에 대해 미심쩍은 태도를 보인 것이다.

인하여 『맹자』를 논하였다. 그리고 『질서』의 춘왕정월春王正月 및 정지

井地에 대해서 논한 변을 내어 보이고는 웃으면서 말씀하기를, "이것은 주자를 논박하는 일대 망론妄論이지만, 바로 주자의 충신이 되고자 하는 뜻인 것이니 아마 주자가 보더라도 크게 비난하여 배척하지는 않을 것이다." 또 말씀하기를 "『중용』과 『대학』을 읽으면 구절마다 의문이 생긴다. 그런데 지금 사람들은 글을 읽으면서도 의심할 줄 모르기 때문에 학문이 진전되지 않는 것이다. 사람이 배워야 할 것은 두 가지 책에 불과하다. 그러므로 다소나마 스스로를 중히 여기는 자는 모두 이 책에 골몰하지만 끝내 얻는 바가 없으니 애석할 뿐이다"라고 하였다.

성호는 한 걸음 더 나아가 그의 『질서』에서 주자를 논박한 것을 내보이고 『중용』과 『대학』에 많은 의문점이 있다고도 말한 다음 모든 선비들이 『중용』·『대학』에 골몰하지만 아무런 새로운 견해가 없다고 하였다.

내가 인하여 국궁하고 가르침을 청하였다. "지금 세상은 학술이 지리멸렬하고 당론이 들끓고 있습니다. 한쪽 편은 비록 연원이 있다고 하나 그 학문이 단지 훈고와 소주에만 얽매이고 송습하는 바가 『중용』·『대학』·『심경』·『근사록』에 불과하여 이록利祿에 이끌리고 있는 실정입니다. 그리고 한쪽 편은 곤궁하고 피폐하여 겨를이 없어서 사학斯學에 대하여 뜻을 두지 못하고 있습니다. 학문이 구명되지 못하고 도리가 밝혀지지 않는 것이 실로 여기 원인이 있습니다. 원컨대 학문하는 요지를 듣고 싶습니다" 하니 선생이 말하기를,

"이것은 모두 양쪽 사람들의 폐단이다. 그러나 이것만으로 단정하여 입론해서는 안 된다. 지금 세상이라고 어찌 호걸스러운 선비가 없겠는가. 다만 내가 아직 보지 못했을 뿐이다. 한 쪽에서 세도를 주장하여 스스로 의리를 만들어서 상대방을 얽어넣는 수단을 삼고 있으니 참으로 두려운 일이다. 학문이란 다만 뜻을 겸허히 가지는 데 달린 것이다. 뜻을 겸허히 가지다 보면 오랫동안 학습하는 동안 의리가 저절로 성숙하여 마음이 편안하고 기운이 화평하여질 것이다. 그 요지란 전적으로 자기 자신에게 달려

있는 것으로 남과는 상관이 없다. 비록 훈고에 매달리는 것이 옳지 않기는 하지만, 만약 학문의 근원을 추구하고자 한다면 여러 선유들이 터득하여 이루어 놓은 말씀들이 없이 어떻게 그 시비를 가릴 수 있겠는가. 그러나 학문이 실제로 여기에만 있는 것이 아닐 뿐이다. 또 저들은 이록을 좇아가더라도 나는 자로子路나 원사原思처럼 배움에 열중하여 스스로 노력한다면 이것이 이른바 선악이 모두 나의 스승이라는 것이다. 남의 단점을 지적하여 시비만 따져서는 안 된다" 하셨다.

우리는 이 부분에서 당시 서인(노·소론) 측의 과거에 의한 출세주의 내지 권력추구와 남인 측의 몰락 빈궁에 의한 위미부진萎靡不振으로 학문이 옳게 발전되지 못하고 있다는 것을 여실히 알 수가 있다. 순암의 이에 대한 대처를 어떻게 하면 좋겠는가라는 물음에 대하여 성호는 그 사실에 공감을 표시하면서도 양쪽 어느 경우에도 위축되거나 패배감을 갖지 말고 자기를 굳건히 지키면서 정진하라고 하였다.

끝으로 성호는 순암에게 매우 중요한 말씀을 건네주었다.

학문이란 자득하는 일이 귀한 것이다. 그러니 반드시 이 일이 귀하다는 것을 진정으로 알아서 스스로 마음에 터득해야만 억지로 하거나 가식적으로 하는 버릇이 없어져서 날로 진정한 영역으로 나아가게 되는 것이다.

학문에는 회의와 비판이 필요하고 회의와 비판을 통하여 '자득'해야 한다는 것이다. 이 '자득'론은 성호학의 기본 방법이며 '자득'을 위해서는 '지식'에 대한 탐구가 절대 필요한 것이다. 여기 성호의 '지식주의'가 중시되는 까닭이 있다.

그런데 처음 순암은 성호의 이 주장에 선뜻 동조가 되지 않았다. 순암은 주자를 위시한 선현의 유훈을 독실하게 지키며 따라 실행하면 그것이 참 학문이라고 여겼던 것이다. 이 한 문제만은 쉽게 납득이 되지 않았던 모양이다.

이윽고 아침상이 들어와서 식사를 마친 뒤, 조금 앉았다가 물러갈 것을 고하였다. 선생이 말하기를, "내가 쓸데없는 말을 많이 했으나 그중에 쓸 만한 것도 있을 것이니 그대가 한번 생각해 보기 바란다"라고 하였다. 자리에서 일어나자 선생이 다시 말하기를, "그대는 연부역강年富力强하니 응당 지식의 탐구에 힘쓸 일이다. 지식이 밝아져야만 가는 길이 평탄하여 걸리는 것이 없게 된다"라고 하였다. 내가 선생께 절하자 일어나 답하였다. 드디어 물러나 돌아왔다.

그러나 성호는 끝내 자기 의견을 감추지 않고 작별하는 순간에 다시 순암에게 그의 '지식주의'를 타일러 보냈던 것이다.

2) 녹암과의 대립

녹암 권철신은 어떠한 인물인가, 그리고 근기학파에 있어서 그의 위치는 어떤 것이었는가? 여기 우선 다산 정약용이 지은 「묘지명」의 몇 구절을 살펴본다. 이에 의하면 녹암은 성호 선생이 만년에 얻은 제자로서, 문학은 자하子夏와 같기를 믿었고, 사업의 포치선양布置宣揚은 자공子貢과 같기를 기대했으며, 성호 선생이 돌아가신 후에는 후생으로 준수한 무리들이 모두 녹암에게로 모여들어 그를 스승으로 섬겼다는 것이다. 다시 말하면 녹암은 성호의 문하에서 가장 큰 촉망을 받았던 사람으로, 뒤에는 성호를 대신해서 후배들의 존경을 한몸에 모았다는 것이다.[10]

그런데 서학(천주교)의 서적들이 북경을 통해 우리나라에 들어오자 녹암의 동생 권일신이 남 먼저 신봉하다가 잡혀 죽고, 온 가족이 천주교 신자로 지목되

10 『與猶堂全集』 第1集, 詩文集, 「鹿庵權公墓誌銘」.

는 가운데 녹암은 그것을 금할 수도 없어서 마침내 신유사옥으로 함께 죽게 되었다.

다산의 이 묘지명만을 보더라도 녹암은 대단한 학자로서 성호의 제자 중 가장 젊고 또 가장 많은 촉망을 받았던 사람임을 알 수 있다. 그는 순암의 집과 통혼하여 그의 아우 권일신이 바로 순암의 사위가 되기도 하였다. 연령으로 보아 순암에게 아주 후배이고 또 사가査家의 정리情理로 보나 동문의 우의로 보나 순암은 남달리 그를 대하였다. 순암은 우선 녹암의 천재성과 학문연구에서의 예리한 투시력을 높이 감싸 주었다.

> 보내온 별지를 읽고 또 읽고는 정밀한 논리와 초절超絶한 식견에 참으로 감탄했다네. 독서할 때는 반드시 의문이 있어야 하니, 의문이 있어야지만 진전이 있기 때문일세.[11]

라고 하여 칭찬을 아끼지 않았다. 순암은 성호에게서 이어받은 '자득'론을 녹암에게 적용한 것이다. 그러나 곧 이어서,

> 주자도 "독서할 때는 의문이 크면 진보도 크다"고 했고 또 이르기를 "처음 읽을 때는 의문이 있는 것 같지 않다가 읽어갈수록 점점 의문이 생기고 중간에 가서는 마디마디가 의문투성이가 된다. 일단 그 과정을 거치고 나면 의문이 점점 풀리기 시작하여 융회融會 관통貫通하는 경지에 이르게 되는데 그제야 비로소 학문이라 할 수 있다" 하였으니 독서에는 별다른 방법이 없고 주자의 그 말이 하나의 큰 단안일세. 대체로 성현들의 말씀은 모두가 평이하고 명백하므로 굳이 굽은 길로 찾아 들어가서 자기가 자신을 의문 속에다 얽어맬 필요는 없는 것이지. 퇴계 이자도 이르기를, "독서를

11 『順菴集』 卷6, 「答權旣明別紙」.

하면서 굳이 색다른 뜻을 깊이 캐려고 하지 말고 다만 그 본문을 놓고 그 본문이 가지고 있는 뜻만 찾으라"라고 했는데, 그 말이 아주 간단하면서도 꼭 맞는 말이니 한번 생각해 보게.

라고 하여 독서에 의문을 품는 것이 필요하다고 하면서도 주자와 퇴계의 말을 인용하여 성현의 평이한 말씀을 그대로 복습하는 것이 옳고 굳이 의문을 일으켜서 굽은 길로 들어가지 말라고 하였다. 다음 편지에서는 사빈士賓이라는 어느 동학의 충고의 말을 되새겨 줄 것을 권고하면서,

자네가 사빈에게 보낸 서한을 보고 나도 모르게 환희 용약했다네. 우리의 도가 더욱 외로워져 가고 있는 이때, 제군들이 과연 서로 보고 느끼고 서로 경계하여 서로 대중지정大中至正의 경지에 이른다면 그 얼마나 다행스러운 일이겠는가. 사빈이 그대에게 충고하고 좋은 길로 인도한 뜻이 매우 온화하면서도 참으로 절실한데, 지금 세상에 이러한 일이 어디 있겠는가. 자네가 그의 말을 잘 받아들이면 틀림없이 효과가 있을 것이고, 그중에서도 말조심에 관한 경계는 자네의 병통에 더욱 적중한 것으로 현명한 자네도 응당 알고 있을 것으로 생각되네. 이에 감히 사빈의 서신 내용을 따라 말해 보자면 그대는 너무 지나치게 고구考究하는 병폐가 있다 하겠네.

라고 하여 녹암의 공부하는 태도를 고칠 것과 말을 조심할 것을 거듭 당부하였다. 순암은 한 걸음 더 나아가,

독서하면서 의문을 갖는 것은 물론 좋은 일이지. 의문이 적으면 진보도 적고 의문이 많으면 진보도 많다는 주자의 말이 실로 바꿀 수 없는 정론이지. 그러나 계속 의심만 하고 일정한 귀결처가 없으면 마음이 점점 분란해져서 실효를 얻기가 어려운 법이라네. 나는 생각하기를 독서에 있어 자득이 비록 귀중한 것이지만 자득한 뜻이 먼저 마음속을 가로막고 있으면, 선

유들 교훈에 대해 일부러 하자만을 찾아내려는 병폐가 있을 염려가 있을 것일세.[12]

라고 하였다. 여기서는 성호의 '자득'론이 자칫 후배들에게 나쁜 영향을 주지 않을까 걱정한 것이다. 특히 녹암이 주자의 학설에 불만을 품고 왕양명의 치지설致知說이 옳다고 주장한 것에 대하여 순암은 매우 못마땅하게 여기고 양명학의 핵심인 '양지'에 심한 비판을 가하여 녹암의 반성을 촉구하였다.

마음의 기능은 생각이고 생각은 지각을 맡고 있으니 주자가 치지격물을 해석하면서, "내 마음의 지각으로 사물의 이치를 궁구하는 것이다"라고 했다네. 이는 마음에는 앎의 이치가 있기 때문에 사물의 이치를 궁구할 수는 있으니 그렇게 되면 내 마음이 알고 있는 이치와 각 사물에 산재해 있는 이치가 합일이 되는 것일세. 그런데 굳이 마음이 바로 이치라고 다짜고짜 풀이할 까닭이 뭐란 말인가. 또 마음이 아는 것이 양지良知라고 하는데, 그것도 사람마다 기질이 달라 성인의 마음은 그것이 다 양지의 본연에서 나오는 것이 사실이나 중인衆人들 마음은 기질에 편승되고 한쪽으로 치우쳐 있어 마음의 앎이 허다히 인욕에서 나오고 있는 것일세. 양명의 이 말은 인욕을 천리로 오인하고 있으니 그 흐름이 결과적으로 말할 수 없는 폐단을 가져올 것이 아닌가.

사람마다 기질이 다른데 성인과 중인의 마음을 다같이 양지라고 한다면 인욕人欲을 천리天理로 오인하게 된다는 것은 순암의 올바른 지적이 아닐 수 없는 것이다. 녹암이 말을 잘 듣지 않자 순암은,

12 위의 책, 「答權旣明 庚寅」.

이러한 문제들은 기왕 의견들이 서로 합치되지 않을 경우 결국 갑을논박이 되어 합일점을 찾기가 어렵게 마련이니, 이후로는 서신 왕래에 피차 안부나 살피고 정담이나 나누는 것이 좋을 듯하네. 예문이나 경전 등에 관하여는 군이 나 같은 귀머거리와 장님의 귀와 눈을 빌어 가부를 시험할 필요가 없는 것이며, 성실을 위주로 하는 군자의 도리로서도 당연히 그래야 할 것일세.[13]

라고 하면서 앞으로 학문에 관한 논란을 거절하려고 하였다. 이에 대하여 녹암은 답장에서,

지난번에 "경서 얘기하고 예문 논하고 하는 일을 말끔히 치워 버리자"고 하신 서신을 받고 저도 모르게 가슴이 덜컹했습니다. 전일에 실제 소득은 없이 공연한 문의文義에만 얽매여 큰 죄를 짓고 말았으니, 저 자신으로서는 조석으로 허물을 고치기에도 겨를이 없다고 생각하고 있는데 무슨 논설을 감히 또 하겠습니까. 그리하여 그동안 저의 미욱한 소견을 기록해 두었던 것을 전부 찢어 버리고, 이제 죽기 전까지 오직 입을 다물고 자신의 수양이나 하면서 대악大惡에 빠지지 않는 것이 최상의 방법이 아닐까 합니다.[14]

라고 하여 자신이 후회하는 듯하면서도 실은 순암에게 강하게 반발했던 것이다. 그러나 녹암이 당시 천주교와 관련이 깊어져 간다는 소문을 듣게 되자 순암은 앉아서 관망만 할 수 없었다.

공의 서신을 받고 보니 전일과는 아주 딴판으로 선가禪家의 냄새가 물씬

13 위의 책, 「答權旣明 壬寅」
14 위의 책, 「答權旣明書 甲辰」, 前段 所載.

풍기는데 공이 어찌하여 이런 말을 하는 것인가? (…) 지난번 영남 유생들에게 들으니, 또 사흥士興이 와서 『칠극七克』을 빌려 갔다고 하기에 마음속으로 의아하게 여겨, "『칠극』은 사물에 대한 주석이나 다름없는 것이니, 비록 뼈를 찌르는 듯한 절실한 내용이 더러 있기는 하지만 이 책에 무슨 취할 점이 있겠는가" 했더니, 그 후 들리는 말에 "양학洋學이 크게 번져 아무아무가 주동자이고, 아무아무는 그 다음이고 그 밖에도 따라서 동화되어 간 사람들이 얼마나 되는지 모른다"고 하기에 너무나 놀란 적이 있지만 기왕 남의 입에 낭자하게 올랐다면 서로 좋아하는 사이에 숨기고 감출 것이 뭐가 있겠는가.[15]

그래도 순암은 '서로 좋아하는 사이'를 잊을 수 없어서 서로 터놓고 이야기해 보자고 한 것이다. 『칠극』은 성호가 익히 읽고 거기에 우리 유가와 상통하여 취할 점이 있다고 칭찬한 바 있었던 책인데도 순암은 후배들이 천주학에 빠져들 것을 염려하여 취할 점이 없는 것으로 돌려 버렸다.

대체로 그들이 주장하는 것은 구세救世이지. 구마라십과 달마존자가 다 구세를 내세워 큰 바다를 건너 중국까지 와서 자기들 교화를 폈듯이 이마두利瑪竇 무리들도 역시 그러한 자들에 불과하다네.

성호가 이마두를 '구세를 위해 멀리 온 호걸지사'라고 말하고 중국의 군신이 그를 옳게 존대할 줄 모른다고 비난한 것에 비하면 순암의 당시 상황은 그만큼 절박한 문제로서 여유를 둘 수 없었던 것이다.

제군들이 평소에 그렇게도 불교를 배척했으면서 지금 천주학에는 꼼짝

15 위의 책.

못하는 것을 보면 틀림없이 사람을 감동시킬 만한 별다른 문자가 있어서 그럴 터이지. 이런 까닭에 전번 서신에서 청했던 것은 까닭이 있어서였는데 지금 들으니 덕조가 얼마간의 서책을 가지고 갔다는데 이곳을 지나면서도 나를 찾아보지 않고 그냥 지나쳐 버린 까닭을 알 수 없군. 아마 공부의 길이 달라 서로 얘기할 것이 없기 때문이었을까? 남을 선으로 인도한다는 천주의 뜻은 틀림없이 그렇지 않을 것일세.

이 편지에 의하면 이벽(덕조)이 천주교 서적을 가지고 감호(녹암이 사는 곳)로 가면서 순암에게는 그 앞을 지나면서도 들르지 않았음을 알 수가 있다. 그만큼 성호 계통의 젊은 인사들이 순암을 경원시했던 것이다. 마침내 순암은 녹암을 정면으로 질책하였다.

지금 들리는 말에 아무아무가 서로 약속을 하고 신학을 공부하고 있다는 소문이 파다한데, 그들 모두가 공의 절친한 벗 아니면 공의 문도들 아닌가. 공이 만약 금하고 억제했으면 이렇게 날뛸 리가 있겠는가. 공은 그들을 금지하지 않았을 뿐만 아니라 오히려 물결을 조장하여 더 일으키고 있으니 이게 무슨 일인가.

그런데 지금 또 듣자하니, 공이 서양의 천주학에 있어 경망하고 철없는 젊은 것들의 앞잡이가 되고 있다는데, 지금 세상에 사문斯文이 기대를 걸고, 친구들이 믿고 소중히 여기고, 세상 사람들의 주목을 끌고, 후배들의 종주가 될 사람이 공 말고 누가 있단 말인가. 그런데 이렇게 갑자기 이학으로 가 버리다니 과연 어찌해서 그러한 것인가? 내가 보기에는 서양 사람들이 말을 제아무리 장황하게 해도, 그 모두가 석씨가 거치고 간 조잡한 발자취들로서 논리의 정미성에 있어서는 오히려 석씨 쪽의 절반도 못 미치고 있네. 차라리 식심識心이니 견성見性이니 하는 달마·혜능의 말을 따랐으면 따랐지, 밤낮 기도로 무당이나 다름없는 짓을 하는 서양의 그것들을 왜 따를 것인가. 그 짓을 해서 과연 지옥행을 면한다 하더라도 뜻있는 사람이면 하지 않을 것인데, 하물며 우리 유학을 하는 사람들이겠는가.

차라리 불교를 믿으라는 순암의 격한 논조는 단순한 사상·종교상의 문제에 그치지 않고 당시의 시대현실, 특히 집권층인 노론 중에서도 벽파의 정치적 작용이 심상치 않음을 예감했기 때문이었다. 당시의 국왕 정조와 영상 채제공에 의하여 근기학파에 속한 일군의 진보적 학자 지식인이 학계 또는 정계에서 그런대로 유지되고 있지만 언제 어느 때에 사세事勢가 변하여 폭풍이 몰아닥칠지 모르는 판국이라 순암은 당시 근기학파의 원로로서 크게 우려를 할 수밖에 없었다. 천주교를 이교·사교로 보고 있는 당시의 일반 분위기에 비추어 볼 때 녹암 계열의 서학 관련설은 대단히 위험한 것이기 때문이었다. 순암은 녹암에게 보낸 마지막 편지에서 다시 한 번 반성을 촉구하면서도 소용이 없을 줄 짐작한 듯 장탄식으로 끝을 맺었다.

> 대체로 서양 사람들이 실로 이류異類가 많아 총명과 재변, 기예와 법술에 있어 중국으로서는 따라갈 수 없기 때문에 사람들이 많이 거기에 굴복이 되어 그들의 학문까지 믿게 되었다고 하지만 그럴 이치가 있겠는가. 그들의 학문이 황당무계하고 괴상망측하기로는 사실 저 노씨老氏와 석씨釋氏 이가二家와 조금도 다를 것이 없는데, 지금의 유자들이 저 이가는 이단으로 배척하면서 도리어 이 쪽을 진학眞學이라고 하고 있는 실정일세. 사람들이 이 정도로까지 마음의 현혹을 느끼고 빠져들고 있으니, 이는 바로 세도의 부침과 학문의 사정이 나뉘는 하나의 큰 전기라 하겠네.
>
> 아! 세상에 인류가 서식한 지 이미 오래이네. 기화氣化의 운행에 따라 청탁후박이 늘 변하매 태평한 날은 적고 혼란한 날이 많으며, 군자의 도는 소멸하고 소인의 도가 자라며, 정학正學은 꺼져 가고 사설邪說이 판을 쳐, 시대가 흐르면 흐를수록 점점 더 아래로만 내려가고 있으니 이 얼마나 답답한 일인가.[16]

---

16 위의 책.

3. 맺음말

성호는 18세기 우리나라 사상계에 새로운 방향을 타개하고 실학의 성립에 결정적 역할을 한 분이다. 그러나 그의 학문과 사상은 진보와 보수의 양측면을 동시에 가지고 있었으며, 이것이 그의 문하에 녹암과 순암으로 대표되는 우파·좌파의 두 갈래 경향을 낳게 하였다. 녹암을 선두로 하여 유교경전에 대한 신해석, 주자학에 대한 회의와 비판, 서양 문화에 대한 급진적 수용 등 성호의 지식주의를 발전·확대시킨 성호좌파의 전통 사상에 대한 도전과 외래 문화에 대한 대담한 접근에 대해 순암은 적극적으로 견제를 가하려 했지만 결국 그것을 막아낼 수는 없었다. 근기학파의 공동 운명의 입장에서 장래를 크게 우려했던 순암은 개탄 속에 세상을 떠났고, 순암이 돌아간 바로 그해(1791)에 진산사건珍山事件이 터져 머지않아 큰 참화가 올 것을 예고하였다.

근기학파의 진보적 사조는 당시 이조 봉건 지배체제, 벌열정치적 지배체제에 대한 민중적 저항의 한 반영이었다. 이 저항세력의 강도는 이조 봉건 지배체제에 큰 위협이 되지 않을 수 없었고 종전에 사문난적이라는 주자학 옹호 강령만으로 다룰 수 없었던 당시의 상황은 혹세무민이라는 사교(천주교)의 이름 밑에 진보적 집단을 일망타진케 했던 것이다.

여기 근기학파에 있어서의 순암의 위치를 확인하기 위하여 아래의 도표를 그려 놓는다.

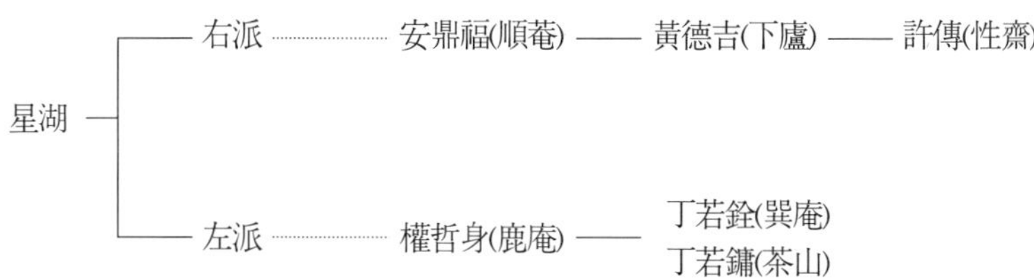

이 도표에 의하면 성재 허전이 근기학파의 학맥을 이어받아 순암의 적전嫡傳이 된 것이다. 천주교 관련 죄목에 몰려 성호좌파의 영수인 녹암 권철신이 여러 동지들과 함께 비명에 죽은 뒤에 녹암의 제자인 손암 정약전이 흑산도에서 불귀의 객이 되었고, 그 아우인 다산 정약용이 강진에서 간신히 살아 돌아왔지만 자기 학문을 이어받을 훌륭한 제자 한 명 남기지 못한 채 이승을 하직하였다. 다산이 마현 옛집에 돌아왔을 때 아직 57세밖에 되지 않았지만 그에게는 찾아오는 문생이 별로 없었다. 이때 성재는 20세를 갓 넘은 유망한 학도로서 1년 전부터 두호斗湖로 하려를 찾아가 정식 제자가 되었고 거기에서 하려가 엮은 『동현학칙東賢學則』을 배운 뒤에 곧이어 퇴계의 『이자수어』를 공부하고 있었다.

성호좌파가 당시 집권층에 의한 피의 숙청과 끊임없는 탄압으로 학맥이 단절된 뒤에 순암의 제자인 하려, 그리고 하려의 제자인 성재가 근기학파의 학통을 이어받아 남인 중의 일대 종장이 되었던 것은 성호학통을 위해 적이 다행한 일이 아닐 수 없었다.

순암 안정복의 기자 인식

김문식

1. 머리말

1773년에 안정복(순암, 1712~1791)은 스승 이익(성호, 1681~1763)의 조카이자 함께 공부한 동문이기도 했던 이병휴(정산貞山, 1710~1776)에게 편지를 썼다. 우리나라의 일대 문자로 평가되는 이익의 「홍범설洪範說」을 『동사강목』의 서문으로 하고 싶은데 그 문체가 서문의 형식이 아니므로 「홍범설」이 지어진 연유에 대해 간략한 발문을 써달라는 부탁을 하기 위해서였다.[1]

이병휴의 답장은 이듬해 5월에 있었다. 『동사강목』을 완성한 안정복이 1762년에 스승에게 서문을 요구했던 일과 이에 스승께서 '기자箕子의 홍범을 우리나

1 『順菴集』 卷4, 書, 「與李景協書」(1773). "先生所著「洪範說」, 實是東方一代文字, 欲編於東史首張. 而文非序體, 敢請老兄, 爲數行小跋于下, 發揮先生本意. 至望."

라 문헌의 근본으로 삼아야 한다'는 전제하에 이 글을 지었으나 『동사강목』과 직접 연결시키지 못한 채 돌아가셨다는 내용이었다. 이병휴의 답장은 전문全文 그대로 『동사강목』의 서문이 되었다.[2]

본고는 이처럼 안정복은 물론이고 『동사강목』의 편찬에 가장 많은 도움을 준 이익과 이병휴가 공감했던 기자와 『동사강목』의 관련성을 확인하려는 목적에서 작성되었다.[3] 본문에서는 『동사강목』에 반영된 안정복의 기자 인식을 기자 개인에 관한 것과 정통론으로 나누어 검토하며, 안정복의 역사관 형성에 중요한 영향을 끼친 이익의 기자 인식을 함께 언급하기로 한다.

2. 기자箕子에 대한 인식

안정복이 가장 강조한 기자의 역할은 우리나라에서 중화의 문화가 본격적으로 전개되도록 했다는 것이었다. 그는 우리나라와 중국은 산천이 구별되고 풍기가 다르며, 기호가 다르고 언어도 통하지 않는 별개의 국가이지만, 우리나라는 애초부터 민간의 습속이 순박하여 교화하기에 좋은 바탕을 가지고 있다고 생각했다. 안정복은 이처럼 교화하기 좋은 자질을 가진 조선인들을 가르쳐서 분위기를 쇄신하고 의관과 문물을 중화의 것으로 변화시킨 것이 바로 기자에 의해 이룩된 것으로 파악했다.[4]

---

2 『東史綱目』 卷首, 「題東史篇面」.

3 「題東史篇面」에서 이익은 "홍범을 우리나라 문헌의 근본으로 삼아야 한다"고 했고, 이병휴는 "홍범의 가르침은 唐・虞・夏에서 殷・周를 거쳤고, 箕子에 의해 우리나라에 전해진 후 아직까지 남아 있으므로 『동사강목』에서도 소홀히 여길 수 없는 문자"라고 했다.

4 『東史綱目』 卷1上, 癸丑 馬韓(B.C. 128). "山川區別, 風氣殊異, 嗜欲不同, 言語不通. 聖人因時設教, 所以達其志而通其俗也."; 같은 책, 附錄上, 「考異」 箕準, "東方古初, 民俗淳古, 而箕子立教, 則丕變風動. 其衣冠文物, 必有如上所言者矣. 『後漢書』亦云, 天性柔順, 易以道御, 冠弁衣錦, 器用俎豆云. 則此必箕氏治化之及而然也."

안정복의 기자 인식은 선배 학자를 계승한 것이었다. 그는 '하늘이 우리나라를 돌보아 기자라는 인현仁賢을 보내어 백성에게 은혜를 베풀게 했으며, 정전법과 팔조八條의 규약과 같은 기자의 가르침이 환히 빛난다'는 변계량의 발언이나, '단군 때에 인문人文이 드러나지 않아 오랑캐가 될 가능성이 있던 것을 바로잡은 기자의 가르침은 중국에서 복희·헌원·요·순의 가르침과 같은 것'이라는 이정구의 발언을 인용했다.[5]

안정복은 선배들의 인식을 이어 기자가 우리나라에 와서 백성들을 교화 속에 살도록 한 것이 천여 년이며, 시대가 내려올수록 기자의 가르침은 점차 사라졌지만 예의의 근본은 여전히 사람들 마음속에 살아 있는 것으로 보았다. 따라서 그는 공자가 조선에 와서 살고 싶다고 한 것이나 중국의 역사책에서 우리나라를 '군자국'이라 부른 것은 결국 기자의 가르침 때문이라고 하여 조선 문화의 우수성이 기자에서 기원한 것으로 파악했다.[6]

이하에서는 안정복의 기자에 대한 인식을 기자의 행적·홍범·정전으로 나누어 살펴보기로 한다.

1) 기자의 행적

안정복은 기자가 B.C. 1175년(丙戌)에 출생하여 B.C. 1083년(戊午)에 93세로 사망했으며 생존한 시기나 나이가 주周의 무왕武王과 비슷한 것으로 보았다. 이는 홍만종의 『동국역대총목』을 따른 것이었는데,[7] 문제는 기자와 무왕의 관계

---

5 『東史綱目』, 卷1上, 戊午 箕子四十年(B.C. 1083).

6 위의 책, "按. 皇天眷佑我邦, 太師東來, 篤我以彝倫, 敎我以禮樂, 使人淪肌浹骨, 涵育於大化之中. 雖其迹已遠, 其言已湮, 而民之受敎而復習者, 歷千祀而不泯. 傾覆于四郡二府之際, 夷于三國, 佛于羅·麗, 而其禮義之根於心者, 則愈久不替. 是以聖人有欲居之意, 前史有君子之稱, 豈徒然哉? 莫非太師之敎使然也."

를 어떻게 볼 것인가 하는 것이었다. 무왕과 관련된 기자의 행적에서 안정복이 중시한 것은 대체로 세 가지가 있으니, 1) 『상서』에 나오는 '아망위신복我罔爲臣僕'의 의미, 2) 무왕이 기자를 방문하여 홍범을 물은 시기, 3) 『사기』에 나오는 '봉이불신封而不臣'과 기자가 주나라에 조회한 일[朝周]에 대한 해석 등이 바로 그것이다.

첫째 문제는 『상서』 「미자微子」편에 나오는 기자의 발언 중에서 "商今其有災, 我興受其敗. 商其倫喪, 我罔爲臣僕"의 해석에 관한 것이다. 특히 마지막의 '我罔爲臣僕'에 대해 『상서집전尙書集傳』에서는 "나는 절대로 다른 사람의 신복臣僕이 될 리가 없다"고 주석했고,[8] 후대의 학자들은 이를 근거로 기자는 무왕의 봉함을 받지 않았고 주나라에 조회한 일도 없다고 해석했던 것이다.

안정복은 여기서의 '아我'는 '기자 자신'을 가리키는 것이 아니라 '우리'라는 통칭이며, '망罔'은 '어찌 ~아니하랴[豈不]'라는 반어의 의미를 가진다고 보았다. 따라서 이 구절은 "상(은)나라에 이제 재앙이 있을 것이니 우리는 그 화를 입을 것이다. 상이 망한다면 우리들이 어찌 남의 신하가 되지 않겠는가?"라고 해석되며, 이는 은나라가 망하게 됨을 안타깝게 여긴 말이지 무왕의 봉함을 받거나 주나라에 조회한 것과는 상관없는 말이 된다.[9] 안정복이 망罔을 반어로 해석한 것은 이익의 가르침을 수용한 결과였다.[10]

둘째, 무왕이 기자에게 홍범을 물은 시기는 역대 기록에 차이가 있었는데, 이는 기자의 의리론과 관련된 문제였다. 『사기』에서는 "무왕이 은을 이기고 나서 기자를 방문하여 홍범을 들었고, 기자를 조선에 봉했다"고 했으나, 『상서대

---

7 『東史綱目』, 附錄上, 「考異」, 箕子薨.

8 『書集傳』, 商書, 「微子」. "[注] 商, 今其有災, 我, 出當其禍敗. 商若淪喪, 我斷無臣僕他人之理."

9 『東史綱目』 附錄下, 「雜說」, 我罔爲臣僕辨.

10 『順菴集』 卷10, 「東史問答」, 上星湖先生書(1756). "'我罔爲臣僕'一句, 尋常依註解看. 今以先生反語之教, 求之, 尤爲切實, 故敢攙爲之說."

전』에서는 "기자가 조선으로 달아나자 무왕이 조선에 봉했고, 기자가 신례臣禮 때문에 주나라에 조회하자 무왕이 홍범을 들었다"고 했다.[11] 기자가 홍범을 강론한 시기에 대해 차이가 있는 것이다.

안정복은 『사기』의 기록을 따랐다. 그는 무왕이 은나라에 들어가 기자를 석방하고, 그 다음에 기자를 방문하여 홍범을 물었으며, 무왕의 존례尊禮가 진지하므로 기자가 홍범을 말한 것으로 보았다. 당시 기자에겐 적(무왕)을 막아야 할 책임이 없고 강제로 항복하는 굴욕도 없었으니 굳이 죽어야 할 이유도 없었고 의리상 하자가 없다는 해석이었다.[12]

한편 기자의 의리론과 관련한 해석은 「홍범」편 서두의 구절(惟十有三祀, 王訪于箕子)에 대한 해석에서도 나타난다. 여기서의 '사祀'는 '년年'에 해당하는 은나라의 용어로 무왕이 방문한 해를 은의 연도로 쓴 것이 문제였다.[13] 종래 학자들은 무왕이 기자를 방문한 것은 '무왕 13년'이었지만 기자가 주나라의 신하로 만난 것이 아니라는 점을 강조하기 위해 '13사祀'로 표현했다는 해석이 지배적이었다. 그러나 안정복은 이를 다른 방식으로 해석했다. 그는 사서史書에서 한 해를 두 가지 방식(祀, 年)으로 기록하는 것은 필법이 아니며, 무왕이 은을 정복한 후에 방문한 것이라면 유학의 도를 전하는 일이 아무리 중하더라도 군신간의 의리상 홍범을 강론할 수는 없다고 보았다. 따라서 그는 이 해가 은나라 주紂 13사祀이며, 당시 무왕은 서백西伯의 세자로 있으면서 왕국인 은나라에 볼일이 있어 왔다가 기자에게 홍범을 물은 것으로 해석했다.[14]

---

11 『史記』 卷34, 「宋微子世家」. "武王旣克殷, 訪問箕子. 武王曰, '於乎! 維天陰定下民, 相和其居, 我不知其常倫所序.' (…) 於是, 武王乃封箕子於朝鮮, 而不臣也. 其後, 箕子朝周."; 『尙書正義』 卷12, 洪範. "武王勝殷, 殺受, 立武庚. 以箕子歸, 作洪範. [疏] 書傳云, '武王釋箕子之囚, 箕子不忍周之釋, 走之朝鮮. 武王聞之, 因以朝鮮封之. 箕子旣受周之封, 不得無臣禮. 故於十三祀來朝, 武王因其朝而問洪範.'"

12 『東史綱目』 附錄下, 「雜說」, 我罔爲臣僕辨.

13 『爾雅』 釋天. "載, 歲也. 夏曰歲, 商曰祀, 周曰年, 唐虞曰載, 歲名."

14 『順菴集』 卷3, 書, 「與邵南尹丈東奎書」(1747). "愚疑十三祀者, 紂十三祀. 而武王以西伯世

안정복은 『동사강목』을 편찬하면서 이를 철회한 것으로 보인다. 「홍범」편은 주나라의 역사를 다룬 『주서周書』 중에서도 「태서泰誓」·「목서牧誓」편 다음에 나오는데다가 위의 해석은 많은 무리가 따랐기 때문이다. 그렇지만 그는 무왕이 기자를 직접 방문했으니 기자가 몸을 굽힌 것은 아니고, 대화할 때에도 무왕을 '너[而 汝]'라 하고 자신을 '나[我]'라고 했으니 기자는 끝내 주나라의 신하가 되지 않았다고 보았다.[15]

셋째, '봉이불신封而不臣'과 '조주朝周' 역시 기자의 의리론과 관련되는 문제였다. 이에 대해 안정복은 무왕이 기자가 죽지 않자 그를 신하로 삼지 않는 지역[不臣之地], 즉 주나라가 직접 다스리는 오복五服의 범위를 넘어선 지역인 조선에 봉했고, 기자는 그 답례로 주나라의 조회에 참석했는데 무왕은 기자를 우빈虞賓의 예禮, 즉 순이 요의 아들인 단주丹朱를 대접한 것과 같은 예로 대우했다고 해석했다.[16]

무왕이 기자를 봉했지만 기자는 무왕의 신하가 아니라는 의미를 강조한 것이 바로 『동사강목』의 첫째 강綱(殷太師箕子東來, 周天子, 因以封之)이다. 안정복은 여기에서 무왕이 봉한 기자는 바로 '은의 태사'였음을 강조했는데, 이는 이익의 지침을 수용한 것이었다.[17] 또한 그는 기자가 주나라의 조회에 참석했지만, 이때 기자는 주나라의 신하가 아닌 손님의 자격으로 방문한 것으로 해석했다.[18]

子, 有事于王國. 聞箕子通範學, 就問之耳. 其稱王, 史追記故也. 此未審如何."

15 『東史綱目』 卷1上, 壬午 箕子四年(B.C. 1119). "箕子朝周. (…) 按. 洪範一篇言'王訪于箕子', 則王就而見之, 不敢屈也. 箕子稱武王曰'而'曰'汝', 自稱'我', 終不臣周也."

16 『東史綱目』 附錄下, 「雜說」, 我罔爲臣僕辨. "其不死而封之以不臣之地, 朝之而待之以虞賓之禮, 則箕子於此, 必知所以處之矣." 참고로 안정복은 『魏略』의 기록을 따라 기자는 주나라의 侯爵을 받았을 것으로 추정했다(『東史綱目』 附錄上, 「考異」, 朝鮮侯稱王).

17 『順菴集』 卷10, 「東史問答」, 上星湖先生書(1757). "東史各條, 謹聞命矣. 箕子東封事, 改云'周封殷太師箕子於朝鮮', 目亦當以此意改定耳."

18 『東史綱目』 卷1上, 壬午 箕子四年(B.C. 1119). "宋曾鞏曰, 武王克商, 封箕子于朝鮮而不臣. 曰'朝周'者, 所謂於周爲客也. 按. (…) 然則曷爲受封而朝周乎? 曰武王之封, 固在箕子去之之後, 猶以客禮待之, 故箕子亦朝周而不憚. 曾氏之說, 是矣."

이상에서 안정복은 기자가 주 무왕의 신하가 된 적이 없고 은의 신하로 끝까지 의리를 지킨 것으로 보았다. 그런데 기자는 뒷날 은나라 유민들이 난을 일으키고 무경武庚이 은 왕실을 회복하려 해도 전혀 협조를 하지 않았다. 서로 모순되어 보이는 이 사실을 어떻게 해석해야 할까?

안정복은 이를 공적인 부분과 사적인 부분으로 구별하고 두 가지를 동시에 해결한 것으로 해석했다. 무왕이 은을 정벌한 것은 후세의 찬탈과는 구별되고, 무왕이 우虞·하夏·은殷의 자손들을 왕후王侯로 봉한 삼각三恪의 조치도 무력으로 위협하면서 봉한 것과는 달랐다. 즉 무왕의 조치는 모두가 지공무사至公無私하여 인仁으로 귀결되었으므로 천명天命은 이미 주나라로 옮겨진 것이었다. 따라서 기자는 공적으로는 천명을 따라 홍범을 무왕에게 전수하고 은의 부흥운동에 참여하지 않으면서, 사적으로는 끝까지 절의를 지킨 것으로 해석했다.[19] 그러나 안정복은 후세 사람들이 마땅히 변혁을 해야 할 때인데도 가만히 손을 놓고 있으면서 기자를 빌미로 하는 것은 오히려 성인을 모욕하는 것이라 하여 현실을 개혁하려는 의지를 표명하기도 했다.[20]

2) 홍범

안정복의 홍범에 대한 인식은 기본적으로 이익의 인식을 계승한 것이다. 앞서 보았듯이 안정복은 이익의 「홍범설」을 『동사강목』의 서문으로 했는데, 이는 그가 「홍범설」의 내용을 전폭적으로 수용했음을 의미한다. 이익의 「홍범설」은 네 개의 문단으로 구분해 볼 수 있는데 홍범과 직접 관련된 것은 앞의 세

---

19 『順菴集』 卷10, 「東史問答」, 上星湖先生書(1756).

20 위의 책. "然而使箕子, 而當武王之時, 處之固當如此. 若如晩季, 値變革之際, 雍容自處, 偸容苟合, 而曰'箕子亦當'云爾, 則是誣聖也, 不知聖人之道者也."

문단이다.[21] 이를 간략하게 정리하면 다음과 같다.

첫째는 홍범과 낙서洛書에 관한 것이다. 이익은 홍범구주洪範九疇와 낙서가 일치하는 것으로 보는데, 그 증거로 낙서의 위位에서 생수生數인 2와 성수成數인 8을 서로 바꿀 수 있듯이 홍범에서도 2(오사五事)의 숙예철모성肅乂哲謨聖과 8(서미庶徵)의 숙예철모성肅乂哲謨聖이 서로 상응한다는 점을 든다. 다만 낙서의 본문은 1에서 9까지 아홉 글자에 불과한데도 홍범은 '초일왈初一日'에서 '위용육극威用六極'까지 65글자나 되는 것은 우禹가 연출했기 때문이며, 홍범의 배열순서도 낙서의 순서를 따른 것으로 본다.

둘째는 홍범과 기자에 관한 것이다. 이익은 홍범이 당唐・우虞・하夏・은殷을 통해서 계속 전해졌으며, 은나라가 쇠퇴하면서 철인군자인 기자만이 이를 지키고 있었던 것으로 본다. 주周의 문왕과 무왕은 성인이 될 자질은 있었지만 서이西夷에서 처음 일어났을 때는 보고들은 것이 상세하지 못했기 때문에 홍범을 몰랐다가 기자에게 듣고 난 이후 비로소 그 도를 실천한 것으로 파악한다. 그리고 주는 멸망할 때까지 홍범을 지켰는데 주말周末에 지어진 「소민小旻」 시에 홍범의 본문(或聖 或哲 或謨 或肅 或乂)이 나오는 것이 그 증거이다.

셋째는 기자의 8조와 홍범에 관한 것이다. 이익은 기자가 조선에서 실시했다고 하는 8조의 법규는 바로 홍범의 8정이며, 후대에 전해지는 8조 중의 3조는 8정 중에서 사구司寇의 임무를 말한 것으로 본다. 또한 한나라를 일으킨 장량張良의 3장章도 바로 기자가 전한 8조 중에서 후대에 남은 3조와 같은 것으로 본다.

안정복은 이상 이익의 설을 수용하면서 부분적으로 좀 더 상세하게 논술했다.

먼저 홍범과 낙서의 관계에 대해 안정복은 우禹가 낙서를 본받아 홍범을 연역한 증거로 『대대례大戴禮』 「명당明堂」편을 든다. 여기에는 2 9 4 7 5 3 6 1

21 『星湖全集』 卷41, 雜著, 「洪範說」.

8이라고 쓴 구절이 나오는 데 이것이 낙서의 수 배열과 일치하는 것에 착안한 견해였다.[22] 안정복은 또한 수의 시작인 1을 북방에 배치한 다음 여기에 하늘(양)의 수인 '3'을 계속 곱해서 나오는 수 3(1×3), 9(3×3), 7(9×3)을 순방향(북→동→남→서)으로 배치하면 4 양수陽數가 사정방四正方에 있게 된다고 본다. 마찬가지로 음수도 2를 서남에 배치한 다음 여기에 땅(음)의 수인 '2'를 계속 곱해서 나오는 수 4(2×2), 8(4×2), 6(8×2)을 역방향(서남→동남→동북→서북)으로 배치하면 4 음수陰數가 사우방四隅方에 배치된다. 안정복은 이를 일러 '위서位序와 기수起數의 자연스런 상象'이라 했다. 또한 그는 낙서에서 서로 마주 보는 수를 합하면 모두 10이 되고(1과 9, 3과 7, 2와 8, 4와 6), 나란히 있는 세 수를 합하면 모두 15가 되는 것에서 자연스런 법상法象이 만들어지므로 낙서의 수는 결코 인위적인 것이 아니라고 판단했다.[23]

다음으로 안정복은 앞서 이익과 마찬가지로 기자가 시행한 8조의 법규를 홍범의 8정政으로 보았다.[24] 그는 현재 전해지는 3조는 8정 중에서 사구司寇의 임무에 속하는 것이므로, 8정 중에서 일곱 가지가 사라졌다고 판단했다. 그리고 기자가 사구司寇의 임무를 강조한 이유를 단군조선(前朝鮮)의 말년에 민간의 풍습이 어지러워졌기 때문에 우선 폭력을 금하는 형벌을 가지고 통제하기 위한 것으로 보았다.[25] 또한 기자의 8조 법규 중에서 현존하는 3조가 바로 한 고조

22 洛書의 수 배열은 다음과 같다. 이를 보면 하단에서부터 차례로 「明堂」편에 나오는 순서와 일치함을 볼 수 있다.

6	1	8
7	5	3
2	9	4

23 『順菴集』 卷6, 書, 「答權旣明書」(1772).

24 『東史綱目』 卷1上, 己卯 朝鮮 箕子 元年(B.C. 1122). "施八條之教. (…) 按. 『漢書』所稱八條, 而只擧三條. 三條, 卽洪範中司寇事也. 箕子爲治, 必不舍洪範而他圖, 八條, 恐指八政而言也."; 같은 책, 附錄上, 「考異」, 設禁八條. "箕子洪範, 其第三疇曰八政, 治國之道, 備矣. 史云八條, 或以是耶? 『漢書』所傳, 只有三條, 與漢祖約法三章同."

25 위의 책, 附錄上, 「雜說」, 小旻詩. "且所謂八中三者, (…) 此不出於八政中司寇一科之內, 而

의 약법삼장이며, 이는 한나라를 건설하는 계책을 세운 장량이 기자의 자취가 남아 있던 창해군滄海君, 즉 삼한三韓에서 이를 구해서 중국에 전한 것으로 해석했다.[26] 이렇게 되면 홍범은 기자에 의해 직접 주周 무왕武王에게 전수되고, 기자조선의 후예인 삼한에 의해 간접적으로 한漢 고조에게 전해진 것이 된다.

3) 정전井田

안정복의 정전에 대한 인식은 시기에 따라 변화가 있었다. 그는 29세이던 1740년에 「정전설」이란 장편의 논문을 작성했는데 여기서 그는 정전을 주周의 제도로 해석했다. 그는 주공이 성왕成王을 보좌하면서 하夏·은殷의 제도를 참작하여 정전을 만들었고, 정전제가 시행된 이후에 토지의 경계를 바로잡고 봉건제를 실시하며 학교를 일으키고 군사제도를 세울 수 있다고 했다.[27] 그는 이 글을 작성하면서 주로 『주례』를 활용하고 보조자료로 『맹자』, 『춘추공양전』의 하휴주何休注, 『한서』 식화지食貨志, 주자설朱子說 등을 활용했다. 그런데 이상의 자료들은 조선의 정전에 대한 언급이 전혀 없었기 때문에 안정복도 정전을 조

所闕者, 七也. 意者, 檀氏之季, 衰微垂亡, 民風乖亂. 故先以禁暴之政, 略示統槩, 此劉漢所以得三章之法也. 此必是殷王東面西怨南面北怨之大規模, 而箕子行之也. 豈非古帝王草昧戡亂之定制耶." 三章의 법은 『漢書』 「高帝紀」에 나오는 것으로 漢 劉邦이 秦나라를 이기고 關中에 들어가 父老들과 약속한 세 가지 금법을 말한다. 그 내용은 살인한 자는 사형, 남을 해친 자와 도둑질한 자는 그에 상응하는 형을 받아야 한다는 것이다.

26 위의 책, 附錄上, 「雜說」, 辰國三韓說. "箕子八條, 所傳三條, 卽漢高約法三章. 漢之運籌, 張良所定, 又安知非滄海君得箕子緒餘, 而傳之耶? 滄海, 盖三韓之通稱, 非指今江陵一府也, (…) 良之力量, 足以辦局於海外, 時復闖發椎擊, 若弄之股掌間. 而怳無捉模, 千古中華人, 無眼覷破? 余嘗從師友, 得是說, 故於此備言之."

27 『順菴集』 卷19, 說, 「井田說」(1740). "周公相成王, 損益二代之制. 修井地之法, 建國於土中雒邑, 而治天下. 井地立而後, 經界可正也, 封建可設也, 田有常制也, 民有恒産也, 學校以興也, 軍制以立也. 其經理規模, 廣大周密, 雖生千世聖遠言湮之後, 方册具存, 可考而知矣."

선의 제도로 바로 연결시키지 못했다.

안정복은 이익의 문하를 출입하면서 정전에 대한 인식에도 변화가 일어났다. 1746년 10월, 안정복은 처음으로 이익의 집을 방문했고 함께 경사經史를 토론하는 가운데 『맹자질서孟子疾書』에 수록된 정전에 관한 설을 소개받았다. 당시 이익은 이 글이 비록 주자의 견해를 논박했지만 주자의 충신이 되려는 의도를 가지고 작성한 것이라고 언급했다.[28] 또한 안정복은 1757년에 이익과 『동사강목』의 편찬을 의논하던 중 경주에 있는 토지제도는 진秦나라의 원전轅田과 같은 것이라는 가르침을 받았다. 이때 안정복은 기전箕田에 관한 것은 일찍이 『맹자질서』에서 보았는데 이제 다시 경주의 토지에 대한 가르침을 주어 감사하다는 편지를 보냈다.[29]

안정복은 『동사강목』에서 한백겸韓百謙의 기전설箕田論을 채용했다. 그는 『동사강목』 본문에서 조선에 온 기자는 은나라의 제도를 사용했는데 그 유지遺址가 평양의 외성 안에 남아 있다고 밝히고 한백겸의 「기전설」을 전문全文 인용했다.[30] 한백겸 설의 특징은 '전田'자형으로 된 하夏・은殷의 제도와 '정井'자형으로 된 주周의 제도를 구별하는 것이었다. 그는 평양의 토지가 '전'자형으로 된 것은 하・은의 제도이기 때문이며, 평양의 함구문含毬門・정양문正陽門에서 이어지는 9무로畝路와 3무로畝路로 둘러싸인 지역에 있는 가로 세로 각 4개씩 16개의 전田자형 토지는 선천先天의 방원方圓 원리와 『한서』 「형법지」의 기록(四井爲邑, 四邑爲區, 四區爲甸, 甸有六十四井)이 반영된 증거라고 주장했다.[31]

28 위의 책, 卷16, 雜著, 「函丈錄」. "因論孟出『疾書』, 論春王正月及井地辨, 以示之. 笑曰, 此駁朱子一大忘論, 卽欲爲朱子忠臣之意也. 恐朱子見之, 不大非斥也."

29 위의 책, 卷10, 「東史問答」, 上星湖先生書(1757). "箕田說, 曾於『孟子疾書』中, 見之. 今又伏承慶州田制, 本秦轅田之敎, 伏幸."

30 『東史綱目』 卷1上, 己卯 朝鮮 箕子 元年(B.C. 1122). "定田制, 敎民田蠶. 箕子用殷田制, 敎民以田蠶織作[井田遺址, 在今平壤府南外城內]."

31 『箕田攷』, 「箕田說」.

또한 안정복은 이익의 정전설을 수용하여 『동사강목』의 잡설에 수록했다. 이익의 설은 은대에 들어와 정전제가 처음 실시되었다는 주자의 견해와 은대와 주대의 제도를 구별하는 한백겸의 설을 모두 비판한 것이었다.[32] 이익은 주자가 평양에 있는 기전箕田을 보지 못했기 때문에 경전의 주석에서 오류를 범했다고 하면서 삼대의 토지는 모두 정전형이라고 주장했는데,[33] 그 요지는 다음과 같다. 하·은·주의 토지는 모두 정전형이지만 크기가 달랐다. 하의 토지는 정전형의 1구區 안에 4개의 소구小區가 있었고 1소구의 크기는 지방地方 50보步, 1정井을 담당한 인원은 36부夫(9×4)였다. 은의 토지는 하의 2소구를 합친 것으로 토기의 크기가 100보×50보였으며 1정을 담당한 인원은 18부(9×2)였다. 주의 토지는 하의 4소구를 합친 것으로 토지의 크기는 지방 100보이며, 1정의 인원은 9부이다. 여기서 은의 토지가 폭과 너비가 다른 것은 하의 제도를 따랐기 때문인데, 기자는 조선에서 이를 그대로 따를 필요가 없었으므로 지방 70보로 된 4개의 구를 하나의 단위로 했다. 여기서 지방 70보는 은의 100보×50보에서 긴 곳을 자르고 짧은 곳을 보충한 것이다.[34]

안정복은 주로 한백겸의 설을 채용하는 입장이었다. 그는 한백겸의 설을 따라 기자가 평양에서 실시한 토지제도는 은의 제도이며, 토지의 모양이 '정井'자형이 아니기 때문에 '장전井田을 구획했다[畫井田]'고 하지 않고 '전제田制를 정했다[定田制]'고 표현했다. 안정복이 한백겸이나 이익의 설을 채용하여 기자의 정전을 설명한 것은, 중국의 기록에 제한받지 않고 조선에 전해지는 전문傳聞과

---

32 『孟子集註』「滕文公上」. "夏后氏五十而貢, 殷人七十而助, 周人百畝而徹, 其實, 皆什一也. 徹者, 徹也. 助者, 藉也. [注] 商人始爲井田之制, 以六百三十畝之地, 畫爲九區."

33 『孟子疾書』「滕文公上」3章. "我國平壤, 尙有箕子遺制. 田皆四區同溝, 如田字樣. 其必古制之如此, 而惜乎朱子之所未之見也. 夏后之分九州濬畎澮, 已成畫井之制, 故夫子亦云'禹盡力乎溝洫. 朱子註『書』及『論語』兩書, 旣皆以井地爲解. 而小康一成之說, 又是左契, 則井非殷人之所刱也, 明矣."

34 『東史綱目』 附錄上, 「雜說」, 題久菴韓氏箕田說後.

기록을 근거로 하여 정전과 조선의 관계를 적극적으로 인식하였음을 반영한 것이다.[35]

18세기의 조선 지식인들은 중화中華의 고법古法이라 할 수 있는 정전의 유제가 조선에 전해진다는 사실에 자부심을 가지고 있었다. 1790년(정조 14)에 『기전고箕田攷』를 편집한 이가환李家煥이 중국에서는 주나라 이후 정전제의 흔적이 사라져 맹자가 천하를 돌아다녔어도 전혀 보지를 못했는데, 평양의 기전에는 그 경계선이 뚜렷하게 남아 있다고 한 것은 그 대표적인 예에 속한다.[36] 안정복이 조선에 남아 있는 정전의 유제를 적극적으로 인식한 것은 조선이 가진 중화문화의 우수성에 대한 자신감으로 이어졌다.

3. 기자 중심의 정통론

안정복은 『동사강목』을 편찬하는 목적을 한국사의 정통성을 명확히 하는 것에 두었다. 그는 『동사강목』의 서문에서 역사가의 대법大法을 제시했는데 제일 먼저 거론한 것이 통계統系를 분명히 한다는 정통론이었고,[37] 「범례」에서도 정통론에 해당하는 '통계'를 제일 앞에 배치했는데 이는 통계가 바로 역사서의 첫째 의의였기 때문이다.[38]

---

35 위의 책, 附錄上, 「考異」, 平壤井田. "東人諸說, 皆云'箕子井田'. 然其田與井字異, 故今只曰'定田制', 而不曰'畫井田'. 更按箕子田制, 不見中國史, 故『通鑑』不取. 而東方相傳之語, 不可誣矣."

36 『箕田攷』 卷首, 「箕田攷序」. "古昔, 聖王御世出治, 道莫尙於洪範, 政莫先於經界. 箕子陳洪範, 日星千古, 而畵經界, 迄今晦昧不章, 何也? 洪範陳之武王, 經界畫於偏邦故也. 然周室旣衰, 諸侯悉慢其經界. 孟子引詩而曰, '由是觀之, 雖周亦助', 是轍環天下, 而未嘗一見也. 獨平壤箕田, 疆理具存."

37 『東史綱目』 卷首, 「序」. "大抵, 史家大法, 明統系也, 嚴簒逆也, 正是非也, 褒忠節也, 詳典章也."

정통론에 있어서 문제의 초점은 상고사의 정통론에 있었다. 안정복은 『동사강목』의 편찬이 한창 진행되던 1756~1758년에 이병휴에게 보낸 편지에서 『동국통감』의 체제가 가진 문제점을 지적하고 자신이 『동사강목』에서 표출한 사항을 소개했다. 여기에서 그는 단군·기자·마한을 정통의 처음으로 삼아야 한다는 것, 위만衛滿은 찬적簒賊이므로 정통이 될 수 없다는 것, 위만조선의 대신大臣인 성기成己나 마한의 장수 주근周勤이 끝까지 절의를 지킨 것 등을 거론했는데 이는 모두 상고사의 정통성과 밀접한 관련이 있었다.[39]

본절에서는 먼저 단군조선에서 기자조선, 마한으로 이어지는 상고사의 정통론을 검토하고 그 다음에 한국사 전체의 정통론을 정리하기로 한다.

1) 상고사의 정통론

(1) 단군조선檀君朝鮮

안정복은 단군이 처음으로 우리나라에서 신성한 정치를 펼쳤고 그 역사도 천 년이 넘으므로 『동국통감』처럼 외기外紀가 아닌 본기本紀로 다루어야 된다고 생각했다.[40] 실제로 그가 『동사강목』의 편찬에 착수할 무렵에는 단군조선에 관한 기사를 편년체로 작성하려는 의욕까지 보였다. 그러나 문제는 자료였다. 단군조선에 관한 기록은 고기古記류와 이에 근거한 『삼국유사』의 기사에 불과했

---

38 위의 책, 「凡例」. "凡統系, 爲史家開卷第一義."

39 『順菴集』 卷10, 「東史問答」, 與李貞山書(1758). "(東史) 其大意, 則尊正統, 崇節義, 謹筆例. 檀·箕·馬韓, 爲正統之首, 而衛氏, 三國分註. 又右渠大臣成己, 據王儉城, 不降死之. 故馬韓將周勤, 起兵討百濟, 不克死之. 此諸史之削而不論者, 而僕之所表出者也."

40 『東史綱目』 卷首, 「凡例」 統系. "檀君, 首出御國, 箕子, 肇興文物, 各千餘年. 神聖之治, 宜有不可泯者."; 『順菴集』 卷10, 「東史問答」, 與李貞山書(1756). "編年之書, 有『通鑑』一部, 而全無儀例. 檀·箕, 雖無事實, 其可置於外紀, 同于傳疑之例耶?"

는데, 허황하고 이치에 맞지 않는 것은 싣지 않는다는 원칙을 가진 그로서는 이를 그대로 수용할 수가 없었고,[41] 의심스런 기록에 근거해서 강綱을 세울 수 없다는 것은 스승 이익의 견해이기도 했다.[42] 결국 안정복은 단군조선에 정통을 부여하되 그 기사는 기자조선이 시작되는 연도에 목目으로 다루었다.[43]

안정복은 신인神人이 태백산의 단목檀木 아래에 내려오자 백성이 이를 군주로 세우니 그가 바로 단군이라고 했다. 다만 그는 '환인제석桓因帝釋'이란 칭호는 불경인 『법화경』에 나오는 것이므로 수용할 수 없고, 평양 구월산에 있는 삼성사三聖祠에 모신 삼성三聖 중에서 환인桓因·환웅桓雄은 제거해야 하다고 하여 단군 이전의 신비한 기록에 대해서는 부인하는 입장이었다.[44] 그러나 그는 중국 사서에 나오는 9종의 동이東夷에 관한 기사를 신뢰했다. 그는 동이의 종족이 여럿이지만 그들의 거주지는 대략 요遼·심瀋 안팎의 땅이므로 단군조선도 그 중에 포함되었을 가능성이 큰 것으로 보았고, 『후한서』·『통전』·『죽서기년』 등에 나오는 동이 관련 기록을 적극 수용했다.[45]

안정복은 단군조선은 당唐나라 요堯 25년(무진, B.C. 2333)에 개국하여 은나라 무정武丁 8년(갑자, B.C. 1317)에 멸망했으므로 그 역사는 1,017년이라고 보았다.[46] 또한 그는 단군이 백성에게 편발編髮(머리를 땋는 것)과 개수蓋首(모자를 쓰는 것)를 가르쳤고, 군신·남녀간의 윤리, 음식, 거처와 같은 제도들도 이때에 시작되었다고 했다.

41 『東史綱目』 卷1上, 己卯 朝鮮 箕子 元年(B.C. 1122). "東方古記等所言檀君事, 皆荒誕不經. (…) 若是不經之說, 一切不取, 庶欲洗刷襲謬之陋習爾."

42 姜世九(1994), 『東史綱目研究』, 101~104면.

43 『東史綱目』 卷首, 「凡例」, 統系. "今正統, 始于箕子, 而檀君附見于箕子東來之下."

44 위의 책, 卷1上, 己卯 朝鮮 箕子 元年(B.C. 1122).

45 『順菴集』 卷10, 「東史問答」, 上星湖先生書(1756). "檀君紀, 備論九夷事者, 似不合於檀君. 而東方 原有九種夷, 則當不沒其實, 安知檀君亦備九夷之一耶?"; 『東史綱目』 附錄上, 「考異」, 九夷.

46 『東史綱目』 卷首, 「檀君箕子傳世之圖」.

단군조선에 대한 안정복의 인식은 기본적으로 존주론尊周論과 사대주의에 입각한 것이었다. 그는 단군이 요堯가 재위한 시기에 압록강 안팎의 지역을 차지하고 있었는데, 이곳은 성인의 교화가 미치는 지역에서 멀지 않았으므로 관변冠弁과 조두俎豆와 같은 중하中夏의 풍습이 있었다고 보았다[47] 또한 그는 하夏의 우禹가 즉위하여 제후들을 도산塗山으로 모으자 단군이 아들 부루夫婁를 파견하여 그 조회에 참석하게 한 것으로 보았다.[48] 즉 그는 단군조선이 요와 같은 시대에 건국되어 순임금과 같은 성인의 교화를 간접적으로 받았고 하나라에 대해 사대정책을 편 것으로 해석했다.

(2) 기자조선箕子朝鮮

안정복은 기자조선을 '후조선'으로 표현하여 기자조선 이전에 단군조선이 있었음을 분명히 했다. 또한 그는 기자조선의 역사가 주 무왕 13년(己卯, B.C. 1122)에 건국하여 40세世인 기준箕準이 마한의 왕이 된 한漢 혜제惠帝 2년(戊申, B.C. 193)까지 930년에 이르는 것으로 보았다.[49]

안정복이 기자조선에서 특히 관심을 가진 것은 기자조선이 세워진 해에 관한 것이었다. 이는 『삼국유사』에서 '주 무왕이 기자를 조선에 봉하자 단군은 바로 장당경藏唐京으로 도읍을 옮겼다'고 하여 마치 기자가 단군을 공격하여 국가를 건설한 것처럼 보이도록 했기 때문이었다. 안정복은 기자와 같은 성인이

---

47 위의 책, 卷1上, 己卯 朝鮮 箕子 元年(B.C. 1122). "檀君, 與堯幷立, 跨居鴨綠內外, 去聖人之化不遠. 是以其冠弁・俎豆, 有中夏之風. 而箕子東來, 又施仁賢之化. 夫子之浮海欲居, 盖以是也." 李瀷은 檀君과 舜이 다 같이 東夷人이며 지리적으로 근접해 있었기 때문에 단군은 일찍부터 순의 교화를 받았던 것으로 보았다. 韓永愚(1989), 「18세기 전반 南人 李瀷의 史論과 韓國史 理解」, 『朝鮮後期史學史研究』, 일지사, 208~211면.

48 『東史綱目』 附錄上, 「怪說辨證」. "古記云, 檀君娶非西岬河伯之女, 生子曰夫婁. 禹會塗山, 遣夫婁朝焉. 後爲北扶餘王."

49 『東史綱目』 卷首, 「檀君箕子傳世之圖」.

남의 나라를 점령할 리가 없다고 단언하고, 기자가 조선에 봉해진 것은 단군이 죽은 지 196년 후의 일로서, 당시 단군조선은 이미 쇠망했기 때문에 기자가 황무지에서 새로운 국가를 세운 것이라고 밝혔다.[50]

안정복은 우리나라의 풍습 가운데 대관大冠을 쓰는 것, 흰옷을 입는 것, 여인들의 머리장식 등은 기자의 유제遺制로 해석했다. 그는 지금의 삿갓은 은나라의 후冔와 장보章甫의 제도에서 나온 것으로 후대에 모자의 높이가 올라가고 옆 둘레가 넓어진 것으로 보았다. 또한 기자가 흰 말을 타고 주나라에 조회를 간 것이나 고려의 사녀복士女服이 흰색을 숭상한 것, 혼인에서 반드시 흰 말을 사용한 것은 흰색을 숭상하는 은나라의 풍습을 따른 것으로 보았고, 신라·백제·고려 여인들의 머리 모양 역시 은나라에서 전해진 제도로 보았다.[51] 안정복의 이러한 견해는 이익의 설을 채용한 것이다.[52]

한편 안정복은 은의 유민인 백이伯夷·숙제叔齊가 기자와 서로 왕래했다는 설을 지리적 근거와 의리론에 의거하여 수용했다. 이 설은 황해도 해주의 수양산 밑에 백이·숙제를 모신 청성묘淸聖廟가 있고, 오운吳澐이 "백이·숙제가 수양산에서 평양을 찾아와 기자를 방문하곤 했다"고 기록한 데서 제기된 것이었다. 안정복은 『일통지一統志』에서 이들의 묘가 있다고 하는 영평부永平府는 옛 요서遼西 지역이므로 우리 땅과 가깝다는 점, 백이가 주紂의 폭정을 피해 살았다고 하는 북해빈北海濱의 '북해'가 중국의 동북쪽에 있는 요해遼海와 우리나라의 양서兩西(평안도·황해도)로 둘러싸인 바다를 통틀어 말했을 것이라는 점, 백이가

50 위의 책, 附錄上, 「考異」, 檀君避箕子移藏唐京. "『遺事』 (…) 今以『經世書』考之, 自堯戊辰, 至武王己卯, 一千二百十二年. 御國千五百年之說, 誕不足辨矣. 且箕子仁聖, 豈有冒占人國之理? 其誣聖甚矣. 盖彼已衰亡, 故箕子之來, 披草萊開創耳."; 위의 책, 卷1上, 己卯 朝鮮箕子元年. "檀君初都平壤, 後徙白岳. 檀君薨後一百九十六年, 而箕子東封."

51 위의 책, 附錄上, 「雜說」, 箕子遺制.

52 『順菴集』 卷16, 雜著, 「函丈錄」. "(又曰) 殷冠曰'冔', 太師東來, 其冠冔. 漸漸失制而爲笠, 笠古高句麗所稱'折風巾'也. 中國人, 今猶以東人笠子, 爲折風巾, 巾名盖久矣."; 『星湖全集』 卷41, 雜著, 「洪範說」.

은말殷末에 주紂를 피해 살았던 곳에서 기자와 상종했을 가능성 등을 근거로 이 설이 타당성이 있다고 보았다. 특히 그는 당시 기자의 절의와 명성은 천하에 알려져 있었으므로 주나라에서 도망친 사람이 기자조선을 버리고는 달리 갈 곳이 없었을 것이라고 주장했다.[53]

안정복은 기자가 사망한 이후의 역사에 대해 존주론과 사대주의에 입각한 해석을 했다. 그는 연燕의 백伯이 '왕王'이라 칭하자 조선의 후侯가 이를 공격하려 한 사건에 대해 중국의 통치 지역인 오복五服의 밖에 있는 조선이 존주를 위해 참호僭號를 사용한 연을 공격하려 했다고 서술했고, 뒤에 조선에서 '왕'이라 칭한 것은 존주의 마음이 아니라고 해석했다.[54] 또한 조선이 '왕'을 칭한 이후로 자손들이 점차 교만하고 포학해졌으며, 진秦이 천하를 통일한 후에는 기자의 40세손世孫인 왕王 기부箕否가 진에 복속하였으나 조회하려 하지 않았다고 했다.[55]

안정복은 연인燕人 위만衛滿이 항복하자 그를 받아들여 서쪽 변방을 지키게 한 것은 사대정책을 위배한 것으로 해석했다. 그는 소국이 대국을 섬기고 약자

---

53 『東史綱目』 附錄上, 「雜說」, 伯夷叔齊與箕子相從. "伯夷嘗避紂, 居北海之濱, 今中國無北海, 而遼海居中國之東北, 今我兩西之海, 與遼海相連, 則通謂之北海, 可矣. 避紂而居於北海, 則避周而還歸舊隱, 其勢宜然. (…) 想夷齊, 旣去中國, 若返歸鄕國, 則更似有嫌. 故自故國而東出, 與箕子相從, 畢命于我首陽, 末乃歸葬故國, 以致首丘之意, 事理之誠然者矣, 不可以氓俗流傳之言而棄之也. 且武王不臣箕子, 而封之朝鮮, 則其節義聲光, 震耀一時, 逃周之士, 捨箕子而安歸乎?"

54 위의 책, 卷1上, 戊戌 朝鮮紀年(B.C. 323). "至是, 燕易王僭號, 欲東略地. 朝鮮侯, 欲興兵伐燕, 以尊周室. 大夫禮, 諫之乃止. (…) 按. 是時, 周爲共王, 而燕伯稱王, 其罪當伐. 朝鮮侯, 眇然在荒服之外, 欲擧問罪之師, 其意大矣. (…) 且問燕之罪, 以其僭號, 而末乃尤而效之, 其尊周之心, 果安在哉." 李瀷도 朝鮮侯의 燕 정벌 시도를 尊周의 차원에서 해석한 바 있었다(『星湖僿說』 卷23, 「經史門」, 朝鮮侯. "謂之'侯', 世世受封也. 謂之'周衰', 則春秋之際也. 伐燕者, 欲其尊周, 先自伐燕始也. 以檗尒小邦, 居遐裔之外, 豈不知晉・楚之不可敵? 爲其可爲而已, 置勝負於度外, 其意, 與隣國侵攻而不量力者, 異矣").

55 『東史綱目』 卷1上, 庚辰 朝鮮紀年(B.C. 221). "初朝鮮稱王, 其後, 子孫稍驕虐. (…) 及秦幷天下, 王否畏秦, 遂服屬於秦, 不肯朝會."

가 강자에 복속하며 이적夷狄이 중국에 귀의하는 것은 불변의 이치라고 전제하고, 우리나라는 소국으로 중화를 가까이 하여 대국의 원조를 잃지 않아야 자존할 수 있다고 보았다. 그런데 중국의 반민叛民이라 할 수 있는 위만을 받아들여 서쪽 변방을 지키게 한 것은 바로 중국과 원수가 되는 조치였다고 평가했다.[56]

(3) 마한馬韓

안정복은 위만에게 밀려난 기준箕準이 마한을 공격하여 격파하고 금마군金馬郡(지금의 익산군)에 도읍을 세운 이듬해(B.C. 192)를 기준의 원년으로 삼았다. 기준이 마한에 오기 이전에도 삼한 지역에는 마한의 54개국을 비롯하여 총 78개의 소국이 있었지만 이들에게 정통을 인정하지 않고 기준이 옮겨간 이후를 정통으로 삼은 것이다. 안정복의 마한정통론은 이익의 견해를 계승한 것이다.[57]

안정복이 기준의 마한을 정통으로 인정한 것은 그가 기자조선의 후예였기 때문이었다. 안정복은 기준이 마한을 쳐서 새로운 나라를 만들고 기자의 제사를 끊어지지 않게 했으므로 정통을 부여하며, 이는 주자가 『자치통감강목』에서 『자치통감』이 정통으로 삼은 위魏 대신에 촉한蜀漢을 정통으로 삼은 것을 따른 것이라고 밝혔다.[58] 그리고 그는 임상덕이 『동사회강』에서 기준의 마한을 노魯·위衛에 비견하여 정통으로 삼지 않은 것에 대해 강한 어조로 비판했다.[59]

안정복은 위만조선과 사군四郡·이부二府를 마한의 기년 아래에 부록附錄하는

---

56 위의 책, 卷1上, 丙午 王準 二十六年(B.C. 195). "按. 以小事大, 以弱服强, 以夷狄歸中國, 此不易之正理也. 我東地偏國小, 昵近中華, 有不失大國之援, 然後可以自存矣. 衛滿聚黨數千人, 乘亂出奔, 則是中國之叛民也. 王乃容受叛民, 使守西鄙, 欲與大邦爲讐."

57 『星湖全集』 卷47, 雜著, 「馬韓正統論」.

58 『東史綱目』 卷首, 「凡例」, 統系. "箕準雖失國南奔, 而攻破馬韓, 再造邦國, 使太師之祀不替, 則是亦正統之所歸. 如『綱目』蜀漢例, 書之."

59 위의 책.

방식을 택해 마한의 정통성을 강조했다. 그는 위만을 단군·기자와 함께 '3조선'으로 불러 덕이나 의리까지도 대등한 것으로 다루었던 『동국통감』을 비판하고 위만의 역사를 왕위를 찬탈한 참국僭國으로 다루었다. 그리고 사군·이부는 정통성을 가진 대국인 한나라가 설치한 것이지만 그 영역은 조선의 옛 영토이므로 그 사실을 마한에 부록하고 영역의 변화를 상세히 기록한다고 밝혔다.[60]

안정복은 기준(무강왕武康王)이 B.C. 192년에 마한을 건국하고 신新 왕망王莽 원년(己巳, 9)에 백제에 편입되었으므로 역사가 202년이며, 여기에 기자조선의 역사를 합하면 총 1,131년에 이르는 것으로 보았다.[61] 그가 기자조선과 마한을 하나의 단위로 인식하는 것은 마한을 기자조선의 연장으로 파악하는 시각과 밀접한 관련이 있었다. 안정복은 특히 기씨의 전세傳世가 천 년을 넘는데도 기군箕君의 역년을 언급하지 않은 『삼국사기』와 『삼국사략』을 비판했던 최부崔溥의 발언을 『동사강목』에 수록하여 자신도 최부와 같은 견해를 가지고 있음을 보였다.[62] 또한 기준이 마한의 왕이 된 이후 그의 자식·벗·친족들이 마한의 '한韓'을 본따 한씨韓氏라고 한 사실과 마한이 멸망한 이후 기준의 후손은 없어졌지만 마한 사람 중에 그의 제사를 받드는 이가 있었다는 전문을 기록하는 등 기자에 관한 자료를 최대한 정리해 두었다.[63]

안정복은 마한의 역사를 사대주의에 의거해 해석하면서도 중국의 침략정책에 대해서는 강하게 비판했다. 그는 조선왕 우거右渠(위만의 손자)가 한의 요동도위遼東都尉 섭하涉何를 죽인 사건에 대해 우리나라가 중국의 칭찬을 받고 영토를

---

60 위의 책.

61 위의 책, 卷首, 「檀君箕子傳世之圖」. 안정복은 백제가 마한을 습격했다고 마한의 땅이 일시에 백제에 복속된 것은 아니며, 三韓이 이후에도 전해지다가 삼국이 강성한 뒤에 분산된 것으로 판단했다(위의 책, 附錄上, 「雜說」, 三韓後說. "余以爲, 三韓, 至後世猶有存者, 三國强盛後, 爲其所分. 至若濊貊·沃沮之屬, 亦猶是也").

62 위의 책, 卷1上, 己巳 馬韓(A.D. 6).

63 위의 책, 卷1上, 戊申 王準 二十八年(B.C. 193). "準王馬韓, 不與朝鮮相往來. 其子友親留在國, 因冒姓韓氏."

잘 지켜 온 이유를 사대정책에서 찾고, 위만조선의 처신은 사대정책을 충실히 폈던 단군조선이나 기자조선과 달랐기 때문에 그 역사가 86년에 불과하다고 했다.[64]

안정복이 이처럼 사대주의를 강조한다고 해서 중국의 침략까지 용인하는 것은 결코 아니었다. 그는 우리나라가 지형상 삼면이 바다이고 한쪽은 육지로 연결되어 동·남으로는 왜가, 서·북으로는 중국(한·위·수·당)이 침략한 경험이 있는데, 국토를 수호하는 방안은 중국과 화친하는 한편으로 해방海防과 국경지역의 방어책이 필요함을 강조했다.[65] 또한 마한의 왕이 웅천책熊川柵을 세운 백제를 꾸짖어 이를 허물게 한 것은 마한에게 명분이 있었기 때문인데, 마한이 이 기회에 자강책을 실시했더라면 78개국이 다시 마한에 조공을 바쳤을 것이라고 하여 국가의 보존을 위한 부국강병책을 중시했다.[66]

안정복은 중국의 침략정책에 대해 비판적 시각을 견지했다. 그는 우리나라와 중국은 산천에 의해 천연적으로 경계가 구별되어 있기 때문에 우리나라가 중국의 군현이 될 수는 없다고 보았다. 그는 우리나라가 당우唐虞(요순)·삼대에 피복皮服을 공물로 바치고 악무樂舞를 바치면서 사대를 했으나 중국의 땅이 된 적은 없다고 전제하고, 한 무제가 조선에 창해군滄海郡을 설치한 것은 덕이나 혜택을 베풀지 못한데다 빼앗은 땅조차 지켜내지 못하는 실책이었다고 평가했

64 위의 책, 卷1上, 壬申 馬韓(B.C. 109). "東方, 自檀君立國, 專心事大, 至于箕子, 白馬朝周, 後君亦欲伐燕, 以尊周室. 至此, 已爲劉漢, 而一脈拱北之誠, 終始不懈. 此東人之所以見稱於中國, 而亦能保守邦域者也. 至於衛氏, 與檀·箕規模自別, 而旋致覆滅, 由不得其衛, 故也."

65 위의 책. "夏六月, 漢伐朝鮮. (…) 按. 我東, 三邊環海, 一隅連陸, 誠四面受敵之國也. 東南緣海, 接近倭域, 乘船寇略, 無所不到. 又與中國失和, 則陸從遼·碣, 水由渤海, 漢·魏·隋·唐之事, 可鑑也. 知此, 則海防邊圉之策, 當加之意, 要不使挑釁而致變也."

66 위의 책, 卷1上, 丙寅 馬韓(A.D. 6). "箕準當失國奔敗之餘, 能攻破馬韓, 復稱王號, 則其才有足稱者. 至于後嗣微弱, 不能自振, 使城內瓜分, 羅·濟坐大, 王綱陵夷, 境土日蹙, 國不國而君不君矣. (…) 王於此時, 修德政, 振紀綱, 甄賢能, 鍊兵將, 內自强而外禦侮, 則向者七十八國之修職貢者, 必復奔走於馬韓之庭. 而偸安姑息, 不數年而亡滅, 可勝歎哉?"

다. 또한 뒷날 당 고종이 고구려·백제를 현으로 삼으려 한 것이나 원 세조가 고려에 행성行省을 둔 것, 명 태조가 철령위鐵嶺衛를 두려 한 것 등은 모두가 한무제의 방식을 답습한 것으로 성왕의 도가 아니라고 비판했다.[67] 그리고 조선에 한사군이 설치된 이후 인현仁賢의 교화가 변하여 범금犯禁이 60여 조에 이르렀는데, 이는 중국의 장사꾼이 밤에는 도둑으로 변해 풍속이 각박해졌기 때문이라 하여 조선의 문화적 우수성과 중국의 침략정책에 대한 반대를 표현했다.[68]

2) 한국사의 정통론

(1)『자치통감강목』의 정통론

안정복의 한국사 정통론을 살펴보기 위해서는 먼저 『자치통감강목』(이하 『통감강목』이라 함)의 정통론을 검토해야 한다. 안정복은 『동사강목』을 편찬하기 훨씬 이전부터 『통감강목』을 읽으면서 치밀한 연구를 진행해 왔다. 안정복이 청년 시절부터 사귀었던 정수연鄭壽延에게 『통감강목』의 독서를 권하면서 자신이 가장 좋아하는 책이라고 소개한 것이나 이익과 『동사강목』의 편찬을 의논하면서 평소에 『통감강목』을 열심히 읽었는데 필법에 의심나는 것이 많고 본문의 서술이 범례와 어긋나는 것이 많다고 한 것은 이러한 사정을 잘 보여 주는 것

---

67 위의 책, 卷1上, 癸丑 馬韓(B.C. 128). "我東與中華, 山川隔絶, 是天生別區, 不可列於中國之郡縣, 明矣. 是以唐·虞·三代之際, 惟聞貢其皮服, 獻其樂舞, 羈縻之而已. 未聞幷呑割裂, 必欲爲中國之地而後已也. 漢武帝, 窮兵瀆武, 惟事四夷, 地雖廣而德不務, 德雖加而惠不暢, 徒弊中國, 得不補失, 顧何益哉?"; 위의 책, 卷15上, 戊辰(1388) 2月.

68 위의 책, 卷1上, 癸酉 馬韓(B.C. 108). "四郡, 自內屬以後, 取吏於遼東, 吏見民無閉藏. 及賈人往者, 夜則爲盜, 俗益薄, 犯禁多至六十餘條. 仁賢之化, 變矣."

이다.[69] 안정복은 주자의 『통감강목』을 통해 중국사를 연구함으로써 『동사강목』의 편찬을 위한 기초와 계기를 마련했다.[70]

안정복은 주자가 정한 『통감강목』의 범례를 모범으로 하여 『동사강목』의 범례를 작성했고, 우리나라의 형편이 중국과 다른 부분에서만 별도의 범례를 만들었다.[71] 다음의 〈표 1〉은 『통감강목』과 『동사강목』의 범례를 비교한 것인데, 『동사강목』에서 '파면罷免'을 삭제하여 '폐출廢黜'에 포함시키고 부권附卷에 포함된 고이考異·괴설변증怪說辨證·잡설雜說·지리고地理考·분야고分野考를 설명한 잡례雜例를 추가한 것을 제외하면 두 책의 범례가 일치하는 것을 볼 수 있다. 그러나 안정복이 모범으로 한 것은 주자가 편찬의 대의大義를 제시한 『통감강목』의 범례였다. 『통감강목』의 본문은 주로 주자의 제자인 조사연趙師淵(기도幾道)이 편찬한 것이며, 안정복은 이 부분이 주자의 수정을 거치지 않아 범례와 어긋나는 것이 많다고 주장했다.[72]

주자가 『통감강목』을 편찬하면서 강조한 것도 역시 정통론이었다. 주자는 『통감강목』의 「서례序例」에서 '국가의 정통을 바로잡는 것이 천도를 밝히고 인도를 결정하는 것'이라 하고,[73] 「범례」에서도 '통계統系'를 제일 앞에 두어 『통감

---

69 『順菴集』 권4, 書, 「與丁永年壽延書」(1746). "『綱目』之工, 至于何代? 平生最喜此書, 故用以相勸. 而竊念先儒之言, 必內經而外史者."; 권2, 書, 「上星湖先生書」(1753). "侍生平日, 於『綱目』之書, 講之稍熟於他書. 而筆法之可疑處, 甚多. 又與凡例, 大不相關, 「行狀」所謂'以未及修正爲恨'者, 果是實語也."

70 鄭求福(1987), 「安鼎福의 史學思想-『東史綱目』을 중심으로」, 『韓日近世社會의 政治와 文化』, 韓日文化交流基金, 7면.

71 『東史綱目』 卷首, 「凡例」. "朱夫子, 筆削『資治通鑑』爲『綱目』, 定著凡例一卷. 一開卷, 而權衡予奪, 瞭然在目矣. (…) 今此凡例, 一遵朱子定法, 而『綱目』主函夏, 而統萬國, 其尊無上. 此書, 東國之事也, 地偏一隅, 禮異事殊, 不得不隨而立例. 此大小之勢, 有異也."

72 『順菴集』 권3, 書, 「答邵南尹丈別紙」(1771). "朱子行狀'『綱目』以未及修補爲恨'云, 則其書之不爲十分得盡者, 可知矣. 書中筆法, 可疑者甚多, 不能枚擧. (…) 大抵, 『綱目』書, 大義雖出於朱子, 而編摩去取, 多委趙幾道輩, 未經朱子手筆者, 蓋多而然矣." 주자가 『資治通鑑綱目』의 본문을 직접 교정하지 못했다는 것은 이익도 같은 생각이었다(『星湖僿說』 卷27, 「經史門」, 綱目).

〈표 1〉 『자치통감강목』과 『동사강목』의 범례 비교

『자치통감강목』	『동사강목』	비 고
통계統系	통계	
세년歲年	세년	
명호名號	명호	
즉위卽位	즉위	
개원改元	개원	
존립尊立	존립	
붕장崩葬	붕장	
찬적簒賊	찬시簒弑	
폐사廢徙	폐사유수廢徙幽囚	
제사祭祀	제사	
행행行幸	행행	
은택恩澤	은택	
조회朝會	조회	
봉배封拜	봉배	
정벌征伐	정벌	
폐출廢黜	폐출	통합
파면罷免		
인사人事	인사	
재상災祥	재상	
	잡례雜例	추가

감목』의 편찬목적이 중국사의 정통을 밝히는 데 있었음을 보였다. 주자가 상정한 중국사의 정통은 주(위열왕威烈王 23년~난왕赧王 59년) → 진(시황 26년~이세二世 3

73 『資治通鑑綱目』 卷首, 「序例」(1172. 4). "故嘗過不自料, 輒與同志, 因兩公四書, 別爲義例, 增損檃括, 以就此編. 蓋表歲以首年, 而因年以著統, 大書以提要, 而分注以備言. (…) 雖然, 歲周於上而天道明矣, 統正於下而人道定矣, 大綱槩擧而監戒昭矣, 衆目異張而幾微著矣."

년) → 한(고조 5년~염흥炎興 원년) → 진晉(태강泰康 원년~원희元熙 2년) → 수隋(개황開皇 9년~대업大業 13년) → 당唐(무덕武德 원년~천우天祐 4년)으로 이어졌다. 그리고 전국시대의 국가(진秦・진晉・제齊・초楚・연燕・위魏・한韓・조趙)들은 정통을 가진 주가 봉국封國을 했던 '열국列國'으로, 왕위를 찬탈한 한의 여후呂后・왕망王莽이나 당唐의 무후武后는 '찬적簒賊'으로 다루었다.[74]

주자가 정리한 중국사의 정통론 중에서 가장 눈에 띄는 것은 B.C. 202년(고조 5)에서 263년(염흥炎興 원년)까지로 설정된 한의 역년歷年이었다. 실제로 한나라는 위魏의 조비曹丕가 헌제獻帝를 폐출한 220년에 멸망했으며, 사마광의 『자치통감』에서는 한이 멸망한 이후 위나라에 정통이 있는 것으로 서술한 바 있었다. 그러나 주자는 한 왕실의 후예인 촉한이 한의 정통을 이은 것으로 평가하고 촉한의 역사를 한나라의 역사에 포함시켰는데 이는 정자의 설을 따른 것이었다.[75] 여기서 안정복은 주자의 방식을 따라 기씨 왕조로 이어진 마한의 역사에 정통성을 부여하고 기자조선과 마한의 역년을 합하여 천 년이 넘는다고 했던 것이다.

(2) 『동사강목』의 정통론

안정복의 한국사 정통론을 이해하기 위해서는 먼저 중국사에 대한 그의 인식을 검토할 필요가 있다. 안정복은 문화 중심의 화이관華夷觀을 가지고 있었으며, 천명을 받은 성인聖人이 출현한 국가가 정통을 가지는 것으로 생각했다. 그

---

74 위의 책, 卷首, 「凡例」, 統系.

75 위의 책. "漢, 起高祖五年, 盡炎興元年, 此用習鑿齒及程子說. 自建安二十五年以後, 黜衛年, 而繫漢統, 與司馬氏異." 西漢의 陳壽와 北宋의 司馬光은 衛를 정통으로 하고, 東晉의 習鑿齒와 南宋의 주자는 蜀을 정통으로 했는데, 이는 각자가 소속된 왕조의 처지를 옹호한 것이었다. 李佑成(1966), 「李朝後期 近畿學派에 있어서의 正統論의 展開」, 『歷史學報』 31, 역사학회; (1976), 『韓國의 歷史認識』 下, 창작과비평사, 357면.

는 하늘의 뜻에는 지리적 경계가 있을 수 없으므로 중국 땅에 태어나지 않았다고 무조건 '이夷'라고 하는 것은 잘못된 것이며,[76] 무력으로 천하를 차지했다고 모두 정통이 되는 것도 아니라고 생각했다. 그는 국가의 정통을 집안의 종통宗統에 비유하여, 자손 대대로 종통이 이어지던 집안에 갑자기 도적이 들어와 그 집안을 차지해도 도둑이 주인이 되는 것은 아니고, 그 자손 중에 도적을 물리치고 구업舊業을 회복한 자가 나오면 그가 진짜 주인으로 종통을 계승한다고 보았다.[77] 여기서 문화 중심의 화이관은 조선이 중화의 정통을 이은 것으로 파악하는 단서가 되며, 도적 운운하는 것은 무력으로 중국을 장악한 원元이나 청淸의 정통성을 부인하는 결과를 가져왔다.

안정복은 중국사에서 천명이 복희·신농에서 시작하여 요·순·우·탕·문·무까지 완전하게 계승되다가 진·위·수·남북조·오대 시대에 동요됨이 있었고, 한·당·송·명의 시대에는 다시 바로잡아졌으나 원·청의 시대에는 혼란스러워진 것으로 파악했다.[78] 또한 그는 『동사강목』에서 한·당·송·명은 정통이며 요·금·원은 이적이라고 규정하고 그 서술 방식을 분명하게 구별했다. 다만 원은 정통을 계승한 국가이지만 중화의 정통과는 구별해야 하므로 요·금과 같은 방식으로 서술한다는 단서를 달았다.[79] 이렇게 본다면 안정복은 주자가 인정한 진秦·진晉·수隋의 정통성을 인정하지 않는 셈이었다.

안정복은 특히 명明을 높이고 청에 대해서는 강하게 비판했다. 그는 중국에서 정통을 가진 황제를 부를 때는 '황제'라 하고 정통이 없는 황제를 부를 때는

76 『順菴集』 卷2, 書, 「上星湖先生書」. "自古, 儒者每嚴華夷之分. 若不生于中土, 則盡謂之夷, 此不通之論也. 天意, 何嘗有界."

77 위의 책, 卷12, 「橡軒隨筆」 上, 華夷正統.

78 위의 책, 夷狄亂華; 華夷正統.

79 『東史綱目』 卷首, 「凡例」, 朝會. "中國正統, 若漢·唐·宋·明, 則書曰'入朝', 曰'入貢', 曰'入賀于某'. 夷狄若遼·金·元, 則雖尊事, 而略其辭, 只曰'遣使如某'[元承正統, 而高麗之臣雖別, 然以遼·金之例處之者, 以別乎中華之正統也]."

'모주某主'라 하여 그 칭호를 분명하게 구분했다. 그런데 명의 황제는 '대명태조 고황제大明太祖高皇帝'라 하여 특별하게 극존칭을 썼는데 이는 명나라가 중화의 정통인데다가 조선이 내지內地와 같은 수준으로 명에 사대를 했기 때문이었다.[80] 또한 그는 남한산성을 여행하며 병자호란 때 의리를 지킨 삼학사를 추모하고 주화론을 주도한 최명길을 비난하는 시를 지어 명에 대한 의리론을 피력했다.[81] 안정복은 청이 중원을 차지한 것은 기화氣化의 운행에 따른 형세이므로 하늘도 이를 어쩌지 못한다고 하여 청이 지배하는 현실을 불가피한 것으로 수용했다.[82] 그러나 그는 정통론을 중시하고 이를 엄격하게 적용한 역사서를 저술함으로써 청이 지배하는 현실을 비판적으로 인식하고 있었음을 보였다.

한편 안정복은 한국사의 정통을 단군→기자→마한→(삼국)→신라(문무왕 9년 이후)→고려(태조 19년 이후)→대조선으로 보았다.[83] 앞서 보았듯이 단군은 우리나라를 처음 다스리며 신성한 정치를 했고, 기자는 우리나라에서 중화의 문화를 본격적으로 펼쳤으며, 마한은 기자를 계승한 기씨 왕조였기 때문이다. 안정복은 삼국(고구려·백제·신라) 어디에도 정통성을 부여하지 않았는데, 이는 삼국이 비슷한 형세를 유지하는 가운데 서로간의 전쟁에 몰두하여 기자대의 예악과 문물을 제대로 보존하지 못한 것으로 보았기 때문이다.[84] 그러나 그는

80 위의 책, 名號. "中國正統, 皇帝有事於本國, 首書則曰'國號皇帝', 屢書則曰'帝'. ○ 明興以後, 書曰'大明太祖高皇帝', 特例也[明爲中華正統, 而本朝之所尊事, 無異內服. 其例, 亦當如此也]."

81 『順菴集』 卷1, 「修廣州志 至丙丁事閣筆 潸然謾書一律」(1753); 「出南門 憶崔遲川當日事 馬上慨然成七節」.

82 위의 책, 卷12, 「橡軒隨筆」 上, 華夷正統. "夫天之生物, 中夏人物爲首, 夷狄次之, 禽獸次之. 夷狄在半人半獸之間, 天理也. 理卽至善之所在也. 天之爲心, 未嘗不欲其至善, 而氣化運行, 醇漓不濟, 則治亂相異, 而華夷失嬗, 勢也. 勢之所在, 天亦莫奈何矣." 안정복의 時勢論에 대해서는 姜世求(1999), 「安鼎福의 역사이론 전개와 그 성격」 『朝鮮後期 歷史理論의 展開와 그 性格』, 국사편찬위원회, 66~67면 참조.

83 『東史綱目』 卷首, 「凡例」, 統系; 圖上, 「東國歷代傳授之圖」.

84 위의 책, 卷3上, 甲申(504). "新羅始頒喪服. (…) 按禮者, 人道之大節, 而冠婚喪祭, 最切於

삼국이 의복이나 음식에서 중국의 제도를 유지하고, 학문을 숭상하여 자제를 당나라로 유학까지 보낸 것은 기자의 유풍이 남았기 때문이라고 해석했다.[85]

안정복은 통일왕조를 수립한 신라와 고려의 정통성을 인정했다. 그러나 그는 신라와 고려에 정통이 부여된 해를 구별했는데, 신라는 고구려를 합병한 것이므로 통일한 이듬해부터, 고려는 도적인 후백제를 평정한 것이므로 통합한 바로 그해부터 정통이 있는 것으로 처리했다. 또한 그는 고려 말에 주자학이 전래된 이후 문교文敎가 사방으로 확산되어 중국인으로부터 '소중화小中華의 나라'로 불렸다고 하여 주자학이 도입된 이후의 한국사를 긍정적으로 평가했다.[86]

이제 안정복이 인식한 중국사와 한국사의 정통론을 도식화하면 다음의 〈표 2〉와 같다.

〈표 2〉 중국사와 한국사의 정통론

三皇~堯·舜— 夏 —— 殷 —周 —— (秦) ——漢 — (晉) — (隋) —唐 —宋 — (元) —明 — (淸)

↑ ⇘ ↑ ↑ ↑ ↑ ↑ ↑ ⇘

檀君 — 夫婁 —— 箕子— 箕否 — 馬韓—— (三國) — 新羅—高麗—— 朝鮮—後期

병립 入朝 朝周 入朝×

( ) : 비정통 / ↑ : 事大 /
⇘ : 계승

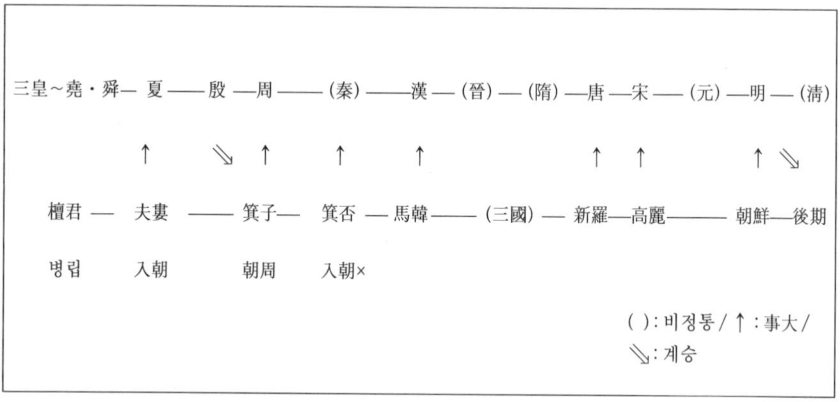

用. 箕王之世, 必有一代之制, 而夷貊交亂, 彝倫斁滅, 禮樂文物, 蕩然無存. 三國幷興, 惟干戈是事, 無禮俗之可稱."

85 위의 책, 卷3下, 庚子(640). "九夷所居, 與中國懸隔, 天性柔順, 無横暴之風, 綿邈山海而易以道御. 夏殷之世, 或時來王, 箕子避地朝鮮, 始有八條之敎, 踈而不漏, 簡而可久, 化之所感, 千載不絶. 今遼東諸國, 衣服參冠冕之容, 飮食有俎豆之器, 好尙經術, 愛樂文史, 遊學於京都者, 往來繼路, 或沒世不歸, 非先哲之遺風, 其孰能致於斯也."

86 『順菴集』 卷1, 詩, 「效邵康節經世吟」(1775). "天生我東, 區域殊異, 本稟之同, 原無所貳. 檀君尙矣, 箕聖致治, 八政所揭, 三條垂示. 韓濊交亂, 三國旋熾, 道理重明, 爰自麗季. 聖朝勃興, 文敎四暨, 小華有稱, 吾道無墜."

이를 보면 안정복은 중국사와 한국사의 기본 관계를 사대관계로 파악하고, 우리나라는 단군조선부터 조선까지 중국의 정통왕조와 사대관계를 유지해 온 것으로 해석했다. 또한 그는 기자를 중화의 정통을 가진 은나라의 문화를 우리나라에 전수한 성인으로 해석했는데, 이는 우리나라가 상고시대부터 중화의 문화를 꾸준히 계승해 왔음을 의미했다.

4. 맺음말

지금까지 안정복의 기자 인식을 기자 개인에 대한 인식과 기자 중심의 정통론으로 구분하여 살펴보았다. 그는 우리나라가 본격적인 문화국가로 성장한 것이 기자가 중화의 문화를 전수하면서 시작되었고, 공자孔子가 조선에 가서 살고 싶다고 한 것이나 중국이 우리나라를 군자국이라 부른 것도 기자의 가르침 때문이라고 생각했다.

안정복은 주 무왕이 기자를 조선에 봉했지만 기자는 무왕의 신하가 되지 않고 끝까지 은의 신하로서 의리를 지킨 것으로 보았다. 다만 기자는 주나라의 조회에 참석함으로써 중국과 사대관계를 맺은 것으로 해석했다. 안정복은 우禹가 낙서洛書에서 연역해 낸 홍범洪範은 기자를 통해 주周와 조선으로 전수되었고, 기자가 조선에서 시행한 8조의 법규는 바로 홍범의 8정政이며, 한나라의 약법삼장約法三章은 8조 법규 중에서 후대에 남은 3조가 기자의 후예인 마한을 통해 한나라로 전해진 것으로 보았다. 그리고 은나라의 토지제도인 정전井田이 기자에 의해 조선에서 실시되어 그 유제가 평양에 남아 있는 것으로 보았다. 중화문화의 핵심이라 할 수 있는 홍범이 기자를 통해 중국과 조선으로 전해지고, 삼대의 토지제도인 정전의 원형을 조선에서만 발견할 수 있다는 것은 조선이 가진 중화문화의 우수성에 대한 자신감으로 이어졌다.

안정복은 우리나라 상고사의 정통이 단군→기자→마한으로 이어졌고, 이들 국가는 중국사의 정통을 계승한 하·은·주·한漢과 사대관계를 유지한 것으로 파악했다. 그는 『동사강목』을 편찬하면서 우리나라 최초의 국가인 단군조선의 역사를 편년체로 작성하려 하였으나 자료의 한계 때문에 기자조선에 부록附錄했다. 또한 기자조선의 후예인 마한에 정통성을 부여하고, 기자조선을 약탈한 참국僭國인 위만조선, 한나라가 설치한 사군四郡·이부二府, 마한과 동시대 국가인 진한·변한·예·맥·옥저 등의 역사를 모두 마한에 부록했다. 즉 안정복은 상고사 서술에서 기자와 그 후예로 이어지는 계통에 중심을 두었던 것이다.

안정복은 우리나라와 중국의 관계를 사대관계로 규정하고 중국의 정통왕조와 사대관계를 일관되게 유지해 온 것으로 해석했다. 그러나 사대가 곧 속국이나 군신관계를 의미하는 것은 아니었다. 그는 우리나라와 중국은 산천의 경계가 분명하게 구별된 독립국임을 전제하고, 중국이 조선을 직접 지배하려는 침략정책에 대해서는 강력하게 비판하는 가운데 자국의 영역을 수호하기 위한 부국강병책을 강조했다. 그가 『동사강목』에서 역대의 강역을 치밀하게 연구한 것도 자국의 영역에 대한 관심의 표현이었다. 조선이 중국과 사대관계를 유지하는 가운데 독립국으로 성장해 왔다는 시각은 비슷한 시기에 『송사전宋史筌』을 편찬한 이덕무에게서도 발견된다.[87]

안정복은 조선이 본격적인 문화국가로 성장한 것은 기자가 홍범·정전으로 표현되는 중화문화를 전한 것에서 시작되었다고 보고 기자와 그 후예인 마한에 정통성을 부여했다. 그는 우리의 역사가 단군과 기자 이후 문화국가로서의 위상을 유지하면서 정통성을 계승해 왔다고 밝혔는데, 이는 청의 건국으로 중국에서 중화의 정통을 계승한 국가가 사라진 이후 조선이 유일한 정통국가임

87 李德懋는 중국과 우리나라는 檀君朝鮮의 夫婁 이래 朝聘과 册封이 유지되어 온 것으로 보면서도, 독립국의 주권을 위협한 宋의 요구와 武力의 열세 때문에 오랑캐에 복종한 고려의 실책을 함께 비판했다. 金文植(1999), 「『宋史筌』에 나타난 李德懋의 역사인식」, 『韓國學論叢』 33, 한양대 한문학연구소, 44~45면.

을 부각시키는 효과가 있었다.[88]

머리말에서 밝혔듯이 안정복이 이익의 「홍범설」을 『동사강목』의 서문으로 채택한 것은 자신이 이익의 학문을 계승했음을 밝히는 동시에 조선이 문화국가이자 정통성을 가진 국가로 굳건히 설 수 있도록 한 기자의 업적을 강조하기 위해서였다.

88 안정복이 중국사에만 적용한 『資治通鑑綱目』의 儀例를 제후국인 조선의 역사에 적용한 것은 淸이 지배하는 중국에는 정통천자가 없다는 反淸의식의 투영이자 청에 대한 우월성을 과시하려는 목적이 있었다. 韓永愚(1989), 「安鼎福의 思想과 東史綱目」, 『韓國學報』 53, 일지사; 한영우(1989), 『朝鮮後期史學史硏究』, 일지사, 313~314면.

순암 안정복의 하학관과 동사東事 이해

원재린

1. 머리말

조선 후기 이익(1681~1763)을 종사宗師로 하여 형성된 성호학파의 학풍은 '경세치용'으로 규정되었다. 실학을 대표하는 최초의 학파로서 근기近畿의 농촌지역에 세거世居하면서 토지제도와 행정기구, 기타 제도상의 개혁에 집중하는 면모를 보여 주었다.[1] 이익이 제시하였던 각종 제도 개혁론에 대한 분석을 토대로 내려진 결론이었다. 주요 직계문인들의 학문과 사상까지를 포괄한 것은 아니었다. 다만 근기남인계 토지개혁론의 추이를 검토하면서 정약용(1762~1836)에게서 해당 학풍이 온전히 계승된 것으로 파악되었다.[2] 따라서 경세치용을 기준

1 李佑成(1982), 「實學硏究序說」, 『韓國의 歷史像』, 창작과비평사, 13~14면.

2 金容燮(1990), 「朝鮮後期 土地改革論의 推移」, 『(增補版) 朝鮮後期 農業史硏究 II』, 일조각

으로 한 계보파악은 본의 아니게 학통을 단절적으로 인식하는 계기를 초래하였다. 성호학의 개혁 지향은 적통제자들에게 철저히 전수되지 못한 것으로 인식되면서 경세론의 성격을 재고하는 상황에까지 이르렀다.[3]

본고에서는 이 점에 유념하면서 사상사적 관점에서 직계문인, 그중에서도 안정복(1712~1791)을 통해 학파의 개혁전통이 계승된 측면을 논증해 보겠다. 기왕의 연구에서 거론되는 순암학의 특징은 주자학을 추향趨向하면서 양명학・천주교 등 이단사설異端邪說로부터 사문師門을 보존하여 학통을 유지한 것이었다. 이러한 학문경향은 권철신(1736~1801) 등 '성호좌파'로 분류되었던 후배 문인들에 비해 보수적인 것으로 평가되었다.[4] 반면 『동사강목』으로 대표되는 역사학 분야에서의 성과를 분석하면서는 실학의 역사인식을 확립한 것으로 규정하였다.[5] 안정복의 경학관과 역사인식에 대한 상반된 평가는 좀 더 다양한 측면에서 순암학의 특징과 성격을 분석해 볼 여지를 제공하였다.

이와 관련하여 주목되는 주제가 하학관下學觀과 '동사東事'에 대한 이해이다. 하학은 공소화된 주자학의 폐단을 극복하기 위한 대안으로 입문 이전부터 관심을 기울여 온 연구주제였다.[6] 동사는 동국의 정체인식을 바탕으로 자국 역사

참조.

3 池斗煥(1998), 『朝鮮時代 思想史의 再照明』, 역사문화 참조.

4 李佑成(1982), 앞의 책, 80면; (1982), 「鹿菴 權哲身의 思想과 그 經典 批判－近畿學派에 있어서의 退溪學의 繼承과 展開」, 『韓國의 歷史像』, 창작과비평사; 崔東熙(1988), 『西學에 대한 韓國實學의 反應』, 고려대민족문화연구소; 徐鍾泰(1995), 「星湖學派의 陽明學과 西學」, 서강대박사학위논문; 강세구(1996), 『순암 안정복의 학문과 사상연구』, 혜안; 安泳翔(1998), 「星湖 李瀷의 性理說 硏究」, 고려대학교 박사학위논문; 이봉규(2000), 「順庵 安鼎福의 儒敎觀과 經學思想」, 『實學思想硏究』 2, 한국실학학회; 차기진(2002), 『조선후기의 西學과 斥邪論 연구』, 한국교회사연구소 참조.

5 韓永愚(1988), 『朝鮮後期史學史硏究』, 일지사, 276~354면; 姜世求(1994), 『東史綱目硏究』, 민족문화사; 최성환(2003), 「영・정조대 安鼎福의 학문과 『東史綱目』 편찬」, 『韓國學報』 110, 일지사 참조.

6 강세구(1996), 앞의 책 참조.

에 대해 객관적으로 검토하고 이를 통해 국가운영의 기본 체제를 파악하기 위해 주목했던 분야였다. 전자를 통해서는 순암학의 학문경향과 관련하여 살필 수 있으며, 후자를 통해서는 그것이 갖는 현실지향을 파악할 수 있다.

이상의 분석을 통해 안정복의 학문과 사상의 일단一端을 성호학파의 학풍과 관련하여 규명하는 계기를 마련하며, 더 나아가 조선 후기 실학의 성격을 구체적으로 논증하는 사례가 될 것으로 기대해 본다.

2. 하학과 '도기일치道器一致'의 실현

안정복은 당시 조선 학계가 안고 있는 최대의 문제로 성명性命한 주제에 몰두하여 구이지학口耳之學의 폐해를 가져온 점을 지적하였다. 후세 학자들이 진지천리眞知踐履를 제대로 수행하지 못하면서 성명만을 강구하였으며,[7] 천인성명天人性命을 궁구하는 가운데 말에만 치우쳐서 실행이 없는 학문경향이 나타나게 되었다.[8] 그는 이 문제의 원인을 제공한 선현으로 양정씨兩程氏와 주자를 지목하였다.

일단 안정복은 선현들의 학문성과를 긍정적으로 평가하였다. 두 정씨가 격물치지를 강조하고 주자가 뒤를 이어 그 의의를 거듭 밝혀 놓았기 때문에 궁리의 학풍이 천하에 가득하고 이단이 발붙일 곳이 없게 되었다. 이들의 노력으로 양한兩漢시대 유자들이 실천에만 힘쓴 나머지 이치의 해득을 소홀히 했던 잘못을 극복할 수 있었다.

그러나 이로 인해 발생한 문제점 역시 지적하였다. 후학들이 장구와 문리에

---

7 黃德吉, 『下廬集』 卷2, 書, 「答姜伯賢淳欽 丙午」(韓國文集叢刊 260권; 이하 총간), 292면; 安鼎福, 『順庵集』 II, 「順庵先生行狀」(총간 230권), 401면.

8 『順庵集』 I, 卷8, 書, 「與柳敬之警書 乙未」(총간 229권), 516면.

만 급급한 나머지 심신과 일상의 문제를 소홀히 하게 되었고, 마침내 구이지학에 경도되어 실속 없이 형식에만 치우치는 폐단을 초래하게 되었다.[9] 두 정씨와 주자가 강조했던 격치와 궁리로 인해 송대宋代 이후 학자들에게서 실천을 간과한 채 자구에만 매달리는 문제가 발생되었다. 그는 "정·주자 이후 여러 유자들의 사설辭說들이 많았지만 그들의 독행을 살펴보면 한·당 시절의 군자들에 비해 도리어 부끄러운 점이 많다"고 보았다. 특히 조선에 들어서면서 '장구물리지상章句物理之上'에만 전념하다가 심신과 관련된 일용의 일들을 소홀히 하는 경향이 나타나게 되었다.[10] 송대에서 발휘되었던 정·주자학의 특장이 후대 특히 조선 후기에 이르러서는 문제점으로 작용하였다.

이 같은 정·주자에 대한 평가는 학문의 '시의時義'성을 고려하여 내려진 것이다. 이는 다음의 언설에서 확인할 수 있다. 안정복은 이황(1501~1570)이 주렴계(1017~1073)의 『태극도설』을 궁구하려 했던 이유를 시의의 관점에서 설명하였다. 그는 아직 성리설에 대한 이해의 수준이 낮은 단계에서 송대 유자들의 학설에 대한 이해를 심화시키기 위해서 태극太極·이기설理氣說에 대해서 천착하는 학문태도는 불가피한 것으로 이해하였다.[11] 이황이 이기·심성心性 문제에 전념한 이유를 16세기 조선학계 수준과 관련하여 파악하였다. 이 점을 고려할 때 당대 조식(1501~1572)이 제기했던 이황에 대한 비판은 부적절하였다. 당시 조식은 "손으로 청소하고 시중을 들어야 하는 것은 모르고 입으로 천리만 말한다"라고 하여 이황의 학문경향을 문제로 지적하였다.[12]

그렇지만 시의의 관점에서 볼 때 안정복은 시대가 변해 의리의 설이 보편화된 지금까지도 여전히 태극 등 성리학설만을 거론하여 논쟁을 벌이는 학문태

9 『順庵集』 I, 卷3, 書, 「與邵南尹丈書 庚寅」(총간 229권), 399면.

10 『順庵集』 I, 卷3, 書, 「答昭南尹丈書 乙亥」(총간 229권), 388면.

11 『順庵集』 I, 卷8, 書, 「答南宗伯漢朝書 丙午」, 513면.

12 曺植, 『南冥集』 卷2, 書, 「與退溪書」, "近見學者 手不知灑掃之節而口談天理."

도는 문제라고 생각하였다. 이에 당대 학자들이 하학을 꺼려하면서 성명·이기, 사단칠정의 분변에만 마음을 쏟는 것을 시대의 폐단으로 간주하였다. 따라서 조식의 비판은 오히려 당대에 적합하다고 보았다.[13] 진정한 유자가 되고자 한다면 천인성명의 설을 말하기보다 하학을 통해 상달하는 학문태도를 추구해야 했다.[14] 시의성 회복을 위해 안정복이 제시한 대안이 바로 하학이었다.

하학을 중시하는 경향은 사단칠정 논쟁에서 다시 한 번 확인할 수 있다.[15] 안정복은 윤동규(1695~1773)의 견해에 동의하면서도 논쟁의 중단을 촉구하였다. 사실 인간의 심성心性구조에 대한 철학적 구명은 성리학의 주요한 학리學理·학설로서 반드시 검토해야 할 주제였다. 안정복은 사단칠정설에 대해서 성명의 근본이므로 심신에 절실한 공부라고 데에는 일단 수긍하였다.[16] 그래서 사단칠정·도심인심 문제를 일상생활에서 어떻게 확충하고 절제하며, 지키고 살펴서 대중지정大中至正의 경지에 이르게 할 것인가에 초점을 맞춰야 한다고 했다.[17] 그러나 본래의 의도와 달리 문인들간의 논쟁이 실용과 관계없는 한갓 지면의 한가한 대화로 변모되었다고 판단되자 중단을 요청하였다.[18] 그는 『의문擬問』「사칠이기四七理氣」 말미에서 의를 변별하고 마음의 자취를 판별하는 것은 하학 공부를 마친 연후에 가능하다고 보고, 더욱 이에 매진할 것을 권고하였다.[19]

---

13 각주 11)과 같음.

14 각주 8)과 같음.

15 논쟁의 전개과정은 姜世求(2000). 「星湖學派의 理氣相爭과 그 영향」『龜泉元裕漢教授定年紀念論叢(하)』, 혜안 참조.

16 『順庵集』 I, 卷8, 書, 「答韓士凝書 庚寅」(총간 230권), 496면.

17 『順庵集』 I, 卷3, 書, 「答昭南尹丈書 丙戌」(총간 229권), 394면.

18 『順庵集』 I, 권3, 書, 「答昭南尹丈書 己丑」(총간 229권), 398~399면.

19 『順庵全集』 2, 『擬問』, 「四七理氣」(여강출판사 영인본, 1984), 525~526면. 안정복은 일찍부터 선현들에 의해 상당한 수준의 성리설이 해명된 상황에서 더 이상의 논의를 진전시키지 말 것을 제안하였다(『順庵集』 II, 卷19, 題後, 「題下學指南 庚申」, 총간 230권, 178면). 그는 이발기발의 문제는 한갓 말장난에 불과할 뿐 師說을 준수하는 것이 타당하다고 보았다. 이때 사설이란 퇴계의 성리설이었으며, '不出於渾淪分開'의 가르침을 준수하는 것이었다(『順

안정복은 하학의 공부과정을 등산에 비유하였다. 높은 산에 오르기 위해서는 우선 발밑에서부터 시작해야 하는 것처럼 가장 비근한 인사人事를 대상으로 차근차근 실천해 나아가다 보면 그 속에 내재된 천리를 실현할 수 있다.[20] 또한 공부방법과 관련하여 하학의 차서次序를 확정하는 일이 중요하다고 보았다. "요순도 모든 사물을 두루 궁구하지 않았던 것은 먼저 해야 할 일이 더 시급하기 때문이다"라고 한 맹자(B.C. 372~289)의 말을 인용하면서 모든 사물의 이치를 학습한 뒤에 실천하는 것은 사실상 불가능하다고 보았다. 하늘과 사람의 성명性命으로부터 초목조수에 이르기까지 모두 궁구해야 할 대상이지만 심신과 일상생활의 인륜에서 볼 때 그 순서를 정해야 했다. 이에 일용의 일에 구현된 이륜彛倫을 진지·역행의 우선 대상으로 선정하였다. 학문의 선후를 확정하고 난 뒤 순서에 따라서 하나하나 체득할 때 진취할 수 있었다.[21]

안정복은 하학의 구체적인 내용을 『논어』를 통해 설명하였다. 하학이란 거처居處·집사執事·여인與人 등의 일상적인 행동에서 공恭·경敬·충忠 하는 것이며, 또한 언행에 있어서 충신하며 독경篤敬하는 것이었다.[22] 그는 성찰하는 마음을 갖고 말 한 마디 행동 하나도 주의 깊게 살펴보고, 징험하여 오래도록 익혀서 습득하면 학문은 자연히 이루어질 것이라고 내다보았다.[23] 따라서 쇄소응대로 대변되는 '일용당행지사日用當行之事'의 선행을 사문師門의 종지宗旨로 간주하였다.[24] 후배 문인들에게 하학을 성문교학聖門教學의 최우선 과제로 제시하고, 유자에게 있어서 가장 절실한 학문이라고 하였다.[25]

庵集』I, 권8, 書,「與韓士凝書 庚寅」, 총간 230권, 497면).

20 『順庵集』I, 卷1, 詩,「省吾來留數旬及歸口號五言短律二首以贈」(총간 229권), 340면. "爲學在日用 此外儘悠悠 欲至萬丈峰 先自足下由."

21 『順庵集』I, 卷8, 書,「答李士興基讓書 乙酉」(총간 229권), 499면.

22 『順庵集』II, 卷19, 題後「題下學指南 庚申」, 총간 230권, 178면.

23 『順庵集』I, 卷1, 詩,「記夢」(총간 229권), 340면.

24 黃德吉,『下廬集』卷16, 行狀,「拱白堂先生行狀」(총간 260권), 525면.

25 黃德壹,『拱白堂集』卷4, 雜著,「德谷記聞」(총간 260권), 187면;『順庵集』II, 卷8, 書,「答

하학 중심의 학풍은 일용지사를 대상으로 한 공부를 통해서도 상달하여 천리를 실현함으로써 시의성을 회복할 수 있다는 확신에서 비롯되었다. 이때 주목되는 것이 '도기일치'의 관점이다. 일찍이 이익은 "도란 마치 음식을 먹고 마시는 것같이 지극히 자연스러운 일용에서 벗어날 수 없다"는 견해를 피력하였다.[26] 사람이 행해야 할 도는 선험적으로 존재하는 것이 아니라 절실하고 비근한 일상 속에 내재되어 있다는 사실을 강조하였다.

이 관점에서 볼 때 천리는 사물에 초월하여 독립적으로 존재하는 것이 아니었다. 그는 몸이 있은 후에 아버지와 아들, 임금과 신하의 관계가 설정되며, 이에 해당되는 도리 역시 구체적인 관계가 설정된 이후에나 확정된다고 보았다. 도리는 인간을 떠나서 독립적으로 존재할 수 있는 개념이 아니었다. "몸을 떠나 도를 말할 수 없었다"고 하였다.[27] 즉 천리·도가 결코 인사·기로부터 떨어지거나 분리될 수 없다는 도기일치의 인식을 갖고 있었다.

안정복 역시 도기일치의 관점에서 양자를 분리하여 보지 않았다. 만사·만물은 도와 기 및 형形 등 3자의 결합으로 이루어진 것으로 보았다. 그리고 형·도·기가 각각 분리되어 존재할 수 없다는 인식하에 '도역기道亦器 기역도器亦道'의 명제에 주목하였다. 그는 형·도·기의 관계를 인사에 적용하여 다음과 같이 설명하였다. 형을 아버지와 자식, 임금과 신하에 비유하였다. 도는 부자와 군신지간에서 구현되어야 할 인·의로 보았으며, 기는 인에서 발로된 효도와 의에서 발로된 충성이라고 했다.[28] 즉 인·의는 형을 구성하는 인식주체들이 상호관계 속에서 구체적인 행위를 취할 때 구현된다. 아들이 아버지에게

黃耳叟 癸卯」(총간 229권), 509면. "吾儒著緊用工 專在下學."

26 李瀷, 『星湖全書』 4, 「中庸疾書」, 630면. "道之不離於日用 如人之飮食 故不外於五倫 是則庸言庸行也."

27 위의 책, 619면, 631면. "有身然後有道 如有天 然後 有天道 有地 然後 有地道 (…) 有此身則便有父子君臣等當行之道 (…) 道之於人 奚啻不遠 其實不離也 由率性故也."

28 『順庵集』 II, 卷7, 書, 「答安正進景漸問目 辛卯」(총간 230권), 472면.

효도할 때, 신하가 군주에게 충성을 다할 때 비로소 도가 발현되는 것이다. 자연히 부자·군신을 떠나서 인과 의를 인식할 수 없다. 따라서 인도를 실현하기 위해서는 초월적으로 선재해 있는 천리, 그 자체를 대상으로 하기보다는 구체적인 인사를 대상으로 진지하고 역행할 때 달성될 수 있는 것이다. 이것이 고원현공高遠懸空함에 매달려 정작 학문의 실천을 도외시하는 공부방식과 대비되는 점이었다.

그런데 당시 성호학파의 도기인식과 반대되는 견해를 갖고 있는 학자가 있었다. 한원진(1682~1751)은 '도기분리道器分離'의 입장을 견지하였다.[29] 그는 부자父子를 기器에, 자효慈孝를 도道에 비유하였다. 그리고 아버지로서 아들에게 자애롭고, 아들로서 아버지에게 효도한다면 도와 기 사이에 간격이 없다고 했다. 그러나 아버지로서 자애롭지 못하거나 자식으로서 효도하지 않는다고 해서 자애로운 이치와 효도하는 이치가 사라지는 것은 아니었다. 그것은 '이지불잡理之不雜'의 원리 때문이었다. 만일 리가 기에 섞인다면 아버지가 본분을 다하지 못할 때는 자애로운 이치가 없어지고 아들이 본분을 다하지 못할 때는 효도하는 이치가 없어지게 되기 때문이었다.[30] 인사에 적용되는 도리는 행위자들의 실천의지와 상관없이 해당 인간관계 속에 선재해 있었다. 즉 해당 사물에 관철되어야 할 천리·도가 기에 앞서 초월적으로 존재한다고 믿고 있었다.

---

29 이는 주자의 道器二元論을 계승한 결과였다(朱熹, 『朱子語類』 卷95, 「程子之書一」, 1979, 1113면). 주자는 도와 기는 구별되어 서로 어지럽게 섞일 수 없다고 보았다(『朱子語類』 卷75, 「易十一」, 916면; 朱熹, 『朱子大全』 中, 卷58, 「答黃道夫」, 1984, 367면). 도를 기의 상위 개념으로 파악하고 양자가 서로 섞일 수 없다는 인식은 도기이원의 관점을 제고시키는 결과를 낳았다. 바로 이러한 주자의 도기론의 문제점을 지적한 인사로 이익과 함께 영조대 중앙정계에서 청남계를 이끌어 갔던 吳光運(1689~1745)이 있었다(吳光運, 『藥山漫稿』 II, 卷15, 序, 「磻溪隨錄序」, 총간 211권). 그는 '程朱의 大賢'으로 도를 바로 세우는 일에 우선했던 나머지 기를 회복할 겨를이 없었던 점을 문제로 들면서 도기일치의 당위성을 강조하였다[金駿錫(2003), 『朝鮮後期 政治思想史 硏究－國家再造論의 擡頭와 展開』, 지식산업사, 104면 참조].

30 韓元震, 『南塘集』 II, 卷27, 雜著, 「羅整菴困知記辨 幷發」(총간 202권), 79면.

이 점은 안정복이 주목했던 정호程顥(1032~1085)의 '도역기道亦器 기역도器亦道' 명제에 대해 "다만 이기무간理氣無間의 묘妙를 의미하는 것일 뿐 진실로 도와 기를 하나의 물건으로 파악하는 것은 아니다"라고 했던 평가를 통해 재확인할 수 있다.[31] 이러한 도기관에 입각해 볼 때 이기문제를 일상의 수신제가하는 공功과 무관하다고 간주하여 강론할 필요가 없다고 보는 사람은 세유世儒로서 비루한 견해를 가진 자였다.[32] 하학을 중시했던 안정복으로서는 이 같은 혐의에서 벗어나기 어려웠을 것이다.

당시 한원진은 노론과는 다른 학문경향을 지닌 개인 혹은 학파에 대한 정치적 공세를 주도했던 인물이었다. 그는 영조대 초반 노론의 정치적 득세과정에서 신임의리辛壬義理를 기준으로 한 군자소인론에 입각하여 정치적으로 노론과 대립하였던 북인, 소론계 출신 주요 인사들에게 학문적으로 사문난적의 혐의를 부과하였다. 이때 거론된 인물로 정여립(?~1589), 정인홍(1535~1623), 윤휴(1617~1680), 박세당(1629~1703), 윤증(1629~1714) 부자 등이 있었다. 그가 우려했던 바는 반주자적인 학문성향이 그대로 반노론의 정치지향으로 발현되는 것이었다. 그는 "이들이 당여黨與를 만들어 그 세력을 확장시켜 국가에 해를 끼칠 존재로 간주되었기 때문에 단죄하는 것이 불가피하다"고 주장하였다.[33]

조선 전기 이래로 주자학설에 이의를 제시한 학자들은 적지 않았다. 한원진은 대표적인 학자로 이언적(1491~1553)과 조익(1579~1655)을 들었다. 그런데 이들이 제기한 반론에 대해서 "순전히 학문적 차원에서 견식이 모자라서 의심을 품고 스스로의 견해를 고찰한 것에 불과할 뿐이었다"고 평가하였다. 반면 윤휴와 박세당에 대해서 '오만하면서 싸울 뜻을 지닌 사람'으로 규정하였다.[34] 이들은

31 위의 책.

32 韓元震, 『南塘集』 II, 卷35, 雜著, 「內篇 上」(총간 202권), 268면.

33 韓元震, 『南塘集』 II, 卷38, 雜識, 「外篇 下」(총간 202권), 314~315면; 『南塘集』 I, 卷2, 疏, 「丙申擬辨師誣疏」(총간 201권), 44면.

34 韓元震, 『南塘集』 II, 卷38, 雜識, 「外篇 下」(총간 202권), 320면.

주자의 도통을 계승한 노론의 정치적 위상에 손상을 입힐 수 있는 존재로 인식되었다. 특히 윤휴는 한원진대에 이르러서도 여전히 난적의 효시로 규정되었다. 이미 제거되고 없는 윤휴를 지목한 것은 동시기 윤휴의 학풍을 지향하는 동일 계열의 학자들과 정치세력에 대한 경계를 의미하는 것이다.[35] 실제로 한원진은 아직까지도 그러한 학문경향이 지속되고 있다고 확신하였다. 그리고 이로 인한 폐해를 명明나라 말기에 초래되었던 국가폐망의 위기에 비견하였다.[36] 구체적으로 지목한 사람은 없지만 그의 발언 속에는 자신과 다른 학문경향을 보일 때에는 묵과하지 않겠다는 경고가 담겨 있었다.

노론의 압박은 동시대를 살았던 이익과 문인들에게 감지되었으며, 차츰 현실화되었다. 그 빌미를 제공한 것은 소장학자들의 천주교 신봉이었다.[37] 당시 천주교와 관련된 혐의는 이들에게만 국한되지 않았다. 이미 세상을 떠난 이익에게까지 미치고 있었다. 정치공세의 최종목표가 이익에게 맞춰져 있었던 것이다.[38] 안정복은 서학에 이익이 연루되었다는 소문이 나돌자 즉각 스승이 추

35 권철신이 밝힌 '夏軒之後 星翁之學 繼往開來'의 학통관계를 유념할 때(丁若鏞, 『與猶堂全書』 1, 『詩文集』 卷15, 「鹿庵權哲身墓誌銘」, 경인문화사 영인본, 1969, 325면) 윤휴의 학문은 이익의 사상체계 형성에 직접적인 영향을 끼친 것으로 파악된다.

36 韓元震, 『南塘集』 II, 『拾遺』 卷3, 「與姜甥奎煥 辛亥 八月」(총간 202권), 379면; 『南塘集』 II, 卷36, 雜識, 「內篇 下」(총간 202권), 291면.

37 『正祖實錄』 卷33, 十五年 十一月 甲戌, 46책, 255면.

38 이는 여주이씨 가문의 정치적 위상과 관련하여 고려해 볼 사안이다. 이익의 부친이었던 李夏鎭(1628~1682)은 숙종대 초반 정국 속에서 許穆(1595~1682)·윤휴와 함께 淸南系로 활동하였다(『肅宗實錄』 卷4, 元年 六月 辛酉, 38책, 288면). 특히 윤휴와 긴밀한 교유관계를 맺고 있었다. 당시 이하진은 청남의 핵심인사로 활동하면서 당대 노론의 영수였던 송시열을 정계에서 축출하는 데 정치역량을 발휘하였다. 仲兄 李潛(1660~1706)은 1706년(숙종 32) 군주가 經常과 權宜를 통해 정국운영의 주도권을 장악하고, 세자를 보호할 것을 청원하는 상소를 올렸다가 杖殺 당하였다. 景宗代 이후에는 李重煥(1690~1752)과 李孟休(1713~1751), 李家煥(1742~1801) 등이 청남계로서 중앙정계에서 활동하였다. 이익은 비록 출사하지 않았으나 영조대 오광운, 姜樸(1690~1742), 蔡濟恭(1720~1799) 등 주요한 청남계 인사들과 교유관계를 맺고 있었다.

숭한 학문은 공·맹자, 정·주자학이며 이단과 잡학을 배척한 것이라고 하였다.[39] 그는 이 같은 반론을 통해 더 이상의 논란의 소지를 없애려 했다. 또한 그 자신은 유도를 위해 선유들의 학설을 따라 법문을 지켰다고 하였다. 특히 이단 학설에 대해서는 엄격한 비판과 더불어 반드시 바른 도리로 돌려놓기 위해 노력했음을 부각시켰다.[40]

안정복이 가장 우려했던 것은 상대 당의 정치적 공세였다. 그는 당의黨議가 갈라져 서로 틈을 엿보고 선을 가리고 악을 들추어내는 상황에서, 천주교 신봉 문제가 격화되고 그 결과 학파가 멸문滅門에 이를 것을 걱정하였다.[41] 이익 사후 발생한 천주교 배척은 성호학파의 학문 기반을 일시에 무너뜨릴 수 있는 중대 사안이었다. 1784년 김범우·이승훈(1756~1801) 등의 천주교 신앙을 적발해낸 '을사추조적발乙巳秋曹摘發' 사건을 계기로 성호문인들의 천주교 문제가 정치 쟁점화되었다.[42] 그 혐의가 점차 권철신 등 소장문인들에게로 확대되어 갔다. 관련 사건들이 일어날 때마다 성호문인들이 연루되어 처벌을 받는 상황이 반복되었다.[43] 서학에 대한 혐의가 이미 사거死去한 이익에게까지 확대되는 상황에서[44] 학파의 체모를 유지하기 위해 천주교설을 비판하는 역할을 자임自任하지 않을 수 없었다.[45] 더욱이 하학 중심의 사상체계를 확립했던 입장에서 볼

---

39 『順菴集』 I, 卷8, 書, 「答黃莘叟書 戊申」(총간 229권), 510면.

40 『順菴集』 II, 卷27, 行狀, 「順庵先生行狀」(총간 230권), 400~401면. 嶺南南人系의 서학 비판은 훨씬 보수적이었다. 안정복과 학문교유를 가졌던 南漢朝(1744~1809)는 자연학의 측면에서 서학의 우수성을 인정하는 논의조차 일체 인정하지 않았다. 특히 성호학파의 학문 경향에 대해서도 의심의 눈초리를 보냈고, 심지어는 안정복의 서학 비판에 대해서조차 만족하지 않았다[具萬玉(2001), 「朝鮮後期 朱子學的 宇宙論의 變動」, 연세대학교 박사학위논문, 198면].

41 『順菴集』 I, 卷6, 書, 「答權旣明書 甲辰」(총간 229권), 465면.

42 趙珖(1988), 『조선후기 천주교사 연구』, 고려대 민족문화연구소, 178~195면 참조.

43 『正祖實錄』 卷33, 十五年 十一月 甲戌~己卯, 46책, 255~259면.

44 『順菴集』 I, 卷8, 書, 「答黃莘叟書 戊申」(총간 229권), 510면.

45 안정복은 천주교 문제가 표면화되기 시작할 무렵(1784~1785)부터 후배 문인들을 대상으로

때 천주교는 주자학 체계의 문제점과 모순을 극복하기 위한 대안이기보다 노론의 공세를 유발하는 요인으로 인식되었다. 이 같은 사실은 그가 하학의 관점에서 양명학의 장점을 언급한 대목에서 간접적으로 확인할 수 있다.

양명학은 천주교와 함께 이단사설의 시비에 휘말릴 수 있는 빌미를 제공하였다. 이에 안정복은 권철신·한정운(1741~1819)·이기양(1744~1802) 등과 끊임없이 학문적 긴장관계를 조성하였다.[46] 그런데 후배 문인들에게 양명학의 배격을 촉구한 그가 정작 왕수인(1472~1528)에 대해서 긍정적인 평가를 내리는 상반된 태도를 보였다. 그는 "항상 왕양명의 말을 좋아했다"라고 하면서 양명이 제기한 일용에서 마음 다스리는 방법을 '극치지요법克治之要法'이라고 평가하였다. 그가 극찬한 심법은 다음과 같다. "말이 통쾌하게 나올 때 반드시 절연히 참아야 하고, 일이 뜻대로 되어 의기양양할 때 반드시 흡연히 거두어들여야 하고, 기쁨·노여움·욕심이 복받칠 때에는 반드시 확연히 가라앉혀야만 천하의 큰 용기가 될 수 있다"는 것이었다.[47]

그는 양명학의 이단성과 심신수양 방법을 분리하여 인식하였다. 그렇기 때문에 양명학을 유학의 종지에서 크게 벗어난 이단으로 적극 배척하면서도 심법만큼은 높이 평가할 수 있었다. 앞서 인용한 왕수인의 언설은 자신의 하학체계를 정립한 『하학지남』「위학 제이」편 극치장에 그대로 적시되었다.[48] 안정복은 이단사설이라고 해서 무조건 배척한 것이 아니었다. 그것이 자신의 하학

본격적인 설득작업에 나섰다(『順庵集』 I, 卷6, 書, 「答權旣明書 甲辰」, 총간 229권, 462~463면; 卷6, 書, 「與權旣明書 甲辰」, 총간 229권, 463~466면; 卷8, 書, 「答李士興書 乙巳」, 총간 229권, 505~506면). 이와 함께 『天學考』·『天學問答』(1785) 등을 저술하여 천주교 교설을 비판하였다. 체계적인 교리비판을 통해 설득효과를 높이고자 했다.

46 『順庵集』 I, 卷6, 書, 「答權旣明書 丙戌」(총간 229권), 450면; 『順庵集』 I, 卷6, 書, 「答權旣明書 戊子」(총간 229권), 455면; 『順庵集』 I, 卷8, 書, 「答韓士凝書 乙未」(총간 229권), 497면; 『順庵集』 I, 卷8, 書, 「與李士興 庚子」(총간 229권), 504면.

47 『順庵集』 I, 卷8, 書, 「與李士興書 庚子」(총간 229권), 505면.

48 『順庵全集』 2, 『下學指南』, 「爲學 第二」, 克治章, 여강출판사 영인본, 1984, 118면.

체계를 확립하는 데 도움이 된다고 판단될 때 사상적 편향 없이 필요한 부분을 적극 수용했다. 즉 이학과 심학만을 궁구하는 당대 주자학자들의 병통을 제거하기 위해서 제안했던 하학의 확립과정에서 양명의 요법은 일용지간에 충분히 활용될 수 있는 방법으로 판단하였다.

3. 동사東事와 동국의 시무時務 이해

안정복은 학문의 시의성을 실현하기 위해 다양한 사조와 학술분야에 관심을 보였다. 그중 하나가 역사학이었다. 일찍이 그는 "동인東人은 필경 동인이므로, 동인으로서 동사東事를 익히지 않을 수 없다"고 하였다.[49] 동인으로서 동사를 제대로 알지 못한다면 아무리 큰 일을 이루었다 해도 의미가 없다.[50] 그래서 편찬된 저술이 『동사강목』이었다. 안정복은 동국의 역사를 동사의 하나로 간주하였다. 『동사강목』의 저술 동기가 바로 동방 사람으로서 동사를 익히기 위해서였다.[51]

그런데 『동사강목』이 하학을 실현한 구체적인 성과물이었다는 발언이 있어 주목된다. 황덕길(1750~1827)은 스승의 학문성과를 평가하면서 '하학의 조례'라고 하였다. 그리고 그것이 행사됨을 볼 수 있는 것으로 '동사의 필삭'을 들었다.[52] 후학들에게 『동사강목』은 하학의 관점에서 동사를 정리한 역사서로 인식되었다. 따라서 동국사 연구에는 학문의 시의성을 달성하려는 목표가 내재되어 있었다. 역사서 편찬의 목적은 단순히 과거의 사실을 재구성하는 데 그치는

---

49 『順庵集』 I, 卷9, 書, 「答鄭子尙書 辛丑」(총간 229권), 527면.

50 『順庵集』 I, 卷2, 書, 「上星湖先生書 戊寅」(총간 229권), 373면.

51 각주 49)와 같음.

52 黃德吉, 『下廬集』 卷12, 祭文, 「祭順庵先生文」(총간 260권), 459면.

것이 아니었다. 사적史的인 관점에서 동국의 운영사례를 검토하고, 이로써 획득한 사실을 현실의 문제 해결에 적극 대입하고자 했다.

이러한 의도는 안정복이 인용한 여조겸(1137~1181)의 견해에서 확인할 수 있다. 여조겸은 "사서를 볼 때는 마치 자신이 그 시대 속에 있는 것처럼 여겨서 이해와 화란을 살펴야 하며, 자신이 그와 같은 일을 당했을 때 어떻게 대처할 것인가를 스스로 생각해야 한다"고 하였다.[53] 안정복은 현재적 관점에서 시무의 득실을 고려하는 자세로 역사서를 읽어야 한다고 보았다. 이 점은 치란과 득실의 자취를 모색하기 위해 『사기』를 읽었다는 술회와 『고려사』에서 민호民戶의 다과를 증빙할 자료를 사가史家가 누락시킨 점을 개탄했던 사실을 통해서 재확인할 수 있다.[54]

이 같은 관점은 안정복에게 동국사 편찬을 제안했던 이익에게서 이미 나타나고 있다. 이익은 동인으로서 시무를 제대로 파악하지 못하는 점을 지적하였다. 그 직접적인 원인으로 중국 사료에 지나치게 의존하는 경향을 들었다. 비록 동국의 전거 미비로 자국의 시무를 파악하기 위해서 중국 측 기록을 활용했지만 기본적으로 풍속・시의가 다르기 때문에 중국 사서를 통해 동국의 일을 파악하는 데에는 일정한 한계가 있었다. 그나마 『고려사』를 통해서 고려의 일을 알 수 있었던 것을 다행으로 여겼다. 반면 조선에 들어서 성조聖朝 3백여 년간의 일을 기록한 문헌이 모두 없어져서 후세에서 치란의 득실을 상고할 수 없게 된 점을 안타깝게 생각하였다.

이익은 동국의 치란 득실, 즉 국가경영 사례를 파악할 수 있는 역사서의 편찬을 열망하였다. 이에 주자가 주장奏狀을 통해 밝혔던 바와 같이 모든 신하들의 주의奏議를 상고하여 책으로 엮을 것을 주장하였다. 구체적인 실현 방안으

53 『順庵全集』 2, 『下學指南』, 「讀書 第一」, 讀史章, 76면.

54 『順庵集』 II, 卷14, 雜著, 「示弟鼎祿子曾遺書 己卯」(총간 230권), 85면; 『順庵集』 I, 卷10, 「東史問答」(총간 229권), 553면; 『東史綱目』 3, 第13下, 忠肅王 四年, 145면.

로 국가적 차원에서 별도의 중신重臣과 낭관郎官을 선정하고 그 일을 주관함으로써 영구히 보치補治의 도구로 삼을 것을 제안하였다.[55] 또한 과거 과목에 동국사를 필수로 정할 것을 촉구하였다.[56] 장차 행정실무를 담당할 예비 관료들에게 자국사를 면밀히 검토할 수 있는 기회를 주고자 했다. 그리고 이로부터 국가 운영에 필요한 시무·세무의 지식들을 얻기를 고대했다.[57]

그렇다면 이익이 역사연구를 통해 관심을 갖고 있었던 동사의 구체적인 내용은 무엇일까. 그는 동사의 범주에 동국의 독자적인 법규와 제도, 체제와 형세 등 국가를 구성하는 요소를 포괄하였다.[58] 역사연구를 통해 확인하고자 했던 동사란 국가운영에 필요한 인적·물적 요소로서 객관적인 통치체제와 그 운영사례였다. 동사의 구체적인 내용들과 그것이 갖는 의미는 『동사강목』을 통해 살펴볼 수 있다.[59]

우선 안정복은 동국의 흥망성쇠를 살핌에 있어 객관적 통치규범으로서 법제의 확립과 그 운영 여부를 중시하였다. 그는 법제를 입국立國에 필요한 조건으로 보았다.[60] 역사적으로 볼 때 역대 왕조의 법제 확립 여부가 해당 국가의 성쇠를 결정하는 요인이었다. 건국 초기 법제가 정립되었던 삼국은 원활하게 국가발전을 이룰 수 있었다. 그중에서도 형정刑政의 엄격한 시행 여부가 성쇠를 좌우할 관건이었다. 그는 기본적으로 "사람들이 많이 모여 사는 곳에는 기욕嗜慾으로 인해 절도가 없으며, 호오好惡가 생기기 쉬워서 뜻과 행동을 통제하기 어렵다"고 보았다. 교령敎令이 제대로 시행되지 않는 상황에서 형법이야말로 유

55 李瀷, 『星湖僿說』 上, 卷8, 「人事門」, 東人奏議, 283~284면.

56 李瀷, 『星湖全書』 7, 「藿憂錄」, 貢擧私義, 386면; 『星湖全集』 II, 卷44, 雜著, 「貢擧私議」(총간 199권), 311면.

57 李瀷, 『星湖全集』 II, 卷45, 雜著, 「論科擧之弊」(총간 199권), 327면.

58 李瀷, 『星湖全集』 I, 卷25, 書, 「答安百順 乙亥」(총간 198권), 512면. "今人生乎東方 惟東事全不省覺 (…) 東國自東國 其規制體勢 自與中史有別."

59 『동사강목』 按說의 내용별 분류는 姜世求(1994), 앞의 책, 252~255면 참조.

60 『東史綱目』 1, 第1下, 南解王 十年, 140면.

효한 통치수단이었다.[61]

삼국의 패망은 법령이 해이해졌기 때문에 초래되었다. 삼국의 말기에 이르러서 전성기 때 '가위영행금지可謂令行禁止'의 면모가 사라진 결과 권신이 왕명을 제멋대로 처결하는 폐단이 속출하였고,[62] 종실宗室과 외척外戚이 국사를 농단하였다. 정령이 문란해지면서 잇단 반역이 일어났으며, 결국 귀염과 총애를 받는 자들이 정권을 전단하면서 멸망하였다.[63] 법제 운영의 성패가 국가 흥망과 직결되었던 것이다. 고려 역시 예외는 아니었다. 본래 고려시대 법제 가운데에는 채택할 것이 많았다. 문제는 후대에 이를수록 사문화死文化되어 버린 사실이다. 안정복은 개인의 의지와 상관없이 법제가 흐트러지면 점차 국운도 쇠퇴해진다고 판단하였다. 비록 충숙왕과 공민왕대 조교條敎와 법령을 통해 나라와 백성을 위해서 편안한 정치를 구현하고자 했지만 이미 해이해진 국가기강을 바로잡지 못한 사실을 지적하였다.[64] 지기地氣와 인품人品에 문제가 없었던 고려가 법률과 제도의 문란으로 마침내 천하의 최약국으로 전락하였다.[65] 결국 국세를 유지하는 데에는 입법체제의 확립이 무엇보다 중요하였다.

안정복은 고려시대 법제가 문란하게 된 가장 큰 이유로 시대변화에 맞게 개수하지 못한 점을 들었다. 입국 초에 잘 시행되었던 법제가 시간이 지나면서 문란해졌다. 따라서 대대로 법제를 수거修擧하여 떨쳐 일어나게 해야만 했다. 상황에 맞춰 법제를 개정하여 새롭게 한 후에라야 국체를 보존할 수 있기 때문이었다.[66] 시의에 맞는 법제 운영이 필요하다는 인식에서였다. 이와 관련된 사

---

61 『東史綱目』 1, 第2下, 奈勿王 十八年, 233면. 안정복이 강조한 制刑은 姦慝을 징계하여 政綱을 밝히는 공정한 통치수단을 의미했다(『東史綱目』 1, 第4下, 聖德王 八年, 435면).

62 『東史綱目』 1, 第4下, 文武王 十年, 410면.

63 『東史綱目』 1, 第2下, 奈勿王 十八年, 233면.

64 『東史綱目』 3, 第15下, 恭愍王 二十年, 344면.

65 『東史綱目』 2, 第11上, 元宗 三年, 531면.

66 『東史綱目』 2, 第7上, 德宗 二年, 119면.

례로 형법이 지나치게 너그러운 것과 방종에 치우치게 된 점을 지적하였다. 본래 고려의 형법은 태조 왕건이 태봉泰封의 잔폭함을 제거한 후 관용을 펼치기 위해 만들었다. 그러나 후대에 이르러 잠시 동안의 미봉을 인仁으로 여기고, 자주 용서하는 것을 은혜로 삼으면서 마침내 패망의 길을 걷게 되었다.[67] 개국 초에는 불안한 민심을 고려하여 너그러운 정치를 펼쳤지만 수성의 단계에서는 엄격한 형벌의 적용이 불가피하였다.[68]

시의에 맞는 법 운영을 위해서는 운영 주체의 확립이 시급하였다. 안정복은 당대의 잘못된 법을 바로잡은 인물로 고려 광종光宗을 상정하였다. 광종은 왕정을 저해하는 '노비이세지법奴婢以世之法'을 노비안검법奴婢按檢法을 통해 혁파한 인물이었다.[69] 광종을 통해서 입법의 주체로서 군주의 능력과 역할이 새삼 강조되었다. 그는 국가 존망의 위기에 직면해서는 인주가 형刑과 상賞의 적중 여부를 살피는 것이 무엇보다 중요하다고 보았다.[70] "죄를 용서하는 것은 본의 아닌 작은 죄인일 때뿐이다"라는 『서경』 「우서虞書」편을 인용하여 고대 명왕明王의 엄중한 법 집행을 부각시켰다. 이에 비교해 볼 때 당대 군주들은 실정의 고의성과 잘못됨, 죄의 마땅함과 부당함을 불문하고 일체 사면만을 시행하여 간악한 자와 도적을 길러 내고 있었다.[71] 입법의 주체로서 군주와 그에 의한 엄격한 집행이 강조되었다.

---

67 『東史綱目』 2, 第9下, 明宗 二十年, 389면.

68 안정복은 子産(?~B.C 522)과 諸葛亮(181~234)의 국정운영 방식에 주목하였다. 그는 '너그럽기만 하면 다스리기 어렵다[寬難]'는 통치방식을 현실에 구현한 인물로 자산과 제갈량을 상정하였다(『順庵全集』 3, 『臨官政要』, 「時措」, 250면). 양자는 모두 敗亂한 시대에 살면서 '너그럽기만 하면 다스리기 어렵다'는 논리에 충실히 따라 法家的인 통치방식을 국가운영에 적극 활용했던 인물들이었다. 특히 제갈량의 국가운영 사례를 전범으로 상정하면서 비록 孔明이 사용한 방식이 정통 유학의 통치수단은 아니었지만 정대광명한 사업을 달성한 점은 높이 평가하였다(『順庵集』 I, 卷4, 書, 「與南止菴書 己巳」, 총간 229권, 421면).

69 『東史綱目』 2, 第6上, 光宗 七年, 21면.

70 『東史綱目』 2, 第9下, 明宗 二十年, 389~390면.

71 『東史綱目』 1, 第4下, 聖德王 八年, 435면.

또한 안정복은 원활한 법제 운영을 위해 군신관계를 다음과 같이 설정하였다. 법령은 군주로부터 나오게 하고 신하에게서는 나오지 않게 하며, 백성들로 하여금 군주만을 받드는 것을 '충신지사군忠臣之事君'의 방법으로 제시하였다.[72] 이때 신료는 군주로 하여금 본래 갖춘 통치력을 잘 발휘하여 신민을 잘 다스릴 수 있도록 보좌하는 역할을 수행하였다.[73] 이러한 군신관에 입각할 때 신료들에 의해 왕권이 제약되고, 그 결과 국정의 난맥상이 초래되는 현상은 바람직하지 못하였다. 대표적인 사례로 고려시대 불교의 폐해로 인해 군신간의 의리가 없어진 것을 들었다. 불교의 무군無君의 원리가 군신관계를 문란하게 만들었으며, 이로부터 주약신강主弱臣强이 초래되었다. 이후 권병權柄은 신료들에게 세전되었으며 군주는 그저 수수방관하였다. 결국 중세 이래로 신하들에 의해 군주의 폐립이 이루어졌으며, 심지어 신하가 군주를 어린아이처럼 보아 가담패설로 방자하게 꾸짖는 극단적인 상황에까지 이르게 되었다.[74]

군주권 강화 의지는 천거제 시행 문제에서도 관철되었다. 안정복은 치국을

72 『東史綱目』 3, 第17上, 昌王~恭讓王 四年, 434면. 안정복은 전형적인 군신관계를 『荀子』(「仲尼」편 持寵處位)로부터 채용하였다. '지총처위'장은 춘추전국시대 말엽 관직에 있는 사람들에게 세상의 화를 당하지 않고 신료로서의 자세를 유지할 수 있는 방법을 설명한 장이었다(『順菴集』 I, 卷9, 書, 「與鄭子尙書 辛丑」, 총간 229권, 526면). 해당 장에서 순자는 군주를 잘 섬기는 신하의 복무자세를 강조하였다(『荀子集解』 上, 「仲尼」, 109~110면). 안정복은 순자의 이러한 견해를 하찮게 여길 수 없는 중요한 사안이라고 평가하였다(『順菴集』 I, 卷9, 書, 「與鄭子尙書 辛丑」, 총간 229권, 526면). 순자학은 안정복에게 있어서 군신관계의 지향점과 구체적인 방안을 제시해 준 대상이었다.

73 일찍이 이익은 소속 문인들 가운데 안정복을 仕學兼敎의 능력을 갖춘 인물로 평가하였다(『順菴集』 II, 卷27, 行狀, 「順菴先生行狀」, 총간 230권, 398~399면). 실제 안정복이 仕路에 진출했을 때 이익은 학자관료로서 '尊主裨民'의 본분을 다하여 천하국가의 경영에 이바지할 것을 권면하기도 했다(李瀷, 『星湖全集』 I, 卷24, 書, 「答安百順 癸酉」, 총간 198권, 494면). 『동사강목』을 통해 밝힌 군신관계는 스승으로부터 전수받은 가르침이자 본인 스스로 현실에 반영하고자 했던 政論이기도 했다.

74 『東史綱目』 3, 第13下, 忠肅王 十二年, 170면; 李瀷, 『星湖僿說』 下, 卷21, 「經史門」, 高麗昏君, 152면.

위해서는 득인得人이 중요하다고 보았다.[75] 한 나라의 다스려짐과 어지러움은 현자와 사악한 자의 진퇴를 통해서 알 수 있다.[76] 따라서 고려 광종 7년(956)에 과거제가 실시되어 능력에 기준하여 올바른 선비를 선발함으로써 한 시대의 폐단을 구한 점을 높이 평가하였다. 그런데 과거제 역시 문제점을 노출하였다. 시행과정에서 문벌을 숭상하는 후세의 잘못된 관습을 완전히 제거하지 못하였다.[77] 그 대안으로 천거제를 제안하였다.[78]

안정복은 천거제의 성공적인 시행을 위해 그 책임 소재와 처벌 조항을 법으로 엄격히 규정하고자 했다.[79] 이때 천거권은 군주와 재상에게 분속되어야 했다.[80] 어떤 이유에서든지 인사권이 권신들에 의해 장악되는 사태를 경계하였다. 이 점은 최충헌(1149~1219)이 사사롭게 출척을 단행한 사실에 대한 평가에서 잘 나타나고 있다. 그의 행위가 부정한 방법으로 재물을 탐하는 두 사례 중 권신으로서 명령을 전단하는 경우에 해당된다고 보았다. 결국 최충헌의 전단으로 용렬한 무리가 등용되고, 어진 선비는 침체하여 버림받아 마침내 국정 문란이 야기되었다.[81] 군주의 인사권 행사를 통한 국정운영의 장악이 권신의 간섭을 배제할 구체적인 대안이었다.

군주의 위상 제고와 관련하여 광해군에 대한 평가가 눈길을 끈다.[82] 안정복

75 『東史綱目』 1, 第1上, 南解王 二十年, 146면.

76 『東史綱目』 2, 第9上, 毅宗 九年, 311면.

77 『東史綱目』 2, 第6上, 光宗 九年, 22면; 『東史綱目』 2, 第7下, 文宗 十一年, 152면.

78 『東史綱目』 2, 第6上, 光宗 八年, 22~23면; 『順庵集』 I, 卷2, 書, 「答上星湖先生書 己卯」(총간 229권), 375~376면. 그가 구상했던 천거제는 家・黨・州・國의 단계마다 설치된 塾・庠・序・學 등의 교육기관을 거쳐 엄선된 인재들을 등용하는 것이었다(『順庵集』 II, 卷19, 說, 「井田說 庚申」, 총간 230권, 194면). 그는 이를 통해서 과거제도의 문제점이 해소되기를 기대하였다.

79 『東史綱目』 2, 第10下, 高宗 七年, 443면.

80 『東史綱目』 1, 第3下, 善德女主 十四年, 353~354면.

81 『東史綱目』 2, 第10下, 高宗 七年, 443면.

82 『東史綱目』에서 군주의 위상을 높이려는 기술 방식이 주목된다. 안정복은 고려 말 禑王과

은 진晋의 여공厲公 폐위를 도모하는 과정에서 끝내 참여를 거부했던 사개士匃·한궐韓厥의 충직함을 높이 평가하면서 '개군자천야蓋君者天也 군수무도君雖無道 기가찬폐豈可簒廢'를 들어 군신간의 큰 분수를 강조하였다. 이러한 맥락에서 광해군 폐위의 부당성을 역설하였다.[83] 군주란 하늘이기 때문에 군주가 비록 무도하다 하더라도 찬탈하거나 폐위시킬 수 없었다. 오히려 신하로서 반역하는 뜻이 있다면 이는 강상을 무너뜨리고 천리를 어지럽히는 것으로 반드시 죽여야 할 적으로 간주했다.[84] 그는 폐모살제廢母殺弟의 혐의로 서인西人에 의해 축출되어 폐군으로 지목되었던 광해군에 대해서 이미 확정된 군신지간은 바꿀 수 없다는 논리를 들어 재평가하였다.

이 같은 국가운영 방식의 성격을 규정짓는 것은 전제田制였다. 토지제도야말로 동국 시무의 지향점을 판단하는 주요한 기준이었다. 안정복은 한백겸(1552~1615)의 '기전유제설箕田遺制說'을[85] 직접 인용하면서 기자조선의 입국 규모를 파악하였다.[86] 한백겸은 그의 동생인 한준겸(1557~1627)이 관서관찰사關西觀察使로 부임하게 되자, 평양에 와서 이른바 기자정전의 유제를 조사 검토하고, 그것이 주의 정전이 아니라 은의 정전제를 받아들여 시행한 은전殷田으로서의 기자정전이라는 사실을 밝혔다.

또한 안정복은 주周의 정전에 대해서는 관심을 갖고 여러 서적을 통해 그 실재를 증명하려고 했다. 이는 주자가 맹자의 정전설에 회의적이었던 것과는 달

昌王을 서술함에 있어서 안정복은 우왕과 창왕을 『동사강목』 16권과 17권에 '前廢王禑'와 '後廢王昌'으로 편목하여 넣고, 本國 紀年으로 써서 왕씨 왕조의 정통성을 부여하여 다른 군주와 같은 위치로 다루었다[姜世求(2000), 「安鼎福의 歷史理論 展開와 그 性格」, 『國史館論叢』 93, 국사편찬위원회, 290~291면]. 비록 패망한 국가의 왕이었지만 군주의 지위를 누렸던 만큼 그에 합당한 대우를 해야 한다는 생각에서 비롯된 의도적인 기술 방식이었다.

83 『順庵集』 II, 卷13, 雜著, 「椽軒隨筆」 下(총간 230권), 53~54면.

84 『東史綱目』 2, 第7上, 顯宗 二十年, 112면.

85 韓百謙, 『久菴遺稿』 上, 「箕田遺制說」(총간 59권), 158~159면.

86 『東史綱目』 1, 第1上, 箕子 元年, 106면.

랐으며, 이를 통해서 주자 토지론에 간접적으로 이의를 제기하려는 것이었다.[87] 그는 분전지법分田之法에 따라 제도가 시행되면 천 리 안 수백만 집의 사람들이 전지田地를 받게 되어 안정적인 민산民産 유지가 가능하다고 전망했다.[88]

정전제 실행과 관련하여 주목되는 내용은 토지의 분급 규모였다. 그는 『반계수록』의 규정과[89] 달리 농민의 2배에 달했던 사의 토지 규모를 줄여서 제안하였다. 즉 사·공·상으로서 관직이 있는 자는 5인 1가구를 기준으로 할 때 분급지가 농부 1인에 해당하였다.[90] 토지를 나눠 줄 때 중세적 신분질서를 기준으로 하기보다는 사회적 기능성에 더욱 의존하였다. 경자유전의 원칙에 따라서 농사를 짓지 않는 자는 농부에 비해 상대적으로 덜 분급받을 뿐이었다.

분급 규모를 확정하는 데 조선 후기 사회변화 양상을 적극 반영했다는 사실은 그가 토지개혁의 실시를 당대 현실과 관련하여 긍정적으로 검토했음을 의미하는 것이다. 실제로 그는 18세기 조선에서 실현 가능한 토지제도로서 정전법丁田法을 제안하였다.[91] 이처럼 안정복은 동국의 시무로서 전제를 사적史的으로 고찰하면서 토지개혁의 가능성을 기전유제와 정전제를 통해 모색하였다. 이는 동사를 통해 도기일치를 구현하는 것으로 전제(=器) 속에 내재된 보민保民·안민安民(=천리)의 실현 의지를 학문적으로 표출한 사례로 볼 수 있다.[92]

---

87 金容燮(1990), 앞의 글, 412면, 418면.

88 『順庵集』 II, 卷19, 說, 「井田說 庚申」(총간 230권), 192면.

89 柳馨遠, 『磻溪隨錄』 卷1, 「田制」 上, 分田定稅節目.

90 각주 88)과 같음.

91 崔潤晤(2002), 「順庵 安鼎福의 土地論」, 『韓國實學硏究』 4 참조. 토지개혁 구상을 정책에 반영하고자 힘쓴 문인으로 許傳(1797~1886)을 들 수 있다. 그는 1862년 農民抗爭의 수습방안을 정리한 '三政策'에서 이익의 均田이념을 계승한 토지개혁론을 제시하였다. 그는 지주전호제와 신분제의 모순으로 인해 발생한 농민항쟁을 三政의 改善이나 稅制개혁으로써 수습할 수 없다고 보고, '民産漸均'의 차원에서 토지개혁을 통한 사회변혁을 추구하였다[金容燮(1984), 『增補版 韓國近代農業史硏究』(상), 일조각, 74면].

92 토지개혁론과 도기관의 관계는 柳馨遠(1622~1673)의 정전제에 대한 오광운의 평가에서 잘 나타나 있다(吳光運, 『藥山漫稿』 II, 卷15, 序, 「磻溪隨錄序」, 총간 211권, 49면). 그는 유형

4. 맺음말

안정복은 공소화된 주자학의 폐단을 극복하고 학문의 시의성을 달성하기 위해서 하학의 방법과 대상에 주목하였다. 일용지사를 통해서 이륜을 실현할 수 있다는 하학의 논리는 현실의 문제를 구조적 관점에서 인식할 수 있는 안목을 제공하였다. 즉 천리의 선재성과 초월성을 강조하기보다는 구체적인 물상物象을 대상으로 한 진지와 역행을 통해 도기일치를 실현하고자 했다.

안정복은 하학을 통한 학문의 시의성을 회복하기 위해 역사학에 관심을 보였다. 해당 분야에서 주목했던 궁구 대상은 동사였다. 동사의 범주에는 동국의 독자적인 법규와 제도, 체제와 형세 등 국가를 구성하는 기본 요소들이 포괄되어 있었다. 이 같은 동사 속에 내재된 원리를 파악하는 데 적합한 학문분야가 바로 역사학이었던 것이다. 안정복 학문의 조례로 하학을 꼽고, 이것이 행사된 성과로 『동사강목』을 선정한 이유가 여기에 있었다. 그는 사적 관점에서 각종 법제와 문물, 정령과 풍속의 연혁을 살피고 그 속에 내재된 천리의 실현성을 적극 모색하였다.

그중에서 관심을 보였던 주제가 법제의 운영원리와 주체, 입국의 규모를 결정짓는 토지제도였다. 법제의 확립과 형정의 운영 여부는 삼국 이래 고려에 이르도록 해당 국가의 흥망성쇠를 결정하는 주요한 요소였으며, 그 관건은 운영의 주체로서 군주권의 확립과 시의에 맞는 법제의 변통이었다. 이와 함께 국가 운영의 물적 토대로서 토지제도에 대해서도 관심을 기울였다. 기자정전의 실재에 대한 확신과 정전제 연구를 통한 실현성 입증 노력은 도기일치를 통한 천

원에 이르러 정전제도를 구상함으로써 비로소 기가 제도로서의 형태를 갖추어 도기의 일치를 재현하게 되었다고 보았다[金駿錫(2003), 앞의 책, 103~104면 참조]. 즉 정전제(=기)를 통해 토지소유의 균등화와 공유화를 달성하여 民産을 보장해 줌으로써 保民・安民(=천리)을 실현하는 것이다.

리의 구현이라는 하학의 구조적 관점에 부합되었다.

결국 하학을 주제로 한 역사학 연구과정은 그 자체로 스승한테 전수받았을 경세치용의 학풍을 고취시키는 학문적 노력이었다. 당시 성호학파가 처했던 정치적 여건과 현실의 위상을 고려할 때 이 같은 노력은 자파 학문지향의 실현 가능성을 한층 제고시켜 주는 것이기도 하였다. 그것은 중세사회 해체기에 활동했던 성호학파 학풍의 특징이자 실학의 역사성을 규정하는 요소였다.

영 · 정조대 안정복의 학문과 『동사강목』 편찬

최성환

1. 머리말

안정복의 『동사강목』에 대한 연구 성과는 상당량에 이른다. 이는 『동사강목』이 조선 후기 사학사에서 차지하는 비중과 근대역사학에 끼친 영향에 비추어 볼 때 당연한 것이다. 그동안 『동사강목』에 대한 풍성한 연구는 안정복의 사론과 한국사 이해체계, 고증 문제 등을 위주로 조선 후기 '실학자'의 면모에 초점을 두면서 전개되었다고 할 수 있다. 그 결과 현재는 『동사강목』이 차지하는 사학사적인 위상, 안정복의 한국사 인식체계와 현실개혁 의식, 안정복의 사상과 『동사강목』의 관계, 『동사강목』에서 보여 준 충실한 고증 등 여러 부면에 걸친 이해가 가능하게 되었다.[1]

그러나 대부분의 연구가 안정복의 역사학을 조선 후기 '실학' 및 근대사학사의 맥락에서 조명한 결과, 『동사강목』 편찬의 배경이라 할 수 있는 18세기 조선의 정치 · 사회 상황과 성리학자로서 안정복의 사상체계를 하나로 묶어 파악해서 그 역사인식을 점검하는 연구는 미흡하다고 할 수 있다.[2] 필자는 안정복의 『동사강목』에 보이는 '실학적' 면모 역시 조선 후기의 성리학적 역사관이 공유하고 있는 역사인식에 기반한 것이되, 그 서술체제와 내용 등에 이르면 그가 속한 남인 청류정파淸流政派의 사회·정치·역사인식이 반영되어 있는 것으로 이해하고 정리해 보려고 한다.[3] 즉, 청남계淸南系 정파가 영·정조대 탕평 정국에서 성장하고 있는 정치세력이었던 상황을 감안하면서, 그들의 정치적 의리가 『동사강목』의 서술에 어떻게 반영되고 있는지를 살펴보려는 것이다.

우선 안정복이 성호학파 내에서 보여 주는 학문성향과 그의 위상·역할 등을 살펴보고, 그가 저술의 모범으로 삼았던 주자의 역사인식과 『자치통감강목』 의례義例를 한국사에 적용하는 과정에서 거쳤던 논의와 그 내용들을 정리해 보려고 한다. 또한 『동사강목』에 나타나는 안정복의 성리학적 역사인식과 이에 입각한 전장典章제도 개혁론이 『동사강목』의 역사서술에서 어떻게 종합되어 있으며, 그것이 당대의 탕평 정국에서 지니는 정치적 함의는 무엇인지를 분석해 보려고 한다. 이를 통해 조선 후기의 역사서가 당시의 정치·사회 상황을 어떻게 반영하고 있는지를 드러낼 수 있기를 기대한다.

1 심우준(1985), 『순암 안정복 연구』, 일지사; 정구복(1987), 『안정복의 사학사상－동사강목을 중심으로』, 한국문화교류기금; 강세구(1994), 『동사강목 연구』, 민족문화사; (1996), 『순암 안정복의 학문과 사상 연구』, 혜안.

2 한영우(1989), 「18세기 후반 남인 안정복의 사상과 『동사강목』」, 『조선후기사학사연구』, 일지사, 277면. 한영우 교수는 『동사강목』에 붕당정치하에서 몰락한 남인 사대부 집단의 정치 사회적 지도력을 회복하기 위한 명분강화 의식이 투영되었기 때문에, 권력층에게는 개혁이요 하층민에게는 보수로 귀결되었다고 지적하면서, 사회·정치적 처지와 역사서술의 상관성에 주목하고 있다(한영우, 같은 글, 353~354면).

3 지금까지 '실학자'들의 역사인식에 대한 평가는 조선 후기의 정치·사회 개혁론과 근대지향 의식 등에 주목하여 조선 후기의 정치상황과 관련되는 양상에 대해서는 언급하지 않는 경향이 있었다. 근래에는 '실학'의 역사인식 역시 성리학적 역사인식을 토대로 하면서 당대의 정치현실과 밀접하게 관련되어 있음을 강조하는 경향이다[한영우(1989), 『조선후기사학사연구』, 일지사; 신항수(2001), 『이익의 경세해석과 현실인식』, 고려대학교 박사학위논문].

2. 안정복의 학문과 동국사 편찬

1) 하학 위주 학문성향

영조대의 기호남인을 대표했던 성호학파는 탕평 정국에 편승하여 적으나마 정계 진출을 달성하면서 경화학계京華學界의 일각을 차지하고 있었다. 이 무렵 성호학파는 정치적으로 숙종대의 청류 남인(이하 청남)을 근간으로 하는 문외파門外派로[4] 인식되었으며, 자신들을 숙종대의 탁남濁南과 영조대 무신란에 참여했던 문내파門內派들과 구별하여 별도의 학맥과 의리를 정립하고 있었다. 이에 의하면, 청남은 허목許穆을 영수로 하고 이하진李夏鎭·홍우원洪宇遠 등이 주도하여 송시열의 오례誤禮를 막고 숙종 초년 허적許積과 김석주金錫胄 등으로 대표되는 권신·척신과 대립했던 군자당이었다.[5] 이들 청남은 무신란 이후 보합론保合論 위주의 노·소론 탕평당에 대응하기 위해 소북小北 계열과 소론 경화사족들과 일정하게 협조하고 영남남인들을 이끌면서 조심스럽게 새로운 방향을 모색하고 있었다.[6]

영조대 청남을 대표했던 인물은 산림학자로서 이익(1681~1763)과 관료로서 오광운吳光運(1689~1745)이었다. 이들은 그간 보합 위주의 탕평이 추진된 결과 시비를 경시하고 오로지 벼슬과 녹봉만을 추구하는 폐해가 심각하다고 개탄하면서 의리에 입각한 탕평론을 제시하고 있었다.[7] 오광운은 신하는 경술經術·사업事業·명절名節의 세 가지로 임금을 섬기는데, 그 가운데 명절은 경술과 사

4 景宗代 이후 남인들은 다른 당파와의 연대 여부를 기준으로 門內, 門外, 跨城派로 분열되어 있었는데, 대체로 濁南은 門內, 淸南은 門外로 인식되고 있다[유봉학(1983), 「18세기 남인 분열과 기호남인 학통의 성립」, 『한신대논문집』 1, 11면].

5 신항수(2001), 『이익의 경사해석과 현실인식』, 고려대학교 박사학위논문, 161~162면.

6 유봉학(1998), 『조선후기 학계와 지식인』, 신구문화사, 126면.

7 박광용(1994), 『조선후기 탕평연구』, 서울대학교 박사학위논문, 94~95면.

업의 기본이 된다고 하였다.[8] 이익 역시 탕평당이 시비를 흐리게 만드는 것으로 파악하고, 이를 제어하기 위해서는 군주가 올바른 황극皇極을 실현함으로써 당폐를 제거해야 한다고 하였다.[9] 이러한 주장은 영조대의 탕평당이 경술과 사업에는 능할지 모르나 명절과 의리에 있어서는 심각한 오점을 지니고 있음을 겨냥한 것이다.

이렇듯 청남계 정파는 의리에 입각한 탕평을 내세움으로써 경신·기사년의 남인 및 노·소론 탕평당을 비판하였고, 동시에 명절에 입각한 경술과 사업을 통해 탕평 정국에 참여한다는 인식을 공유하고 있었다. 이후 정조대에 청남은 정조의 신뢰에 힘입어 채제공(1720~1799)과 정범조(1723~1801)를 중심으로 하여 노론의 신임의리辛壬義理 강화 시도에 대해 새롭게 '영조와 사도세자 모두 허물이 없다'고 하는 임오의리壬午義理를 내세우면서 독자적인 당론을 주장하고 있었다.[10] 이들은 원칙 없이 각 붕당의 의리를 절충하기보다는 독자의 의리를 내세우면서 정조년간 노·소론의 시파時派와 함께 정조 주도의 탕평정치에 적극 참여하였다. 이러한 맥락에서 성호학파 역시 당권을 높이고 신료들의 절의를 강조하면서 청남의 의리를 주도하고 있었다. 이익의 사후에 안정복·이가환李家煥 등 성호의 문인들은 채제공·정범조와 협력하여 청남을 이끌면서 영남남인들에까지 그 외연을 확장시켜 학문적·정치적 역량을 강화하려고 하였다.

안정복(1712, 숙종 38년~1791, 정조 15년)의 학문 역시 영·정조대의 당쟁과 탕평이라는 사회·정치 상황에 대응하는 성호학파의 맥락에서 이해해야 한다. 이 시기 학파의 스승인 이익은 의리지학義理之學으로서 주자학이 지닌 장점을 인정하면서도, 주자에서 벗어난 해석을 무조건 배척하려는 당시의 경직된 학풍

---

8 오광운은 경술에서는 公을 가장 강조하여 공을 체득한 후에야 仁·誠·敬·至善이 가능하다고 했으며, 사업 역시 이러한 공의 자세에서 나오는 것이라고 하였다. 名節에 대해서는 10가지 기준을 제시했다(『藥山漫稿』 卷11, 「誡學者」, 誡爲人臣者), 14~17면.

9 유봉학(1998), 『조선후기 학계와 지식인』, 신구문화사, 30면.

10 위의 책, 31~32면, 126면.

을 비판하면서 '자득自得'을 강조하고 있었다.[11] 그가 이해하기에 주자학은 주자가 이전의 학설들을 광범히 수용하고 절충하는 가운데 성립된 것이며, 주자 역시 일단 학설이 정립된 뒤에도 항상 재검토하면서 자신의 견해를 수정하는 학문 자세를 지녔다는 것이다.[12] 여기에서 이익이 강조하였던 '자득'이란 주자-퇴계의 전통을 계승하면서도, 자신의 시대에 맞게 새롭게 변모하는 자세를 말하는 것이라 할 수 있겠다. 이렇듯 자득을 강조하는 이익의 견해는 당론과 학문이 밀접히 연관되어 있던 당시 상황에서 순수하게 학술적 의미만 지닐 수는 없었다.

> 서인의 학문은 전적으로 '정해진 법도를 잘 지킨다[謹守規矩]'는 네 글자로써 세상을 살아가는 데 병폐가 없는 단안[涉世無病敗之斷案]으로 삼는다. 그래서 그 지식이 끝내 매우 거칠고 투박할 뿐이니 한스러운 노릇이다. (…) 더러 서인들이 찾아오기도 하지만, 화살에 한번 상처입은 새와 같아서 항상 그 속에 함정이 있을까 두려워한다. 비록 나의 소견을 다 말하기는 하지만 저쪽이 믿는지 믿지 않는지 어떻게 알겠는가?[13]

안정복과 나눈 이 대화는 서인-노론 계열의 학문과 정치를 '근수규구謹守規矩'로 규정하고, 이에 대해 '자득'의 방법을 제시하며 근본에서 비판한 것이었다.[14] 이 만남이 있었던 영조 22년은 치열한 당화와 무신란戊申亂의 결과 남인

11 이익과 그 문하의 다양한 학문 경향에 대해서는 이우성(1982), 「녹암 권철신의 사상과 그 경전비판」, 『한국의 역사상』, 창작과비평사, 99~103면을 참조.

12 김문식(1995), 『19세기 전반 京畿學人의 경학사상과 경세론』, 서울대학교 박사학위논문, 20면.

13 『순암집』 권16, 「函丈錄」, 12~13면.

14 이익은 『대학』의 '絜矩之道'를 '法度(矩)를 헤아리는' 것이 아니라 '헤아려서 법도로 삼는' 것으로 해석하였는데, 이 역시 자신의 학문이 기존의 법도를 준수하기만 하는 노론의 학문과 다름을 강조한 것이다(『순암집』 권16, 「函丈錄」, 12면).

들은 정국에서 패퇴하였고 노론 측은 세도를 주장하고 주자의 정통을 자임하면서 의리도 독점하고 있는 상황이었다.[15] 이익은 노론 측의 이러한 태도가 성현의 의리를 새롭게 밝히기보다는 준수하기만 하려는 것으로서 정주程朱의 본뜻이 아니라고 지적하면서, 지식을 위주로 하여 성현이 밝히지 않은 새로운 의리를 강명講明하는 것을 자신의 임무로 삼고 있었다.[16]

이렇듯 이익은 격물치지하는 과정에서 자득을 강조하며 문인들에게 정해진 법도를 강요하지 않는 학풍을 터득하고 있었다. 그러나 이러한 스승의 학풍을 실천하는 과정에서 성호학파의 문인들은 두 계열로 나뉘었다. 이병휴李秉休·이가환·권철신權哲身 등은 주자-퇴계의 학문을 계승하면서도 양명학·고증학·서학 등 새로운 학설의 흡수에 좀 더 적극적인 태도를 취했던 것으로 파악된다. 이는 '자득'을 강조하던 이익의 자세를 적극 계승하여 주자학의 범위를 넓히는 데 치중하는 자세였다.[17] 반면 윤동규尹東奎와 안정복 등은 주자-퇴계의 학문을 고수하며 이를 독실하게 실천하는 태도를 취하였다.[18] 물론 이러한 구분은 정조대 후반 '서학' 수용 여부를 둘러싸고 분명해지는 것이지만, 그 이전에도 학문성향상의 차이는 잠복해 있었다.

35세가 되어서야 처음 이익을 찾아 새로운 가르침을 받았던 안정복이 이러한 '자득' 위주의 학문론에 대해 일면 수긍하면서도 의문을 표시한 것은 당연했을 것이다. 안정복은 새로 배우는 후생들에게 자득만을 강조하다 보면 선현들을 경시하는 병통이 생길 수 있다는 견해를 내세웠다.[19] 이러한 지적에 대해

15 『순암집』 권16, 「函丈錄」, 8면. "一邊之主張世道, 自成義理, 以爲鉗勒之手段, 誠可畏也."

16 『순암집』 권16, 「函丈錄」, 12면. "先生曰, (…) 士當以知識爲主, (…) 世人皆謂, 程朱以後經書文義大明, 無復餘蘊, 只當遵之而已, (…) 聖賢之所求於後人者, 欲以講明此義理, 其意豈謂之無復餘蘊而不使後人言之也, 此非程朱之本意也."

17 박광용(1994), 앞의 책, 15~16면.

18 이상 성호학파의 분화에 대해서는 이우성(1986), 「한국 유학사상 퇴계학파의 형성과 그 전개」, 『한국의 역사상』, 94면을 참조.

19 『순암집』 권16, 「函丈錄」, 12면.

이익이 공감을 표했음은 물론이다. 이후에 안정복은 스승이 말한 '자득'을 자기식으로 재해석하여 새로운 학문을 섭취하여 주자학의 외연을 확장하려던 사우師友들의 병폐를 지적하며 경계하였다.

> 자득이라는 것은 의義에 정밀하고 인仁에 익숙하고 본원에 훤하여, (…) 진실로 알고 실천하여, 자기 마음이 의리를 좋아하기를 마치 가축이 꼴과 곡물을 좋아하듯 그만두려 해도 그만둘 수 없는 경지입니다. (…) 지금 사람들이 말하는 자득은 이와는 달라서, 꼭 무슨 글사 하나 글귀 하나를 파고들어 무슨 뜻 하나라도 발견하면 그것을 곧 자득이라고 생각하는데, 그것은 대본大本이나 달도達道와는 거리가 먼 것으로, 지금 세상의 뜻이 있다고 하는 이들의 공통된 병폐입니다.[20]

안정복은 선현들이 확정해 놓은 법도를 지키면서 그 본원에 훤하고 익숙하게 실천하는 것을 강조한 것이다. 그는 『이자수어李子粹語』(42세), 『성호사설류선星湖僿說類選』(51세), 『주자어류절요朱子語類節要』(64세)를 편찬하는 등 주자-퇴계-성호의 학설을 지키는 작업을 하였으며 별도의 새로운 학설을 주장하는 것에 반대하였다.[21] 그가 성호의 문하에서 역사학과 하학 등에 주력한 것도 형이상에서 새로운 의리를 추구하기보다는 형이하에서 선현의 의리를 확정하려는 것이라고 할 수 있다.[22] 더불어 그는 이병휴 계열의 신진들이 양명학·서학 등을 학습하면서 학문의 범위를 확대하려는 시도에 대해 그 공소空疎함을 지적

---

20 『순암집』 권5, 「答李士賓書 辛丑」, 44~45면.

21 그는 이병휴 계열이 '성인의 七情은 理發'이라고 주장하며 퇴계의 설을 수정하는 것에 반대하면서 '四端理之發, 七情氣之發'의 설을 고수하였다(『순암집』 권4, 「答李景協書」, 2면).

22 그는 48세에 『동사강목』의 초고를 완성한 후 67세까지 수정작업을 하였고, 52세에 『史鑑』, 56세에 『列朝通記』, 64세에 『주자어류절요』, 68세에 『大麓志』, 70세에 『家禮集解』를 쓰는 등 주자-퇴계 학문의 실천과 역사관계 저술에 주력하였다.

하며 반대하였는데, 그것은 이러한 논의가 성과는 없이 노론들의 공격에 빌미만을 제공한다고 보았기 때문이다.[23]

이익의 사후 안정복은 성호학파의 장자로서 스스로 양명학·서학 등 이단 배척을 통해 학파 성원들의 단속에 나서는 한편으로, 정조대를 남인이 진출할 좋은 시기로 판단하여 영남의 남인들에게도 상당한 관심을 보였다. 정조대에는 채제공이 12년 무렵부터 국왕에게 영남에 대한 관심과 대우를 꾸준히 환기시키면서, 16년부터는 노론 측에 사도세자 원사冤死의 책임을 묻기 위해 다수의 영남인들을 동원하여 영남남인과 기호남인의 제휴가 시도되기도 하였다.[24] 일찍이 채제공의 추천으로 세손(정조)의 서연에도 참여했던 안정복이 당시 영남에서 퇴계의 적전嫡傳인 이상정李象靖과 최흥원崔興遠의 규범과 독행篤行 위주 학문을 칭송하면서 빈번한 교류를 했던 것 역시 안정복의 학문성향 및 당시 정국에 대한 인식에 관련된 것이다.[25]

성호학파의 재기 있는 후진들보다 오히려 영남의 선비들이 퇴계의 학문을 더욱 순정醇正하게 계승하고 있었기 때문에, 안정복은 이들에게 많은 기대를 거는 모습을 보였다.[26] 그가 만년에 접어들수록 새로운 학문동향의 흡수보다는

---

23 안정복은 채제공에게 '근래 평소 才氣를 자부하던 吾黨의 小子들이 新學으로 많이 돌아가고, 眞道가 여기 있다고 말하면서 따르고 있으니 어찌 한심한 일이 아니겠습니까. (…) 더구나 黨議가 함부로 들끓는 이때에 기회를 엿보아 돌을 던지는 자가 있을지 어찌 알겠습니까? 그 기세가 틀림없이 망하고 난 뒤에나 그칠 것입니다'라고 경계하고 있었다(『순암집』 권5, 「與樊巖書」, 19~20면).

24 李樹健(1995), 「정조조의 嶺南萬人疏」, 『영남학파의 형성과 전개』, 일조각, 541~547면. 일찍이 안정복은 小朝시절의 사도세자에 대해 '좋은 소문이 날로 번지고 있으니 뜻있는 士君子라면 놓쳐서는 안 될 기회'라 하면서 동료에게 출사를 적극 권유할 만큼 세자에 대한 기대가 컸었다(『순암집』 권4, 「與鄭永年書」, 38면).

25 『순암집』 권8, 「答南生漢濯書」, 33~34면. "(영남에서) 장편의 서신을 보내어 고상하고 원대한 의리를 개진하였습니다. 이러한 일은 한강 이북의 소년 중에는 애당초 없었으므로, (…) 규범 있는 문학으로는 大山(李象靖)을 따라가지 못하고 남녘의 篤行으로 滦溪(崔興遠)를 따라갈 수 없다고 여겼습니다."

26 『순암집』 권8, 「答李仲章天變書」, 40면. "今世吾道殆將絶矣, 此中染於異學, 非我隻手可障,

하학을 강조한다든지,[27] 역사서를 저술하면서 의리를 확정짓고 경세에 힘쓰려 했던 것 역시 자신이 주자－퇴계－성호의 순정한 학통을 계승하고 있음을 강조함으로써[28] 영남남인과 연계하려는 구상에서 나온 것이라고 볼 수 있다.

2) 동국사 편찬과 청남의 의리

이처럼 하학과 역사학에 치중하면서 주자－퇴계－성호의 학통을 이으려 했던 안정복의 학문은 영·정조대 남인 청류의 처신과 밀접히 연관되는 것이었다. 따라서 안정복이 심혈을 기울였던 『동사강목』 편찬 역시 그의 이러한 정치적 처신과 관련해서 이해해야 한다. 일찍이 신채호는 조선 후기 사찬사서의 성행과 저명한 사학가의 배출을 이 시기 당론의 심화와 관련지어 평가한 바 있다.[29] 신채호는 근대사학의 시각에서 보았을 때 조선 후기의 사학이 당론에 골몰한 나머지 중대한 문제를 버려두었다고 비판하였지만, 한편으로 이러한 평가는 조선 후기 사학의 기본 과제가 학파·당파에 따라 충역忠逆과 정위正僞의 시비를 확정함으로써 조정의 득실을 논의하는 작업과 긴밀히 연관되어 있었던 풍토를 지적한 것으로 이해할 수 있다. 근래의 연구 성과 역시 이 시기 붕당정치의 역동성이 학문과 시국관의 차이와, 나아가 다양한 역사인식의 발달을 가

惟冀山南諸友益懋大業, 以幸吾道死生之望."

27 『순암집』 권19, 「題下學指南」, 1~2면. "後世論學, 必曰心學曰理學, 心理二字是無形影無摸捉, 都是懸空說話也, 子曰, (…) 言忠信行篤敬, 果能於此下工, (…) 自能至於上達之境矣."

28 안정복의 문인 黃德吉은 "惟吾退溪夫子遠紹考亭之統, 星湖先生直接退溪之緖, (…) 星湖之學得先生而著"라고 하였다(『순암집』, 「行狀」, 10~11면).

29 신채호(1995), 「조선상고사총론」, 『신채호역사논설집』, 현대실학사, 76면. "당론이 극력할수록 我是彼非를 전파하기 위하여 私家의 기술이 성행하여 당의 시비가 매양 국정에 관계되므로, 따라서 조정의 득실을 논의하게 되어, 부지중 역사 私著의 禁이 타파되어, 마침내 韓百謙·安鼎福·李種徽·韓致奫 등 사학계 몇몇 인물들을 산출함도 그 결과이다."

능케 한 것으로 이해하고 있다.[30]

이 점은 안정복에게도 예외일 수 없었다. 그에게 역사서 편찬의 목적은 도의 대용大用을 드러내어 정치에 대해 포폄褒貶함으로써 후세를 권징勸懲하는 것이었다.

> 선생(홍여하洪汝河를 말함 – 필자주)은 일찍이 '도의 전체는 비록 경經에 있지만 도의 대용은 사史에 실제로 드러나니, 사란 포폄하고 권징하는 책이다'라고 말씀하셨다. (…) 지금 이 책을 읽어 보니 차제次第와 절목節目이 모두 법도가 있다. (…) 통統이 바르게 되어야 참위가 자연히 구분되고, 참위가 구분되어야 명의가 정해질 수 있다. 『춘추』가 이루어지자 난신적자가 두려워한 것은 명의가 정해졌기 때문이 아닌가? (…) (선생은) 도의 전체 대용을 평생의 저술에 실어 놓아 후학들에게 남기셨으니, 이것은 실로 사문斯文의 다행이요, 불후의 성사盛事이다.[31]

안정복은 홍여하의 역사서술을 평가하면서 통統을 바르게 하였기 때문에 참위와 명의가 바로 설 수 있었다고 하였으며, 이렇게 도의 전체를 기준으로 사실을 포폄하고 참위를 구분하고 명의를 정하여 후세를 권징하는 것이 역사의 본래 역할이라고 생각하였다. 앞서 보았듯 그는 성호학파의 어느 문인들보다 하학과 역사학을 강조했는데, 이것은 그가 형이상학에서 도의 전체를 새롭게 추구하기보다는 형이하학과 역사학에서 도의 대용을 실현하고자 하는 정통 주자학자였음을 뜻하는 것이기도 하였다.

안정복의 역사관은 조선시기 여타의 학자들과 마찬가지로 『춘추』와 『자치통감강목』의 정신을 모범으로 삼은 것이었다. 주자의 『자치통감강목』은 책 전

30 한영우(1989), 『조선시대사학사연구』, 일지사, 2면.

31 『순암집』 권18, 「東國通鑑提綱序」, 22~23면.

체에 걸쳐서 춘추대의를 본받아서 사리 가운데 포폄을 드러내고, 이를 기록함으로써 홍망의 도리를 설명한 책이었다.[32] 주자의 사학은 역사의 전개에서 도리와 의리를 강조함으로써 경학과 사학을 체와 용으로써 일체화시켰던 것으로 평가된다. 즉 경학이 연구하는 본체는 심心·성性·이理·기氣이며, 사학이 연구하는 대상은 전장·제도·인물·선악 등이었는데, 주자의 사학은 양자를 일체화함으로써 역사에 의리의 관념을 농후하게 투영하였던 것이다.[33]

이것은 주자의 역사학이 단지 역사 인물에 대한 도덕적 포폄만을 위주로 하는 것이 아님을 의미한다. 실제로 주자의 『자치통감강목』의 의례에 보이는 역사학의 규모는 매우 광범하다. 그것은 역사 인물뿐 아니라 전장·제도·풍속 등 모든 역사 현상의 시비와 선악을 판단하기 위해 의리의 표준을 세우고자 하는 것이었다. 조선 후기의 유학자들이 주자의 역사학을 모범으로 하였음은 물론이며, 여기에 유형원과 이익도 예외는 아니었다. 다만 이들은 주자의 치사治史 정신을 자신들의 시각으로 재해석해서 한국사의 모든 사안들에 대해 좀 더 철저하게 구현하고자 했던 것이다.

주자학의 순정한 계승을 자부했던 안정복 역시 내경외사內經外史의 정신으로 역사서에서 의례를 세우는 것을 가장 중요시하였는데, 그것은 주자가 이미 지적했듯 역사서가 번잡하고 시끄러워서 성인의 말씀을 저울로 삼아서 절충해야 한다고 보았기 때문이다.[34] 그가 독서의 순서로서 사서四書와 『심경』·『근사록』 등의 성리서들을 먼저 읽도록 하고, 이후 『시경』·『서경』·『춘추』를 제시하며, 역사서를 읽을 때에도 강목서를 먼저 읽고 기타 역사서 및 경륜의 제설諸說들을 읽게 한 이유도 이러한 정신에서 나온 것이다.[35] 이처럼 역사서에서 개별

32 呂謙擧(1985), 「송대사학의 의리론」, 『중국의 역사인식』(하), 창작과비평사, 457면.
33 위의 글, 451면.
34 『순암집』 권4, 「與鄭永年譜」, 36면.
35 『순암집』 권6, 「書贈與鄭君顯, 讀書次第」, 44면.

사실들을 선택하여 서술하고 평가하는 기준이 되는 것이 의례義例였다.

그러나 안정복이 주자의 의례를 따른다고 하더라도 동국사를 서술하는 한 서술의 주체는 동국이어야 했다. 그는 『자치통감강목』의 범례와 이에 의거하여 동국사에 적용한 유형원의 「동국강목범례」를 준칙으로 삼아 『동사강목』의 의례를 다시 마련하였다.[36]

> 지금 이 범례는 일체 주자의 정법定法(『자치통감강목』 범례를 말함 – 필자주)을 따랐다. 그러나 『자치통감』은 하夏를 주로 삼아 만국을 통섭하여 그 높음이 더할 나위 없으나, 이 책은 동국의 일이라 땅이 그 한면에 있고 예禮와 사事가 달라서 부득불 그에 따라 예例를 세웠다.[37]

이것은 『자치통감강목』의 의례는 어느 민족의 역사를 쓰든지 그대로 적용될 수 있는 준칙이며, 중국을 주체로 하여 쓰면 중국사이고 동국을 주체로 하여 쓰면 동국사가 된다는 인식이다. 주자의 정법을 따르되 동국을 주체로 하여 서술하겠다는 선언이기도 하다. 중국과 동국은 의리의 준칙에서 보자면 통섭되는 보편성이 있지만, 그 예와 사가 다른 별개의 나라로 인식되기 때문이다. 이러한 논리에서 보면 위만衛滿이나 한사군漢四郡과 같이 중국이라 할지라도 동국의 정통을 위협하는 세력이라면 참적僭賊·위통僞統이 되는 것이다. 이는 기존 연구에서 지적하였듯 조선 후기에 조선중화의식이 강조되는 가운데 조선의 독자성을 전제하면서 정통론을 강화하려는 추세와 밀접히 관련된다고 하겠다.[38] 물론 동국의식 자체는 연원이 깊은 것이며 조선 전기에도 재차 강조된 바 있지만, 안정복은 주자의 정통론을 원용하여 그때까지 다소 혼동스러웠던 상고 이

---

36 강세구(1994), 『동사강목연구』, 44~45면.

37 『동사강목』 권수, 「凡例」, 1면.

38 정옥자(1998), 『조선후기 조선중화사상 연구』, 일지사, 211~212면.

래 조선사의 정통론을 체계화하려 하였던 것이다.

이러한 시각에서 안정복이 『자치통감강목』 의례를 기준으로 하여 기왕의 동국의 역사서를 평가하여 보았을 때 그 체제와 내용은 매우 만족스럽지 못한 것이었다.

> 『삼국사』는 말할 수 없이 황잡荒雜합니다. 『고려사』는 자못 간실簡實하기는 하나 여러 지志의 기록한 바는 모두 상세하지 못합니다. 이것은 아마도 우리나라 사람이 소홀하고 거칠어 문헌을 숭상하지 않기 때문에 일대의 전장典章이 대부분 어둡고 자세하지 않은 것이니, 편사자編史者의 잘못은 아닐 것입니다. (…) 『동국통감』도 모를 부분이 많습니다. 『여사제강』은 비교적 우수하나 고려사만을 다루었고 강綱을 세운 것도 대부분 근엄함을 잃었습니다. (…) 임상덕이 지은 『동사회강』이 가장 정밀하다 하겠으나, 공민왕에서 끝냈으니 아마 그 뒤는 말하기 어려웠던 모양입니다. (…) 만일 우리나라 역사책을 다시 편찬할 사람이 있다면 상고부터 고려 말까지를 『강목』의 예에 의거하여 편찬하고, 이름을 『동사강목』이라 하여 한 나라의 문헌이 전해지게 하는 것이 좋을 것 같습니다.[39]

안정복은 비강목체 역사서의 경우 『삼국유사』는 그 사상적 기반이 달라서 허황되다고 하였고, 『삼국사기』와 『고려사』는 주자의 의례를 기준으로 하였을 때 자세해야 할 곳은 소략하고 소략해도 되는 곳은 번잡하게 되었다고 하였고, 『동국통감』은 사마광의 『자치통감』을 모방하였기 때문에 주자 의례와는 어긋났다고 한 것이다. 또한 그는 조선 후기의 강목체 역사서들이 주자 의례를 기준으로 한 점은 긍정적으로 평가하였지만, 그 서술 내용과 강을 세운 것이 서로 어긋나거나 구사舊史의 사실관계 오류를 답습한 점들을 지적하고 있다.[40]

---

39 『순암집』 권10, 「東史問答」, 1면.

여기에서 안정복이 기존의 역사서에 가한 비평의 준거는 자신이 따랐다고 하는 주자의 정법, 곧 『자치통감강목』 의례에 있음을 쉽게 알 수 있다. 즉 주자의 의례를 기준으로 보았을 때 그에 미치지 못하는 허황된 안목을 지녔거나, 주자의 의례를 따르려 했으나 사실관계의 오류를 시정하지 않은 채 잘못 적용했던 점을 비판한 것이다. 다만 『고려사』의 경우에는 우리나라가 문헌을 숭상하지 않아 전장제도에 어두웠던 점을 지적하면서,[41] 이는 『고려사』뿐 아니라 전체 역사서에 모두 해당되는 문제라고 환시시키고 있다. 그런데 전장제도를 상세히 하는 일은 주자의 의례에서 이미 강조한 바 있었으므로,[42] 이 역시 주자의 의례를 준수하되 우리나라에서 시행되었던 전장제도들을 중심으로 서술하는 방식을 통해서 충분히 해결될 수 있는 사안이었다.

이처럼 안정복은 주자의 의례를 철저하게 준수하고자 하였는데, 이는 영·정조대의 탕평 정국에서 어떠한 정치적인 함의를 지니는 것일까? 그는 사가史家의 대법이 통계統系를 밝히고 찬역을 엄히 하며 시비를 바르게 하고 충절을 포장褒奬하며 전장을 자세히 하는 것에 있다고 하였다.[43] 이것은 그가 주자의 『강목』의 의례를 다섯 가지로 재해석한 것으로서, 『동사강목』의 서술을 통해 드러내고자 한 이념이기도 하였다. 이 이념은 다시 정통론과 전장제도의 문제로 압축되며, 양자는 역시 긴밀한 관련을 갖는다. 정통론은 춘추전국시대 '군군

---

40 이상의 평가는 한영우(1989), 「18세기 후반 남인 안정복의 사상과 동사강목」, 『조선후기 사학사연구』, 일지사, 305~306면과 강세구(1994), 『동사강목연구』, 민족문화사, 163면을 참조.

41 문헌의 文은 전장제도에 관련된 문자자료를, 獻은 옛날 전례들을 잘 알고 있는 사람을 가리키는 말이다(『辭源』, 文獻 項目, 常務印書館). 그러므로 이곳에서 지적한 문헌부족의 문제는 특별히 전장제도에 관련되는 사항들이 우리의 사서에 절대 부족하다는 것을 말한다.

42 주자의 의례에서 전장제도에 관한 별도의 항목이 있는 것이 아니다. 그러나 각 항목마다 이에 관계되는 부분을 대략이나마 뽑아 볼 수 있다. 恩澤條의 制詔·更革·遺詔·號令 등의 항목과 封拜條의 選擧·賞賜·殊禮·徵聘隱士·錄子孫·賜爵 등이 이에 해당한다고 하겠다(주희, 『자치통감강목』, 「범례」, 14~18면).

43 『동사강목』, 自序.

신신君君臣臣의 정명正名'과 '춘추대일통春秋大一統'의 사상에 기원하는데, 이는 전장제도를 시행하고 변경하는 권한이 천자에게서 나와야 한다는 논리였다. 즉 천자의 직무에는 반드시 천자의 실질이 수반되어서 일체의 전장제도의 시행이 천자에 의해 이루어져야 국가가 혼란에 빠지지 않으며, 만일 제후가 월권으로 호령한다면 국가질서는 쉽게 파괴된다는 것으로서, 이것이 당시의 현실에서는 '존왕실尊王室 억제후抑諸侯'의 대일토사상으로 표출되었다는 것이다.[44]

정통론은 군신의리와 화이관념이 희박했던 당말오대를 반성하는 사대부들에 의해 송대에 들어 급격히 확산된다. 이때 중화의 정통을 위협하는 세력에 대한 대처로서 북송대에는 내정內政에 중점을 두어 '존왕'이, 남송대에는 외정外政에 중점을 두어 '양이'와 '복수'가 강조되는 등 사회 조건과 시대의 과제에 따라 재해석되는 과정을 거쳐 결국 '존왕양이尊王攘夷'의 춘추대의로 확정되었던 것이다.[45] 따라서 송대 이후의 성리학자라면 대부분 정통론과 춘추대의를 표방하기 때문에, 역사가들의 이념은 역사서를 구체적으로 분석하여 시대상황에 맞게 해석해야 그 실제 내용을 알 수 있을 것이다.

이러한 맥락에서 『동사강목』의 정통론은 안정복이 영·정조대의 탕평 정국에서 청류 남인의 의리를 견지하면서 동국의 역사를 정리하는 가운데 제기되었다는 점에 주목할 필요가 있다. 물론 정통론이 특정 당파에 의해 독점되었던 것은 아니지만, 그 해석에 당론의 시각이 개입됨은 자연스런 현상일 것이다. 이는 숙종·경종·영조대에 대한 그의 인식 역시 당색을 떠나 불편부당不偏不黨했던 것이 아니라, 남인 의리에 바탕한 사찬사서를 '공정公正'한 것으로 보았다는 점을 근거로 추론할 수 있겠다. 그는 남인학자 남하정南夏正이 저술한 『동소만록桐巢漫錄』에 대해 위세에 두려워하지 않고 사사로운 애정에 흔들리지 않아

44 陳芳明(1985), 「송대 정통론의 형성과 그 내용」, 『중국의 역사인식』(하), 창작과비평사, 421면.

45 위의 글, 427~430면.

한결같이 바른 곳으로 귀결되었다고 평가하면서, 남하정을 '사가史家의 동호董狐'(진晉의 직필하던 사관 – 필자주)라고 극찬한 바 있다.[46]

그러나 현재의 시점에서 보았을 때, 남하정의 『동소만록』은 갑술환국 이래 분열되어 가는 남인들에게 당론을 유지해야 하는 의리를 청남의 시각에서 제시하기 위한 당론서로 평가받는다.[47] 이 책은 서인 세력의 연원이 훈척세가에 있다고 하여 그 정통성에 의문을 표시하고, 노론에 대해서는 당파적 이해 때문에 경전까지 이용하는 집단으로 규정할 만큼 서인–노론에 비판적인 시각을 견지하고 있다.[48] 동시에 남인 실세失勢의 책임을 경신·기사년간에 군주를 위하기보다는 척신·궁첩과 연결되어 그들에게 이용당했던 탁남濁南에게 돌리고 있을 만큼 남인 일각에 대해서도 비판적이었다.[49] 이러한 이유로 『동소만록』은 남하정의 사후 청남 인사들 사이에 널리 읽혔고, 안정복 역시 이 책의 시각이 '공정'하다고 하면서 일세一世를 유지한 공로가 크다고 평가했던 것이다.[50]

『동소만록』의 이러한 시각과 같은 맥락에서 안정복은 즉위과정에 하자가 없는 정통 군주에 도전하는 세력에 대해서는 당파를 막론하고 비판했던 것이다. 그가 속했던 청남계 정파는 정통성 있는 군주에 대한 강력한 신뢰를 바탕으로, 군주가 당론에 얽매이지 말고 의리에 입각한 공안公眼을 가질 것을 요구하였다.[51] 이것은 군주와 척신만이 붕당의 의리를 조정하여 독점하고 다수의 신하들에게는 이를 따를 것을 요구하는 영조대의 탕평 구조를 비판하고, 각 붕당이 자신들의 의리를 매개로 하여 강명剛明한 군주와 강명한 신하가 서로 호응하는

46 『桐巢先生遺稿』 附錄, 「墓碣銘」(安鼎福), 10면.

47 유봉학(1998), 『조선후기 학계와 지식인』, 신구문화사, 22~23면.

48 위의 책, 17~20면.

49 위의 책, 21면.

50 『桐巢先生遺稿』 附錄, 「桐巢遺事」(黃德吉), 13면. "至是惟, 吾黨之士, 始知有漫錄, 共傳寫之, 殆遍于世, 安先生, (…) 尙論先輩, 必稱支一世之功, 獨醒爲大."

51 박광용(1994), 앞의 책, 168면.

의리 위주의 탕평을 기도하는 것이기도 하였다.[52]

사실 이러한 주장은 비단 남인 청류들에게 한정되는 것은 아니었다. 노론 가운데 청류들과 소론 가운데 준열한 부류들이 모두 노·소론의 탕평당을 비판했던 것 역시 이러한 차원에서 이해할 수 있다. 그런데 당시에 각 당의 '청류'들이 시비의 명변明辨을 강조하는 것이 결코 탕평과 모순되는 개념은 아니었다. 이들은 모두 숙종·영조대에 각 당파에서 사욕을 좇으며 권위에 영합했던 인물들에 대해 비판하면서도, 자신들 당파의 의리에 충실했다는 공통점이 있다. 이들이 영조의 탕평을 비판했던 이유 역시 '탕평당'이라는 새로운 당파가 자신들의 사욕을 위해 의리를 모호하게 한다는 데에 있었다. 그러나 이들은 영조의 즉위 자체를 문제삼거나 반대하지는 않았기 때문에, 소극적이나마 영조대의 탕평 정국에 출사하면서 탕평당에 대한 비판은 지속적으로 전개한다. 따라서 이들은 당파의 의리에 충실하면서 서로 대립하기는 하였지만, 탕평당에 대한 비판을 공유하면서 서로의 차이를 인정할 줄 아는 역량은 있었다. 이들이 정조대에 국왕의 '의리탕평'에 호응하면서 '시파時派'로 결집할 수 있었던 이유도 여기에 있었던 것이라 할 수 있다.

이러한 차원에서 안정복에게는 청남이 지향하고 있는 의리를 동국의 역사 속에서 확인해 보려는 의도가 있었던 것이고, 그것은 『동사강목』에서 현실의 어떠한 세력이든 왕조와 군주의 정통성을 부정한다면 찬역簒逆으로 기술하는, 주자의 정통론에 투철한 역사서술로 구현되었던 것이다. 왕조국가에서 신료들의 어떠한 의리라도 군주의 정통성을 인정하는 데서 출발하기 때문에 정통론

52 이익은 "『주역』에서 흔히들 九五와 六二가 正應이 된다고 하지만, 九五의 陽剛한 임금이 九二의 陽剛한 신하를 얻어야 서로를 얻은 것이 된다. (…) 九五와 六二는 임금이 강하고 신하가 약한 것으로 正應이 아니다"(『순암집』 권16, 「函丈錄」, 10면)고 하였고, 이를 받아 안정복 역시 세손이었던 정조에게 『성학집요』의 收斂言語章을 강의할 때 "孚는 믿음입니다. 二爻와 五爻가 相應하여 서로 신뢰하여 감응함이 이와 같은 것입니다"(『순암집』 권16, 「甲午桂坊日記」, 26면)라 하였다.

은 국왕과 각 붕당들이 근거할 수 있는 토대이기도 하였다. 이것은 동시에 군주가 현실의 붕당을 인정하면서 공公의 입장에서 건극建極하여 어떤 당파도 수긍할 수 있는 의리를 주도할 능력을 보여 주어야 비로소 붕당의 의리는 탕평의 의리로 승화할 수 있다는 논리이기도 하였다.

그런데 청남의 의리 위주 탕평 요구는 단지 붕당의 제거에만 목적이 있는 것이 아니라, 궁극에는 국왕 주도하에 탕평의리에 기반한 제도개혁을 추진함으로써 붕당의 토양인 현실의 지배구조를 개혁해야 한다는 당위를 포함하고 있었다. 오광운은 하늘과 땅이 서로 의존하듯 통일되어 있던 도덕과 정치제도가 삼대 이후 분리되었으나, 정주程朱와 같은 대현大賢도 도덕을 회복하는 데 급급하여 정치제도를 회복할 겨를이 없었다고 하면서, 정주를 계승하여 진정한 삼대지치三代之治를 회복하기 위해서는 도덕과 정체제도를 다시 일치시켜야 한다고 하였다.[53] 채제공은 정조에게 기자 홍범을 따르는 건극建極이 이어지고 있음을 기리면서, 삼대의 건극의 정신은 조정의 사대부뿐 아니라 서민에까지 이르는 것이라고 하였다.[54] 이러한 주장들은 모두 이들 청남이 구상하는 탕평이 당쟁 극복의 차원뿐 아니라 궁극에는 전장제도의 개혁을 통해 기존의 지배구조를 변경하는 것을 목표로 하고 있음을 보여 준다고 하겠다.[55]

안정복 역시 『동사강목』에서 청남의 제도개혁의 정신을 계승하여 전장제도를 상세히 하는 데 주력하였고, 이것을 치국의 자료로 삼아 나라의 이익과 병폐에 대한 대책을 수립할 때 근거가 될 수 있기를 기대하였다. 그는 영조대의

---

53 『藥山漫稿』 卷15, 「磻溪隧錄序」.

54 박광용(1994), 앞의 책, 167면.

55 박광용은 당시 노론의 반탕평론자들이 尊周大義를 표방하면서 명분을 장악한 世卿 위주 국가체제인 南宋 규모론을 주장했던 것에 대해, 청남은 강력한 군주를 중심으로 실력 위주의 관료제 운영과 鄕擧里選 등을 통한 광범한 인재 수용을 지향하는 西漢 규모론을 주장하였다고 지적하였다[박광용(1994), 앞의 책, 172~173면, 176~177면]. 청남의 서한 규모론은 이익이 서한의 제도를 삼대에 가까운 것으로 인식했던 것[한영우(1989), 「18세기 전반 남인 이익의 사론과 한국사 이해」, 『조선후기 사학사연구』, 일지사, 191~192면]과 관련된다.

『동국문헌비고』(영조 46년) 편찬사업에 관심을 보이면서, 중국이 지닌 문헌 편찬의 앞선 전통에 대해 언급한 일이 있다.

> 문헌은 나라가 있는 한 꼭 힘써 닦아야 할 것으로 옛날에는 사관이 그 일을 전담하여 천하의 문서가 부본副本은 태사에게 올려졌으니, 그 의의가 대단히 중한 것이었습니다. 당 이후로 그 책을 별도로 만들어 『대당회요大唐會要』를 만들었고, 그 후로도 이를 이었는데 『대명회전大明會典』 같은 유가 바로 그것입니다. 군주의 현부賢否와 신료의 사정邪正과 국사國事의 치란 같은 것이 국사國史로 기록되지만, 예악 형정과 일체의 다스리는 도구와 우주 내 모든 일들까지 전부 분류 기재하고 있는데, 이 점이 중국 문헌들이 섬세하게 모든 것을 갖추고 있어서 천하가 아무리 크다고 해도 앉아서 모든 이익과 병폐에 대해 대책을 세울 수 있고, 백 세 이후라도 어긋남없이 살피고 징험할 수가 있는 까닭입니다.[56]

즉 문헌편찬은 천하를 다스리는 도구로서, 군신의 현부사정賢否邪正과 국사의 치란을 기록한 국사國史의 편찬과 더불어 본래 사관이 맡아 왔던 일이라는 것이다. 이는 비록 『동국문헌비고』 편찬의 의의를 언급한 말이지만, 역사서가 문물제도도 상세히 싣고 있어야 한다는 시각을 드러내어 『동사강목』에 여타의 역사서보다 문물제도에 관한 내용이 많은 이유를 이해할 수 있게 한다.

이상에서 보았듯 안정복은 주자의 의례를 준거로 하여 한국사에서 왕조들의 정통성을 밝혀 충역의 시비를 엄격히 바로잡고 전장제도를 상세히 하는 것을 목표로 『동사강목』을 저술하였다. 그런데 이러한 목표가 분명하더라도 한국사에서 어떤 왕조가 정통이고 찬역인지, 어떤 시기가 치세이고 난세인지, 어떤 인물이 절의 있고 훼절하였는지, 어떤 전장제도가 공리公理이고 사욕인지 등을

56 『순암집』 권5, 「與洪參判(名漢)書」, 26~27면.

판단하는 근거는 전적으로 안정복의 사안史眼에 달려 있는 것이었다. 따라서 구체적인 정치 사안이나 전장제도들에 대한 평가를 살펴보는 것이 『동사강목』에서 제시하는 정치이념을 파악하기 위해 필요할 것이다.

3. 『동사강목』 내용 분석

1) 정통론과 충역시비

안정복은 기존의 동국 역사서들이 서술하는 정통과 충역 논의를 비판하면서, 이에 대한 자신의 견해를 다음과 같이 제시하였다. 다음의 인용문은 안정복이 이병휴에게 『동사강목』 서술의 방침을 논의한 것으로서, 『동사강목』 해당 항목의 서술에 모두 그대로 반영되어 있다.

> (『동국통감』에서) 위만衛滿은 참적僭賊인데 병렬하여 삼조선의 이름을 만든 것은 무슨 덕을 따른 것입니까? (…) (기자의 적통인 마한 장수) 주근周勤이 옛 나라를 회복하려고 하였는데 토討로 적고, (시해당한 의종毅宗을 위해) 조위총趙位寵이 군사를 일으켜 적을 쳤는데 인정하지 않는 것은 무엇 때문입니까? 이런 유는 낱낱이 들 수 없습니다. (…) (나는 『동사강목』에서) 단군과 기자와 마한은 정통의 머리로 삼고, 위씨와 삼국은 그 아래에 분주分注하였습니다. 또 (기자조선 왕) 우거右渠의 대신大臣인 성기成己는 왕검성에 의거하여 항복하지 않고 죽었고, (…) 백제의 부여풍夫餘豊이 3년 간 왕이라 칭한 것과, (백제 부흥을 위해) 옹산성장甕山城將이 죽은 것과 지수신遲受信이 항복하지 않은 것은 모두 여러 역사책에서 배척한 것이고 나는 취한 것입니다. (…) 고려 태조는 너그럽고 인자하고 도량이 큰 것이 한 고조와 같은 점이 있었으나 어디까지나 반역의 당입니다. (…) 곧 『강목』에서 옳지 못하게 나라를 얻어 황제라 칭한 따위입니다. (…) 이러한 것은 모두

전배들이 논한 것과 서로 반대되므로 참망僭妄의 죄를 이미 도피할 수 없습니다.[57]

안정복은 (단군·기자) 조선, 마한, (통일)신라, 고려를 정통으로 인식하였고, 이들을 정통으로 규정한 이상 그 현실적인 세력의 강약을 막론하고, 이를 부정했던 측에 대해서는 반역, 이를 지키려 했던 측에 대해서는 충절이라고 해석하였다. 이러한 기준에서 보았을 때 기존 역사서에서는 정통에 대한 인식이 잘못되었거나, 혹은 현실의 세력 관계와 후대의 역사 전개에 영향받아 충절과 반역을 제대로 드러내지 못했다고 비판한 것이다. 사실 안정복의 충절관의 강도는 기성의 어느 사론보다도 강하여, 특히 정당한 군주가 불법으로 폐위되었을 때에는 군주를 위해 성패와 이둔利鈍을 초월한 복수를 주장하였는데, 이는 현실적으로 왕권의 절대성을 강조하는 의미를 갖는다.[58] 특히 그는 정통론의 시각에서 조위총 등 충절인으로 보아야 할 인물들에 대해 기성 사가들이 잘못 평가하였다고 힘껏 비판하였다.[59] 그가 보기에 이러한 잘못의 원인은 사가들이 난의 실패라는 결과 때문에 거사의 의도를 놓쳐 버림으로써 결국 성패와 세력 위주의 평가를 벗어나지 못한 데에 있었던 것이다.

이러한 논의는 스승인 이익의 영향을 받은 것이다.[60] 이익은 조위총의 거사는 운수運數가 나빴을 뿐 신하로서의 절조는 다 발휘한 것이지만, 후세의 사가들이 일의 성패를 가지고 그 시비를 논하기 때문에 잘못된 서술을 하였다고 평가하였다.[61] 그의 평가는 세력이나 성패보다는 의리를 정통의 기준으로 삼는

57 『순암집』 권10, 「東史問答」, 與李貞山書, 27~29면.

58 한영우, 「18세기 후반 남인 안정복의 사상과 동사강목」, 『조선후기사학사연구』, 345면.

59 『동사강목』 권9, 명종 6년 夏6월 按에서는 조위총에 대한 평가에서 崔溥·吳澐·兪棨·林象德 등 조선의 사가들을 모두 비판하였다.

60 강세구, 「순암 안정복의 충절론에 관한 일고찰」, 『국사관논총』 34, 234면.

61 『성호사설』 권20, 「經史門」, 趙位寵.

것으로서, 시비와 정부정正不正은 성패의 결과로 판단해서는 안 된다고 하는 주자의 역사관을 계승한 것이기도 하였다.[62] 이러한 판단을 강화시켜 준 배경에는 자신의 형을 잃어야 했을 만큼 치열했던 당화黨禍의 경험이 작용하고 있었다. 이익은 당쟁으로 인해 사실이 왜곡되고 시비가 전도되어 승리한 자가 시是와 선善을 독점하는 현실을 목도하였다. 따라서 그는 역사서도 10에 8·9는 성패가 결정되고 난 후에 꾸며서 씌어졌을 것이므로 진실되기 어렵다고 생각했던 것이다.[63]

안정복 역시 이러한 시각을 계승하여 허실과 애증이 뒤섞이게 마련인 사료를 다룰 때 특히 신중을 기하여 저울 같은 마음을 가져야 한다는 점을 강조하였다.[64] 나아가 그 자신은 성패나 세력의 영향으로 조작된 의리에 기반해 서술된 역사를 바로잡고자 하였던 것이다. 이는 현실의 세력과 사욕에 구애되지 말고 공적인 의리를 기준으로 시비를 명변하자는 논리였다. 그는 그 대표적인 예로서 고려 말 우왕과 창왕을 신씨辛氏로 서술하는 사가들의 의리조작을 비판하고 있다.

> 『자치통감강목』에는 여정呂政·이욱李昱·시영柴榮[65]에게는 모두 이례異例가 없었으니 고려의 우왕과 창왕도 같은 경우인 듯한데, 당시 작사자作史

62 주자와 이익의 시세·의리론에 대해서는 각각 손영식(1993), 『송대 신유학에서 철학적 쟁점의 연구』, 서울대학교 박사학위논문, 222~243면과 신항수(2001), 『이익의 경사해석과 현실인식』, 고려대학교 박사학위논문, 151~157면을 참조.

63 『성호사설』 권20, 「讀史料成敗」. "是以據史書料其成敗, 則合處多, 從今日目擊顯現者而思量, 則八九是不合, 此非但吾智之不明, 卽幸會之占多也. 非但今事之多戾, 亦史書之難眞也."; 『성호사설』 권20, 「陳迹論成敗」. "史者作於成敗已定之後, 故隨其成敗, 而粧點就之, 若固當然者."

64 『순암집』 권18, 序, 「琴英烈公文集序」, 26면. "後世史筆多不可信 (…) 蓋言之者非一人, 記之者非一手, 間以虛實相亂 愛憎隨情 自非才兼三長 持心如秤者 烏得無差失."

65 呂政은 秦始皇, 李昱은 晉 簡文帝, 柴榮은 後周 世宗으로 모두 異姓으로 왕위를 이었다는 설이 있었다.

者가 이 예를 따르지 않고 일종의 의리를 만들었다. 안按, (…) 성조聖祖는 왕씨에게 선양禪讓받았으니, 우・창이 왕씨王氏인지 신씨辛氏인지의 논변은 애초에 말할 것이 없다. 그러나 정도전・조준・윤소종의 무리는 우・창이 왕씨가 아니라는 설을 지어 내어 구신舊臣들을 겸제鉗制하는 계책으로 삼았는데, 온 나라가 부화하여 따르느냐 어기느냐를 충역의 구분으로 삼아 일종의 의리가 되었다. 그러나 이성異姓이라 할지라도 사서史書의 예는 이와 같이 할 수는 없다.[66]

안정복은 조선의 역성혁명은 선양에 의한 것이므로 정통인 것은 의심할 것이 없는데, 일부의 훈신들이 신료들을 재갈 물리려는 사욕에서 구차하게 일종의 의리를 지어냈다(便成一種義理)고 보았다.[67] 이를 인정하는 것은 태조를 위하는 뜻이기보다는 역신逆臣인 정도전 일파의 의리에 부화하는 것일 뿐이므로 자신은 따를 수 없다는 것이었다. 여기에서 그가 군주의 정통성은 군주 자신의 즉위와 통치과정에서 확립되는 것이지 신료들의 개입이나 후대의 조작으로 확보되는 게 아니라고 생각했음을 알 수 있다.

안정복의 이러한 인식은 영조대의 탕평 정국에서 '탕평당'이 의리를 독점하여 충역의 권위를 장악했던 상황과 관련된다. 이미 이익이 당시 노론의 의리론에 대해 '主張世道, 自成義理, 以爲鉗勒之手段'이라고 비판하였듯이,[68] 탕평당은 편의적으로 노・소론의 의리를 절충하다가 결국은 경종과 관련된 혐의를 벗어나고자 하는 영조의 의중에 영합하여 노론의 신임의리만을 공식으로 천명하였던 것이다.[69] 이와 관련하여 청남의 영수였던 오광운은 신임옥사에 대해

66 『동사강목』 卷首, 「凡例」, 統系.

67 이러한 시각에서 『동사강목』의 공양왕대 기사들은 태조는 일관되게 아무런 사심 없이 민심에 귀의하여 왕위에 오르는 과정으로 서술되고, 鄭道傳・南誾・趙仁沃 등 신료들이 공양왕을 위협하거나 舊臣들을 제거한 것으로 서술되어 있다.

68 『순암집』 권16, 「函丈錄」, 16면.

평가하기를, 역모를 꾀했던 김성행·이회지 등 노론 일부는 경종에 불충하였고, 영조를 이 역모에 얽어 넣었던 김일경·목호룡 등 소론·남인은 영조에 불충한 자라고 하였다. 이 논리의 핵심은 경종에 불충한 자는 영조에 충성할 수 없고, 모든 당색에는 역적이 있기 때문에 오직 임금이 공정한 안목으로 의리를 주관하여 각 당에서 명절名節을 좋아하는 자들을 등용해야 한다는 것이다.[70]

따라서 안정복은 『동사강목』에서 정통에 근거한 충역과 시비의 분별을 강조하여 영종대 탕평당으로 대표되는 신료 집단의 의리 독점을 비판한 것으로서, 군주가 정당한 과정을 통해 스스로 정통의 지위에 올랐으면 누구도 이를 부정할 수 없으므로 군주 자신이 세력 있는 신하들의 자작의리自作義理에 휩쓸리지 말고 공정하고 당당하게 의리를 주도해야 한다는 것이었다. 이러한 상황이 가능하기 위해서는 신하와 군주가 모두 사욕과 당론을 초월하여 의리를 공정하게 판단하고 주관할 능력을 배양하는 것이 무엇보다 중요하다. 이를 위해 오광운이 군자와 소인을 가르는 10가지의 보편적 기준을 제시하면서 신료들에게 명절名節을 요구하였듯,[71] 안정복 역시 동국의 역사를 궁구함으로써 정통을 밝히고 충역을 가르는 공정한 기준을 제시하고자 했던 것이다. 이렇듯 그가 『동사강목』에서 가장 강조했던 의리의 근거는 정통론에 있었고, 이는 곧 당대의 상황에서 청남이 내세웠던 탕평론의 버팀목이었던 것이다.

---

69 鄭萬祚는 영조의 탕평은 초반기에 노소론의 의리가 절충되는 소론 위주의 탕평에서 16년 이후에는 노론 의리만 인정되는 노론 탕평으로 변화했다고 하였다[정만조(1986), 「영종대 중반의 정국과 탕평책의 재정립」, 『역사학보』 111].

70 신항수(2001), 앞의 책, 171~178면.

71 오광운은 名節을 지키기 위한 의리는 평탄하여 누구나 알 수 있다고 하면서, 권세에 귀부하는 사람을 배척할 것, 환신이나 궁첩을 멀리할 것, 正后를 폐위하거나 國本(세자－필자주)을 흔들 때 싸우고 간쟁할 것, 국왕이 사친을 융성하게 대우하거나 封禪·兵端·토목공사 등의 일을 벌일 때 간쟁할 것 등 10가지 기준을 제시하였다(『藥山漫稿』 卷11, 「誡學者」, 誡爲人臣者, 17면).

2) 전장제도 개혁론

현실에서 정치의리가 실현될 수 있는 구조를 만들기 위해 필수적인 것이 전장제도의 개혁이었다. 이를 위해 안정복은 『동사강목』에서 치국의 자료로서 현행 전장제도典章制度의 성립 연원과 이념을 우리 역사상에서 추구해 봄으로써 제도개혁의 당위를 역설하였다. 일찍이 이익은 「홍범설洪範說」에서 기자 정통의 근거로서 기자가 동방에 유교 문물을 전해 준 것을 들었으며, 그 문물의 핵심은 성왕이 신하들에게 백성들을 이끌고 돕도록 명령했던 홍범에 있기 때문에 홍범구주洪範九疇를 동국 문헌의 근본으로 삼아야 한다고 했다.[72] 안정복은 이익의 사후 그의 조카 이병휴에게 「홍범설」을 '동방의 일대문자一大文字'라고 칭송하면서 『동사강목』의 발문으로 삼고 싶다 하였고,[73] 『동사강목』에서 기자의 통치를 설명할 때에도 기자 당시에 시행되었다는 '팔조八條의 교敎'를 삼강오륜으로 보지 않고 홍범구주의 세 번째 항목인 팔정八政의 일부로 해석하였다.[74] 이는 우리도 중국과 마찬가지로 상고시대부터 성인 군주의 주도하에 완벽한 문물제도를 시행한 경험이 있음을 강조함으로써 탕평의 군주와 이에 호응하는 군료들이 주도하여 조선 후기의 폐정을 개혁할 수 있는 이념 근거로 삼고자 했던 것이라 하겠다.

안정복의 개혁론이 유형원과 이익의 영향을 받았음은 선행 연구에서 충분히 지적되었으며, 이들이 채택한 역사적 고찰은 개혁론의 합리성과 실증성을 역사 사실의 측면에서 강화하기 위한 것으로 설명되어 왔다.[75] 안정복으로 대표되는

---

72 『東史綱目』, 「題東史篇面」(이병휴). 이익은 말년에 『동사강목』의 서문으로 삼기 위해 草藁를 지었는데, 이 글은 미완성의 상태로 조카인 이병휴에게 보내졌다. 이병휴는 이 글이 홍범을 주로 논하다가 맺지 못한 상태였으므로 「홍범설」이라고 명명하였다.

73 『순암집』 권4, 「與李景協」, 23면.

74 『동사강목』 제1상, 조선 기자 원년, 4년의 按과 이병휴의 「題東史篇面」을 종합해 보면, 안정복 역시 기자의 八條敎에 오륜을 포함시켜 이해하는 것에 찬성하지 않았다고 할 수 있다.

‘실학자’들의 역사연구가 주자학의 이념성을 벗어나서 역사사실의 합리적・실증적 고찰이라는 ‘근대적’ 학문방법을 택했던 점을 높이 평가하는 경향이었다. 그러나 지금까지 검토한 안정복의 학문성향에서 보자면 그의 역사적 고찰은 주자학을 벗어나 ‘근대 지향적’인 학문론을 채택한 결과가 아니라, 주자학의 의리론과 역사인식에 근거하여 제도개혁의 이념적인 근거를 역사상의 사실에까지 철두철미하게 관철시킨 결과라고 할 수 있다.

> 유공柳公의 『반계수록』은 저도 한 번 본 적이 있는데, 거기에는 왕도의 길을 밝혀 놓고 정주程朱의 논의를 발휘하여 제일의第一義를 찾아내려 했고, 그 말한 내용들이 티없이 공정한 천리天理 그것이지 털끝만큼도 구차하게 미봉한 데라곤 없으니, (…) 그 책이 세상에 나온 지 이미 오래되었지만, 지금 이렇게 당론이 엇갈려 있는 시기에는 너나 할 것 없이 다 좋다고 하여 초연히 국외局外의 완전한 사람이 되고 있는 것도 기이한 일이라 할 것이다.[76]

즉 안정복은 유형원의 저술이 전적으로 천리와 왕도와 정주의 의리에 근거한 것이기 때문에 치열한 당론의 와중에서도 누구나 동의할 수 있는 공론이 될 수 있었다고 생각했던 것이다. 따라서 이들이 추구했던 제도개혁의 이념적 근거 역시 결코 정주학의 제일의第一義와 분리해서 생각할 수는 없는 것이다. 주자 역시 제도를 논할 때에는 시세時勢와 사세事勢에 따른 변통을 무엇보다 중시하여 후세의 사람들은 성인이 도에 근본하여 만든 제도를 고찰하여 시대에 맞게 인혁因革・손익損益해야 세상의 변화가 있더라도 도리를 유지할 수 있다고 보았기 때문이다.[77]

75 黃元九(1970), 「실학파의 사학이론」, 이우성・강만길 편, 『한국의 역사인식』(하), 398~399면.
76 『순암집』 권5, 「與李士賓書」, 41~42면.

이러한 맥락에서 보았을 때 유형원이 '時有治亂 道無古今'이라고 했던 것도 변화하는 현실에서 도의 실현 가능을 언급한 주자의 논의를 계승하는 것이었다.[78] 유형원의 역사인식은 국제國制인 『경국대전』과 그에서 연유한 조선 후기의 시세와 풍속을 구차하고 비루하다고 보아 부정하고, 삼대의 고제古制를 새로운 왕정의 이념으로 설정하여 변법을 통해 회복하고자 하는 것이었다.[79] 그의 개혁론에 보이는 변법론과 고법주의는 주자의 천리인욕설을 원용하여 천리를 구현한 고법에서 변법의 이념을 찾되, 사세事勢에 근거하여 시의에 맞게 실천하는 과정으로 파악하는 것이었다.[80]

기실 유형원의 변법론과 고법주의는 도리를 강조하면서도 시세를 헤아렸던 주자의 역사관에서 벗어나는 것이라 할 수 없다.[81] 주자의 사학사상 역시 천리의 본체를 밝히는 것을 강조하면서도 동시에 역대 전장제도의 연혁에 정통하여 시세의 변화에 따라 변혁해야 함을 역설하고 있었기 때문이다.[82] 주자의 이러한 치사治史 정신은 경학에 근본하여 대의를 바로잡고, 고금을 통관하여 그 대의를 구하고, 번쇄함을 무릅쓰면서 널리 고증하여 어떤 제도의 이해득실의 소재를 밝히는 것으로 요약할 수 있으며, 명말 청초 황종희黃宗羲·고염무顧炎武·왕부지王夫之 등 고증학자들이 사학에 일가를 이룰 수 있었던 것 역시 주자의 유의遺意를 얻을 수 있었기 때문이라고 한다.[83]

---

77 錢穆(1971), 『朱子新學案』 第五册, 三民書局, 62~66면.

78 『반계선생연보』, 현종 12년 신해조. "時有治亂, 道無古今, (…) 誠使今世, 效三代之政, 今世亦爲三代."

79 『반계수록』 3, 「田制後錄」 上, 64면. "蓋中國則, 其初經聖王經制, 故雖當汚濁之世, 猶有可言者, 本國則, 其初只是夷裔之習, 故雖以本朝之洗新前陋, 尙有未盡變者矣."

80 김준석(1990), 「조선후기 국가재조론의 태두와 그 전개」, 연세대학교 박사학위논문, 100~104면; 서정상(1999), 「반계 유형원의 국가인식에 관한 고찰」, 『태동고전연구』 16집, 3면.

81 문석윤(1999), 「주희에서의 이성과 역사」, 『태동고전연구』 16집, 406~408면. 이 글은 주자의 역사관을 단지 氣數에 의한 下降史觀 및 一治一亂의 순환사관의 결합으로 이해하는 통념을 반대하면서, 理勢에 근거한 인간의 실천이 좀 더 근본에 내재해 있음을 주장하고 있다.

82 湯勤福(2000), 『朱熹的史學思想』, 齊魯書社, 91~93면.

이러한 주자의 역사관을 계승했던 유형원에게 법제란 털끝만큼의 사私와 인욕도 없이 공과 천리에 근거해서 수립되어야 하는[84] 도덕의 영역이기도 하였다. 이는 그가 도덕을 개인 수양론의 차원에 한정하지 않고 문물제도의 영역으로 적극 확장시킨 것이라 할 수 있다. 안정복이 유형원·이익의 이러한 이념과 역사인식을 수용한 것으로 본다면,[85] 전장제도에 대한 안정복의 역사적인 고찰에는 삼대와 서한의 제도가 천리와 공에 더욱 근접한 것으로 보면서 조선의 국제國制를 개혁하려는 역사관이 내재해 있다고 할 수 있다. 당시 이익으로 대표되는 청남의 학자들은 삼대를 이상시하면서도, 현실의 구체적인 제도로서 삼대에서 먼 남송의 규모보다는 삼대에 가까운 서한의 규모를 선호하는 경향이었기 때문이다.[86]

안정복이 『동사강목』에서 개혁론을 전개하는 방식은 먼저 전장제도의 이념을 설정하고, 그것이 역사의 전개과정에서 변질되어서 본래의 이념을 구현하지 못하고 있음을 지적한 후, 이념의 주동성을 회복함으로써 고착되어 있는 형세와 풍속을 변역變易해야 한다는 당위를 주장하는 것이다. 법(이념)－형세－풍속의 연쇄에 의한 이와 같은 전장제도 변경의 논리는 유형원이 이미 역설한 바 있는데,[87] 안정복이 그러한 입론을 적극 수용한 것이라고 할 수 있다.[88] 그는

---

83 錢穆(1971), 앞의 책, 106면, 110면.

84 『반계수록』 권19, 「祿制」, 京官祿磨錬, 16면.

85 이익은 時務認識에 뛰어났던 이이와 유형원을 비교하면서, 이이의 주장은 조선의 현체제에서도 태반은 시행 가능한 것인 반면, 유형원의 주장은 근본적인 문제를 연구하여 일제히 혁신함으로써 왕정을 시작하려는 원대한 뜻이 있었다고 평가하였다. "國朝以來, 屈指識務, 惟李栗谷柳磻溪二公在, 栗谷太半可行 磻溪則究到源本, 一齊剗新, 爲王政之始志固大矣"(『성호사설』 권11, 「人事門」, 變法).

86 한영우(1989), 「18세기 전반 남인 이익의 사론과 한국사이해」, 『조선후기사학사연구』, 일지사, 191~192면; 박광용(1994), 『조선후기 탕평연구』, 서울대학교 박사학위논문, 176~178면; 원재린(2000), 「성호 이익의 刑政觀과 '漢法' 수용론」, 『실학사상연구』 17·18합, 무악실학회, 524~525면.

87 『반계수록』 권26, 續篇下, 「奴隷」, 507면. "在今言之, 孰不以爲如此哉, 然法變則勢變, 勢變

이러한 논리로써 다양한 분야의 제도개혁론을 전개했는데, 그 가운데 몇 가지를 예로 들어 보겠다.

안정복은 조선 후기의 환자제還上制의 기원을 고구려의 진대법에서 구하고, 그것이 고려에는 의창義倉으로 이어졌다고 설명하였다.

> 동冬 10월 고구려는 진대법賑貸法을 제정하였다. 안按, 이것이 후세 환자[還上]의 시초이다. (…) 고구려 왕이 가난한 백성의 굶주리고 어려움을 물어 진대법을 세웠는데, 진賑은 주린 백성을 먹여 준다는 뜻이고, 대貸는 관곡을 꾸어 주되 반드시 갚도록 한다는 뜻이다.[89]
>
> 추秋 7월 의창을 설치하였다. 안按, (…) 상평창常平倉은 그 관리가 위에 있어서 곡식이 심히 귀하거나 천한 때가 없게 한 것이요, 의창은 이익이 아래에 있어서 백성을 옮기거나 곡식을 옮기는 수고를 없게 한 것이다. (…) 성종이 의창을 설치하고 뒤에 또 상평창을 설치한 것은 잘하였다고 할 만하나, 의창을 백호百戶의 사社에 설치하지 않고서 주군州郡에만 설치하였고, 상평창을 각 주군에 설치하지 않고서 양경兩京·12목牧에만 설치한 것은 잘된 것인지 알지 못하겠다.[90]

안정복은 환자제에 대한 이러한 역사적 고찰을 바탕으로 당시 『동국문헌비고』 편찬에 참여했던 홍명한洪名漢에게 현행 환자제의 불합리한 기원과 개혁의 당위를 역설하기도 하였다. 그는 환자제가 본래 지니고 있던 진휼의 뜻이 고려 때까지는 어느 정도 지켜졌으나, 조선에서도 근세에 들어와서 국체나 민폐는

則俗從而變, 是皆溺於今, 而不知此者也."

88 안정복 역시 『동사강목』 제6상, 고려 광종 7년, 奴婢按驗條 등 여러 곳에서 이 논리를 원용하여 제도개혁을 주장하였다.

89 『동사강목』 제2상, 甲戌 고구려 고국천왕 16년 冬10월.

90 『동사강목』 제6상, 丙戌 고려 성종 5년 秋7월.

아랑곳하지 않고 취렴聚斂을 일삼으며 제 능력을 과시하려는 신료들의 사욕에 의해 관비를 염출하거나 착복하는 제도로 변질되었다고 비판하였다.[91] 따라서 그는 이 제도를 폐지하는 대신 상평창을 주군 단위까지 늘려서 설치하는 동시에 의창의 정신을 실현할 수 있는 100호 단위의 사창을 실시해야 한다고 보았다. 결국 그는 영조대에 적폐積弊가 드러난 환자제를 고구려대 진대법 시행 당시의 정신에 근거하여 개혁해야 한다고 역설했던 것이다.[92]

안정복이 노비제의 부당함을 논하는 방식 역시 이와 비슷하다. 안정복은 광종대의 노비안검법을 언급하면서 '노비제는 풍교에 크게 도움이 되었으니 내외 귀천의 예가 여기에서 비롯되었다'는 통념에 대해 유형원의 견해를 인용하여 비판한 후 자신의 견해를 제시하였다.

> 옛날의 노예는 모두 도적 죄에 걸려 몰입되거나 노략질하다가 잡힌 오랑캐들이었으며, 그 벌 또한 자손에게 미치지 않고 본인에게만 그쳤으니, 어찌 우리나라의 법과 같겠는가? 사람들은 노비법이 기자에서 비롯되었다고 하면서 대대로 신역身役을 부과하는 폐단과 혼동하여 말하는데, 성인이 백성을 인仁으로 다스리는 정치가 어찌 이와 같았겠는가? (…) 그 폐단의 근원을 찾아보면 (…) 삼국시대에 (…) 가난하고 의탁할 곳 없는 자들이 스스로 몸을 팔아 노비가 되었다가, 계속하여 (귀척대신貴戚大臣의) 세력에 의탁하여 자손에 이르기까지 얻어먹으며 사역당했다. 또 전쟁에서 포로로 잡은 자를 노비로 삼고 놓아 주지 않아서 대대로 사역이 그치지 않았다. (…) 어떻게 이정釐正해야 하는가? 고법古法을 따라 죄 있는 자만을 몰입沒入시킬

91 『순암집』 권5, 「與洪參判書」, 24~26면.

92 안정복은 「廣州府慶安面二里洞約」을 만들면서 사창제를 포함시켰으며, 훗날 목천현감 재직 시에는 이 동약을 실제로 운용하였다. 그의 향촌교화책은 조선 후기 향촌사회의 변동으로 위축되었던 사대부의 향촌 지배력을 강화하는 범위에서 중인들을 포섭하면서 愛民과 安民의 이념을 실현하고자 한 것이다[한영우(1989), 「18세기 후반 남인 안정복의 사상과 동사강목」, 『조선후기사학사연구』, 일지사, 284~289면].

뿐이며, 중국 제도를 모방하여 고용雇傭을 사역시킬 뿐이다. (…) 진실로 그 마땅함을 얻어서 행한다면 옛날에 썼던 것을 어찌 오늘날에는 쓰지 못하며, 중국에서 행하던 것을 어찌 우리나라에서는 행하지 못하겠는가? (…) 폐단을 고치는 것은 모름지기 일대 변경을 거쳐서 귀천을 말할 것이 없게 된 뒤에야 훌륭한 왕이 나와서 그것을 제정하는 것이다. 만약 폐단을 고치지도 못하면서 안험按驗과 변핵辨覈과 같은 하책下策에 얽매여 처치하는 것이 마땅함을 잃는다면, 역사서에서 지적했듯이 기강이 크게 무너지고 위를 능멸하는 풍조가 행해질 것이다.[93]

안정복은 기자가 실시한 노비법은 형벌노비 제도로서, 지금과 같이 죄 없는 사람을 대대로 재물 취급하는 노비제와는 전혀 다른데도 양자가 혼동되고 있음을 지적하였다. 그가 현행과 같이 대대로 사역시키는 노비제 발생의 원인으로 거론한 것은 삼국시대 귀척대신들의 탐욕이었다. 이후 노비제는 풍속이 되어 나라의 백성이 거의 모두 천적賤籍에 들게 되었는데, 광종대에 노비안검법과 같은 구구한 하책을 실시했으나 아랫사람이 윗사람을 배반·능멸하는 기강 문란만을 초래하였다고 하였다. 따라서 그는 노비제의 연원인 고법古法 시행 당시에 죄 있는 자만을 당대에 한해 몰입시켰던 것을 따라 우리의 잘못된 습속을 고치고, 아울러 중국과 같이 고용제를 실시하자고 주장하였다. 그리고 이를 위해서는 훌륭한 왕이 나와서 제도를 일대 변경하는 것이 무엇보다 중요함을 역설하였다.

안정복은 과거제도의 개혁을 논할 때에도 고법 혹은 한대의 제도를 적극 주장하였다. 그는 광종대 쌍기雙冀의 주도로 당제唐制를 모방한 과거제 실시에 대해 이것이 현행 과거제의 시초라고 하면서 과거제도 자체를 비판했다.

93 『동사강목』 제6상, 고려 광종 7년, 奴婢按驗條. 이에 비해 『여사제강』의 같은 항목에서는 안정복이 비판했던 노비제도 옹호론인 『동국통감』의 사론만을 인용한 점이 특징이다.

이것이 우리나라 과거의 시초이다. (…) 옛날에 사람을 쓰는 것은 상숙庠塾에서 양성하고 학교에서 천거하여 천자의 뜰에까지 이르렀다. 그들을 가르치는 것은 방정하고, 그들을 나아가게 하는 것이 순서가 있어서 오직 덕행과 도예의 선비만을 취하여서 초야에는 유현遺賢이 없었다. (…) 한씨漢氏의 향당·상숙의 교육이 고법과 같지 않아 융성한 교화가 옛날에 미치지는 못하였으나, 보거保擧·벽소辟召로 반드시 실행 있는 자를 취하였으니, 이 때문에 양한兩漢의 융성한 인재와 아름다운 풍속을 후세가 미치지 못하는 바인 것이다. (…) (수隋 양제煬帝 때) 진사의 시험이 행해지자 선비들이 모두 실행實行을 돌보지 않고 오로지 문사文辭만을 숭상하여 (…) 이것에 능한 자는 나오고 능하지 못한 자는 물러갔다. (…) 양제는 죄가 걸주보다 더하여 이루 다 베일 수 없는데, 그가 만든 법은 역대로 행하여 폐지하지 않는 것은 어찌된 것인가? 우리나라로 말하면 과거가 시행되기 전에도 호걸의 인재가 있었으며 문장의 선비도 있었다. (…) 광종光宗이 화풍華風을 흠모하여 단연코 행하였지만, 옛날 성왕이 인재를 등용하는 방법이 과거에서 말미암지 않는 것을 알지 못한 것이다. 마침내 사습士習이 거짓되고 인재가 묻히고 풍속이 퇴폐하게 되어 지금까지 답습하여 변통할 줄을 모르니 한탄스럽다.[94]

안정복은 중국이나 우리나라 모두 인재등용의 고법은 지역 단위의 학교를 거점으로 배양하고 천거하는 방식이었고, 이러한 제도의 결과 중국과 우리나라의 고대에는 각 방면에서 훌륭한 인재들이 배출되었고 아름다운 풍속과 훌륭한 과업을 이루었다고 보았다. 그러나 그는 이러한 훌륭한 제도가 중국에서는 걸주보다 죄가 많은 수양제에 의해, 고려에서는 의심과 시기로 눈먼 광종에게 등용된 경박한 중국 문사 쌍기에 의해 과거제도로 대체되었다는 사실을 강조

94 『동사강목』 제6상, 고려 광종 9년 夏5월.

하였다.[95] 결국 훌륭한 옛 제도가 사욕에 물든 이들에 의해 마련된 제도로 대체되었고, 이후에는 줄곧 잘못된 법제를 고수하며 선비들을 문사로 경쟁시킴으로써 인재와 풍속을 퇴폐시켰다는 것이다. 따라서 안정복은 선비들을 글재주로 오도誤導하고 인재등용의 범위도 제한할 수밖에 없는 과거제를 개혁하기 위해 고제古制에 가까운 한대의 제도를 적극 참용하여 변통할 것을 주장한 것이다.[96]

이처럼 안정복은 기존의 역사서에 비해 전장제도에 대한 서술을 대폭 강화하였다. 그는 현행 제도의 기원으로 소급하여 전장제도 본래의 뜻을 밝히고, 이것이 특권층의 사욕에 의해 변천·변질되어 구차한 풍속으로 고착되는 과정을 고찰하였을 뿐 아니라, 이를 바로잡기 위해서는 옛 전장제도의 정신을 시의에 맞게 변통하여 현재에서 시행해야 함을 역설하였던 것이다. 이를 위해서는 사욕에 빠지지 않고 공의公義에 투철한 국왕이 주도하고 신료들이 이에 호응하여 참여해야 하는 것은 물론이었다. 결국 그는 자신의 이러한 구상이 당시 정조 주도의 의리 탕평의 정국에서 탕평 군주와 그에 동조하는 신료들에 의해 실현되기를 희망하였던 것이다. 그가 『동사강목』에서 강조했던 사가의 대법은 명통계明統系·엄찬역嚴簒逆·정시비正是非·포충절褒忠節·상전장詳典章이었지만, 이것은 당시의 정치 현실에서는 각 당파가 자작의리를 벗어나서 탕평 군주를 중심으로 결집하는 신료들에게 의리의 표준과 그에 근거한 제도개혁의 당위를 말하고자 하는 것이었다.

95 광종과 쌍기에 대한 평가는 『동사강목』 제6상, 고려 광종 11년 春3월을 참조.

96 안정복은 과거제 변통과 관련해 다른 곳에서는 時務와 經論만으로 覆試의 試取를 할 것을 주장하기도 했다(『동사강목』 제6상, 성종 2년 冬10월, 按). 따라서 그는 일단 과거의 시취 방식을 변통하되, 궁극적으로는 학교에서 배양하고 천거로 등용하는 방식을 주장한 셈이다.

4. 맺음말

안정복은 성호학파의 문하에 비교적 늦게 합류했지만 이익의 사후 성호학파를 이끌면서 하학과 역사학에 치중하였다. 그는 성호좌파가 스승이 강조했던 '자득'을 발전시켜 학문의 영역을 확대하려는 시도에 대해 경계하면서, 주자-퇴계로 이어지는 근실한 학풍이 성호에게 있음을 강조하였다. 그는 서인-노론 계열이 주자의 의리를 독점하려는 시도에 강한 반감을 가졌지만, 동시에 성호학파의 신진 기예들이 주자학을 비판하며 양명학·서학까지 검토하는 사문 확대의 시도에 대해서도 경계를 늦추지 않았던 인물이다. 노론이 학문·정치상의 의리를 독점하고 있는 상황에서 성호좌파의 사문斯文 확대 시도는 매우 위태롭다고 판단했기 때문이다.

이러한 가운데 안정복은 하학과 역사학에 치중하면서 영조대의 청류 남인들이 추구하는 의리탕평론을 확립하고자 하였다. 그것은 당시에 치열했던 당쟁의 과정에서 당파의 이익을 위해 의리를 조작하고 이를 근거로 군주에 영합했던 '탕평당'에 대한 비판이기도 하였다. 그렇다고 그가 탕평이나 당파의 의리 주장 자체를 반대한 것은 아니었다. 그는 청남계 정파의 일원으로서 의리를 매개로 하여 강명한 군주와 강명한 신하들이 호응하는 의리탕평을 지향하고 있었다. 이에 따라 신료들에게는 붕당이 자신들의 의리를 지키되 정통성 있는 군주의 의리 주도를 인정할 것과, 국왕에게는 현실의 붕당을 인정하면서 공公의 입장에서 건극하여 신료들을 이끌 것이 요구되었다. 이들을 묶을 수 있는 공통분모는 군주와 각 붕당의 신하들이 모두 동의할 수 있는 의리의 표준이었다.

안정복이 선택한 길은 주자학에서 줄곧 강조했던 춘추의리, 곧 정명과 정통에 입각한 군신관계를 우리의 역사 속에서 다시 한 번 천명하는 것이었다. 그는 『자치통감강목』 의례에 나타난 주자 사학의 대법을 명통계·엄찬역·정시비·포충절·상전장으로 파악하였는데, 이것은 다시 정통론과 전장제도에 대한 강조로 요약될 수 있다. 그는 동국의 역사 속에서 정통의 계승을 밝히고, 이를 기준으로 하여 신료들의 충역과 시비를 판정하고, 이들 군주와 신료들에 의해 운용되었던 전장제도의 변천을 상세히 정리하고자 하였다. 이러한 역사 의식에 입각하여 편찬된 것이 『동사강목』이었다.

따라서 안정복이 『동사강목』에서 정통을 가장 강조했던 것은 군주가 정당한 과정을 통해 스스로 정통의 지위에 올랐으면 어느 누구도 이를 부정할 수 없으므로, 군주가 탕평을 추진하려면 세력 있는 신하들의 자작의리自作義理에 휩쓸리지 말고 공정하고 당당하게 의리를 주도해야 함을 주장한 것이었다. 이와 아울러 현실에서 세력 있는 신료들의 권력・부의 세습을 막아 탕평의 이념이 정착할 수 있는 구조를 만들기 위해 필수적인 것이 전장제도의 개혁이었다. 이를 위해 안정복은 『동사강목』에서 여러 폐단이 있는 현행 전장제도의 성립 연원과 이념을 우리 역사상에서 추구해 봄으로써 제도개혁의 당위를 역설하였다. 이는 우리도 중국처럼 상고시대부터 성인 군주의 주도하에 완벽한 문물제도를 시행한 경험이 있음을 강조함으로써 탕평의 군주와 이에 호응하는 신료들이 주도하여 조선 후기의 사회와 정치를 개혁할 수 있는 이념 근거로 삼고자 했던 것이라고 하겠다.

이처럼 안정복은 영조대의 탕평 정국에서 청류 남인의 일원으로서 상고 이래 동국의 역사를 편찬함으로써 주자학에 입각한 경사일체의 통치 보조서를 제공하고, 이를 통해 탕평 군주와 그에 호응하는 신료들이 탕평의 의리를 표준으로 결집하여 치세의 도리를 실현할 것을 주장했다고 하겠다.

이조 후기 근기학파에 있어서 사학의 형성과 『동사강목』

반계 유형원, 성호 이익, 순암 안정복

이우성

1. 머리말

『삼국사기』·『고려사』·『연려실기술』 등 전통시대의 사학과 20세기 이후의 근현대사학 사이에서 우리나라 사학의 새로운 동향을 볼 수 있는 중요한 현상이 나타나고 있으니 그것이 곧 실학파의 사학이다.

실학을 일반적으로 중세 말기의 전진적 학문사상으로 보고 있거니와 실학파의 사학을 그러한 시각으로 살펴보는 것은 매우 필요하고 또 유익한 것으로 생각된다. '실학파의 사학'으로 일컫는 경우에도 실학 전반에 걸쳐 살피려고 하는 것은 아니다. 실학3파(경세치용파·이용후생파·실사구시파) 중에서 사학에 관심이 깊고 그 성과가 현저한 것은 경세치용파이다.

경세치용파는 학문으로 세상을 경륜함에 있어서 경학의 원리를 깊이 체득하여 현실에서 그것을 적용함으로써 이상을 성취하려고 한다. 그러기 위해 정치·경제·법제 등 고금의 연혁득실을 상세히 고찰하고 나아가 고금의 역사적 변천을 파악하여 시대의 요구에 부응하려 했기 때문에 그들의 학문세계에 사학이 큰 비중을 차지하는 것이다. 이리하여 단순히 생산기구의 개선과 상공업의 발전을 강조하는 이용후생파 학인들이나 경전 및 금석의 고증을 일삼는 실사구시파 학자들에 비하여 경세치용파는 사학 방면의 업적이 월등 높았던 것이다.

따라서 본 연구는 주로 경세치용파에 국한하여 연구를 진행시킬 것이다. 경세치용파는 근기지방近畿地方(경기도 일원)에 자리잡은 학자들의 일단을 가리키는 것으로, 반계 유형원, 성호 이익, 순암 안정복 등을 주로 지칭한다. 이들은 우리나라 역사를 통관通觀·통술通術하기 위해 '동사강목'이라는 이름의 이론과 체재를 염두에 두고 그것의 완성을 위해 계기적繼起的으로 추구하고 지획指劃하여 반계·성호를 거쳐 순암에 이르러 완성을 보게 되었으므로, 본 연구는 이 세 분의 논의와 문답을 검토하여 그 일관된 흐름을 파악하려고 한다.

우선 여기 그들의 인간관계를 통해 학맥의 연결을 이해한다. 반계는 여주이씨의 외손으로서 성호와는 6촌 형제간으로 성호의 대선배이고, 순암은 성호의 직계 제자이다. 그리고 가장 촉망받은 학문적 후계자이다.

2. 반계와 「동사강목범례」

실학시대의 개창자로 알려진 반계 유형원은 대저 『반계수록』 외에도 방대한 저술과 편찬물을 남겼다. 유감스럽게도 그 대부분이 유실되고 없지만 그중에서 역사지리 및 심성이기心性理氣에 관한 논설의 일부가 순암의 친필 초록으로 나타나 값진 자료가 되어 있다. 필자는 연전에서 『반계잡고磻溪雜藁』라는 이름으로 이 자료들을 모아 한 책으로 간행하여 세상에 공포하였다. 『반계수록』만으로 반계를 연구해 오던 당시에 『반계잡고』의 출현은 학계에 하나의 충격으로 받아들여졌을 것이다.

반계의 논설의 일부 가운데 특히 주목할 만한 것이 역사지리에 관한 것들과 함께 「동사강목범례」이다. 동사강목에 대한 반계의 구상의 전모는 자세히 알 수 없지만 그 대개는 이해할 수 있을 것 같다. 「범례」 제1조에

> 「범례」는 한결같이 주자의 『자치통감강목』을 따른다.[1]

고 하여 그의 편사의 체재와 이념을 주자의 『강목』으로 표준을 삼아야 한다는 것이다. 뿐만 아니라 기록 방식에 있어서도

> 삼국시대 이전은 문헌의 징빙徵憑이 없으므로 편년체를 이룰 수 없다. 삼국시대로부터 시작하고, 그 이전의 사실은 대략 '삼국초년三國初年' 아래에 나누어 싣는다. 이는 『자치통감강목』의 첫머리 연조 '진대부晉大夫' 아래에 그 이전의 사실을 나누어 주석으로 싣는 예와 같이 하는 것이 옳다. 경우에 따라서는 단군 이하 삼국 이전의 사실을 따로 한 편을 만들어서 이 『강목』 전편前編의 예와 같이 하는 것이 좋을 듯도 하다.[2]

라고 하여 삼국시대로부터 시작하되 그 이전은 『자치통감강목』의 예例에 따라 삼국초년의 아래에 그 사실을 주석으로 나누어 적는다는 것이다. 그리고 세주細註에서 단군 이하 삼국 이전의 사실을 따로 한 편을 만들어서 『강목』의 전편과 같이 하는 것도 좋겠다고 하였다.

반계는 중국과의 관계에서 우리나라 역사의 서법書法에 특별히 신경을 썼다.

---

1 『磻溪雜藁』, 「東史綱目凡例」, 21면. "凡例一依朱子綱目."

2 위의 책. "三國以前, 文獻無徵, 不可成編年. 託始於三國, 而其前實, 略爲分載於三國初年下. 如綱目首年晉大夫下, 分註其前事例可也. 或檀君以下三國以前事實, 別爲一編, 如綱目前編之例爲可."

우리나라는 역대로 중국에 신속臣屬하였으므로, 그 속부이합屬否離合의 사실은 반드시 삼가 기록한다. 책명册命과 조빙朝聘에 대해서도 또한 기록한다. 그 연례의 절사節史는 처음에 상세하게 하고, 이로부터 드디어 상례가 되었다고 해두고, 해마다 꼭 모두 기록할 것은 아니다. ○조사詔使의 경우, 오는 사람에 대해 또한 다 기록해야 하는 것은 아니다. 사안에 따라 드러낸다. 황제가 세상을 떠나거나 새로 세워지는 등 무릇 폐망과 흥기의 대사는 반드시 기록한다. 국호를 기록하지 않고, 곧바로 황제 붕어를 기록하여, 『춘추』의 '천왕붕어天王崩御'의 예를 따를 것이다. 황태자를 기록할 때에는 주에 이 인물이 모 황제가 되었음을 기록한다. 만약 창업이나 폐찬廢簒의 사의事義가 평소와 같지 않은 경우에는 그 사안에 따라 다르게 표현한다. ○삼국시대에는 비록 중국과 통교하기는 하였지만 섬기기도 하고 섬기지 않기도 하여 성교聖敎가 한결같지 않았던 때는 이 예에 해당되지 않는다. ○요遼·금金에 대해서는 우리가 비록 힘에 굴복하여 번藩이라 칭하였지만, 천하의 주인이라 할 수 없으므로 또한 이 예에 해당되지 않는다. 사안에 따라 드러낼 것이며, 쓰는 법도 또한 변화가 있어야 할 것이다.[3]

중국으로부터 책명을 받은 것과 중국으로 조빙을 간 것을 정중히 기록하고 중국 황제가 붕어할 때는 국호(한·당·송 등)를 쓰지 않고 곧바로 황제 붕어를 기록하여 『춘추』의 천왕붕어의 예를 따라야 한다는 것이다. 다만 요와 금은 우리가 힘에 굴복하여 번으로 칭하였지만 천하의 주인이라 할 수 없으므로 예외라는 것이다.

3 위의 책. "東國歷代, 臣屬中國, 其屬否離合, 必謹以書, 册命朝聘亦書. 其年例節使, 則致詳於初, 而曰自此遂以爲常, 而不必每年皆書. ○詔使之例, 來者亦不必盡書, 因事乃見 皇帝崩立, 凡廢興大事必書. 不著國號, 直書皇帝崩, 如春秋天王崩例, 而書皇太子, 卽註著是爲某皇帝. 若創業廢簒事義非常者, 隨事異文. ○三國之際, 雖通中國, 而或事或否, 聲敎未一時, 則不在此例, ○遼金, 雖力屈稱藩, 不可以爲天下主, 亦不在此例, 因事乃見, 書法亦變."

정삭正朔을 승용承用할 때에는 중국의 연호로써 기록해야 마땅할 것이다. 그러나 춘추는 존왕尊王의 글인데도 본래 노나라의 역사이므로 바로 노공의 기년으로써 하였다. 지금 이것은 우리나라 역사이니 마땅히 춘추의 예에 의거하여 본국의 기년으로 해야 한다. 다만 각기 원년 아래에는 주註로 중국의 기년을 표시한다. 중국의 원년은 또한 그 기년 아래에 표시하여, 살피고 검색할 때 편리하게 하는 것이 좋다.[4]

반계는 기년에 있어서 중국의 정삭을 승용하는 마당에 중국의 연호로써 기록해야 하지만 춘추가 존왕의 의를 내세우면서도 노나라 역사책이므로 노공의 기년을 사용했던 것과 같이 우리나라 역사도 본국의 기년으로 해야 한다고 하였다.

반계는 이어서

무릇 중국이 우리나라에 베풀고, 우리나라가 중국과 사귀고 섬김에 있어 그 명호名號의 예는 역대의 사체史體가 하나같지 않다. 그 정통이 아닐 때에 대해서는 우선 말할 것도 없고, 한漢나라의 경우 정통이지만 또한 우리나라에 군郡을 두었다. 그런데 신라·고구려·백제의 유는 정삭을 승봉承奉했는지 알 수 없으니, 무릇 일이 중국과 관련될 때에는 응당 칭하기를 '한'이라 하고 혹은 '중국'이라 칭한다. 당나라에 있어서는 또한 '당'이라 칭한다. 그런데 그 명이 제帝로부터 나온 것에 대해서는 '제'로 칭해야 하니, 이는 정삭을 승용한 까닭이다. 송宋나라의 경우 또한 그러하다. 그 외 사안으로 요·송 이후에 대해서도 '송'이라 칭하는 데 그친다.[5]

---

4 위의 책, 22면. "承用正朔時, 則似當紀以中國之年. 然春秋乃尊王之書也, 而本魯史, 故直以魯公紀年. 今旣是東史, 則當依春秋例, 以本國紀年. 但各於元年下, 註標中國之年. 中國元年, 則亦標見於其年下, 以便考檢可也."

5 위의 책. "凡中國施於東國, 東國交事中國, 其名號之例, 歷代事體非一. 其非正統時, 姑勿論,

라고 하여 한·당·송에 대한 호칭을 상황에 따라 달리할 수 있으니, 춘추에 주周에 대하여 경사京師라고 해오다가 뒤에 혹 성주成周라고 칭한 것과 같다는 것이다. 이는 모두 지당함이 있어 이역移易할 수 없는 것으로, 인도상 대단한 정의의 소재라는 것이다.

반계는 위와 같이 설명하여 '동사강목'에 관한 그의 견해와 주장을 피력하고 끝에 가서

> 지난날 내가 우리나라 역사책을 읽으면서 사실을 볼 만한 것이 없을 뿐 아니라 또 그 사실을 기록한 것이 전혀 의례義例가 없어 마음속으로 아쉬워하고 탄식하였다. 매양 대강 주자의 『자치통감강목』을 본받아 하나의 책으로 편집 완성하여 살피고 열람하기 편하게 하려고 하였다. 대개 그 범례를 비록 한결같이 『자치통감강목』의 서법書法에 따라야 하지만 그러나 다만 우리나라는 중국에 신속臣屬하여 그 승사체례承事體例가 간혹 중국이 스스로 통치체제를 세우는 것과는 다를 바가 있다. 이는 다시 구처區處를 해야 함에 유의할 것이다. 이에 생각한 끝에 한두 조목의 의義를 얻어 시험삼아 책머리에 써서 두었다. 지금에 이르도록 십여 년 동안 이것을 완수하지 못하였는바, 그 의례가 과연 타당하거나 그렇지 않게 되었는지를 또한 감히 스스로 알지 못하겠다.[6]

라고 하여 종래 우리나라 사서들의 대부분이 사실기록에 볼 만한 것이 없고 또

在漢則正統, 又置郡於東國. 然新羅高句麗百濟之類, 未知承奉正朔, 則凡事涉中國者, 當稱曰漢, 或稱中國, 在唐亦稱唐, 而其命出於帝者, 則稱以帝, 承用正朔故也. 在宋亦然, 而其並事遼宋以後, 止稱宋."

6 위의 책, 23~24면. "昔余讀東史, 非但事無可觀, 又其記事, 全無義例, 心窃悼歎. 每欲略效朱子綱目, 編成一書, 以便省覽, 蓋其凡例, 雖一用綱目書法, 而但我東國, 臣屬中國, 其承事體例, 間有所異於中國之自爲臨制者, 此其更費區處處耳. 乃思得一二條義, 試書諸册面以識之. 至今十有餘年, 未克遂此, 其義例之果得其當與否, 亦未敢自知."

그 기록에 의례가 전혀 없어서 한탄하여 오던 끝에 자기 자신이 주자『강목』을 본받아 한 책을 엮어 보려 했는데, 우리나라는 중국과 사정이 다르므로 별도로 몇 조의 의례를 마련하여 책머리에 적어 두었다는 것이다. 그러나 십여 년 동안 이 일을 이루어 내지 못하였고, 또 그 의례라는 것도 꼭 타당한 것인지 아닌지를 스스로 알지 못한다고 하였다. 반계는 이어서 말하기를

> 세월은 날로 흘러가고 병은 깊어지니 본령의 급무에 대해 처음의 뜻과 어긋남이 많아지게 되었다. 이 편사編史에 대하여 끝내 겨를을 내지 못할까 두렵다. 일찍이 고인이 성취한 허다한 일들을 떠올려 봄에, 어느 만큼의 정력이 있어서 능히 그와 같을 수 있었는가! 거듭 개연慨然해진다. 뒷날의 군자가 만일 혹시라도 성취함이 있게 된다면 또한 하나의 다행스런 일일 것이다.[7]

라고 하여 본령의 급무(치심양성治心養性 등 자기의 몸을 닦는 심성이기心性理氣 등의 학문)에 소홀해져서 걱정이므로 편사編史와 같은 일에 겨를이 없을 것 같다. 후일에 뜻있는 학자가 이 편사작업을 성취해 주면 또한 일대행사一大幸事가 될 것이라고 하였다.

위와 같이 반계의 「동사강목범례」는 일견 보수성이 강하다. 당시 조선의 중화주의 사대주의자들의 생각과 조금도 다를 바가 없다. 다만 그것을 이론화·체계화하여 한층 굳혀 놓은 느낌이다. 반계실학의 철학적 배경이 정통 유학에서 온 것이므로 그의 역사에 대한 사고도 전통적 관념에서 떠날 수 없었던 것이다. 게다가 당시 명나라가 망하고 만주족이 대륙을 차지한 커다란 시대의 변

7 위의 책, 24면. "而歲月侵尋, 疾病沉綿, 本領急務, 多負素志, 於此等事, 恐終有所未暇也. 嘗念古人成就許多事, 有何精力而能若是乎. 重爲慨然也. 後之君子, 倘或有以成之, 亦一幸事也."

화 속에 세계가 말할 수 없는 결함에 빠져드는 것을 절감하고 있었던 반계는 역사를 통해서나마 전통사회의 일맥을 붙들어 보고자 했던 것이다.

반계의 「동사강목범례」의 보수성은 그의 철학적 배경과 결부시켜 봄으로써 우리가 이해할 수가 있다.

그러나 우리가 여기에서 주목할 점은 두 가지이다. 하나는 일반 성리학자들이 역사의 찬술에 별로 관심을 보이지 않던 그 당시에 반계는 그때까지 산만하고 원칙이 분명치 않던 우리나라 역사책들에 대하여 그것을 극복하고 새로운 관점에서 체재와 이념을 확립하려는 것이고, 하나는 중화주의 세계관 속에서도 편년사에서 중국 기년을 쓰지 않고 우리나라의 기년을 쓸 것을 명백히 주장한 것이다. 비록 춘추의 예를 들어 보였지만 이는 자주의식의 발로로서 매우 의미있는 일이라 할 것이다.

3. 성호의 역사관과 『동사강목』 구상

1) 성호의 역사관—그의 우주관과의 관련에서

성호의 역사관은 그의 우주관과 연계해서 이해할 필요가 있다. 그의 우주에 관한 신해석은 짤막한 자료이면서 그의 사상을 살피는 데 대단히 중요한 의미를 갖는다. 해석이라고 한 것은 종래 중국 고전에 나오는 '우주'란 말을 자字의 풀이로부터 시작해서 설명했기 때문이다.

성호는 『문자文子』[8]의 말을 들었다.

8 『文子』 역시 『漢書』 藝文志에 著錄된 古典이며, 저자는 周代의 사람 辛鈃이라고 한다. 모두 12편으로, 道家에 속한다.

상하사방上下四方을 우宇라 하고, 고왕금래古往今來를 주宙라고 한다.[9]

이 말은 우주를 가장 알기 쉽게 말해 놓은 것으로, 뒤에 육상산陸象山・왕부지王夫之[10] 등이 모두 비슷한 말을 했지만 성호가 이 『문자』의 말에서 자세한 전거를 동원하면서 우주의 전통적 정의를 정립하려 하였다.[11] 즉 우宇는 상하사방을, 주宙는 고왕금래를 뜻하는 것으로, 오늘의 용어로 바꾼다면 곧 우는 공간, 주는 시간인 것이다.

성호는 자기의 견해로써 새로운 정의를 내렸다. '무소불포無所不包' 즉 포용되지 않음이 없는 것을 우宇라 하고, '생성불궁生成不窮' 즉 생성이 다함없는 것을 주宙라고 한다는 것이다.[12] 다시 말하면 우 즉 공간은 '무소불포' 그 자체이고, 주 즉 시간은 '생성불궁' 그 자체라는 것이다. 여기서 우리는 성호의 이 설명이 얼마나 새롭고도 중요한가를 알 수 있다.

성호는 이에서 한 걸음 더 나아가 '포용되지 않음이 없는 것이 우－공간이고, 생성이 다함없는 것이 주－시간'이라 하여 공간・시간 그것이 따로 존재하는 것이 아니고 '포용되지 않음이 없는 것' 그것이 곧 공간이고, '생성이 다함없는 것' 그것이 곧 시간이라는 것이다.

그러면 포용되는 그것과 생성하는 그것은 대체 무엇인가. 성호는 그것을 '물物'이라고 하였다.

---

9 文淵閣四庫全書本, 『文子』 卷下, 自然條.

10 陸象山, 「雜說」. "四方上下曰宇, 往古來今曰宙."; 王夫之, 「思問錄 內篇」. "上天下地曰宇, 往古來今曰宙."

11 星湖는 『文子』의 구절을 인용한 다음에 "繫辭曰, 上棟下宇, 以待風雨, 註家多謂宇, 椽也. 愚謂宇, 屋簷之覆物者也, 椽固然矣. 若以椽訓宇則不可, 一個椽, 亦椽也. 擧一椽曰宇, 可乎, 按考工記云, 上欲尊而宇欲卑, 亦此義, 宇宙之宇, 又是圓包無所不該之義"(『星湖僿說』) 라고 하여 우주 특히 '宇'에 대한 견해를 덧붙여 놓았다.

12 위의 책. "余, 故曰, 無所不包曰宇, 生成不窮曰宙."

'물物'의 생성이란 앞의 것이 가고 뒤의 것이 잇[續]는 것이다. 『주역』에 건도乾道가 변화하면서 각기 성명性命을 바로잡아 간다고 한 것이 이를 말함이다.[13]

라고 하였다. 성호의 뜻을 부연하면 건도가 변화한다는 것은 운동하는 '물'의 발전변화를 뜻하는 것이고, 각기 성명을 바로잡아 간다는 것은 이 발전변화가 질서 있게 움직이고 있음을 뜻하는 것이다.

성호는 이 '물'을 구체적으로 천지간에 가득 찬 사해팔황四海八荒·금수초목禽獸草木[14]이라고 말한 동시에, 천지간에 가득 찬 것이 기氣 아닌 것이 없는데 기의 정영精英이 응결하여 '물'이 된다고 하였다.[15] 여기서 유의할 것은 성호가 '천지간'이라고 한 말이다. 이 경우의 천지간이란 말은 종래 보통 상천하지上天下地 또는 천원지방天圓地方이라는 고정된 관념에서가 아니고 우리가 상상할 수 있는 무한한 넓이의 세계를 의미하는 것으로 보인다. 이 무한한 넓이의 세계를 알기 쉬운 관용어로 '천지간'이라고 했던 것 같다.

그런데 성호가 '물'을 말하면서 천지간에 가득 찬 사해팔황·금수초목이 다 '물'이라고 하였고 또 천지간에 가득 찬 것이 '기'로서, '기'의 정영이 응결하여 '물'이 된다고 했는데 이 '물'이 되는 '기'의 정영은 곧 물질을 의미하는 것으로 보아도 좋을 것이다.

그러니까 '물'이 포용되지 않음이 없는 것으로, 즉 위치와 연장성으로 특징지어지는 것이 우이고, '물'의 생성이 다함없는 것으로 즉 계기성繼起性·지속성으로 특징지어지는 것이 주이다. 다시 말하면 성호에게 있어서 우주 즉 공간·시

13 위의 책. "物之生也, 前者去, 後者續, 易所謂乾道變化, 各正性命, 是也."

14 위의 책, 卷20下, 「經史門」, 萬物備我, 122면. "大凡盈天地之間, 四海八荒, 禽獸草木, 皆物也."

15 위의 책, 券25下, 「經史門」, 鬼神魂鬼, 333면. "凡盈天地間者, 莫非氣也. 然氣凝結爲物, 卽氣之精英."

간은 물질 그것의 존재형식, 물질존재의 객관적 형식인 것이다.

성호의 이 견해는 선진先秦 고전과 송대 성리학을 바닥에 깔고 있는 것이지만 그 어떤 학자에게서도 발견할 수 없는 새로운 견해이다. 단순히 우를 상하사방, 주를 고왕금래라고 한 것에 대해서는 말할 필요도 없거니와 서양의 관념론자들이 공간·시간을 물질세계 밖에 있는 순수관념 또는 의식의 산물이라고 한 것에 비교해 보면 성호의 우주론 즉 공간·시간에 관한 견해는 과학적 인식에 도달한 탁월한 달성이라고 아니할 수 없는 것이다.

성호는 당시 서양 천주교가 가지고 온 천문학적 지식의 제약 때문에 지구중심설에서 벗어나지 못했다. 우리나라 실학파의 천체관이 지구중심설에서 태양중심설로 옮겨 온 것은 성호의 훨씬 후배인 담헌湛軒 홍대용洪大容에 이르러 비로소 가능하였다.

그러나 우주의 시공간적 특성과 관련하여 중요한 문제는 전체로서의 우주가 공간적으로 시간적으로 무한한가 유한한가 하는 것이다. 그런데 성호의 우주에 관한 짤막한 말은 공간·시간의 무한성을 설파한 것이다. 포용되지 않음이 없고 생성이 다함없다고 한 '무소불포'와 '생성불궁'이 바로 그것을 보여 주는 것이다.

성호는 이러한 우주관에 의하여 그의 역사관을 진보주의적 방향으로 잡아가게 되었다. 비록 그 방향이 전면적인 것은 아니라 하더라도 적어도 인간생활의 중요한 일면이 옛날보다 지금이, 그리고 오늘보다 내일이 발전된 모습으로 나타난다고 확신하였다. 여기 우선 '역상曆象'에 관한 그의 설명을 예로 든다.

> 『한서』 율력지律曆志에는 "황제가 역서曆書를 만들었다"고 하였고, 『세본世本』[16]에는 "용성容成이 역서를 만들었다"고 하였고, 『시자尸子』[17]에는 "희

16 『世本』: 책이름. 『한서』 藝文志 등 여러 문헌에 이름이 전하나 책은 전하지 아니함.
17 『尸子』: 책이름. 전국시대 楚의 尸佼가 지었다 함. 송나라 때까지도 책이 전했는데 그 뒤에

羲・화和가 역서를 만들었다"고 하였다. 용성은 곧 황제의 신하이며, 희・화는 또 요堯의 신하이다. 요가 희・화에게 명하여 "해와 달과 별이 다니는 것을 측정하여 백성들에게 시후時候를 알려 주어라" 하였다. 생각건대 역법은 황제 때에 시작되어 요 때에 와서 정밀하게 된 듯하다. 요는 곧 제곡帝嚳의 아들이다. 살피건대 「제법祭法」[18]에 "제곡이 별의 궤도를 측정하여 그 형상을 나타냈다"고 하였으니, 제곡 이전에는 측정한 사람이 없었음을 알 수 있다. 별을 측정하지 못하고 역법에 밝을 수 있겠는가? 요가 곡의 공적을 이어받아 해・달・별을 측정하고 이를 더 정밀히 연구한 것이니, 요의 독창적인 지혜로 그렇게 한 것은 아니다.[19]

황제, 용성, 희・화가 역曆을 만들어 왔는데 제곡을 거쳐 요임금에 이르러 더욱 정밀해진 것이라고 설파한 성호는 여기에서 대단히 새로운 견해를 제시하였다.

모든 기계수리器械數理의 학學은 후대에서 나온 것이 더 정교하며, 아무리 성인의 지혜를 가진 자라도 다 알아내지 못할 것이다. 그러므로 후대의 사람이 그것을 토대로 하여 더욱 보충하고 연구함으로써 시대가 내려갈수록 더욱 정밀해지게 마련이다.

한漢나라가 일어난 이후 4백 년 동안 다섯 번 역법을 고쳤고, 위魏에서 수隋에 이르기까지 열세 번 고쳤고, 당唐에서 주周까지 열여섯 번 고쳤고,

---

없어졌고 다른 문헌에 인용된 것이 남아서 전함.

18 「祭法」:『禮記』의 편명.

19 『星湖僿說』 上, 「曆象」, 50면. "漢律曆志, 黃帝造曆, 世本, 容成造曆, 尸子, 羲和造曆, 容成, 卽黃帝之臣, 羲和, 又帝堯之臣. 堯命羲和, 曆象日月星辰, 敬授人時, 意者, 曆法始於黃帝, 而精於帝堯也. 帝堯, 乃帝嚳子也. 按祭法云, 帝嚳, 能序星辰, 以著象. 帝嚳之前, 未有能序者, 可知, 星辰未序, 而其能明於曆象耶. 堯能修嚳之功, 曆象日月星辰, 所以加密, 而非堯之刱智爲之也."

송宋은 3백 년 동안 열여덟 번 고쳤고, 금金의 희종熙宗에서 원元까지는 세 번 고쳤다. 명明이 개국하여 유기劉基[20]의 건의로 대통력大統曆을 실시했는데, 이것은 국초에 감정監正 원통元統이 수정한 것이지만 사실은 원元의 태사太史 곽수경郭守敬[21]이 만든 수시력授時曆이다. 지금에 행해지는 시헌력時憲曆은 곧 서양사람 탕약망湯若望[22]이 만든 것인데 여기에서 역법은 극치에 달하였다. 해와 달의 교차, 일식·월식이 하나도 틀리지 않는다. 성인이 다시 나오더라도 반드시 이를 따를 것이다.[23]

라고 하여 역상曆象을 포함한 기계·수리의 학은 시대가 내려올수록 더욱 발달한다고 말하고 그 예증으로 한·당과 금·원을 거쳐 오늘의 천문역법에 이르러 극치에 이르렀다는 것이다. 지금 시행하는 서양인 탕약망의 시헌력은 성인이 다시 나더라도 그것을 따를 것이라고 하였다. 그는 당시 부연하여 말하였다.

---

20 劉基 : 원말명초 浙江 靑田 사람. 자는 伯溫. 원 順帝 때에 진사로 江浙行省都事를 지냈으며, 명이 건국된 후에는 宋濂 등과 제도를 정비하였다. 洪武 4년 弘文館學士로 致仕하였다. 經史에 밝고 象緯에 정통하였으며 시문에 능하였다. 저서로 『郁離子』·『犁眉公集』 등이 있음.

21 郭守敬 : 원나라 順德 邢臺 사람. 자는 若思. 조부 郭榮習에게 數學과 水利를 배움. 원 世祖 13년(1276), 命을 받아 王恂 등과 授時曆을 制訂함. 뒤에 벼슬이 太史院事에 이름.

22 湯若望 : 원명은 Johann Adam Schall von Bell. 자는 道未, 본래 독일사람으로 천주교의 신부였다. 선교하기 위하여 明의 天啓 때에 중국에 와서 중국의 어문을 배웠고 천문학에 정통하여 명의 翰林 벼슬을 하였다. 명나라가 망하고 청나라로 바뀌자 欽天監의 監正이 되어 曆法을 변경하였음. 저서로 『曆法西傳』·『新法表異』가 있다. 『淸史』 권273에 보인다.

23 『星湖僿說』, 「曆象」, 상권, 50면. "凡器數之法, 後出者工, 雖聖智, 有所未盡, 而後人, 因以增修, 宜其愈久而愈精也. 自漢興, 四百年, 五改曆, 由渭訖隋, 十三改, 由唐至周, 十六改, 宋三百餘年, 至十八改, 由金凞宗, 訖元, 三改, 明興, 劉基, 奏行大統曆, 乃國初監正元統所定, 而其實, 元太史郭守敬所造授時曆也. 今行時憲曆, 卽西洋人湯若望所造, 於是乎, 曆道之極矣. 日月交蝕未有差謬, 聖人復生, 必從之矣."

> 사람들은 요가 해·달·별들을 측정한 공적만 알고, 제곡이 처음으로 기초를 세운 것은 잘 알지 못한다. 「제법」에 "제곡이 별들을 측정하여 그 현상을 나타냈다"고 하였고, 노어魯語에 "하늘의 삼신三辰을 제곡이 측정하였다"고 하였다. 그런즉 요는 다만 그의 아버지를 계승하여 그 업적을 이룬 것뿐이다.
>
> 그러나 거기에 이름을 붙인 것은 꼭 요 때에 된 것이 아니다. 지금 별 가운데 부열傅說·왕량王良 등의 명칭이 있는데, 요 때에 어떻게 이런 명칭이 있을 수 있겠는가? 요의 공적이 위대했으나 오히려 희·화에게 명하여 해가 뜨고 지는 것을 살피며 철을 따라 측정해 가지고 비로소 실시하였다. 지금에 와서는 그 수를 추산하여 9백 40분까지 이르며, 또 추산하여 1만 분까지에 이르면 각기 속도가 달라져서 모두 정확한 수를 알아내게 되었으며, 문밖을 나가지 않아도 백성들에게 사후(시후時候, 기후)를 알려 주게 되었으니, 후대에 나온 것이 더욱 정교하다 말할 수 있다.[24]

요컨대 역법이 요임금에 의해 만들어진 것이 아니고 황제로부터 시작되어 요에 이르러 정精해진 것이다. 요는 제곡의 아들이다. 「제법」에 의하면 제곡 이전에 성신의 궤도를 측정한 이가 없었던 듯한데 성신의 궤도를 측정하지 않고서 어찌 역상에 밝을 수 있겠느냐. 『서경』「요전堯典」에 요임금이 역상으로 수시授時한 것으로 되어 있지만 그것은 그의 아버지 제곡에게서 이어받은 것이고 요가 창제한 것이 아니다. 지금 우리 시대에 와서는 추산推算의 법이 엄청나게 발달하여 문밖을 나가지 않아도 수시授時가 가능하다. 시대가 내려올수록

24 『星湖僿說』, 「帝嚳序星辰」 상권, 50면. "人但知唐堯能曆象日月星辰之功, 不知帝嚳始基之也. 祭法云, 帝嚳, 能序星辰, 以著象, 魯語曰, 天之三辰, 帝嚳能序之, 然則堯特嗣父, 以成其續耳. 然其命名, 則未必出於堯時, 今天星, 有傳說王良等名, 帝堯時, 安有此哉, 堯之功, 至矣. 而猶命羲和賓餞出入, 以時候之, 然後可行, 以今則推其數, 至於九百四十分, 又推至於萬分, 各有遲疾, 咸取定筭, 可以不出戶而授民時矣, 殆所謂後出愈工者乎."

더욱 정교하게 되는 것을 다시금 확인할 수가 있다는 것이다.

요는 순과 함께 동양 고대의 가장 위대하고 신성한 임금으로서 인류문화의 이상의 극치로서 만고에 추앙받는 존재이다. 공자도 요는 하늘에 준하는 분으로 '외외탕탕巍巍蕩蕩 무능명언無能名焉'이라고 할 정도로 최대최고의 찬사를 바쳤던 성인이다.

그런데 성호는 요가 성인임을 부정하지 않으면서도 성인이 다 알고 다 만든 것이 아니며 황제 이래 있어 오던 것이 제곡을 거쳐 요에 이르러 이룩된 것일 뿐이라고 보았다. 말하자면 인간생활의 진화과정에서 그렇게 되었다는 것이다. 요 이후 오천 년이 지나 오늘에 이르기까지 계속 개선되어 지금에 와서는 크게 나아졌다는 것이다.

위에서 역상을 인간생활의 중요한 일면으로 말했지만 역상은 수시, 즉 「요전」에서 말한 바 '경수인시敬授人時', 백성들에게 사후를 알려 주는 것으로 농업사회에 있어서 가장 기본적인 것이다. 다시 말하면 수시는 왕자王者의 정치 대본大本이다. 이 정치의 대본이 시대가 내려올수록 개선되고 향상된다는 성호의 착상과 관점은 참으로 놀라운 것이다.

2) 성호의 『동사강목』 구상과 정통론

성호의 사론史論에 있어서 우리가 첫 번째로 주목할 것은 그의 삼한정통론三韓正統論이다. 원래 정통론은 주지하는 바와 같이 중국에 있어서 역대 사가史家들에게 큰 문제가 되어 왔던 것이다. 천하를 통일한 왕조는 자동적으로 정통正統에 속하게 되지만 두 개 혹은 세 개의 정권이 대립·정치했을 경우에 어느 것을 정통으로 보느냐가 문제였던 것이다. 근대 계몽기의 학자인 양계초梁啓超의 비판적 견해에 의하면, '천하에 하루도 군주가 없을 수 없고, 또한 천상에 두 개의 태양이 있을 수 없는 것과 같이 백성들에게 두 사람의 왕이 있을 수 없는 것'[25]으로 생각했기 때문에 정통이 문제가 되었다는 것이다.

이 정통론에서 또 한 가지 간과할 수 없는 사실은 중국중심주의 세계관이다. '천무이일天無二日 민무이왕民無二王'이라는 생각은 중국 천지에 한해서 적용되는 것이 아니라, 중국 황제는 곧 천자天子(天의 子)이며 중국의 주변에 있는 제 민족 제국가 곧 사이팔만四夷八蠻은 모두 이 세계제국의 지배자 밑에 환공향앙環拱嚮仰하고 있어야 하는 것이기 때문에 중국의 정통인 동시에 세계의 정통이며 중국을 제외한 다른 지역에서 정통이란 아예 논의할 이유가 없었던 것이다.

첫째 자기 소속 왕조에 대한 의리, 둘째 중국중심주의 세계관, 이것이 중국 사가에 있어서의 정통론의 흐름이었다. 이러한 전제를 두고 살펴볼 때 성호의 삼한정통론은 매우 특색이 있다. 우선 성호의 「삼한정통론」의 골자를 들어 본다.

우리나라의 역사를 중국의 역사에 대비 설명하면서, 단군이 처음 우리나라를 일으켰고 단군조선 뒤에 기자조선이 그 정당한 계승자로 나왔으므로 기준箕準이 위만衛滿을 피해서 남쪽으로 옮겼으나 거기서 다시 마한馬韓이란 이름으로 나라를 연장해 왔기 때문에 우리나라 역사의 정통은 단군조선에서 기자조선, 기자조선에서 마한으로 이어져 온 것이라고 말한다. 그리고 단군·기자 시대에 요하遼河 이동과 임진강 이북이 우리나라의 중심지가 되어 있었는데 그것을 위만에게 그리고 한사군漢四郡 내지 이부二府에게 빼앗겨 버리고 우리나라에 있어서 유국전서有國傳緖는 오직 마한에 있었을 뿐이므로 마한은 비록 남예황복南裔荒腹, 즉 남쪽 변경인 국토의 한구석에 처하고 있었지만 우리나라 역사의 정통이 아닐 수 없다[26]고 하였다.

25 梁啓超, 『飮氷室文集』 下, 歷史, 「論正統」. "言正統者, 以爲天下不可一日無君也. 於是乎有統, 又以爲天無二日, 民無二王也. 於是乎有正統."

26 『星湖先生文集』 卷47, 「三韓正統論」, 경인문화사 영인본, 1973, 하권, 231면. "東國之歷代興廢, 略與中華相終始, 檀君與堯竝興, 至武王受命, 而箕子定封, 意者, 檀君之後, 衰微, 無復君國, 故箕子得而開業. (…) 當檀箕之世, 自遼以東, 臨津以西, 爲東方之中土, 而三韓之界, 不過南裔荒服之地. 箕準, 避寇南遷, 遂稱馬韓. (…) 開拓土疆, 屬國五十餘, 是則東方之

다시 말하면 그는 우리나라 역사의 정통은 단군·기자·마한·통일신라, 그리고 고려라는 것이다. 다만 고구려·백제·신라의 삼국 병립 시기는 삼국이 동등한 자격을 가지고 있으므로 어느 특정국에 정통을 줄 수 없어 무통無統으로 처리한다는 것이다. 성호의 이 정통론은 순암에 이르러 우리나라의 역사학으로 하여금 역사에 대한 체계적 파악의 가능성을 제고시키게 했던 것이다.

성호에게서 근대적 의미의 민족적 자각과 같은 것을 구하기에는 시대가 아직 이르다. 그러나 성호는 사론에 있어서 사상적으로 커다란 진전을 보이고 있다. 그의 정통론이 중국 사가와 같이 자기 소속 왕조에 대한 의리에 그치는 것이 아니고 역사파악에 있어서 체계성을 위한 것이었으며, 한 걸음 더 나아가 중국의 정통사상인 천자사상, 다시 말하면 세계제국적 지배사상을 극복하게 되었던 것 같다. 이에 관한 성호의 사상은 그의 서양관과 서양 선교사들에 대한 중국 지배층의 태도를 비난하는 데에 집중적으로 표현되어 있다.

서양은 중국의 지배권 바깥에서 각기 황제나 왕이 있어 자기 나라를 다스리고 있으며, 선교사들이 멀리 중국에 찾아온 것은 자기들의 구세救世의 뜻으로 온 것인데, 중국 지배층은 그들에게 여러 가지 계적啓迪을 받으면서도 정저와적井底蛙的 사고방식으로 그들을 배신陪臣(속국의 신하)이라고 부르고 있어, 달식達識의 눈으로 볼 때에 치소嗤笑거리가 된다는 것이다.[27]

성호의 달식은 중국 중심주의 세계관을 이미 타파하였다. 뿐만 아니라 '각유황왕各有皇王 군주역내君主域內'에 관한 인식의 밑바닥에는 각개 국가의 독립된 주권이 인정되고 있으며 세계제국적 지배질서가 부정되는 것이었다.

正統不絶, 而衛氏亦不過如周之狄人漢之曹瞞. 秉史筆者, 宜不與數也. (…) 自準之南, 衛氏雖據朝鮮故地, 纔八十餘年而滅, 衛滅而馬韓惟延至一百有一十有七年之久, 西北一面, 付之四郡二府, 而東土之有國傳緖, 惟馬韓是已. (…) 余故日馬韓者, 卽東國之正統也."

27 『星湖先生文集』 卷55, 「跋天問略」 하권, 385면. "夫西洋之於中國, 未之相屬, 各有皇王, 君主域內, 彼特以救世之意, 間關來賓. (…) 中土君臣, 方沾其賸馥而尊奉之不暇, 然猶見聞, 局於卑狹, 敢爲井底語日陪臣某, 豈不爲達識之所嗤也."

성호는 그의 우주관에 의하여 진작부터 전통적 천원지방설天圓地方說을 타파하고 지구가 둥글다는 것을 확인했으며, 지구가 둥글기 때문에 어느 특정 지역이 세계의 중심이 될 수 없음을 알게 되었다. 여기에서 중국 중심주의 세계관의 부정과 아울러 우리나라 역사의 독자성을 주장할 수 있었다. 뿐만 아니라 우주—시간의 생성불궁 속에 인간생활의 중단 없는 지속성이 이어지고 따라서 우리나라 역사도 끊임없는 전개과정 속에 그 계통을 찾아 우리의 정통성을 정립하려고 하였다. 삼한정통론은 여기에서 도출되었던 것이다.

4. 순암과 『동사강목』

1) 순암의 『동사강목』 논의―성호와의 문답

순암은 학문에 있어서 성호우파星湖右派라는 그의 보수적 체질 때문에 성호의 지식주의를 전면적으로 받아들이기가 쉽지 않았던 것 같지만 사학에 관해서는 전적으로 성호의 가르침에 따랐다. 우선 그는 성호에게

> 일찍이 듣건대 선생께선 예전부터 동사東史에 뜻을 두고 계셨다는데, 요강은 이미 정해 두셨는가요? 무릇 역사를 서술함에 당해서는 으레 기원을 잡아야 합니다. 유씨兪氏(兪啓) 『여사제강麗史提綱』의 경우 고려조로 시작을 잡았는데, 그 이전의 역사는 상고할 수 없게 된 것입니다. 만약 서명을 '동사강목'으로 붙인다면 단군·기자 이하로부터 편년을 해야 할 터이지만 아득하여 증빙하기 어려우니 이 또한 가능하지 않은 일입니다. 그렇다면 삼국 초기부터 시작할 수밖에 없겠는데 그 이전의 사실은 진경陳桱의 『통감속편通鑑續編』의 예와 같이 별편別編을 머리에 얹을 수 있으며, 아니면 사마광司馬光의 『자치통감』의 예를 따라서 삼국이 시발한 연도의 아래에 나누어 수록하는 것도 가능할 듯합니다. 그러나 양자 모두 타당성은 부족해

보입니다. 제 소견으로는 단군·기자 이하로부터 비록 연대는 분명치 않더라도 증빙할 만한 사실을 따라서 강綱을 세우고 목目은 그에 맞춰 붙이며, 연대가 분명치 않은 것들은 응당 생략해야 할 것입니다. 이 방법이 어떻겠습니까?[28]

라고 물었다. 즉 "'동사강목'이란 명칭을 붙이려면 단군·기자로부터 편년체로 기록해야 하겠는데 연조에 증빙이 없어 불가능하고, 삼국시대 초부터 기초하여 그 이전 사실은 삼국시년지하三國始年之下에 분재하거나 진경의 『통감속편』의 예에 따라 별편으로 만들어 권수卷首에 싣는 것이 무방할 것 같지만 두 가지가 모두 타당성이 결여된 듯하므로, 제 생각으로는 단기檀箕 이하 연대미상이지만 그중에 가거可據할 것은 강綱을 세워 목目을 유類에 따라 붙이고 연대를 밝힐 수 없는 것은 빼버릴 수밖에 없겠습니다. 어떻습니까?"라고 한 것이다. 성호는 이에 대하여

나는 일찍부터 이 뜻(『동사강목』 편찬의 뜻)을 가졌으나 정력이 이미 쇠했을 뿐 아니라 무용지물로 공력만 소모할 것이기에 그만두었네. 단군·기자는 어찌 표출하여 쓰지 않겠는가. 삼국 이후로 '독립'해 있는 경우는 하나로 쓰고 '분립'해 있는 경우는 나누어 기재해야 할 것일세. 근세에 홍씨(洪萬宗)의 『동국역대총목東國歷代總目』에서는 신라를 정통으로 잡았는데 타당성을 발견할 수 없네.[29]

28 『星湖先生文集』 卷26, 「答安百順問目」, 상권, 260면. "曾聞先生, 昔年留意于東史, 未審綱要已定否? 凡述史, 皆有託始, 兪氏提綱, 始於麗祖, 則前事無徵矣. 若名以東史綱目, 則自檀箕以下, 可以編年而荒遠難徵, 此又不可也. 然則不得不始于三國之初, 而其前事實, 若陳桱通鑑續編之例, 別編而冠之首, 否則如馬公資鑑之例, 分載於三國始年之下, 似可矣. 然兩者俱欠妥當, 愚意則檀箕以下, 雖年代難詳, 隨其可據者, 立綱而目則隨類附之, 年代之難詳者, 只當闕之而已. 未知如何."

29 위의 책, 461면, "瀷夙有此志, 而不但精力已竭, 無用之物, 功費可惜, 故止耳. 檀箕何可不表

라고 하여 단군·기자를 분명히 표출해서 써야 한다고 단정하였다. 별편으로 만드는 것이 옳지 않고 삼국시년지하三國始年之下에 분재하는 것도 타당치 않다는 뜻이다. 순암은 다시

> 반계는 이르기를 동사를 지음에 있어서는 "응당 삼국의 시작부터 기원을 잡아야 한다"고 말했습니다. 이렇게 하려면 기년이 매우 어렵게 됩니다. 삼국의 흥기는 각기 선후가 있어 신라 시조 원년은 고구려 시조와 21년의 시차가 있습니다. 그러나 신라 시조 원년으로부터 20년에 이르기까지 큰 글자로 기년을 하고 고구려가 흥기해서부터는 나누어 기재해야 할 것입니까. 이런 곳은 해결하기 매우 어렵습니다.[30]

라고 말하고 이어서

> 만약 단군으로부터 시작하면 단군과 기자는 응당 정통이 될 것입니다. 기자의 후손이 마한으로 되었으니 비록 남쪽 구석으로 밀려와 있었더라도 태사太師(箕子)의 제사를 받들었은즉 정통은 분명합니다. 저의 소견으로는 온조왕溫祚王 27년 마한이 멸망한 이후부터 삼국의 기년을 나누어 기록해야 한다고 봅니다. 만약 연도가 불분명한 점이 우려되는 경우 간지만 쓰고 증거를 찾을 수 있으면 그 후에 큰 글씨로 기년을 합니다. 삼국은 신라 문무왕이 통일한 이후 정통으로 연계지을 수 있으며, 고려는 태조 19년 견훤甄萱이 멸망한 이후부터 정통을 인정할 수 있습니다.[31]

出耶. 三國以下, 獨立則獨書, 並立則分註而已. 近世有洪氏總目書者, 以新羅爲正統, 不見其妥當."

30 위의 책. "柳磻溪云, 作東史, 當起於三國之初, 若然, 紀年甚難, 三國之興, 有先後, 羅祖元年, 距句麗始祖元年二十一年矣, 然則自羅祖元年, 至二十年, 大書紀年, 至句麗興而當分註耶. 此等處, 極難消詳矣."

31 위의 책. "若始於檀君, 則檀箕當爲正統, 而箕子後孫, 爲馬韓, 雖流迸南寓, 而猶奉太師之祀,

라고 하여 성호의 의향을 물었다. 성호는 위의 것에 대하여 그렇다고 동의하고 아래의 것에도 동의하면서

> 마한은 소열제昭烈帝(蜀漢의 황제)의 예와 같이 응당 시조로 되어야 할 듯하다. 사서에서 호강왕虎康王이라 일컫는데 지금 익산益山에 무강왕無康王의 묘가 있다. 『동국여지승람東國輿地勝覽』에서 분변해 내지 못한 것이다. 고려인들은 혜종惠宗의 이름을 휘하여 무武를 호虎로 썼으니 무제武帝를 호제虎帝라고 한 것이 그 때문일세. 모름지기 그 사실은 기술해야 할 사항이네.[32]

라고 하였다. 순암이 성호의 삼한정통론으로 『동사강목』의 골격을 구성하려 했음에 대하여 성호가 거듭 찬의를 표했던 것이다.

순암이 성호의 뜻을 이어받아 『동사강목』의 골격을 구성하게 되자 성호는 못내 기뻐하면서 다시 격려의 말을 전했다.

> 요즘 사람들은 우리나라에서 살아가면서 우리나라의 역사를 전혀 알지 못하고 있다. "『동국통감』을 누가 읽느냐란 말이 나오기에 이르렀으니 그 뒤틀리고 어긋남이 이 모양이다. 우리나라는 스스로 우리나라인지라 그 규모나 체제는 중국의 역사와 저절로 구별이 있다. 사대교린事大交隣의 관계에서 과거를 상고하고 지금을 살피건대 참으로 헤아려야 할 점이 있다. 그럼에도 우리나라 사람들은 대개 어두운 상태이니 이 문제는 더욱 논리를

則正統固在也. 愚意自溫祚王二十七年滅馬韓之後, 始分註三國之年, 若以紀年難徵, 爲憂, 則只書干支, 而有可據者然後, 大書紀年. 三國則至新羅文武王一統後, 接正統, 高麗則太祖十九年甄萱亡後, 爲正統."

32 위의 책. "馬韓如昭烈之例, 恐當爲始祖, 史稱虎康王. 然今益山有武康王墓, 輿地勝覽不能辨得出. 麗人諱惠宗名以武爲虎, 如武帝爲虎帝是也. 須記之."

세워 선명히 해야 할 필요가 있다. 자네는 이 점에 생각이 미쳐 있는가?”[33]

라고 한 다음 다시 말을 이어서

> 종래 우리나라의 역사는 의론이 대체로 모두 시원치 않아 족히 볼 만한 것이 없다. 필삭筆削하는 데 있어 마땅히 새로운 뜻을 발휘하여 천고의 면목을 일세一洗하고 다시 정중히 논조論調를 펴야 할 것이요, 진부한 구습을 답습해서는 아니 될 것일세. 병을 앓고 나서 곧 손 가는 대로 마구 써서 말이 덜 되는 곳이 많으니 오직 조용히 살피고 한결같이 몸을 아껴서 종효終孝를 도모하시기 바라네.[34]

라고 하여 순암에게 성호는 크나큰 기대를 걸었다.

순암은 다시 성호에게 기존 역사서들을 논평하면서

> 우리나라의 역사책은 모두 마음에 들지 않습니다. 『삼국사기』는 말할 수 없이 황잡荒雜하고 『고려사』는 다소 간명하고 충실하기는 하나 여러 지志의 기록한 바에 이르러서는 모두 상세하지 못합니다. 이것은 우리나라 사람들이 거칠어서 문헌을 숭상하지 않기 때문에 일대의 전장典章이 분명하지 않고 상세하지 못한 것이지 역사를 편찬한 자의 과실이 아닙니다. 그러나 은일전隱逸傳을 설정하지 않고 야은전冶隱傳을 만들지 않은 것은 진실로 결함이 있는 일입니다. 야은을 고려에 소속시키지 않으면 장차 본조本

33 『星湖先生文集』 卷26, 「答安百順別紙」. “今人, 生乎東邦, 惟東事, 全不省覺, 至曰‘東國通鑑有誰讀之’. 其乖戾如此. 東國自東國, 其規制體勢, 自與中史, 有別. 其事大交鄰之間, 驗古準今, 誠有不可不商量者, 東人, 蓋昧昧然也. 此尤合立說而分曉之也. 百順已及此耶.”

34 위의 책. “從來, 東史議論, 率皆魯莽無足觀. 筆削之際, 合有發揮, 梳洗千古頭面, 更須鄭重下言, 無踵陳迹焉, 病後信手亂草, 多不成說, 只希默以照之. 更望一意葆嗇用圖終孝.”

朝에 소속시킬 것입니까? 이것은 말도 안 되는 소리입니다. 『동국통감』도 역시 알 수 없는 곳이 많습니다. 『여사제강』은 비교적 나으나 단지 고려의 역사만을 다루었고 강綱을 세운 것 역시 신중함과 엄격함을 잃었습니다. "중 나옹懶翁을 밀양으로 귀양 보냈다"는 따위가 그것입니다.[35]

라고 하여 『삼국사기』는 황잡하고 『고려사』는 '지志'의 기록이 소략하고 입전立傳에도 잘못이 있으며 『동국통감』은 알 수 없는 것이 많고 『여사제강』은 비교적 좋으나 또한 입강立綱에 근엄성이 없다는 것이다. 그는 말을 이어

『동사찬요東史纂要』는 유초類抄에 불과하므로 너무 소략합니다. 근세에 교리校理 임상덕林象德이란 분이 『동사회강東史會綱』을 지었는데 가장 정밀하다 불리어지지만 공민왕에서 그쳤으니 아마 그 후는 말하기 어려웠던 모양입니다. "강릉군江陵君 우禑가 즉위했다"라 한 것은 우가 신돈辛旽의 소생이 아님을 밝힌 것입니다. 이것은 이미 전배前輩의 논술이 있으니 필법이 마땅히 이와 같아야 할 것이지만 지금 세상에 나서 과연 이와 같이 할 수 있겠습니까? 엎드려 가르침을 바랍니다.[36]

라고 하여 『동사찬요』는 역사사실의 유초에 불과하고 임상덕의 『동사회강』이 가장 정밀하다는 평이 있지만 공민왕에서 중지하게 되었는데 아마 그 이후는

35 『順菴全集』 卷10, 「東史問答」, 上星湖先生書 甲戌, 224면. "海東一方史, 皆不合人意. 三國史, 荒雜無可言, 高麗史稍爲簡實, 而至若諸志所錄, 皆不詳悉. 此盖東人鹵莽, 不尙文獻, 故一代之典章, 多晦而不詳, 非編史者之過也. 然而不立隱逸傳不爲冶隱傳, 此誠欠事, 冶隱不屬于麗, 則其將屬本朝乎? 是不成說也. 東國通鑑, 亦多有未可知者. 麗史提綱, 較優, 只論麗史而立綱, 亦多失謹嚴, 如竄僧懶翁于密城之類, 是也."

36 위의 책. "東史纂要, 不過類抄, 太涉踈畧. 近世有林校理象德者, 作東史會綱, 最號精密, 止於恭愍, 盖其後難言也. 其曰江陵君禑, 卽位者, 明禑之非辛出也. 此已有前輩之論, 筆法似當如是, 生乎今世, 其果能若此乎? 伏乞命敎."

서술하기가 어려웠기 때문일 것이라는 말이다. 순암은 역대 저작들을 두루 살핀 뒤에 상고로부터 고려 말까지를 합하여 한 편으로 만들어 '동사강목'이란 이름 아래 한 나라의 문헌으로 전하게 하는 것이 불가피한 일이라고 말하였다. 말하자면 우리나라의 새로운 통사通史가 절실히 필요하다는 것이었다.

이러한 순암의 역사서평에 대하여 성호는 대체로 모두 동의하였다. 그리고 순암에 대한 촉망과 그 저작의 조속한 결실을 바라 마지않았다.

이제 순암은 구체적 사항에 대하여 질문하였다. 첫째 역사상 역대 강역疆域의 문제, 둘째 역대 인물의 현부賢否에 따른 서법書法의 문제, 셋째 삼국 이후 문자가 용속庸俗한데 그것에 대한 윤색 여부의 문제이다.

첫째 문제에 대하여 순암은

> 역사를 쓰는 사람은 반드시 먼저 강역疆域을 정해야 하는데 우리나라 역사의 지지地誌에는 근거할 만한 것이 전혀 없습니다. 개마대산盖馬大山은 분명 지금의 서북 양계兩界 사이에 있는 큰 영嶺인데 『여지승람』에는 평양 고적에 붙여 놓고 있습니다. 비류수沸流水는 고구려가 처음 도읍한 곳이니 마땅히 요계遼界의 동북 새외塞外에 있어야 할 것 같은데 지금의 성천成川이라 말합니다. 이와 같은 것이 너무나 많아서 일일이 열거할 수 없습니다. 그중 대방帶方은 확실히 어느 곳에 있는지 모르겠고, 단단대령불내單單大嶺不耐는 철령鐵嶺 동쪽인 것 같은데 역시 분명히 알 수 없으니 엎드려 탄식합니다. 바야흐로 동국지리의변東國地理疑辨을 지을 때 바로잡고자 하오니 마땅히 후일을 기다려 우러러 여쭙겠습니다.[37]

37 위의 책, 上星湖先生書 乙亥. "作史者, 必先定疆域, 而東史地誌, 專無可據, 盖馬大山, 分明是今西北兩界間大嶺, 而勝覽, 付於平壤古蹟. 沸流水, 句麗始都, 似當在遼界之東北塞外, 而謂今成川, 如此者甚多, 不能枚擧, 其中帶方, 不知的在何地, 單單大嶺不耐, 似是鐵嶺以東, 而亦不的知, 伏歎, 方著東國地理疑辨, 欲以就正, 當俟後日仰禀耳."

라고 하여 중요한 몇 가지 예를 든 다음 장차 「동국지리의변」을 지어 일괄하여 여쭙겠다는 것이다.

둘째 문제에 대하여 순암은

> 『동사강목』의 범례에 대한 대의는 전에 이미 여쭈어서 정했습니다만 약간 보충할 것이 있습니다. 어진 자의 경우에는 벼슬을 적고 졸년卒年을 적었으니 강감찬姜邯贊과 최충崔沖 같은 유가 그것입니다. 미워할 만한 자의 경우에는 단지 졸년만을 적었으니 금의琴儀와 이규보李奎報 같은 유가 그것입니다.[38]

라고 하였다.

셋째 문제에 대하여 순암은

> 삼국 이후로 문자가 용렬하고 속되어서 보는 사람들이 많이들 말하기를 마땅히 윤색해야 한다고 합니다. 저의 생각으로는, 문장이 비록 좋지 못하나 그것을 윤색하면 그 사기辭氣의 억양 사이에 혹 실질을 잃을 염려가 없지 않고 또한 후학의 신중한 뜻은 아닌 듯한데 어찌해야 할지 모르겠습니다.[39]

라고 하면서 성호의 판단을 들어 결정한 뜻을 보였다.

그리고 우선 『동사강목』의 초고 다섯 권을 올리면서

---

38 위의 책, 上星湖先生書 丁丑, 230면. "東史凡例, 大義則前已禀定, 而畧有所補. 如賢者書官而書卒, 若姜邯贊崔沖之類是也. 其有可惡者, 只書卒, 若琴儀李奎報之類是也."

39 위의 책, 上星湖先生書 己卯, 232면. "三國以後, 文字庸俗, 見者多言, 當潤色之. 愚謂文雖不好而潤色之, 則其於辭氣抑揚之間, 或不無失實之患, 又非後學愼重之意, 未知如何."

이 일을 제가 감히 어찌 경솔하게 착수하겠습니까? 다만 선생님께서 자주 작성하기를 권면하는 가르침이 있었고 또 여러 역사책을 보면 모두 마음에 차지 않는데 아무도 여기에 뜻을 두는 사람이 없기에, 후일 장독을 덮는 휴지가 되리라는 것을 생각지 않고 망령되이 만들어서 삼국 이상의 초고 다섯 권을 올립니다. 만약 선생님의 감정勘定을 한번 거친다면 진실로 큰 다행이겠습니다만 조용히 조섭調攝하시는 중에 방해가 될까 두려울 뿐입니다. 글머리에 간략하게 몇 자로 교시敎示하셔서 저로 하여금 깨닫게 해주신다면 매우 다행이겠습니다.[40]

라고 하여 성호의 감정을 바란다고 하였다. 이때 성호는 병으로 조섭調攝 중에 있었으므로 순암은 조심조심 스승의 처분을 바랐던 것이다. 성호는 우선 역사지리에 대하여

요동땅은 고구려 때에는 여전히 고구려의 통치구역 내에 있었는데 삼국시대 말기에 신라의 힘이 미약해지자 말갈靺鞨에 소속되었다가 대씨大氏(大祚榮)에게 통합되었다. 요나라가 일어나 그 지역을 탈취하자 고려 태조 왕건이 이를 수복하고자 하여 요나라 사신을 멀리 내치고 국교를 끊었지만 불행하게도 태조가 갑자기 세상을 떠났고 나중에 광군光軍을 설립한 것도 대개 그러한 의도이다. 거란 장군 소손녕蕭遜寧의 문답에 근거하더라도 알 수 있다. 인종仁宗에 이르자 이에 오로지 요나라를 섬겼다. 고운 최치원은 그 당시 사람으로 근거 없는 말을 할 리가 없다. 마한이 기자의 후예이고 고구려땅은 본래 기자의 나라라고 생각되는데 이는 삼국이 삼한을 계승했기 때문에 개괄적으로 말한 것이 아닐까? 신라는 처음에는 낙동강 동쪽을

40 위의 책. "東史問答, 是役也, 愚何敢率爾下手耶? 第先生, 頻有勸成之教, 且看諸史, 皆不滿意, 而無人念到此. 故不計他日爲覆瓿之物, 而妄爲之, 以原草三國以上五卷, 納上. 若經先生一番勘定, 誠爲大幸, 但恐有害于靜攝之中. 書頭, 畧以數字示教, 使之意會, 則幸甚."

차지하였는데, 그 서쪽은 육가야六伽倻 지역이고 변한이 육가야 남쪽에 있었으니 이는 반드시 지리산 남쪽의 여러 고을로서 아마도 지금의 경상도·전라도 여러 고을을 차지하였을 것이다. 비록 처음에는 신라에 들어갔으나 나중에는 마침내 백제로 편입되었다. 혹은 지금의 전라도 동남쪽 여러 고을이 모두 변한 지역이 아닐까? 이것이 대대로 전해지는 의문점이라고 할 수 있다네.[41]

라고 하여 우리 역사에서 가장 문제가 되는 고구려의 강역을 논하고 다시 나아가 백제와 변한을 언급하였다.

백제百濟땅에는 원래 백제국伯濟國이 있었으며, 십제十濟가 변하여 백제가 되었다고 하는 것은 아마도 그렇지 않은 듯하다. '변弁'이라는 의미도 무엇을 가리키는지 알 수 없지만 변한弁韓을 반드시 진한辰韓이라고 일컫는 것을 보면 변弁 역시 진辰임을 알 수 있다. 신라·백제가 지리산을 경계로 삼은 것은 후대에 와서 된 강역인데, 그 시원을 말하자면 신라의 서쪽이 육가야이고 또 육가야의 서남쪽이 변한이니 이것은 의심할 여지가 없다. 지금에 있어 강역과 그 명칭을 시대가 변천한 뒤의 것을 따르고, 매양 외국에서 전해 들은 것을 가지고 억측으로 판단하면 아마도 장애가 있을 듯하다. 그 설이 길어서 갑자기 마칠 수는 없네.[42]

---

41 『星湖全書』 卷15, 「答安百順 丙子」, 여강출판사 영인본, 1984, 293~294면. "遼地, 句麗時, 尙在所統之內. 三國之末, 新羅微弱, 任屬靺鞨, 爲大氏統合. 遼興而奪之, 麗祖欲復之, 竄遼使而絶之, 不幸遽卒. 後立光軍, 皆此意也. 據蕭遜寧問答可見. 至仁宗, 乃專心事遼. 崔孤雲, 卽當時人, 不應誣辭, 或疑馬韓是箕子之裔, 句麗之地, 本箕子之國, 而三國繼三韓, 故槩言之耶? 新羅始有洛東江以東. 其西卽六伽倻之地, 而弁韓在其南, 必是智異以南諸郡. 恐跨居今慶尙·全羅諸郡. 雖始降於新羅, 其後終入于百濟. 或今全羅道東南諸郡, 皆弁韓之地耶? 此可以傳疑."

42 위의 책, 294면. "百濟之地, 原有伯濟國, 變十爲百者, 恐不然. 弁之義, 未知何指. 而弁韓必稱弁辰, 則弁亦辰可知. 羅濟以智異爲界者, 後來之疆域, 而若言其始, 則新羅之西爲六伽倻,

라고 하였다. 성호는 위로 단군에 소급하여 단군시대의 지리적 위치를 고증할 수 없으나

> 내 생각으로는 이미 신이 태백산에 내려왔다고 말함이 있는데 최치원의 글에 의거한다면 아마도 도읍이 요동지역에 있었던 듯하다.[43]

라고 한 뒤에

> 대개 아득한 상고 때의 역사는 그 태반이 요동지역에 속한다. 그런데 요즈음에 와서는 매양 압록강 동쪽에다가 견강부회하고 있다.[44]

라고 하여 우리나라의 역사무대를 압록강 이동으로 축소시키고 있는 종래 사가들을 견강부회라고 신랄히 비판하였다.

두 번째로 성호는 인물에 관한 서법에 대하여

> 『춘추』에 '미악불혐동사美惡不嫌同辭'라고 한 것이 필경에는 대충 얼버무리는 말이 되어 버렸으니 이는 따를 수가 없네. 내가 생각하기로는 죄가 있는 사람은 경중에 따라 처벌해야 한다. 금의・이규보 같은 부류의 사람은 이임보李林甫처럼 벼슬한 관직명은 빼버리고 죽었다는 '졸卒'만 써놓은 예를 따르는 것이 또한 좋겠네.[45]

又其西南爲弁韓, 此則無疑. 今從疆域名號變遷之後, 每以外國傳聞者, 臆斷, 則恐有罣礙. 其說長, 不可卒旣."

43 위의 책. "愚疑, 旣云神降太白山, 據崔孤雲書, 恐在遼地."

44 위의 책, 296면. "蓋遼古之事, 太半是遼地, 而今俗每以鴨綠以東傅會."

45 『星湖全書』 卷15, 「答安百順」, 297면. "春秋所謂美惡不嫌同辭, 畢竟彌縫之說, 不可適從. 吾以爲有罪者, 分其輕重而處之. 如琴儀・李奎報之類, 依李林甫去官書卒之例, 亦可."

라고 하여 순암의 의견에 그대로 동의하였다. 그리고 세 번째로 삼국 이후의 종래 기존 문자들을 손대지 않고 원래 있는 그대로 사용하는 것이 좋겠다는 순암의 의견도 그대로 받아들였는지 특별히 언급한 것이 보이지 않는다.

2) 순암의『동사강목』완성

순암이『동사강목』을 쓰기 시작한 것은 영조 32년(1756)으로 그 초고를 대략 마무리한 것은 그의 나이 48세 때, 즉 1758년이었다. 그 후 20년을 지나 그가 목천현감木川縣監으로 재임할 때에 다시 이 초고에 손질을 가하고 자기의 서문序文을 붙여서 비로소 최종적인 작업을 끝냈다. 이 역사적 노작이 한 시골 고을 조그만 관사에서 이루어진 것이다.

앞서 성호는 그 초고를 한 차례 열람하고는

> 『동사강목』을 때때로 한번씩 대강 훑어보는데 고증이 모두 자세하고 분명하게 잘 갖추어져 있어서 아마도 우리나라에서 미증유의 사서를 얻었다는 평가를 할 만하다.[46]

라고 하여 높이 찬양하였다. 그러나 성호는 그의 제자의 업적을 무조건 찬양하지만은 않았다. 성호는 그중에서

> 또한 가다가 더러 타당하지 않은 점도 있다. 나의 견해를 첨부하고 싶어도 정력이 이미 쇠퇴하여 꼼꼼히 감정할 길이 없다. 붓을 던지고 길게

46 『星湖全書』卷15,「答安百順 己卯」, 299면. "東史, 時一略窺, 考據該備, 殆可謂東方得未曾有."

> 탄식함을 면할 수 없지만 이것도 하늘이 정한 분수인 듯 그대의 대업에 손을 대어 도와줄 수 없게 한 것이라네.[47]

라고 하여 일말의 유감을 표시하기도 하였다. 성호가 스승으로서 약간 아쉬움을 표시하기도 했지만 동문선배 내지 친우 중에도 약간씩 이견이 있었던 것 같다. 순암은 소남邵南 윤동규尹東奎에게

> 나라를 가진 자는 반드시 강역을 정리하고 역사를 쓰는 자는 반드시 지리를 정돈해야 하는데, 우리나라 삼국시대엔 조그마한 일로 서로 다투며 뺏고 빼앗기는 일이 무상하여 삼국의 지역에 관해서는 끝내 한 가지 정론이 없습니다. 또한 전쟁이 잇따라 수·당의 사이에 두 나라가 멸망했기 때문에 비록 기록할 만한 공사문적公私文籍이 있었다 하더라도 모두 불타 없어졌을 것이니 우리나라 사람들의 거칠고 어리석은 소치만은 아닙니다. 지금 천 년 후에 태어나 불타고 조각난 나머지에서 사실을 찾아내는 일이 어찌 가능하겠습니까?[48]

라고 하여 삼국시대로부터 외침 속에 모든 공사문적이 사라져서 사료가 결핍된 것이 근본 원인이고, 우리나라 편사자들이 노망鹵莽한 것만이 이유가 아니라는 것이다. 순암은 또 정산貞山 이병휴李秉休에게

> 동방에 나라가 있은 지 오래이니 의당 한 역사책이 있어 강목을 모방했

47 위의 책. "亦見往往有未甚安者. 雖欲附見愚見, 精力既疲, 無緣照閱勘定. 不免閣筆長嗟, 是天分有定, 使不得藉手大業耳."

48 『順菴全集』卷10, 「東史問答」, 與邵南尹丈書 丙子, 235면. "有國者, 必疆理經界, 作史者, 必整頓地理, 而我東三國之際, 蠻觸相爭, 與奪無常, 三國地域, 終無一定可論者. 且以兵禍連仍, 隋唐之間, 二國覆滅, 雖有公私文籍之可記而擧, 必付于一炬之燼, 不獨東人鹵莽之致也. 今生于千載之下, 究尋於斷爛之餘, 何可得也."

어야 했는데 그것이 있다는 말을 듣지 못한 것은 무엇 때문입니까? 편년으로 된 책은 『동국통감』 일부가 있으나 범례가 전혀 없습니다. 단군과 기자가 비록 사실은 없으나 그것을 외기外紀에 두어 전의傳疑의 예와 동등하게 해서야 되겠습니까? 위만衛滿은 참적僭賊인데 삼조선三朝鮮의 이름에 병렬시킨 것은 무슨 덕을 따른 것입니까? 마한은 기씨箕氏의 적통이고 신라와 백제가 초창기에 복속했는데 어찌하여 이를 빼버린 것입니까? 주근周勤이 옛 나라를 회복하려 했는데 이를 '토벌했다'라 쓰고, 조위총趙位寵이 군사를 일으켜 적을 토벌했는데 인정하지 않은 것은 무엇 때문입니까? 이런 유는 다 열거하기 어렵습니다. 사실의 오류와 장소의 잘못된 점에 이르러서는 모두 분변할 수가 없으니 후인이 어떻게 밝히고 믿을 수 있겠습니까? "어떤 사람이 『동국통감』을 읽어 주겠는가?"라는 말은 비록 간악한 자가 거리낌없이 악을 행하려는 마음에서 나온 것이긴 하지만 그것이 과연 읽을 만한 책이겠습니까?[49]

라고 하여 우리나라의 유구한 역사로 보아 당연히 한 통사로서 편년사가 있을 법한데 편년으로 된 책은 『동국통감』 하나가 있을 뿐이고 이 『동국통감』은 의례도 서법도 엉망이라고 말하고 "『동국통감』을 누가 읽어 주겠는가"라고 한 말은 간인奸人의 자기위안을 위한 말이지만 사실 우리에게 『동국통감』이 읽을 만한 가치가 있는 책인가라는 것이다. 여기에서 순암은 자기에게 불가피한 사명이 있음을 말하였다. 순암은 다시 정산에게

49 위의 책, 與李貞山書 丙子, 237면. "東方之有國, 久矣. 宜有一史, 以倣綱目而不聞有焉, 何哉? 編年之書, 有通鑑一部, 而全無義例, 檀箕雖無事實, 其可置於外紀, 同于傳疑之例耶? 衛滿僭賊, 幷列爲三朝鮮之名, 遵何德哉? 馬韓爲箕氏之嫡統, 羅濟之始, 亦爲之服屬, 則何爲以沒之耶? 周勤, 欲復舊邦而書討, 趙位寵起兵討賊而不許, 何耶? 凡此之類, 難以槩擧. 至於事實之舛謬, 地方之爽誤, 皆無所辨, 後人何以徵信. 誰人讀東國通鑑之語, 雖出於姦人爲惡無忌憚之心, 其果爲可讀之書耶."

> 『동사강목』의 저술은 제가 감히 담당할 수가 없는 일인데 스승님께서 가르침이 계셨기 때문에 역량을 헤아리지 않고 경솔하게 작업을 했습니다. 속담에 이르기를 "본바탕이 아름다운 연후에야 분을 바른 효과가 있다"라고 하였습니다. 본문이 이미 뜻에 차지 않으매 그 형세가 이로 인하여 완성하지 않을 수 없었습니다. 반고班固와 범엽范曄이 손을 댄다 해도 오히려 볼 만한 것이 없을 터인데 하물며 저같이 못나고 과문寡聞한 자가 장차 어떻게 그것을 발휘할 수 있겠습니까?[50]

라고 하였다. 자기의 임무와 아울러 해명을 해 보낸 것이다.

『동사강목』은 무엇보다 먼저 『동국통감』의 비판으로부터 출발하였다. 첫째 『동국통감』에 단군조선·기자조선 뒤에 위만조선을 붙여 삼조선三朝鮮으로 삼은 것은 부당한 일이며 위만은 참적이니까 그 대신에 마한을 정통으로 삼아야 한다는 것, 둘째 『동국통감』에 단군·기자를 모두 외기外紀에 넣은 것은 부당한 일로 단군이 처음 나라를 열었고 기자가 처음 문물을 홍기시켰는데 비록 사실이 인몰湮沒되고 없다손 치더라도 어찌 전기잡서傳記雜書의 것을 수록한 중국의 외기에 동질시할 것인가라는 것이다. 『동사강목』은 단군·기자의 사실성을 강조함으로써 우리나라 역사연대의 상한을 그만큼 높이 올리게 되었던 것이다.

다음 이 『동사강목』 속에 흐르고 있는 사상을 요약해 보면 첫째 애국적 사상으로, 외래 침략자를 격퇴한 역사적 사실들을 특히 유의하여 서술하고 충신과 명장들의 빛나는 활동을 높이 평가하였다. 고구려의 대 수·당전쟁, 고려의 대 거란·몽고전쟁 등에서 조국의 수호를 위한 민중의 분투와 을지문덕乙支文德·강감찬姜邯贊·서희徐熙 등 뛰어난 인물들의 불멸의 업적을 찬양하고 우리

---

50 위의 책, 與李貞山書 戊寅. "東史, 非敢擔當, 丈席有教, 故不量己力, 率爾爲之. 諺云本質美, 然後, 鉛粉有功, 本文旣不滿意, 而其勢不得不因此而成之. 假使班范下手, 猶無可觀, 況如僕湔劣寡聞, 將何以發揮耶."

민족의 용감성을 자랑스럽게 말하는 한편, 신라의 통일 이후에 문치文治를 숭상하고 국방에 관심을 돌리지 않아 나라가 약하게 되었다고 통탄하였다. 고려 성종成宗이 주군州郡의 병기를 수납하여 농구農具로 개조한 사실을 들어, 외적의 침입에 무엇으로 방어할 것이냐고 비난한 것도 이것의 한 예이다.

둘째 애민적 사상으로, 역대 국가의 대민시책對民施策이 착취에만 치중하고 백성들의 생활을 돌보지 않는 것을 비평하였다. 고구려 고국원왕故國原王의 진대법賑貸法 시행에 관한 안설按說에서 진賑은 좋지만 대貸는 좋지 않은 것이라고 말하고 대는 백성들에 대한 국가의 착취를 의미하는 것으로 논파하였으며, 고려 광종 때의 노비안검법奴婢按檢法에 관한 안설에서 그 부당성을 지적하고 문종文宗 때 억울하게 죽은 노비의 옥사를 신중하게 다루어야 할 것과 그 개혁을 주장하였다. 이런 것들은 모두 저자가 역사상의 사실을 통하여 저자 자신의 시대현실을 비판했던 것이며, 그 비판의 관점은 곧 경세치용학적 견지에서 나왔다. 이러한 사상이 『동사강목』 본편 17권 속에 한결같이 흐르고 있음을 볼 수 있다.

이 본편 외에 『동사강목』의 가치를 한결 높여 준 것은 그 마지막 부권附卷이다. 부권에는 「고이考異」·「괴설변怪說辨」·「잡설雜說」·「지리고地理考」 등의 4개 편목이 들어 있고, 각 편에는 다시 여러 개의 개별적 문제(133개의 실례)들이 취급되어 있다. 예를 들면 단군설화·갈문왕葛文王·진흥왕정계비眞興王定界碑 등을 비롯하여 역대강역고歷代疆域考·분야고分野考 등에 이르기까지 성실한 고증을 가한 역사연구의 역작들이라 할 것이다.

『동사강목』이 경세치용파의 저술로서 그 후의 실사구시파의 선구가 되기도 한 것은 우리가 이미 잘 아는 바이며, 근대 계몽기(구한말)에 이르러 그 학문적·사상적 기반을 조성함에 있어서 『동사강목』이 제공한 원천적 역할은 더할 수 없이 중요했던 것이다.

5. 맺음말

임진·병자 양란에 치명적 상처를 입고서도 헛된 명분과 가장된 대의大義로 국민을 오도하고 있을 뿐 근본적인 반성과 대책을 강구하지 않는 가운데 차차 지난날의 쓰라림이 건망 속에 사라져 가는 형편이었다. 이러한 상황 아래 근기학파 학자들은 국제정세의 추이에 대한 예의 주시와 조국의 미래에 대한 심사원려深思遠慮, 과거로 거슬러 올라가 민족의 걸어온 역정을 세심히 고찰하고 홍망성쇠의 원인을 이해하는 데 노력을 아끼지 않았다. 이리하여 근기학파 학자들은 역사에 대한 관심이 높았고 나아가 독자적 관점에서 우리나라의 역사를 재구성하려 했던 것이다.

반계로부터 성호, 성호로부터 순암에 이르는 과정에서 『동사강목』의 이념과 체재는 끊임없이 계승 진전되어 마침내 한 대저로서 큰 성과를 올렸다. 그런데 여기에서 우리는 세 분의 차이점을 또한 알아야 한다. 우선 우리는 반계와 성호의 차이점을 볼 수가 있다. 이에 대한 견해는 한 선학의 말씀을 듣는 것으로 대신한다.

> 종전에 경세학을 말할 때에 반계를 원조로 여겨 왔다. 반계의 학문의 박무樸茂하고 돈독성실敦篤誠實함은 주한시대周漢時代에 가깝다. 다만 당시 풍습과 속상俗尙에 가리어져서 존주尊周(중국에 대한 숭봉崇奉)의 뜻이 지나쳐서 왕왕 저쪽(중국)을 바탕으로 하고 우리쪽에 의거하지 않았다.[51]

라고 하여 반계의 사유와 논의가 아직도 중화사상에 치우쳐 있음을 말하였다.

---

51 鄭寅普, 『薝園文錄』, 「僿說序」. "先是言經濟, 祖柳磻溪, 原其樸厚敦愨, 近周漢矣. 獨以風尙所掩, 尊周之意勝, 往往本於彼, 不依於此."

성호 선생에 이르러 '역사지학歷史之學'에 뿌리를 두고 족류族類(민족)의 의를 밝혀 원칙과 규범을 한번 세우매 뭇 분잡紛雜이 다 바로잡혔다. 이로부터 조선의 역사는 조선을 주체로 하게 되었다.[52]

라고 하여 성호에 이르러 비로소 조선을 주체로 하는 조선사학朝鮮史學의 수립이 가능해졌다는 것이다.

중화주의 세계관 속에서 처음으로 본국 기년을 주장한 반계의 자주의식의 발로는 성호에 이르러 드디어 조선주체사학朝鮮主體史學의 토대를 구축하게 되었던 것이다.

순암은 성호의 가르침을 받아 성호의 '역사지학歷史之學'을 구현하기에 최선을 다하였다. 그리하여 성호는 순암의 『동사강목』에 대해 우리나라 미증유의 사서를 얻었다고 찬양하였다.

그런데 성호의 말을 세밀히 살펴보면 '고거해비考據該備', 즉 고증의 정확 상비詳備함을 칭찬한 것이고 그 밖에 무엇인가 미진한 점이 있음을 숨기지 않은 것이다. 자기는 이미 정력이 쇠퇴하여 순암을 더 이상 도와줄 수 없으니 이는 천분天分이 정해진 것이라 붓을 던지고 길게 탄식한다고 한 그의 말 속에는 『동사강목』의 한계를 시인하는 한편, 자기의 역사관의 충분한 구현을 우리나라 미래의 사학, 후일의 사학에 기대를 가져보는 긴 여운을 남긴 것이라 하겠다.

52 위의 책. "至李星湖先生, 根柢歷史之學, 首表章成已圖復之烈, 族類之義明, 型範一揭而衆紛俱正. 自是, 朝鮮之史, 主朝鮮."

안정복과 『동사강목』

고려 무신정권에 관한 그의 견해에 대한 비평

에드워드 슐츠

1. 서론

조선시대를 대표하는 역사학자 순암 안정복(1712~1791)은 『동사강목東史綱目』[1]을 통해 매우 귀중한 역사적 기록을 남겼다. 이 논문은 『동사강목』에서 고려 무신정권 시대와 관련된 부분에 대한 자료를 분석하고자 한다. 특히 명종明宗이 즉위한 1170년에서부터 무신정권의 두 번째 권력자였던 최우崔瑀가 죽은

1 안정복, 『동사강목』, 민족문화추진회, 1989(이하, 이 책의 표기는 『동목』으로 줄인다.) 이 책에서 인용하는 출전의 표기는 한글 번역본의 뒤에 붙인 한문본인 한국교회사연구소 소장 필사본의 권차를 따른다. 권과 면의 표기에서, 펼친 면의 a, b는 우측면은 a, 좌측면은 b로 적는다. 아래 『고려사절요』의 출전 표기도 마찬가지이다.

1249년까지의 기간에 대하여 『동사강목』과 『고려사절요』[2] 두 역사서의 기록을 비교하기로 한다.

안정복이 다작의 저술가였다는 점과 고려왕조에 대한 여러 다른 자료가 있음을 감안해 볼 때, 위에 언급한 두 권의 저서들만을 분석하는 것은 한계가 있음을 밝혀 두는 바이다. 더욱이 12, 13세기 역사적 사건에 대해서 18세기 역사학자가 저술한 것을 21세기를 사는 역사학자가 분석한 것이기에 더욱 그렇다. 그럼에도 필자가 이 연구를 진행하는 이유는, 21세기에 있어 『동사강목』과 그 자료로서의 유용성에 대한 평가를 재고해 보려는 생각을 갖고 있기 때문이다.

서양 독자들을 위해 간단히 안정복과 『동사강목』에 대하여 소개한다. 안정복은 1712년에 태어났다. 그의 가문은 당시 중앙정계로부터 소외되고 있었던 남인 계열이었다. 안정복은 그런 분위기 속에서 학문을 연마하기에 전념하였다.[3]

1746년 35세가 되던 해에 그는 안산安山으로 찾아가 유명한 실학자인 성호 이익을 만났다. 이 만남에서 안정복은 이익의 사상과 학문에 매료되어 그의 삶에 변화를 가져오는 계기가 되었다. 안정복은 이익의 문하에 들어가 성호학파의 여러 학자들과 학문을 연구하고, 당시 시대상에 대하여 비판하면서 사상적 영역을 넓혀 간다. 이익은 17세기 학자인 반계 유형원의 영향을 받았으므로, 안정복은 그의 저서에서 유형원과 이익의 학문을 모두 담고 있다. 스승 이익의 추천을 받은 안정복은 관직에 나갔다가 1754년 부친이 죽자 당시의 관습대로 삼년상을 치르기 위해 관직에서 물러나기도 하였다. 안정복은 실학 연구에 몰

---

2 『고려사절요』의 표기는 『절요』로 줄인다. 이 책의 저본은 1452년, 김종서 등이 편찬한 35권의 『고려사절요』를 축쇄하여 간행한 일본, 학습원 동양문화연구소의 영인본(1969년)과 한국, 아세아문화사의 영인본(1972년)을 사용한다.

3 『동사강목』에 대한 대략적인 연구는, 강세구(1994)의 『동사강목연구』(민족문화사)가 있다. 또한 『동사강목』 관련 고려시대에 대한 연구는, 박종기(1993)의 「東史綱目 高麗編 檢討 : 安鼎福의 手澤本을 중심으로」(『성곡논총』 24)를 보기 바란다.

두하며 여생을 보냈으며, 성호학파의 학자들과 함께 개혁적인 성향의 남인에 속하였다. 안정복은 조선의 전통적인 신유학만이 아니라 도교와 불교 및 서학도 접하게 되었다.

안정복은 학문에 정진할수록 점점 기존 한국 역사서에 대해 불만을 가지게 되었다. 안정복은 자신의 동년배들과 열띤 지적 담론을 벌이기도 하면서 18세기를 선도하였던 학자 중의 한 명이었다. 안정복은 이익과 성호학파의 많은 학자들과 수없는 논쟁을 통하여 자신의 사상과 통찰력에 대해 확고한 지론을 키워 나갔다. 그는 역사와 지리에 특별한 관심을 가지고 있었으며, 또한 당시 조선이 어려움에 처했던 문제에 대해서도 연구하였다. 그는 유형원의 『반계수록』[4]을 탐독하였으나, 결국 당시 현존하던 한국 역사서들에 대해 불만을 갖고 새로운 역사서 저술을 결심하였다. 그러한 그에게 스승 이익은 많은 성원을 하였다.

안정복은 『동사강목』의 저술을 통해 높은 수준의 역사학적 검증 없이 저술되었던 기존 역사서들의 불완전함과 결점을 극복하고자 하였다. 안정복은 중국 송나라의 학문적 전통에 영향을 받아 역사는 미래에 대한 경고라고 생각하였다. 당시 조선의 지식인들이 즐겨 보았던 송의 역사서로는 사마광이 저술한 『자치통감』이 있다. 249권의 막대한 분량인 이 책은 중국의 역사를 포괄적으로 제공한다. 이 역사서를 저본으로 하여, 중국 남송시대의 신유학자인 주자가 『자치통감강목』에서 연대순에 따라 편찬해 놓았고, 이것이 안정복의 역사서술상의 모델이 되었다.

안정복은 역사가가 역사를 쓸 때 후세 역사가가 준칙으로 삼을 수 있도록 해야 한다고 생각하고[5] 그의 저서를 통해 충의를 칭송하고 찬탈을 비난하면서

---

4 James Palais(1996). 팔레 교수는 유형원의 책 『반계수록』을, '반계 사람의 다양한 기록들'이라고 풀이하였다. 팔레는 이 책에서 안정복과 『동사강목』에 대하여도 간략하게 언급하였다.

5 강세구(1994), 『東史綱目研究』, 민족문화사, 47면; 한영우(1988), 「안정복의 사상과 동사강

옳고 그름의 사리판단과 그에 따른 행동강령에 대해 기록하였다.[6] 안정복은 계속해서 깊은 연구와 현존하는 자료들을 검증하기 위해 노력하였다. 그는 고려 왕조의 정통성을 입증하기 위해 연구하였다.

안정복은 1756년부터 『동사강목』 편찬을 시작했으며 1778년 완성되기까지 그 노력을 아끼지 않았다. 연구와 집필의 22년 동안 안정복은 초기부터 스승인 이익의 지도를 받았으며, 성호학파의 학자들로부터도 학문적인 도움을 받았다. 안정복은 『동사강목』의 수정과 보완을 통해 정확한 역사를 저술하기 위해 많은 시간을 보냈다. 『동사강목』은 본편 17권으로 되어 있다. 이익은 『동사강목』의 짧은 서문을 집필하였으나, 이 책의 완결을 보기 전에 세상을 뜨고 말았다. 안정복은 책의 첫머리에서 역사의 중요한 원칙과 저술의 목적을 밝혀 놓았다. 그는 중국 주나라에서 온 기자가 세운 나라인 조선, 즉 기자조선이 한국 역사의 시초이며, 단군신화는 불승들이 만들어 낸 신화에 불과하다고 단정하였다. 안정복은 한국의 역사는 기자조선으로부터 마한, 삼국시대, 신라를 거쳐 고려시대에 이른다고 하였다.

어떤 면에서 보면, 『동사강목』은 한국의 역사서 집필에 있어서 획기적인 약진이 되었다고 말할 수 있다.[7] 안정복은 당시까지 전해 오는 역사서에 대해 비판적인 견해를 가지고 있었다. 18세기에는 여러 종류의 역사 분야 참고문헌들이 현존하고 있었고 그는 자신의 서문에서 그러한 문헌들을 언급하였다. 그는 김부식 등 『삼국사기』 편찬자들이 사건에 대한 표현에 소홀한 점이 있어 세밀한 부분을 담지 못했다고 생각하였다.[8] 『고려사』와 같은 것들은 복합적이고 상

목」, 『한국학보』 53호, 일지사, 146면.

6 강세구(1994), 위의 책, 48면.

7 본고의 논지와는 거리가 있지만, 랑케와 기타 서양의 역사학자들이 19세기 말에 발견했던 것보다도 앞서서 안정복은 민족의 역사서를 편집하였던 것이다. 이에 대하여 나는 일본 도쿄 소재 국제기독교대학의 Ken Robinson 교수에게서 많은 조언을 받았던 것을 밝힌다.

8 예컨대 안정복은 "중국에 대하여는 넓게, 그리고 상세한 주의를 기울여 탐구한다. 김부식이

세하지만 안정복은 자료의 실체가 부족하다고 느꼈다. 앞서 언급했던 것처럼 주자의 『자치통감강목』을 모델로 안정복은 기자조선에서 고려왕조까지 기록 형태의 연대기적 한국사를 저술하였다. 그는 객관적인 사실을 기술하려고 노력했으며 비록 그가 신화나 설화 등을 기록하였더라도 그것을 사실이라고 하지는 않았다. 그는 왕의 계통도와 관직 계보도 및 지도를 그의 저술에 담았다. 부록에는 지리학에 대한 논의와 함께 「고이考異」편에는 인용한 자료의 출처를 담았다.

안정복은 『동사강목』을 편찬함에 있어 인용자료의 출처를 밝히는 데 주의를 기울였다. 그는 34권의 한국 서적과 17권의 중국 사료를 인용하였다고 밝혔다. 기자조선에서부터 고려왕조에 이르는 역사를 서술함에 있어 안정복은 자신의 주를 달기도 하고 주요 사건에 대해서는 다른 학자들을 참조하기도 하였다. 그가 자신의 의견을 첨부할 때는 '안按'이라고 표시하여 두었다. 다른 학자들의 글을 인용할 때는 인용부호와 함께 예를 들면 '최씨왈崔氏曰' 같은 방법으로 출전을 표시하였다. 안정복은 『동사강목』을 통해 한국의 역사연구에 위대한 공헌을 했으며 18세기 고려 무신정권시대 지성계층의 관습을 엿볼 수 있는 훌륭한 사료를 제공하였다.

2. 고려 무신정권시대

한국의 유교적 사학자들은 고려시대의 무신정권 통치를 한 번도 긍정적으로 받아들인 적이 없다. 유학자들로서는 국가의 통치에 대한 의무가 문인들에게

이 점에 착안하지 않았음을 나는 다시 한 번 개탄한다"라고 하였다. 『동목』, 「범례」 하, 16면. 이에 대하여는 Peter Lee, ed.(1993), 『Sourcebook of Korean Civilization』, vol. 2, New York: Columbia University Press, 228면를 보기 바람.

있다고 믿고 있었고, 무인보다 문인이 우월하다고 인정하여 왔기 때문에 무인의 집권은 선정을 펼치기에는 도덕적으로 반하는 행위라고 보았던 것이다. 최소한 고려가 통일되었던 10세기 중반부터 시작되어 조선시대에 이르기까지 오래도록 지속되었던 문인 통치의 오랜 전통으로 볼 때, 조선 역사가들에게 고려 무인들의 통치시기는 부적절한 사람들에게 권력을 위임했던 시기로 보였던 것이다. 이 역사가들에게 고려 군부의 통치는 왕조의 몰락으로 비추어졌다. 그들에 있어 무신통치시대는 어둠의 시대였으며 군부통치 지도자들은 그들의 전기에서 낮게 평가되었다. 심지어 왕조 역사의 마지막에는 그들을 반역자라고 칭하고 있었다. 안정복도 이러한 시각을 따랐다. 그는 고려 무신정권의 부정적인 영향에 초점을 맞춘 역사가들의 주장에 찬성하며 그들의 문장을 자주 인용하였다.

고려 무인들이 정권을 잡게 된 것은 1170년 가을의 쿠데타에 의한 것이기는 하지만, 이와 같은 분위기는 쿠데타가 일어나기 수십 년 전부터 시작된 것이다. 반란의 발단 요인은 곳곳에 내재에 있었음을 여러 곳에서 볼 수 있지만, 이것은 이번 연구의 중점사항은 아니다. 새로운 군부의 지도자들은 정통성을 위장할 만한 왕이 필요했으며 폐위된 왕의 동생인 명종(1170~1197)을 왕위에 앉혔다. 군부통치는 공식적으로 명종의 즉위와 함께 시작되었다. 명종의 집권은 무인들의 세력 확장을 위한 역모와 그에 따른 일련의 반격으로 쇠약해졌다. 집권자들 사이의 불안정이 사회적 불안의 원인이 되고 승려나 농민, 그리고 노예들이 도적패가 되어 때로는 반란을 일으키기도 하였다. 1195년에 최충헌崔忠獻 장군이 권력을 손에 쥐고 중앙정부를 강화하면서 새로운 질서가 잡히기 시작하였다. 고려는 최충헌과 그의 아들 최우崔瑀가 문인 관리들과 함께 왕조를 유지하며 효과적인 통치를 하면서 안정을 되찾고 정돈된 모습을 보이기 시작하였다. 1249년 최우가 죽자 고려 왕실은 새로운 국면을 맞이하였다. 궁극적으로 군부는 그 지배에 있어 혼란을 겪게 되고 1270년에는 집권세력이 문인들로 바뀌게 되었다.

본 연구는 1249년 최우가 죽는 시기까지를 분석하였다. 이해에 이르기까지

군부통치의 마지막 20년은 통치세력간의 다툼과 몽고 침입이 불러온 사면초가적 상황에서 사회적·정치적으로 빠르게 쇠망해 갔다.

3. 『동사강목』과 『고려사절요』

이 두 역사서의 고려 무신정권시대에 대한 표현은 명백히 다르다. 필자의 생각에는 『고려사』보다는 『고려사절요』가 『동사강목』과 비교하기에 더 적절하다고 본다. 두 역사서는 모두 고려시대를 다룬 공식 역사서로 조선시대에 편찬된 것들이었다. 『고려사절요』에는 1년 단위로 상세한 연대기적 역사기록이 담겨 있으므로 『동사강목』과 그 형식적인 면에서 유사하다. 매년의 기재 사항은 『고려사』가 더 간결하지만 『동사강목』과 비교하기에는 『고려사절요』보다도 내용이 더 부족하다.

아마도 국가의 역사를 논하는 데 있어, 안정복은 고려와 주변 국가 특히 중국과의 관계에 대해 많은 부분을 생략했던 것이라고 생각한다. 그는 또한 과거시험 관련 사항에 대하여 간과하였으며, 대과에 급제한 사람에 대하여서도 그 사회적 지위 상승에 대해 언급하지 않았다. 더불어 그는 불교 관련 행사나 왕실과 왕족에 관련된 사항에 대해서도 자주 간과하였다. 나중에 언급하겠지만 안정복은 무신정권시대를 기록하면서, 무신정권 지도자들의 긍정적인 측면이 있음에도 그들의 부정적인 면을 부각시킨 것으로 보인다. '부정적'이라는 용어에는 통치의 실패 혹은 권력 남용이라는 형상이 투영되어 있다. 반면 '긍정적'이라는 말에는 개혁과 함께, 고려 백성들을 편안하게 해주었다는 사상을 담고 있다.[9]

9 반복하여 말하는 바이지만, 이 글은 고려의 무인통치시대를 이해하기 위한 자료로서 『동사강목』의 중요성이 어느 정도인지를 평가하기 위한 시도이다. 안정복의 저술을 21세기 사료

1185년(명종 15년)의 기록 비교

사건	『고려사절요』	『동사강목』
천체의 변화	O (2월)	O (정월)
文克謙의 진급	O	O (按)
무역	O	O
曺元正의 탐욕	O	
천체의 변화	O	
鄭邦佑의 임명	O	O
朴純弼의 탐욕	O	
왕의 예술 애호	O	O (崔溥의 사평 인용)
왕의 약	O	
사관의 긍정적인 언급	O	
盧克淸의 정직	O	
鄭世裕의 유배	O	O
관료와 내시의 밀착	O	
사관의 비판적인 언급	O	
李純祐의 진급	O	
천체의 변화	O	O
金民의 투항	O	O
韓文俊의 사직 불허	O	
일식의 발생	O	O
태양의 흑점	O	
金으로 사신 파견	O	
심한 안개	O	O (按)
咸有一의 죽음	O	O
尉貂의 효행 포상	O	
벼슬의 범람	O	O
妖言과 呪術 유행	O	
일본의 내란		O

평가의 기준으로 보는 것은 물론 적절치 않다.

예를 들어 『동사강목』에 표현된 명종 15년(1185년)과 고종 12년(1225년)을 비교해 보고자 한다. 1185년은 고려 군부가 왕실을 장악한 지 15년이 지난 해이다. 이해는 여러 사건들 때문에 유난히 어려웠던 시기였다. 특히 『고려사절요』에는 무신들의 통치를 명시하는 여러 사건들이 많이 기록되었다. 또한 1225년은 몽고의 침략이 있기 직전의 시기로 최씨정권 무신통치의 실상을 들여다볼 수 있는 예이다.

두 역사서를 비교해 보면 어떤 특징을 찾을 수 있다. 먼저 『고려사절요』에는 안정복이 기록하지 않은 일상적 사건이나 금나라와 관련된 기록들이 상세하게 적혀 있다. 뿐만 아니라 안정복이 의도적으로 간과한 긍정적인 면들이 『고려사절요』에는 기록되어 있다. 예를 들어 1185년 여름 4월에 왕이 병들자 왕실 의관이 백자인(栢子仁 : 잣)을 계림鷄林에서 구하여 먹기를 청하였다. 그러자 왕은 '지금 농사일이 한창 바쁜데 무지한 소인들이 짐의 명령이라 빙자하여 백성을 소란하게 하고 농사를 방해할까 염려'된다 하여 약물을 중지하였다. 이 사건을 두고서 사신史臣는 "왕이 한 주의 소란을 피하기 위하여 그 섭생攝生하는 약을 중지하였으니 인자한 마음이 있지 않으면 능히 그렇게 할 수 있으랴. 만약 강단이 있어 폐행의 길을 막을 수 있었다면 명철한 군주가 되었을 것이다"라고 말하였다.[10] 그 뒤를 이어서 한 빈민이 자신의 이익을 위해 타인을 이용하기를 거부한 사건을 기술하면서 "말세에 이익만을 다투는 때에 이와 같은 사람을 볼 수 있단 말인가"[11]라고 기술하고 있다. 이 외에도 『고려사절요』는 12월에 위초尉貂라는 서민이 부친의 불치병을 고치고자 자신의 허벅지 살을 도려내자, 황실이 그의 효심을 포상했던 사건[12]이나 이순우李純祐의 승진, 관직에서 물러나기를 청하는 청백한 관리 등의 일들이 기록되어 있지만, 안정복은 그 어느 것도

10 『절요』 권13, 7b~8a.

11 『절요』 권13, 8면.

12 『절요』 권13, 10면.

기록하지 않았다.[13]

그러나 안정복은 무신정권의 부정적인 측면을 드러내는 여러 사건들도 또한 간과하였다. 예를 들어 조원정曹元正은 부당한 방법으로 재물을 모은 인물로 악명이 높았다. 『고려사절요』의 1185년 2월편에는 그의 부당한 행위들이 상세히 기록되어 있는 반면에 『동사강목』에서는 이런 기사를 찾아볼 수 없다.[14] 또한 박순필朴純弼는 황태자의 궁을 침범하여 자신의 저택을 건축하는 짓을 자행하였지만 왕조차도 그에게 한마디 항의를 하지 못하였고, 6월에는 내관과 대사들이 궁중예법을 무시하고 함께 목욕하고 술을 마신 사건이 발생하였다.[15] 이 예법에 벗어나는 사건은 『고려사절요』의 편찬자조차도 통탄하였던 사건이다.[16]

안정복은 『고려사절요』에 기록된 여러 사건들을 발췌하여 『동사강목』에 인용하였다. 태양의 일식을 포함한 천체의 현상들이나 이 시기의 한 유명한 민간 지도자의 승급, 정방우鄭邦祐의 서북면 병마사 임명, 병마사와 형부의 관리로 있으면서 여러 범죄를 저지른 정세유鄭世裕의 유배, 그리고 함유일咸有一의 죽음 등과 같은 사건들은 두 역사서에 모두 기록되어 있는 사건들이다. 더욱이 함유일의 죽음에 대해, 두 역사서는 모두 그의 검소와 품행에 대하여 모범으로 삼을 만하다고 기술하였다.

반면에 『고려사절요』에는 기록되어 있지 않은 사실들이 『동사강목』에 기록되어 있는 것을 볼 수 있다. 바로 이 점에서 안정복의 노력에 담긴 그의 강한 호기심을 엿볼 수 있다. 안정복은 사상과 견해를 보일 수 있는 사건에 대해 많은 논평을 제공하고 있다. 예를 들어 안정복은 문극겸文克謙에 대하여 그의 겸양을 칭찬하면서 조정에서도 겸양의 덕이 이루어지면 세상의 도리가 올바로

13 이해의 모든 역사기록은 『절요』 권13, 5a에서 11a 및 『동목』 9하, 31면a에서 34면b까지를 볼 것.

14 『절요』 권13, 6면a.

15 『절요』 권13, 6면b.

16 『절요』 권13, 8면b에서 9면a.

1225년(고종 12년)의 기록 비교

사건	『고려사절요』	『동사강목』
몽고 사신의 죽음	O	O (상세함)
심한 기근, 賑貸 실시	O	
崔瑀의 연회	O	
과거 실시	O	
부역 금지	O	
왜구의 노략질	O	O
세쌍둥이 탄생을 포상	O	
周漢의 여진문자 교육	O	O
政房의 설치	O (6월)	O (7월)
천체의 변화	O	O
여름의 긴 장마	O	
東眞의 침범	O	O
康宗 忌日	O	
여진 포로, 왜인 형상	O	
최우의 사치	O	
최우에게 내린 왕의 선물	O	
李勣의 죽음	O	O
飯僧 행사	O	
궁성의 화재	O	O
최우 사위, 宋愔의 특권	O	
곡물창고 건축	O	O
천체의 변화	O	
최우의 宋人 擢用 주청	O	
鄭通輔의 진급	O	

잡힐 것이라고 기록하였다.[17] 또한 명성 있는 화가였던 이광필李光弼에 대해서는 최자崔滋의 글을 인용하면서, 태평성대를 살았지만 결국 유배를 당했던 송의

17 『동목』 9하, 31면b.

휘종徽宗와 고려의 명종이 비슷한 운명이었다는 주를 덧붙였다.[18] 고려가 짙은 안개로 뒤덮였을 때, 대사는 왕과 모든 신하들에게 악을 물리치기 위해 덕을 쌓을 것을 강조하였다. 안정복은 명종이 자신의 행동을 제어하지 못한 그의 무능함과 하늘의 명을 거역한 것에 대해 강한 거부감을 나타냈다.[19] 1185년 말 안정복은 가마쿠라 막부의 성립을 이끈 일본의 전쟁에 대해서 매우 놀라울 정도로 상세하게 기록하였다. 이 전쟁은 다이라[平]족이 미나모토[源]를 대파한 사건이다. 이때 미나모토 족의 승리로 일본은 사실상의 왕이나 다름이 없었던 쇼군[將軍]의 치세가 시작된다.[20]

1225년의 사건들을 분석한 표를 보면 『고려사절요』가 더 자세한 내용을 담고 있다. 『고려사절요』에 수록된 25개의 기사를 검토하면, 그 가운데 9개 항목만이 『동사강목』에 기록되어 있을 뿐이다. 또한 1185년과는 달리 『고려사절요』에 수록되지 않은 사건들에 대한 기록이 전혀 없다. 또한 『고려사절요』에서 최씨정권에 대해 긍정적인 반응을 보인 여러 중요한 사건들에 대한 기록은 『동사강목』에서는 전혀 찾을 수 없다. 병마사에게 곡물창고를 열어 굶주린 백성들에게 제공하도록 한 중요한 명령과 과거에서 왕으로부터 특별한 관심을 받은 학생에 대한 기록,[21] 그리고 4월에 왕이 농사를 위해 노동 착취를 금하게 한 일들이 제외되어 있다. 최우를 둘러싼 여러 사건에 대해서도 누락된 것이 있다. 최우가 아첨꾼들에 둘러싸여 지낼 때, 그가 한 것은 비웃거나 무관심일 뿐이었다. 최우는 왕실 호위무사들에게 특별한 관심을 가지고 그들의 지위와 대우를 끌어올리기 위하여 노력하였고, 이와 같은 일들은 모두 고종을 만족시켰다. 그해 말에 최우는 '고려왕조의 법령과 중국 제도를 보존하는 악대의 의

---

18 『동목』 9하, 32면b에서 33면a.

19 『동목』 9하, 33면a.

20 『동목』 9하, 34면.

21 『절요』 권15, 33면b에서 36면a까지, 『동목』 10하, 9면a에서 10면b까지를 볼 것.

례를 제정할 것'을 고종에게 요청하였다. 이러한 일들을 통해서 최우는, 나라와 정부 내에 질서를 잡기 위한 수단으로 현존하던 관례를 고수하고 왕실의 지위를 높이려 했던 것으로 보인다. 최우의 이러한 노력들이 하나의 위선이었다고 보는 견해도 있을 수 있다. 그렇다 할지라도 최씨 가문의 치세 강화를 통해서 고려를 재건하는 데 도움이 되었던 것도 부정할 수 없는 사실이다.

안정복은 경사스러운 사건들 역시 간과하였다. 예를 들어 세쌍둥이 남아의 출산이나 천체의 이변, 강종康宗에 대한 추모행사, 그리고 관직 승진 등이 있다. 뿐만 아니라 외교나 불교 축제 행사와 관련된 일들 역시 간과하였다.

이해에 가장 중요하였던 두 가지의 사건은 『고려사절요』와 『동사강목』 두 역사서에 모두 기록되어 있다. 그해 1월 몽고 사절단이 귀환 도중 고려의 국경선 밖에서 동진東眞 사람들이 위장한 강도들에게 살해를 당하였다. 몽고는 즉각적인 보복을 하지는 않았지만 고려에게 책임을 묻고 고려와의 외교를 끊었다. 그리고 이 사건은 1231년까지 6년 간의 길고 긴 몽고 침략의 계기가 되었다. 두 번째 사건은 최우의 정방政房 설치이다. 정방은 최우의 집권기간 동안 가장 핵심적인 권력기관이었다. 안정복은 이에 대하여 『고려사절요』에 기록된 것보다 더 상세한 내용을 담았다.[22]

두 역사서는 이 밖에 외교와 관련된 여러 사건들도 담고 있다. 여진문자의 공식 교육, 여진족과 일본의 침입 대비, 거란과의 전쟁에서 용맹을 떨쳤던 이적의 죽음, 궁의 화재와 화재를 막기 위한 곡창 건축 등이다.

필자는 『고려사절요』와 『동사강목』에 실린 기사를 토대로 하여 이상 2년 간의 기록을 간단히 비교해 보는 것으로 『고려사절요』와 『동사강목』의 차이를 엿볼 수 있다고 본다. 특히 무신정권시대를 분석함에 있어 안정복의 견해가 어떠했는지 명백히 드러난다. 즉 안정복은 명종에 대해 대단히 비판적이었다. 그러나 고종에 대해서는 매우 간결하게 언급하였을 뿐이다. 안정복은 불교의 성

22 정방의 설치를 기술하면서, 안정복은 이제현의 『역옹패설』에서 많은 기사를 인용하였다.

립이나 과거제도에 대해 무관심하였다. 그와 마찬가지로 무신정권에 대해서 조금이라도 긍정적인 기록들은 누락하였다. 외교에 대하여 가볍게 언급한 것이 있었으나 사절단의 왕래에는 그다지 큰 관심을 기울이지 않았다. 그러나 안정복은 그해의 가장 중대했던 사건, 그중에서도 주요 인물들의 죽음에 대해서는 기록하였다. 1225년에 대해서는 별다른 각주를 달지는 않았지만, 1185년에 대한 그의 비평들은 그의 이러한 견해를 명백히 담아내고 있다. 안정복의 비판적인 견해는 1170년과 1250년의 기록에서도 자주 드러난다.

1170년부터 1250년까지 50년 간의 『동사강목』을 검토하면, 안정복은 중국 금金과의 외교를 그다지 중요하게 여기지 않았음을 분명히 알 수 있다. 당시의 고려는 거의 매년, 매우 빈번히 금 황제에게 공물을 바치는 사신을 보냈지만, 『동사강목』에서는 이러한 기록을 거의 찾아볼 수 없다. 이 시기에 과거제도 역시 빈번히 행해졌는데도 안정복은 이러한 사실들에 관심을 기울이지 않았다.

외교에 대한 안정복의 무관심은 사절단 파견을 거론할 여지가 없는 무의미한 행위라고 보았을 거라는 짐작 외에는 다른 해석이 어렵다. 그러나 과거를 통해 등용 기록을 등한시했던 이유는 보다 명백하다. 안정복은 과거제도에 부정적인 입장에 서 있었다. 그는 종종 과거제도에 대해 비판을 하기도 했고, 추천에 의한 인재 등용을 제안하기도 하였다.[23]

1185년 기록에서 안정복은 왕실에 대해서도 상당히 비판적이었다. 특히 명종에 대해서 상당히 비판적이었고, 종종 왕실 내의 사건들에 대해서는 기록을 회피하였다. 예를 들면 1175년 황태자의 혼례가 명종이 그의 관료들을 만나 정치 귀감을 조회하던 그 다음해의 사건으로 기록된 것[24]이나, 왕궁에 발생했

---

23 강세구는 『동사강목연구』 28면에서 이 점을 간략히 검토하였다. 같은 책 258~262면에는 보다 상세하게 서술되어 있다. 안정복과 같은 시기의 다른 학자들도 역시 과거제도를 비판하였다.

24 왕세자의 결혼에 대한 기사는 『절요』 권12, 23면a를 볼 것. 명종이 관료들과 만난 기록은 『절요』 권12, 25면a를 볼 것.

던 여러 번의 화재 및 다수의 사건들과 왕실 사람들의 죽음도 『동사강목』에는 기록되지 않았다.[25] 1184년에 고려 왕은 그의 모친과 가장 총애하던 왕비를 잃었고 1192년에는 공주를 잃었지만, 안정복은 이들 중 어느 하나도 기록하지 않았다.[26] 고려 왕 중 가장 오래 집권한 고종만이 아니라 다른 왕들의 경우도 역시 간결하게 언급되어 있을 뿐 긍정적인 사건은 기록되지 않았다. 예를 들어 1124년에 고종은 한 관료의 솔직한 충언을 칭찬하였고, 1235년에는 몽고 침략으로 인한 서민들의 고통을 절감하고자 세금을 면제해 주었음에도, 『동사강목』에는 이에 관한 기록이 없다.[27] 이는 왕실에 대한 안정복의 경멸감을 보여주는 작은 예이다.

이렇듯이 안정복이 왕실을 경시했던 이유는, 당시의 실권자들이 무인들이었고 왕은 꼭두각시에 지나지 않았다는 점에서 타당하였다고 볼 수도 있다. 그러나 안정복은 왕들이나 무인들이 시도했던 많은 긍정적인 개혁들까지 간과하였다. 명종의 치세기간이 무질서하고 혼란한 시대였음을 인정하더라도, 나라의 안정을 위한 명종의 노력이 전혀 없었던 것은 아니었다. 고려 정부는 1178년에 문과와 흡사한 무과시험을 새로이 창안하였고[28] 1173년과 1181년에는 일상 업무에 필요한 규격화된 무게와 측정표 사용을 고수하였다.[29] 또한 부정부패가 다수 행해지기는 했지만 추방・면직・검열과 같은 여러 처벌책을 통해 부정부패를 처단하려고 노력하였다.[30] 그러나 안정복은 이러한 일들을 주목하지 않았다.

25 그러한 예는 『절요』 권12, 33면a, 권12, 51면b, 권13, 17면a를 볼 것.

26 태후의 죽음에 대한 기사는 『절요』 권13, 1면을, 왕비에 대한 애도는 같은 책, 권13, 2면b를, 공주의 죽음에 대한 기사는 같은 책, 권13, 28면b를 볼 것.

27 『절요』 권15, 33면a. 그리고 부역 면제에 대한 사례는 같은 책 권16, 23면a를 볼 것.

28 『절요』 권12, 7면과 51면b에서 52면a까지.

29 『절요』 권12, 7면과 51면b에서 52면a까지.

30 『절요』 권12, 36면과 권12, 47면b에서 48면a, 권13, 15면과 17면b.

최충헌은 개혁안을 제정하고 법령화하는 일에 매우 열심이었다. 이러한 그의 노력이 일부는 『동사강목』에 기록되어 있기는 하지만 대부분은 간과되었다. 예를 들면 신종神宗의 즉위식에 맞추어 최충헌은 1198년과 1199년에 관료 의복과 음식물 지불법, 관료정치 문제 및 사회입법 등과 관련된 다수의 개혁을 시도하였다.[31] 최충헌은 또한 그의 집권기간 내내 지속적으로 부정행위에 대해 질타하면서 사회적 불안을 억제하기 위해 노력하였다.[32] 안정복은 최충헌의 이러한 노력들을 대다수 간과하였다. 이와 마찬가지로 최우가 질서를 유지하기 위해 시도하였던 정책들도 간과하였다. 최우는 1227년에 최씨 가문의 주요 집무실이었던 교정도감教定都監을 강화시켰는데, 그 기능은 무인시대의 복잡한 세력구조를 이해하는 데 핵심이다.[33] 최우는 또한 중상重商을 억제하고 가난한 이를 도와서 고려의 하부구조를 유지하는 데 노력을 기울이기도 하였다.[34]

그러나 안정복은 이 시기에 일어났던 많은 주요 사건들을 간과하였다.[35] 1172년에 새 정부의 지도자들은 각 주에 감무監務를 두어 지방정부 구조를 강화하였다.[36] 감무는 중앙 세력을 지방으로 확산시키는 주요 직책이었다. 그럼에도 안정복은 이러한 개혁 시책 역시 간과하였다. 경대승은 명종 치세기간에 핵심 군사 지도자였다. 그는 특수 수비대를 군부에서 분리하여 도방都房을 세우고 군사기관을 재정비하였다. 도방이 무인시대의 핵심체였음에도 안정복은 1180년 도방의 설치와 1183년의 해산, 그 어느 것도 주목하지 않았다.[37]

---

31 『절요』 권14, 1면b와, 3면b에서 4면a, 5면a와 4면a.

32 이러한 사례는 『절요』 권15, 20면b에서 21면b, 25면a와 b를 볼 것.

33 『절요』 권15, 38면a. 그 다음 해에 있었던 이런 기능에 대한 검토는 『동목』 10하, 13면b를 볼 것.

34 『절요』 권16, 1면과 권15, 46면b, 권16, 32면a.

35 앞서 반복하여 말한 것처럼, 21세기의 역사가에게는 중요하게 여겨지는 이런 사건들의 의미를 안정복은 이해하지 못하였을 수도 있다.

36 『절요』 권12, 6면a.

37 『절요』 권12, 48면b와 49면a, 57면b와 58면a를 볼 것.

안정복의 군사전략에 대한 무관심은 최충헌이 그의 사택에서 사병들을 훈련하고 포상하는 데 많은 노력을 기울였던 1226년에 더 명백해진다.[38] 사병은 최충헌의 권력 확장의 기초였고, 이는 분명한 사실로 언급될 만한 가치가 있는 일이었음에도 안정복은 이 같은 사실들을 다른 기준으로 다른 시기에 일어났던 일로 언급하면서, 이러한 사건들이 주목할 만한 가치가 없다는 그의 태도를 분명히 하였다.

무인정권시대의 실상을 반영하는 많은 사건들 역시 『동사강목』에는 빠져 있다. 명종의 임기가 부패와 실정이 빈번했던 시기였다는 것이 일반적인 견해이지만, 명종 임기 동안의 여러 사건들이 『고려사절요』에는 자세히 기록되어 있는 반면에 『동사강목』에는 기록되지 않았다는 점이, 이 사건들에 대한 안정복의 부정적인 견해를 뒷받침하고 있다. 『고려사절요』의 1177년, 1179년, 그리고 1182년의 기록에는 안정복이 명백히 의도적으로 누락한 부정부패의 예들이 있다.[39] 이는 같은 시기에 일어났던 사회 부질서와 같은 내용들도 빠져 있다. 최충헌의 지도 아래 일어났던 다수의 작은 사건들 역시 기록되어 있지 않다. 예를 들어 나라 안에 일어났던 메뚜기로 인한 재앙[蝗災], 창고의 곡물 탈취 또는 최충헌의 격구 관람 등이 기록되지 않았다.[40] 아마도 안정복은 무인시대의 문제점은 그 자체로 이미 분명한 것이므로 상세한 부가 설명이 필요 없다고 생각했던 것 같다.

그러나 『고려사절요』는 역시 최충헌과 최우에 대해 좀 더 함축적인 견해를 밝히고 있다. 위에 언급했던 것처럼 안정복은 그들의 치세에 있어서 긍정적이고 중요한 사건들을 간과하였을 뿐만 아니라 후에 결정적인 상황으로 이끌어

38 『절요』 권14, 45면.

39 『절요』 권12, 32면, 43면b에서 44면a, 55면b에서 56면a.

40 메뚜기 떼의 재앙에 대하여는 『절요』 권14, 5b를, 곡물 탈취에 대하여는, 같은 책 권14, 9면b를, 격구에 대하여는 같은 책, 권14 22면b와 24면b를 볼 것.

간 다른 부정적인 사건들도 기록하지 않았다. 즉 1201년에 최충헌과 그가 아끼던 조카 박진재朴晉材 간의 불화가 일어나고, 그 결과 박진재가 축출당한 사건이 그 예이다.[41] 이듬해 최충헌은 자신의 권력에 자만하여 그의 사택에서 관직 임명을 하는 등 더 많은 국가정책 결정권을 행사하였다.[42] 최충헌에게 바치는 뇌물들이 주요 직책 위임에 도움이 되었던 것으로 보인다.[43]

역사가들은 의종毅宗의 격구擊毬 애호를 거침없이 비난하였다. 그러한 의종과 마찬가지로 최우도 역시 격구를 즐겼지만 안정복은 이러한 일들을 주목하지 않았다. 1229년에 최우는 가옥 100채 이상을 강탈하여 격구장을 만들었고 이때 생겨난 먼지들은 주변의 골칫거리가 되었다.[44] 그는 또한 그의 관료들과 만나 격구 관람을 종종 즐기기도 하였던 것이다. 최우는 그의 부친과 마찬가지로 뇌물을 받아 부를 축적하며 뇌물을 받은 자를 관직에 등용했던 것으로 보인다.[45] 그의 주변 인물들도 타인의 재산 강탈을 허용하거나 백성들을 강제 동원하여 얼음을 캐거나 잣나무를 실어 나르게 하는 데 아무런 주저함이 없었다. 후자는 어떤 사람이 '사람과 잣나무 중 어느 것이 귀중한가'라는 방을 써 붙이게 만든 사건이었다.[46]

이와 비슷한 사건이 1246년에 있었다. 최우가 지나가는 행인을 붙잡아 자신을 위해 길가의 재목과 기와를 치우게 한 사건이다.[47] 그러나 안정복은 최우의 개인사에 관련된 이 같은 사건들을 기록하지 않았다. 즉 1226년에 최우에게 종양이 생긴 일이나, 이듬해 최우가 악의를 갖고서 과부가 된 지 얼마 되지 않

41 『절요』 권14, 10면b에서 11면a.
42 『절요』 권14, 10면b에서 11면a.
43 『절요』 권14, 10면b.
44 『절요』 권14, 22면b.
45 『절요』 권16, 1면a.
46 『절요』 권16, 32면a.
47 『절요』 권16, 35면.

은 여자를 다른 남자와 억지로 혼례를 치르도록 명령했던 것과 같은 일들은 『동사강목』에 빠져 있는 사건들이다.[48] 1232년에 최우는 두 번째 부인을 받아들였지만 이 또한 안정복은 기록하지 않았다.[49]

유교학자로서 안정복이 불교에 그다지 호의적이지 않았던 것은 당연한 일일 것이다. 그는 무인시대에 자주 있었던 불교 의식과 관련된 기록들을 기재하지 않았다.[50] 고려의 왕들은 종교적·개인적인 이유로 사찰을 자주 방문하곤 했지만 안정복은 이러한 것을 거의 언급하지 않았다. 마찬가지로 연등축제와 같은 특별 법회에 대한 기록도 철저하게 생략하였다.[51] 1181년에 왕이 팔관회를 위해 서경으로 특별사절단을 보낸 사실도 역시 누락되었다.[52]

『고려사절요』와 『동사강목』 두 책에는 모두 주요 인물의 졸기卒記가 실려 있다. 그러나 『고려사절요』에 기록된 것 중에서 32명의 기록은 『동사강목』에서는 찾아볼 수 없다. 안정복이 제외시킨 인물들을 살펴보면, 『동사강목』을 더 잘 이해할 수 있을 것이다. 『고려사절요』에는 86명의 졸기가 실려 있는 반면에, 『동사강목』에는 오직 54명의 졸기만이 실려 있을 뿐이다. 즉 안정복은 32명을 누락시킨 것이다. 이를 도표로 정리하면 아래와 같다.

	두 역사서에 모두 수록	『고려사절요』에만 수록
총계	54	32
왕족	6 (9%)	5 (16%)
무관	15 (28%)	10 (31%)
문관	31 (57%)	10 (31%)

48 최우의 종양에 대한 기사는 『절요』 권15, 37면b를, 강제 결혼에 대하여는 권15, 39면b에서 40면a를 볼 것.

49 『절요』 권16, 12면.

50 『고려사』·『고려사절요』와 비교해 보아도 불교에 대한 기사는 매우 적다.

51 『절요』 권12, 34면과 권13, 1면b.

52 『절요』 권12, 52면b에서 53면a.

과거	23 (43%)	6 (19%)
음서	5 (9%)	4 (13%)
천출	4 (7%)	3 (9%)

위 표에서 인물의 수만을 비교하면 두 역사서의 차이점이 그다지 커 보이지는 않는다. 그러나 비율을 비교하면 안정복이 기록하지 않은 졸기와의 차이를 볼 수 있다. 즉 높은 비율의 왕족의 졸기가 누락되어 있다는 점이다. 『동사강목』에는 또한 무인 출신 인물들이 문인 출신의 인물들보다 비교적 더 많이 누락되었다. 뿐만 아니라 안정복은 과거 급제로 등용된 인물들의 죽음은 기록한 반면에 음서제도를 통해 등용된 인물들과 가난한 집안의 인물들의 죽음은 기록하지 않았던 것을 알 수 있다.

안정복이 누락한 몇몇 인물들을 살펴보면, 안정복의 이러한 접근방식이 더 명백히 드러난다. 1220년에 왕족 일가의 한 사람인 영인후榮仁侯 진鎭이 죽었다. 『고려사절요』에는 영인후에 대해 "사람됨이 덕의가 있어서 생명을 보존하였다"[53]라고 기록하였다. 영인후에 대한 짧은 기록은 아마도 안정복으로 하여금 이 기록을 누락하게끔 했던 것 같다. 무관 출신들의 여러 인물들의 기록도 역시 누락되어 있는데, 이 또한 『고려사절요』에 기록된 이들의 정보가 미약한데 따른 정보 부족에 기인했을 것으로 보인다.[54]

안정복은 그 외에도 여러 유명 인물들의 졸기를 누락시켰다. 예를 들어 1202년에 문하시중 조영인趙永仁이 세상을 떠났다. 조영인은 과거급제자로서 기록에 의하면 그는 학식이 넓고 작문에 출중하였다고 한다. 그는 젊었을 때부터 재상의 기량을 보였고, 명종은 그를 황태자의 스승으로 삼았다. 그가 승선이 되었을 때 왕의 잘못을 바로잡은 일이 많았으므로 사람들은 그를 칭송하였

53 『절요』 권15, 26면a.

54 그 예로서 『절요』 권14, 35면a의 丁彦眞과 권15, 33면a의 吳應夫의 기사를 볼 것.

고, 뒷날에 그는 왕의 묘정에 배향되었다.[55] 안정복이 그의 역사기록에서 왜 조영인과 같은 현인들까지 간과했는지는 명종에 대한 그의 강한 경멸에서 비롯되었다는 해석 이외에는 그 원인을 찾기 힘들다.[56]

조영인과 비교할 수 있는 다른 인물로는 김의원金義元을 들 수 있다. 『고려사절요』의 1224년에 실린 그의 졸기에 따르면 "김의원은 졸병 출신으로서 매우 용맹하나 문자는 어두웠다. 젊어서 집이 가난하여 무뢰한 행실이 있었으니 돈이나 재물이나 의물을 가지고 지나가는 사람이 있으면 곧 빼앗아 가지고 달아나기도 하였다"[57]라고 적혀 있다. 또한 그가 한때 이웃 여인에게서 은병을 몰래 훔쳤지만 그가 유명해졌을 때 다시 돌려주려 했다고 전하고 있다. 그는 평장사로 승진한 뒤에 죽었다. 그러나 안정복의 『동사강목』에는 그의 죽음에 대한 기록이 없다. 분명히 조영인과 김의원은 『동사강목』에도 그 졸기가 실릴 만한 유명 인사들이었다. 그럼에도 안정복이 그들을 너무 간략하게 기재한 이유는 지면을 아끼려고 하였다는 추측 외에는 이유가 분명하지 않다. 그러나 『고려사절요』에는 누락되어 있지만 안정복이 포함시킨 인물들도 두 명이 있다. 즉 김인영과 송언기이다. 이 두 사람은 『고려사』의 「열전」에 포함되어 있고 둘 다 과거급제자들이다.

안정복은 『동사강목』 전면에 종종 자신의 주석을 적어 놓았는데 이러한 논

55 『절요』 권14, 11면.

56 『동사강목』은 명종 27년조에서 조영인에 대하여 간략히 언급하였고, 휘종 2년조에도 신종 묘정에 그를 배향하였다는 기록이 있다. 그러나 그의 죽음에 대한 기사, 즉 졸기는 따로 기록한 것이 없다.

57 『절요』 권15, 32면b. 안정복도 『동사강목』에서 김효원에 대하여 "以金義元參知政事~義元起自卒伍, 驍勇任俠"이라고 간략히 언급하였다(강종 원년 11월조). 다만 『절요』와는 달리 김의원이 젊어서 행한 任俠적인 사건들은 전혀 기록하지 않았다. 아마도 안정복의 유교적 합리주의적 관점에서 볼 때 황당한 짓이라고 인식하여 생략하였을 것으로 판단된다. 여기에 소개한 것과 더불어 이 사실은 2005년 12월 10일의 세미나에서 논평을 맡아 주신 김태영 교수의 지적과 함께 이 논문의 심사위원의 지적에 의하여 보충하였음을 밝힌다.

평들은 그가 이 시기의 기록을 편찬할 당시 그의 편견을 보여 주고 있다. 강세구는 그의 연구에서 안정복이 그의 역사서에 633편의 주석을 붙였다고 하였다. 이러한 주석들 가운데 주요한 것을 주제별로 분류하면 다음과 같다.[58]

국방 (66회)	외교 (71회)	왕실의 계보 (93회)	관리의 처신 (94회)
통치제도 (67회)	지리 (90회)	자료 평가 (41회)	

1170년부터 1250년까지 시기를 기록하는 동안 안정복은 38편의 주석을 덧붙였는데, 그중 12편은 가벼운 독백과 같은 것이었다.[59] 그러나 『동사강목』이 1500년의 역사를 기록한 역사서라는 것을 감안해 보면[60] 통계적으로 12년마다 1편의 주석을 단 것이다. 안정복의 주석 대부분은 통치 및 왕실과 관료들의 품행에 관한 것으로 국가안보 및 외교문제에 대해서는 그다지 많은 주석을 달지 않았다. 안정복의 주석 중 17편은 명종의 치세에 중점을 두었다. 이것들은 명종 임기 27년 중의 삼분의 일을 상세하게 기록하였다. 위에서 언급한 대로 안정복은 특히 명종에 대해 비판적이었는데, 이는 명종의 치세에 대한 그의 주석에 잘 반영되어 있다. 여러 부분에서 안정복은 명종의 우둔함에 대해 공개적으로 비평하였다.[61] 반면에 다른 왕들의 치세에 대해서는 별다른 논평을 달지 않았다.

---

58 강세구, 『동사강목연구』, 252면에서 255면을 볼 것.

59 예컨대 1216년 거란이 고려의 북방을 침입하였을 때, 안정복은 다른 역사책에서 언급한 정도로 취급했던 것(『동목』 10상, 26면a)과 1240년 몽고의 침범을 기록하면서 元史에서 간략한 기사를 인용한 것이 있다(『동목』 10하, 35면b).

60 잘 알려진 바와 같이 『동사강목』은 B.C. 1122년부터 A.D. 1392년까지 대략 2,500여 년 간을 다루었다. 그러나 보다 더 자세한 역사서술은 B.C. 57년 삼국의 성립으로부터 시작되었다.

61 1175년의 기사에서 안정복은 "명종이 매우 잔약하고 어두웠다"는 설명을 붙였다(『동목』 9하, 7면a). 1184년의 기사에서 그는 우둔함과 용렬함에서 비롯된 명종의 유약함을 적은 다른 기록을 인용하는 것으로 결론을 내렸다(『동목』 9하, 45면b).

그러나 최충헌이 권력을 장악했던 1196년부터 1213년까지의 기록에서 안정복은 새로운 통치자에 대해 아무런 논평을 하지 않았다. 더불어 최충헌의 치세 동안 안정복의 논평은 외교와 국가안보에 관한 것들이 대부분이었을 뿐 고려의 지도자에 대한 것은 아니었다.

안정복의 논평에는 다른 자료들에서 발췌한 인용문이 보충자료로 인용되고 있다. 최자崔滋·이제현李齊賢·오운吳澐·유계兪棨와 같은 학자들이 모두 24번 인용되었다.[62] 이 중에 최자는 무인시대를 직접 겪은 학자이다. 이들에게서 발췌한 인용문의 반 이상이 명종의 치세에 흠집을 내는 사건들에 관해 비판적인 논평들이다. 예를 들면 관료들의 반란, 의종의 살해, 그리고 이 시기의 일반적 특징인 사회적 혼란 등에 관한 것이다. 다른 나머지 논평들은 무인정권이 가지는 문제점들을 다루고 있다. 비록 안정복 그 자신은 이 시기에 있었던 부패를 반복적으로 기록하지는 않았지만, 최자나 이제현의 사평을 인용하여 비판적인 관점을 보여 주었다. 안정복은 또한 『고려사』 편찬자들의 논평을 직접적으로 인용함으로써 그의 견해를 뒷받침하였다. 예를 들면 1200년, 1204년, 그리고 1220년에 최씨정권이 그들의 필요에 따라 왕들을 폐립廢立하는 등 황실에 대한 그들의 권력 남용에 주목하였다.[63] 즉 안정복 스스로가 기록한 논평이나 다른 역사가들의 논평을 인용한 내용 모두 총체적으로 본문에 담고 있는 주제를 구체화하였던 것이다.

무인시대에 관한 안정복의 기록만이 가진 장점은 이 시기의 문예풍토를 완벽히 전달하기 위해 『동사강목』의 본문에 시조 등 문예작품들을 포함시켰다는

62 최자는 1188년에서 1260년까지, 이제현은 1287년에서 1367년까지의 고려시대를, 오운은 1540년에서 1617년까지, 유계는 1607년에서 1664년까지의 조선시대를 살았다.

63 예컨대 1200년의 기사에서 그는 사관의 말을 인용하여, "최충헌은 임금의 폐립을 제멋대로 하였다. 예로부터 왕권이 미약하기가 이와 같이 심한 적이 없었으나, 당시에 실록을 담당한 자가 자신들의 말이 누설될까 두려워하여 모두 숨기고 생략하였다. 이것은 역사가들의 잘못이다"라고 기록하였다(『동목』 10상, 8면a 및 『절요』 권14, 8면b).

점이다. 예를 들면 1186년에 문인과 무인이 그들의 관직에 대해 농을 주고받았던 상황을 기록하면서 안정복은 그 시대 사람들이 지은 시조를 포함시켰던 것이다.[64] 또한 명종의 강제 퇴위와 관련하여, 안정복은 퇴위당한 왕에 대한 시가 담긴 『동국여지승람』의 기록을 인용하였다.[65]

4. 결론

안정복이 『동사강목』의 편찬이라는 엄청난 기획을 시도하였다 할지라도, 이 책은 무인시대를 연구하는 데 있어서 주 자료가 될 수 없음을 인정해야 한다. 안정복 그 자신도 많이 의존한 『고려사』와 『고려사절요』 그리고 다른 고려 사료집들이 이 시기를 연구하는 데 있어 가장 중요한 자료들이다.

특히 『고려사절요』는 무인시대를 연구하는 데 있어 보다 함축적이고 완전한 정보를 제공한다. 『동사강목』은 안정복이 18세기 조선의 학자들이 일반적으로 갖고 있던 유학적 관점에서 편찬한 것으로 전반적으로 부정적인 시각에서 고려의 무신정권시대를 접근하고 있다. 그리고 이러한 전통의 하나로 안정복은 사실의 진위를 분석하려 하지 않고 가능한 명백하게 사실을 기록하기에 전념하였다. 그러나 안정복의 시도가 무의미하다는 의미는 아니다. 먼저 그의 기록들은 다른 역사가들의 의견을 인용하였으며 이 시기에 관해 부차적인 논평을 제공하였다. 비록 여러 많은 상세한 내용들은 『고려사절요』에서 찾아볼 수 있지만, 『동사강목』에 더 자세히 기록된 사건들도 있다.[66] 안정복은 특히 조위총趙位寵의 반란이나 조원정曺元正에 관해 더욱 많은 논의를 하였고, 몽고 침략에

64 『동목』 9하, 36면b에서 37면a.
65 『동목』 10상, 2면a.
66 『동목』 9하, 6면b와 9하, 37면 및 10하, 4면b에서 5면b.

대해서도 다른 견해를 기술하였다. 또한『동사강목』에는『고려사절요』에는 실리지 않았던 일본이나 금·원 등 외국에서 일어나는 사건들에 대한 기록도 실려 있다.

안정복은 조선시대 학자들이 비판했던 이 시기의 한국사를 기록하면서 매우 엄격한 역사적 척도를 적용한 것으로 보인다. 그는 최씨정권에 대한 사적인 판단을 피하고, 대신 이 시기에 일어났던 사건의 사실을 정확하게 기록하는 데 전념하였다. 이를 통하여 최씨 일가에 대한 그의 사적인 경멸심을 억제한 것으로 보인다. 앞서 밝힌 바와 같이 그는 불교와 왕실을 가볍게 다루었고 이 시기에 일어났던 여러 핵심적인 사건들도 또한 간과하였다. 그러나 사실을 기록함에 있어 매우 진지했으며 불안정했던 시기라고 생각했던 이때의 실상을 반영하려고 노력하였다.

21세기 학자에게 있어서『동사강목』의 참된 가치는 안정복이 다른 자료에서 발췌한 내용들과 그가 직접 적은 주석들이라고 생각한다. 18세기의 안정복이 서술한『동사강목』을 통하여 현 세대의 독자들은 당시 조선의 학계와 그 시대의 학자들이 한국의 역사와 고려의 무인정치를 어떻게 해석했는가를 이해할 수 있는 것이다.

원문 수록 서지

이 책에 실린 논문이 게재된 책과 저널을 아래와 같이 밝힙니다.

1. 김사억(1965), 「동사강목 해제」, 『역사과학』, 과학백과사전 종합출판사
2. 김사억(1965), 「안정복의 역사관과 그의 조국역사 편사에 대하여」, 『역사과학』, 과학백과사전 종합출판사
3. 이우성(1966), 「조선후기 근기학파에 있어서의 정통론의 전개－역사파악에 있어서 체계성과 현실성」, 『한국의 역사상』, 창작과비평사
4. 이우성(1974), 「『순암전집』 해제」, 여강출판사; (1995) 『한국고전의 발견』, 한길사
5. 이우성(1970), 「『동사강목』 해제」, 경인문화사 : (1995), 『한국고전의 발견』, 한길사
6. 변원림(1973), 「안정복의 역사인식」, 『史叢』 17・18 합집, 고려대 사학회
7. 김철준(1976), 「동사강목-정리된 유교사관」, 『한국문화사론』, 지식산업사
8. 윤남한(1977), 「해제」, 『동사강목』1, 민족문화추진회
9. 천관우(1978), 「『동사강목』 관규」, 『한국학』 19, 영신아카데미 한국학연구소
10. 조 광(1982), 「조선왕조 시대의 신라인식－『동사강목』을 중심으로」, 『민족문화연구』 16, 고려대
11. 김세윤(1985), 「안정복의 『열조통기』에 대한 일고찰 」, 『부산여대사학』 3, 부산여자대학 사학회
12. 정구복(1987), 「순암 안정복의 사학사상－『동사강목』을 중심으로」, 『한국근세사 -조선중・후기편』, 경인문화사
13. 이병도(1988), 「안정복」, 『조산명인전』(하), 조선일보사
14. 한영우(1989), 「18세기 후반 남인 안정복의 사상과 『동사강목』」, 『조선후기사학사연구』, 일지사

15. 황원구(1990), 「한국의 역사가 안정복」, 『한국사 시민강좌』 6, 일조각
16. 강광원(1991), 「동사강목 연구」, 『역사과학론문집』 16, 과학백과사전 종합출판사
17. 차장섭(1992), 「안정복의 역사관과 동사강목」, 『조선사연구』 1, 복현 조선사연구회
18. 박종기(1993), 「동사강목 고려편 검토-안정복의 수택본을 중심으로」, 『성곡논총』 24, 성곡학술문화재단
19. 이이화(1993), 「안정복 : 삼한 정통론으로 역사의 자주성을 밝힌 실학자」, 『이야기 인물한국사 1 -사상과 학문의 주역들』, 한길사
20. 배우성(1994), 「안정복」, 『한국의 역사가와 역사학』(상), 창작과비평사
21. 이기백(1999), 「순암 안정복의 합리주의적 史實考證」, 『한국실학연구』 1, 한국실학학회
22. 이우성(1999), 「근기학파에 있어서의 순암의 위치」, 『한국실학연구』 1, 한국실학학회
23. 김문식(2000), 「18세기 후반 순암 안정복의 箕子 인식」, 『한국실학연구』 2, 한국실학학회
24. 원재린(2003), 「순암 안정복의 하학관과 "東事" 이해」, 『한국실학연구』 6, 한국실학학회
25. 최성환(2003), 「영정조대 안정복의 학문과 『동사강목』 편찬」, 『한국학보』 110, 일지사
26. 이우성(2004), 「이조후기 근기학파에 있어서 사학의 형성과 동사강목」, 『학술원논문집』; 『고양만록』, 한길사
27. 에드워드 슐츠(2006), 「안정복과 『동사강목』 : 고려 무신정권에 관한 그의 견해에 대한 비평」, 『한국실학연구』 11, 한국실학학회

찾아보기

| ㄴ |

| ㄹ |

| ㅁ |

| ㅂ |

| ㅅ |

| ㅇ |

| ㅈ |

| ㅌ |

| ㅍ |

| ㅎ |

집필진(원고 게재 순)

김사억 · 전 사회과학원 교수
이우성 · 퇴계학연구원 원장
변원림 · 역사저술가
김철준 · 전 한국학중앙연구원 원장
윤남한 · 전 중앙대 교수
천관우 · 전 동아일보 이사
조　광 · 고려대 명예교수
김세윤 · 신라대 교수
정구복 · 한국학중앙연구원 명예교수
이병도 · 전 학술원 회장
한영우 · 이화여대 이화학술원장
황원구 · 전 연세대 명예교수
강광원 · 사회과학원 교수
차장섭 · 강원대 교수
박종기 · 국민대 교수
이이화 · 전 역사문제연구소 소장
배우성 · 서울시립대 교수
이기백 · 전 한림대 교수
김문식 · 단국대 교수
원재린 · 덕성여대 연구교수
최성환 · 한국고전번역원 전문위원
에드워드 슐츠 · 하와이대 교수

순암연구총서 03
순암 안정복의 역사학

1판 1쇄 인쇄 2012년 10월 20일
1판 1쇄 발행 2012년 11월 20일

집필진 | 이우성 · 이기백 외
편집인 | 순암선생 탄신 300주년 기념사업회

펴낸이 | 김준영
출판부장 | 박광민
편집 | 신철호 · 현상철 · 구남희
디자인 | 이민영
마케팅 | 박정수 · 유인근
관리 | 조승현 · 김지현
외주디자인 | 김상보 · 김영이

펴낸곳 | 성균관대학교 출판부
등록 | 1975년 5월 21일 제1975-9호
주소 | 110-745 서울특별시 종로구 성균관로 25-2
전화 | 02)760-1252~4 팩스 | 02)762-7452
홈페이지 | http://press.skku.edu

ISBN 978-89-7986-958-3 94150
978-89-7986-955-2 (세트)
값 35,000원